中原鹿正肥

袁世凯的奋斗

上官惊鸿◎著

ZHEJIANG UNIVERSITY PRESS
浙江大学出版社 | 全国百佳图书出版单位

目录

Contents

童年&光阴的故事

他叔爷爷很牛

在河南项城，提起袁家，人们往往都会羡慕称赞。这一切，都和一个姓郭的女人有关。

郭氏是淮宁（即今淮阳县）人，出生于当地有名的大户人家。当时，与淮宁隔河相望的项城，有一个叫袁九芝的私塾先生，家里光景普通，但因为有学问，加上为人清正刚直，在十里八乡很赢得了一些好名声，就连郭氏的父亲郭如珽都知道有这么一个人。

袁老先生有一个儿子，叫袁耀东，从小跟着父亲读书，家教甚严。长大了后，为了生活，他一边读书，一边也开始教书育人。袁耀东天资不错，运气也好，参加县试、府试、院试，接连过关，年纪轻轻就中了秀才，着实光耀了袁家的门楣。

当时有句俗话，"秀才是宰相的根苗"，袁耀东既中了秀才，前途自是被广泛看好，上门提亲者踏破了门槛。

那会儿讲究的是"父母之命媒妁之言"，所以面对众多妙龄少女的庚帖，当事人袁耀东根本没有任何发言权，直到父亲选定了淮宁郭家之女郭氏，他才有机会赞一声："好！"至于好在哪儿？连面都没见过，他如何知道？

袁老先生万万没想到，他钦定的儿媳妇刚刚过门不久，自己就得了一场大病，最后竟告不治，一命呜呼。袁家人不多，但有人的地方就有江湖，于是就有不喜欢郭氏的家人在背后搬弄是非，说老爷子之死，完全是新媳妇带来的霉运。

这是没处讲理的事，郭氏（官名已是袁郭氏）大家闺秀出身，也不会泼妇骂街。好在她修养好，懒得计较太多，和老公一商量，两人就搬出大家庭自立了门户——郭氏和老公，从此站起来了！

不过站是站起来了，家境却委实堪忧。袁家本就不富裕，袁耀东两口子出来之后，小家庭的生活更显清贫。还好郭氏是个优秀的富二代，忍得了清贫，耐得住寂寞，不仅从不抱怨，更把所有家务大包大揽，只鼓励老公好好读书，再接再厉，中个举人给大家看看！

中举人谈何容易？虽然秀才是宰相的根苗，而且只要考中秀才，立马就能进入食利阶层，享受免除差役徭役、见县官不用下跪磕头只需鞠躬行礼、犯没犯错误县官都不能打板子等等特权，但秀才毕竟只是秀才，虽然难考，但在士大夫阶层里却不过处于最低端，还没有资格做官。但中了举人可就厉害了，不仅有了做官的资格，更有参加会试博取进士出身堂堂正正做官的机会，这是历朝历代读书人梦寐以求的际遇。

这当然很不容易，袁耀东屡试不中原也在情理之中。不中归不中，袁耀东倒真是没虚度光阴，教书兼勤学之余，忙里偷闲也生下了五个孩子：长子袁树三，次子袁甲三，第三子袁凤三，第四子袁重三，还有个女儿自然就叫袁氏。

可怜袁家经济收入只靠袁耀东教书的那一份薪水，虽然中秀才后皇恩浩荡免掉了各种苛捐杂税，可凭空多了五个儿女，生活就越发窘迫起来。郭氏依然不抱怨，辞掉了家中唯一的一个仆人，凭着勤劳肯干，照样把家务经营得井井有条，令人肃然起敬。

然而悲剧还是发生了。袁耀东为中举而用功过度，加上屡试不中心情烦闷，久而久之，居然积劳成疾，不幸染上了痨病——也就是肺结核。痨病在当时属于不治之症，所以虽然郭氏变卖了几乎所有陪嫁来的金银首饰为老公延医买药，袁耀东最终还是不治身亡，享年仅40岁。

这下子袁家的七大姑八大姨自然又有话说了，不再年轻的郭氏，已经没有心思理会这些闲言碎语，只是把几个儿子召集到袁耀东的灵牌前，拿着教鞭训话："你们谁不发奋读书，谁就不是袁家的儿子！"此时跪在地上的几个孩子，袁树三14岁，袁甲三10岁，袁凤三5岁，袁重三只有3岁。他们此时还不明白"书中自有黄金屋，书中自有颜如玉"的道理，但母亲的教诲，他们懂。

自此勤劳家事之外，郭氏免不了会时不时向娘家求助，日子就这么辛苦地过着。直到有一天，袁树三中了秀才，接着袁甲三也金榜题名，而且哥儿俩在考试中都名列前茅，成为廪生。廪生是秀才中的出类拔萃者，有特殊的待遇：除了不交税不磕头不挨板子之外，还按月由官府供给一定粮食。袁家的苦日子这下总算是熬到了头。

哥儿俩中秀才后便开始征战乡试考场。袁树三身为长子，不得不把更多的精力花在家庭事务上，以至于没考中举人，后来也只当了个陈留县教育局代理局长，正式官称是"署理训导，兼涉教谕事宜"。

老三袁凤三同样一再考不中举人，郭老太太大概是认为他天分有限，便让他死了这条心，决定为他捐个官当。捐官，就是花钱买官，在当时是合法的事情，大体上有钱人都爱干，主要是买个身份，一般来说很难补上实缺。

捐官需要钱，当时袁家经济刚开始好转，还远谈不上富裕。郭老太太一个人拿不出足够的钱，便将全家人召到一起商量。在母亲多年来的言传身教下，几个儿子不仅孝顺，而且彼此间非常团结，听说要给老三捐官，两个哥哥树三、甲三当即响应，慷慨解囊。奈何钱还是不够，大嫂王氏、二嫂陈氏便纷纷取出自己的首饰，拿到当铺去当掉，这样袁凤三总算捐上个禹州训导，只是终其一生也没能补上缺。

老四袁重三运气更差一些，他连秀才都没考上，偏偏给老三捐官之后，家里已经没有能力再为他解决官位问题。不过他并不气馁，努力经商，竟也搏出了一大片天空。

考试方面，老二袁甲三开始也不顺，和父亲一样，一考不中再考不中，屡战屡败而又屡败屡战。苦心人天不负，在道光十四年（1834）的乡试中，袁甲三终于傲然中举，这一年他29岁。

运气来了谁也挡不住，第二年袁甲三赴京参加会试，居然一下子就中了进士，并被授职为礼部主事，是个正六品的官。袁甲三工作兢兢业业，官升得也平平稳稳，后来大名鼎鼎的曾国藩来到礼部担任左侍郎（相当于副部长），因为他和袁甲三两人有个共同的爱好，就是热衷于探讨格物致知的理学，探讨来探讨去，两个人就成了很好的朋友。

有一个这么有力量的朋友，加上袁甲三自己本身也能干，他的仕途自然更加一帆风顺，按部就班地往上升着，到1850年，他已经升到了江南道监察御史，兼兵科给事中。就在这一年，喜讯传来，袁甲三的大儿子袁保恒也中了进士，并被选为翰林院庶吉士，授职编修，袁家的门第显得更加清华风雅。

紧接着太平天国起义爆发，腐败的清朝政府挡不住农民起义军的锋芒，洪秀全、杨秀清等很快就占领了江南，定都南京，清王朝到了最危险的时刻。

1853年，因母丧在湖南老家丁忧守制的曾国藩响应朝廷的号召，拉起一票人马办起了团练，此即为后来名噪一时的湘军。袁甲三不为人后，上奏折请缨杀敌，道光皇帝愉快接受了这个请求，派他前往皖北帮办团练，防剿捻军。

打虎亲兄弟，上阵父子兵。袁甲三上战场后，他的长子袁保恒、次子袁保龄、侄子袁保庆纷纷跟随，一时间袁氏家族声名鹊起，很有点当年杨家将的意思。

这里我们需要单独说一下袁保庆，因为他将是袁世凯的嗣父。袁保庆在1852年考中举人，次年参加进士考试，初试未中，本来想再接着考的，谁知太平天国如火如荼，朝廷很是烦恼，眼看连江山社稷都危在旦夕，哪里还有心情搞考试这些文绉绉的东西？干脆就把科举给暂停了。上进无门，袁保庆索性跟着叔父从军，很立了些战功。因为能打硬仗，后来袁保庆被督办河南团练大臣、也算是他儿女亲家的毛昶熙借调回河南老家，负责组织训练各州县的团练武装，主要是对付活跃在当地的捻军。

1858年，捻军一个叫王庭桢的首领带兵占领了项城近郊的新兴集、尚店等地，锋芒直指项城。此时袁家的当家人依然是郭老夫人，具体主事的则是袁重三。袁重三很有经济头脑，经他悉心打理，袁家此时已经成了项城首富，是捻军的重点目标。

袁重三的主要助手是大哥袁树三的长子袁保中，也就是袁世凯的生父。袁保中读书不行，参加过两次府试都没考上秀才，干脆捐了个同知的官衔，踏踏实实地帮着袁重三打理家务和生意。

现在眼看着捻军要来捣乱，袁重三、袁保中叔侄俩赶紧找到郭老夫人，三个人一商量，决定尽快搬家。

大户人家搬家是大事，马虎不得。袁重三请来当地有名的风水先生宽五爷。宽五爷到袁氏祖坟仔细查看后，不由得肃然起敬，只顾得上说："贵不可言，贵不可言！"等定下心来，才悄悄告诉袁重三："您老需要选一个大吉的阳宅，以应此阴宅，如此，日后必定大富大贵。"至于能大富大贵到什么程度，老先生意味深长地回了一句："天机不可泄露。"

宽五爷很用心，一番勘察之后，帮着选定了项城张营东面20里处的石腰寨，此处不仅风水好，更易守难攻，很得袁家的喜欢。用了差不多半年的时间，袁家在此建成了一座大堡寨，命名为"袁寨"。

当时战乱频仍，河南一带这种自卫式的大堡寨相当普及，仅项城一地就有170多处，袁寨是其中最大也最有名的一个。

整个袁寨，占地270亩，共有各式建筑248间，由1800多米的寨墙围绕而成，寨墙高达10米以上，坚固无比，并配有6座炮楼，外面还挖了三道护城河。袁家男女老少50多口，加上佣人家丁以及佃户共200多人住在里面，无论主仆，所有男丁都配有刀枪，小股的匪徒根本就不敢来骚扰。遇有大队捻军前来，周围的各个大堡寨都会按照约定彼此策应，群起而攻之。由袁家牵头、联合当地富家大户组织的一支地方团练武装，更是身先士卒，着着实实地确保了一方的平安。

回过头再说袁甲三，他打仗英勇而又不乏韬略，就这么打着打着，到1859年已经升任钦差大臣，督办安徽军务，并实授漕运总督，官居一品了。

就在这一年的9月16日，袁树三的长子袁保中夫妇下了第四个儿子，因为袁甲三刚刚打了一个大胜仗，率军攻陷了临淮关，故世字辈的袁老四被命名为世凯，字慰庭。袁保中先后有两个太太，都姓刘，袁世凯是小刘太太所生。刚出生的时候，小刘太太奶水不够，正好弟弟保庆的夫人牛氏前不久生了个儿子，还在哺乳期，袁家弟兄之间感情一向很好，于是袁世凯就被交给了牛夫人喂养。

奇怪的是，两个小孩子一起喂养，没过多久，牛氏的亲生儿子居然病死了，袁世凯倒是越长越健康。

袁世凯2岁的时候，也就是1861年底，袁甲三攻占捻军坚守三年的定远县城之后不久，却因寿州失陷，刚刚卸任的安徽巡抚翁同书遭到督办苏、皖、浙、赣四省军务的两江总督曾国藩痛劾。袁甲三牵涉其中，多亏老朋友曾国藩暗中回护，朝廷才没有太为难他，只是批准了他回籍养病的请求。

袁甲三回老家后，住在陈州的家中，养病期间，有捻军来犯。此时袁甲三的病已非常严重，但他在病榻上依然坚持向陈州守将传授破敌之计，结果捻军两次进攻都没有成功。1863年6月24日，袁甲三病故，享年57岁，同治皇帝赐谥号"端敏"，袁家因此尊称其为"端敏公"。

就在这一年，袁保庆攻陷项城尚店，将俘虏的千余捻军悉数杀光，一点不比他叔叔袁甲三仁慈。与此同时，袁重三和袁保中叔侄俩率领团练武装协助清兵攻陷西芦镇，同样是大开杀戒。

袁世凯显然是遗传了家族嗜杀的基因，又是在刀光剑影的环境里成长着，以至于他胆子特别大。据说5岁那年，有一次捻军进攻袁寨，城外厮杀得极为激烈，还是小孩的袁世凯居然一个人悄悄跑到了城楼上面，镇定自若、饶有兴味地观赏着下面你死我活的战斗，差点没把旁边的大人吓个半死。

也就是这次事情发生不久，袁世凯迎来了一次命运的转折——他被过继给了叔叔袁保庆。

他嗣父也很牛

袁保庆结婚结得早，娶妻牛氏。牛氏是个大家闺秀，什么都好，只有一样很要命的缺点：生的儿子活不长——她生了两个女儿之后又生了两个儿子，女儿活得好好的，两个儿子却生下来没几天就都病死了！袁保庆很爱牛夫人，一点没有责怪她。但那会儿毕竟还是万恶的旧社会，孩子可以随便生，连老婆都可以随便娶，元规则是"不孝有三无后为大"，一个儿子比现代人的一套房子还重要。袁保庆为了有后，在牛夫人的支持下，娶了两个姨太太王氏和陈氏，可惜两个姨太太齐心协力前赴后继生下三个女儿后，就再也没了动静。

这时袁保庆已经年满四十，事业、生活样样都好就这一点不如意，常常为此愁眉不展。牛夫人看在眼里急在心头，终于急中生智，打上了大哥袁保中家老四世凯的主意。袁世凯是吃牛夫人的奶长大的，袁保庆和牛夫人真是从来没把他当过外人，只是，袁保中又如何舍得拿自己的亲生儿子当外人呢？

好在袁保中有八个孩子，其中光儿子就有六个，让个把出来应该也有这个承受力。不过袁保庆行事沉稳，不敢轻举妄动，而是先去找奶奶郭老夫人请示兼求助。郭老夫人心中装的是整个大家族，要的是人丁兴旺，家族发达，自然对这事很是起劲，当即找来袁保中商量。保中保庆兄弟情深，又有老奶奶的面子在那儿，当即欣然同意，一桩大事就此定局。从此，袁世凯就成了袁保庆的儿子。

1866年，袁保庆因为屡立战功，被朝廷授予候补知府衔，并指定其到山东济南候任，于是7岁的袁世凯，跟着袁保庆一大家子人来到了济南。

一家人来到济南，将一切安置妥当后，袁保庆最操心的就是袁世凯的学业。作为一个候补官，他自己每天的杂事和应酬很多，没精力亲自抓儿子的学习，便聘请了王志清王老师来给袁世凯启蒙。

王志清是个举人，在济南当地颇有名望，只是老夫子学问很大，引经据典信手拈来，上起课来却实在是枯燥无味，对于生性好动的袁世凯来说，上这种课简直就是受罪，逃课也就成了家常便饭。

嗣母牛氏把这个儿子视为掌上明珠，有求必应，就是逃课也不管，袁世凯便经常在外面瞎玩，小小年纪，最喜欢干的竟是和别人打架斗殴，打来打去还结交了不少小混混，成了个混混头儿。

但课总还是要上，王老师很负责任，管教特严，这就更加让袁世凯感到不痛快，决定要报复一下这个老头儿。

袁世凯胆子本来就很大，加上嗣母牛氏的溺爱，更是没什么不敢做的——他捉了一大堆萤火虫放进玻璃瓶里，某天晚上悄悄躲在王老师下班回家必经的一条小路上，等到老师走近，立即开始摇晃玻璃瓶，再发出几声怪叫……

可怜王老师一路走来，看前面鬼火荧荧，本就已经胆战心惊，突然再听到鬼叫，不免被吓得魂飞魄散，差点没昏死过去。待到弄清楚这竟是袁世凯搞的恶作剧，顿时万念俱灰，第二天便到袁家辞了差事，头也不回地离去了。

这时袁保庆高升了道员，但还是候补的，依然只能干些临时性的差事和杂事，但毕竟升了官，比以前更忙了。忙碌的袁保庆没工夫管教自己的宝贝儿子，只能再请个老师来教他读书，也就是有一搭没一搭地读着。

到了1868年冬天，也就是袁世凯9岁那年，袁保庆的好运来了。

袁保庆有个朋友叫马新贻，这人出身山东菏泽的官宦世家，回族，进士出身，且是李鸿章同榜的进士，关系相当于现在的大学同班同学。在任合肥知县时，曾跟随袁甲三征战沙场，因功升到了按察使（副省长级），后因兵败导致庐州失守遭受处分，再后来经袁甲三保举才得以官复原职。袁甲三去世后，马新贻官福如火，由浙江巡抚到闽浙总督，1868年9月间，他已经升到了两江总督这一高位。

原来的两江总督是曾国藩，打败太平天国和捻军后，一生谨慎的曾大帅唯恐功高震主引来不测，一再要求急流勇退，朝廷也确实怕他的湘军不受节制，便于这年8月，顺水推舟将其调离两江，马新贻因此接任。

马新贻新官上任，最重要的任务就是裁撤湘军的骄兵悍将，这是个吃力不讨好的差事，马新贻倒是敢想敢干大刀阔斧，无奈被裁撤的兵勇大多不服，留在江南不走，时间长了无以为生，难免就会打家劫舍杀人放火，长此下去恐怕会出大麻烦。

马新贻铁了心要把工作做好，只是这事不好办，必须得有好帮手，于是他便想起了袁保庆。当年在袁甲三的手下，两个人算是同事，袁保庆强悍铁血杀人不眨眼的行事风格给马新贻留下过深刻的印象，此时自己需要的正是这样的人！加上袁甲三对己有恩在前，马新贻更不犹豫，当即奏请朝廷调袁保庆来南京，高就营务处总办。

这是个实缺，权力不小，虽然干的全是些脏活累活，袁保庆却干得不亦乐乎，凡抓到为非作歹的散兵游勇，一律就地正法，绝不留情，协助马新贻很好地完成了任务。作为回报，马新贻安排袁保庆当上了江宁盐法道，督销官盐——这可是大清朝当时的第一肥缺！毫不夸张地说，任何人，只要当上这个官，银子想要多少就有多少！

袁保庆为官清廉，不过再清廉，当上了这个官，家里自然就有了钱，再加上嗣母牛氏的溺爱，少年袁世凯便出落成了一个肥马轻裘、风流倜傥的公子哥。南京是六朝古都，好玩的地方很多，袁世凯玩得是不亦乐乎，根本无心念书，家里给请的几个老师拿他毫无办法。

袁保庆久读圣贤书，对礼教有着坚贞的信仰。曾经他有个外甥女新婚丧夫，从此在家守节，袁保庆这个舅舅对小女子的遭遇深表同情之余，还语重心长地对她说了一句话：你能守节，这很好；如果能以身殉夫，那就更好！

不要以为他只是对旁人作如此苛刻的要求，他对自己的亲生女儿同样如此。之前袁保庆在随着毛昶熙、毛亮熙兄弟办团练的过程中相处甚欢，遂决定两家结为儿女亲家——袁保庆把二女儿袁让许配给了毛亮熙的大公子。不想还未完婚，毛公子竟不幸早逝，最后17岁的袁让捧着毛公子的木头牌位成了亲，从此再未嫁人。

这样一个刻板的人，如何能够容忍自己的儿子不学无术？袁保庆想了两个办法，一是写信给大哥袁保中，请他把世凯的两个哥哥世敦和世廉送到南京接受更好的教育，顺便帮着约束弟弟读书——袁世凯有三个哥哥，但大哥袁世昌得看家——哥俩很快就来了，可他俩哪里管得住调皮的小弟弟？好在袁保庆还有一招，他又请了一个举人来当老师，这个老师叫曲沼，意外地很对袁世凯的胃口。

原来这个曲老师文武双全，尤其擅长武术，袁保庆的意思是，儿子再不服管教，曲老师您不妨替我打他。结果不用打，曲老师的功夫颇让袁世凯喜欢和佩服，每天乖乖地一边跟着学习四书五经，一边练拳习武。这样在家里待的时间多了，去外面浪荡的时候就少了，这让全家上下都很是欣慰。

其实也只是比以前出去少了，没事还是老往外面跑。这段时间袁世凯迷上了骑马，什么马都敢骑，再烈的马都不怕，而且骑得很好。可惜还是出了事儿，有一次他被一匹烈马掀了下来，摔伤了脚，不敢跟家里说，怕以后不放他出去玩，只好随便找了个江湖游医草草治疗一下了事，结果落下了一个轻微的终生残疾。

袁世凯这么一门心思地沉迷在练武、骑马这些事情上面，书读得肯定就有些随意，写出来的文章往往不入主流，甚至离经叛道，以致袁保庆在给袁保中的家信中曾经有这样的考语："世凯虽笨，尚可念书。"

其实袁世凯虽然对儒家经典不感兴趣，学习也不用功，但其学业并非一无是处，比如13岁那年，春节时他曾撰写了一副对联：大泽龙方蛰，中原鹿正肥。其气势之磅礴，颇有当年曹操、项羽之风范，令人很难相信这是出自一个少年之手。

在袁世凯写这副对联之前的一年多，南京发生了一件大事。1870年7月26日清早，两江总督马新贻校阅完亲兵操练、在回衙门的路上遇刺身亡，即历史上有名的"张文祥刺马案"。江苏巡抚张之万奉旨审理此案，袁保庆参与了会审。因为此案背景复杂，很可能牵涉李鸿章淮军和曾国藩湘军间的争斗，如果审清楚了，肯定会惹上得罪不起的人，所以张之万根本就没想审出结果，对犯人只骂不打，文明得很。张文祥是骂死也不说，被养得白白胖胖的，只等新任两江总督曾国藩回来，张之万好交出这个烫手的山芋。袁保庆只想着马新贻有恩于自己，不能让他白死，要求张之万动大刑。当然，这个要求被婉言拒绝了。

曾国藩和刑部尚书郑敦谨到来后，袁保庆仍参与会审，结果曾、郑两位同样以"害怕打死张文祥"为理由拒绝用刑，并很快审出了结果，结论和最初张之万他们的一样：张文祥是受海盗指使刺杀马新贻，跟其他人毫无关系。此案没有任何同谋者，也没有任何其他知情人。

袁保庆对此很不满意，与另一个会审官、同样也是马新贻亲信的孙衣言二人拒绝在结案书上签字，袁保庆更放言：老子宁愿不当这个官，也不能让这个案子不明不白地结了。

曾国藩、郑敦谨行走官场多年，岂会被这点困难难倒？两人在给慈禧太后及同治皇帝的奏折中根本就不提袁保庆、孙衣言参加过会审一事，最后以凌迟处死张文祥结案了事。

袁保庆为此很是闷闷不乐，一次在和袁世凯、袁世敦、袁世廉等几兄弟聊天中，他说到了此事，并请大家都谈谈看法。本以为这哥儿几个都才十几岁，能有什么看法？所以世敦、世廉面面相觑，袁保庆倒也不觉意外，只是没想到年纪最小的世凯居然滔滔不绝地说了一番话，大意是嗣父不签字，气节可嘉，但是说出宁愿不当官这种话就显得不够成熟，因为你即使真辞了官，也丝毫改变不了结果。听了这一席话，袁保庆惊喜交加。惊的是这小孩子怎么懂得如此深的道理？喜的是，儿子长大了！不仅长大了，而且有大智慧呢！

从此以后袁保庆就有意识地带着袁世凯参加一些官场社交活动，培养他做官的感觉。后来他索性写了本书，取名《自乂琐言》，里面没有任何虚的东西，全是自己在官场上摸爬滚打的心得体会，时常拿来讲给袁世凯听，比如："人言官场如戏场，然善做戏者，于忠孝节义之事能做得情景毕现，使闻者动心，观者流涕，官场如无此好角色，无此好做工，岂不为优人所窃笑乎？"净是诸如此类的大实话。

袁世凯也当真不负所望，学得很快，人情世故无不了然于胸。袁保庆后来走马章台，娶回一个姓金的姨太太，这在那个年代本也没什么。像之前袁家就有两个姨太太，陈氏和王氏，两人因为没能生儿子，心中有愧，行事相当低调，在家里很是尊重牛氏夫人的地位，大家相安无事，倒也其乐融融。可这个金氏是妓院里出来的，没那么知书达理，反而恃宠而骄，和牛夫人闹得很不愉快，袁保庆站在中间左右为难，烦得恨不能把自己给阉了。谁也想不到最后竟是袁世凯摆平了这事儿。天知道他用了什么办法，估计多半是说服加撒娇，居然令牛氏和金氏化干戈为玉帛，成了相亲相爱的一家人，袁保庆为此好不开心。

然而这样的幸福生活没有持续太长时间，1873年6月，南京瘟疫流行，袁保庆不幸染病，终不治身亡，年仅48岁。他的结拜兄弟、李鸿章麾下大将吴长庆专程从江阴赶到南京为他料理了后事。

料理完后事，到了年底，袁世凯伴随着嗣母牛氏及姨太太等一大家人，扶着父亲的灵柩返回老家项城，一路充满了悲伤。

袁世凯回到老家，没待多久转眼就到了来年。春天的时候，有一个重要人物也回来了，他就是袁世凯的堂叔袁保恒。

前面说过，袁保恒早在1850年就中了进士，当过翰林院编修，后随父从军，屡立战功，一路高升。到了1868年，他被调到李鸿章军中服务，然后又随左宗棠征陕，主要做后勤工作，劳苦功高，深得左大帅的赏识，此时已高升为户部左侍郎、内阁学士。

袁保恒这次是回乡探亲，之后便要回北京就任新职——吏部侍郎。这次探亲之行有一个很重要的事项：分家。

原来保恒的弟弟保龄时常会回老家看望家人兼处理一些家事，深深洞悉到整个家族所蕴藏的危机。郭老夫人岁数大了，自朝廷授予她一品诰命夫人的荣誉后，便常年吃斋念佛，扶贫济困，成了当地有名的大善人。老太太早已不再过问家事，在家中的地位更像是一个精神领袖，具体事务全靠袁重三和袁保中打理。袁重三很能干，可惜前些年去世了，袁保中也很精明强干，但不善理财，这样整个家族就渐渐地露出了衰败之象。

偏偏袁保中为人强势又好管闲事，仗着自己捐过一个官，朝中又有人，根本不把地方乡绅放在眼里，连县官都敢教训，以至于当时一般人都不愿意到项城做官，项城县令，居然成了个"宜吊不宜贺"的差事。

有这么一位跋扈的族长，袁家其他人也就可想而知，横行乡里、欺行霸市的事情想来不会少，可以坐实的是吃喝嫖赌、吸食鸦片，很出了几个败家子，不几年袁重三辛苦创下的家业就已经被挥霍掉一大半。到最后，偌大的家族，其主要现金来源，靠的居然是保恒、保龄哥俩在北京攒下的银子。

保龄跟保恒一商量，都认为颓势难挽，鞭长莫及，唯有分家才是正途。哥俩商量好了方案，将所有家产分为12股，两股为郭老夫人所有，宗族公事所需也从这里出，保字辈兄弟十人则每人一股，保恒、保龄二人把自己该得的两股，一并交给郭老夫人。郭老夫人内心百般不愿分家，但她年纪大了，没办法再操太多的心，而且她也清楚分家对整个家族只有好处，也就同意了这个方案。

作为独子，袁世凯名下继承了袁保庆那一股家产。虽说已经在衰败，但袁家毕竟曾是豪门，这一份产业，落到一个人头上，也委实不少了。

分家之后，老夫人精神上失去了寄托，没多久就撒手尘寰，享年97岁。紧接着袁世凯的生父袁保中也染病去世，袁保恒越发觉得小世凯孤儿寡母很可怜，更感念保庆兄弟只此一子，自己这个做叔叔的有责任代为管教培养，便带着这个侄子来到了京城。这一年，袁世凯15岁。

到北京后，袁保恒很忙，便把袁世凯委托给了他另一个叔叔、名列内阁中书侍读的袁保龄严加看管，袁保龄这个官是捐来的，有名无实，所以平时时间比较多。因为袁保龄有时要往返于北京和项城之间，袁保恒生怕他管教不过来，还专门为侄子聘请了三个严师：举人周文溥，讲解诗词歌赋并教作诗；进士张星炳，教书法；举人谢廷萱，专司讲解、训练八股文。

严师出高徒，袁世凯毕竟长大了些，又经历了丧父之痛，开始懂事了。他原本聪明，一旦开始用功，学业自是突飞猛进。只是江山易改本性难移，学习之余袁世凯还是会抽空到外面去逛逛，京城繁华，他什么都感兴趣，尤其喜欢八大胡同的姑娘，于是一手抓读书，一手抓玩乐，居然都干得不错。

这样到了1876年，看着袁世凯书读得差不多了，保恒、保龄两位叔叔一商量，决定让他去考个秀才开始功名正途。那会儿的考试和我们现在的高考一样，得在户籍所在地参考，所以袁世凯就回到了河南老家，参加人生的第一场科考。

没中秀才的命

考个秀才很不容易，需要经过三道关。第一关是县试，由本县的县太爷主持，需要连考五场；通过后再参加府试，由知府老爷主持，需要连考三场；过了府试才有机会参加院试，院试由各省学政（类似于现在的省教育厅长，但权力更大，地位更高）及朝廷钦派考官主持，能通过院试的，才算是中了秀才。

袁世凯考得不错，接连通过了项城县试、陈州府试，府试成绩更是名列陈州府前十名。可惜运气太差，院试没考过。

这就得说到一个人，他叫瞿鸿禨，日后将是袁世凯一生中最大的对手。

瞿鸿禨生于1850年，湖南善化人，家里世代读书，可直到祖父那一代才中了秀才，他父亲瞿元霖运气比较好，在咸丰元年（1851）考中举人，当了个刑部主事的小官。官没当几年就赶上英法联军内犯，咸丰皇帝死于承德，瞿元霖忧愤时局，竟至双目接近失明，不得已只好辞官归田，所有的希望，都寄托在了11岁的瞿鸿禨身上。

瞿父教子严苛，每天天不亮就把儿子叫起来读书，由于他眼睛几乎是瞎的，经常会把夜里的月亮当成黎明的星星，以致儿子时不时就得半夜爬起来用功。如此苦读之下，瞿鸿禨于17岁中秀才，21岁中举人，22岁考取进士，并入翰林院，到了1875年光绪元年的翰詹大考，也就是翰林的升职考试，瞿鸿禨考了一等第二名，高升六品翰林院编修、超擢侍讲学士，随即外放提督河南学政，也就是主持河南院试的主考官，顺便督察各地学官。

外放考官是翰林能得到的最好的差事之一，因为很能捞些银子，有"一任学政官，十年花不完"之说。但瞿鸿禨不同于他人，自我要求相当严格，所到之处，不贪不占，清廉自持，一门心思只想着为朝廷选拔些真材实料出来。当然他也并非完人，有自己的缺点，就是气量非常狭小，属于睚眦必报那种。

按当时的规矩，考官在各地的礼遇没有一定之规，全由当地长官看着办。一般的地方官都很给面子，比如瞿鸿禨首先到的归德府，当地知府就给予了隆重的接待，这让瞿大人很是满意。

然而到了下一站陈州府，知府吴重熹出身豪门大族，根本没把这个年轻的六品编修当回事儿，接待规格自然就马马虎虎。这也就罢了，最可恨的是，吴知府甚至还发公文知会接下来的几个府，建议都照此规格接待，瞿鸿禨知道了当然很不高兴。

报复来得相当残酷：巡视完全省之后，回到省城开封，院试之前，瞿大人悄悄交代手下，凡陈州府的考生，一个不取。就这样，院试的大门无情地对袁世凯关上了。

袁世凯并不知道这其中的曲折，他只是很难过很失落，无奈之余作了一首诗，题名《言志》：

眼前龙虎斗不了，杀气直上干云霄。

我欲向天张巨口，一口吞尽胡天骄。

考场失意情场得意，这年年底，在家里的张罗下，袁世凯结婚了，新娘是沈丘大财主于鳌的千金小姐于氏。此时的袁世凯已经懂得要追求上进，蜜月刚过，1877年2月，他又回到了北京，继续读书。

可惜经过一次挫折之后，袁世凯对儒家经典、八股文章已经毫无兴趣，大部分的时间他用来钻研兵书，《孙子》、《吴子》、《尉缭子》一类的，虽然似懂非懂，却爱不释手。他常四处求购各种兵书战策，为此不惜重金，一旦买到就如饥似渴地研读，因此得过一个绰号"袁书呆"。袁世凯是那种不畏人言的性格，对此毫不理会，高兴的时候他会如此回应："三军不可夺帅，我手上如果能有十万精兵，便可横行天下。"

与此同时，保恒、保龄看他比较善于处理杂务，有时也带着他出去，帮着跑跑腿、打打杂什么的，袁世凯对此兴味盎然，大小杂务无不干得有条不紊，很赢得了两位叔叔的一些夸赞。

到了这年冬天，河南遭遇百年不遇的旱灾兼蝗灾，此时袁保恒已调任刑部左侍郎，官声不错，被朝廷派往河南协助地方官员办理赈灾事务。为了增加袁世凯的历练，袁保恒把他也带去了，真就交了不少公事给他办。这些杂七杂八的事情很对袁世凯的胃口，他认真学习，努力工作，把事情处理得井井有条，很学到了不少本领。

1878年的4月，老家的牛氏夫人重病不起，袁世凯思母心切，跟叔叔请假跑回项城看望亲爱的妈妈。

牛夫人命大，扛了过来，倒是远在开封的袁保恒染上瘟疫，还没等侄子再从老家赶回来，他就以51岁的年纪英年早逝，令袁世凯悲痛万分。

袁保恒是朝廷大臣，素有能员之名，得知他的死讯后，慈禧太后特意命名满天下的翰林院编修张之洞代为草拟御赐祭文和碑文。张之洞就是我们前面提到的张之万的弟弟，同治二年（1863）慈禧亲手点的探花，由他来执笔，可见太后对袁保恒是相当的看重。

张之洞笔下无虚，立时写就两篇精彩文章，其中的警句是："风凄大树，留江淮草木之威名；月照丰碑，还河岳英灵之间气。"

有朝廷如此的垂爱，袁保恒的后事自然办得很风光，哀荣无限不在话下。只是再大的风光也抚平不了袁世凯心中的伤痛，他无法在开封待下去，也无心再回北京，只好心情郁闷地回了项城袁寨。

在大城市逍遥惯了，肯定无法再习惯袁寨那种单调的生活，住了几天后，袁世凯就带着太太于氏搬到了相对繁华的陈州府城。一起搬过来的，还有他的嗣母牛氏夫人，以及嗣父的另几个姨太太，也算是个大家庭。

陈州府这里有座袁甲三以前买下的大宅院，当年分家的时候落在了袁世凯名下。在这里袁世凯过得很快活，到年底他就和太太生了个儿子，取名袁克定，而袁世凯，此时不过19岁。

现在的袁世凯，家里有老婆，心中有儿子，名下有产业，如果他愿意，幸福的小康生活足以过得优哉游哉。

可他是袁世凯，哪里肯安于如此的平淡？自立门户之后，再也没有人可以管他，而且又不缺钱，便索性招呼来一帮当地文人，其中包括几个秀才，组织成立了一个文社，取名"丽泽山房"；后来觉得一个不过瘾，就又搞了个"勿欺山房"，大家定期在一起饮酒作诗，真正叫诗酒风流。

作为两个文社的发起人，袁世凯大包大揽了一切活动的费用，这样的人在任何时代任何社会肯定都人见人爱，于是他很快就赢得了陈州文化界的交口称赞，就连陈州府知府吴重熹偶尔都会来他们的诗酒会捧场，当然这也和吴知府一向和袁家关系密切有关——前面说过，吴是袁世凯府试的"授知师"，此外两家还有一重渊源，吴知府的父亲吴式芬和袁甲三是道光十五年（1835）的同榜进士，老吴第29名，老袁第96名。

袁世凯兴趣广泛，绝不会只热衷于文的，事实上他和地面上的侠义之士、练武之人，包括一些地痞流氓同样打成一片，时常纵马扬鞭、舞刀弄棍、大碗喝酒、大块吃肉，好不潇洒。

有一次跟人喝酒的时候，袁世凯听说城隍庙那里有一个姓瞿的算命先生，算得很准，他很信这些，第二天就跑去了城隍庙。老瞿把这个年轻人端详良久，半天说不出话来，最后说道："公子的命贵不可言，日后必将出人头地，位列公卿，50岁时会有道坎，能过去，过去之后还有7年大运。"

这命太好了，袁世凯自己都有点不敢相信，急需找其它途径来印证。后来他听说城里有个叫段晴川的翰林学士阅世品人常有独到之处，就急忙赶去求见，段老先生见了袁世凯这个矮胖子，同样沉思良久，最后断言：慰庭兄（袁世凯字慰庭）未来的功业必将在你的叔祖端敏公（即袁甲三）之上！

功业在叔祖之上？袁世凯闻言大喜，再一想袁甲三都官至总督了，若在他之上，岂不得像曾国藩那样，封侯拜相当大学士？想到这儿不免有些气短，自己现在连秀才都还不是，将来怎么当大学士？

想到这里，袁世凯决定好好读读书，争取下一年能把秀才的功名拿下来。于是出去舞枪弄棒的时候少了，大多数时间都待在文社里面，一个人的时候就埋头苦读，定期聚会的时候则诗酒唱和，日子过得优雅而充实。

文社有几个铁杆文友，每场必来，风雨无阻，其中有个人叫徐世昌，字卜五，号菊人，生于1855年，祖籍浙江省鄞县，落籍直隶天津，出生于河南卫辉府。他的父亲早年从军，在攻打太平天国的时候阵亡，时年仅25岁，徐世昌当时只有7岁。

母亲刘氏教子很严，自幼就督促着徐世昌兄弟俩读书。徐世昌人很聪明，书读得相当好，可惜家庭困难，没钱供他回户籍所在地天津参加科举考试，所以他16岁时就做了私塾先生，赚钱贴补家用。

徐世昌有学问，教书也教得好，字写得尤其出色，渐渐有了点小名气，后来经其当官的叔祖爷爷推荐，开始在附近县衙工作，做些文牍抄写一类的活儿，有时也替官老爷们写写文稿，但因为没有功名，无法纳入编制，始终当不了公务员。徐世昌此时正在陈州府淮宁县做文案助理，衙门里有个叫席锦全的刑名师爷，慧眼识人，认定这个小伙子绝非池中之物，就做主把自己的妹妹许配给了他。

徐世昌结婚之后，家里凭空多了一张嘴吃饭，生活变得更加困难，经常要靠席锦全接济才能填饱肚子，这常令他感到无地自容，对自己的怀才不遇上进无门更是苦闷，所以非常热衷于袁世凯的文酒诗会，至少可以借机宣泄一番。

应该是缘分，一来二去的袁世凯和徐世昌就成了好朋友，后来两人干脆结为异姓兄弟，这一年，袁世凯20岁，徐世昌24岁，自然是徐世昌当大哥。

有一天聚会，从不缺席的徐世昌居然没来，袁世凯很奇怪，结束后就找到他家里去，看是不是出了什么事。确实是出事了，还是好事，原来大舅子席锦全坚信自己选定的这个妹夫学问大前程肯定也远大，便拿出了自己大部分的积蓄，让他去天津考秀才、举人。问题是这钱不够，好事就变成了尴尬事。看着愁眉不展的菊人兄，袁世凯哈哈一笑说："小事情，都在我身上。"就这样，徐世昌收拾行囊，北上赶考去了。

送走徐世昌，迎来了张向宸。张向宸是袁世凯的姑父，此时官拜四品道员，此次是奉命来河南办理赈捐。姑父早听说袁世凯能干，便特意来请他帮着办理陈州府的赈捐事务。袁世凯确实有才能，加上人缘好，黑白两道都有路子，把个赈捐搞得轰轰烈烈，最后陈州府募得的捐款竟是全省最多的。

张道台大喜过望，转念一想，这么能干的一个侄子，不当官真是太可惜了，就出钱帮他捐了个中书科中书的官衔，这只是个从七品的官位，而且还是虚衔，但不管怎么说，既然捐了官，名义上就已经成了体制内的人了。

不过此时的袁世凯还是希望从正途上求出身，所以紧接着又参加了这年的科举考试，结果再次名落孙山，和秀才无缘。

科场上讲究的是"一命二运三风水，四积阴功五读书"，还有种说法则是"场中莫论文"，历朝历代，须发皆白的秀才不乏其人，而须发皆白仍未中者更是不计其数，所以仅仅两次没考上，其实一点都不丢人。

但袁世凯还是不干了，一把火烧光家里的儒家经典，扔下了一句掷地有声的话语："大丈夫当效命疆场，安内攘外，岂能龌龊久困笔砚间，自误光阴邪？"

在军中混出了点名堂

焚书之后，袁世凯开始了认真的思考，思来想去，还是得想办法做官。科场这条路虽走不通，但自己好歹已经捐过一个官，算是有了进身之阶，那么就不妨到北京去找找机会。

当时的捐官补缺路径大体是这样：捐个官，不过是虚衔，好处是有了身份，当官的不方便随便欺负你而已，但只能算是取得了做官的基本资格。若想补实缺，必须到吏部报名，合适的话再由吏部指定分发到某个具体地方，补某个级别的实缺。理论上这不需要花钱，但事实上却必须走路子，而且一定得有缺空出来才能补，所以一辈子补不上的也大有人在。但无论如何，必须得先上北京。

　　好在北京有大把保恒叔叔的朋友，况且袁保龄也还在那里，不愁没有出路。只是跑官需要钱，偏偏这两年自己在家大手大脚的，钱花得差不多了，空着手进京，绝对毫无成算，袁世凯为此很是烦闷。

　　思来想去只好找老婆于氏想办法，于氏娘家是大户，有的是钱，奈何此时夫妻关系已经降到冰点，起因是这样的：

　　生下袁克定后不久，有一天早晨起床，袁世凯看见老婆系着一条红色绣花的缎子裤带，这种裤带，在当时有那么一点点特殊行业制服的味道，就开玩笑说了句："你这打扮像个马班子。"马班子是河南一带的方言，特指戏子或是妓女。于氏大户人家出身，哪里受得了这种玩笑？登时翻脸，冷冷地回了句："俺不是马班子，俺有姥姥家！"

　　这句话太毒了。原来在那万恶的旧社会，按当地风俗，姨太太的地位远不如当今的二奶来得高，不仅在家要看正房夫人的脸色，就连娘家人来夫家，也一律是下人的身份，见到男女主人都必须下跪磕头，所以一般不到走投无路，娘家没人愿意来看女儿，姨太太看起来就跟没有姥姥家一样。

　　袁世凯的生母刘氏夫人恰巧是姨太太出身，于氏这句话，把老公伤得有多深就可想而知了。总之此事过后，袁世凯夫妇就再没有同过房，平时见面连话都没有几句，这会儿陡然说到要借钱，当然门都没有。

　　最后是嗣母牛夫人拿出了多年的积蓄，袁世凯才终于来到了北京。无奈保龄叔叔的官也是捐来的，从来没补过实缺，在官场上没什么过硬的关系，只能给侄子提供免费的食宿。袁世凯并不气馁，他拜访了不少保恒叔叔生前的同事、朋友，这些人，当年见到他总是热情地接待亲切地夸奖，可时过境迁人走茶凉，现在有限的肯见个面的几位，除了几句空泛的鼓励，没有人愿给他提供任何实质性的帮助。

　　倒是有不少热心人肯帮他跑门路，这些人，往往不是这个王爷的包衣家奴，就是那个大臣的侄子外甥，说起来个个都神通广大得很。袁世凯毕竟年轻，识不得江湖的险恶，又正处在病急乱投医的当口，就把希望全寄托在了他们身上，等到带来的钱花干净而这些人再也见不到的时候，方才明白自己被骗了。

　　袁保龄看着这个沮丧的侄子，实在是于心不忍，便给了他一笔钱，建议他不妨到南京去看看，找袁保庆当年的朋友碰碰运气。袁世凯想想没有更好的办法，也就去了。

南京和北京一样冷漠，袁世凯投靠无门正在徘徊无计之时，袁保龄倒先有了好去处——他被直隶总督兼北洋大臣李鸿章看上了，以"北洋佐理需才"为由，奏请朝廷将其调到天津，委办北洋海防营务，成了大红大紫的李鸿章的幕府中人。这已经是1881年的事儿了。

袁保龄到了天津，安顿好之后，立即给袁世凯写了一封信，让他速来天津，到李大人帐下找出身。随信还附了一封推荐信，是袁保龄请在李鸿章面前比较说得上话的周馥所书。

接到来信，袁世凯大喜，所有阴霾一扫而光，立即起程赶往上海，打算乘坐海轮前往天津。

可到了上海，袁世凯犹豫了，他想的是，北洋幕府人才太多，李鸿章本人又是翰林出身，多半瞧不起自己这个没功名的人，果真到了那里，很难说能有出头之日。那么去还是不去，就成了个问题，不如静下心来先考虑几天再说。

考虑归考虑，上海滩十里洋场，花花世界，要静下心来还真是不容易。果然，小伙子一头扎进了温柔乡里，不能自拔。

袁世凯住的那个长三堂子，属于高级妓院，消费不菲，何况他点的沈姑娘，是堂子里的头牌，这样没几天床头金尽，袁世凯就难免英雄气短了。

但沈姑娘不是凡俗之辈，她一是了解到袁家门第显赫，二是看袁世凯气概不凡，难保日后不会大富大贵，便偷偷拿出自己的私房钱来倒贴他。天底下没有不透风的墙，这事很快就被老鸨知道了，沈姑娘花自己的钱养小白脸，一分钱不少上交，老鸨自知这事没办法管，便天天拿冷脸给袁世凯看，冷言冷语更是少不了，这下袁世凯就没脸再待下去了。

这时沈姑娘一半是做作，一半也是真动了感情，死活不让他走。袁世凯身上毕竟有英雄气，一通安慰之后，慨然说道："大丈夫当以天下为己任，天下兴亡，匹夫有责，岂能整天沉迷于温柔乡中？我这就走，日后若能出人头地，定当不负于你。"

说完袁世凯提笔写下一副对联："英雄落魄，一曲琵琶知音少；商妇凋零，百年岁月感慨多。"然后转身就要走，沈姑娘很有决断地说："你既要走，我也不在这里了。明天我就去乡下买个房子住下来，等着你来接我。"

走出堂子袁世凯住进了一家小客栈，这时他也想清楚了，李鸿章那里虽好，可实在是难以出头，还是去投奔吴长庆好了——他跟嗣父关系那么铁，想来不会亏待自己的。

吴长庆跟袁保庆确实是铁哥们，他们间的友谊，还得追溯到那个激情燃烧的战争年代。

吴长庆，字筱轩，安徽庐江县人。其父吴廷香是个秀才，太平军打到安徽的时候，他募集了一批团练来对抗。1854年9月，安徽大部已落入太平军之手，包括吴家所在的庐江县。吴廷香率三千乡勇收复了县城，随后就被反包围在城中。

粮草将要耗尽之时，吴廷香派儿子吴长庆潜出城去，赶到驻扎在宿州的袁甲三军中求援。袁甲三立即召集子侄及手下将领开会研究对策，袁保恒主张自保，袁保庆则力主出兵相救，两派争执不下，以致贻误了战机，庐江城破，吴廷香阵亡。

因此，吴长庆恨透了袁保恒，对袁保庆则心存感激，加上两人投缘，遂结为兄弟。后来，吴长庆继承了父亲云骑尉的世职，先追随曾国藩，后加入李鸿章的淮军，在沙场上染红了顶戴。

袁保庆在南京的时候，吴长庆正率部驻扎在附近，两人常有往来。袁保庆去世时，吴长庆还特意赶到南京帮着料理了后事。

吴长庆官升得很快，到了1880年1月，已经高升浙江提督，位居一品武官了。10月调任广东水师提督，还没来得及赴任，就被朝廷派到了山东登州搞海防，以防止法国人的兵船进犯。

清朝有重文轻武的传统，武将并不受重视，像提督虽是一品武官，见了二品的巡抚，照样得行礼，不请坐就只能站着。而且吴长庆再牛，顶天了也就是李鸿章手下的四大将军之一，投到他那里，注定了就只能从军功上求上进。

袁世凯要的就是这个。他的想法很简单：叔祖袁甲三虽说进士出身，但真正起家全靠军功，尤其是，他自始至终从来没有自己的嫡系部队，却照样能建立不世功勋；同理，叔父袁保恒、嗣父袁保庆，如果不是打仗，哪里升得了那么快？可见生逢乱世，成功的路不止一条，眼下朝廷眼看要和法国人打起来，从军也许是条终南捷径呢。

袁世凯是那种想清楚就要去做的性格，只是此去登州，路途迢遥，自己此时囊中羞涩，旅费还不知在哪里。想到这里袁世凯越发愁眉不展，便来到客栈旁边的小饭馆，一个人喝起了闷酒。

对面一桌恰好也是一个人在喝酒，那个年轻人长得很帅，有点像后来的张国荣。袁世凯看着他，发现对方也在看自己，四目相对，两人不由得会心一笑。那时人际关系简单，人与人之间防范意识不那么强，那人说了句"一个人喝酒没意思"，然后就挪了过来，正式拼桌了。

这人叫阮忠枢，字斗瞻，安徽合肥人，此次是进京赶考，途经上海，闲得无聊出来喝酒，没想到遇见了袁世凯。他见袁世凯很有些英雄气概，便有意结识，袁世凯借酒浇愁正烦着呢，也需要一个发泄对象，于是两人越聊越投机，待到阮忠枢知道这位袁公子竟是当年纵横安徽的袁甲三袁大帅的后辈，不由得肃然起敬，再了解到他欲前往登州投奔吴长庆以期成就一番功业，却苦于一贫如洗无法成行时，当即慷慨解囊，给了他一笔路费，谢绝了对方的道谢，只说"苟富贵勿相忘"。

吴长庆见到故人的儿子很是高兴，好吃好喝招待一番自不在话下，不过袁世凯从军的愿望落了空。原来吴长庆虽是军功出身，却很风雅，有儒将之称，幕府中养了不少读书人，其中最有名的，是日后名满天下的南通状元张謇。此时的张謇还只是个秀才，在营中担任文案，顺带着管理一些营务，同时还要教吴大帅的儿子、日后将位列"清末四公子"的吴保初读书。

以吴长庆之尊重知识，加上和袁保庆的深情厚谊，他自然会努力创造条件让袁世凯走正途，也就是读书，以备科考，于是他给这个世侄在文案上挂了个名，每月支十两银子，但啥也不让他干，只专心念书，并特别让张謇和另一个很有学问的朱铭盘悉心教导。袁世凯万没有想到，绕了这么大一个圈子，居然是终点回到起点，但也无可奈何，面对眼前厚厚的一摞书，只有硬着头皮读。

强扭的瓜毕竟不甜，何况袁世凯的性格相当强势，既然他早已焚书立志，此时如何还读得进去这些之乎者也？而他写的那些诗文，也断然入不了正统文人的法眼，我们不妨欣赏一下他写的一首七律：

> 不爱金钱不爱名，大权在手世人钦。
>
> 千古英雄曹孟德，百年毁誉太史公。
>
> 风云际会终有日，是非黑白不能明。
>
> 长歌咏志登高阁，万里江山眼底横。

没错，这首诗大开大合，气势磅礴，但在诗家看来，它既不合格律，对仗也不工整，虽然恢宏浩大，却狗屁不通。像张謇那样的大才，眼里更揉不得沙子，比如他对袁世凯的诗文就曾有过如此评价："文字芜秽，不能成篇"，时间久了，师徒二人就都感到了别扭。

当然这个别扭纯粹是学问上的，袁世凯为人处世方面是天才中的天才，加上走南闯北混了那么多年，人情世故早已烂熟于心，绝不可能在生活中让自己的老师不愉快。

事实上，除了做学问，张謇对这个学生的印象非常好，这除了袁世凯对他一向恭恭敬敬、一口一个"老师"叫得很甜之外，更因为他有时会交给袁世凯一些营务上的事情，其中不乏一些麻烦事，袁世凯都能条理清晰地帮他处理得干净利落，渐渐地他对袁世凯就有了新的认识：这家伙做学问肯定不行，干行政倒是一把好手。

所以当袁世凯终于忍不住诉苦，希望张謇帮自己在大帅面前美言几句，以便能给安排一个差事时，张謇毫不犹豫地就应了下来。

张謇是吴长庆那里的红人，既然他帮着说话了，事情也就成了。吴长庆是真顾念故人情谊，直接任命袁世凯当了营务处帮办，月薪30两银子，还给他配了两个勤务兵。

这营务处负责军营的行政工作，责任重大，权力同样重大，处里的老大叫总办，老二叫会办，按职位接下来就是帮办，但帮办有好几个，22岁的袁世凯资历最浅，他这个帮办，并没有什么实际权力。

但袁世凯不这么想，他信奉权力得靠自己争取的哲学，坚信在其位谋其政自然就会有权力，所以一点都不在乎旁人的眼光，只让手下勤务兵打着上书"帮办营务处袁"几个大字的大红灯笼，一天到晚跟着他招摇过市，好不威风。

招摇归招摇，袁世凯工作起来可真是一点不含糊，任劳任怨很卖力很投入，并时时处处仔细观察认真学习，进步可以说一日千里。只是随着工作做得越来越多，慢慢，他开始对吴长庆的这支军队，也就是庆军，感到不满意了。

现在是公元1881年，距太平天国和捻军失败已有十好几年，歌舞升平了这么长时间，被朝廷倚为柱石的淮军，早已不再是当年那支号令严明的军队，而日渐堕落为一支腐败之师，身为淮军四大主力之一的庆军，自然不能免俗。

庆字营时期的袁世凯，刚刚上路

庆军是由吴长庆的父亲吴廷香拉起的那支团练发展起来的，到现在队伍里很多都还是庐江老乡，有些人岁数比吴长庆还大，资格也比他老，管理起来确实不容易。

岂止是不容易？庆军的弟兄们，不按时睡觉起床、不好好操练这算好的，就连吃喝嫖赌骚扰地方都是家常便饭。当年马新贻奉旨裁撤、治理湘军，结果竟然遇刺身亡，最后虽说凌迟处死了刺客张文祥，整个事情却不了了之。前鉴不远，以马新贻两江总督之尊，尚且落得这个下场，现在面对取湘军而代之的淮军的骄兵悍将，谁又真的敢管？

袁世凯敢！可惜他没实权，虽然大家都知道袁少爷是吴大帅的嫡系，不得不给他点面子，但也无非是被抓到现行了唯唯诺诺，转过身就依然故我，把个袁帮办气得七窍生烟，无可奈何之际，就想要杀人立威。

可要杀人必须得到吴长庆的支持，袁世凯不止一次地向吴大帅汇报庆军的腐败，并建议用重典治之。因为工作态度严谨办事能力突出，吴长庆对这个世侄很是赏识，对他的工作一向予以大力支持，但说到重典整治，大帅犹豫了，语重心长地说："军队嘛，是用来打仗的，能打仗就行，其它的都是小节，不用太认真。"

"可是不讲究小节，这样的军队如何能打仗？"袁世凯得理不饶人的性格被激发了出来，但无论他怎么说，吴长庆只是给他打太极。毕竟是自己的世叔，又是长官，袁世凯虽然很窝火，也只能忍了。

但机会还是来了。1882年春节，军营照例放假五天，吴长庆等高级军官都回家过年去了。大年初二晚上，袁世凯在睡梦中被惊醒，赶紧披衣爬起，和张謇带着三十多人的卫队循着声音赶赴现场。

和以往大多数时候一样，还是赌博惹的祸，不过这次的事闹得太大，对立双方几百人密密麻麻地各拿刀枪挤在一起，有脾气大的早已打成一片，地上则已经躺着了两具尸体。

袁世凯生怕事情发展下去酿成兵变，当机立断，假传吴大帅的号令，喝令大家不许胡闹，各自回营。等到众人散去，他迅速把事情调查清楚，带着人就去把带头闹事的四个兵油子抓了起来，然后连夜传令全军集合，重申军法之后，将四人当众斩首。

一时间，整个操场肃穆无声，再没有昔日的浮躁喧嚣。按袁世凯后来写给二姐袁让的家书中所描述，众兵丁最后是"屏息而散"。

等到长假结束吴长庆回营，袁世凯赶紧前往汇报，并主动请罪。听说杀了四个人，吴长庆有点不高兴，但军营骚乱，任何时候都是天大的事，绝不可等闲视之，袁世凯杀人，在军法上站得住，对此吴长庆也无话可说。

张謇却有话说，他报告吴大帅，事发突然，当时若不是袁世凯处置果断明快，甚至可能会有兵变发生。听了这话，吴长庆顿时改变了态度，把这个世侄狠狠地夸奖了一番。

袁世凯杀人立威之后，庆军中再也没人敢小瞧他，他的工作开展起来就顺利多了，私底下大家不再称呼他为"袁少爷"，而都叫他"袁帮办"，其军中地位终于得到了一致的认可。

袁帮办主管的是军营行政事务，诸如军容军纪之类的，这些事对他来说现在已是小菜一碟。袁世凯比谁都清楚，在军中，必须要有练兵权、统兵权才能真正树立权威，可庆军中将校众多，他一个二十出头毫无经验的年轻人，凭什么练兵？袁世凯自己也知道这事儿不可能一蹴而就，得等机会，他相信机会从来都是留给有准备的人，于是定下心神，埋头学习。他学得很投入，甚至搞到了一些英、德军队操练的资料，简直是如获至宝，就这么如饥似渴地学着学着，机会真的就来了。

朝鲜不是我的家

生擒朝鲜老大

那时大清朝自诩天朝，有不少藩属国，其中一个是朝鲜，这年朝鲜发生了动乱。

这事儿得从1863年朝鲜国王哲宗去世说起。哲宗没有儿子，但国不可一日无君，于是一个与国内各派势力都有些渊源的支系国戚、被封为兴宣君的李罡应乘虚而入，四处活动，八方联络，终于成功扶持了他的二儿子李熙继位，即为高宗。

李熙继位时只有12岁，还是个不懂事的孩子，李罡应顺势入朝摄政，得偿所愿。按规矩，他这样的身份得封大院君，这就是朝鲜历史上著名的兴宣大院君。

李罡应执政很强势，极力排除异己，到处安插亲信，很快就控制了朝鲜的局势。这样到了1866年，国王李熙15岁，该结婚了。李罡应非常忌讳外戚干政，故亲手选定了一个叫闵慈英的女人做儿媳妇，即闵妃。闵妃比李熙大几个月，是李罡应夫人闵氏的远房亲戚；最关键的是，她是个孤女，父母早逝，家里也没有兄弟姐妹，当了王后不至于有外戚之祸，也就不会影响到公公的权势。

闵妃对公婆很孝顺，李罡应夫妇对这个儿媳妇非常满意。从小缺少疼爱的闵妃也很爱自己的老公，奈何老公并不爱她，而是整天和一个李姓妃子缠绵在一起。身为女人，遇上这种事儿闵妃肯定不开心，但因为自幼经过艰苦环境的历练，她为人相当深沉，丝毫没有表露出内心的不满，而是化悲痛为力量，埋头读书——读的都是《资治通鉴》、《二十四史》、《左氏春秋》一类的古书，从中体会官场的险恶，学习治世之方略。

与此同时，她还很巧妙地把一些或远或近的亲戚安插进了政府部门，再想办法徐徐升迁。这些亲戚也是李罡应夫人的亲戚，所以闵妃的举动并没有引起公公的注意。事实上，李罡应那段时间很烦，根本没心思关心这些"家事"，以至于闵妃甚至有机会拉拢了一些李罡应派系的实力人物，为她之后的崛起打下了不错的基础。

李罡应非常忠于宗主国大清朝，但限于视野的封闭，这人特别排外，对来自西洋、日本的事物极端抵触，为此不惜下令断绝朝日两国通商，凡与日本人交往者一律处死。这可是连大清朝的慈禧太后都不敢干的事儿，自然引得各国非常不满，经常有各种各样的外交麻烦出现，这就是那段时间老李的烦恼所在。

偏偏他治理下的朝鲜，腐败透顶，一团乱麻，而老李大权独揽，为所欲为，朝廷内外，对他不满的人越来越多。这时闵妃觉得时机到了，遂发动各方势力，一面鼓动大臣弹劾李罡应，一面劝说李熙亲政。李熙已经20岁了，虽然生性懦弱，唯父亲马首是瞻，但架不住老婆一再的鼓励，最重要的是，掌握实权的诱惑实在是太大，于是终于有一天，小伙子公开表达了亲政的愿望。这下子李罡应坐不住了，虽然百般不舍，也不得不于1873年辞官隐退。国王李熙亲政，却成了闵妃的傀儡。

闵妃掌权之后，首先把李姓妃子这个情敌打入冷宫，并毒死了她和李熙所生的三个儿子，着着实实出了一口恶气。可惜闵妃只擅长玩弄权术，治理国家的水平却连李罡应都不如。为了稳固自己的地位，她大肆任用外戚，以恶斗李罡应的残余势力。那时候，基本上是闵氏族人就能捞个一官半职，不是她家亲戚的当然也能当官，只是得花钱，钱给得多官就当得大，倒也公平。

但这对老百姓不公平！一群贪官污吏，能干的事无非就是横征暴敛，苛捐杂税怎么收也收不完，把个国家搞得乌七八糟。最牛的是，这帮主政者，连部队的军饷都敢克扣。

人必自辱而后人辱之，一个国家也一样。1875年，日本迫使琉球王国（今冲绳）停止向其宗主国清朝朝贡之后，当年9月，派遣"云扬号"等三艘军舰前往朝鲜，炮轰江华炮台，随后又袭击了釜山。来年1月，日本再次派出舰队进攻朝鲜，朝鲜打不过，遂于2月26日和日本签订了《江华条约》，条约第一款即开宗明义，宣称"朝鲜为自主之邦，保有与日本平等之权"，摆明了日本不承认朝鲜是清朝的藩属国。

面对如此大的事件，作为宗主国的清朝政府竟然无动于衷，有种说法竟然是，这《江华条约》，根本就是清政府建议李熙和闵妃签的，图的是息事宁人。也有说是李鸿章的建议，反正无论如何，朝鲜国门就这样被日本的炮火轰开了。

清政府的态度，令许多朝鲜人深感失望，闵妃是其中之一，后来她一度改走亲日路线，起因就在于此。

平心而论，《江华条约》除了第一款极大地伤害了大清朝的利益，对朝鲜来说，整个条约看起来，其实只是个通商条约，日本人要的是朝鲜开放口岸，并与之平等做生意的权利。这在现在看来很平常，但在当时，朝鲜作为一个闭关锁国多年的国家，有排外仇外的传统，再加上这又是被枪炮逼着签的城下之盟，广大国民感情上肯定接受不了，于是国内的矛盾进一步激化了。

通商以后，由于日本大量采购粮食等农作物，朝鲜农产品价格大涨，但农民并没有得到多少好处，便宜全让贪官污吏们占了去。另一方面，日本国内的纺织工业产品源源不断地登陆，使得朝鲜国内的手工业者遭受沉重打击。这是个庞大的群体，加上心怀不满的农民这个更大的群体，他们的痛苦足以引发连锁反应，于是民间的起义此起彼伏，蔚为壮观——1875年蔚山起义，1878年韩山起义，1880年长连、鸟龄、安东起义，1880年到1881年的仁川起义，等等，不一而足。

这样到了1882年，朝鲜大旱，粮食歉收，就连首都汉城的驻军5000人都要吃不饱饭了。一直在等待机会出山的李昰应见火候已到，忙派人到军中一通煽动，忍无可忍的军人们终于勇敢地站了出来，请求朝廷发放拖欠了一年多的军饷，这是当年7月间的事。

这是再正当不过的要求，闵妃的堂哥、兵曹判书（大概相当于军委秘书长）闵谦镐怕军队哗变，拍胸脯保证马上就发，请大家少安毋躁。

问题是闵谦镐官再大也做不了体制的主，体制已经烂透了，任谁也只能徒呼奈何！最后军饷是发了，可只发了一个月的薪米，分量不足不说，米中还掺杂了很多糠粃甚至沙石，像是给鸡吃的。

士兵们愤怒了，大家拒绝领米，并在痛打值班军官和库吏之后，走上街头示威游行。闵谦镐施展霹雳手段，将为首的士兵很逮捕了几个。

火山瞬即喷发。5000名军人推柳万春、金长孙为首领，联合暴动的平民占领武器库夺取武器后，轻易就攻占了王官，闵谦镐等贵族、大臣被杀，更多的大臣跑得快，躲过了一劫，闵妃跑得比他们还快，早早就化装成宫女溜了。

1882年是农历壬午年，所以这场浩劫，史称"壬午兵变"。日本公使馆遭受池鱼之殃，被一把火烧了不说，变民还杀了13名使馆官员和侨民，日本公使花房义质则率领多数馆员突围跑到了济物浦，也就是现在的仁川。

大院君李罡应趁机出山执政，朝中的闵氏家族成员几乎被杀了个干净。国王李熙此时已有了丰富的当傀儡的经验，对于太上皇从老婆又换成了父亲，完全无动于衷。

闵妃没老公那么好的涵养，远远躲在亲戚家里的她，稳住心神之后，立即派人前往天津，通知常驻在那里负责和清国北洋大臣公署联络的亲信金允植、鱼允中，令他们以国王的名义请求北洋大臣奏请大清朝帮助出兵平乱。

这时李鸿章因母亲去世，朝廷给了他100天假回籍葬母，直隶总督兼北洋大臣由淮军大将、两广总督张树声署理。张树声是鹰派人物，自然建议朝廷该强硬一点。

为了尽到宗主国的义务，也是怕日本借机侵占朝鲜，清政府决定出兵，具体事宜由张树声经办。张树声决定派驻守登州的吴长庆带6营人马开赴朝鲜平乱，并派北洋水师提督丁汝昌亲率3艘军舰负责运兵，李鸿章的心腹、候补道员马建忠受命随行。

8月8日，吴长庆奉命赶赴天津领受了东渡的任务，返回登州后即命张謇牵头筹划出发前的准备工作。

这一年恰好是乡试之年，乡试是秀才升举人的考试，三年才轮得到一次，其意义有点像如今的奥运会之于二、三流运动的运动员，人生能有几回搏啊！在当时，科考是读书人的头等大事，幕僚只要说是回老家考试，做主人的不但不能阻拦，还得赞助路费馈赠祝福，并摆酒相送——毕竟，这帮书生一旦中举，运气好再中个进士，过几年没准就成了自己的上司，着实得罪不起。

吴长庆摆了几次酒之后，幕府中的人才就走得差不多了，只有张謇自愿留下来。张謇领命之后，发现任务繁重，自己却几乎成了个光杆司令，不禁愁容满面。好在天无绝人之路，他想到了袁世凯，便跟吴大帅去商量，借调自己这个学生来帮忙，吴长庆立即派袁世凯前往前敌营务处任帮办协助张謇，负责军需供应，勘探行军路线。

袁世凯是真用心也真能干，张謇限令5天之内必须完成的工作，他3天就保质保量地干完了，干完就要求老师再派点活儿下来，把个张謇乐得合不拢嘴。

这时消息传来，日本以使馆被烧并有人员伤亡为由，将要派兵入朝"保护侨民"，清廷闻讯大惊，立马勒令北洋督署抓紧行动，张树声遂电令吴长庆马上开拔。8月23日，庆军6个营誓师出征，乘船开赴朝鲜。

出征之前，袁世凯难掩兴奋，给二姐袁让写了一封信，说是"弟限于资格，中原难期大用。抵高丽，能握兵权。"

这时候袁世凯将满23岁，他是个极自信的人，风高浪急，虽不知是否一路顺风，但此去朝鲜，他相信自己会一帆风顺。

一路无话，庆军顺利抵达仁川，吴大帅下令一营为先锋营，迅速抢滩登陆。庆军士兵平时疏于训练，虽驻扎在海边，并不习惯乘船，晕船者众，此时大都躺在船舱里懒得动弹，先锋营管带（即营长）拿手底下的兵爷没有办法，遂来到旗舰面禀吴大帅，说弟兄们正晕着呢，不如让大家歇一会儿等缓过劲来再登陆也不迟。

吴长庆大怒，当即宣布该管带下课，再环顾四周，问了一句："谁愿接这个位置？"袁世凯立马跳了出来，单膝下跪，抱拳开口："小侄不才，愿统带此营。"张謇适时出列，力保袁世凯，吴长庆遂不再考虑，只命令他赶快带兵登陆，袁帮办就此如愿以偿，成为堂堂袁管带。

消息传来，船舱里登时乱作一团。这袁管带是个敢杀人的煞星，先锋营的士兵哪敢怠慢？纷纷起身，立等新官训话。

袁世凯来后，一句废话没有，只说抓紧准备，限两小时登陆上岸，违令者斩！

没用两小时，队伍已登陆成功。吴长庆深为满意，对身边的张謇说："慰庭真不错，不负张先生识拔，我应向张先生道谢！"

等大军全部上了岸，袁世凯前来请示吴长庆接下来的任务，吴长庆指示他带先锋营在前面开路，向汉城进军。张謇在旁边说了一句："慰庭好样的，好好干！"

袁世凯对着张謇一鞠躬，回道："多谢季翁栽培！"张謇一愣，心想半天之前自己还是老师，怎么现在就成了季翁了？

张謇字季直，所以吴长庆常称他张先生，有时也称季翁，都属尊称。但虽是尊称，某翁毕竟是平辈之间的称呼，学生突然间如此改口，张謇一下子还真有些不习惯。

袁世凯初掌兵权，没工夫体会别人的感受，早已领兵前行而去。一路上饥餐渴饮晓行夜宿，手底下个个规规矩矩，行军异常顺利。

不过士兵们虽然怕袁世凯，对他的任何指令都不敢违拗，但毕竟平时野惯了，不可能一下子立地成佛，再加上琢磨着袁管带并没有明令不许抢劫朝鲜百姓，所以某天晚上宿营的时候，就有7个士兵跑到邻近的村子里，狠抢了些鸡鸭鱼肉回来改善伙食，更有甚者，村里还有姑娘被强奸——确实，袁世凯训话的时候，也没要求手下不许强奸妇女。

当时就有村中长老告到军营里来了。袁世凯闻听此事，勃然大怒，当即带人调查，几分钟就查清楚了真相。7个闯祸的士兵五花大绑跪在地上，还不忘为自己开脱："管带并没有下令不许偷窃，不许强奸……"袁世凯鼻子都快气歪了："最基本的礼义廉耻，这也需要重申？军令如山，来人，把这几个王八蛋拖出去斩了！"

第二天袁世凯命令副官带队继续前进，自己则带着几个卫兵原地等候吴长庆的大军。等大军一到，吴长庆的帐篷刚搭好，袁世凯即已拎着7颗人头前来求见。

等袁世凯讲明事情的来龙去脉，吴长庆虽然内心微有不悦，却也不禁连声夸奖："不愧是将门虎子，慰庭，你好好干！"并给他升了官，让他总理前敌营务处，袁世凯年纪轻轻就当上了庆军的参谋长。

也许是官升得太快，有人不服，便写了首打油诗大加挖苦："本是中州伪秀才，中书借得不须猜。今朝大展经纶手，杀得人头七个来。"

袁世凯正当志得意满之际，忙还忙不过来呢，哪有心思去理会这些流言蜚语？他只当没听见，该干啥还干啥。

大军一路没遇到抵挡，兵抵汉城郊外后，吴长庆召集重要会议，参加者只有三个人：吴大帅之外，就是丁汝昌和马建忠。讨论的是如何落实张树声张大人指授的方略：把李罡应请回中国，平息兵变，帮助李熙执政。

要把大院君李罡应请走谈何容易？三人想法一致：既然不能硬来，则不如诱捕之。

于是第二天，三位大人进城入宫拜会李罡应，说明此来朝鲜，为的是保护侨民并防范日本人，绝不会干涉已成之局，您老人家尽请放心。会谈的气氛相当友好，告别时吴长庆邀请李罡应第二天出城检阅庆军，李罡应愉快地接受了邀请。

第二天老先生果然来了，随同来的还有一队卫队。吴长庆三人忙把他迎入大帐之中，全副武装的卫队则肃立营外。这时袁世凯带人来了，很礼貌地邀请大家去不远处的帐篷坐坐，到了地方，酒肉早已准备齐全，袁世凯吩咐手下："你们给我陪好这群爷。"

手下人都是经过挑选的，赶紧一对一地招呼朝鲜人坐下，端起盛满酒的碗，开口就是："哥们儿，我敬你，不喝就是不给我面子！"

那帮朝鲜人一看，酒是好酒，另外泡菜、牛肉、五花肉通通管够，这要是不喝，那不是不给对方面子，是对不起自己的肚子！帐篷里顿时热闹起来，最后是朝鲜人对着中国人劝酒："喝！不喝就是不给我面子。"

袁世凯得报卫队那边差不多了，立即带人按约定闯入中军帐，架起李罡应就把他塞进准备好的小轿子里，由丁汝昌带人护送到马山浦，乘军舰解往天津。

此时李鸿章已经回任直隶总督北洋大臣，他吩咐直接把李罡应押往保定软禁起来，地点选定著名的莲池书院。李鸿章命令正定县知县张是彝好生看管，张县令不敢掉以轻心，让正在莲池书院读书的儿子张一麟，亲自带人负责具体事宜。

诱捕完李罡应，接着就该平叛了。叛军群龙无首，轻易即被荡平，李熙再次被扶上大位。这时日军也开到了汉城，见到局面已定，不好乱来，便由驻朝公使和朝鲜政府签订了《日韩济物浦条约》，条约规定韩国必须惩凶、赔款、道歉，并同意日本驻军一个连保护使馆。

清廷见日本驻军了，怕朝鲜再乱，干脆命令吴长庆也带兵驻扎下来，袁世凯自然也就留在了朝鲜。

李熙被扶正后，干的第一件事，是派人把闵妃接回宫来。

袁世凯是做过功课的，早就把朝鲜各主要人物的政治行情摸得清清楚楚，知道闵妃相当于大清国的慈禧她老人家，怠慢不得。

闵妃刚一回宫，就有探子报给袁世凯，袁世凯一刻也没耽误，立即进宫向她道贺，抢了个头彩。

这是李熙、闵妃夫妇接见的第一个庆军将领，袁世凯绘声绘色地给他们讲诉这一次平叛的经过，少不了把自己大大夸奖了一番；国王夫妇饶有兴味地听着，不由得对眼前这位年轻的袁将军刮目相看。

告辞之前，袁世凯大包大揽大献殷勤，只说王宫的安全国王殿下不必牵挂，一切有我，令李熙夫妇大为感动。

过了几天，李熙夫妇设宴答谢清军，袁世凯被安排和李熙、闵妃、吴长庆、张謇等一起坐在首桌，很是风光。

接下来就到了论功行赏的时候了。吴长庆奏报给李鸿章的叙奖名单列了一大堆，其中以袁世凯居首，吴大帅对他的考语相当有力："治军严肃，调度有方，争先砍剿，尤为奋勇"，建议奏报朝廷给予褒奖。

李鸿章之前看战报，"袁世凯"三字屡屡出现，本已留下了深刻的印象，现在见吴长庆如此推崇，更使他心生好感，就在给朝廷的奏请奖励有功人员名单中，浓墨重彩地写上了袁世凯这个名字，并称他"治军严肃，剿抚应机"，建议升为候补同知，并赏顶戴花翎。

朝廷很尊重李鸿章的意见，袁世凯就升为了五品同知。同知这个官，别称司马，所以从此袁世凯又常被称作"袁司马"——当然不会有人傻乎乎地叫他"袁候补司马"了。

当上了营长

袁世凯的这个司马是个候补官，现在他的实缺，还是庆军营务处总办，相当于吴长庆的参谋长，经他的整治，整个庆军的面貌焕然一新。虽然如此，毕竟也只是个参谋长的角色，虽有一定实权，但远不足以指挥全军，这令袁世凯觉得意犹未尽。但他并不怨天尤人，一边学习韩语，一边苦苦思索，思索来思索去，还真让他想出了一个办法：掌握不了中国军队，何不掌握一支朝鲜军队？

这时的袁世凯，跟李熙、闵妃好得就跟一家人一样，所以也不用特意找机会，在一次谈话时袁世凯直接向夫妇俩建议：朝鲜军队落伍了，不如编练一支新军，绝对忠于国王殿下，这样国家安全才有真正的保障。至于这个练兵之人，当然是袁世凯自己了。袁世凯保证，自己只负责练兵，新军练成之后，将立即交由国王殿下指挥。

闵妃是吃过叛军之苦的，对此建议异常热衷，第二天就让老公亲自出城拜访吴长庆，表达了想请袁将军帮自己的国家练一支新军的想法。这事儿有点大，吴长庆做不了主，而且从内心来说他并不想促成此事，于是让李熙先向李鸿章请示。李鸿章办事效率很高，很快就批准了朝鲜政府"聘请德人穆麟德为总税务司，聘请马建忠为外交顾问"的请求，但对于"聘请袁世凯为军事顾问"一节，他的态度是原则上同意，但得看吴长庆的意思。

吴长庆暗暗佩服李鸿章会做官，他自己也不好意思再挡袁世凯的路，所以当李熙再次来拜访的时候，吴大帅跟这位国王推心置腹谈了一番，最后大度表示：袁将军还是我这里的营务处总办，但可以替朝鲜兼练新军。

朝鲜新军被命名为"新建亲军"，编制是4000人，按袁世凯的建议，第一期先编练1000人，分为左右两营。袁世凯对这份兼职投入了空前的热情，在闵妃派出的协助练兵大臣金允植的辅助下，他亲自制定章程、订立规章、督促训练、身先士卒，所有事情，无不干得任劳任怨，尽心尽责。

袁世凯练兵完全摒弃了淮军那一套，而完全采用英、德式的训练方法，并有意比较英德两制的优劣。他把这次新军编练当成了新法练兵的试验场，成为清朝军官中第一个吃螃蟹的人。如此的训练果然卓有成效，不过一年多的时间，新军练成，令人刮目相看。

1884年3月，朝鲜国王李熙、清军统帅吴长庆，率朝鲜王公贵族及各国驻朝使节、代表，在汉城春塘台阅兵，新军之战技精湛、装备精良、军容严整、士气高昂，给大家留下了深刻的印象，以至于吴长庆脱口称赞"慰庭真乃中州有数男儿"，金允植则慨叹袁世凯"豪慨似宗悫，英达类周郎"。宗悫是宋朝名将，至于周郎就不用说了，大家都知道是三国里的周瑜周公瑾。

这段时间袁世凯真的是一帆风顺，在朝鲜算是站稳了脚跟。也许是饱暖思淫欲吧，现在有条件了，他越发思念起沈姑娘来，索性派人去上海转苏州，把美人接了过来，过起了甜甜蜜蜜的生活。

更多的甜蜜在后面。话说闵妃出于对袁世凯帮助练兵的感激，更为了笼络这个天朝上国的青年才俊，略师汉元帝献王昭君于匈奴、唐太宗献文成公主于吐蕃之故事，挑了个长得很漂亮的贵族女儿金氏嫁给了袁世凯。

金氏当年16岁，既是贵族出身，少不了心性高傲，一开始听说是嫁给年轻英武的大清朝将军，心里倒也还想得过，可见到本人发现是个又矮又壮的汉子，就有些不太乐意；再发觉嫁过去竟是做姨太太，虽然木已成舟无法挽回，心里着实委屈不已，到最后袁世凯竟把随她陪嫁过去的两个丫头小闵和小吴也收为了姨太太，以往的主仆如今成了姐妹，金氏简直连死的心都有了。

可噩梦还没完，袁世凯根本不讲身份却注重年龄，把岁数最大的吴氏定为二姨太，金氏只是三姨太，排名还不如自己以前的丫鬟，还好有个闵氏排在后面垫底当四姨太。至于大姨太，当然是沈姑娘沈氏，因为正室夫人于氏远在陈州，所以沈氏享受夫人待遇，负责管理教导三个朝鲜姨太太。

沈氏出身青楼，长于人情世故，既痛恨有人和自己争宠，更非常清楚趁对手立足未稳迎头痛击以立威的道理，因此对这三个新来的同事管教极严，表面上摆出严师的姿态，而一旦袁世凯不在家，就对她们非打即骂，甚至虐待。她曾经把金氏绑在桌腿上毒打，以致金氏落下后遗症，经常腿脚疼痛，不能伸直，这个毛病陪伴了金氏一生。

袁世凯并没有沉醉在温柔乡里，此时除了练兵，他没忘记经常给叔叔袁保龄写信，书信往来间，通过保龄叔叔穿针引线，袁世凯结识了李鸿章周围的一些亲信幕僚，比如周馥、盛宣怀等。周馥、盛宣怀分别比他大22岁、15岁，袁世凯管他们都叫"世叔"。写信之外，有时他也会把李熙、闵妃及朝鲜权贵送的礼物转送这些叔叔们，很好地联络着彼此的感情。

在此之前，清政府为了另一个藩属国越南和法国打了起来，这就是历史上的中法之战。战争打得如火如荼，此时清朝军队有点顶不住了，一败再败。慈禧大怒，改组了朝廷最高军政机构军机处，借机罢免了军机领班、曾经的政敌恭亲王奕䜣，并黜退了全班军机大臣，以礼亲王世铎等取而代之，同时醇亲王奕譞开始掌权，而后来袁世凯的超级搭档、贝勒奕劻也终于登上了政治舞台，主持总理各国事务衙门，并进封庆郡王。

新官们刚一上任，立即授权李鸿章代表清廷与法国谈和，1884年5月11日，李鸿章与法国代表福禄诺在天津签订了《中法会议简明条约》，基本上清朝算是把越南给卖了，但战争并未因此停止，反而有扩大化的趋势。

为了加强本土防备，李鸿章命令吴长庆率庆字营中的三个营回国，驻防奉天金州。其余三营则继续驻扎在汉城，由记名提督吴兆有代理统领，并且直接统帅一个营；袁世凯总理庆字营和朝鲜国王新建亲军两营的营务处，并和金允植会办朝鲜防务，同时直接统帅庆字营一个营；剩下一营由总兵张光前统帅。

这时的袁世凯不过25岁，身份相当于庆军参谋长兼一营营长，算得上位高权重，但职位在吴兆有之下，按说只有乖乖听话的份。可是吴长庆已走，袁世凯哪里会把吴兆有放在眼里？至于张光前就更不用说了。比如晋见朝鲜国王李熙，按理应该是吴兆有走在前面，张光前和袁世凯跟在后面，这样才符合官场规矩和礼节，可袁世凯不管这些，仗着自己和李熙熟，总是抢在最前面，搞得吴、张两位很是尴尬。

吴兆有身为总兵，更是记名提督，算是从一品武官；张光前也是正二品的总兵，品阶都远在袁世凯的五品同知之上，更何况两位将军无论年龄还是资历都比袁司马高得太多，于是就越发对这个小字辈愤懑不已。但还好，两位前辈都是官场上的老油条，喜怒轻易不形于色，这样大家表面上倒也能相安无事。

袁世凯终于有了自己完全掌握的军队，训练得自不是一般的严厉认真，工作越来越忙，越忙越开心。

也就是在这个时候，曾经的两个老师张謇和朱铭盘及吴长庆另一位幕僚张詧联名给他写来了一封信，算是绝交书。事情的起因出在练兵上，袁世凯训练自己的军队，基本上摒弃了吴长庆传统的方法，消息传到金州，刚刚离去的吴大帅对此很不开心，加上吴兆有、张光前两位心腹大将的愤懑屡屡传来，吴长庆对袁世凯也越发不满起来。

于是张謇就义愤填膺了！也不只是义愤，事实上他对袁世凯已经忍了太久。这事儿得怪袁世凯自己，他刚一得势就已不再把张謇当做老师，后来翅膀硬了，更连"季翁"都舍不得再叫一声，直接以"季兄"甚至"仁兄"、"老兄"相称，这种事儿，搁谁也高兴不起来。但这是说不出的苦，张謇总不能跑去质问袁世凯："你凭什么不叫我老师？"那样未免显得太没涵养，所以这愤怒只能深深埋在心里。现在连吴大帅都不高兴了，张謇自然不会放过这个同仇敌忾的机会，拉着朱铭盘、张詧就给袁世凯写来一封信，措辞之难听是可以想见的，这里我们不妨摘录几句以供赏析：

> 足下之官位愈高，则鄙人之称谓愈小矣。謇今昔犹是一人耳，而"老师"、"先生"、"某翁"、"某兄"之称，愈变愈奇，不解其故？

仆见举司马，虽非旧识，也非贫贱之交，那老师、先生、某翁、某兄之称，愈变愈奇，不解何故，故张謇气愤犹是一人乎？

愿司马息心静气，一月不出门，将前劝读之《呻吟语》、《近思录》、《格言联璧》诸书字字细看，事事引镜，……，脚踏实地，痛改前非，以副令叔祖、令堂叔及尊公之令名，以副莜公（即吴长庆）之知遇。

此信不照平日称谓而称司马，司马自思何以至此？

袁世凯根本没理睬张謇这封信，他忙着呢，忙得把朝鲜军队里的兼职都给辞了，哪儿有功夫和心情给张謇他们回信？于是师徒两人就此绝交，他们的下次交往，要等到20年以后。

袁世凯的辞差并没有影响到他和闵妃集团的关系，恰恰相反，在他长期的影响下，闵妃及其家族对外交的态度，已经由以前的亲日转变为亲华。

当时朝鲜的政治力量主要分为三大派系：一是闵妃为代表的亲华派，也被称作"守旧党"；一是以金玉均、洪英植、朴泳孝等为首的亲日派，也叫"开化党"；另外还有亲俄派，以韩圭稷、李祖渊、赵定熙为首，他们的势力最小，以至于赤裸裸的连个别称都没有。

守旧党和开化党之间矛盾重重，是势不两立的关系，这事儿首先得怪闵妃。

天知道闵妃娘家的亲戚怎么会一茬一茬的有这么多？上次壬午兵变，李罡应他们杀得已经很努力了，可闵妃再次当权后，不吸取教训，还是要重用外戚，结果居然还有那么多外戚可供重用，真正是野火烧不尽，春风吹又生！

这一次闵妃的堂哥闵泳骏当了宰相，其他像闵永翊、闵永穆等家族成员也都身居高位，大权在握。可惜这帮人既不忧国，更不忧民，干的依然是卖官鬻爵、鱼肉百姓那一套，民不聊生之下，很快就激起了公愤。

普通百姓的怨愤自然只能算个屁，问题是开化党的愤怒没有人可以小视。开化党主要由青年贵族组成，站在朝鲜的角度，实事求是说，这是一群对民族、对国家有着无尽的爱的年轻人，对于腐败的闵氏家族给国家带来的灾难，他们有着刻骨的仇恨。他们想要改变。

可惜开化党人虽然有一定的势力，但相对于庞大的闵妃集团，还是显得过于单薄。应该是病急乱投医，他们把目光投向了日本，希望可以借助外力发起变革，换来一个新的朝鲜。正好日本方面也正在打朝鲜的主意，双方一拍即合。

等到金玉均等人应邀前往日本考察，拜倡导日本"脱亚入欧"的福泽渝吉为师，并亲身体会到明治维新之后整个日本社会欣欣向荣的激情和活力之后，朝鲜的同志们意志已决：非变法不能图强，就这么干了！

没过多久，李熙和闵妃夫妻之间产生了隔阂，这个隔阂是金玉均挑起的。整个过程，最关键的一个环节是金玉均和李熙之间的一次密会，金玉均告诉国王：中法战争越打越大，清国必定失败，到时签订卖国条约，必将祸及我们朝鲜，就像现在越南遭受的那样。为了祖国的平安，我们现在唯一能做的，就是赶走清国军队，争得国家的独立，这样也就不至于受清国战败的拖累。

李熙再傻到底是国王，他也爱国啊！便问：清国军队强大，怎么才能赶走？

金玉均严肃地回答：我已经联络好了，日本人愿意帮这个忙。大清国最怕洋人，也怕日本人，不怕赶他们不走。日本人说了，清国正忙着和法国打仗，绝不敢同时再和日本人打，所以不用怕；但是日本人还说了，得我们自己先把朝中的亲华派清理干净。

亲华派的领袖正是自己的老婆闵妃，可李熙毕竟也想一朝权在手便把令来行，在他看来，若能让老婆把权交出来，那毫无疑问是件很爽的事。想到这里他不禁一阵激动，当时便授权金玉均放手去干："你办事我放心！"

金玉均倒真没蒙李熙，他早就和新任日本驻朝公使竹添进一郎策划好了，日本公使馆有一个连的卫队，将全力配合开化党发动政变。现在拿到了李熙的授权，开化党准备要抡开膀子干了。

袁世凯在朝鲜建有自己的间谍网络，早已侦知了金玉均他们的大致计划，并于1884年11月12日，向远在天津的李鸿章做了汇报："朝鲜君臣，为日人播弄，执迷不悟；每浸润于王，王亦深被其惑，欲离中国，更思他图。探其本源，由法人有事，料中国兵力难分，不惟不能加兵朝鲜，更不能启衅俄人。乘此时要，引强邻自卫，即可称雄自主，并驾齐驱，不受制中国，并不俯首他人……"

李鸿章得函大惊，电令袁世凯"不动声色，坚守镇静，并随时侦探情况随时报告"。袁世凯得到指示后，立即通知吴兆有、张光前等做好准备，随时行动。袁世凯行事一向高调，加上这次事机紧急，又有李鸿章亲自指示，他通知吴兆有他们时肯定态度上不会谦恭，吴、张二位肯定也不会高兴，自然更懒得配合他。

好在袁世凯自己手下有一营兵，他"密令下军中，夜不解带卸履，困束士兵，一如战时"，并派出人马，四处打听开化党和日本人的动向，完全进入了战时状态。

但即使这样，政变发生的时候，袁世凯还是一无所知。

1884年12月4日，汉城邮政局在典洞邮政大厅举行开业典礼，担任邮政局总办的洪英植，其父洪淳穆是政府高官，他本人则属于开化党首领，按照计划他邀请了政府官员和各国驻朝使节赴宴庆贺，清廷总办朝鲜商务委员陈树棠、税务司穆麟德都受邀出席，另外像英国总领事阿斯敦、美国公使休西特穆等也都前往，唯日本公使竹添称病未到。另外朝鲜国内亲华派的大臣应邀到来的也不少，主人的计划是要把他们一网打尽。

晚6时，宴会开始，觥筹交错间，气氛相当友好热烈，就这么吃着喝着，金玉均、洪英植他们急了，因为按照计划，王宫中应该已经起火，然后大家一起前去救火，半路上的伏兵才好诛杀亲华派。现在左等右等火就是不起，金玉均干脆离席跑外面把隔壁的民房给点着了，门口的杀手顺势惊呼"失火了！"，厅内各位还没反应过来，闵泳翊早已察觉不对，飞奔而出，刚出大门就挨了一阵乱刀，但居然还是让他跑掉了。

此时街上纷传清军作乱，金玉均等人则带兵冲进王宫，让李熙写下"日本公使来卫朕"的敕书，由朴泳孝带着去找竹添带日军卫队火速前来。日军到后，金玉均等先把李熙、闵妃软禁到了景佑宫，然后假传国王诏书，把亲华派大臣纷纷骗入宫中，闵台镐、尹泰骏、韩圭稷、李祖渊、闵泳穆、赵宁夏等不疑有诈，结果是来一个杀一个，一夜之间亲华派的核心人物，除闵妃等少数几人外，几乎被屠杀殆尽。

随后，金玉均要求李熙以国王的名义颁发谕旨，宣布新政府成立，金玉均、洪英植、朴泳孝、徐光范、徐载弼等开化党人物瞬间成为政府要员。

处女作打败了日本鬼子

开化党人搞政变的时候，穆麟德趁乱跑回了清廷驻朝税务处，陈树棠则逃到清军大营，向袁世凯通报了开化党借宴会之机杀人放火的情况，袁世凯当即带上一队亲兵赶往邮局，大厅里一片狼藉却已空无一人；再去王宫，已是宫门紧闭，怎么喊也喊不开。

这时袁世凯得到消息，闵泳翊躲到了穆麟德那里，连忙带兵前往救护。到了税务处门前，只见一个中国青年端着枪站在门口，凛然不可冒犯的样子，坚决不许任何人进入。

袁世凯赶紧屏退左右，上前通报了自己的姓名职衔，那青年顿时一脸的喜悦："原来是袁司马，你终于来了！"赶紧把大伙让了进去。

这个青年叫唐绍仪，字少川，广东珠海人，是清朝第一批官派留美幼童之一，毕业于耶鲁大学。留美幼童应召回国后，因为既没学过孔子孟子只知道西门子，更不会写八股文，这样的读书人在大清朝属于废物，自然不能受到重用。唐绍仪算混得好的，被派到朝鲜来当税务帮办，由此认识了袁世凯。

袁世凯很欣赏这个家伙，但此时哪有工夫跟他多聊？急急入内，见闵泳翊正躺在床上，一脸的沮丧。闵泳翊告诉袁世凯，这事儿是开化党人干的，估计已经政变了，请将军赶快入宫去保护国王和闵妃。

袁世凯不可能听他的，留下部分士兵保护税务处，归唐帮办暂时节制，然后带着剩下的人回到了大营，找吴兆有、张光前、陈树棠他们商量对策，大家一致认为，事发突然，不妨观望一下，等天亮再看情况。不过当晚袁世凯还是派出一队人马前往王宫外面，彻夜巡逻。

5日上午，朝鲜新政府名单正式对外公布，袁世凯他们几个一看，靠，这不反了吗？袁世凯当即表示要带兵平叛，吴兆有他们几个坚决反对，表示如此大事，必须要李鸿章李中堂才能拿主意。可是当时中国和朝鲜之间还未通电报，给李中堂的请示信必须先由军舰送往旅顺，再由旅顺电告北洋。李鸿章的回电也只能走这个流程。这一来一往的时间，开个奥运会都绰绰有余，把袁世凯给急的，真像个热锅上的蚂蚁了。

比他更急的是朝鲜幸存的亲华派官员，他们纷纷跑到大营来乞求清军前往平叛，为朝鲜做主，吴兆有一概回应：别急，要李中堂才做得了这个主。

到了6日，一大早开化党新政府就抛出了五条施政纲领，宣布朝鲜独立，不再是大清朝的藩属国了。"国五条"主要内容如下：

> 要求清廷立即释放大院君李罡应；
>
> 朝鲜独立后，不再向清朝朝贡，不再使用大清年号，而改用自己的年号；
>
> 所有朝鲜民众一律平等，严禁买官卖官；
>
> 改革地租制度，严打贪官污吏，贪官的家产将被没收并充国库；
>
> 废除太监、宫女制度。

在袁世凯看来，不管你的改革对不对，只要胆敢独立就得打。他是再也坐不住了，但吴兆有他们还是不急不忙，非要等李中堂的指示来了再说。袁世凯拍案而起，声明道："不能再等了！必须马上进宫平乱！朝鲜的防务及外交，我有专责，如果因为挑起争端获罪，我一人承担，决不牵累诸公。"

话说到这份上，吴、张诸位不好再坚持，袁世凯当即指陈方略：袁自率一营及朝鲜新军左、右营为中路，入敦化门；吴率一营为左路，入宣仁门；张率一营为右路，负责策应。并立即联络朝鲜新军军官金钟吕、申泰照，相约发兵平叛。

紧接着袁世凯给日本公使竹添写了一封信，数其助贼叛乱、擅杀大清藩属国大臣之罪，并知会对方老子将要带兵入宫，护卫国王。这封信竹添没办法回，事实上也不容他回，因为他刚看完来信，中朝三路大军就已经打了过来。

平心而论，吴兆有、张光前曾经也是两员勇将，可惜承平日久，骄奢淫逸惯了，哪里还有决心和勇气打仗？结果是吴兆有那一路兵刚一入宫听到枪声便做了鸟兽散，张光前那路要勇敢一些，他们没有跑，而是全部躲在高墙下，一枪不发，直哆嗦。

好在袁世凯手下一营以及朝鲜新军两营都是他自己亲手训练出来的，打起仗来极其勇猛，一往无前，刚一接仗就打死打伤了几十个朝鲜叛军，另有几百叛军临阵倒戈。日军毕竟只有一个连，即使占据了地形优势，也根本挡不住联军的攻势，不过是几袋烟的工夫，就扔下十几具尸体大败而逃，金玉均、朴泳孝等新贵也跟着竹添跑回了日本使馆。

这时洪英植正劫持着李熙躲在汉城北门关帝庙里呢，缓过气来了就逼着李熙跟着他逃亡到日本使馆，结果袁世凯闻讯率清军赶到将洪英植乱刀杀死，并派部下茅延年带兵把李熙送到清军大营。等袁世凯回来的时候，李熙一见到他就哭了，断断续续地哭诉了这一番遭遇的来龙去脉。袁世凯忙说你别哭，这里是朝鲜最安全的地方，你就在这儿住着，我先去王宫替你主持工作，等安顿好了再把你接回去。

一天的时间足以安顿好了，袁世凯亲自把李熙迎入了王宫。现在，李熙又走向了前台，并组成了以沈舜泽为首的新政府。当然，背后坐着的，还是那个闵妃。

历史上有名的朝鲜甲申政变，到此算是告一段落。

12月8日，李熙召见各国使节，宣布平叛结束，朝鲜仍是大清的属国，年年朝贡绝不懈怠。与此同时竹添下令焚烧日本使馆，带着众人逃到了仁川。

战事结束后，袁世凯不再住在军营里，而是让李熙邀请他住进了王宫的偏殿，以便和国王夫妇随时沟通。其实哪里是沟通？分明就是太上皇，命令李熙做这做那，朝鲜大臣更是只有乖乖听命的份儿。

这时的袁世凯只有26岁，在朝鲜为所欲为，好不意气风发。但他毕竟只有26岁，太年轻，基本上还只会做事不会做官，所以麻烦随之就来了。

麻烦的导火索是袁世凯决定抚恤朝鲜死难大臣家属。朝鲜的钱都在贪官污吏家里，国库反而没钱，袁世凯就从清军的军饷里划出一部分做了抚恤金。这个事儿，他跟吴兆有打过招呼，但也只是打了个招呼，类似于知会一声，并不是征求意见。恰在此时，李鸿章李中堂的指示终于姗姗来迟，指示很简单："以定乱为主，切勿与日人生衅。"而这时甲申之变已经平息了足有半个月。李中堂的指示当然是正确的，不过袁世凯既然打败了日本人并平定了乱局，也不好说他不对。但是，他竟然胆敢擅自抚恤朝鲜人，这就是个现成的题目。

吴兆有他们久混官场，最懂得怎么写报告，因此在给李鸿章的汇报信里，先是说明甲申之乱是袁世凯一意孤行挑起的，我们大家都是反对的；至于朝鲜乱局则经大家齐心协力业已平定，这完全是三军用命的结果，但吴兆有、张光前绝不敢贪天之功，因为这首先是因为李中堂的英明领导。只是，中堂"切勿与日人生衅"的指示并未落实，这绝对是因为袁世凯的鲁莽。这么说还意犹未尽，接下来便是控诉袁世凯挪用军饷收买人心的罪恶，这事事实清楚证据充分，李鸿章看了很生气，这就是先入为主的力量。

朝鲜大乱之后，百事待定，头绪纷繁，袁世凯既以监国自居，自然忙得不亦乐乎，26岁的青春年华居然长出了些许白发。但他忙的全是朝鲜的事，而忘了自己立下这么大的功，应该首先向李中堂报喜或者汇报才是，直到听说吴兆有写了告状信，他才急急忙忙给李鸿章写了封信，说明一切。

袁世凯那会儿太忙，没时间写得很仔细，几乎没怎么讲平乱经过，只说稍后会另写详细的报告。这封短短的信，重点只有两条：一是说明为了抚慰人心，自己调用了一部分军饷抚恤朝人，并希望中堂大人同意报销。二是因为李熙懦弱，而朝鲜即将成为各国的角力场，为了更好地维护大清的利益，建议中堂大人奏请朝廷，在朝鲜设立监国，统揽一切。袁世凯没好意思直接说应该由他自己来当这个监国，但他认为以李鸿章的老谋深算，应该不至于不解风情。

哪知此时中法战争正如火如荼，随着台湾被法军封锁，福建水师全军覆没，李鸿章所倡导的海防政策濒临崩溃，正是灰头土脸之际，所以明知设立朝鲜监国是件好事，却怕惹日本人不高兴，便把袁世凯这个建议搁在了一边，倒是对他申请报销军饷一事，给了明确的回复，要他自掏腰包赔偿所挪用的公款。

就在这时，日本政府向清廷发出正式抗议。他们一边指责袁世凯妄启衅端，应负甲申事件的全部责任，一边向朝鲜增兵。清廷生怕事情闹大，赶紧命李鸿章和会办北洋事务大臣吴大澂妥善处理，宗旨是"剖析中倭误会"、"免生衅端"。

李鸿章不敢怠慢，赶紧派吴大澂和续昌为特使，前往朝鲜调查处理此事。吴大澂也看过吴兆有的报告，对袁世凯充满恶感，所以此行早有打算，就是"诛世凯以谢日人"，李鸿章对此不置可否。

袁世凯危险了！消息传来，他哀叹一声"官运恶极"，心灰意冷之下，甚至要拔剑自杀，多亏被左右救下。

既然死不了，就要想办法挽回局面，因此袁世凯立即亲自动笔给李鸿章写信写报告。

吴大澂刚刚启程，袁世凯的第二封信就到了李鸿章的案头。信中简单说明了甲申事变始末，并说有一份更为详尽、长达万言的报告书现在马山浦，因为太长，不好发电报，所以稍后才能寄往天津。

李鸿章久经风雨，并不容易被蒙骗，当他把袁世凯的这封信和吴兆有的报告对照着看完后，对事情的真相已经有了大致判断，随即便给刚走到山海关的吴大澂发去一封电报，让他到马山浦后，务必先索取袁世凯的万言书，看完再往前走。

到了马山浦，吴大澂看完万言书后，对袁世凯的观感马上改变了。等到了汉城，袁世凯前来拜会，率直问道："袁某领兵驻韩，负有保护的责任。如果朝鲜在我手里丢失，朝廷会否严谴？"吴大澂没想到这厮居然连官话都不会说，不由得好奇他这官究竟是怎么混上的。不过既然观感已变，此时竟觉得这样倒也可爱，便轻描淡写地回说："定将严谴！"袁世凯激动了："袁某擅自挑起战端，罪有应得，伏望朝廷依律惩处。不过，袁某此次拼死抗敌，方使得朝鲜的国家与国王俱存，自问无愧于人。"吴大澂忙说："将军劳苦功高，大澂相见恨晚，定当以实情上达天听。"然后命令袁世凯赶快把驻扎在王宫里的清军卫队撤出来，以免给人留下话柄。袁世凯当即照办。

这时日本新任公使、特派全权大臣井上馨也已抵达朝鲜，并将在第二天举行日朝交涉会议。吴大澂与袁世凯一致认为按照体制，朝鲜没有资格和外国交涉，而必须由宗主国清朝出面，于是决定吴大澂以钦差大臣的身份前往谈判。

第二天一早，袁世凯亲自来接吴大澂、续昌二位，一行人坐着轿子往朝鲜王宫而去。行得不久，只见前面密密麻麻跪了一大片人，以老头妇女为主，更有无数的牌子立在路边，上书"袁青天"、"袁大人是我们的恩人"之类的文字，把路堵得水泄不通。袁世凯迅即下轿，喝令卫队赶紧把这些人撵走。"每次出门都这样，没有规矩了。不要让我再见到他们！"

事实上这些老弱妇孺本是袁世凯授意手下找朝鲜表演艺术家及群众演员临时拼凑而来，吴大澂宦海浮沉多年，岂会识不破这点小伎俩？心说："小子，玩这个你还嫩。"遂不动声色地假装睡了过去。

进了王宫走到会议室门口，麻烦来了。井上馨以吴大澂虽贵为钦差，却没有"全权"官称，两人身份不对等为由，拒绝他入内。吴大澂顿时手足无措，这要是连会场都进不去，有辱国格事小，回去后没法向上交代那可怎么办啊？正在彷徨无计之时，袁世凯早推开身前的日本卫兵，拉着吴大澂就冲进了会场。吴大澂在大清朝也算是能员，这一折腾间已经镇定了下来，进去之后便朗声宣布：前次争端，罪不在我，愿中日双方和平解决，免生衅端。话未说完，井上馨早已起身离去。说完之后，吴大澂使命达成，在袁世凯陪同下，迈着轻松的脚步踏上了归程。

回去的路上，早晨被驱走的那些表演艺术家们又都回来了，众人依然跪在地上，举着牌子，堵塞交通。人心都是肉长的，尤其是刚才袁世凯硬闯会议室帮了自己天大的忙，吴大澂对他的印象又有了巨大的变化，这时便微笑着夸奖道："袁会办真是深孚众望啊！"袁世凯赶紧谦虚地回答："哪里哪里，都是大人的栽培！"

成了朝鲜太上皇

日朝交涉会谈日方提出了五项条件，条件很苛刻，但除了道歉、赔偿之外，其它的事朝鲜一概无权料理，这就使日朝会谈不得不转化为中日谈判。双方商定，谈判地点转到天津，双方的首席谈判代表将是李鸿章和伊藤博文伯爵。

这样吴大澂和续昌就该回国了，正好这时袁世凯的嗣母牛氏夫人病重，想见儿子一面，袁世凯便请了假，跟着吴大澂他们一起乘坐军舰离去。这是1885年1月30日的事。

经过这一段时间的了解和观察，吴大澂对袁世凯已经非常欣赏，认定这是个奇才，在回去的路上，两人很自然地成了忘年交，再后来两人更是结为了儿女亲家——吴大澂把女儿嫁给了袁世凯的长子袁克定，当然这是后话了。

军舰先到旅顺，吴大澂要停下来办事，大家也都留了下来。在这里，袁世凯见到了李鸿章派来担任旅顺港坞工程总办的叔叔袁保龄，袁保龄对他在朝鲜我行我素、目无领导的幼稚行为进行了痛心疾首的批评，并给他讲了很多做官的道理。袁世凯唯唯称是，不敢辩一词。

大家都把事情办好后，因为海上有浮冰，只好到烟台去等着，一等就是好多天，这时李鸿章正和伊藤博文在天津谈着呢，谈来谈去最后达成了《中日天津条约》，主要是三项条款：

> 中日两国尽撤驻朝军队；
> 中日两国均不得再教练朝兵；
> 遇有重大事件，中日两国派兵赴朝，应先互相照会。

这么一个条约，等于清朝事实上承认了日本在朝鲜和自己具有同等的地位，朝鲜已不再是清朝的藩属国。真是肉食者鄙啊！

在这次谈判期间，伊藤特意提到祸首袁世凯，问清廷会如何处理他，李鸿章虽然知道有这么个人，但连面都还没见过，更谈不上了解，况且袁世凯还只是一个五品同知，在中堂大人眼里充其量不过是个小蚂蚁。最关键的是，两国首相会谈谈到一个五品芝麻官显然也不合大清体制，于是李中堂淡淡地回答："袁世凯是个小人物，不值一提。"伊藤大惊，语带讥讽地说道："看来贵国人才很多啊，连袁世凯这样的人都不值一提！"李鸿章面不改色，顾左右而言他，把话题转了开去。

3月中旬，袁世凯随吴大澂一行回到天津。吴大澂首先向李鸿章复命，谈到袁世凯，他毫无节制地大大夸奖了一番："公一向说张幼樵（即张佩纶，日后将是李鸿章的女婿，张爱玲的爷爷）为天下奇才，在我看来天下奇才非幼樵，乃袁某也。"

李鸿章不觉一愣，还有这事儿？想那张佩纶虽然刚刚在福建马尾被法国海军吓得抱头鼠窜，但毕竟曾位列"翰林四谏"，名重一时。这袁世凯何德何能，得蒙伊藤博文、吴大澂都如此高看一眼，便想亲眼看一看这个人到底怎样。

这次召见，袁世凯刚开始有点紧张，但说到正事，他便侃侃而谈，从容不迫，镇定自如：

现在朝鲜的局势异常复杂，朝鲜国内有亲华、亲日、亲俄三派，中日两国在朝鲜的势力仿佛，朝鲜在其中周旋，不过是想摆脱被控制的地位。

朝鲜国王李熙，是个当傀儡的料，但控制他的闵妃城府很深，在中日俄之间敢于走钢丝，以图让三方尤其是中日双方互相制约。因此，朝廷应该在朝鲜设立监国，牢牢控制住局势。另外，不如放李罡应回去，这厮好歹忠于大清，可以很好地制约将要倒向日本的闵妃势力……

袁世凯"设立朝鲜监国"的老调重弹，因为怕刺激日本，李鸿章仍然没有采纳，但是对于放回大院君这着妙棋，他不免心动。就在袁世凯踏上回家探母旅程的时候，消息传来，闵妃居然勾搭上了俄国，请求俄国派教官帮助训练军队。李鸿章这才下定决心：把李罡应送回朝鲜去。

1885年7月，中日两国按约定同时从朝鲜撤军，清军撤回后驻扎在旅顺，朝鲜已不再有清朝的一兵一卒。安全起见，李鸿章计划派遣北洋水师提督丁汝昌携黄金志、王永胜等四大总兵率水陆两营人马护送李罡应回国。消息传出，日本人反应相当激烈，认为此举将破坏已成协议，为此向清廷提出质询。朝廷一边告诉鬼子别担心，这是误会，中国人民是爱好和平的，一边电令李鸿章不得轻举妄动。

此路不通，李鸿章只好另觅它途。想来想去，他觉得这趟护送任务相当艰巨，若没有大军随行，似乎只有袁世凯合适，便立即把他召回天津。

8月12日，清廷正式宣布大院君李罡应将回朝鲜。19日，袁世凯带着总兵王永胜及一小队卫队，在天津大沽口上船，护送李罡应回国，并于25日抵达仁川。

无论闵妃还是李熙，对李罡应回归都表现得很冷淡，以至于朝鲜官方居然没人前来迎接。袁世凯大怒，立马派人飞奔前往汉城，一通训斥之后，李熙才派人搞了个隆重的欢迎仪式，把老爸接了回去。

来到王宫，袁世凯把李罡应、李熙、闵妃召到一起，给他们开了个家庭会议，要求大家和睦相处，好好经营这个家，更要好好经营这个国家。袁世凯还专门警告闵妃，俄国人是靠不住的，最关键的是，别忘了朝鲜是大清的藩属国。

整个谈话过程，袁世凯慷慨激昂、盛气凌人，国王一家三口唯唯诺诺连连称是，甚至表示将请求李中堂派袁将军重来朝鲜任职，袁世凯对此很是欣慰——这一次护送李罡应回朝鲜，不过是个临时差事，除此之外，他啥名分也没有，能干成这样实属难能可贵。接下来和以往相熟的大臣们吃了几顿饭后，袁世凯便踏上归途，径直回到天津复命。

在此之前不久，老将冯子材在镇南关痛歼法军，直接导致法国茹费理内阁倒台，中法战争形势顿时逆转。可怜大清朝，几十年来和外国打仗战无不败，只积累了太多求和的经验，突然一下子赢了一阵，反而不知道该怎么办了。最后还是谈和了，这事是李鸿章主持的，双方刚刚在天津签订了和约，李中堂算是大大松了一口气，心情正好着呢。

袁世凯此时回来复命，时机相当不错，李鸿章对他朝鲜之行的表现很是激赏，认定他果然是个不世出的奇才，决定好好提拔提拔。

李中堂老成谋国，想到就做，立即向朝廷上了一道奏折："袁世凯胆略兼优，能知大体，前随吴长庆带兵东渡，久驻汉城，壬午、甲申两次定乱，情形最为熟悉，朝鲜新旧党人，咸相敬重。若令其前往接替驻朝商务委员陈树棠，当能措置裕如……拟请以知府分发，俟补缺后以道员升用，并赏加三品衔。"袁世凯毕竟还是个小人物，在北京没什么知名度，考虑到这一点，李鸿章特别加了个附件，具体说明破格提拔的理由："袁世凯足智多谋，与朝鲜外署廷臣素能联络，遇事冀可挽回匡正。今乘朝王函请，正可迎机而导，令其设法默为转移。该员带队两次戡定朝乱，厥功甚伟。"

李鸿章是朝廷肱股之臣，他的面子连慈禧太后都得买，于是10月30日，朝廷下发批文，正式任命袁世凯为"驻朝鲜总理交涉通商事宜"全权代表，并"以知府分发，尽先即补，俟补缺后以道员升用，加三品衔"。

袁世凯的这个"驻朝鲜总理交涉通商事宜"全权代表，实际上就是驻朝商务委员。那么这个驻朝商务委员又是个什么官呢？其实就是大使或公使，只不过归北洋大臣直接节制。这是因为清朝是朝鲜的宗主国，直接由朝廷派大使公使不合体制，等于自贬身价，于是就以"商务委员"的名义欲行大使之实。关于这一点，其它国家的驻朝使节还好，只有日本公使明知这一层关系还一向处处刁难，以"商务委员"和公使不是平等的地位为由不予尊重，袁世凯的前任陈树棠为此就很是苦恼。现在，轮到袁世凯了，他会怎么做？

1885年11月15日，袁世凯重返朝鲜，与陈树棠办理完交接手续，立即走马上任。

袁世凯的职务是驻朝商务委员，但他可不像陈树棠那般客气，而是处处以天朝上国的钦差大臣自居，监国朝鲜，飞扬跋扈，对李熙、闵妃、李罡应颐指气使自不必说，对朝鲜众大臣的态度更不在话下，搞得大家颇有微词。

有微词也没办法，因为袁世凯带来了一封李鸿章给李熙的密信，要求李国王遇事多和袁委员商量。李鸿章的话，在朝鲜相当于圣旨，袁世凯拿圣旨当令箭，别人就算不服，也只能忍着。

袁世凯最牛的是，在各国公使面前，他一样盛气凌人。比如日本公使最开始依然觉得他小小一个商务委员，地位不够，袁世凯偏偏认为老子是上国钦差，要高你一等，以至于通常的各国公使例行会议，他根本就不出席，只派翻译去参加，摆的就是宗主国的谱。

这样的态度各国公使自然很不满意，其中最不满的是俄国。原来俄国也一直想染指朝鲜，而朝鲜内部本有亲俄派，现在以金嘉镇、郑秦夏为首，他们甚至已经暗

朝鲜时期的袁世凯，意气风发

中说服了李熙和闵妃。至于大院君李罡应，他曾经确实非常忠于清朝，但历经苦难痴心不改那是十几岁少年热恋中才有的执着，李罡应已是60多岁的老人了，也经过风雨也见过彩虹，还被抓到保定软禁过几年，绝不可能再犯这等糊涂。

这样到了1886年7月某一天，袁世凯得报朝鲜正加紧和俄国商谈，且为了求得俄国的保护，已经拟好使俄国在朝鲜享有和中国一样地位的草约。当时朝鲜已经有了电报，是清朝帮着建的，整个业务完全掌控在清朝手里。袁世凯当机立断，命令监控俄使馆向国内发送的所有电报，终于截获了朝俄密约的草稿。

袁世凯一面下令以线路故障为借口，让这份电报无法发出，一面采取行动，派人偷出了朝方的文本原件，朝鲜欲脱离清廷，请俄国协助并派军舰保护等等事宜，白纸黑字全都写在上面，并有朝鲜宰相沈舜泽的签名。

袁世凯立即电告李鸿章，请求出兵防止俄军登陆，随后进宫找到李熙，要求清理奸臣，否则天朝必将兴师问罪。李熙吓坏了，赶紧让沈舜泽等人向袁世凯谢罪，并把亲俄派大臣罢官以便了事。但这事不是那么好了的，袁世凯要求李熙立即照会各国公使，告知从今以后，凡收到只盖有国王印章而没有袁委员大印的文件，一律没有法律效力。李熙乖乖照办，袁世凯这才作罢。

李鸿章也在行动，但俄国矢口否认，朝鲜这边也反应过来了，一口咬定密件系小人伪造，是临时工干的。因为没有新的确凿证据，这件事就此不了了之。

但袁世凯截取俄使馆电报的事引发了各国使节团的愤怒，纷纷向清朝总理各国事务衙门（相当于外交部，但权力大得多）抗议、交涉。袁世凯这事干得确实不符合外交规矩，虽然维护了国家的利益，但总理衙门各大臣唯恐多事，对他的惹是生非很不谅解，多亏李鸿章多方维护，才免去了处分。

袁世凯少年壮志不言愁，紧接着上书李鸿章，献上对朝两策，上策是："乘朝鲜内敝，而日本尚不敢鲸吞朝鲜，列强亦尚未深入，我政府应立即彻底收拾朝鲜，建为一个行省。"下策是："门户开放，免得与日本或帝俄正面冲突，索性约同英美德法俄日意各国，共同保护朝鲜。"兹事体大，不是李鸿章一个人做得了主的，何况李中堂也未必想做这个主，于是此策略上报朝廷后，从此再无下文。

亲俄派好不容易被袁世凯打压下去，没多久朝鲜又诞生了亲美派，他们希望通过向美国借款开矿，赢得美国的支持，以达到独立的目的。

这事酝酿了很久，在袁世凯的强烈反对下，表面上朝鲜这边是收敛了。但1887年8月，李熙先是派闵泳骏出使日本，然后更派朴定阳为赴美全权大使、赵廷熙为赴英德俄意法各国特使，探索独立之路。袁世凯闻讯后阻拦已来不及了，这样到了1888年，朝鲜得寸进尺，打算以关税作抵押向列强借款——朝鲜的外交和关税都归清朝管理，这么做分明是在挑战大清的宗主权！

恰巧那段时间天主教开始进入朝鲜，外国传教士、朝鲜教徒和当地民众产生了巨大的矛盾，而地方官吏一味偏袒外国人，以至于激起民变，各地教堂频遭攻击。日、俄、美、法等国怕事情闹大后果严重，纷纷调兵前来自卫，袁世凯也借机说动李鸿章，调兵前来汉城。在一番合纵连横明争暗斗之后，局势趋于平稳，朝鲜欲向各国借款的事，也终于被袁世凯按下去了。

1889年朴定阳由美返朝，李熙、闵妃竟要任命他为外务大臣，袁世凯得知消息勃然大怒，派人正告李熙：朴定阳此次未经清廷允许擅自出使美国已经铸下大错，袁委员坚决不同意让他当外相，而且必须把他所有的官职全给免掉。

这种事李熙没主意，但闵妃很坚持，铁了心要任命朴定阳，为此还疏通了各国公使，把事情搞得极其复杂。面对如此局面，袁世凯心知不能硬来，但他有的是办法，他当即找来闵妃的救命恩人洪在义，让他去劝阻此事。闵妃总算讲情义，结果朴定阳就成了个平头百姓，恨死了袁世凯。

同样怀有如此愤恨的还有各国公使。原来袁世凯搅黄了朝鲜向各国借款一案后，总觉得还不妥当，他想不能光治标不治本，毕竟朝鲜很穷，确实需要借钱来用。于是在征得李鸿章同意后，袁世凯建议李熙以关税作抵押向大清借款，并先后借给朝鲜30万两银子，终于牢牢控制住了朝鲜海关。这样其它各国就没份了，大家一商量，认定罪魁祸首是袁世凯，都恨不得把这个遇事不通融的家伙赶出朝鲜。虽然当时英国驻朝总领事朱尔典和袁世凯关系很好，不过也是孤掌难鸣。

各国使节团有他们的力量和渠道，而袁世凯行事之嚣张专横，更是早就让李熙、闵妃两口子恨得牙痒痒。在外人挑动之下，夫妇二人再次写信给李鸿章，却是请求撤换袁世凯，请中堂大人随便另派一个什么人来都行。为了增加保险系数，他们一面在汉城拼命制造"驱逐袁世凯"的舆论，一面派人拿着钱去北京，贿赂清廷高官，请他们务必帮帮忙，想办法把袁世凯调走。

又是多亏李鸿章力排众议，才算是保住了袁世凯的位子。这时袁家来了件喜事，姨太太金氏生了个儿子，这是袁世凯的二儿了，也就是日后的风流才子、寒云先生袁克文。

再见，朝鲜

可惜大喜事竟酿出了一场小麻烦。原来在朝鲜代行夫人职责的大姨太沈氏，曾经怀上过一个孩子却不幸流产，以后再也没能怀孕。沈氏对此伤心不已，一度想要自杀，袁世凯只能安慰她说，他的下一个儿子，不管是谁生的，都将过继给她作为嗣子。

袁克文出生后，袁世凯立即履行承诺，宣布儿子的母亲是沈氏，归沈氏抚养。金氏整日哭得梨花带雨，心情更是抑郁得无以复加，这也令袁世凯心存愧疚，却无从补报。

所幸无论沈氏还是金氏，对小克文都非常疼爱。只是沈氏的爱体现为溺爱，比爷爷奶奶对孙子的爱还要来得夸张；金氏则知书达理，对克文充满着无限期许。两种不同的爱时有冲突，再加上横亘心中的夺子之恨，两个女人之间，从此更加水火不容了。

袁世凯就这么痛并快乐着，没想到真正的伤痛已经不期而至。1891年年底，嗣母牛氏夫人病危，消息传来，袁世凯赶紧打电报请假回籍，李鸿章只能准假，但要他推荐代理者。袁世凯推荐了此时任职龙山理事官的唐绍仪，说他"忠直明敏，胆识兼优，通晓韩情，可当大任"。李鸿章欣然接受。袁世凯立即踏上了归乡路。

他回到陈州不久，牛氏夫人即去世。袁世凯是个大孝子，大哭一场后，写信向李鸿章报告情况，并坚决要求在家丁忧守制。

所谓丁忧守制，是孔孟、朱熹之流的要求，历朝历代无不唯唯遵守，无人敢违反。其要义是，皇帝之外，无论多大的官，如果父母去世，就必须辞官，回老家去悲伤27个月（号称"三年之丧"）。27个月不能当官，这也太残忍了！所以在那会儿，父母亲一旦去世，当官的可不是一般的悲痛。按规矩，守制期间，不许吃肉不许喝酒，更不许有性生活。只有皇帝才有权以工作需要之名将其召回，此谓之"夺情"。

在儒教看来，"三年之丧"是事关民族精神的天大的事，因此少不了有投机者为了沽名钓誉而剑走偏锋。比如东汉时期有个叫赵宣的家伙，就以创吉尼斯纪录的热情，身体力行了个"二十年之丧"，赢得世间交口称颂，成为"感动汉朝"的不二人选。可惜后来被人发现这厮守丧期间，老婆居然生下了五个孩子，而且经调查绝对没给他戴绿帽子——这个玩笑开得太大了。赵宣运气比较不好，事情败露后，竟然被地方首长、大名士陈蕃下令杀了头。真是偷鸡不成蚀了好大一把米。

而一代名相张居正，也是因为在这一点上做得不够到位，守制期间，皇帝一声"夺情"令下，他立即屁颠屁颠地跑回北京继续当宰相，一点虚情假意的推脱都没有，从而给了政敌攻击的把柄，为此付出了极大的代价。

如此严重的事，李鸿章自然不能不许袁世凯守制，事实上他也没那个权力。但此时此刻，李中堂实在是离不开袁委员27个月的时间，便狠狠心奏请慈禧太后和光绪皇帝，以朝鲜局势纷繁复杂为由，请求皇帝下令夺袁世凯的情。

很快夺情的圣旨就来到了陈州，袁世凯只能按照夺情的惯例，服丧100天，然后返回朝鲜。

在家的这100多天，袁世凯觉得家里有点乱。原来牛氏夫人去世后，家里还有袁保庆的两个姨太太王氏和陈氏，这两人感情一向很好，只是王氏人很厉害，加上当年先进门，现在觉得自己多年的偏房熬成了老大，为了立威，就开始对陈氏很不客气，以至于双方的关系，简直比清朝和日本之间还要紧张。

袁世凯小的时候，这两人对他都很好，此时想尽尽孝心，临走前便邀请她们跟着自己一起去朝鲜享福。在旷日持久的争吵中处于弱势的陈氏，满心欢喜地就准备出发，占尽上风的王氏却不肯去，说是怕远到异国他乡，袁世凯把她拿去卖了，所以首先需要一个正室夫人的名分，当了家长，才敢动身。

袁世凯很生气，说你爱去不去，就带着陈氏夫人上路了。到了朝鲜，已经是1892年的5月，袁世凯气犹未平，给二姐袁让写了封信，说王氏夫人"自比先太夫人，宛以上人自居，大谬矣。我为家长，何能反为奴才耶"！

这边气刚平，袁世凯怎么也没想到，大哥袁世昌来了。

袁世昌是袁世凯生父袁保中的长子，早已自立门户，一直在家经商务农，经济条件一般，听说袁世凯当了大官在朝鲜很牛，就赶了过来。

但他并不是袁世凯第一个来朝鲜的兄弟，事实上袁世凯初到朝鲜任职商务委员独挑大梁的时候，嗣母牛氏夫人怕他忙不过来，就曾叫他的三哥袁世廉、五弟袁世辅前来帮忙。

袁世廉是个大孝子，当初吴长庆去世、袁世凯从军去了朝鲜，家中只留下牛氏夫人等几个妻妾无人照应，他特意从老家项城搬到陈州，帮助照料这一大家子，对牛氏夫人就像自己的亲生母亲一样，所以牛氏一发话，他带着五弟就来了朝鲜。

五弟袁世辅却是个混混，酷爱赌博，欠了不少赌债，此来朝鲜，只是为了找四哥搞点钱。袁世凯最恨赌博，断然拒绝，并把五弟大骂一通，袁世辅待着无趣，过了半个月就自己回去了。

还好袁世廉是真来帮忙的。袁世凯家里当时除了四个姨太太，长子袁克定也被他召了过来，加上丫鬟保镖，以及从老家赶来打秋风的亲友，20多口人也算是个小社会，操持起来并不容易。袁世凯便安排与他年龄相仿、从小关系最好的三哥当管家，三哥当真不负重托，把个大家庭管理得井井有条。

也就干了几个月，消息传来，中朝签订了《釜山电线条约》，欲在朝鲜架设电线，此事由清朝电报局牵头负责，而大清朝的电报局归北洋管理，属于李鸿章的势力范围。袁世廉得此消息，不禁怦然心动，原来在老家的时候，他也捐过一个候补知府的虚衔，虽然没能补缺，但当官之心人皆有之，袁世廉又岂能免俗？于是便请四弟帮着给谋个差事。袁世凯不能无视三哥的上进之心，一边请叔叔袁保龄、周馥帮忙，一边亲自在朝鲜打招呼，最终让三哥当上了朝鲜电报局的帮办。

袁世廉毕竟没有做官的宝贵经验，这官当起来颇感吃力，经常被安排些吃力不讨好的事情，很是郁闷。后来他的老婆孩子也来了朝鲜，都住在袁世凯家中，久而久之难免产生一些家庭矛盾，袁世廉一怒之下就带着家小回了老家。

没想到三哥刚走大哥又来了，袁世凯不知道是该喜还是该忧。更没想到的是，哥俩见面连客气话都还没说完，大哥就管袁世凯要钱，而且开口就是1800元。这是什么概念？当时1800元大概相当于1200两银子，约等于袁世凯5年的年薪。当然身为商务委员，各种补贴是有的，所以袁世凯的收入不会太少，但也不会太多。

袁世凯敢花钱，但花的都是公款，为的是办公事。在这个过程中，虽然他自己也能捞不少好处，不过都是扬名立威建立关系之类，不涉及其他。袁世凯本人并不爱钱，更不搞贪污，却要养一个大家，因此并没有多少积蓄，一听大哥狮子大张口，就问他要这么多钱干什么，大哥实话实说：给儿子，也就是你的侄子将来娶媳妇准备的。袁世凯是真急了：你大儿子今年才7岁，娶媳妇还早得很呢！大哥你不会当你是大英帝国当我是咱们大清朝了吧？老子没那么好蹂躏！老子可以说不！

袁世昌一听这难听话也急了，情急中就动了手，狠狠推了老弟一把。袁世凯大怒：在这儿从来都是我打人家，你丫的居然敢打我？一拳就回了过去。袁世凯小时候练过功夫，这一拳力道不小，直接就把大哥打得坐在了地上。

哥俩打架，而且是弟弟占着上风，左右自然没人敢上来劝，还好陈氏是长辈，好歹把两个人喝住了。袁世凯住了手，气冲冲地吩咐手下：准备一笔盘缠，明天就送他去坐船回家。

送走大哥，袁世凯长长松了一口气，因为有太多的大事等着他去处理。而对于袁世凯的回来，最高兴的莫过于唐绍仪，代理商务委员这个官他可真不想再做了。

原来袁世凯在家的时候，俄国计划从海参崴铺设一条铁路到朝鲜元山，日本则计划架设由釜山到汉城的电线。日本人倒是不吃独食，很大方地表示从义州到汉城的电线可以留给清朝架设。可问题是，作为宗主国，修铁路、架电线等这些权利本来就是清朝的，别人根本无权插手，所以唐绍仪据理力争，坚决不同意，但扛得很辛苦。

处理这些事，袁世凯最有经验也最有人脉，直接把李熙、闵妃叫到一起，一通威胁一通抚慰，总之就是软硬兼施，再把朝鲜大臣中的亲华派发动起来，经过艰难的交涉，俄、日终于知难而退，这令袁世凯非常得意。

袁世凯的精明强干也得到了朝廷的奖赏，他被补授为浙江温处道，属于四品实缺。不过虽然有了实缺，他却仍得留在朝鲜，因为祖国需要他留在那里。

就在这时，来了一场巨大的风暴，在朝鲜国内，搞了多年地下活动的东学党终于浮出水面，一再请愿，并于1893年4月举行了数万人的大规模请愿活动，到1894年2月15日，在全琫准的领导下，东学党起义爆发，又称甲午农民起义，整个朝鲜顿时乱作一团。

关于东学党起义，说起来很复杂，我们只需要了解两点：它是官逼民反的结果；后来其幕后有日本人的影子，他们的目的是把朝鲜尽可能搞乱，以诱使清朝出兵，以便自己出兵占领朝鲜。

朝鲜军队和他们的官员一样腐败，打起仗来只会跑，根本不是农民起义军的对手。袁世凯看不下去了，自告奋勇要代为平乱，并声称朝鲜官场无人，只有自己才有这个能力。闵妃对袁世凯深有戒心，只说谢谢，没敢麻烦他。

可是也就过了几天，到6月1号起义军攻陷全州，局势越发危险，金允植、鱼允中等比较明白、能干且和袁世凯关系很好的大臣便主张请袁代为平叛，一时间附和者众多。李熙、闵妃想不出更好的办法，只好派人去请袁世凯。

可在袁世凯看来，按现在的形势，自己带朝鲜兵上战场同样没有胜算，若从国内调兵，根据《中日天津条约》，则必须通知日本，双方共同出兵，这绝不可以。所以他摆起了架子，通知李熙：你们先写个正式文件来看！

然后袁世凯致电李鸿章，汇报朝鲜最新局势，并建议北洋派兵。这一次，袁世凯犯了个巨大的错误，这也是日本人刻意忽悠的结果——他告诉李鸿章：根据我的消息来源及判断，日本人不会出兵。

李鸿章对袁世凯早已非常信任，遂一面通知日本方面我们将要派兵，一面令北洋舰队提督丁汝昌派济远、扬威二舰赴仁川、汉城保护侨商，并令直隶提督叶志超、太原镇总兵聂士成率领2000余人，乘坐招商局轮船前往朝鲜。6月12日，两军在牙山登陆。

日本早就准备好了。之前他们甚至把邮船公司的轮船都集中起来作为运兵船，以便随时运兵开赴朝鲜，等的就是清朝这边的通知。现在通知一来，大批的军舰和运兵船载着7000多名官兵，越过朝鲜海峡，在仁川、釜山登陆，迅速布防。

中日两国的军队一到，东学党起义军自知不敌，纷纷散去。眼看大乱渐平，而日本还在不断增兵，袁世凯看出情况不对，赶紧往晤日本公使大鸟，要求两国同时撤军。日本哪里肯撤？只是一味推诿拖延，袁世凯只能请示李鸿章指陈方略，得到的是继续敦促日本撤军，可这如何做得到？

这时驻扎在仁川的济远舰，管带（即舰长）方伯谦见登陆仁川的日军越来越多，害怕一旦冲突寡不敌众，给袁世凯打了声招呼后就带兵跑到牙山去了。袁世凯只能请李鸿章赶紧调集北洋水师前来增援，并请欧美各国驻华使节出面调停中日关系。李鸿章一面命令叶志超率军开往马山浦，并电令在国内的丁汝昌，率北洋水师前往，一面赶往北京和各国公使商谈，敦请大家出面调解。

可是晚了。这次中日两国出兵朝鲜平乱，中方为的是维护藩属国的政权不被推翻，日本人的口号却是帮助朝鲜独立，并提出了内政改革的方案。日方的方案很动人，无非是政治清明、官民平等一类，甚至表示可以由中日两国合作改革朝鲜内政。平心而论，当时朝鲜的各派势力包括老百姓，接受日本人的更多一些。

另一方面，朝鲜民间的排外情绪太强烈，对大鼻子外国人极其痛恨，很多人把这归咎于清朝的纵容，以至于各国使节对于调停中日之争并不上心。这样明眼人都看得出，战事就要不可避免了。

袁世凯当然也看出来了，他还看出了李鸿章根本不想打这一仗。自己人不能齐心协力，这仗打起来就毫无成算，加上知道自己在朝鲜树敌太多，最近更有传言日本人计划活捉他。闻听此讯，袁世凯不敢再在朝鲜待下去，而且局势如此，再待下去也没有意义，便一再请求李鸿章调自己回国。李鸿章不肯，他就只好继续待在那儿，但并未停止活动，重点对象是已经很熟的张佩纶，因为李鸿章最喜欢这个女婿。

到了7月8日，李熙宣布接受日本提出的改革方案，并表示废除中朝间一切条约，朝鲜不再是清朝的藩属国，从此独立自主。随后大院君李罡应复出，袁世凯的麻烦大了。

李罡应恨透了袁世凯，扬言要砍他的脑袋，为此不惜让日本人架起大炮，炮口对准商务委员公署——袁世凯工作和生活的地方。情势如此危急，一时间公署内人心惶惶，员工们纷纷请假甚至不告而辞，薪水奖金什么的通通不要了，最后只有副手唐绍仪留了下来。

职责攸关，袁世凯不能跑。外面太乱，他连门都不敢出，只能待在公署里和唐绍仪两人困坐愁城。多亏四姨太闵氏关心体贴、胆大心细，因为是朝鲜人，又是女人，外出干什么都相对方便些，在消息探听、对外联络等方面很帮了袁世凯不少忙。

7月18日好消息传来，李鸿章经张佩纶的劝说，加上从唐绍仪的电报中相信了袁世凯所说的一切，和总理各国事务衙门商量后，便召袁世凯回国，留下的职位由唐绍仪接任。

此时袁世凯已经病倒了，但收到电报他立即来了精神。当天夜里，在英国领事朱尔典的协助下，唐绍仪亲带双枪双刀，护送袁世凯出走。逃亡路上，有消息说东学党人已在路上布下埋伏要干掉他，袁世凯立即更改逃亡路线，直奔仁川而去。

7月19日，袁世凯一行抵达仁川，上了北洋水师的军舰，就此告别了朝鲜，这个他停留了12年、带给他无数辉煌与伤痛的地方。

甲午战争

7月21日，袁世凯回到天津，对李鸿章做了关于朝鲜局势及日本所作所为的详细汇报，李鸿章终于明白，这一战躲不过去了。

李鸿章之前极力主和，是因为他很清楚北洋的家底。更何况这一年是慈禧太后的六旬万寿，怎好动刀兵？

原来早在1889年，光绪皇帝年满18岁，算是成人了。成人了就得结婚，这事儿筹备了很久，慈禧肥水不流外人田，做主让自己弟弟桂祥的二女儿静芬当了皇后。皇帝大婚之后，照例应该亲政，各方压力之下，慈禧不便再继续垂帘，只好归政于光绪，但留下了继续训政的尾巴。

不知为什么，光绪对皇后始终不感兴趣，怎么也爱不起来，倒是老爱往珍妃的宫里跑。慈禧是个负责任的媒婆，对自己一手包办的婚姻，很讲究售后服务，多次勒令皇帝晚上不许乱跑，必须睡到皇后那里去。

这样的事情多了，光绪难免会对太后有看法，不过皇帝是个明白人，觉得这些都是小节，老太后能把权力交还给他，虽然交得并不彻底，但也是天大的恩德，需要感恩。这时离太后六十大寿越来越近，最好的感谢，当然是送一份厚礼，这就要督促着内务府，好好把清漪园改造为颐和园的工程加紧做好。

其实这根本不用皇帝操心，改造清漪园这个题目本身就是内务府那帮位高权重的大臣们出的，为的是几百万两银子的工程，大家很可以发一大笔财。明里不可能这么说，理由来得冠冕堂皇，那就是慈禧老佛爷操劳一生，归政之后，总得有个地方休息，享享清福吧？并开宗明义地表示颐和园项目将作为慈禧六旬万寿的献礼工程，谁要是敢反对，谁就是跟老佛爷过不去！

还真有人表示反对，理由无非是民生凋敝，军费浩繁，不宜大兴土木。

慈禧有个心结，就是她掌权后从来没有开开心心地过过一个整寿：1874年四十大寿，自己唯一的亲生儿子同治皇帝死于不太体面的某种疾病；1884年五十大寿，中法之战搞得她心神不宁。她常想：我的命咋就这么苦呢？现在眼看要六十大寿了，不过是修个园子热闹热闹，居然有人不愿意？老佛爷当时就急了，放言："谁要是让我郁闷一阵子，我就要让他郁闷一辈子！"老佛爷表面上退居了二线，实际上大权依然尽在掌握，说出这样的狠话，那还有谁敢不买账？可是修园子要钱，当时国库着实空虚，大家只好四处挪用，最大的冤大头，就是海军的军费。

1892年，户部做出决定："南北两洋购买洋枪、炮弹、机器事，暂停两年，所有银子解部充饷。"

这事是户部尚书、光绪的老师翁同龢干的。翁同龢和李鸿章有仇，事情起源于1861年，翁同龢的哥哥翁同书担任安徽巡抚，在守卫寿州时挡住了太平军陈玉成的进攻，却被苗沛霖的叛军夺走了城池。这事要怪翁同书行事过于草率，另外和袁世凯的叔祖袁甲三也有一点关系。

当时奉旨督办苏、皖、浙、赣四省军务的两江总督曾国藩极为愤怒，上奏痛劾翁同书，弹章出自其幕僚李鸿章之手，用语机巧而狠毒，结果朝廷判了翁同书死刑。判决下来，翁父气急身亡。翁父翁心存是先帝咸丰的老师，他一死倒是救了儿子一命，不过翁同书也只是免死，改为流放新疆充军，官是再也当不成了。这相当于杀父之仇，翁家恨透了曾、李自不必说。曾国藩去世后，这一切就全着落在了李鸿章头上。

不过海军军费被扣发，除了翁同龢成心和李鸿章过不去之外，也要怪李鸿章及其手下太贪婪，之前拿着大把银子，以次充好、中饱私囊的事没少干，翁同龢并非师出无名。再加上修园子背后是慈禧太后在撑腰，任李鸿章、丁汝昌等四处奔走呼号，翁同龢只是不为所动，谁也奈何他不得。

大清朝忙着修园子的时候，日本人在干什么呢？

为了占领朝鲜进而打败清朝，明治天皇发了狠话："我宁可一天只吃一顿饭，也要建立起强大的海军。"不只是说说，说过之后，明治天皇就开始节约宫内开支，粗茶淡饭代替了大吃大喝，静坐沉思取代了夜夜笙歌，他甚至从内库拿出了30万元私房钱，用于海军的建设。

这下子举国震动。大臣、将军以及权贵、富豪纷纷解囊，只3个月的工夫，就筹集了海防捐款103万元。到了1893年，明治天皇又做了个决定：此后6年，每年从内库中拿出30万元私房钱，专用于海军。30万元到底是什么概念？是超过日本皇室每年开支的十分之一这样一个数字。天皇此举一出，政府官员们纷纷主动献出四分之一薪俸用于建造军舰，一时间民心大振。

1894年，日本入侵朝鲜，中日之战一触即发，天皇真的开始一天只吃一顿饭了，这确实在很大程度上激励了前线缺衣少食的日本军人的士气。

日本天皇靠饿肚子省钱发展军事的故事传到大清朝，被引为笑谈。李鸿章却不敢笑话明治天皇，他知道这仗没法打，令他感到欣慰的是，除了自己，还有个最不愿意打仗的人，那就是慈禧太后。

李中堂不愧是李中堂，端的是料事如神——老佛爷确实只想好好过一个生日，对打仗一点兴趣都没有。但是她也有说不出的苦，就是身为事实上的最高领导人，面对国家尊严和领土完整被侵犯，如果公开反对开战，那是无论如何也说不过去的。所以慈禧只能装糊涂，不置一词，内心却巴望着李鸿章能把事情给糊弄过去。可主战的力量太强大了，举国上下一片喊打之声，领头的竟是光绪皇帝！皇帝最坚定的支持者和鼓动者正是他的老师翁同龢，翁大人除了扬国威的雄心壮志之外，还有一点私心，比如他曾说过："正好借此机会让他（李鸿章）到战场上试试，看他到底怎么样，将来就会有整顿他的余地了。"

看起来不打绝对过不了关，李鸿章只好硬着头皮战斗。7月24日，他电令驻扎在牙山的叶志超、聂士成部加强战备，并派出马玉昆的毅军、左宝贵的奉军、卫汝贵的淮军和丰陞阿的盛军，共计29营1.4万人渡鸭绿江进入朝鲜。

为了增援叶志超他们，李鸿章并派总兵江自康率天津练军2500人，雇用英轮"高升号"、"爱仁号"、"飞鲸号"三艘商船运兵前往牙山，同时又命北洋舰队"济远号"、"广乙号"、"威远号"、"操江号"四舰护航。这些挂英国旗的商船都是李鸿章的心腹盛宣怀雇来的，为的就是让日本人有所顾忌。

谁知日本海军连英国轮船都敢打！日本间谍石川伍一贿赂开道，从天津军械局书办刘树芬处得知"高升号"的具体出发时间后，悲剧就注定要发生了。

第二天早晨，牙山口外丰岛海面，济远、广乙两舰自牙山回航，接应正向牙山驶来的"高升号"及"操江号"，中途遭遇日本舰队，一番激战后，济远、广乙两舰负伤败逃，操江号被迫投降，高升号则被日军击沉，船上950名清军，只有200人被救起。

击沉英国商船后，日本国内很紧张，生怕英国人打上门来，而李鸿章也确实不断想办法挑动英国方面，奈何这一切最后被日本人通过外交途径化解了，向英国赔款道歉了事。

7月28日，日军4000余人大举进攻牙山，3000多名清军顽强应战，最终双方伤亡差不多，但牙山终告失守，叶志超、聂士成退守平壤。

8月1日，中日双方同时宣战，甲午战争全面爆发。李鸿章赶紧派已担任直隶按察使的周馥前去总理前敌营务处，接着又奏派袁世凯回朝鲜继续担任总理朝鲜交涉通商大臣即驻朝商务委员，命他立即赶往平壤，联络官军，协调粮饷运输问题——"办理抚缉事宜，并联络各军，协筹粮运"。

袁世凯一百个不愿意去干后勤，就托袁保恒之子、自己的堂弟袁世勋去找翁同龢疏通，要求到前线带兵打仗，翁同龢给他指了条路，让他去找李鸿藻。

翁同龢此前并不认识袁世凯，但对他在朝鲜的作为却有所耳闻，对他印象颇佳。李鸿藻则不同，袁保恒、袁保龄跟他都相熟，而且他也知道袁世凯是个能干的人。于是过了几天，关系并不和睦的翁、李二人，联名上奏推荐袁世凯赴前线作战。8月20日，光绪作了批示，下旨总署电告李鸿章，让李催促姜桂题、程允和招募一军，交给袁世凯和吴长庆的部将陈长庆率领，奔赴前线。

李鸿章此时手握兵权，既已派袁世凯去管理后勤，哪里容得他自作主张去打仗？况且袁世凯擅自向上活动，居然还弄了个上谕下来，这不是拿皇帝来压我吗？是可忍孰不可忍，李鸿章不管不顾，仍派他随周馥经辽东半岛前往平壤办理营务转运后勤之事。

袁世凯就像是孙悟空，既然怎么也跳不出李鸿章这个如来佛的手掌心，只好随周馥从天津出发，出山海关前往辽东，这是9月9日的事。等他们赶到辽东，正筹划时，10月14日，平壤已经失陷，紧接着10月17日黄海海战爆发，5个小时的激战后，北洋水师惨败，制海权完全落入日军之手。眼看战火就要燃烧到辽东半岛，李鸿章马上命令周馥就地办理转运局，管理粮饷中转事宜，并令袁世凯协助办理粮饷军械，以供前线。

袁世凯赶到东北之时，日军已经到了鸭绿江边。10月24日，日军山县有朋大将率第一军3万人强攻鸭绿江的同时，大山岩大将率第二军在海军掩护下，开始在花园口登陆以攻打旅顺。日军登陆用了12天，清军竟不闻不问。显而易见，三军不用命，这仗根本就没法打。

鸭绿江江防之战只打了3天，将近3万清军就已全线崩溃，除了马金叙、聂士成率部坚守虎山作战英勇之外，其他各路清军一枪未放，全部不战而溃。

旅顺口那条线也差不多，大部分清军同样望风而逃，比如曾在朝鲜和袁世凯同事过的张光前和黄仕林一道统兵驻扎在旅顺口，日军杀来他们跑得比兔子还快，还不如在朝鲜时勇敢——那次他们被吓呆了，跑都跑不动，所以没跑。

清军的溃败，让袁世凯的工作完全无法开展，因为他们跑得太快，袁世凯只能带着粮饷军械在后面一路追，这让他极其郁闷。

令人极为诧异的是，这段时间北京竟然一片歌舞升平。11月6日，农历十月初一，也就是日军攻占金州当天，清廷内外臣工按要求"穿蟒袍补褂一月"，慈禧太后老佛爷六旬万寿盛大庆祝活动正式开幕。从这天起，宫中夜夜笙歌，天天都有隆重的庆祝活动，老佛爷乐得合不拢嘴，大小官员们自然也笑口常开。在这段时间内，日军自金州、大连、土城子一路打下来，如入无人之境。

农历十月初十即11月15日，是慈禧六十大寿的正日子，这天庆典达到了高潮，群臣纷纷赞颂老佛爷的英明伟大、大清朝的盛世华年。真正是普天同庆，就连日军都很给面子，他们于7日攻占大连湾后，夺取了大量的军需物资，包括621支枪、129门炮、3300多万发子弹、250万发炮弹。大连的陷落使得"不可攻破"的大清海军基地旅顺口变得"可以攻破"。日军一高兴便就地休息了10天，此刻正在休整阶段，所以神州大地上，没有人在打仗。

宫内的盛况一直持续到了农历十月十七即11月22日，恰在这一天，日军兵不血刃就占领了旅顺口。旅顺口的失陷，使得日本海军在渤海湾获得重要的根据地，北洋门户已经洞开，北洋舰队只敢藏在威海卫港内，整个局势惨不忍睹。

仗肯定是没法再打了，好在慈禧的生日也过完了，有心情召集左右坐下来商谈接下来该怎么办。能怎么办？议和呗！不从来都是这么干的吗？这事儿就支给了恭亲王奕䜣和北洋大臣李鸿章，让他们去想办法处理。

李鸿章老谋深算，为了不损天朝的面子，派了在天津海关工作了20多年的德国人德璀琳去日本议和。日本首相伊藤博文和外相陆奥宗光一看来的是个老外，顿时觉得对方没诚意，连面都没见，只下令前方接着打。于是复州、析木城和海城相继失守，沈阳受到了直接的威胁。

沈阳那会儿叫盛京，是清朝所谓的"龙兴之地"，极被满人看重。眼看盛京告急，清廷不敢再打，赶紧派张荫桓和邵友濂二人赴日议和，这是1895年2月1日的事。待两人赶到日方指定的谈判地点广岛，伊藤却认为两人权限不够，拒绝与之谈判，并借口广岛是军事重镇，闲杂人等不得逗留，直接将他们赶到了长崎去待着。

就在这个时候，威海卫之战已经打响，打到2月17日，日军在刘公岛登陆，威海卫海军基地陷落，北洋舰队全军覆没，丁汝昌、刘步蟾等大将自杀殉国。

这就不能再拖了。2月22日，李鸿章奉旨进京，商谈议和之事。进京之前，李鸿章把周馥调回天津，由袁世凯接替其转运局总办的职位，并准许袁辞掉其它所有差事，包括驻朝商务委员一职。

此时日方态度尤其强硬，他们向清政府表示，不仅要承认朝鲜独立，要赔款，更要割地。这是卖国的条件，无论慈禧光绪还是王公大臣，谁也不愿接这个烫手的山芋，遂公推李鸿章前去议和。这不仅是因为李鸿章最有经验，更关键的是，此次战败，罪魁祸首正是李鸿章的北洋水师，他要负责任！李鸿章不敢不去，但他也不愿背"卖国"的恶名，故坚决要求得到朝廷的全权授权，方肯出使。

关于议和的条件，朝廷上展开了激烈的争论，李鸿章的意见是自己承担不起割地的责任，况且赔款也不知在何处；翁同龢一派则主张宁愿多赔款，绝不可割让一寸土地；恭亲王一派比较现实，认为不割地则永无了局，现在形势危急，日军已经打到了山东，假以时日很可能两面包抄北京，那就太吓人了，所以不如答应日方的条件，求得一时的平安，再励精图治，反正古人说了：君子报仇，十年不晚。

庙堂之上争论得热火朝天，日军却已从海城分路进攻，从3月4日到9日，几天之内，牛庄、营口和田庄台相继失陷，清朝6万多大军全线溃退。

这就不能再争论了，3月13日，带着光绪皇帝签署的全权证书，李鸿章以头等全权大臣的身份，乘坐德轮"礼裕"、"公义"号直奔日方指定的新议和地点马关。

此次谈判进行得异常艰苦，日方开出的是接近灭国的条件，而且根本没有商量余地，直到3月24日下午，李鸿章以72岁的高龄，在结束第三次谈判坐轿子回旅馆的途中，遭遇日本浪人小山丰太郎行刺，脸上挨了一枪，所幸没死，留下一句感叹："此血可以报国矣！"

此事引起了国际间的震动，连日本人自己都不好意思起来，当然他们更担心的是引起外国干涉，遂赶紧宣布休战，并降低了谈判条件，不过这降低了的条件，仍相当苛刻。

李鸿章用鲜血换来的峰回路转，终于使得合约达成，1895年4月17日，《马关条约》签署，条约共11款，并附有"另约"和"议订专条"，主要内容包括：清政府承认朝鲜"独立自主"；割让辽东半岛、台湾、澎湖列岛及附属岛屿给日本；赔偿日本军费白银2亿两；增开重庆、沙市、苏州、杭州为通商口岸；开辟内河新航线；允许日本在中国的通商口岸开设工厂，产品运销中国内地免收内地税。

毫无疑问这是个丧权辱国的条约，但平心而论，以日本人的狼子野心，在当时的情势下，这也是清政府能够争取到的说得过去的条约。弱国无外交，就是这样。

有一点可以肯定，甲午战争之后，大清朝渐渐进入了脑死亡状态，剩下的十几年基本上都属于垃圾时间。而对袁世凯来说，他的黄金时代才刚刚拉开序幕。

小站，梦开始的地方

差点当了洋买办

《马关条约》实在是过于让天朝没面子，这事当然跟慈禧光绪没关系，甚至跟任何人都没关系，因为这约是李鸿章签的，这国就是李鸿章卖的。一时间从上到下，全国人民群起而攻之，李鸿章就这么成了他一开始就知道要成为的替罪羊。

平心而论，李鸿章也并不完全是冤枉的，所以面对被免去直隶总督、北洋大臣的官职，被褫夺穿黄马褂等荣誉，他一概无话可说，只有在得知全体军机大臣上折子给光绪皇帝，说"中国之败全由不西化之故，非鸿章之过"时，这位73岁的老人，才忍不住泪流满面。

这时李鸿章闲居北京贤良寺，除了一个文华殿大学士的荣誉头衔，处于无官一身轻的状态。既然无官了，肯定不招人待见，只能于门庭冷落中，淡看人情冷暖世态炎凉。他于此时写了一首马关纪事诗："劳劳车马未离鞍，临事方知一死难；三百年来伤国步，八千里路吊民残。秋风宝剑孤臣泪，落日征旗大将坛。寰海尘氛纷未已，诸君莫作等闲看。"诗意之苍劲悲凉，令人不敢回想其少年意气时的名句："一万年来谁著史，三千里外觅封侯。"

李鸿章很有担当，罢官之前，有一次恭亲王问他："听说朝鲜乱局、甲午战争是由袁世凯引起，不知是否如此？"他只回了一句："事已过去，请王爷不必追究，横竖皆鸿章之过耳。"

袁世凯同样没有装孙子，李鸿章马关遇刺时，他仍在辽东半岛，闻听此事一连发了几个电报问候伤情；等到李鸿章回到北京遭遇罢官，这时仗也打完了，他立即向奉派督办关外军务的两江总督刘坤一销差，赶到北京，首先就去贤良寺拜访业已无人问津的恩师，令李鸿章感慨不已。

这时李鸿章的马关日记已被国内各大报纸疯狂登载，该日记主要由他的书记员如实记载那段时间所发生的事情，很详细，其中包括条约签订后，春帆楼上李鸿章与伊藤博文的一段闲谈。

谈到十几年前，北洋水师远渡日本海，到日本近海炫耀武力，伊藤博文应邀登上军舰，被其现代化震惊得目瞪口呆的往事；反观今日，北洋水师被日本海军打得全军覆没，李鸿章不禁感叹："人才难得啊！"伊藤没有接话，反而问道："袁世凯现任何事？"这已是伊藤第二次提及袁世凯，李鸿章回答："小差事，无足轻重。"这就该轮到伊藤感慨了："像袁世凯这样的人才，竟然无足轻重，难怪贵国没有人才啊！"

报纸上登出这段对话后，袁世凯立即声名鹊起，一时间，到茶馆去听袁慰庭讲朝鲜的故事及中日朝关系，在士大夫中成了一种时尚。李鸿章幕府文案于式枚曾有过回忆："大家全部喜欢听他的议论，引为一世之雄。我暗地观察他的举止，确非寻常之人。"

不过也只是增加了声誉而已，一时半会儿袁世凯似乎也没什么好机会，于是他干脆请假回河南老家探亲去了。这是1895年4月底的事。

1895年7月的时候，因甲午战败，举国上下变法的呼声响入云霄。这时候袁世凯回到北京，经李鸿藻和翁同龢的推荐，在1895年8月2日，他终于得到了光绪皇帝的亲自召见，随后就被派到督办军务处去工作，"供土大臣差遣"。

光绪在召见时问了他对举国热议的变法的意见，这让袁世凯很是心潮澎湃，回来后他认认真真地写了一份万言书，全文13000多字，涉及政治、经济、军事、文化等多方面的改革内容，分为储才9条、理财9条、练兵12条、交涉4条，主张学习外国、变更旧法，并提出具体的变法策略，比如理财9条，包括铸银钱、设银行、造纸币、振商务、修铁路、开矿藏、办邮政、造机器、饬厘税等。"储才"中的设立馆院，与维新变法所开办的京师大学堂相类似，见识远在同人之上。反复修改完后，袁世凯于8月20日上呈光绪，给光绪皇帝留下了非常深刻的印象。

袁世凯所在的督办军务处，成立于1894年11月2日，当时日军突破鸭绿江防线，攻占了花园口，朝廷急了，抓紧搞了这么一个衙门，由恭王奕訢担任总办，庆王奕劻任会办，李鸿藻、翁同龢、荣禄、长麟会同办理，应该算是一个临时的最高军事机构。甲午战争结束后，鉴于所有大清朝的军队几乎都不堪一击，朝野上下要求军队改革的呼声日高，朝廷便指令"督办军务处"负责整顿京畿旧军和改练新军。

袁世凯能进入这个机构，算得上得偿所愿，奈何上班以后才发现，一切跟他想的完全不一样，根本就没有王大臣想要差遣他。

不妨先说说衙门里的几位领导。恭王奕訢是个很牛的人物，如果当初道光死后是他而不是他哥哥接任皇帝的话，我们可以肯定地说，后来依然会有太平天国、甲午战争、庚子之乱、八国联军等等，但一定不会有慈禧当政。可惜的是，这个当年联手慈禧搞政变、推翻权臣肃顺的王爷，随着政治盟友慈禧的腰杆越来越直，自己的日子也越来越难过，屡经打压之后，现在早已心静如水，在混日子了。

庆王奕劻在这本书里很重要，留待以后再细说，现在我们只需要知道他以前穷怕了所以只知道贪污就够。

长麟不用多说，一个满人里的庸才而已，但绝不是最平庸的。

至于李鸿藻、翁同龢，这两人是当朝清流领袖，大概相当于现在所说的舆论、监察领袖吧！他们分别代表着北、南两方的清流势力，而在清朝，汉人南北不和，斗得很厉害，这两位的关系可想而知。好在两个人都挺看好袁世凯，这主要是因为他在朝鲜的表现，确实光芒万丈。他们还有一个共同点，那就是对于军务都一窍不通。

督办军务处里，只有一个荣禄真正是个人物。荣禄字仲华，1836年出生在一个"忠义"之家，祖父死于平新疆回乱，父亲、伯父死于镇压太平天国起义，所以荣禄16岁就顺利踏上了仕途，先当工部主事，很快就晋升为户部银库员外郎，大概相当于现在财政部或央行的一个副司长，那会儿的荣禄不过20岁出头。

可是哪有那么一帆风顺的人生？荣禄同样遇到了挫折，巨大的挫折。

当时的户部尚书是军机人臣肃顺，他是咸丰皇帝的头号宠臣，精明能干，魄力非凡，只是气量狭小，眼里揉不得沙子，肚子里更撑不开船，但他确实是一人之下万人之上的当朝宰相。摊上这么一位上司，荣禄的日子不免过得战战兢兢，如履薄冰，因为不知道什么时候前方就会是万丈深渊。

事情起于吏部尚书陈孚恩，此人是肃顺的亲信，他了解到肃老大喜欢西洋金花鼻烟壶，而市面上没有好货，只有荣禄家珍藏着一些，就去找荣母要。做母亲的想儿子在官场上混，以后肯定需要陈尚书多多关照，便忍痛把家里的收藏全给了他。肃顺果然对这些宝贝爱不释手，听说是荣禄家藏的，心想他家里肯定还有，便直接管他要。荣家已经没有了，但肃顺不相信，荣家又确实拿不出来，肃顺就火了——你丫的瞧得起陈尚书，瞧不起我肃中堂？于是当后来荣禄得到一匹宝马的时候，肃顺就故意找人来索取，荣禄也是有个性的人，觉得你就算是上司也不能没完没了啊！遂断然拒绝，显得很不成熟。

肃顺从此开始指使人在公事上挑荣禄的过错，比在鸡蛋里挑骨头还要挑得细心。肃中堂是什么人？是可以让人当官也可以让人当不成官甚至可以要人命的人！被他盯上，可把荣禄吓坏了，赶紧辞了职在家避祸，才算保住了平安。

1860年英法联军攻陷天津进逼北京，咸丰皇帝吓得带着皇后、懿贵妃即后来的慈禧及文武大臣等人跑到承德去"避暑"，留下恭王奕䜣主持作战及议和之事。恭王很赏识荣禄，让他当了巡防局总办，很有些实权。

第二年议和成功，联军退去，咸丰却病死在了承德，临终前立载淳为皇帝，即后来的同治，另外任命肃顺等八人为顾命大臣，类似于刘备托孤诸葛亮。

载淳是懿贵妃的儿子，懿贵妃因此母以子贵，晋升为了太后，即慈禧太后；原皇后则为慈安太后。

肃顺和慈禧一向不对付，认为这个女人有野心，在咸丰死前便建议仿照当年皇太极上位前顾命大臣赐死其生母太妃的做法，赐死慈禧，以防其日后干政。

咸丰人本善良，他也是因此才被道光立为皇帝，无论如何也不忍杀自己的女人，只是布置了一些防范措施。但这事慈禧知道了，由此不但恨透了肃顺，更清楚面临的是你死我活的斗争。

慈禧也很能干，她巧妙布置，谨慎周旋，很快就建立起了一条反肃阵线，核心除了她自己，另一个就是肃顺多年的死对头、留在北京的恭王。

于是在回北京的路上就发生了政变，荣禄亲自带人在密云抓捕了肃顺，狠狠地出了一口恶气。最后顾命八大臣，赐死的赐死，流放的流放，罢官的罢官，只有肃顺是被绑到菜市口杀的头，荣禄做的监斩官。

荣禄此后官运很好，到1874年已经官居总管内务府大臣，后来又当上了工部尚书，绝对的位高权重，连帝师翁同龢都巴结着和他结拜成为异姓兄弟。

在后来李鸿藻和军机大臣沈桂芬的争斗中，沈桂芬以一个户部侍郎的官职收买了翁同龢，通过他对李鸿藻的羽翼荣禄发起了排山倒海般的攻击。偏偏这时荣禄无意间得罪了自己最有力的靠山醇王奕譞，更不应该的是，当慈禧太后决定要亲自挑选太监的时候，荣禄居然不识时务到了公开反对的地步，说此举违反祖制，绝不可行，结果把相当宠信自己的慈禧也给得罪了，再次为自己的不成熟付出了惨痛的代价。1878年，他丢掉了工部尚书及总管内务府大臣的差事，两年后又因被查出贪污受贿而遭降两级调用，由提督降为副将，而且还是候补，自此只能在家赋闲。

赋闲三年后，荣禄静极思动，以购买枪支的名义，向朝廷报销了一大笔钱，总算是得以复出，但也只担任了一些诸如都统、领侍卫内大臣、专操大臣等华而不实的职务，不复往日的荣光。

就这样还不行，到1891年，荣禄被外放西安去当西安将军。这个官不小，也有实权，但远离权力中枢，对于荣禄来说更像是发配。在西安的荣禄，无时无刻不在想着卷土重来。

机会来的时候已经是1894年，荣禄为慈禧的六十大寿准备了异常丰厚的礼物，并以此为名请求朝廷批准他进京为老佛爷祝寿，总算重新踏上了北京的土地。

恭王爱惜人才，在慈禧面前很为他美言了几句，加上当时正值中日战争，清朝节节败退之际，荣禄毕竟知兵，他提出的若干国防措施很获慈禧激赏，因此被留了下来，会同办理督办军务处，虽然排名不靠前，但却是军务处里真正的顶梁柱。

荣禄确实是个人才，在满族人里更是鹤立鸡群，所以很快就圣眷复炽，慈禧开始往他肩上压更多的担子，先是受命担任步军统领、总理各国事务大臣，到了1895年，更升任兵部尚书，重新成为慈禧身边的大红人。

袁世凯对军务处这几位大佬的行情了如指掌，奈何他一时够不到荣禄，至于其他几位，对军国大事不是缺乏热情就是缺少经验，袁世凯游走其间不得要领，眼看一身抱负无从施展，不由得心灰意冷起来。

就在这个时候，老外们见清朝战败，朝野上下练兵呼声高涨，从国外购置先进军火已是大势所趋，毫无疑问这将是笔利润极大的买卖，于是就有洋商争相设立商行招揽生意，这样就需要大量的买办，熟悉官场、人脉广泛者立即成了抢手货。

袁世凯穷极无聊之下，觉得做买办也是一条路。如果这条路走通了，他日后很可能会成为张謇老师季翁仁兄一类的实业救国者，可惜当买办需要几万元保证金，袁世凯囊中羞涩，又不愿放弃，便给王英楷写了一封信借钱。

王英楷俗称王胖子，祖籍东北海城，是个举人，家里很有钱。甲午战争时期，官军望风而逃，这个王胖子倒是在地方上组织起民间商团武装，很打过几场硬仗。那会儿袁世凯正在辽东搞后勤，两人相识相知，关系不是一般的密切。接到袁世凯的来信，王胖子立即携大量银票赶往北京，待到了解完事情的原委，忍不住就训斥了袁世凯几句："以前看你英气逼人，以为胸有大志，现在看来，志向未免太小。"

袁世凯赶紧辩白："洋人国务大臣退位后，往往进入商界，老兄为何责我志小？"

王胖子说："他们那是经营自己国家的生意，而你当买办，是受洋人雇佣，和他们没得比。你又不识洋文，怎么去混？况且所谓买办，在于奔走官场，行狗苟蝇营之事，这也不是你的性格。"

见袁世凯若有所悟，王胖子趁热打铁："如今朝廷新败，百废待兴，正是用人的时候，你为何不趁势大展才干，却偏生要去做洋奴才？"

真是一语惊醒梦中人，袁世凯深深受教，表示将不畏艰难，力求上进。王胖子很满意他这个态度，表示在官场走路子在在要用钱，我知道你没有，但只管放心，我这儿有的是。

认准官场这条路之后，袁世凯便开始悉心谋划，他认为既然暂时还够不着荣禄，那不妨先从够得着的人那里做工作，而离他最近的，是李鸿藻。

虽然名字看起来很像，但其实李鸿藻和李鸿章没有丝毫血缘关系。他是直隶高阳人，人称高阳相国，曾当过同治皇帝的老师，相对来说是个讲究操守的高官。当年他和袁世凯的两个叔叔袁保恒、袁保龄关系非常好，因为这层关系，袁世凯在朝鲜的时候，偶尔也会给李鸿藻写信，自称"小门生"。不仅如此，1893年的时候，袁世凯还曾把李鸿藻的表侄赵学治奏调到朝鲜，多方关照提携，赵学治在表叔面前自然没少说他的好话。正因如此，之前李鸿藻才会在光绪皇帝面前推荐袁世凯。

走李鸿藻的路子，本来袁世凯手里有一张牌，那就是他的结拜大哥徐世昌。徐世昌当年得袁世凯资助之后，先中秀才，再中举人，并于1886年中了进士，授职为翰林院庶吉士，三年后升为编修。当时李鸿藻是翰林院掌院学士，徐世昌算是他的学生。

旧时最讲究师门情谊，学生像对父母一样尊敬老师自不必说，而老师也很少有不照应学生的。可不知道为什么，李鸿藻对徐世昌印象很不好，就连徐一贯的谦虚谨慎，也被他认定为"虚矫过人"，这样徐世昌在翰林院就不好混了。其实徐世昌的文章做得不错，像甲骨文的发现者、时任国子监祭酒（略相当于教育部长）的王懿荣就认为他是学林后起之秀。但是因为李鸿藻的不待见，徐世昌就得不到考官一类的肥差，更得不到外放知县知府的机会，只能拿着45两银子的年薪苦苦度日。长安居大不易，为了贴补家用，徐世昌甚至不惜以翰林院编修之尊，到达官贵人家做家庭教师，可即使这样也没什么积蓄。

每年春节，门生们都会大包小包的给老师送礼送钱，这是传统礼节，徐世昌必须遵守。可是他实在没钱，每次就只能包一个2两银子的红包给老师送去，未免太过寒酸，李鸿藻对他的印象因此愈加恶劣，形成了一个可怕的恶性循环。

徐世昌自觉前途无望，就想不如申请外放，随便到哪儿去当个县官算了。此时他已在翰林院混了9年，算是老翰林了，请求外放一般都能如愿，但这是自跌身价的做法，很伤面子和名声。左右为难之际，他便写信给在湖北和江西当知县的两个堂叔，请教自己该怎么办。两个叔叔都认为他多年熬出来个资格不容易，翰林院虽然清苦，但循着资历一旦分发到中央部委，前面就是一条康庄大道，就是混上个宰相也有可能，"自古宰相出翰林"嘛！而一旦外放出来，一辈子大概就只能做一个风尘俗吏了。好男儿要有大志向啊！两位叔叔是真为这个侄子着想，为了让他安贫乐道苦等机会，还分别给他寄了钱来，把徐世昌感动得打死也不走了。

在北京的这段日子，袁世凯和徐世昌多有往来，对他的处境心知肚明，自然不会让他帮着引荐李鸿藻，而是率直相访。

袁世凯这一步走对了。原来除了赵学治等人的美言之外，李鸿藻的另一个亲信，正在天津小站与德国人汉纳根一起编练定武军的胡燏棻，因为和汉纳根不和，曾于6月6日给李鸿藻写信求助，信中提到袁世凯，说"袁道英气逼人，即议论亦颇有可采"。所有这些，加上袁世凯在朝鲜的卓著表现，无不让老李对这个后辈更加刮目相看。所以当袁世凯找上门来，并献上精心编写的"整顿旧军、改练新军一揽子计划"时，李鸿藻给予他的是毫无保留的赞赏和鼓励，对于袁一以贯之的主张——"欲使中国变弱为强，自以练兵为第一件事"，李鸿藻表示将竭尽所能帮他打开局面，推荐他编练新军。最令袁世凯感动的是，李鸿藻还暗示他可以跟荣禄打招呼，但翁同龢的路子，得自己去走。

翁同龢好办，他对自己本来印象就好，曾向光绪皇帝推荐自己就是明证。况且因为私底下对淮军的战斗力提出过批评，并大力主张编练新军，现在李鸿章乃至整个北洋都对自己很反感，作为李鸿章的死对头，翁大人应该愿意提携自己才是。果然翁同龢对袁世凯的主张很感兴趣，表示愿意帮助他。袁世凯唯恐火不到猪头不烂，居然又打起了李鸿章的主意。

翁同龢现在位极人臣，最大的遗憾就是还没能当上大学士。清朝自雍正皇帝设军机处之后，大学士其实已经没什么实际权力，所以有"大学士不入军机，不是真宰相"之说。但入阁，即当选大学士，作为一种崇高的肯定，依然是全天下读书人梦寐以求的，所以又有"军机而不入阁，贵而不尊"一说。

大学士一共只有6个名额，其中4个正选，2个协办，绝对僧多粥少。而且这个官不能靠提拔，完全是论资排辈，前面走一个后面才能补一个，一点商量的余地都没有。眼下李鸿章是文华殿大学士，排名第一，是名义上的首辅，翁同龢则排名替补里的第一，也就是说只有前面6个人中有人辞职或者死掉，翁同龢才能当上协办大学士。

没过几天，袁世凯来到贤良寺，拜访李中堂。这个地儿袁世凯已经很久没来了，所以李鸿章知道他此来定有用意，只是袁世凯不说，他也不问，反正贤良寺门庭冷落，他闲着没事，乐得聊会儿闲天。

两个人就这么漫无边际地聊着，从欧洲聊到日本，从远古聊到今朝，等李鸿章聊到茴香豆的"茴"字有五种写法的时候，袁世凯终于沉不住气了，图穷匕见地劝道："中堂当年铁马金戈，为朝廷立下了汗马功劳，如今朝廷只给予内阁首辅的空名，虽然每日随同上朝请安，实则无所事事，这样太不公正了。中堂大人不如暂时告假还乡，像东晋的谢安谢太傅那样养望于长林之下，等朝廷一旦有事，闻鼙鼓而思良将，不能不倚重老臣，到时候羽檄交征，安车上路，才足见您的身价非比寻常。"

李鸿章已是修炼成精的老狐狸，岂能轻易就被忽悠住？闻听此言，当即大怒："停，停！慰庭，你这是给翁叔平（翁同龢字叔平）当说客来了吗？我要是请辞出了缺，那他就可以依次升到协办大学士的位置，他想得倒挺美！你回去告诉他，让他想都别想！要是别人出了缺，让出一个位置给他，那我管不着，但要想让我空出一个位置来给他，这万万办不到！只要我有一口气在，就要鞠躬尽瘁、死而后已，绝不会无故请辞，奏请开缺。我们这些做臣子的，对朝廷哪能说三道四，计较这计较那的？你要是受他所托，在这里花言巧语，我是不会受你们愚弄的！""

袁世凯碰了一鼻子灰，很是沮丧，不过这只是个小插曲，影响不了大局。李鸿藻、翁同龢都很帮忙，尤其是李鸿藻，在朝廷上下只要说起袁世凯，便是一阵猛夸，说他"家世将才，精通兵法，富有作战经验，若启用他编练新军，定能练成一支劲旅"。

不光是夸，老李还把袁世凯介绍给了荣禄。荣禄当初少年得志时，身后的两大靠山，一是醇亲王，另一个就是李鸿藻，有这层关系，再加上他也确实对这个后辈久有耳闻，所以没等袁世凯道完仰慕，就真诚地给了这个自称门生的家伙一个建议，让他先编写一本关于西洋军队编练的兵书出来。

袁世凯知道这是荣大人在考自己，不敢怠慢，立即就行动了起来，把自己关在嵩云草堂，闭门不出，只邀请了一些懂外语、对西洋军事有所了解的人来，大家齐心协力，搜集整理并翻译了一大堆西方军事著作，尤其对德国和日本的陆军操典、制度、条令等等，都有详尽的介绍和解读，这其中，有一个叫王修植的翰林，起了至关重要的作用。

兵书出来后，荣禄极为满意，朝野上下更将之视为"奇书"，一时间袁世凯被打上了"军事奇才"的烙印，谁都看得出，他之被大用，只是时间问题了。

小站练兵，一个时代的开始

1895年12月8日，瓜熟蒂落，督办军务处大臣荣禄、李鸿藻、翁同龢联名上奏，保举袁世凯督练新建陆军，光绪批准后，当天就下发了上谕："温处道袁世凯既经王大臣等奏派，即著派令督率创办，一切饷章著照拟发支。该道当思筹饷甚难，变法匪易，其严加训练，事事核实，倘仍蹈勇营积习，惟该道是问，凛之慎之！"至于胡燏棻，则被安排去当了芦津铁路督办。

12月21日，袁世凯来到天津东南70里的小站，接管了胡燏棻10个营的定武军，改称新建陆军，对中国近代史影响巨大的小站练兵，就此拉开了帷幕。

紧接着袁世凯将原有的4750人扩编为额定的7250人。新军招募条件，除年轻、体壮、无恶习之外，袁世凯特别强调，"应募兵丁，如其秉性忠贞，矢志报国，考验才技，果属优长，必将不次擢用"，而"有能粗通文墨者，口粮照头目之例"。此外还有一条硬指标：所招新兵，必须是20岁上下的农民，这是因为农民肯吃苦，好管理。

新建陆军分为步兵、炮兵、工兵、骑兵4个兵种，以步兵为主。全军分为左右两翼，左翼步兵2营，炮兵1营；右翼步兵3营，骑兵1营，工程兵1营。炮兵每营分右翼快炮队、左翼快炮队和接应马炮队3个队；骑兵一营分4队；工程兵一营各队分别负责桥梁、地垒、电雷、修械、测绘、电报。营以下编制为队、哨、棚，相当于现在的连、排、班。

装备方面，新建陆军向世界先进水平看齐，配备的是清一色的德国最新式武器，另外像军服、皮靴、帐篷、雨衣、毛毯、望远镜、电话机、药品之类的军需品更是一应俱全，就连后来成立的军乐队，乐器也都是德国进口的。顺便说一句，那可是中国历史上的第一支军乐队。

袁世凯认为"饷厚则人无纷念，悉力从公"，所以他上奏督办军务处，为新建陆军争取到了非常优厚的待遇，我们不妨对比当时清朝其他军队来看：八旗兵的饷银每月1.5两到3两；绿营兵是1两到2两；湘淮军月银平均4.2两到7两多；新建陆军骑兵是9两、步兵5两多、哨长15两到20两。清军腐败，克扣军饷属于常态，袁世凯深知这一点，每月发饷他都会亲自去盯着，完全杜绝了冒领、克扣、吃空饷等弊端，令将士们深为折服。

另外袁世凯还通过督办军务处上奏朝廷批准，免除士兵家庭的赋役，并要求地方官保护士兵家人不受欺负，使新军的社会地位得到了极大的提高。

至于军事训练，则更不会马虎，袁世凯专门聘请了十几名德国军官来做教官，全军完全按照德国陆军条例、条令进行训练，要求极为严格。因为袁世凯本人总是以身作则，官兵们倒也没有怨言。

事实上也不敢有，因为袁世凯治军相当严厉，他亲手制定了《简明军律》，也

小站练兵时期的袁世凯，奠定班底

袁世凯组建的中国首支军乐队

小站练兵

被称作《斩律十八条》，我们不妨看看是什么样的：

一、临阵进退不候号令及战后不归队伍者，斩。

二、临阵回顾退缩及站岗时交头接耳私语者，斩。

三、临阵探报不实，诈功冒赏者，斩。

四、遇差逃亡，临阵诈病者，斩。

五、守卡不严，敌得偷过及禀报迟误，先自惊走者，斩。

六、临阵奉命怠慢，有误戎机者，斩。

七、长官阵殁，首领、属官援护不力，无一伤亡；及头目战死本棚兵丁无伤亡者，全部斩首示众。

八、临阵失火误事者，斩。

九、行队遗失军械及临阵未经受伤，抛弃军器者，斩。

十、泄露密令，有心增减传达的指示及窃听密议者，斩。

十一、骚扰居民，抢掠财物，奸淫妇女者，斩。

十二、结盟立会，造言惑众者，斩。

十三、黑夜惊呼，疾走乱伍者，斩。

十四、持械斗殴及聚众哄闹者，斩。

十五、有意违抗军令及凌辱本管官长者，斩。

十六、深夜逃出军营浪流者，斩。

十七、官弁有意纵兵扰民者，官兵并斩。

十八、在营内吸食鸦片烟者，斩。

十九、夜深聚会谈话，私留闲人，酗酒赌博，不遵约束，及有寻常犯过者，均由该管官酌量情节轻重，分别插箭责罚。

二十、凡兵丁犯法，情节重大者，该管官及头目失察，均分别轻重参革、责罚、记过。

诸如此类的规章条例，后面还制定了许多，比如《操场暂行规定》、《出操规则》、《打靶法式》、《将领督操》、《行军暂行章程》等，总之是越来越完善。

纪律谁都会定，关键还在执行。袁世凯是说到做到雷厉风行的性格，督操巡营，从不懈怠，对所定的各项律例，执行起来更是绝不手软。

有一次操练完毕，尚未解散，一名士兵即离队到旁边买西瓜吃，被袁世凯看见，结果不仅该士兵受罚，连带直管营官、队官、哨官、棚目通通跟着受罚，哨官还被打了200军棍；另一次几名士兵假日擅自离营外出逛街，该管哨官被打了40军棍；一名哨官因让士兵携物而带不了武器，被责打200军棍，并降两级为棚目；更有一次，全军操演攻守阵法，演练得一塌糊涂，袁世凯大怒，宣布所有参加的军官全部受罚，有功者销功一次，无功者记过一次。

这些都是白天的事，其实晚上袁世凯也没闲着，因为他还有巡营的习惯。有一晚巡营，他发现有一名士兵偷食鸦片，当即拔出佩刀将之手刃，整个军营为之震动，从此再没人敢沾毒品。

不只是铁血，袁世凯身体力行的过程中也常展现出温情的一面，他一天到晚都和普通士兵一样，穿军服、系皮带、穿马靴、挂佩刀，完全是一副职业军人的架势。他经常亲临现场观看部队操练，有一次阅兵时突然下起了大雨，左右的军官要给他打伞，他一把推开说："士兵都在淋雨，我怎么就不能淋雨？"

袁世凯也非常注重接近下级军官和士兵，经常深入各军营，包括宿舍、食堂，他记性好又刻意去记，以至于连棚目（班长）这样的小头目，他都能叫出名字，常常令对方感动不已。

光有这些仍是不够的，要练好一支军队，不可能单靠袁世凯一个人。他需要帮手，于是就有了帮手，而且很多很多。

袁世凯最初的帮手，无不是沾亲带故的旧交，大多是他在朝鲜时的手下。

比如吴长纯就是他在朝鲜时的部下，现任队官；雷震春在朝鲜时担任庆字营的下级军官，此时被任命为队官，算是中下级军官；吴凤岭是老袁家佣人之子，随袁世凯投军，在朝鲜时是他的贴身侍卫，此时担任骑兵营队官；刘永庆则是袁的表弟，在朝鲜时当过侍从副官及驻仁川交涉通商委员，现任粮饷局总办兼转运局总办。

还有一个重要人物，那就是唐绍仪，他此时已从朝鲜回国，被袁世凯请来担任总文案。

没到过朝鲜的代表人物有江朝宗，他原是刘铭传"铭军"的一个帮带（副营长），甲午战争袁世凯在辽东搞后勤时，他成为其助手，此时任新军参谋营务处总办和军官学堂监督。另一个则是倪嗣冲。他父亲倪洪曾当过袁保庆的幕僚，因此从小就认识袁世凯，后来考取秀才后加入了淮军，干的也是幕僚的活，此时担任袁世凯的参谋。

而我们前面说到的王胖子王英楷，现在的身份，是新建陆军执法营务处总办。

其他像唐天喜、任永清、徐邦杰、赵国贤、王凤岗等，也都属于旧交这一类。

但仅有这些人还不够，袁世凯便请李鸿章从淮军里给推荐点人来，当然这也有修复双方关系的用意。李鸿章对这个姿态很满意，遂不计前嫌推荐了几个人，袁世凯给足了他面子，一律委以重任，其中姜桂题和龚元友更是被任命为左右翼翼长。

右翼翼长龚元友，出身于淮军第一勇将刘铭传的"铭军"。左翼翼长姜桂题经历更为丰富，先跟从蒙古科尔沁亲王僧格林沁征战，英勇善战屡立战功，后被淮军大将宋庆招致麾下，因功步步高升，当到了总兵。甲午战争时他带兵参加辽东之战，因战败被免职留营效力，以观后效，正闲着没事，李鸿章就把他介绍了过来。

姜桂题生于1843年，是袁保恒的拜把兄弟，因此袁世凯管他叫叔叔，他则称呼这个侄子为"老四"。姜叔叔是个怪叔叔，为人十分不拘小节，曾当着"老四"的面向痰盂里小便，但你千万别以为他这是故意轻侮"老四"这个顶头上司，事实上他对袁世凯十分忠心，工作起来也非常认真。姜桂题天生就是这种大大咧咧的性格，当年在辽东防守旅顺时，他就经常袒胸露背地在大街上溜达，渴了直接到居民家讨水喝，自称姜老汉。

传说有一次，他看到有一家面馆挂着店招，上书三个斗大的字"卖挂面"，老姜没念过书，不识字，但自己的名字见多了，长什么样多少还是有点概念。当时用的还是繁体字，"賣挂麵"乍一看和"姜桂题"长得有点像，老姜就晕了，向左右问："这家人没事把我名字挂出来干什么？"

还有一次，他在街上看到有士兵买鱼不给钱，争执中还打了商贩，上去就扇了那个士兵一记耳光。士兵见一个老农胆敢打他，当即就回了一拳。旁边一小头目见多识广，说："这是大帅啊！"就带人把肇事士兵绑到了中军帐，该营管带闻讯，赶紧战战兢兢地跑来请罪。姜桂题坐在那儿，只瞪着这俩倒霉蛋，半天才开口："我扇他耳光，他还我老拳，都是打嘛，治哪门子罪嘛！"在一片大笑声中，事情顿时烟消云散。

像姜桂题、龚元友这样的淮军老将，袁世凯慷慨给以高位，但主要是借重他们的资历和威望。真正练兵，他倚重的却是一拨新式人才，这些人大都出自天津武备学堂。

天津武备学堂由当时的直隶总督李鸿章于1885年所建，其中有个关键人物是个旗人，叫荫昌，此人曾到奥地利学习陆军，和当时的德国太子即后来的德皇威廉二世是同学，两人关系很好。因为懂一些德文，李鸿章办武备学堂就请他来当翻译。荫昌精明强干，很快就升到了总办（校长），桃李满天下。袁世凯和他素有来往，刚到小站便请他举荐人才，荫昌推荐了他的高材生王士珍和梁华殿。

王士珍生于1861年，直隶正定县牛家庄村人，幼年丧父，孤儿寡母相依为命，靠母亲替人做针线活艰难度日。母亲很重视读书，节衣缩食把儿子送进了私塾，当年王士珍9岁。小孩子很聪明，也很用功，不久就在地方上有了点小名气，15岁时被正定镇总兵叶志超看中，成了这位淮军大将的马弁，也就是勤务兵，因为工作勤勉会做人，很得叶将军的喜欢。17岁时，他考入正定镇总兵学兵队，也叫行营武备学堂，和卢永祥、鲍贵卿等是同学，而当时成绩最好的是田中玉。

田中玉出身贫寒，家里三代单传，6岁时父亲弃农经商使得家境有所好转，便送他去村里的私塾念书，小孩子很聪明，成绩出众，老师特别喜欢他。可惜到了9岁那年，父亲因病去世，天塌下来了。田中玉无奈辍学，为了给家里减轻点负担，他开始挎着篮子走街串巷，卖烧饼油条，外带一些笔墨纸砚。

小田最爱去学兵队那里，因为除了做买卖，还可以顺便在窗外旁听老师讲课。有一天他正站在窗外旁听，被叶志超看到了，觉得这个小孩有意思，就把他叫到一边问话。田中玉把不得已辍学的情况一说，叶将军大为感动，当即让他入学，并资助其日常生活，就这样王士珍多了一个小他8岁的同学。

不久叶志超所部被调驻山海关，王士珍、田中玉、卢永祥、鲍贵卿等都跟着去了。多年以后，他们都将是袁世凯手下的得力大将。

1885年，天津武备学堂成立，李鸿章下令从淮军各部选调中下级军官集训深造，叶志超手下有个叫黄士珍的福建籍军官被选中，不知道为什么，可能是不愿意上学吧，临出发前黄士珍不辞而别，搞得叶将军一筹莫展，正苦思良策之时，王士珍端了杯茶送上，叶志超顿时有了计较，让王士珍顶替黄士珍去上学。

王士珍巴不得去，但他有顾虑："我不是军官，不够资格啊！"

叶志超很自信，他说："我估摸着南方口音'王'、'黄'不分，你就大胆去吧！一切有我。"

一番运作之下，王士珍如愿进入了武备学堂，成为第一期学员，并很快成为其中的佼佼者，深得校长荫昌的赏识。毕业后他被分配回原处任职，1894年随叶志超赴朝鲜，驻守牙山，后撤至平壤。平壤保卫战中，王士珍率领炮队学兵坚守大西门至七星门阵地，作战极其勇敢，左手无名指被炸掉，额头左上部被弹片击伤。

平壤失守，清军溃退，趁夜狂奔，却不分东西南北，乱作一团，多亏王士珍带着地图，叶志超方能带领残兵败将抵达义州，逃回国内。

叶志超大败而回，受到朝廷严厉的处罚，先被革职，继而下狱，后来被判了个斩监候，也就是死缓。死缓固然死不了，但从此肯定再没得官做，所以没过多久他就郁闷死了。王士珍那会儿还属于小喽啰，处罚不到他这个层面，只是升迁无望，前路茫茫，整日郁郁寡欢，突然间得到去袁世凯帐下效力的机会，自是加倍珍惜。

为了提高官兵的军事素质，袁世凯在军营里办了个行营武备学堂，算是个初级军校，王士珍到来后即被任命为总教习。梁华殿则担任了步兵第三营帮统，即副营长，可惜他运气不好，在一次夜间演习中，掉水里给淹死了，所以关于他的生平，我们已经找不到记载甚至传说。

好在王士珍给荫昌长了面子，他工作异常出色，后来袁世凯直接提升他当了工程营统带（营长），原来的统带张勋，则被安排去当行营中军（督练处总务长）。随后袁世凯就认准了天津武备学堂这个牌子，他相信循着这条线，一定能再找到几个如王士珍一样优秀的人才。

果然没让他失望。这一次，他首先找来的是段祺瑞、冯国璋，加上王士珍，他们日后被并称为"北洋三杰"。

各方豪杰纷至沓来

段祺瑞生于1865年，安徽合肥人，祖父段佩早年与后来的淮军大将刘铭传一起贩过私盐、办过团练，因镇压捻军有功而升至铭军马队三营统领（营长），常年领兵在外。

段祺瑞的父亲叫段从文，在家务农。1872年，段祺瑞被送到爷爷的驻地——

江苏宿迁的兵营里，到附近私塾读书。1879年4月22日爷爷不幸去世，段祺瑞护送灵柩归葬合肥，段家从此家道中落。为了儿子的前途，父母咬牙送他去私塾继续读书，不想却得到了师姐也就是塾师侯老师女儿的爱恋。

侯老师家境也不好，家里每天吃的不过是青菜豆腐，偶尔赶上打牙祭，才能吃到一点肉。每到这个时候，师姐都会在盛饭时先埋两大块肉在段祺瑞的碗底。段祺瑞不解风情，从不问肉的来路，只管闷头大吃，搞得师姐很是郁闷，实在忍不住了就问他："你知道你碗里的肉是谁放的吗？"段祺瑞是那种憨直的性格，到此时仍糊里糊涂，懵懵懂懂地说："是师娘放的吧？"师姐哭笑不得，只能告诉他："是我放的。"他这才明白过来，顿时脸涨得通红。但是两个人的爱情没有结果，因为由于负担不起学费，只上了一年多，段祺瑞就被迫辍学了。

离开私塾时，因为还欠着一笔学费，侯老师扣下了段祺瑞的端砚和书桌。后来段祺瑞任北洋政府总理时，有人劝侯老师前去求助，老先生犹豫半天，还是迫于生计硬着头皮去了，随身带着当年扣下的一方端砚。段祺瑞非常高兴，仍尊称他老师，说："这方端砚是我家祖传之物，老师为我保存至今，幸未失去。"随后亲自陪老师吃饭，一起回忆往事。侯老师在北京住了一个月，临走段祺瑞送了他几百元路费。老先生回到到家时，家里的几间破房早已修葺一新。其实段祺瑞为官不是一般的清廉，这笔开销对他来说也不是小数。

段祺瑞下台后就失去了经济来源。20世纪30年代初，日本人极力拉拢他出山，而许多过气政客为了重享荣华富贵，也不遗余力地怂恿他和日本人合作，蒋介石怕这位前执政、总理经不住诱惑，赶紧派人把他从天津接到了上海，指派一个叫钱新之的大银行家每月给他2万元作为生活费，段祺瑞把其中的大部分都拿来资助亲友，分配表上，列有侯老先生若干元，师姐若干元，直至1936年他死后才停寄。

好了闲话少说，辍学后的段祺瑞，绝不甘心在家种地，就回到宿迁军营，本想借爷爷的余荫谋个差使，可惜人走茶凉，他只被安排当了个杂役，也就是勤务兵。在这个位置上段祺瑞干了一年，一点希望都看不到，于是决定去威海投奔在海军中做管带的族叔段从德，这一年小段17岁。

怀揣仅有的一块银元，这个17岁的少年徒步走了1000多公里，几十天后终于来到了威海。因为读过7年私塾，算个文化人，叔叔便安排他在营中做文书。这便是后来段祺瑞常说的"一元钱起家"。

一年之后，1882年10月，父亲段从文在看望他的归途上因同行的两人见财起意而被杀，时年仅38岁。段祺瑞悲痛欲绝，请假回家奔丧未获批准，只得致函合肥知县，请求缉凶，不久案破，凶犯伏法。不幸的是第二年5月，母亲范氏亦因悲伤过度撒手而去，段祺瑞获准回家奔丧，赶回老家安排好三个弟妹的生活后，重新回到兵营。

作为长子，段祺瑞承担起了长兄的责任，这时他妹妹启英才12岁，两个弟弟，启辅10岁，启勋9岁，只能靠他往家寄钱生活。就在这沉重的压力下，段祺瑞迎来了人生的第一个机会。

1885年4月，中法战争结束，清政府但求不打仗，竟然接受了"中国不败而败，法国不胜而胜"这么个无言的结局，举国舆论大哗，练兵强国之说蔚然成风。由此催生了天津武备学堂，也叫北洋武备学堂。当年9月，段祺瑞成功考入第一期预备生，被分入炮兵科，因为学习勤奋，成绩优异，成为与王士珍齐名的高材生。

在一次操练中，段祺瑞大出风头，为观操的李鸿章所关注，当李鸿章得知此人祖父和族叔都是淮军将领，算是合肥老乡兼老部下的后人，顿时更感亲切，马上如见了他。段祺瑞在召见中对其提出的各种军事问题无不对答如流，李鸿章越发喜欢，称赞说："熟知军事，俾其造就，是一个可用之才！"

1886年段祺瑞回合肥与宿迁举人吴懋伟之女吴氏结婚，1887年11月，他以"最优等"成绩毕业，被派往旅顺督建炮台。

1888年冬天，清政府决定选派5个人去德国留学学习军事，段祺瑞考了第一名，但入选名单上却没有他的名字。好在名单最后是由李鸿章审定，当李中堂看到报上来的居然有3个山东人而只有2个安徽人，脸色就有点不好看，当即提笔划掉一个山东人，而加上了自己合肥老乡段祺瑞的名字。

1889年春，5个公派生来到德国，在柏林军校学习了一年炮兵，然后段祺瑞独自留在埃森克虏伯兵工厂实习了半年。这段时间，李鸿章日理万机之余，专门给他回过两封信，勉励他"精学苦造"。

1890年秋，段祺瑞学成回国，派任北洋军械局委员，第二年又被调到威海随营武备学堂担任教官，总的来说并不受重用。这是因为当时实际上掌控军界的，主要是湘、淮军的旧军人，这帮人久经沙场，早年打过不少胜仗，虽然近些年屡战屡败，但大家都相信那只是因为运气不好而已，自我感觉依然好得很，根本看不起这些没打过仗的学院派。李鸿章虽然欣赏段祺瑞，但级别相差太大，也不可能照顾得全面。

所以当段祺瑞来到小站，心潮只能用澎湃来形容，而袁世凯求贤若渴，当即任命他为新建陆军左翼炮队第三营统带，后来又让他兼行营武备学堂炮队兵官学堂监督，等到王士珍离职高升后，干脆就让段祺瑞代理了总教习。

冯国璋则是个大器晚成的人物。他生于1859年，直隶河间人，是明朝开国元勋冯胜的后裔，比袁世凯还要大几个月。著名相声演员冯巩就是他的孙子。

冯家曾是村里的大户人家，可惜到冯国璋父亲这一辈家道中落。冯国璋7岁入私塾，5年后入其外公家所在地三十里铺毛公书院读书，成绩名列前茅，于1876年结业。

在堂叔冯甘棠的资助下，冯国璋于1881年到保定莲池书院进修，这个莲池书院，就是当年软禁朝鲜大院君李罡应的地方。1883年冯国璋24岁，因家境困难不得已辍学回家。为找寻出路，他于1884年年末告别父母妻子，只身去天津投军，通过在大沽口淮军直字营任文书的族叔介绍，入伍当兵。

因为有文化，人又忠厚热心，经常帮营里的士兵写家书、帮伙房记账，冯国璋赢得了很好的人缘，进而得到了统领（营长）刘祺的赏识。后来经刘祺保荐，他进入天津武备学堂，成为第一期学员，分入步兵科。

学习期间他回原籍参加科考，中了秀才，然后返校继续学军事，因为刻苦努力，无论文化课还是军事课都名列前茅。1889年7月，冯国璋以优异成绩毕业，被安排留校任教，算是很不错的际遇。

学校里的生活舒适安逸而又一成不变，冯国璋却并不安于当一个教书先生，一心想着建功立业，出人头地，于是1893年春，他投到淮军大将聂士成帐下做幕僚，很受器重。

当年10月，为了备战可能要来的中日战争，冯国璋随聂士成赴东北和朝鲜考察、测绘地形，饥餐渴饮，晓行夜宿，跋涉数千里，历时半年之久，对各地的地形地物做了深入了解，对山川要塞更是用新法绘图加以说明，全部汇集成文之后，最后以聂士成之名编辑成书，即《东游纪程》，书中详细记录了半年来的逐日行程及沿途见闻，当地历史沿革、风土人情、物产贸易均有记载，尤详于兵要地理、地形地貌、驻军驻防、驿站道路等边疆地区情况。全书由冯国璋负责编辑、注释工作，由于枪手的工作完成得很出色，冯国璋随后便被任命为该军军械局督办。

甲午战争期间，冯国璋随聂士成在朝鲜及东北打仗，虽然也屡吃败仗，但总的来说这支部队打得算好的，因此被保了个候补知县并加五品顶戴的虚衔。1895年4月，又经聂士成保荐，作为清朝驻日公使裕庚的军事随员赴日，在日本期间，冯国璋积极考察日本军事，结交了不少日本军界人士，并博览近代军事著作，取得了大量有关军事教练的资料，抄录和整理了几大本有关军事训练和近代军事科学发展的兵书。

回国后，冯国璋把他的心血之作呈送聂士成，聂士成对此不感兴趣，但知道袁世凯热爱此道，便转给了他。袁世凯一见倾心，将这几本兵书视为"鸿宝"，立即把冯国璋挖了过来，称赞说"军界之学子无逾公者"。

冯国璋同样一入小站即被委以重任，先是担任督操营务处帮办兼步兵学堂监督，不久又升任督操营务处总办，不仅负责日常训练和典礼阅兵的指挥，且主持新军的兵法操典制定，成为袁世凯的心腹大将。

和王士珍、段祺瑞、冯国璋一样出身于天津武备学堂而投入袁世凯麾下的，还有如曹锟、张怀芝、段芝贵、李纯、王占元、鲍贵卿、田中玉、杨善德、陈光远以及冯玉祥的舅舅陆建章等人，在未来的二三十年，这些人个个都是一时的风云人物。

由于当时大清军界依然掌控在淮军乃至湘军旧将手里，这些北洋武备生根本不受重视，更谈不上有出头之日。而一旦到了袁世凯帐下，便个个如鱼得水，前程似锦，自然人人都对袁世凯怀着一颗感恩的心。

只有曹锟，他要感恩的不只有袁世凯，还有另一位老先生。

曹锟字仲珊，1862年生于天津大沽口，家境不太好。父亲望子成龙心切，5岁时就把他送到私塾去念书，可曹锟天生不喜欢书本，只爱瞎玩，特别热衷武术，稍微长大一点就开始学武，师父叫刘得胜，是葛沽、咸水沽一带的流氓头子，这样曹锟小小年纪也就出落成了个流氓。流氓会武术，谁也挡不住，不过曹锟比较单纯一些，他只是爱上了打架，尤其喜欢聚众斗殴，其它坏事倒是干得少。但坏事干得再少，毕竟已成了流氓，这样到了16岁的时候，老爹急了，念私塾要花钱，儿子却不求上进，这可不行。接下来父子俩做了一次交谈，儿子交代了理想：卖布！自此曹锟就当上了布贩子，拿着老爹千辛万苦筹来的本钱，从市里的大小布庄批发出布来，再拿乡下去零售。这事不难，但是很辛苦，怎么辛苦呢？因为父亲筹来的钱太少，不够买一辆手推车，他只能把布匹搭在肩上走村串乡。

曹锟也是人啊，时间长了他也会累，累了他就会喝酒解乏，喝醉了倒地就睡，任谁也叫不醒，结果就有一些顽童悄悄把他身上的钱偷走。曹锟醒来发现钱没了，往往一笑了之，从不追问，久而久之他就得了个"曹三傻子"的外号。

曹三傻子其实不傻，吃苦受累也就罢了，还挣不着钱只能混点酒喝，时间一长他就感到了厌倦，不再下乡卖布，却热衷于跑市里逍遥，没多久就把做买卖的本钱折腾个精光，气得老爹将他赶出了家门——曹家有五男三女8个孩子，少个把大约也不会太心疼。

少了个老爹曹锟同样不心疼，反而因为再没人管束而心花怒放，直接跑去跟师傅刘得胜拜了把兄弟，就这样，师也没了，父也没了，曹锟从此站起来了，过上了坑蒙拐骗吃喝嫖赌的快活日子。

好在曹锟毕竟还是念过些书，多少明白点事理，随着岁数的增长，他也意识到这么混不是长远之计，还是得找个正经事干干。恰在此时，北洋招募新兵，曹锟不顾妻子的强烈反对前去应征。作为一个文武兼备的复合型人才，他顺利入选。这是1882年的事。

曹锟是混过江湖的人，为人很讲义气，能吃亏也能忍让，人缘相当好。1886年，他被保送为天津武备学堂第二期学员。1890年毕业后，他被分配到淮军大将宋庆的毅军军营当哨官（排长）。1894年甲午战争爆发，毅军赴朝鲜参战，在朝鲜和东北屡战屡败，以致宋庆获得革职留任的处分，不过这并未影响到曹锟的前途，回来后没多久他就被推荐到了袁世凯的新建陆军，但最开始并不受重用。

曹锟毕竟在天津混过多年，人脉极广，早打听好了当地有个叫曹克忠的老先生，曾当过甘肃提督、广东水师提督，此时正受命在天津办理团练，最关键的是，他跟袁世凯的叔祖父袁甲三拜过把子。这样一个人物，曹锟岂肯放过？于是备下厚礼抽空前去拜访。

老曹很欣赏小曹的憨厚谦卑，加上小曹专门提他的风云往事，两个人聊得很是开心。大家都姓曹，又都是天津人，老曹兴之所至查了查族谱，发现小曹竟是自己的孙子辈，当场就认了他为族孙，这下子，曹锟的身份就不一般了。

一来二去的，曹爷爷越发喜欢上了这个孙子，后来就跟袁世凯打了个招呼，袁世凯不敢怠慢，赶紧把曹锟叫来面试，见此人长得"虎形面有福相"，心里就有些喜欢，再一打听这厮竟是天津武备学堂出身，还到朝鲜打过仗，就更有亲切感，任命他当了右翼步兵第一营帮带。这个官儿，在当时的小站，不算小了。

也就在这之后没几天，老曹不幸去世。曹锟为此很是伤感，决定化悲痛为力量，一定要混出个样子来，不负爷爷的栽培，不负袁大人的提携。

《三大纪律八项注意》的原始出处

对袁世凯感恩戴德的，除了来自各处的武将，亦有如阮忠枢一般的文人。

袁世凯对文人很重视，他坚信自己的班底如果不能文武双全，就很难成就一番大事业，因而很注重幕僚队伍的建设，刻意四处延揽人才。

他迎来的第一个大才叫言敦源，此人是孔子门下72贤人中"十大贤人"之言子（即言偃，也即子游）的第81世孙。孔门72贤人全是山东等地的北方人，唯有言偃来自江苏常熟，故言偃也被称为"南方夫子"，今常熟还保留有其故居，即言子巷。

言敦源是桐城派古文名家吴汝纶的得意弟子，颇受常熟老乡翁同龢的赏识，可惜运气不好，中举之后，6次参加会试不中，人生黯淡之时，投入了李鸿章的幕府。袁世凯小站练兵，请李鸿章推荐人才，李鸿章便把言敦源介绍了给他。

袁世凯知道言敦源和翁同龢的关系很深，在北京时即已多方接近，两人之间并不陌生，见他现在来到营中协助自己，想想翁同龢那条路子以后将更加好走，不觉大喜过望，殷勤接待自不在话下，并任命其为督练处文案。言敦源科场屡次失意，对仕途已经看得淡了，但感于袁世凯的知遇，倒真是尽心尽责，极力辅佐，两人关系甚好。

另一个大才张一麟，则是袁世凯亲自请来的。这个人，就是我们前面说到过负责看守朝鲜大院君李罡应的正定县知县张是彝的儿子。袁世凯见过父子俩，对儿子印象深刻，认为其才大如海，因此一有机会便把他罗致了过来。

阮忠枢则更不一般，他曾在袁世凯穷途末路之际施以援手，这个我们前面已经讲过此处不再赘述。话说当年阮忠枢同样会试不中，后来以举人身份投奔了李鸿章，由于文笔出色很受器重，被任命为水师学堂汉文总教习、北洋军械局总文案。甲午战争后，李鸿章失势，树倒猢狲散，阮忠枢来到北京混，因为名声学问俱佳，被李莲英弟弟请到家里当家庭教师，非常受李家尊敬，凭这条线，阮忠枢有能力走通慈禧面前超级红人、大太监李莲英那条路了。袁世凯目光如炬，急不可待地把这个老朋友请来了小站，在军营担任文案，负责草拟奏章、管理往来公文书函等，袁世凯对他，绝对是与众不同。

因为家族里有几个人吸食鸦片成了废人，袁世凯平生最恨的就是鸦片烟，偏偏阮忠枢是个大烟鬼，每天晚上工作到很晚，中间必吸几次鸦片，否则不仅没精神睡不着觉，而且一旦睡着，必要下午3点才起床办公，过着黑白颠倒的生活。袁世凯亲手制定的《斩律十八条》里，明文规定有"在营内吸食鸦片烟者，斩"，而且确实为此杀过人，但对于阮忠枢他却放任自流，绝不过问。

阮忠枢也不辜负袁世凯的放任，甩开膀子我行我素，工作之余除了吸鸦片，还常去著名的侯家后逛窑子，逛着逛着就爱上了一个叫小玉的小姐，竟至想娶之为妾，此事在军中传播甚广，只有袁世凯假装浑然不觉。

娶个窑子里的姑娘回军营，这事儿实在太大，阮忠枢觉得应该先告诉袁世凯。倒不是为了份子钱，主要还是军中没有纳妾的规矩，阮老爷深明事理，觉得自己虽然身份特殊，但如果连招呼都不打一个也未免太托大了。

谁知根本不是我敬人一尺人敬我一丈那回事儿，袁世凯居然大发雷霆，一阵怒斥之后拂袖而去。阮忠枢明知自己不占理，只能在心里恨恨地骂："靠，凭什么你可以娶妓女为妾，我就不行？"

就这么过了半个月，一天下午袁世凯来到阮忠枢的房间，说自己要去城里办事，让他跟着一起去。阮忠枢虽然心里有气，但还是去了。

到了城里，马车来到一个院落门口，两个人一进去，只见里面张灯结彩，灯火辉煌，好不喜庆。然后就有丫鬟高唱："新姑爷到！"阮忠枢有点懵，以为袁世凯娶妾拉自己当伴郎来了。待到新娘迎出门来，阮忠枢顿时惊喜交加，原来佳人竟是自己朝思暮想的小玉，十几天的乌云一扫而光，心中顿时阳光灿烂起来。等弄搞明白袁世凯不仅帮他赎出了小玉，更替他们买了这幢宅子并装修布置成新房，阮忠枢早已泪流满面，只握着袁世凯的手，什么话也说不出。倒是袁世凯有急智，乐呵呵地来了一句："你摸我的手干什么？摸错了摸错了！"

阮忠枢情场得意之时，袁世凯官场却有些失意，有人把他参了。

清朝的军队，从曾国藩的湘军、李鸿章的淮军起，私人武装的色彩日渐浓厚，袁世凯操练新军，样样师法德、日，唯有这一点，继承了曾、李、左等前辈的传统，在军中大树特树个人权威，搞偶像崇拜，小站各个军营里都供有他的长生牌位，官兵进出都得鞠躬。甚至于每天操练，第一项功课竟然是军官大声问：“咱们吃谁的饭？”

士兵们齐声回答：“吃袁大人的饭！”

军官再问：“咱们穿谁的衣？”

“穿袁大人的衣！”

“咱们给谁出力？”

“给袁大人出力！”

本来这也没什么，治军嘛，长官树立权威也应该，问题是袁世凯为人跋扈，练兵期间无意中得罪了天津的大绅商，这些就成了罪证。京津密迩，绅商里不乏手眼通天的人物，于是就有了麻烦。恰在此时，袁世凯杀了一个商贩，给对手提供了巨大的口实。

原来当初胡燏棻编练定武军时，营外常有小贩摆摊设点，里边的愿买，外边的愿卖，大家相安无事，其乐融融，真正的军民鱼水一家亲。渐渐地，各种小摊便摆到了营门口，很是方便了官兵们外出购物。

袁世凯上任以后，以严明军纪为根本，绝不允许士兵动辄往外面跑，同时警告摊贩，军营门口严禁摆摊设点，否则军法从事。

袁大人敢杀人，这是谁都知道的，摊贩们不敢摸老虎屁股，遂纷纷散去，却有几个胆大不信邪的，照摆照卖，怎么劝也劝不走。袁世凯得报大怒，下令格杀勿论。结果就枪杀了一个小贩，其他的当然再也不敢来了。

“为官不得罪巨室”，这是官场口耳相传的一大秘笈，袁世凯既已触犯天条，而且现在还杀了人，前途委实难测，当初力荐他的李鸿藻就有了想法。

李鸿藻身为清流领袖，非常爱惜名声，如果袁世凯真的出事，自己落个“滥保非人”的褒贬，恐怕就不只是名声受损那么简单。想到这儿李大人立即找来手下的监察御史胡景桂，让他参袁世凯一本，先发制人，以便撇清自己的关系。

胡御史的参劾很厉害，归纳起来有这么几款：嗜杀擅权；克扣军饷，诛戮无辜；性情谬妄，扰害地方，全都不是小事。这么严重的罪过，朝廷自然很重视，派出兵部尚书荣禄前往调查，兵部郎中陈夔龙随去天津。

荣禄一行突然抵达小站那天，恰逢发饷日，看到袁世凯亲自监督发饷，绝无克扣中饱之事，顿生好感，便决定要放这家伙一马。其实荣禄本身也是个贪财好色的官，只是正常情况下，再贪的官也希望自己的手下清廉刚正，有所作为，当然前提是要听话。而荣禄虽贪，毕竟是个能员，很能为朝廷爱惜人才。保全袁世凯，其实是出于这样一种心理。

等视察了练兵情况，但见军威严整，操练先进，尤其看到王士珍所部将工程营设制的水雷、旱雷、踩雷及各种新式武器一一演习，净是些前所未见的玩意儿，荣禄大为满意，问陈夔龙说："你观新军与旧军比较如何？"陈夔龙这个兵部郎中是真的知之为知之不知为不知，坦然回答："夔龙素来不懂军事，但旧军不免暮气，新军参用西法，独开声面。"荣禄点点头："你说对了，此人必须保全。"

于是在给光绪皇帝的调查报告中，荣禄来了个大包大揽，表示所参各节，均查无实据，请从宽议处，仍应严令袁世凯认真督练新军，以鼓励将来。其中有一句评价，"近年所见各军，尚无出其右者"。袁世凯就此度过了危机，对荣禄自然心怀感激与敬畏。这是1896年7月间的事儿。

有了荣禄的高度首肯，朝廷大小官员前往小站视察者就多了起来，评价几乎是千篇一律的高，有说"一举足万足齐发，一举枪则万枪同声。行若奔涛，立如植木"，也有说"各种操典战法全都极为精绝"，就连英国海军少将查尔斯·贝思福在参观完新建陆军后，都有如此赞叹："按照西方的标准来看，袁世凯的部队是整个帝国唯一装备完善的军队。"

就这样，袁世凯声名鹊起，脚步也站稳了，但他心里还存着一个莫大的遗憾，那就是此时手下三大幕僚，阮忠枢、言敦源都只是举人，张一麟此时才是秀才（后来高中榜眼），幕府中连个进士也没有，未免显得有点寒酸，这要是能把菊人大哥请来，幕府里放一尊翰林在那儿，该多有面子啊！

可是翰林身份高贵清华，出京做幕宾的话，通常连一般督抚的幕府都不情愿去，只有到翰苑前辈出身的名督抚，如曾国藩、李鸿章那里才不会觉得委屈了自己。袁世凯只是区区一个四品道台，徐世昌处境虽不得意，毕竟也得矜持翰林的身份，尤其是以翰林从军，那就更是掉价，所以之前袁世凯几度相邀，他也只能婉言谢绝。

1896年12月，因母亲病故，徐世昌按例回籍守制，丁忧三年，实际上也就27

个月，现在徐世昌已经在家丁忧了9个月，袁世凯此时也升了直隶按察使，官居三品，虽还不是督抚，但觉得徐大哥大概守得差不多了，可以跟他再商量一下，便请言敦源代写了一封信，情真意切地征求菊人兄的意见。

这一次徐世昌同意了，大概一半是因为盛情难却，一半也是给自己找点事情做吧！不管怎样，袁世凯立即奏请朝廷夺徐世昌的情，调他来小站帮忙。朝廷很通情达理，满足了这个要求。

徐世昌来到小站，热烈欢迎自不在话下，袁世凯为了显得庄重，特意发明了一个"稽查全军参谋军务营务处"的官衔授予他，在军营里，所有人都称其为老师，算是一人之下万人之上，言敦源则成了他的左膀右臂。

徐世昌纡尊降贵来到小站，除回报袁世凯之外，为的是卧薪尝胆，所以工作起来格外勤奋，一面把营务管理得井井有条，一面还自学英语和西方军事著作，先后编写了《新建陆军兵略存录》及《操法详晰图说》13册，用先进手法统筹全军的训练及教育，成绩斐然。因此，他真正得到了全军将士包括段祺瑞、冯国璋等发自内心的尊重。

不过徐世昌有个毛病，写东西文绉绉的，起草的文件莫不如此。袁世凯生怕士兵们看不懂，便经常要求他用大白话重写，徐世昌虽不情愿但也不得不改，改完之后总会叮嘱："千万别说这是我写的。"不过后来写顺手了之后，徐世昌觉得大白话也不错，尤其是当时士兵们文化水平确实不高，之乎者也他们听不懂，所以当袁世凯突发奇想，希望把那些繁琐的训练规章一类的编成歌来传唱，并把这任务交给他时，徐世昌对写大白话早已得心应手，当即从德国教官那里找来一首很上口的普鲁士军歌《德皇威廉练兵曲》填上歌词，袁世凯的《大帅练兵歌》就出炉了，后来也被称作《北洋军军歌》：

> 朝廷欲将太平大局保，大帅统领遵旨练新操。
> 第一立志要把君恩报，第二功课要靠官长教。
> 第三行军莫把民骚扰，我等饷银皆是民脂膏。
> 第四品行名誉要爱好，第五同军切莫相争吵。
> 方今中国文武学堂造，不比市井蠢汉逞粗豪。
> 各营之中枪队最为要，望牌瞄准莫低亦莫高。

炮队放时须要看炮表，安放药引须按度数标。

轻炮分工不愁路窄小，重炮车载马拉不觉劳。

马队自己须将马养好，检点蹄铁切勿伤分毫。

临敌侦探先占敌险要，我军酣战从旁速包抄。

工程一队技艺须灵巧，陆地筑垒遇水便搭桥。

辎重队里事事算计到，衣粮军火缺乏不需焦。

　　这首歌影响极大，湖广总督张之洞编练自强军，所用军歌就是改编于此，歌名完全照抄，一半歌词也没动；后来张作霖重新填词把它改成了《奉军练兵歌》，冯玉祥则把它改成了《练兵歌》及《民族立宪歌》。再然后，就是我们人人熟知的《三大纪律八项注意》了。

　　1984年洛杉矶奥运会，是中华人民共和国第一次参加的奥运会。开幕式上，中国代表团入场的时候，乐队奏起《三大纪律八项注意》的旋律，代表团成员们非常开心，骄傲之情油然而生。但后来中国台北代表团入场，乐队奏的还是这首曲子，大家不禁大为吃惊，心想我们出来参加个比赛，这么快家里面两岸就已经统一了？真是洞中方数日世上已千年啊！后来大家才知道，乐队演奏的是跟歌词没有关系的《德皇威廉练兵曲》，遂相视一笑，抢金牌去也。

戊戌变法，一场游戏一场梦

康有为演义公车上书

大概也就是《大帅练兵歌》刚刚写出来的时候，1897年11月1日，山东发生了曹州教案。

早在甲午战争时期，德国从自身的战略角度考虑，即已希望在中国得到一个港口作为军事基地，在台湾、厦门、威海卫、烟台、金门以及胶州湾等地区选来选去，最后德国人选中了胶州湾即现在的青岛，打算租下来，并顺便租借一个煤站。这事事关国家安全与尊严，清政府自然不会同意。于是德国就有了以武力相胁迫的计划，而此时的曹州教案，给了德国人一个很好的借口。

此次事件的起因和当时几乎所有的教案基本背景相似，都是各国传教士四处传教，收下一些教民，各地教民仰仗有洋人撑腰，极力欺压同胞百姓，一旦告官，则因洋教士出面，官府总是偏袒教徒一方。如此赤裸裸的不公平，必然导致民众的反抗。

那是一个"百姓怕官、官怕洋人、洋人怕百姓"的年代，洋人为何要怕百姓？因为百姓就像兔子，虽然温顺，急了也要咬人。

比如11月1日晚，来自曹州大刀会也就是义和拳的惠潮现、雷继参等人跑到下属巨野县磨盘张家庄教堂，杀死德国传教士能方济和韩理。与此同时，类似事件在各州县此起彼伏，德国人就不干了。

德国皇帝威廉二世在和俄国沙皇尼古拉二世达成默契之后，于11月6日，派遣驻扎在吴淞口的德国海军提督棣利士，率舰队强占了胶州湾，随后清政府和德国签订了《胶澳租界条约》：山东巡抚李秉衡被撤职；赔偿教堂损失3000两银子，中方代建教堂3座，教士住宅7处；降谕保护德国教士；惠潮现、雷继参两人处死，萧盛业等3人监禁5年；允许德国租借胶州湾99年，并享有修筑胶济铁路和开采沿线30里矿产的特权，胶东半岛从此成为德国的势力范围。值得一提的是，该条约是甲午之后，各国以武力逼迫中国同意，进而占领中国沿海地区的首例。

事情变得复杂了。原来中日《马关条约》签订后，俄、德、法三国对清政府割让辽东半岛给日本极为不满，遂联合起来向日本政府施加压力，日本不敢得罪三国，于是在清政府多付出3000万两银子战争赔款后，不得已把到口的辽东半岛给吐了出来。

清政府为表感谢，重新启用李鸿章，让他担任总理各国事务大臣，出使三国致意。其中在作为头等专使出席俄皇尼古拉二世加冕典礼之行中，李鸿章受了俄国人重贿，与之签订《中俄密约》，除了共同抗日外，还有允许华俄道胜银行建造一条由黑龙江、吉林至海参崴的铁路，无论战时平时，俄国均有权使用该铁路运送兵员、粮食和军械。

眼下最要命的是，密约中有如此一条："当开战时，如遇紧要之事，中国所有口岸，均准俄国兵船驶入。"现在遇到了德国侵占胶州湾的紧要之事，俄国就扬言要出兵旅顺大连。

在当时，只要是外国人清政府都害怕，以至于最后的结果是，俄国强租下旅大军港之外，还落实了贯穿东北三省的铁路修筑、林木和矿业开采等权利，整个东北的诸多利益，瞬间即落入俄国人之手。

眼看俄、德两国吃香的喝辣的不亦乐乎，英国人也不甘寂寞，以利益均沾为由，租下了威海卫。此时此刻，整个中国已经呈现被瓜分之势，举国上下一片哗然，变法之声再次高涨。

其实早在1895年，变法的口号即已高入云霄。当年恰逢三年一度的会试大考，全国各地的举人汇聚北京，参加鲤鱼跳龙门的进士考试，即会试。参加会试，照例有官家的车接送，所以应试的举人又叫"公车"。《马关条约》签订的消息传来时，考试刚刚结束，忧国忧民的举人们大受刺激，纷纷表示反对，要求英明的皇帝不要受奸臣蛊惑，拒绝在条约上签字加盖玉玺。其中有一个来自广东的举人叫康有为，他的反应最为激烈。

康有为生于1858年，广东南海人，比袁世凯年长一岁，出生于官宦世家，他有个叔祖在太平天国战争中靠军功起家，后来当到过广西布政使（大约相当于现在的省长或常务副省长），还代理过广西巡抚，绝对的高干。康有为的父亲当过县官，不过在他11岁的时候就去世了，从此家道中落，康家的希望，寄托在了康有为兄弟的科考之路上。

康有为很会读书，16岁那年第三次参加考试就中了秀才，然而后来运气差了点，一连参加了6次乡试也没能考中举人，白白蹉跎了13年的岁月。

这个过程中，康有为拜了一个叫朱次琦的著名理学大师为师，几年后朱老师因病去世，其嫡传弟子康有为的名气渐渐大了起来，他一边开着书院挣生活费，一边北京、上海、香港、杭州四处游历，交游各路大儒，名气越来越大，慕名到广州向他求学的人多如过江之鲫，其中居然有一个叫梁启超的新科举人。"秀才老师，举人学生"，这有点相当于巴西足球队请了一位中国主教练，康有为顿时身价暴涨。这一年康有为33岁，梁启超18岁。

身价暴涨之后，康有为扩大了自己的书院，办起了万木草堂，排场不小，教授的全是些高深莫测的大学问，其中最牛的是一门叫做"今文经学"的顶尖学问，玄虚无比，在此不必多说。

1893年，康有为迎来了人生的第7次乡试，否极泰来高中举人，从此运气一发不可收，1895年进京会试旗开得胜，成了进士。

康有为早已名满天下，相当有号召力，为了反对割地赔款，他起草了一份万言书即《上清帝第二书》，然后5月2日那天，他召集了18个行省的举人在松筠庵集会，请大家踊跃签名，他将上书给皇帝，要求拒签条约，迁都、练兵、变法以雪国耻。这是爱国的事情，当时就有1300多人签名，然而还没等大家签完呢，来了可靠消息，说皇帝已经签字盖章，条约生效了。大家顿感心灰意冷，纷纷撤回签名，最后同意提交签字的只剩下603人。等康有为将万言书及这些签名呈请都察院代为上奏时，都察院以朝廷已批准通过《马关条约》为由、拒绝代奏，甚至根本没接受这份奏章。也就是说，由康有为发起的"公车上书"，事实上根本就没有完成。

那段时间上书的人很多，但主要是朝中的高官为发起人、京官组织的上书，这类上书有31件，全是主张拒绝签字、迁都再战的。举人们也并非无所作为，参与签名的有1555人次之多，并且大家上的这些书，都到达了光绪皇帝的手里，只不过所有这些事情，都跟康有为毫无关系而已。

当然康有为也有收获，首先他以进士第八名的身份，被授以六品衔的工部主事之职；与此同时，上海租界里的《申报》等多家报纸刊登了其万言书中的内容。5月24日，由他亲自撰写的《公车上书记》由上海石印书局印刷成书出版，影响极大。可惜《公车上书记》一版再版，经康有为一次次亲自修订，到了后来就基本只能当小说来看了。

1895年7月的时候，回老家探亲的袁世凯回到了北京，住在河南会馆"嵩云草堂"，离康有为、梁启超、麦孟华及谭嗣同他们住的南海会馆、浏阳会馆都不远，在当时，袁世凯和康有为同为享有盛名却没有实权的人物，两人不免惺惺相惜。

8月2日，袁世凯得到了光绪皇帝的亲自召见，并被派到督办军务处去"供王大臣差遣"。

袁世凯被皇帝召见的时候，康有为也得到了越来越多的支持，最重要的支持者是军机大臣、户部尚书翁同龢。8月17日康有为等办了一份叫《万国公报》的报纸，由梁启超、麦孟华担任编辑，最初的印刷设备就是翁同龢掌管的户部提供的经费。

《万国公报》不要钱，免费分送在京的官绅，反响很好，这是维新派欲开民智先开官智理论的实践。到了8月底，康有为觉得光办份报纸不过瘾了，便开始筹建一个社团。按照大清祖宗的规定，结社集会通通非法，在早年间遭严厉禁止，属于杀头灭族的罪。只是现在大清朝威望几乎丧失殆尽，自身都处在风雨飘摇的境地，一时间社团频出，康有为他们要搞，也就只有随他去了。这事儿袁世凯最初没掺和，他正在军务处苦守寒窑等着王大臣差遣呢。

1895年11月，康有为所倡导的社团成立了，定名强学会。强学会会址设在宣武门外后孙公园，是工部尚书孙家鼐给找的，孙尚书属于改革派，也是翁同龢那条线上的人。

这个社团乍看起来像是一个股份公司，推陈炽、沈曾植为正董，沈曾桐、文廷式为副董，以李鸿章的得意门生张孝谦负实际责任，后增补翰林院编修丁立均为总董。背后的操盘手，当然是康有为康圣人。

强学会提倡"学习、读书、开风气"，其宗旨简单说就是强国，这很对袁世凯的胃口，他自然不会放过这个机会，和此时已官居湖广总督而署理两江总督高位的张之洞之亲信、内阁中书杨锐都是积极发起人。而强学会的背后，更有一大群太子党的支持——张之洞的儿子张权、曾国藩的孙子曾广钧、翁同龢的侄孙翁斌孙、湖南巡抚陈宝箴的儿子陈三立、前两江总督沈葆桢的儿子沈瑜庆、前宰相左宗棠的儿子左孝同等数十人尽在其中，尤其需要我们记住的，是湖北巡抚谭继洵的公子谭嗣同！

不仅如此，军机大臣翁同龢、工部尚书孙家鼐、总理各国事务衙门大臣张荫桓、直隶总督王文韶、两江总督刘坤一、署理两江总督张之洞都曾参与支持其事。更有甚者，英国驻华公使欧格纳竟然也是强学会的会员。

另外，由于英国知名传教士李提摩太的参与，使各国使臣也都曾向强学会捐赠图书、器物等。清朝的大臣显然更了解中国国情，他们不捐物，而直接捐钱，刘坤一、张之洞、王文韶各捐了5000两银子，淮军将领宋庆、聂士成捐得也差不多是这个数。就连闲居贤良寺尚未复出的李鸿章，也主动提出捐赠2000两银子，虽然比张之洞他们少点，但也是个心意。奈何文廷式、沈曾植兄弟、陈炽、丁立均等都坚决不收，康有为更是看都懒得看李鸿章一眼。这一是因为淮军打了败仗，尤其是李鸿章亲笔签下《马关条约》，正当声名狼藉之时，比如当时甚至有"李二先生是汉奸"一说；二则是私怨，文廷式和已经中了状元的张謇一样，是翁同龢的得意门生，其他人也要买翁同龢的面子，自然不愿和翁相国的仇人搅到一块，即使李鸿章搞洋务最有心得和经验，即使此时大家都是为了强国，为了变法。这件事，搞得李鸿章很是灰头土脸，日后的报复则将异常的惨烈。这是后话，暂且不提。

作为发起人之一，袁世凯当然也捐了款，他当时年薪不到300两银子，财力不足，所以最初只捐了500两，绝对是使出吃奶的力气了。此后他一有钱就捐，最后总算累积到了1000两。同时他还积极动员他人捐款，响应者不在少数，总共捐了2000两银子。

不过袁世凯后来忙着活动练兵的机会，强学会的事情参与的就少了一些，和康有为来往得也不是很多。事实上康有为更没有工夫搭理他，这个自封"圣人"的家伙觉得自己成气候了，狂得不行，连翁同龢都不再入得了他的法眼，翁同龢这才发觉这厮人品有问题，两个人就渐渐疏远了开来。

另一个觉得康圣人人品有问题的大人物是大学士徐桐。徐中堂曾经是康圣人的支持者，对他很友好，奈何圣人已然目空一切，也不再把徐桐放在眼里。问题是徐桐是谁？他是当朝守旧派的领袖，极端仇恨外洋，路上如有洋人宁可绕着走的老顽固，惹急了他可麻烦，果然徐中堂就放出话来说要参劾康某人，应声附和的还有御史潘庆澜。而这时，李鸿章已经开始准备动手了。

康有为感觉不对，在门生们的劝说下，他离开北京避风头，随便找个名义跑去了上海。此时的两江总督、南洋大臣由张之洞署理，上海属于他的地盘。张之洞清流出身，对名满天下的康有为有着本能的好感，尤其赞赏他的办报纸、搞强学会、针砭时弊忧国忧民，所以康圣人一到上海，张之洞就派人将他接到自己的驻节之地南京，奉若上宾，言听计从。有这么硬的靠山，康有为便在上海成立了强学会分会——上海强学会，张之洞慷慨捐款1500两银子，长官如此，手底下的大小官员出钱出力自不在话下。康有为投桃报李，1896年1月12日创办了《强学报》作为上海强学会的机关报，创刊词《上海强学会序》为康有为亲写，却署上了张之洞的名字。

但这只是表面现象，其实两个人的蜜月期此时已经过去，主要原因依然是康有为过于狂妄霸道，再加上学术上的根本分歧，终于把张之洞惹急了。

恰在此时，李鸿章的策动开始见效。抛头露面的是杨崇伊，他跟李鸿章的长子李经方是儿女亲家：他的儿子杨云史娶了李经方的女儿李国燕，有一女则是李经方的儿媳，是双重姻亲。

杨崇伊刚刚被任命为御史，手握监察大权，上任的第一件事，就是上疏弹劾强学会，指其"专门贩卖西学书籍"，"植党营私"，"将开处士横议之风"，请求朝廷立即查禁。

1896年1月20日，也就是《强学报》诞生的第8天，迫于守旧派的巨大压力，光绪皇帝下令查封京师强学会，由《万国公报》而更名的《中外纪闻》，也就此停刊。

已经对康有为开始冷眼相看的张之洞正好就坡下驴，下令解散上海强学会，并将康有为、梁启超一行人送离两江辖区。康有为闲着没事，干脆回老家给母亲做寿去了，那会儿的公务员真好混呀。

不过老康也没老在家待着，后来他又回了上海，张之洞倒也没再赶他走。

投资买官

1897年11月，曹州教案发生，德国强占胶州湾，眼看大清朝注定要迎来又一场重大危机，康圣人坐不住了，从上海回到北京，首先拜访已经复出担任总理各国事务大臣的李鸿章——李中堂既已复出，自然就不算汉奸了，求见他也就不丢人了。

康有为带来的是他的最新科研成果——"开巴西以存吾种"，也就是说，将中国人全体移民到巴西，建立新中国。李鸿章听完该建议，表示说这个事情不小，需要先和巴西驻华公使商量一下，不过这位先生现在回国过圣诞节去了，咱们不妨等他回来再研究。康有为碰了个软钉子，觉得李鸿章这厮简直不可理喻，转而请翁同龢代向光绪皇帝上书，奏请变法。

这个时候袁世凯同样忧思满怀。1897年年底，他也上书翁同龢希望转呈光绪，强调中华民族到了最危险的时刻，必须变法。袁世凯是干实事的人，他建议即使是变法也要循序渐进，现在只能先抓重点，着重搞好用人、练兵、理财三件大事。大清朝的规矩，御史之外，只有一、二品大员可以直接上书皇帝，其他小官如有上奏，必须经本部堂官或相应高官转呈，所以转呈三品的袁世凯、六品的康有为，都得找翁同龢帮忙转呈。

翁同龢听惯了高调，自己本身也是个高音歌唱家，对袁世凯的建议很不以为然，觉得不过瘾，太空洞。这让袁世凯很郁闷，难道非要空喊口号才叫不空洞不成？

袁世凯很执着，继续上书翁同龢，建议变法，也就是改革。他坚持认为在最初的阶段，改革重点应该着重于人事、财政和练兵，并且参考外国的制度，先在部分省市搞试点，但要真搞，搞好了再向全国推广。他特别提到了那些守旧派大臣，认为不妨依然维持他们的高官厚禄，但不赋予实权，只要他们不反对改革，尽可以养着他们。

翁同龢没搭理袁世凯，光绪却想要召见康有为，而且想到就要干。可是他的六叔恭亲王奕䜣不愿意，因为康有为官太小，只是个六品主事，皇帝召见不合体制。他建议不妨先由总理各国事务衙门的几位大臣约谈一下这个小官，如果此人确有经天纬地之才，皇上再亲自召见不迟。

1898年1月24日上午，总理各国事务衙门的一间会议室里端坐着六个人，其中五人坐在一面，他们是李鸿章、翁同龢、荣禄、廖寿恒、张荫桓，相当于考官；考生坐在另一面，那就是康有为。

不过这次一点也不像是考试，倒更像是教授上小课，讲课者自然是康圣人。康圣人的颐指气使、高谈阔论很让五位大人反感，虽然翁同龢、张荫桓曾经是他的坚定支持者。

中间荣禄跟康有为有这么几句对话，我们不妨共享之。

荣禄："祖宗之法不能变，这一点你可同意？"

康有为："所谓祖宗之法，是用来治理和保卫祖宗之地的，现在连祖宗之地都快守不住了，还谈什么祖宗之法？再说了，祖宗的成法中只有吏、户、礼、兵、刑、工六部，哪里有什么总理衙门？所以说各位早已经在变了。"

荣禄："那么请问如何才能补救时局呢？"

康有为："只有变法！"

荣禄问："大清的法已经实行了两百多年了，一下子就能变过来？"

康有为答："这事容易，杀一两个二品以上阻挠新政的大臣就成了！"

杀大臣岂是可以随便说的？荣禄觉得这完全是拿变法当儿戏，道不同不相与谋，遂中途退场离去。

如此大家肯定都反对皇帝召见，可是光绪久闻康有为大名，更为他的变法主张及所编写的如《波兰分灭记》等所打动，还是执意召见了这个极富争议的人物。

为了这次召见，康有为专门写了一个条陈，建议设立制度局总揽变法工作，设计更改全部旧法和官制，废除六部及一切过往行政惯例，代之以12个现代化的行政机构，并在地方设立民政局，推行地方自治。

光绪对这一切都很赞赏，具体也没多说什么，这是大事，肯定需要有个筹备过程。

有了皇帝的支持，康有为做起事来更加放心大胆，首先要做的就是恢复强学会。不过他把名字改了，叫做保国会，以"保国家之政权、土地"，"保人民种类之自立"，"保圣教之不失"为宗旨，鼓吹变法，欲协助治理国家，并规定北京、上海设立总会之外，各省、府、县都要设分会。一时间，保国会的声势相当浩大。

但也只是声势大，因为不再有朝廷重臣、地方督抚的支持，整个保国会几乎就成了书生们激扬意气的平台，而且很快遭到迎头痛击——什么"聚众不道"、"辩言乱政"、"形同叛逆"等等，这些奏疏均出自各路御史之手，其分量绝对重如泰山。更有甚者，新贵刚毅面见慈禧，危言耸听"保国会，只保中国，不保大清"，让名义上已退居二线的老太后对康圣人起了很大的戒心，对光绪跟这样的人混在一起也不满起来。

可是光绪早已下定决心要大干一场，并最终以"变法强国"的名义，取得了慈禧的谅解乃至支持，于是1898年6月11日，光绪皇帝颁布了由翁同龢所起草的《定国是诏》，变法大幕初启，6月13日，再发上谕，定于6月16日召见康有为。

《定国是诏》名字很大，其实不过是篇夸夸其谈的文章，提到的唯一一项具体措施，只是设立京师大学堂，并号召大家都去上课，努力学习，更像是班主任的一席讲话，倒是很符合翁同龢的作风。

谁也没想到，就在6月15日，翁同龢被罢了官。与此同时，直隶总督兼北洋大臣王文韶应召进京，以户部尚书入值军机处，兼任总理各国事务衙门大臣，完全接替了翁同龢的职位；而王文韶的直隶总督兼北洋大臣，则由协办大学士兼总理各国事务大臣荣禄接任。

山雨欲来之际，直隶及北洋的兵权只有掌握在荣禄手里，慈禧才能放心。

翁同龢罢官当天，正是他68岁的生日，如果光绪不是定在第二天召见康有为，估计慈禧也断然不会选在生日这天让他触霉头。其实翁同龢与康有为的关系早已不复从前，只是以翁同龢的地位，不便宣扬这一点；康有为则不愿意让外人知道，以便处处拉大旗作虎皮；而翁的各路政敌看穿了康有为成事不足败事有余，刻意要把他俩连在一起，更不会为他澄清。反正康有为的每一次上书，都是请翁代递，此为事实，这样翁同龢就有口难辩了。

翁同龢罢官还有一个重要原因。大约半个月前，恭王奕䜣去世，对慈禧有一句临终遗言：翁同龢不可用！要命的是，恭王和翁同龢关系一向很好，临终作此劝谏，在慈禧看来是真正的老成谋国，极为感动，而对曾经异常尊重的翁同龢的观感，顿时恶劣了起来。偏偏翁同龢的政敌极端强大，徐桐、刚毅等守旧派及李鸿章一系自不必说，最要命的是，此时的第一号权臣荣禄，对这个曾经出卖过自己的把兄弟恨之入骨，这么多年来等待的，不过是一个报仇的机会。

现在机会来了，光绪预备召见康有为的上谕一下，荣禄和刚毅就赶到颐和园，苦谏慈禧太后：恭王去世后，军机处虽以庆王为领班，但只是有名无实，翁同龢才是实际领袖。而康有为居心叵测，以翁同龢为靠山，一旦皇帝召见之后，翁同龢必将升他为军机章京。此二人联手，行新政废旧章，后果必将不堪设想。荣禄如此很正常，刚毅本是走李莲英门路、由翁同龢援引进的军机，他竟也这么说，慈禧不由得想起恭王的临终遗言，终于下了决心让翁同龢走人。

翁同龢走人后，1898年6月16日，光绪按计划在颐和园仁寿殿召见了康有为，这次召见征得了慈禧的同意，从清晨5点持续到早晨7点——看来当个皇帝也不容易，至少睡不到自然醒。

召见过后，康有为有了新的职位，官称"总理衙门章京上行走"，并有"专折奏事"权。章京是个四品官，比他以前的六品主事大了许多，但在朝廷上仍只是个小官。可专折奏事大体是二品以上官员才有的特权，康有为以章京而享有此项权力，明明白白地表明，这厮要发达了。

康有为上位之后，光绪开始推行新政，像翁同龢所极力主张的京师大学堂，迅速得以设立；礼部尚书许应骙等因"阻挠新政"，导致满汉两尚书、四侍郎全部革职；更有甚者，中央政府裁撤了詹事府、通政司、光禄寺、鸿胪寺、太常寺等七个衙门，导致大批官员下岗，其它衙门的官员无不人人自危，而这一切，慈禧都未反对。

但是砸人饭碗必然招致反弹，尤其是"废除八股，改试策论"，等于是断了天下读书人的升迁之路；而"取消旗人的寄生特权，准其自谋生计"，这简直就是要人命；等到居然裁撤掉广东巡抚、湖北巡抚、云南巡抚、河道总督、粮道、盐道等要职时，矛盾终于开始激化，而慈禧虽对新政之激进有所不满，却仍未表示反对。

眼看官位不再，特权难保，既得利益集团愤怒了，迅即组成了一条反新政联合阵线，其中的核心人物是刚毅。他们的目标，是要慈禧复出，废除新政，恢复旧制。

那段时间，天天跑到颐和园磕头痛哭恳请老佛爷出山者大有人在，但此时慈禧对复出并不太热衷。因为光绪搞新政，是首先征得她同意的，而且平心而论，作为当时事实上的最高统治者，老太太同样希望国富兵强，而不会像贪恋官位的大臣小吏们那样更多考虑自己的特权——她坚信光绪无论怎么搞，都不会威胁到她的地位。

慈禧的这个自信，来自于光绪几乎隔天就会到颐和园来请安，并汇报、请示工作，态度极其可取；另一方面，翁同龢罢相当天，光绪发过一道上谕，规定今后凡新任命的二品以上大员，均须面谒太后谢恩，老太太自信目光如炬，不怕有二心者混入高层；当然最重要的还是，此时京畿一带的军队，像董福祥的甘军、聂士成的武毅军和袁世凯的新建陆军，尽在荣禄掌握之中，而荣禄是她最信任的人。不止如此，她于6月25日又任命了刑部尚书崇礼代理步军统领、礼部尚书怀塔布统领圆明园驻军、刚毅统领京城旗兵健锐营。这几个掌兵权的人，也都是她的亲信。

太后不出山，群臣很惶恐，只能群策群力拼命想办法。其实大家都知道，如果荣禄能亲自劝说，则效果定不一样，无奈刚毅不愿劳驾他，他主要是担心慈禧若因此而复出，会要求荣禄当军机大臣，则自己在军机上的地位将大打折扣。倒是杨崇伊很是热衷于跑天津游说，无奈荣禄根本不为所动。荣禄对当前的国内外局势洞若观火，非常了解各国支持光绪的态度，知道如果没有足够的理由，一旦慈禧再度垂帘，必将引来各国的干涉，果真如此，绝非国家之福。

这时候，有个谣言在京城四处流传，说是10月份的天津大阅兵，太后将当场废黜皇帝，并把他抓起来。没有人知道这个谣言源自何处，但康有为等人因此更加了解了反对力量是多么强大，他们懂得枪杆子里面出政权的道理，也想要动员点军事力量为自己的变法保驾护航，几经商量之后，大家选定了当初在强学会里表现积极的袁世凯。

康有为派了徐仁录前往小站，探探袁世凯的口风。徐仁录是江苏宜兴人，他有个伯父叫徐致靖，因抄袭张之洞早年的一篇八股文而中进士，此后仕途一帆风顺，此时已官居内阁学士、署理礼部侍郎，是维新派的重要人物。徐致靖有两个儿子，长子湖南学政徐仁铸，次子翰林院编修徐仁静，也都是维新派的中坚。至于徐仁录，本是康有为的学生，属于维新派嫡系。这些都还不是重点，挑选徐仁录去小站，主要是因为他有个姐姐嫁给了言敦源的哥哥江南才子言謇博。言敦源为袁世凯看重，此时更是徐世昌的左膀右臂，有这层关系，干什么都方便一些。

果然袁世凯对徐仁录的到来礼遇有加，又是请阅兵，又是请吃饭，吃饭之时徐世昌、阮忠枢、言敦源等高级幕僚悉数作陪，接待规格相当高。不仅如此，袁世凯更安排长子袁克定全程陪同，临走还送了丰厚的程仪，极尽地主之谊。这下子吃人嘴软拿人手短两项徐仁录都占齐了，回到北京，说的自然全是袁世凯的好话，扭转了一些原本不看好袁世凯的维新人士的看法。

其实袁世凯如此礼遇徐仁录有他自己另外的考虑，除了交好京中维新派之外，更现实的用意在于他想换顶子了。

袁世凯此时是正三品直隶按察使，帽子上的顶珠是蓝宝石的。而二品是红珊瑚，一品是红宝石，都是红色，袁世凯想换的，正是个红顶子。这么做，不只是为了好看，也是为将来的升迁积攒资历。徐致靖是正二品高官，有权向皇帝上书保举他人。于是徐仁录回京不久，徐世昌就领命追了过来，谈好出4000两银子，由徐致靖出面保举袁世凯才堪大用，整个从二品当当。

就在几天以前，1898年9月5日，光绪下诏任命谭嗣同、林旭、刘光弟、杨锐四人为军机章京，参与新政，直接架空了几个军机大臣，一时间四京卿风头无两，连康有为的声光都被盖了下去。

谭嗣同出身高官家庭，尤其清楚枪杆子的重要性，一上任就在筹划培养效忠光绪的武装力量，见到徐致靖的奏折，便建议光绪召见袁世凯，好生笼络；林旭看不上袁世凯，主张拉拢董福祥。一番争论之后还是谭嗣同占了上风，于是9月14日光绪召袁世凯入京，并于16日在颐和园召见了他，随后就有上谕下来，"以侍郎候补"。虽是候补，但侍郎是正二品官，袁世凯官升两级，完全超出了预期，自是大喜过望。

同样喜出望外的是徐致靖，他让徐仁录去找到徐世昌说："4000两银子只是保升一级，现在升了两级，袁慰庭应该加钱。"这是贪天之功，徐世昌自然不愿意，心里更对这家人充满了鄙视，说出来的话就不好听了："实在是没钱了，要不你请你家老爷子再上个折子，把慰庭的官给降回4000两银子的水准？"话说到这份上，两个人只有不欢而散，此事也成了一时的笑谈。

戊戌六君子就义

现在袁世凯是二品官了，按照新的规定，第二天清晨，他来到颐和园向慈禧谢恩。光绪随后再次召见了袁世凯，指示他尽管放手办事，不必再受顶头上司荣禄节制，"你跟荣禄各办各事"。袁世凯闻言大惊，唯有磕头谢恩。

当天夜里，谭嗣同夜访袁世凯所住的法华寺，重申光绪的面谕之后，假传圣旨，要求袁世凯回天津诛杀荣禄，然后发兵颐和园，抓捕慈禧太后。

袁世凯听后惊疑不定，皇帝不管怎么说也是名义上的最高领导，他的话不能不听，但荣禄岂是那么好杀、慈禧岂是那么好抓的？单说荣禄手底下掌握的，除了自己的新建陆军之外，还有聂士成的武毅军、董福祥的甘军，实力都不容小视；如果再加上京中的神机营、巡防营、颐和园护军营，足有8万之众，若以自己的新建陆军7000千人相抗，无异于以卵击石。

想是这么想，但袁世凯还是不管三七二十一，慷慨激昂地应承了下来。这是因为，此时的谭嗣同算是光绪那个系统事实上的宰相，袁世凯不肯得罪他。

作为大人物，谭嗣同的一举一动都相当引人瞩目，所以刚毅、杨崇伊很快就得知了他夜访袁世凯之事。虽然并不十分清楚谭、袁二人所谈何事，但毕竟没有不透风的墙，刚毅他们还是察觉到了一些蛛丝马迹，然后立即散布流言，说康有为、谭嗣同正在策动袁世凯派兵包围颐和园，劫持老太后。

就这样还不过瘾，杨崇伊干脆上了道密折，请求慈禧太后为天下苍生着想，能够重新训政。当然这只是引子，密折里真正的核心内容是报告太后，康有为和张荫桓将借日本方面的力量，由驻扎在大沽口外的日本海军派兵入京，将太后您抓到日本去，以便光绪彻底亲政。杨崇伊说得有鼻子有眼，他在密折中告诉慈禧，这一切有个先决有个条件，即必须要伊藤博文同意；不再是日本首相的伊藤也有个条件，得要光绪亲口向他提出要求。而此时伊藤已经来到中国，光绪将在八月初五（9月20日）接见他，当面提出借兵要求之外，还将聘请伊藤为中国政府顾问。

老太后被震惊了，她首先想到的就是当年被袁世凯劫持到中国来的朝鲜大院君李罡应，万一自己真被抓到日本软禁起来，那该情何以堪？

不过慈禧毕竟久经风雨，并不特别轻信，于是八月初五那天，光绪接见伊藤的时候，老太太一反常规垂帘而坐，为的是亲自听听他们说些什么，眼见为实。可惜伊藤说的是英语，由张荫桓负责翻译，旁人一句都听不懂，而光绪因为身体不好，说话声音极其微弱，坐在帘子后的慈禧根本听不清楚，不由得疑心大起。偏偏此时光绪把伊藤招到身边耳语了片刻，而张荫桓翻译时和伊藤亲热无比——太后毕竟是带着疑问来的，立即就相信了杨崇伊的报告。

后面的事情是直线型的，第二天即9月21日一早，慈禧召见光绪及王公大臣，勒令光绪颁发圣旨，请太后训政，并下旨逮捕康、梁。康有为跑得快，其弟康广仁没跑掉，惨遭抓获，梁启超则避入了日本公使馆。

杨崇伊当天即赶赴天津，向荣禄报告政变详情及太后复出训政之事。晚上吃饭的时候，荣禄邀请袁世凯前来作陪，前一天被荣禄以军务吃紧为由紧急召回的袁世凯，此时才知道慈禧已经抢先下了手。

就袁世凯的感受，这顿饭很有点像鸿门宴，好容易等饭吃完，赶紧向荣禄坦白了谭嗣同夜访法华寺所定"诛荣禄，劫慈禧"之计划，说着说着不禁失声痛哭，当即跪求荣禄做主。荣禄说"坦白从宽抗拒从严"，遂原谅了他。

9月22日，京津火车停开，杨崇伊乘坐专车，携带荣禄的密折返京。密折里荣禄详述了袁世凯的告密内容，并保袁可用。慈禧大惊，令光绪于24日下发上谕：张荫桓、徐致靖、杨深秀、杨锐、林旭、谭嗣同、刘光第，均着先行革职，交步军统领衙门拿解到部治罪。

谭嗣同事先得到了消息，本来可以跑掉，要救他的既有传说中的大刀王五等大侠，也有日本驻华使馆，却都被他谢绝了。他只是托人把自己的书信、文稿转交给了在日本使馆里避难的梁启超，并劝梁东渡日本，说辞是这样的："不有行者，无以图将来，不有死者，无以召后起。"对日本人，他则说："各国变法无不从流血而成，今日中国未闻有因变法而流血者，此国之所以不昌也。有之，请自嗣同始。"

随后谭嗣同就待在家里，伪造他父亲写给他的信，亲情之外，特意加了一些劝他不要和康有为他们混、要忠于慈禧太后一类的话，写完之后不久，抓捕者就来了。

在狱中，谭嗣同写下一首诗：望门投止思张俭，忍死须臾待杜根。我自横刀向天笑，去留肝胆两昆仑。

25日，慈禧电召荣禄进京，直隶总督北洋大臣暂由袁世凯署理。第二天光绪发布上谕：变法中所有被裁撤的衙门，通通恢复。

到28日，北京发生了两件大事：一是荣禄被派为军机大臣，由裕禄接任直隶总督兼北洋大臣，袁世凯不再署理。另一件是，康广仁、杨深秀、杨锐、林旭、谭嗣同、刘光第，即戊戌六君子，被判斩立决，惨遭杀害。

被抓住的人里面，本来慈禧第一个要杀的是徐致靖，就是要袁世凯加钱的那位老大，斩立决名单上打头的就是他。还好李鸿章和他父亲是同科进士，关系不错，有心救下这个世侄，自己不方便出面，便请荣禄帮忙。荣禄非常给老中堂面子，赶紧找慈禧求情："徐致靖是个书呆子，根本不关心新政，只是混在里头唱昆曲、下围棋，当上礼部右侍郎后，三个月里皇帝连一次也没召见过他。"慈禧派人一查果然如此，总算给他改了个斩监候，也就是死缓。其实徐致靖哪里是书呆子？他是耳聋，平时既听不清旁人说话，自己说话更声大如雷，光绪懒得召见他，没想到竟救了他一命。

徐致靖被关到监狱里后，他时任湖南学政的长子徐仁铸曾上书朝廷，要求为父亲顶罪，代父坐牢。慈禧心想，人家花木兰代父从军那是英雄，你代父坐牢这唱的是哪一出？遂没搭理他。后来八国联军攻入北京，慈禧、光绪带着文武百官逃难西安，北京城里面一片混乱，监狱里的犯人能跑的全跑了，只有徐致靖坚决不出狱门，他认为自己是朝廷犯官，非政府有令才可以离去。多亏管监狱的刑部司官乔树楠是他的世侄，好心相告明天起监狱里不开饭了，再不走要活活饿死，老徐这才跟着来接他的儿子回了家。回家后他也不走，坚持待罪京师，直到朝廷恩准他离开动乱之处回籍养老，这才迁居杭州，改了个名字叫徐仅叟，意思是戊戌七君子变为六君子，自己是仅存的那个人。

袁世凯的直隶总督兼北洋大臣只署理了3天，但他并不失落，因为他本暂不具备担此高位的资历和品级，也就无所谓失去。还有就是，通过坦白交代，他进一步赢得了荣禄乃至慈禧的信任，以至于1899年1月，慈禧特意召见他，慰勉之外，更准许他在西苑内骑马，这是一项不小的荣誉，当然你也可以说是虚荣。慈禧擅长虚虚实实，除了虚荣，还赏了袁世凯4000两银子，不知道算不算是对他买官的钱所做的报销，反正袁世凯对所有这些都感激不已。

这年2月，荣禄以军机大臣管理兵部事务兼练兵大臣的身份，再次来到小站，视察袁世凯的新建陆军。

新建陆军经3年编练，如今已经非常成熟，无论训练质量、操演阵形还是精神面貌，都让荣禄大为赞赏。尤其有一次过海河的时候，河面不宽但已结冰，看起来怎么过都不容易，王士珍命令手下取特制帆布做成浮桥，搭在冰上，步兵、骑兵、炮兵一次通过，如履平川。见荣禄高兴，袁世凯吩咐为中堂大人来点表演，王士珍立即带人把浮桥收起来，稍加整理竟变成了小船，不仅可供渡河，而且折叠起来体积不大，很好携带。

荣禄是真服了，视察完毕后约袁世凯闭门谈话，说他已经得到慈禧的授权，以北洋的班底，打造一支新军。现在呢，荣中堂认为，这支新军应该以新建陆军为蓝本，所以责令袁世凯就北洋新军的编练提出具体的计划。

这事袁世凯擅长，只用了3天时间就编写完成新军军制和组织，一切仿效新建陆军，共为5军，每一军共辖8营：计步兵5营，炮兵1营，骑兵1营，工兵1营，另附1个学兵营。每营设1个统带，统带率4个领官，每个领官领1队，每队250人，每营总计1000人。规定每营兵士必须足额，饷粮按人发给，足食足兵。

荣禄大体采纳了袁世凯的提议，将北洋诸军改编为武卫军：改聂士成武毅军为"武卫前军"，驻芦台（今天津宁河）、大沽、北塘；董福祥甘军为"武卫后军"，驻蓟州（今天津蓟县）、通州；宋庆毅军为"武卫左军"，驻山海关内外；袁世凯新建陆军为"武卫右军"，驻天津小站；荣禄自己则另募勇丁并抽调八旗兵组成"武卫中军"，驻北京南苑。

宋庆、聂士成、董福祥都是淮军宿将，能够和他们平起平坐，袁世凯很是开心，更开心的是，在武卫军最终编练完成正式成军的当年6月，朝廷实授他为工部右侍郎，二品官终于落袋为安，前面好一片阳光灿烂。

袁世凯继续练兵，张之洞则因为前一段表现积极，一度和维新党走得过近，现在见形势已非，赶紧写了一篇《劝学篇》，其中的警句是"中学为体西学为用"，以表明自己一贯拥护朝廷、坚持祖制的立场，总算邀得了慈禧的谅解。

而此时朝廷上却在酝酿着一场风暴。维新变法以失败告终，维新派人士死的死逃的逃，就连光绪皇帝都被软禁在瀛台形似囚徒。可即使这样，重新得势的守旧派仍不满足，他们不仅大肆抓捕康梁余党，更试图否定自洋务运动以来的一切成果，极端者甚至开始打"换皇帝"的算盘，因为在他们看来，光绪是变法运动的罪魁祸首，不换不足以平民愤。

最热衷的一个人是御前大臣、端王载漪，此人是道光皇帝第五子惇亲王奕誴的次子。据说他出生的时候，大概是奶奶去世尚不足27个月，惇王夫妇按规矩正该丁忧守制，却不小心搞出来一个儿子，这不是小事，按大清宗人府定的制度，小孩的名字中必须带一个犬字旁以示羞辱，所以得名载漪。

1860年载漪4岁时过继给了瑞郡王奕志为子，袭贝勒爵位，1889年加郡王衔。1893年成为御前大臣，来年晋封瑞郡王。可能是文字跟他有仇，圣旨中出现了笔误，将"瑞"误作"端"——总不能说皇帝写错字了吧？那是通假字！于是载漪就成了端郡王。

端王一系应该算是疏宗，按说不太容易大富大贵，问题是干得好不如娶得好，端王他老人家娶的是慈禧的弟弟、承恩公桂祥的三女儿，他就是想不大富大贵，组织上恐怕也不会答应。

饱暖尚且要思淫欲，富贵了自然更会多出一些精神上的追求。端王的追求很大，本想当回皇帝玩玩，只是有慈禧在他不敢乱来，只好退而求其次，希望由儿子来当。真是可怜天下父母心啊！

载漪的儿子叫溥儁（音同"俊"），生于1885年，基本上可以算是弱智，如果真当上皇帝，多半可以和千古一帝晋惠帝司马衷媲美，说出"何不食肉糜"一类的惊世名言来。可载漪不这么想。俗话说老婆是别人的好儿子是自己的好，他是真一点没觉得溥儁傻，倒是越来越觉得自己这个宝贝儿子，不当皇帝是太屈才了。

端王是出了名的敢想敢干，立马就动员了包括七大姑八大姨在内所有他能调动得了的力量，向慈禧进言：光绪已不配为人君，坐在那里都有碍观瞻，太后圣明，赶紧把他废了吧！

对慈禧来说，谁当皇帝其实都关系不大，但光绪搞变法想抓自己实在是让人寒心，慈禧就想把他换了也好，换个未成年人上来，自己垂帘听政更名正言顺，何乐而不为？但这事太大，得先跟荣禄商量一下，这就是慈禧厉害的地方。

荣禄并不认为皇帝有大错，应该换掉，同时他认为必须顾虑各国的态度。慈禧也怕招来外国干涉，但苦于掌权的守旧派跟洋人水火不相容，根本没有私下接触的渠道，她便让荣禄想办法。

跟外国人最熟的是李鸿章，荣禄跟他关系不错，便请他去帮着打听老外的态度。戊戌期间再度被罢官的李鸿章，终于又等来了东山再起的机会，自然不肯放过，当即慢条斯理地说，废立皇帝属于中国内政，岂有先征询外国人意见的道理？不如让我去哪儿当个总督，想来各国使节会给面子来道贺，到时我顺便探问一番，既不露痕迹也不失国体，仲华你看如何？之所以想当总督而不是进军机或总署，是因为李鸿章已经察觉到了风声鹤唳，想远离京城避开宫廷之争，明哲保身。

慈禧非常了解李鸿章同情皇帝及维新派的态度，但又不能不启用他，便索性让他去当两广总督。广东洋商最多，交涉繁杂，不懂洋务很难干好。更重要的是，广东开放早，人心思变，支持、同情维新者众多，而现任两广总督谭钟麟为官庸碌，老佛爷不放心，李鸿章能力足够，上任之后，一旦有事则不得不镇压，而一旦镇压，则必将自己置于维新派的对立面，重回慈禧的怀抱。

这样李鸿章就复起担任了两广总督，消息传出，各国使节果然纷纷前往贤良寺祝贺，提及换皇帝的传闻，大家表示这是中国内政，他们无权干涉，但是他们上任之初都是向光绪递的国书，如另立新君是否继续承认需要请示本国政府，这是间接表示不赞成的意思。

荣禄得到反馈，对洋人的态度感到非常欣慰。但是另一方面，光绪因身体虚弱，至今无子。所谓不孝有三无后为大，现在后倒是有，但那是皇后，却没有子嗣，对于一个皇帝来说，这是不合格的。所以荣禄认为不如给他立个嗣子，以备万一光绪驾崩，好有个人继位，同时对慈禧这也算个很好的交代。

慈禧比猴还精，很快和荣禄达成了一致：废立不可取，那就先立个大阿哥（即皇储、太子），进可攻退可守，可使自己立于不败之地，结果选中了溥儁当大阿哥，算光绪的儿子，同时兼祧同治皇帝。真是老天爱笨小孩啊！这个结果，跟端王的不懈努力有关，更重要的，则是溥儁这小子，兼具爱新觉罗和叶赫那拉的血统，根正苗红白璧无瑕。

李鸿章上任之后一周，1900年1月24日，溥儁被立为大阿哥，史称"己亥建储"。消息一出，举国沸腾，反对之声四起。在上海，李鸿章系统的候补知府经元善联络南方名流士绅蔡元培、黄炎培等1231人上书反对；在广东，康有为、梁启超的势力更加紧了活动，预备武装勤王……

慈禧闻讯大怒，一面通缉经元善并抄了他的家，一面勒令抓捕康、梁，却苦于师徒俩在海外，抓不到。慈禧无奈，但一口气总要有个发泄处，便干脆命令李鸿章去把这两人的祖坟给挖了。李鸿章年届八十，自己都是快死的人了，如何肯干如此缺德的事？遂一拖再拖，但架不住慈禧一再催逼，最后还是干了。只是干之前，他暗中与康、梁互通信件，取得了对方的谅解。

不管怎么说，儿子当上大阿哥是件喜事，可惜端王并不满足于此，那怎么办呢？唯有继续努力。功夫不负有心人，渐渐地废立的言论甚嚣尘上。到了1900年1月31日，正月初一，慈禧索性派大阿哥到大高殿、奉先殿代皇帝行礼，废立的味道很浓了。

这下子，就连手握重权的各地督抚们都开始公开反对，其中态度最激烈的当属两江总督刘坤一。这是个敢于抗上的人物，还在光绪得到慈禧首肯搞变法的时候，即上奏反对康有为的举措，惹得光绪很不高兴；而此时，刘坤一上书慈禧，明确表示：皇帝变法本没有错，我当初反对的是康有为他们激进的冒险，并说："若有废立之事，则两江士民，必起义愤！"颇有威胁的意味。奏折中一句"君臣之分已定，中外之口难防"，更是传播甚广。

不只外省督抚，就是在朝中，荣禄也在极力调和慈禧、光绪的关系，以图维护光绪的地位。奈何此时端王、刚毅及溥儁的老师徐桐等已占据上风，说服慈禧放出了"皇帝病危，快不行了"的风声。

光绪身体不好本不是秘密，所以慈禧认为这一招极妙，可以为日后的突发事件预先堵住万人之口。岂料各国公使根本不相信"病危说"，立即向总理各国事务衙门提出照会，要求推荐医生给皇帝看病，慈禧扛不住压力，只好同意了，结果法国医生进宫一检查，结论是皇帝陛下体质虚弱是有的，但身体没病，健康得很。老外们支持光绪、反对废立的立场益发坚定，慈禧终于急了，决定放义和团出来，给洋人们点颜色看看。

义和团刀枪不入

义和团的前身是大刀会，其代表作是引发曹州教案的巨野事件。再往前，据说可以追溯到白莲教，那就远了，在此不细说。

曹州教案发生后，胶东半岛成了德国的势力范围，教民矛盾有增无减，民间出现了梅花拳这样的组织，后来又改名义和拳，高举"反清灭洋"的旗帜，后经高人指点，改为了"扶清灭洋"。

李秉衡被革职后，张汝梅继任山东巡抚，此时胶州湾刚刚丢掉。上任不久，1897年12月6日，张巡抚收到了袁世凯从天津发来的电报："胶州湾地处要冲，自古都是兵家必争之地。倘若德军沿着北边的莱州太平湾登陆，占领平度县，则芝罘、莱州都将被隔离。"袁世凯的建议是，在莱州、平度、高邑、潍县一线加强防守，以防不测。

张巡抚新官上任，哪儿有工夫搭理八竿子打不着的袁世凯？袁世凯并不气馁，在德国与英国先后强行租借胶州湾和威海卫以后，他又给张汝梅拍了封电报说："山东是南方通往京城的战略要冲，您应该好好练兵，大意不得。烟台是通商口岸，附近有德国驻军，我们没必要在此屯兵以免分散兵力，倒不妨在青州、潍县一带，集中优势兵力，则进可捍卫威海卫、胶州湾，退可保卫省城济南，一旦京城危急，还可北上勤王！"话说得不太客气，张巡抚心说你袁慰庭算个什么东西，居然也敢对我开口教训？自然更加不会理睬。

和前任李巡抚一样，张巡抚对义和拳一类的民间仇外力量多有同情，并于1898年6月上奏朝廷，称义和团本属乡团，建议"改拳勇为民团"，开创性地提出了"义和团"这个概念。

1899年4月，张汝梅下课，毓贤继任。毓贤是从山东地方官干起来的，当初曹州教案发生时，他就是曹州知府，以酷吏著称，对地方上的风土民情等很是熟悉，很清楚义和拳里是有土匪流氓，但大多还是普通农民，所以上任以后，提出"民可用、团应抚、匪必剿"的口号，主张剿抚并施，以抚为主。

剿的方面，毓贤颇有建树。比如当年10月，义和拳大首领朱红灯、心诚和尚及李长平等发动起义，先打败了平原县知县蒋楷，接着又打败了候补知府、统带袁世敦。袁世敦是袁世凯的二哥，吃了败仗反而报捷邀功，毓贤一怒之下奏请将他革职了事，再派清军游击马金叙带兵进剿，最终活捉了朱红灯、心诚和尚等人。

之所以要以抚为主，是因为毓大人后来了解到了京中大佬们的态度，因此抚的方面，毓大人做得更加起劲，正式将"义和拳"改为"义和团"，说起来貌似团练组织。而团练组织，那可是大清朝认可的合法武装力量。有了这重身份，义和团一下子就在山东全境燎原开来，甚至打起了"毓"字大旗，山东彻底乱了。

如前所说，义和团产生的原因，首先在于广大农民的孤苦无依，这是基础。还有一个至关重要的因素，则是外国传教士的进入，双方在文化、思想、习俗等诸多方面都有所冲突，搞得很不愉快，不过这些冲突基本都属于形而上的，本来不至于酿成大祸。但即使只是风俗、传统方面的对立，也经常会发展到告官，而一旦告官，官僚们怕得罪洋人，往往不惜让同胞受气以大事化小小事化无，农民无权无势，他们敢和洋人抗争却不敢对官爷说不，也就只能受这个气。

马上就有人看出门道来了：原来官爷怕洋大人！而洋大人正在不辞辛苦地发展教民，咱们入了他的教不就等于有了靠山了吗？于是教民就多了起来，有的是为了自保，有的就开始仗势欺人。抗战时的汉奸、二鬼子欺负起中国人来比鬼子还要凶狠，大清朝那会儿也一样，搞得农民和传教士、教民之间，渐渐地就势如水火。

于是就有了义和拳。现在义和拳变身义和团，大家干得更是来劲，烧教堂、毁铁路、杀洋鬼子二毛子（即假洋鬼子、教民），完全不亦乐乎，尤其在打击二毛子方面最是激情澎湃。义和团号称呼风唤雨刀枪不入无所不能，一眼就能看出谁是好人谁是坏人——凡是他们看不顺眼的或者家里有钱的，都成了二毛子，烧杀抢掠了事。

最极端的案例是，有一户人家因为家里被搜出一根火柴（所谓洋火），结果一家八口全被杀死，因为义和团最恨洋玩意，凡使用洋货如洋火、洋纸、洋烟、洋伞等等者，皆可杀之。

各国对此极为不满，外交交涉接连不断，德国更是以青岛为基地，不断派兵到日照、沂州等地侵扰，借口无非是你自己管不了乱民，我来帮你管。问题是沂州是南北交通的枢纽，此地若失，整个中原都将陷入险境。两江总督刘坤一识得厉害，接连给荣禄写了两封信，说明事态的严重性，建议从武卫军中抽调一军前往沂州，与他手下驻扎在徐州一带的部队互为犄角，拱卫山东。刘总督甚至表示，不惜和德国人决一死战，夺回青岛，但荣中堂应该尽快派一支队伍来。与此同时，袁世凯也接连给荣禄及直隶总督王文韶写信，表达了自己的忧虑，希望朝廷能有所作为。

朝廷也并非毫无作为，之前就有上谕要求毓贤加强防务布置，并命令登州镇总兵夏辛酉密切监视德军，"明为保护，暗为防范"、"相机因应，固不可过于激烈，亦不可稍涉畏葸"。刘坤一的接连催促，让荣禄下了更大的决心。1899年5月1日，以"弹压匪类，保护教民"的名义，荣禄命令袁世凯的武卫右军和聂士成的武卫左军，前往山东境内演习。

袁世凯早有准备，之前即已派王士珍带人跑了一趟山东，用将近一个月的时间，将山东沿海各要隘、军营情况全部勘察清楚，连驻兵计划也作了周密安排。接到命令，袁世凯胸有成竹，留下徐世昌驻守小站，亲自点齐8个营，做足必要的准备之后，武卫右军于5月5日分批出发。还在行军路上，他便给徐世昌连写了两封信，说自己"此行怦怦，颇有战兴，未知能如愿否"，兴奋之情溢于言表，继而表示"德人必有诡谋，岂聩聩者所能见及，姑俟至德州查看情形，再商办法"。其中"聩聩者"，指的当是毓贤。13日抵达德州之后，16日那天，他再给徐世昌写了一封信，说是得到可靠情报，青岛那边德军只有不到2000人，老子很想和他们干一仗！

朝廷及荣禄的目的在于示威而不是打仗，所以这仗不是谁想打就能打得起来的，袁世凯感到很窝囊，但他很清楚朝廷对老外的惧怕，无可奈何之下，干脆给慈禧上书，名为《时局艰危亟宜讲求练兵折》，直言"条约不可行，公法不可诘，情理不可喻"，原因只在于大清朝军力太弱太落后，落后就要挨打！所以，还是要练兵。但是练兵必须得其法，否则不如不练，因此，应该从"兵法"、"操法"、"军规"、"器械"等方面，仿照各国军制，"立定划一章程，请旨颁发各军一体遵照"。这对于编制混乱、操法各异、武器不一、章程不清的清军来说，确是一剂良药。

写完奏折还得对付毓贤。毓巡抚对袁世凯早已深具戒心，小心提防，处处作梗之外，甚至派人悄悄访查武卫右军有无违法违纪行为。老袁知道以后简直是怒发冲冠，在他眼里，毓贤不过是个昏聩老朽，居然也敢跟自己玩阴的？遂马上派人秘密调查这厮，把他的各种罪状整理清楚，直接就向荣禄告状，指责毓贤"甚无用，偏而且乱"，"又甚恶洋操"，武卫右军因此"久处不便"——袁世凯此时已经想清楚了，要成就大事业，光有兵不够，还得有自己的地盘。而平定山东乱局，必须依靠强大的武力，当地的兵勇肯定不行，那么只要能把毓贤赶走，就不愁山东不姓袁。

就在袁世凯和毓贤互相攻击的时候，1899年7月初，朝廷下令了，说军演结束，袁世凯和聂士成两军立即各回原驻地。

回到小站，袁世凯立即向朝廷上了一道奏折，名曰《强敌构衅侵权亟宜防范折》："德人窥伺山东，蓄志已久，分布教士，散处各邑，名为传教，实勘形势。而构衅之由，亦即阴伏于此"；"且东省居海北要冲，海程陆路悉由于此……利害所关，殊非浅鲜。现筹防之策，似莫若先自经理，不资以可藉之口，不予以可乘之隙"。

袁世凯不是艺术家，他不仅提出问题，还给出了切实的解决方案，方案共分四条。

其一，"慎选牧令"，让"谙练约章明达时务者"充任山东地方官。就是说要必须严格甄选山东地方官员，不要让毓贤之流的"聩聩者"在此为官，祸害一方。

其二，"讲求约章"，把各国的条约、公法和办理内地华夷的案例，装订成书，发给官员，"奉为准则"。要求山东官员尊重并遵守朝廷与列强签订的条约，不要惹是生非。这是毓贤的毛病，袁世凯不动声色地给他扎了一针。

其三，"分驻巡兵"，为了不给德国扩大侵略留下口实，在"胶州各邑及勘察铁路经过各处"，"分驻巡兵"。这是要加强防务，防备义和团搞破坏，并做好打仗的准备。

其四，"遴员驻胶"，选择熟悉洋务的官员进驻胶州，宣示主权，明确德国人须持护照才能进入山东。

这个奏折，阴损毓贤之外，更有毛遂自荐之意，因为说得头头是道，慈禧很是喜欢，下令抄送给毓贤，责令他"查明办理"。谁知毓贤并未理会其中深意，反而因为端王、刚毅的倾心支持以及清流派的鼓噪，一味仇外，对义和团采取了更加纵容的态度，甚至煽动他们闹事，一时间义和团发展迅猛，整个山东更加混乱不堪，搞得老外的态度愈加激烈，以至于到了11月2日，就连欧洲小国意大利都派出军舰跑到烟台海面宣示武力，想趁机浑水摸鱼，其他国家更不用说。总之，局势已经到了非常危险的地步。

刘坤一是真急了，马上给新任北洋大臣裕禄写了一封信，建议于武卫军袁世凯、董福祥、聂士成、宋庆中间"拨一军赴沂，方为力势雄厚，可支劲敌"，望裕禄与荣禄"熟筹之"。

11月10日朝廷颁布谕令，命袁世凯"抽调武卫右军一部进驻沂州，就近防范外敌"。袁世凯立即命令左翼翼长姜桂题率领步军2营、骑兵2队、炮兵1队共3500人分别于11月30日和12月1日，从小站出发开赴沂州。

这次不再是演习，有可能真要和德国人打仗，不管怎样，反正武卫右军名正言顺地进入了山东境内。命运女神似乎已经开始向自己微笑，想到这里，袁世凯颇感得意。

到这个地步，毓贤依然执迷不悟，继续纵容义和团，搞得各国公使忍无可忍，频频向清政府施压。1899年12月5日，美国公使康格干脆直接向总理各国事务衙门提出，要求朝廷撤换毓贤，换个能人去当巡抚，以平息山东无处不在的民教纠纷。康格知道大清朝的军队无能，还提出了具体的方案，说假如现有武力不足的话，不妨把天津的精兵调去协助。

天津的精兵尽在袁世凯掌握之中，所以康格的话等于是明目张胆的推荐。其实也不只是康格这么想，他的意见，在各国公使中很有代表性，因为他们认为，袁世凯掌握着大清朝最精锐的军队，足以震慑山东的义和团；而且，袁世凯是一个能力突出、倾向洋务的开明派。

我们不妨看看英国公使窦纳乐写给本国外交大臣的信，说得相当透彻："关于今后山东北部的局势，我认为，最有希望的前景是由袁世凯出任巡抚。这位官员曾担任多年的中国驻朝鲜大臣的职务……同时，他性格果断，在必要的时候不惮于使用武力。所以，人们可以期望，在他所管辖下，可以迅速地平定叛乱。"

美国公使的提议和荣禄乃至慈禧的想法不谋而合，于是清政府展现出了比为慈禧修颐和园还要高的效率，第二天（1899年12月6日）即召毓贤进京陛见，而任命袁世凯署理山东巡抚。此时的袁世凯刚刚40岁，40岁就坐上了巡抚高位，不得不说是个异数。

任命下达之后，康格立即给美国国务卿海约翰写了一封信，兴奋地说："我很高兴地向您报告，昨日武卫军袁世凯将军受命出任代理山东巡抚。他是个能干、勇敢的人，与外国人交际甚广。相信扰乱即可停止，秩序马上就能恢复，我们希望如此。"

庚子之乱，国破山河在

装傻戏团民

袁世凯是1899年12月26日到济南接任山东巡抚的。此时山东是全国最乱的省份，除去遍地拳会和民教冲突外，因德国修铁路、开矿而与沿线百姓的冲突也此起彼伏，局势完全处于失控的状态，袁世凯因此制定了"绥靖地方，消除乱源"的基本治理方针，应该说做起来并不容易。

在此之前，毓贤处死了朱红灯、心诚和尚等义和团首领，而当袁世凯抵达之时，济南正流传着一个说法，说是因为二哥袁世敦被革职，袁世凯发誓要诛灭义和团以泄私愤。这个说法被传得有鼻子有眼，使得老袁还没到任，就得了一个鬼子巡抚的绰号。

袁世凯倒也对得起大家的传言，到任第二天就颁布了《禁止义和拳匪告示》："本署抚部钦承恩命，建军以来，统率重兵，弹压镇抚……倘再目无法纪，恃众抗官，大军一临，玉石俱碎。""如敢拒捕，格杀勿论。"

接着再下《严禁拳匪暂行章程》，规定：

一曰正名以解众惑；

二曰宥过以安民心；

三曰诛首恶以绝根株；

四曰厚兵威以资震慑；

五曰明辨是非以息浮言；

六曰分别内外以免牵制。

就在这天，京中御史黄桂鋆上奏折为拳民辩护，并警告说袁世凯可能会因为袁世敦被革职一事而对义和拳进行报复；与此同时，山东籍京官纷纷上折表示了对袁世凯可能滥杀的忧虑。朝廷立即指示袁世凯要持平处理教案，不可轻易用兵。

其实袁世凯早已把一切看得清清楚楚，他认定山东的乱局根源在于山东地方官员。在他看来，教民冲突并不可怕，只要公正处理，法律自能震慑住所有人。问题是地方官员出于对洋人的恐惧，在冲突中处处为难民众，而一旦拳民不平则鸣愤而起事，官员们又出于对洋人的仇恨，暗中甚至公开支持、煽动拳民。自始至终，根本没法律什么事，何能不乱？

于是袁世凯再发公告，这次是针对全社会，强调教堂、传教士受条约保护，并告诫民众，在大清律例下，攻击教堂、传教士及教徒必定受到惩罚；教民也同样如此，不得恃教妄为，仗势欺人。同时警告地方官员，处理教案时，必须秉公执法，不得偏袒任何一方。

公告刚发出，考验袁世凯的事情就来了。

事情起于平安夜，那会儿袁世凯还在来济南的路上。当晚有许多教民欢聚在平阴县的白云峪教堂内，唱诗做弥撒，肃穆庄严。义和团对他们的活动规律已经很熟悉，凌晨时分对教堂发动了突然攻击。因为该教堂修得异常坚固，拳民们未能得逞，双方僵持在了那里。

消息传得很快，方圆几十里的拳民得知前方在攻打教堂，立即从四面八方赶来增援，结果到了12月30日，英国传教士卜克斯在逃往肥城的途中被打死，头被割下，死状极惨。

英国公使窦纳乐立即向总理各国事务衙门提出强烈抗议，要求大清政府必须采取有效手段保护在华英国传教士的生命、财产安全，并严惩山东暴力事件的凶手和

山东巡抚时期的袁世凯

相关责任人。山东地方当局组织的审判，英国驻上海副领事坎贝尔和教会代表必须出席旁听！

　　还未等清廷答复，窦纳乐即已派坎贝尔前往济南施压。此时袁世凯早已派人对平阴、肥城几个县进行搜查并抓获了五名领头的拳民，判处两人死刑，一人终身监禁，两人充军，四个当地地保被判鞭刑，知县撤职，真是雷厉风行。

　　另外，他赔付了白云峪教堂9000两银子，并在卜克斯遇害处立了一座纪念碑，以示哀悼。同时他还下令各州县派遣军队对所有教堂、传教士严密保护，又建议传教士集中居住，不要外出，以防不测；而一旦外出，当地官吏必须派兵保护。袁世凯的所作所为，可以说展现了最大的诚意，英国人对此很满意，也就没有再难为他。

　　义和团其实并不是一个组织严密的团体，事实上直到最后烟消云散，他们也从未形成统一的组织，只是打着一个统一的旗号各自为政而已。此时山东的义和团，在毓贤走后，就更呈一盘散沙之势，各有各的打算。

　　于是就有义和团想统战袁世凯。有个叫程文柄的提督，早已被义和团拉拢，对他们刀枪不入之类的装神弄鬼倾慕不已，这时便向袁世凯吹嘘义和团的神威，说只要能和他们合作，赶跑德国人英国人都不在话下。见巡抚大人不信，程文柄就说明天我请个大师兄来，大人可当面检验。所谓大师兄，是义和团里大一点的领导的尊称，到底是多大的领导这个无一定之规，可以很大也可以很小，大概相当于我们现在张总李总王总之类的级别吧！

　　第二天果真来了一个大师兄，大家来到校场站定，程文柄拔出手枪就是一枪，只见大师兄不躲不闪，纹丝不动，只傲慢微笑着。袁世凯叫一声好，说继续检验，周围程文柄早已布置好的士兵立即举枪射击，大师兄依然浑若无事，站在那里岿然不动。袁世凯赶紧走上前去，一顿夸奖，说定将禀报朝廷，予以重用。临走前双方约定，过几天巡抚大人将约齐手下的文官武将，大师兄则多带几个弟兄来，再表演一次，让大家都开开眼界。

　　过了几天大师兄他们真来了，袁世凯早有安排，手下先让大师兄们立下生死状，并请来同乡和地方官画押作证。袁世凯、胡景桂、徐世昌、王士珍、段祺瑞等坐在主席台上，还专门把姜桂题从沂州请了来观看，姜桂题一看这阵势，就说："前些天他们到我营里来装过，被我一排枪打死了20多个，老四你怎么还信这个？"袁世凯只微笑着回答："看看再说。"

　　表演开始，首先是程文柄带着一队士兵开枪，一排枪响过，对面站立的义和团众昂首挺胸，岿然不动。这时袁世凯站起身来，微笑着向义和团们走去，离得近了，突然掏出一支手枪，照着大师兄就是一枪，当时就给打趴下了。这是个信号，周围布置好的士兵立即开枪射击，十几个神棍登时挂掉。袁世凯善于做作，忙对着程文柄问道："大师兄在开玩笑吧？他们刀枪不入，没事的没事的。"搞得甲午战争中表现英勇的程提督羞愧不已。其他人顿时哈哈大笑，开心得个个都跟中了500万似的，唯有胡景桂郁郁寡和，笑得很不自然。

　　胡景桂就是当年受李鸿藻指使，参劾袁世凯"嗜杀擅权；克扣军饷，诛戮无辜；性情谬妄，扰害地方"的那个监察御史，毓贤主政时期，老胡就已经当上了山东按察使，主管全省司法，是山东地盘上的第三号人物，日子过得逍遥自在。可是自从袁世凯上任山东巡抚，告诫他不许再像当初那样纵容煽动义和团后，胡景桂就自在不起来了。袁世凯知道他的心事，正好今天趁着大家开心，把胡景桂拉到一边，好言劝说，表示自己不计前嫌，老胡你要放下包袱，好好干！老胡将信将疑，但他清楚袁世凯是干实事的人，不好好干肯定过不了关。反正现在一天到晚战战兢兢的，吃喝嫖赌都没心情，索性一心扑在工作上，还真干出了起色。

　　袁世凯见这人有点真本事，很是喜欢，他是真的不计前嫌，不仅任命胡兼任武卫右军先锋营务处总办，并在向朝廷写的秘密考评中，给了他颇佳的评语："该员诚朴亮直，能任劳怨。讲求刑名捕务，均能实事求是。"所有这些，把个胡景桂感动得老泪纵横，从此对老袁忠心耿耿死心塌地自不在话下。

　　统一好了全军上下的思想之后，袁世凯准备要大干一场了。

　　谁知就在这个时候，1900年1月11日，慈禧以光绪皇帝的名义发布谕旨，命令各省督抚严饬地方官，在办理教案时，必须实行区别对待的政策，"只问其为匪与否，肇衅与否，不论其会不会、教不教"，表明清政府采纳了主"抚"派的意见。袁世凯虽不情愿，却也不敢违抗，决定将朝廷的诏令原文下发，并且附了个通知，要求全省各州、县遵旨办理。

　　幕府中有个叫徐抚辰的文案，是个候补道员，知道此事后急了，极力劝阻，说绝不能这么办。袁世凯只能苦笑着把他劝走，文件照发。徐抚辰也不多说，留下一封信即不辞而别，信中在分析完义和团的荒谬以及断言朝廷的纵容必将导致战争之外，更断言一旦开战，朝廷必败，到时赔款、逼凶是少不了的，大人你要为自己留一条后路啊！袁世凯看完大吃一惊，一面下令火速追回下发的通知，一面派人将徐抚辰从半路请回来，从长计议。

1900年1月13日，袁世凯给朝廷上了个奏折，先分析了民教冲突的原因，既不在于民，也不在于教，归根结底在于官员"不能持平办案"，一味袒护洋人和教民，此风绝不可涨。而义和团在他看来，不过是一群土匪流氓，绝不可恃，其宣扬的"刀枪不入"、"神灵附体"通通狗屁不是，而所谓"扶清灭洋"，往最好的方面来说，也就是一个美好的愿望而已。所以他的态度非常鲜明，就是对义和团必须痛加剿办，绝不留情，并提出了标本兼治的解决方案。

所谓治标很简单，"在于绥靖地方而已。而绥靖地方，又在于清除匪类，化导愚氓。"清除匪类，无非就是抓和杀，老子手下几千精兵良将，就是干这个的！至于治本，"在于调和民教而已。而调和民教，又在于颁示条约章程，整顿吏治。"

在很长一段时间里，慈禧对义和团的态度一直摇摆不定，恰好这个奏折里的阐述很对慈禧当时的胃口，所以虽然不断有御史上书弹劾袁世凯"长于治军，而性情太刚，杀戮过重，似于办理教案不甚相宜"，老佛爷却不为所动，直夸"所奏颇中肯綮"。

得到慈禧的夸奖，袁世凯的干劲就更足了，而这个阶段的重点，他放在了整顿吏治上。为了掌握真实的情况，他常会派员到下面去密查人或事，通常是先派一个人下去，然后再派另一个人去查同一件事，两人都直接对袁世凯本人负责，互相之间并不知道还有另外一个人。如果两人所查结果不一致，他会再派两人分头去查，直到查得真相为止。当然，隐瞒说谎者，会受到处罚。

这种工作方式对官场的震动极大，渐渐地大家在玩欺上瞒下的游戏时多少懂得了收敛。而在清明吏治之外，袁世凯不忘加强舆论宣传和引导，为这个，他特意让徐世昌再给写首歌。徐世昌此时写歌已经颇有心得，信手挥毫，写就《劝谕百姓各安本分勿立邪会歌》，歌中唱道：

> 本院抚此土，敬愿广皇仁，嫉恶如所仇，好善如所亲，
> 但论曲与直，不分教与民，民教皆亦子，无不勤拊循。
> 尔皆同乡里，还须免忿争，忿争何所利，仇怨苦相寻，
> 传教载条约，保护有明文，彼此无偏倚，谕旨当敬遵……

出示已多次，昏迷应早醒，如再堕昏迷，法网尔自撄，

首领惧不保，家产将尽倾，父母老泪枯，兄弟哭失声，

作孽自己受，全家共艰辛，扪心清夜思，梦魂惊不惊。

从此早回头，还可出火坑，倘能获匪首，指解公庭，

并可领赏犒，趁此立功勋。

袁世凯对这首歌甚为满意，徐世昌则趁机表示自己想回京捐一个道员，指省分发山东，有慰庭老弟的关照，不难立马补个实缺。袁世凯沉吟片刻，很坦白地说："这个很容易，以咱俩的交情，山东的缺随大哥挑。不过这条路来得慢，你要想从道员熬到监司（即布政使、按察使，三品官，巡抚的主要助手），即使有我关照，也至少得好几年，若再想升侍郎或巡抚，那就更不知是猴年马月的事了。菊人兄，咱们都四十多岁的人了，玩不起这个论资排辈循序渐进的游戏，依我看，你不如销了这里的差，重回翰林院养足资格，外面有我你尽可放心。有朝一日等你脱颖而出，很可能就是一步登天。"一席话说得徐世昌感佩不已，挑了个黄道吉日，回北京接着当翰林去了。

义和团的克星

徐世昌走后，袁世凯开始大规模剿办义和团，为了防备德国军队异动，他把精锐的武卫右军留在了身边，随时准备打一场国际战争；征剿义和团的重任，则交给了山东地方军队。

在袁世凯的新建陆军崛起之前，李鸿章的淮军是大清朝第一劲旅，山东地方军队要等而下之一些，差不多只能欺负老实人，遇上洋兵不用说，肯定是跑，就是碰上敢于反抗的义和团，也照样没什么战斗力，袁世凯对此很不满意。

不过有让他满意的事，那就是1900年3月14日，朝廷给他升了官，署理巡抚变为正式巡抚。袁世凯只用了3个多月就转了正，算是非常际遇。

转正之后袁世凯干的第一件事就是搞了一次大阅操，并特邀德国胶澳总督托尔帕尔前来观操。武卫右军的操练，尤其是担任操练官的王士珍、段祺瑞、冯国璋给托总督留下了深刻的印象，禁不住夸赞道："真是三杰啊！""北洋三杰"的名

号，由此不胫而走。后来人们又根据三个人的性格及行事作风，给他们分别命名为"龙、虎、狗"，即王龙、段虎、冯狗。

操练之后，袁世凯在他特意从德国柏林请回来的荫昌的协助下，与德资山东铁路公司经理锡乐巴订立了一份正式的铁路章程，即《中德胶澳交涉章程暨德华矿务章程》，主要内容包括：确保中国在胶澳地区的治权；确定中国主权；双方同意中国派遣一位交涉官，德国指定一官员在青岛，共同会商办理各项事宜；事先询问中国官绅的意见；顾及人民的权益。平心而论，对比之前的《中德胶澳租界条约》，此章程确实为中国争回了不少权益。

该章程还同时规定："华商、德商会同办理的胶济铁路公司，由华人、德人共同集股；地方官员帮助公司办理购地、租房、招工事项；由山东巡抚派兵保护铁路；铁路公司不得妨碍居民利益。"

此章程的订定是3月21日的事，奉行的是袁世凯关于"教案和修路开矿等涉外事宜，一切按约章办事，没有约章的，马上谈判签订约章"之原则。

事实上此时胶济铁路已经动工半年，由于义和团运动，德国公司在勘测路基拆屋迁坟中遇到了不少麻烦，在高密等地发生了多起流血事件，被迫停工数月。在袁世凯的邀请之下，托总督委派锡乐巴到济南谈判。袁世凯之所以主动发起谈判，是因为他认为高密动乱很可能再度引发德军入侵山东内地，必须尽早结束。

袁世凯希望为山东带来变革，在他看来，铁路毫无疑问是变革的基础，这样谈判双方很容易就取得了共识，此后胶济铁路的修建就顺利起来了。但是当德国总督要求中方同意德军进入中立区时，袁世凯没有同意，理由是中德之间并未正式确立中立区。这个理由站得住脚，德国人也就放弃了其无理要求。

这时候消息传来，在端王和刚毅的运作下，毓贤在赋闲三个月后咸鱼翻身，接替邓华熙为山西巡抚。当时的山西是华北最富庶的省份，山西巡抚地位犹在山东巡抚之上，毓贤等于是高升了。毫无疑问，这是朝廷姑息纵容义和团的一个风向标。

袁世凯不管那些，只管着手整编地方军队，把山东巡抚衙门所辖的34营兵勇汰弱留强，整编成20营，共9000人，换番号为"武卫右军先锋队"，不仅给他们更新了军械装备，更从武卫右军中派出大批军官，由冯国璋主持操练，一时间军容大整。剩下14个营6000人的老弱病残，暂时没工夫强化，袁世凯索性将他们编成治安部队，由张勋统一负责，部署到全省各地，边训练边执行任务。

此时义和团已经对袁世凯恨之入骨，奈何法术不灵伤不到他一根毫毛。大师兄们灵机一动计上心来，某一天夜里派人跑到巡抚衙门外，在外墙上画了个头戴红顶花翎的大乌龟，趴在洋人的屁股后头，旁边大书一句："杀了袁鼋蛋，我们好吃饭。"这还真把袁世凯吓了一跳。原来他刚刚把生母刘老夫人、妻子于夫人及二儿子袁克文接来。本来上任之初，袁世凯只带了长子袁克定来济南，主要是为了培养和历练，但公务之余，他一点没放松对最疼爱的袁克文的关怀和督促，甚至亲自拟订了一份学习计划寄给在老家读书的老二，该计划极为详细：

> 早起：黎明即起，醒后勿贪恋衾裯；习字：早餐后习字五百，行楷各半；读经：刚日读经，一书未完，勿易他书；读史：柔日读史，日以十页为限，见有典故及佳句，随手分类摘出，以资引用；作文：以五十为作文期，以史论时务间命题，兼作诗词；静坐：每日须静坐一小时，于薄暮时行之，兼养目力；慎言：言多必败，慎言，即所以免祸；运动：早起临睡，须行柔软体操；省身：每日临睡时须自省，一日作事可有过失，有则勿惮改，无则加勉；写日记：逐日记载毋间断，将每日自早至夜，所见所闻所作之事，一一记出。

就这样还是不放心，后来干脆就把一家老小全接了来。对太太于夫人，两人早已失去了感情基础，不过袁世凯信奉糟糠之妻不下堂，对太太很礼貌，每天都要到她屋里去坐一会儿，夫妇俩见面比两国元首会谈还要来得客气，互相鞠躬、握手，聊两句闲天，然后道别。对刘老夫人和儿子们就更不用说，那是血浓于水的亲情。比如他每天都会跟老夫人请3次安，陪老夫人说话，听妈妈讲那过去的事情，场景很是温馨。因为此，义和团扬言要杀他全家，并且把字画都写到衙门口来了，那还了得？袁世凯倒不怕义和团真打上门来，他相信他们没这个本事，但是他很怕母亲太太他们知道了担惊受怕，遂赶紧严令亲兵卫队加强巡逻防守，并警告大家绝不可在府里走漏半点风声。

另一方面，看看准备工作已经就绪，袁世凯一声令下，武卫右军先锋队立即开赴山东各地，在张勋所部治安部队的配合下，全面剿杀义和团。给大家送行的时候，袁世凯特意叮嘱手下将领："凡是团匪，尽数杀掉。"

山东巡抚时期，袁世凯与母亲刘氏夫人

这些部队虽然只经过短暂的训练，战斗力较之前也已提高很多。义和团毕竟无作战经验，很快就被打得七零八落，光被杀者就高达4000多人。最开始每当活捉到义和团，手下都会请示是否押解到济南审理，袁世凯一律命令就地正法，毋庸送来。到后来，大家也就懒得再问，先杀了再说。

袁世凯的血腥杀戮，让远在北京的端王载漪、庄王载勋他们极为不满。6月的时候，战事已经接近尾声，两位王爷派了一个义和团的大师兄来找袁世凯，说端王命令立即停止剿杀，并要安抚义和团，允许设坛继续操练。

袁世凯立即召集僚属商议。大家一致认为：如果听端王的，义和团必将复兴；如果不听，则有抗命的嫌疑，端王现在势焰熏天，还是不得罪的好。左右为难之际，王士珍站起来说："我去跟他谈谈吧！"

王士珍出门后二话不说，即将大师兄以假冒王爷名义之罪叫人推出斩首，然后回来报告："来人是骗子，已经斩了！"

袁世凯大喜，当即命令前方宜将剩勇追穷寇，继续剿杀。结果有一天，炮队管带刘朝燕特从前线回来参见，请示说："齐东有一座大村庄，居民七百余户，拳匪盘踞已久。土寨坚固，而且有快枪，军队到时，匿居于民房；军队离开，则四处骚扰，怎么办才好呢？"

袁世凯回答："办大事，不可以有顾忌心理。假设再姑息容忍下去，哪还能有肃清的那一天呢？你马上带队前往，如果再抗拒，立即开炮轰击血洗，造孽归我一人承担！"

像这种玉石俱焚的打法，义和团哪里受得了？结果在死了上万人之后，拳民自感在山东存身不住，除了少部分回家务农之外，大部分都跑到义和团的另一大中心直隶（即河北）去了。

直隶此时是义和团的乐园，尤其在沧州、河间府、保定府各州县，几乎遍地都是拳民。由于这些地方离北京太近，京内主剿、主抚两派间争论的声调陡然提高，而慈禧的态度，依然摇摆不定。

这样到了5月12日，义和团在涞水县高洛村杀伤教民数十人，继而转战定兴县仓巨村，烧教民房屋十数家，直隶巡防营营务处总理张莲芬抵达涞水，一面促请直隶总督裕禄增兵前来，一面敦促涞水县令祝芾于高洛村抓捕了团民多人。16日那天，直隶练军分统杨福同率马队80余名由天津乘火车赶往涞水，会同张莲芬抓捕、杀死团民多人。同时天津镇总兵罗荣光派营官李瑞带步队400名开赴高碑店，直隶提督聂士成加派邢长春率马队2营赴保定一带防缉义和团。到了22日，涿州义和团汇聚涞水，一战下来，居然把杨福同给杀了。可见当时清军战斗力有限，而义和团并不弱。

裕禄得报大惊，马上找来布政使（俗称藩司）廷杰、按察使（俗称臬司）廷雍商议。这直隶三巨头中，裕禄没主意，而廷杰主剿，廷雍主抚，两个人争得不可开交。争了两天仍无结果，裕禄正不知所措之际，来了一道上谕："直隶藩司廷杰内调，以臬司廷雍兼署藩司。"主抚的升官，主剿的失意，这风向很明白了。裕禄心想，朝廷既然要重用义和团，那么自己再不识时务，岂非有装13的嫌疑？于是这个曾经和袁世凯约定南北夹击义和团的裕制军，一面吩咐前方安抚义和团，千万莫动刀兵，一面把天津两个最大的大师兄张德成和曹福田，请来了总督衙门，并在静海县独流镇设起"天下第一坛"，甚至还拨了20万两银子公款以资赞助，一时间市面上聚集徒众3万多人，不少流氓混混也加入进来，烧教堂、杀教民，混乱不堪，甚至连穿学校制服的学生也被杀了不少。最令人吃惊的是，直隶总督衙门竟然成了天津义和团的总部所在地。

朝廷对涞水一案的处置印证了裕禄的判断，身为二品武将的杨福同死于义和团之手，非但没有恤典，反而落了个革职的处分，因为军机大臣刚毅说他"不该先伤义士"。

刚毅是旗人，生于1837年，笔帖式出身，循资历升到刑部郎中之时，遇见了一个大案——杨乃武与小白菜案。

这起案子发生在浙江余杭县，杨乃武是县里的一名秀才，风流倜傥。他热衷于替人诉讼赚钱，合法不合法的手段样样精通，基本算个讼棍，且根本不把官府放在眼里，因而得罪了县令刘锡彤。

小白菜本名毕秀姑，美丽而水灵，因生活所迫，嫁了个豆腐坊的伙计葛小大。葛小大长得不太端正，且身材相当矮小，收入极其有限，这样一个人，家里却有个如花似玉的老婆，免不了会出事。

最开始的一切简直就是《水浒》里西门庆和潘金莲故事的现实版，杨乃武费尽心机勾搭上了小白菜。后面的发展有所不同，葛小大中毒死了，虽然有无数证据证明不是杨乃武干的，但刘县令认为杨是凶手，他就成了凶手。于是杨乃武刚刚考中举人，就被抓了起来，残酷的刑讯逼供之下，他和小白菜分别招认了谋杀葛小大一事。案子办成了铁案，刘县令很满意。

眼看杨乃武和小白菜要被杀头，两家亲人不干了，赶紧上访，喊冤喊到杭州府，知府陈鲁和刘县令是好朋友，一阵酷刑下来，本想翻供的杨乃武和小白菜又全部招了，而且招得相当仔细、生动。

杨家人没有放弃努力，向上到浙江省臬司、藩司、抚台衙门告状。当时的浙江巡抚杨昌浚，原是左宗棠的手下大将，他要维护手下的官员，而刘县令早已打点好了他的左右，于是杨巡抚就以"无冤无滥"审结，按照杭州府原拟罪名判定，这下杨乃武他们俩死定了。

好在杨家人仍未放弃，他们选择了进京上访，可惜都察院不予过问，直接把他们押解回浙江，仍交给巡抚杨昌浚审理，结果可想而知。

但面对如此千古奇冤，整个浙江轰动了，杨家人再度进京告御状，这一次他们运气不错，不仅得到了素有"财神"之称的胡雪岩的财力支持，胡还托了翰林院编修夏同善设法帮助。

夏同善是浙江人，非常热心，他联络了浙江籍京官30余人，并得到了时任刑部侍郎翁同龢的援助，终于引起了朝廷的关注。朝廷派出礼部侍郎胡瑞澜为钦差，到浙江勘查此案，奈何杨巡抚组织人再次审讯，酷刑之下杨乃武与小白菜再次屈打成招，杨巡抚们笑了。

然而此时该案已经沸反盈天，翁同龢为此找到了恭亲王奕䜣。但余杭刘县令和大学士宝鋆是同榜进士，有同门之谊，而宝鋆是奕䜣最亲密的朋友，所以虽然翁同龢"长此以往，督抚必将更加坐大，而朝廷威信将荡然无存"的说法令奕䜣悚然心惊，此事却仍不了了之。

多亏翁同龢不曾放弃，他和袁世凯的叔叔、刑部侍郎袁保恒一道，把事情捅到了慈禧太后那里。慈禧对于太平天国之后，中央权威日趋衰弱，而地方督抚愈加肆意妄为本已多有不满，一再权衡之下，终于下了懿旨："叫刑部彻底根究。"

刑部接管了此案，具体负责审理的是3名司官，分别是翁同龢的侄子、林则徐的孙子，还有一个就是刚毅。这其中，最出风头的正是刚毅。

本次主审官是刑部尚书桑春荣，他得到了恭王和宝鋆的暗示，本想卖交情，不料刚毅表现得极其刚毅，认为自己站在道理上，只管秉公办案，根本不买自己顶头上司的面子，最终把案子查了个水落石出。

杨乃武与小白菜自然无罪释放，那会儿没有国家赔偿一说，两人除了感谢皇恩浩荡，其它也说不了什么。至于对贪官污吏的惩治，慈禧下了重手，结果是浙江官场有几十名官员丢官，其中刘县令被充军到黑龙江，杨巡抚被革了职。这个结果，算得上差强人意，毫无疑问这里面刚毅居功至伟，他也因此受到了奖励。此后刚毅的仕途很顺利，先外放道台，再江西臬司，再广东、云南藩司，到1885年升到了署理山西巡抚，第二年调任江苏巡抚，正式成为朝廷的方面大员。

刚毅勇于任事，在江苏干得不错，民间口碑很好，不过他得以高升军机大臣，很大程度上还是因为走了李莲英的门路，为此当然很花了些钱。

刚毅在军机处资格不算老，但他是旗人，又素有"能员"之称，且跟端王、徐桐等人立场一致，因此说话很有分量。

此时荣禄正因病请假在家休养，军机处剩五个大臣，领衔的礼王世铎是老好人，启秀和刚毅一样属于保守派，赵舒翘是刚毅推荐进的军机，而王文韶虽有不同意见，却属于多一事不如少一事的明哲保身者，所以既然刚毅定性为"先伤义士"，那么杨福同也就只能白死了。

这下子，涿州义和团声威大震，人数也越聚越多。到了5月26日，高碑店的团民打算坐火车去涿州会师，在买票时发生了不愉快，火车站卖给他们的是站票，价钱却和座位票一样，大家很不高兴，一怒之下就把铁路拆毁、电线杆通通拔掉。第二天涿州义和团如法炮制，把涿州至琉璃河的铁路、电线全给毁了，这样，保定到北京的火车和电报全部中断。再下一天，琉璃河到长辛店沿线几十里的铁路、车站、桥梁，被悉数破坏，甚至连紧挨京城的长辛店、丰台车站，也被一把火烧光，形势越发微妙起来。

荣禄急了，顾不上养病，急忙销假进宫面见慈禧，先劝得慈禧同意英、俄两国将驻扎在天津大沽口战船上的水手及海军陆战队官兵共337名紧急调往北京，以保护使馆区；再劝慈禧下令解散义和团，以免战乱发生。因为现在，他们在涿州那边已经闹得不成样子了。

对此建议，慈禧并不热衷，而刚毅坚决不同意，反而要求调义和团进京制约洋人。此时刚毅势力已经非同一般，除了军机处的班底，他和端王载漪更是打得火热。

端王那边核心人物共有4人，个个都不是省油的灯，其中载濂是他亲哥哥，贵为惇郡王，载澜则是他亲弟弟，受封辅国公，还有一个是庄亲王载勋。最令端王得意的是，荣禄手下的大将、武卫后军统领董福祥，也已被他拉拢过来。所以刚毅的底气不是一般的足。

见双方争执不下，慈禧又有点拿不定主意了，就想索性派个人去涿州看看义和团到底是如端王、刚毅所说的义民，还是像荣禄认定的匪徒，然后再作道理。于是当场定下了军机大臣赵舒翘及顺天府尹（约相当于北京市长，但管辖范围还包括河北一部分）何乃莹前往勘察。

一行人赶到涿州的前一天，聂士成因为接到荣禄"保护铁路，如有破坏格杀勿论"的命令，所以在卢沟桥发现有义和团要拆毁铁路，劝也劝不听，赶也赶不走，遂下令开火，一场激战下来，打死义和团488人。

赵舒翘本来就对义和团的装神弄鬼很不以为然，抵达涿州一看，确实乱得不像话，就想要奏请调兵剿灭，不想就在这时，刚毅从北京赶了过来，同时还来了一道邸抄，也就是上谕的官方抄件，责备聂士成不该擅自攻打义和团，"倘或因此激出变故，唯该提督是问"。赵舒翘顿时傻了眼，而刚毅对义和团赞赏有加，何乃莹官最小，更没话说，这样三个人商量下来，就给慈禧上了一道这样的考察报告："拳民忠贞，神术可用！"

慈禧一看大喜，她老人家为洋人干涉她立大阿哥、换皇帝一事憋了一肚子气，只为害怕打不过，才不得不一忍再忍，现在看来，既然高举"扶清灭洋"大旗的义和团既忠贞又有神术，那么当然就该放他们出来，好好给洋人点颜色看看！

义和团大闹北京城

有了老佛爷的暗中支持，滦州、通州、静海县城等地立即被义和团所占据，而直隶省城保定，更在5月底便满是拳民，局面早已失控。

义和团终于来京了，浩浩荡荡有十万之众分驻城外，京畿附近传教士、教民甚至铁路工程师被杀了不少。6月9日，慈禧调董福祥的武卫后军进驻天坛和先农坛附近，目的是维持秩序，监视外面的义和团，没想到董福祥跟大师兄们关系极好，他有个亲信谋士就是个大师兄，结果军中居然有不少士兵干起兼职，加入了义和团。

如此局面下，各国公使紧急集会，决定从天津调更多的兵来护卫使馆。6月10日，英国海军中将、东亚舰队司令西摩尔统率着英、俄、德、法、美、日、意、奥八国军队组成的2000余人的联军，从天津乘火车向北京进发。

就在这天，大清朝第一仇外的端王载漪，被任命为总理各国事务衙门大臣，该任命效果立竿见影，不过刚到第二天，就出了一件大事。

这一天，日本公使馆书记生杉山彬奉命赶往永定门，去看联军到了没有，结果被董福祥的甘军（即武卫后军）士兵所杀，并被开腹剖心。

荣禄知道绝不可能指望载漪之流解决此事，闻讯后立即赶往日本使馆致歉并代表慈禧太后向杉山彬的家人致哀，日本使馆的态度很克制，小村寿太郎公使只是要求归还尸首。尸首还得很不顺利，因为端王根本就不想还。这事干得连庆王奕劻都看不下去了，联络了荣禄，两人费尽周折，才算在当晚义和团开入内城的时候，把尸体交还给了日方。

对于日本外交官被杀一事，慈禧也觉得理亏，第二天把董福祥召进宫中一阵痛骂，并打算查办当事人。董福祥矢口否认为属下所为，并大声说："即果有之，斩奴才无妨，如斩甘军一人，定然生变。"慈禧没有答话，显然她感受到了董福祥话里的威胁之意，并很清楚局势已经濒临失控，只好召来荣禄商量对策。

荣禄和在总理各国事务衙门极力维持局面的庆王奕劻一样，此时多少已经被端王、刚毅他们边缘化了，就连手下的董福祥都已倒向了对方而不再服从自己的指挥，但他依然对慈禧忠心耿耿，而慈禧值此危难关头，终于再一次坚定了"荣禄才是最值得信赖的人"的判断，所以对荣禄建议的"保护使馆、跟洋人交涉以求和平解决"一事深表赞同，只多问了一句："对付义和团，你有没有把握？"这事荣禄确实有把握，回答起来底气十足，说："我调袁世凯来，义和团最怕袁世凯。"慈禧点点头，让荣禄先通知袁世凯预备，等她安排好了再下诏令。

荣禄刚回到家，庆王奕劻就来拜访，为的也是局势堪忧，不知该何以自处。奕劻爱钱，是个赤裸裸的贪官，他想出来的办法也和钱有关，可爱得很：希望荣禄能和他一起，两人凑几十万两银子送给端王载漪，让他不要再闹下去了。

荣禄心里有数，没有理会这个荒诞不经的建议，只劝奕劻少安勿躁，安抚好各国公使，为日后的交涉先卖点交情出去。这似乎表明局面犹有可为，庆王也只能姑妄听之。

送走庆王，荣禄立即给罗嘉杰拟了一通密电，因为北京周围的电线杆已经被义和团毁了，所以只能派人赶往山海关去发。

罗嘉杰的头衔是"苏松常镇太粮储道，分巡苏州，兼管水利"，简称"苏州道"，是荣禄安排在东南的一颗棋子，为的是应对李鸿章派在上海的盛宣怀——荣中堂和李中堂关系不错，但既然人在官场，再好的朋友也得提防着点，此所谓防人之心不可无。

罗嘉杰很擅长洋务，领事馆里的外国朋友不少，消息非常灵通，现在荣禄要求他的，就是打听各国的对华意向，最关键的是，派兵入京究竟是为了保护使馆，还是别有他图。这个事，对罗嘉杰来说应该不难。

义和团进了北京城照样不改本色，烧杀抢掠无所不为，甚至放话要诛杀"一龙二虎"。所谓一龙指的是光绪，至于二虎，李鸿章稳占一席，另一个则众说纷纭，主要集中在荣禄、庆王、礼王几个人身上。

面对如此乱局，人们或为了自保，或盲目相信，纷纷从了义和团，几乎是家家念咒、处处设坛，就连公卿将相都有加入者，比如义和团在京城最大的坛子，就设在了庄王府。庄王府门前有个广场，渐渐就变成了屠宰场，最多的一次，义和团在这里杀了上千人，惨不忍睹。

杀人都不在话下，抢劫就更不必说，抢劫商民简直不值一提，我们只说几个家里被抢的高官的名字，即可知当时义和团是多么的不可一世。这些高官是：军机大臣王文韶、工部尚书陈学棻，甚至还有荣禄，没错，就是那个军机大臣荣禄！

王公里面也有遭抢的，而肃亲王善耆家之所以被抢得最厉害，只是因为其王府在东交民巷边上，离大毛子的老窝太近的缘故。

危邦不入乱邦不居，局面已经如此混乱，少不了有许多居民包括官员家属甚至官员本人，纷纷开始离京逃难。因为东、南、西三面全被义和团占据，所以大家都从北面的德胜门往外走，搞得德胜门内外好不热闹。

6月13日，义和团依然在源源不断地进入北京内城，就是现在的二环里。当天他们烧毁了孝顺胡同亚斯立堂、双旗竿（今外交部街西口外）伦敦会、八面槽（王府井）天主教东堂、灯市口公理会、东四五条西口的美国福音堂、交道口二条长老会、鼓楼西鸦儿胡同长老会、西直门内天主教西堂、西四羊肉胡同基督教堂、石驸马桥安立甘会、宣武门内天主教南堂共11所教堂。接着就去烧最大的天主教北堂，也就是现在的王府井西什库教堂。此时已经有2000多名教徒逃入了东交民巷使馆区，逃入北堂的更多，有3200多名。

北堂离紫禁城不远，真烧起来难免骚扰宫禁，万一刮大风把旁边也给烧起来，后果真不堪设想。为此宫内大总管李莲英亲自出面，请求端王放北堂一马，组织点儿人骂几句，或者在那儿做场法事拉倒，就别烧了。

可是李莲英此时的日子并不好过，因为他对义和团不感兴趣，而宫内二总管崔玉贵眼看端王他们风头正劲，很是巴结。他的目的是联手端王，搞掉李莲英，自己就可以升为大总管，两人自是一拍即合。端王联手了崔玉贵，对李莲英肯定不会太客气，当时只回了他一句："北堂是天主教的总机关，必须烧。"

李莲英无奈只好找到荣禄，两人一起求见慈禧说明利害关系，慈禧大怒，亲下慈谕：不许烧！并专门派了英年和载澜二位前往弹压义和团。然而此时就连慈谕也不管用了，载澜根本就没理会慈禧的态度，火终究还是烧了起来，不过却没烧成功。因为教堂内有42名法军士兵，他们把教士、教民给武装起来，顽强防守，凭借围墙坚固加上火力密集，负责攻打的1000多名义和团民根本接近不得。

慈禧见义和团连一个教堂都打不下来，总算明白这帮人绝不足恃，尤其觉得自己已经有控制不住局面的危险，遂当机立断，和光绪一起，召来荣禄开了个小会，只谈两点：和洋人讲和，以及剿办义和团。当然都得荣禄去实施。荣禄一口应承，提出了他的方案：跟洋人交涉，还得请李鸿章来办；至于剿办义和团，必须得调袁世凯来。

定好宗旨，立即召集全体军机大臣开会，由光绪皇帝下了两道上谕，要求李鸿章立即来京；要求袁世凯立即领兵来京。不过考虑到山东防务要紧，特别指示，如袁世凯分身乏术，可以指派手下干将领兵前来。

这是6月15日上午的事儿，到了第二天，前门大栅栏起火了。

实在是因为除了北堂，北京城里的教堂已经烧光了，义和团不甘寂寞，才决定到最繁华的大栅栏去烧点什么。

该当老德记药房倒霉，它的老板是个洋人，早已经下令关门停业了，不想伙计贪图拿提成，老板走后依然坚持每天开业，这天正好被领头的大师兄看到，而且还看到里面的各种药瓶上贴满了洋文标签，便断定这是二毛子开的店，只是没想到捞到的是条更大的鱼——这店居然是大毛子开的。

大师兄当时带着人就走了进来，只说了一个字："烧！"并慨然安慰怕遭池鱼之殃前来求情的左右店家，说我们有法术，只烧他一家，烧完后火自然就灭了，不会连累到大家，你们只管放心。大家立即就放心了，抱着过年的心情，开始兴高采烈地围观，站在后面的人拼命踮着脚尖伸长脖子，直让前面的弯下腰，现场秩序一片混乱。

等到老德记还没烧到一半，左邻右舍全起了火，众人的笑脸这才黯淡下来，忙求着大师兄施法术，可哪里还来得及？刹那间整个市面已成一片火海，1000多家（也有4000家一说）商铺化为废墟，连带着正阳门楼、北京24家铸银厂也被烧毁，以至于银子无法生产，京城的银行、钱庄只能通通停业。

义和团倒是一视同仁，绝非只敢欺负老百姓，事实上他们连政府的衙门也烧了不少，比如中央政府一共分吏、户、礼、兵、刑、工六部，其中吏部、礼部和户部的衙署就都被烧了。"各衙门被焚后，诸京官纷纷出京"——逃难途中，官民终于融为了一体。

就在火烧大栅栏的当天傍晚，山海关驻防副都统派遣信差，送到武卫军营务处一封电报，专门为荣禄掌管密码的王季训赶紧译了出来，荣禄一看，傻了。

电报是罗嘉杰发来的，说是各国已经商量好了，决定向朝廷提出四项条件，不答应就要大动干戈。四项条件是：太后必须立即归政于皇帝；各国出兵协助剿办拳匪；中国政府练兵数量，须先征得各国允许；中国政府所有赋税收入，必须交由洋人监督，并控制用途。

这是灭国的条件！还好这电报是假的。

原来王季训生性风流，酷爱八大胡同的姑娘，可惜一个管电报密码的差事，薪水有限，老王常常为此苦恼不已。董福祥的义和团谋士李来中因此乘虚而入，花一万两银子搞定了王某人，条件是某一天会有一通假罗嘉杰之名的电报会从山海关送过来，王季训必须立即译出，并第一时间交给荣禄。至于山海关那边，自然有人能搞定。

到了6月15日这天上谕一下，明摆着朝廷换了思路，不仅要和洋人议和，更打算收拾义和团。真要发展成这样，那么非但溥儁当不成皇帝，就连自己的功名利禄恐怕都要大受影响，想到这里端王有了决断，非让慈禧跟洋人打起来不可！

所以当了解到董福祥那里早已有所布置，端王眼睛一亮，几个人马上开始分工，于是16日这天傍晚，荣禄就看到了一封假电报。

荣禄一点没怀疑这电报的真假，但他还是足足犹豫了一天，不知道该不该报告给慈禧。就在他犹豫的当口，廊坊传来了好消息。

原来西摩尔率领的八国联军10日自天津出发，因为京津铁路被破坏，火车到杨村就走不动了，结果2000多人在杨村、廊坊一带，陷入了人民战争的汪洋大海之中，几天下来，在义和团和董福祥甘军的联手打击下，无法继续前进，到15日在付出不小伤亡后，好歹撤回了大沽口，此所谓"廊坊大捷"。

但这事没完，大沽口各国兵舰上的军队随后打上岸来，救出西摩尔联军，并于17日攻占了炮台，开始向天津进军了。

局势越发恶化，荣禄终于下定决心，把洋人的四项条件报告给了慈禧。慈禧一看居然要她归政于光绪，不禁勃然大怒，觉得是可忍孰不可忍，便接连召集了两次御前会议，决定和洋人开战，并任命载漪、载勋、载濂、载澜统领义和团，载勋并任步军统领即俗称的九门提督。

6月20日，各国公使集会之后，德国公使克林德自告奋勇代表各国前去总理衙门要求保护，途中被载漪的神机营一个叫恩海的小官直接杀死，斩首之后将人头悬于东安门外示众。战争迫在眉睫。

第二天，慈禧做主，清政府以光绪的名义，向英、美、法、德、意、日、俄、西、比、荷、奥11国同时宣战，并悬赏捕杀洋人，规定"杀一洋人赏银50两；洋妇40两；洋孩30两"。继而诏令各省督抚，立即"召集义民"，并派兵勤王。

既已宣战，义和团及董福祥的甘军立即开始攻打东交民巷的各国使馆。使馆区内被围人数约3000人，其中寻求保护的华人，主要是教民约有2000人；外国男性平民400人，妇女147人，小童76人。另有士兵、水兵及陆战队员共409人，武器除长枪之外，另有3挺机枪及4门小口径火炮。在英国公使窦纳乐的指挥下，大家构筑起防御工事，积极抵抗。

面对400名洋兵，负责攻打东交民巷的义和团和甘军很不给力，拿下孤悬台基厂的奥地利使馆之后，上万人就无法再往前推进一步，倒是留下了不少尸体。所谓刀枪不入的法术，在洋枪洋炮面前完全成了一个笑话。而荣禄为了保留日后和谈的余地，坚决不肯借出自己掌握的大炮，董福祥对此也无可奈何。否则，大炮一响，使馆区是绝无可能守住的。

负责打仗的义和团很没面子，不打仗的则逍遥快活，滥杀无辜、奸淫掠夺无所不为，就连一向支持、歌颂他们的大学士徐桐、孙家鼐两家都被洗劫一空，而所有这些烂事，义和团一律不认账，一口咬定是假冒义和团的"黑团"所为，谁也拿他们没办法。

直到端王的好朋友、都统神机营翼长（约相当于现在北京卫戍区副司令员）庆恒一家大小13口包括庆恒本人通通被杀，端王有点不高兴了，质问供在府上的大师兄这是怎么回事？大师兄只轻描淡写的回了一句："这是黑团干的。"端王这才真的急了："难道还真有黑团？不一向都拿来忽悠别人的吗？"大师兄郑重其事的说道："真的有。"事情就到此为止。

局势越来越无可收拾，到了6月25日，使馆区依然打不下来，倒是载漪、载勋、载濂及几位大师兄，居然率领着60多名义和团民，提着大刀长矛闯入宫禁扬言要诛杀二毛子光绪，总算慈禧雌威犹在，像当阳长坂桥上喝退曹军的猛张飞一般，喝退了一众人等，才算是保住了皇帝的性命。

赶走端王、大师兄一行人后，慈禧突然觉得很孤独。此时有消息说朝廷向11国宣战之后，其中8国已决定从国内向中国增兵，老太后此时已彻底看清楚了义和团成事不足败事有余，不禁在想：那些地方督抚的兵，怎么还不来呢？

老太太哪里知道，至少东南那半壁江山，她暂时是无法倚靠了。

是盛宣怀坏了老佛爷的好事，或者也可以说，是盛宣怀挽救了大清帝国——11年之后，大清朝终将间接地毁在了盛宣怀的手上，这也不能不说是一个劫数。

盛宣怀此时的职位是大理寺卿，同时还身兼无数官职，其中一项是北洋电报局督办，因为工作的关系，他最先看到了朝廷指示各省大员"召集义民"的命令，觉得这简直是在开玩笑，自作主张就把朝廷的电报扣了下来，并立即给李鸿章发去一封电报，警告"各省集义团御侮，必同归于尽"，并建议南方各省"联络一气，以保疆土"。盛宣怀同时致电荣禄："中堂位兼将相，处此危急存亡之秋，若犹存明哲保身之意，隐忍不言，或言之不切，恐不旋踵而奇祸临矣。"

李鸿章把盛宣怀的电报转给了两江总督刘坤一、湖广总督张之洞，三个人的意见很统一，都认为不能乱来。从此盛宣怀在上海穿针引线，荣禄在北京暗中支持，张之洞、刘坤一联络各地督抚、将军，大家很快达成了共识：绝不能跟着朝廷瞎胡闹。

于是等到朝廷要求各省派兵勤王的诏令下来时，大家对此都冷淡得很，只是也不好公开抗命。正左右为难之际，李鸿章在广东率先表明了态度，宣布"此乱命也，粤不奉诏"。

这下子大家立即有了主心骨，电文交驰，瞬间达成一致，确定了共同抗旨以求东南互保的原则。接下来在盛宣怀主持下，6月26日，由上海道余联沅同各国驻上海领事会商，制定了《东南保护约款》和《保护上海城厢内外章程》，约款共分9条，简而言之就是：南方督抚绝不支持义和团的举动，不奉朝廷对各国的宣战之诏，并且负责保护洋人在各省的安全和利益。作为交换，洋人不得在南方各省进行军事活动和其他过激行为。

参加东南互保的省份共有湖北、江苏、安徽、浙江、福建、四川等，广东名义上没参加，但事实上李鸿章正是这些督抚的精神领袖。这事最开始和山东没啥关系，不过袁世凯并没有闲着。

6月16日，当接到北上勤王的上谕时，袁世凯从荣禄处了解到是要他去打义和团，心情很是愉快，可谁知正调兵遣将呢，过几天朝廷又来了上谕，竟变成了让他去打鬼子。袁世凯很清醒：现在全中国唯一能和洋人打一打的军队只有自己的武卫右军，但这也是自己手里掌握的最大的资本，况且武卫右军毕竟只有7000多人，即使加上新整编的先锋队，也不过2万人左右，如果把这点家底全搭进去，那自己的前途也就算是赔进去了。

还有一个现实的原因，一旦派兵北上造成防务空虚，青岛的德国人和威海的英国人若乘虚而入，那么山东还要不要了？

可是，不出兵就是抗旨，是掉脑袋的罪，肯定也不行。

这点小事难不倒袁世凯，他决定应付一下慈禧了事，因为上谕里有"如袁世凯分身乏术，可以指派手下干将领兵前来"这么一句，正好可以作为借口，他便上了个奏折，说明山东防务的重要性，现在不仅要严防境内的德国、英国，还要继续清除盗匪，压力很大，自己不好离开。但是，朝廷既已征召，我绝不能坐视不管，所以决定抽调3000名精兵北上勤王。

他倒是说到做到，立即命令夏辛酉和张勋带领武卫右军先锋队6个营前往北京。前面说过，这先锋队既非嫡系也非精锐，但就这样袁世凯也舍不得赔出去，一再交代两位将军："慢慢走，别着急。"这二位倒也听话，以至于后来北京都失陷了，他们还没走出山东。

袁世凯继而在山东下了一道命令：境内若还有义和团残余，必须马上进京参战建功，若有不从者，那就是"黑团"，格杀勿论！

这时候英国驻上海总领事给袁世凯来了封电报，劝他也加入"东南互保"，以维护境内的安宁。袁世凯欣然同意，自此山东也和东南各省连成了一气。

接下来的事情非常简单，7月14日八国联军攻陷天津，直隶提督聂士成壮烈殉国，总督裕禄自杀身亡。

3天之后，八国联军向北京进发，其中俄军最多，派了1万人，日军9000人，英军6000人，德军4000人，法军2600人，美军2500人，意大利、奥地利各出了150人算是凑数。

朝廷急了，一面组织抵抗，一面催各省督抚赶紧前来救驾，特别催促袁世凯：你派的兵怎么还没到？袁世凯一面给朝廷回电在路上了，快了。一面给夏辛酉、张勋发电报：慢慢走，等等看！这回张勋有点不愿意了，回电表明了勤劳王事的渴望和决心，强烈要求"快点走"好去保卫北京，"马革裹尸"以"报君父之仇"，袁世凯没搭理他，只严令其少安毋躁。

慈禧同时也给李鸿章发了急电，催其速来北京议和，并加封他为直隶总督兼北洋大臣，授以议和全权。李鸿章的策略和袁世凯一样，慢慢走，走到上海就停了下来。

老佛爷西逃保性命

15万清军和义和团有点像萨达姆的共和国卫队，几乎没做什么像样的抵抗，到了8月16日，联军即已全面占领了北京。八国联军，除了美军和日军外，军纪都不好，古老的北京城，继义和团之后，迎来了又一场浩劫。

当年英法联军来的时候，慈禧跟着老公咸丰皇帝跑过一回，不缺逃跑的经验。这一次，她把自己打扮成一个普通老太婆的样子，在联军就要破城的那个晚上，带着光绪、大阿哥等一干人落荒而逃，坐着三辆特意雇来的破骡车，出德胜门奔怀来方向而去。随行的王公大臣包括端王载漪、庆王奕劻，以及庄亲王载勋、镇国公载泽、贝子溥伦和军机大臣刚毅、赵舒翘与内务府大臣兼步军统领衙门右翼总兵英年等。慈禧特意交代了大阿哥一句："今天出门，谁也不许多嘴，路上遇到什么事，只许由我说话。"

至于荣禄、崇绮等人，则在混乱中跑错了方向，直接向南跑到了保定。

大家这么一跑，八国联军及各国公使反而急了，赶紧四处寻找总理各国事务衙门首席大臣庆王奕劻——打仗不是洋人的目的，他们要找人出来议和。

对洋鬼子来说，跟大清朝议和，毫无疑问是全天下最美妙的事情。如果找不到对手，那该是多么的煞风景！

无奈奕劻早跟着慈禧跑了，哪里还找得到？好在找到了总理衙门总办章京舒文，联军立即把他像大熊猫一样保护起来，随后另外几个大官吏部尚书敬信、工部尚书裕德、侍郎那桐也赶了来，大家联手维护大局，多方派出线报，四处打听庆王的下落，终于打听到庆王跑在怀来就因病留了下来，几个人赶紧联衔具奏，请饬令庆王回京议和。

此时慈禧他们逃难刚逃到大同，这一路逃得很辛苦，最开始甚至没吃没喝，直到逃到了昌平贯市，晚上才总算能睡一小觉，住的却是四面漏风的破庙，形同乞丐一般。就在这时，甘肃藩司岑春煊带兵赶到了昌平，前来护驾。

岑春煊是郭沫若夫人于立群的外公，祖上土司出身，广西西林人，生于1861年，比袁世凯小2岁，以后的日子，两个人将是一生的对手。

岑春煊的父亲岑毓英曾担任过云贵总督，是个大官。作为官二代，岑春煊少年时代几乎是无恶不作，一度与瑞澂、劳子乔并称"京城三恶少"。

1886年岑春煊考中举人，继而被任命为候补郎中，后来其父去世，他开始浪子回头，回家丁忧三年之后，于1893年奉旨补授为光禄寺少卿，再迁太仆寺少卿，成为四品京堂。

甲午战争期间，淮军不堪一击，朝廷转而起用湘军，授两江总督刘坤一为钦差大臣节制关内关外各军，刘坤一迟迟不肯出关，军机大臣李鸿藻因不得前线真相而急不可耐，恰好岑春煊自告奋勇，便派他出关探视军情。

岑春煊干得不错，很得李鸿藻赏识。随后当烟台、威海告急，他又积极带兵前去布防。这家伙运气很好，最终日军并未攻打山东半岛，但他勇于为国分忧的态度，给高层留下了深刻的印象。

战后岑春煊请假回老家养病，因伤感于国事一度起了出家当和尚的念头，后来转念一想，就算当了和尚也无济于事，倒不如出山做官，也许还能救国。于是1898年陪弟弟进京参加会试兼为自己寻找上进的机会，却正赶上了戊戌变法。

岑春煊政治主张激进，与康有为、梁启超等来往密切，变法高潮时期，他向光绪上了一道奏折，主张裁汰冗员，"务使人历一官，皆有职守之事，不至虚设一位，徒糜厚禄"，并具体提出了该裁撤的7个或有名无实、或机构重叠的衙门，分别是詹事府、通政司、光禄寺、鸿胪寺、太常寺、大理寺、太仆寺，其中赫然包括他自己任职的太仆寺，足以显示其大公无私，当然也有人认为是沽名钓誉。另外，岑春煊还建议，裁撤督抚同城而治的湖北、广东、云南之三省巡抚，以及徒有虚名的河道总督；更建议光绪应该宸衷独断，不要做一个有名无实的皇帝。

这道无所顾忌的奏疏很对光绪的胃口，加上岑春煊勇于任事的名声，因此立即被派为广东布政使（即藩司），一跃成为地方大员。临出发前，光绪有如此叮嘱："须于到任后切实整顿吏治，肃清盗匪，如有其他意见，尽可随时陈奏，不必顾忌触怒总督，凡事俱可有我与尔做主。"

皇帝是高兴了，可一下子搞掉那么多衙门，让许多人没得官做，岑春煊因此结下了太多仇家，其中甚至有要找他拼命的。所以他一天也不敢多在京逗留，接到任命立即就赶往天津，坐船到上海转广州而去。

刚一上任，就有一位大米商向他递了状子，中间夹了一张40万两银子的银票，岑藩司把钱退了回去，却秉公处理了案子，把这个米商感动得痛哭流涕，"岑青天"的大名随之传扬开来。

但两广总督谭钟麟并不喜欢这个新来的青天，而岑春煊天生是少爷脾气，也根本不买这个顶头上司的账。毫无疑问，两人关系极不融洽，最后终于闹翻，生出一场大风波。

事情起因于谭钟麟所信任的一个叫王有善的候补道员，此人实际任职补抽厂坐办兼督署文案，一贯为非作歹，鱼肉百姓，民愤极大，却都敢怒不敢言。岑青天声名远扬之后，就有人来告状，岑春煊一番调查之后，立即请求谭总督撤去王有善官职，谭钟麟却对此置之不理。

岑春煊也不纠缠，直接下令撤掉老王坐办一职，又邀集了一些司道级别的同事，谒见谭总督，请求撤掉王有善的督署文案。谭总督大怒，拍案而起，动作太大，以至于连眼镜都掉到地上摔成了碎片。岑春煊也大怒，也拍案而起，高声说："藩司是朝廷大员，所说公事，就算你不认可，也不该如此无礼！你要觉得我做得不对，向朝廷参我就是！"说完把官帽一摔，拂袖而去，然后就请病假不再上班。

后来岑春煊奉召入京陛见，谭钟麟立即派了臬司来代理他的藩司一职，南海、番禺两县有数千商民到藩署请愿，挽留岑青天。

岑春煊是带着王有善一案的材料走的，谭钟麟早防着了这一手，一面上奏参他，一面派人带着钱进京活动，要求调走这厮。

通常督抚参劾属下，朝廷没有不准的，尤其是光绪此时已被软禁，岑春煊没了靠山，眼看着就要倒大霉。多亏荣禄爱才，很赏识他敢作敢为、清正不阿的作风，在慈禧面前很说了些好话，才算保住了他的官位，不过得给他换一个艰苦点的地方。

于是岑春煊刚刚走到武汉，就接到上谕，调他去甘肃当藩司。岑春煊一到甘肃，立即上疏弹劾谭钟麟和王有善，此时正是李鸿章要求荣禄帮他谋一个总督职位的时候，谭钟麟运气不好，立即被罢了官，王有善则被革职。

谭钟麟丢官，虽说根子上是朝廷为了给李鸿章腾位子，但毕竟是岑春煊弹劾下来的。一个小小的藩司，居然敢弹劾总督，并且得手了，有清以来，这还是第一例，岑春煊声名大噪自不必说。

在甘肃待了半年，还没来得及留下什么故事，庚子之乱已起，岑春煊看到朝廷要求各省派兵勤王的上谕，立马谒见云贵总督陶模请命，要求星夜率兵赴京。陶总督不愿多事，便说兵不够饷也不足，不如等等再说。一省财政都归藩司管，岑春煊当然知道甘肃的家底，当即表示："藩库中还有130万两银子余钱，请支给我30万两作为军饷，并调马队10营随我前去救驾。如果你要横加阻挠，我马上上奏弹劾你。"说完就起身要走。陶模知道这人急了真敢参上司，加上又有勤王这顶天大的帽子，连忙给他拨了步兵4营，骑兵3旗，差不多有2000人，又批了他5万两饷银，才算了事。

但士兵调动集合需要时间，岑春煊嫌慢，留下将领吩咐随后赶来，自己先带着几十人的卫队，由兰州出发，马不停蹄，穿越伊克昭盟（即今鄂尔多斯市）草地，由张家口入关，赶到北京时，早已是灰头土脸，形容枯槁。

这样的形象，把慈禧感动得够呛，尤其这是各省来的第一支勤王之师，足见忠诚，当初因他参与新政而有的恶感顿时烟消云散，反而觉得此人越看越顺眼，便好言问道："你带了多少兵来？"

"步兵4营，骑兵3旗，共2000人。"

只有2000兵马，慈禧不禁大失所望，待听到大部队尚在路上，先来的只有几十个人，不由得觉得这简直是开玩笑，便命其折回张家口，等大部队到来后即驻扎于此，防备俄国军队——有消息称俄国将单独发兵进攻东北。

岑春煊还没走到张家口，听说北京城破，立即掉头回来救驾，赶到昌平的时候，天还没黑，他找到了慈禧的队伍，被引入庙中晋谒，慈禧一见他就哭了。退出庙来，岑春煊就站在门口，手提一把大刀，客串门神。夜里慈禧做噩梦，惊呼而醒，岑春煊立即在门外高声回应："臣春煊在此保驾。"慈禧这才安心睡去。

天亮之后，开镖局的大户李家听说破庙里住的竟是太后和皇帝一行，尽其所能送来了一些馒头、咸菜和小米粥，大家才算是吃了出逃后的第一顿饭。

李家镖局名声响亮，慈禧当年进宫之前就有所耳闻，此时立即传旨让他们办皇差——备几顶骡驮轿来。兵荒马乱的年月，哪里那么多轿子？李家好容易凑出了3顶，并派了个杨姓趟子手跟随做向导，慈禧、光绪及皇后总算是不用再坐骡车了。李家的雪中送炭得到了巨大的回报，后来慈禧回銮，不仅给了他家重赏，还颁发了皇封，李家从此得以"御前镖局"的名头行走江湖。

继续往前走到居庸关，延庆知州秦奎良倒是费心准备了一些食物，可是溃散的兵勇和义和团太多，老实说他们确实也饿，所以早就帮着给吃干净了，慈禧的大队人马只能饿着肚子继续前行。

再往前就来到了怀来，怀来知县吴永是曾国藩的孙女婿，曾在李鸿章幕府里干过，当年袁世凯到贤良寺诱劝李鸿章退休，他正是目睹的证人。吴永为人忠厚，听说太后一行要来，早已弹压住了地方上的义和团，出城跪迎，甚至还在城外给慈禧及皇帝准备了一锅绿豆粥，把慈禧感动得都哭出了声来。

随后进城，吴永安排慈禧住进他夫人的卧室，皇后住他儿媳妇的卧室，皇帝则住在县衙门里，总算是像了点样子，最令人惊喜的是，竟然还有了肉吃。此时王文韶在儿子的陪同下也赶了来，并带来了军机大印，这才算可以名正言顺地发号施令了。

第一道命令是要求山西巡抚毓贤、董福祥守住娘子关，挡住洋人；再命随行保护的马玉昆抽调部分兵力，严守居庸关，以防洋人循原路追来，溃勇也不许放过；

再一道，命令荣禄留京办事。慈禧还不知道徐桐已经自杀，所以派崇绮、徐桐协同荣禄工作；最后一道，命令各省将供应北京的京饷，按期解到太原及保定。

发完上谕，略事休息，因为担心联军追来，留下病倒了的奕劻，一行人继续西行（即所谓西狩）。因为觉得吴永既忠心且肯干，慈禧和几个军机大臣一致决定让他到前面去打前站，办理前路粮台。这是个好差事，是要升官的前兆。

哪想这吴永是个老实人，觉得自己只是个知县，级别太低，向各省行文催饷似乎不合体制，而且手里没钱没兵，既没法买东西，更压不住散兵游勇，干了两天觉得这工作不好干，就索性不想干了。再一想岑春煊是藩司，级别够高，手里有兵还有5万两银子，干脆推荐他来干，自己给他当助手好了。这是负责任的考虑，吴永只是没仔细想，逃难途中，哪儿有那么多讲究？就算工作干得不那么出色，只要别让太后饿着就行，没那么难。

慈禧同意了吴永的请求，觉得他是真正想太后之所想急太后之所急，随即下了上谕：派岑春煊督办前路粮台，吴永、俞启元为会办。俞启元是湖南巡抚俞廉之的儿子，俞廉之则是刚毅的门生，俞启元得到这个美差，自然是因为刚毅所推荐。

不过刚毅及另两位军机大臣王文韶、赵舒翘对吴永的印象可是大打折扣了，这是因为几个人觉得吴永不识抬举，尤其是越过军机处直接向慈禧推荐人，是对他们极大的不尊敬。更要命的是，推荐的还是岑春煊——岑春煊未来将是大清朝官员的公敌，此时已经很不招大家的喜欢。

更令吴永万万没有想到的，是岑春煊居然也不领自己的情。非但不领情，还直接就在工作中成心找碴儿，而原因竟然是，耻于为一个小小的县令所保荐。

果然是江湖险恶。好在还有一点安慰，慈禧后来给他升了官——"以道员记名简放"，虽暂时未补实缺，但从正七品直接升到正四品，也算对得起自己的辛劳和所受的委屈了。

岑春煊确实能干，接任之后，立即拿着钦差大臣的身份和前面交涉，逃亡的路途顿时顺畅了许多，虽供应仍不周全，但好歹都有吃的喝的，只是前方每一站的地方官，每每被岑春煊骂得狗血喷头，也只能自认倒霉。

岑春煊对外威武，对内则勤勉谨慎，更刻意以工作之便，与李莲英建立了非常亲密的关系，不惜称之为"老叔"，这样他在慈禧面前的形象就越发高大起来。

闲话少说，一行人这么走着走着就来到了大同，然后京中大臣奏请庆王回京议和的奏折也到了，一看是洋人主动要求谈和，慈禧如释重负，心情大好，当即召见军机，下了三道上谕。首先当然是派庆王奕劻火速回京主持议和；另一道是给李鸿章的，催他赶紧进京议和；还有一道，则是因为当初董福祥攻打使馆的甘军名义上归荣禄指挥，联军因此不许荣禄回京，所以朝廷允许荣禄继续待在保定，而改派大学士昆冈、刑部尚书崇礼等8人为留京办事大臣。

给庆王的上谕，慈禧派载澜特快专递怀来，并特别交代，因为京里太乱，让把奕劻的长子载振接过来，省得奕劻不放心。分明是慈禧自己不放心，怕洋人把自己列为祸首，奕劻不能据理力争从而把她卖了，所以一定要先拿住他。

奕劻当然懂得慈禧的心，其实刚开始逃难的时候他就把两个女儿交了出来，作为人质，此时再要让他交出儿子，心中那个气啊！但又不敢违抗，遂打定主意，回到北京，诸事不问，一切都等李鸿章来了再说。事实上，这个事也只有李鸿章才扛得动。

于是庆王带着诸位大臣，一面在北京维持地方治安，一面苦等李鸿章的到来。而这会儿，慈禧一行已经来到了太原，一住就是不少天，其间发生了很大的不愉快，源于光绪在赶来护驾的肃亲王善耆等人的鼓动下，坚持要独自回北京亲自主持议和。

按当时的形势，光绪如回京，不仅赔款数会比后来低不少，议和的其它条件也会好许多，这是因为洋人对光绪印象很好，认为此次事件跟他毫无关系，而极其反感纵容义和团的慈禧太后。他们都希望光绪能够真正执掌大权，重启改革。

毫无疑问，光绪的想法对国家是有利的，奈何实权掌握在慈禧手里，而老太后最怕的就是光绪再次亲政。尤其是，有了洋人理直气壮的支持，一旦光绪真的亲政，自己必将被彻底排除出权力中心，所以慈禧坚决不允许光绪离队，身边的大臣如王文韶、赵舒翘等人当然都站在太后这边，这时岑春煊的态度就显得至为重要，因为他手里有兵。

岑春煊身边有个亲信幕僚叫做张鸣岐，是他恶少时代在八大胡同玩时认识的朋友，交情很深，岑春煊对他几乎是言听计从。张鸣岐力劝他保护光绪回京，以建立不世功勋，但岑春煊这一次没听他的，反而旗帜鲜明地力挺慈禧，这样，光绪也就只能认命了。

光绪肯"听话"，慈禧感到很高兴，还有一件让她高兴的事：袁世凯派人送来了银两及物资。

接过李鸿章的枪

袁世凯是所有督抚中第一个雪中送炭来的，他一共筹集了10万两银子，以及200匹绸缎、40桶水果。东西不算多，但这一举动令所有人都大为感动，像军机大臣王文韶就特意对负责押送的知县曹倜说："各省饷银都没有到，山东首先送过来，可称得上救了急"，"两宫大为赞许"。而像这样的消息透露，平时是要花钱买的。

袁世凯食髓知味，一不做二不休，干脆把安徽、江苏解送北京的饷银共165000两截了下来，派人给慈禧送去，其后这样的奉献更是源源不断，不知道给自己买下了多少印象分。而盛宣怀也不落人后，差人送来"貂裘四袭并玉玺一方"，同样赢得了慈禧的欢心。

袁世凯是个办实事的人，给慈禧送钱送物之余，他还在山东兴办洋务，先后设立了银元局、商务总会，并亲莅胶东，力保胶济铁路能够顺利修建。

与此同时，袁世凯积极进行善后工作。其实早在义和团扬威直隶、北京之时，山东境内也再度萌发了动乱的苗头，在潍县、高密等地，义和团已有死灰复燃之势。为了防止境内洋人被杀，袁世凯以自己的武力不足以保证山东全境德国人生命财产安全为由，要求德国胶澳总督命令侨民撤退至胶州租借区，并定下原则：保护德侨生命为先，财产为次，但是他会尽全力保护撤退者在内地的财产。

托总督很配合，于是袁世凯立即要求各级地方官，把各自辖境内的传教士及铁路工作人员等洋人及其家小，护送到济南或沿海一带英、德的势力范围内居住，以避危险。甚至外省逃难而来的洋人，他同样提供帮助和保护，赢得了各国的好感。托总督也因此命令德军不得妄动，按条约留在胶东半岛。

不过克林德遇害、慈禧向11国宣战之后，托总督态度变得强硬，尤其是前往天津拜会了新任八国联军总司令、德国元帅瓦德西之后，回来即向袁世凯发出最后通牒：10月12日之前，中国军队必须从高密的德国租借地区撤出，高密铁路转由德军接管保护。袁世凯很听话，10月10日就撤出了高密，总算是避免了军事冲突。

待到开始善后，袁世凯首先做的是补偿教堂和教民的损失，对方说多少他就赔多少，图的是花钱消灾，不给洋人寻衅滋事的借口。另外，他还极力安定地方，调和民、教、官之间的关系。

所有这些都很见成效，清廷宣战之后，整个山东再没有一个洋人被杀，以至于英国驻烟台领事在一份报告中说："我们目前在烟台所处的地位是相当稳固和平静的……我们之所以能够继续留在此地，我认为几乎完全是由于巡抚所采取的态度。"

袁世凯的努力没有白费，洋人投桃报李，对山东显得较为友好。八国联军占领北京以后，并没有罢手，而是继续攻占了直隶所属的保定、易县、永清、张家口、山海关、娘子关等地，沙俄更是趁机出动17万军队侵占了东北三省。神州大地，危机四伏。

但是洋人说了，不会进犯山东。得到消息，袁世凯并未完全放心，立即展开部署，一面调动军队，一面命人抓紧加工了一大堆界碑，上书"山东界"，让人赶快拿去立到直隶、山东交界处，并在村镇民房的外墙上到处涂写"此山东境"四个大字。

这招还真管用，联军一见到界碑及"此山东境"几个大字，果然掉头就走，山东百姓对这个神通广大的巡抚简直是佩服得五体投地，"齐声感颂，而顶礼日呼东省之福星广被矣"。就连李鸿章都大加赞叹："幽蓟云扰，而齐鲁风澄。"就这样，在朝廷上下，袁世凯赢得了"才堪应变"的美名。

袁世凯并非只有胡萝卜，他手里也有大棒。对于山东境内的英、德军队，袁世凯一刻也没敢掉以轻心，武卫右军的部署，大半都是针对他们。好在洋人对山东的局面很满意，大家也就乐得相安无事，彼此间没有起过任何冲突。

10月26日，慈禧一行终于抵达了终点站西安，袁世凯派兵押送的一批枪支弹药运抵的同时，岑春煊也被升为了山西巡抚，这且不说，老太后还眼含热泪地对他说了句："若得复国，必无敢忘德也。"把岑春煊感动得也是热泪盈眶。

接着荣禄从保定赶了过来，一来就成了领班军机大臣。不久又来了一个人，是从北京专门来共患难的徐世昌。

8月15日八国联军破城当晚，徐世昌就曾追出城去，可惜没追上慈禧他们，只好回到了北京，心情很是郁闷。慈禧刚到西安，他那个在湖北当县官的叔叔就来了封信，劝他立即赶赴行在，不要放过这个千载难逢的机会，于是他就来了。

这会儿慈禧已经安顿了下来，不再是逃难途中那么容易见，但如果见不到不就白来了吗？徐世昌便到处找关系，最后是打着袁世凯的名义搭上了荣禄这条线，通过荣禄见到了慈禧和光绪，慈禧一听他是翰林，再一听还协助袁世凯练过新军，心里先就有了好感，徐世昌未来的飞黄腾达，在这一刻即已现出端倪。

在老佛爷"量中华之物力，结与国之欢心"方针的指导下，李鸿章和庆王奕劻的议和总算也有了成果，慈禧一看自己不在联军要求的惩办名单之列，心里一块石头顿时落了地，随后竭尽全力想保全载漪、毓贤等人的性命，奈何联军执意不许，结果是载勋、英年、赵舒翘赐死；毓贤处死；载漪、载澜发配新疆，永远监禁；刚毅在路上已经病死，和徐桐、李秉衡一起死后被革职；只有一个董福祥，因为手握重兵，朝廷怕激起叛乱，征得洋人谅解后，只给了他一个革职降调的处分。

至于其它条件，像给克林德和杉山彬修坟立碑；派人到德国和日本去道歉；改总理各国事务衙门为外务部；拆除大沽口炮台；允许各国在使馆驻兵设防，乃至赔偿军费4.5亿两银子等，通通不在话下，反正慈禧躲过了一劫，心情舒畅，只盼着李鸿章赶快和各国签订正式条约，自己好早日回到皇宫里去住。

老佛爷心情好了，西安就渐渐变得歌舞升平起来，真是"暖风吹得游人醉，直把杭州作汴州"。

但是刚毅、赵舒翘一死，行在的军机处就只剩下了荣禄、王文韶和鹿传霖三个人。这三人，王文韶年老体衰，精力不济，派不上大用场；荣禄更惨，从保定赶往西安途中，走得太急结果夫人不幸去世，到现在心情也怎么都好不起来，人更显得苍老了许多；至于鹿传霖，他本是荣禄岳父灵桂的门生，荣禄被贬为西安将军时，他恰为陕西巡抚，两人合作得不错，所以前不久被荣禄保荐进入军机，是个新手，还扛不起太重的担子。单靠他们三个，肯定忙不过来，军机处急需增添人手，瞿鸿禨因此脱颖而出。

当年当河南考官毁了袁世凯的科考梦想之后，瞿鸿禨混得也不是特别出彩，到1897年升为内阁学士之后，便开始四处当学政，足迹遍及河南、浙江、四川、江苏。按清朝的体制，一省有三个最大的官，分别是：巡抚、将军和学政。其中巡抚管行政，将军管驻军，权力巨大；学政负责一省的教育，级别和巡抚、将军一样，权力则要逊色许多。不过学政虽说实权有限，但如果会做官的话，发财致富绝对是小菜一碟。但瞿鸿禨清正廉洁，一心为公，不仅自己谢绝一切贿赂，更严禁手下骚扰地方，只一心一意教化风气，为朝廷选拔人才。这样的官在大清朝是异数，所以瞿鸿禨的怀才犹如女人之怀孕，时间一长名声就传播开来，官职也升到了礼部右侍郎，这是曾国藩曾经当过的官。

荣禄一向欣赏瞿鸿禨的为人，此时军机上需要人手，便向慈禧推荐了这个书生。于是1901年正月十五那一天，瞿鸿禨接到圣旨，要他立即奔赴西安行在。

到西安第二天就蒙召见，慈禧乍一看觉得此人好生面熟，再仔细一看，居然长得跟自己唯一的亲生儿子同治皇帝很像，不由得心里充满了喜欢，说起话来声音显得极其温柔："从前李鸿藻常说你好，我一直盼望你来啊！"就此任命他在军机大臣上学习行走。

下来后荣禄就把将笔砚亲手交给瞿鸿禨，握着他的手说："日后起草文件就全靠你了。"瞿鸿禨翰林出身，文笔极佳，干这点小事就像富二代泡妞一样手到擒来，加上他个性谨慎勤勉，工作起来既认真又高效，很快就在军机处站稳了脚跟，随后更兼任了各部中排名第一的外务部尚书。

1901年1月29日，慈禧几经痛定思痛，终于决定筹备新政，遂以光绪皇帝的名义发布上谕，要求各省督抚就朝章国政、吏治民生、学校科举、军制财政等问题详细议奏。

袁世凯对此很感兴趣，正在准备呢，4月21日，新的上谕又来了，这一次朝廷决定成立以庆王奕劻为首的"督办政务处"，以专门筹划推行新政，任李鸿章、荣禄、昆冈、王文韶、鹿传霖为督办政务大臣，刘坤一、张之洞为参预政务大臣，总揽一切"新政"事宜。看起来，又一场改革要开始了。

袁世凯闻此颇感兴奋，4月25日，他即兴冲冲上书朝廷提出筹办新政办法10条，包括设立课官院和课吏馆，对官吏进行新政集训；命学生学习实用书籍和外国学术而摒弃八股文章；各省设官报局，办报以开启民智；派遣王公官员出国考察，学习外国的经验；设立商会，兴办商务等。

对这些自己所做的建议，袁世凯当然会身体力行，一反千年来中国主流社会重农轻商的传统，首先着重于发展农、商，讲求农商并重。他因此设立了山东商务总局，并特命唐绍仪总司局务；稍后又设立了筹款总局，整饬土药、烟酒各项杂税厘捐；随后更派遣道员马廷亮往日本，搜集日本银行铸造银圆的办法和章程，以及印刷钞票的办法，等等。

5月31日，袁世凯操持了一桩喜事，做主将义女张佩蘅（前江西巡抚、都察院左副都御史张芾之孙女）嫁给了段祺瑞——段祺瑞的妻子吴氏于1900年5月18日病逝于济南，此次再婚，算是成了袁世凯的女婿，袁家子女确实也都称其为姐夫。

对父亲的另一员心腹大将冯国璋，袁克定等人则尊称其"四哥"。袁世凯对冯国璋同样很笼络，在家吃饭时见有红烧大蹄膀，就会吩咐侍从端一碗送到冯家，交代说："大人用饭时，想起这个菜冯将军也爱吃，所以送过来请将军品尝。"1901年9月7日，万事俱备，奕劻、李鸿章终于和各国正式签订了《辛丑条约》，其中的四亿五千万两赔款，俄国独得一亿三千多万，加上在东北抢夺所得，着实大赚了一笔，难怪其外交大臣拉姆斯道夫要得意地说："这一次出兵东三省，是我国有史以来最够本的战争。"

条约签订之后，李鸿章的身体健康每况愈下，而袁世凯此时却生龙活虎意气风发，各项工作开展得有条不紊。9月24日，他上奏《山东试办大学堂暂行章程折稿》，要求兴办新学，并由此创办了山东大学堂——即现在山东大学的前身，它是继京师大学堂后，各省兴办的第一所官立大学堂。

可惜袁世凯并没有太多时间在山东试验新政，因为他就要被调离这个让他为世人瞩目的地方了。

1901年11月7日，青岛火车站竣工之日，慈禧、光绪的回銮之旅刚走到洛阳，李鸿章却已走完了他漫长而丰富多彩的人生之路。在给慈禧及光绪的遗折上，李鸿章再次敦请"举行新政，力图自强"，在随遗折附上的密信及"附片"上，他更直言"环顾宇内人才，无出袁世凯右者"。虽未直接推荐袁世凯接替自己担任直隶总督北洋大臣，意思却是跃然纸上。

朝廷给李鸿章的恤典极厚，谥文忠，追赠太傅，晋封一等侯爵，入祀贤良祠之外，更泽及子孙，连他那个非常不学无术的孙子李国杰都升了户部郎中（相当于财政部司长），其他人就更不消说了。

李氏家族之外，受惠最大的当属袁世凯，就在李鸿章去世当天，他即被授为署理直隶总督兼北洋大臣，成为名义上的疆臣领袖。因为直隶总督从来都是天下第一督。而北洋大臣更不一般，其全名叫"北洋通商大臣管理直隶(今河北、天津、北京)、山东、奉天(今辽宁)三省通商、洋务，办理有关外交、海防、关税及官办军事工业等事宜"，权力之大可想而知。这还是1870年此官职设立之初的情况，到了后来，北洋大臣更成了办理北部中国洋务的钦差大臣，除对外交涉、通商、海防事务，还负责办理招商、电报、煤矿、铁路以及训练北洋海陆军、统辖海关关税等事务，绝对说得上是权势熏天。

袁世凯对恩师的去世深感悲痛，对于新的任命则跃跃欲试。这一切，尽在他为李鸿章撰写的挽联中：

> 公真旷代伟人，旋乾转坤，岂止勋名追郭令；
> 我是再传弟子，感恩知己，愿宏志业继萧规。

袁世凯得以总督直隶，除了自己一直以来高人一等的表现以外，李鸿章的推荐同样至为关键。另外，就在李鸿章去世的前一天，德国公使穆默和湖广总督张之洞在武昌见了面，在谈到李鸿章去世之后的继任人选时，穆默表示希望由袁世凯接任，张之洞将之电告了军机处，多少也为袁世凯加了分。

还有就是，盛宣怀为此也出了很大的力。盛宣怀和袁世凯是李鸿章生涯后期最重要的两大弟子，两个人也都自命为李鸿章的衣钵传人。盛宣怀的如意算盘是，如能把袁世凯推上直隶总督宝座，日后在官场大家互相关照，前途该是多么美好！他哪里想得到，袁世凯对他的报答将是恩将仇报！这是后话，以后再细说。

袁世凯的任命下来后，《纽约时报》评论道："袁当然不是大清改革运动之父，但他能让改革持续下去。"德国方面更表示希望清廷将山东并入直隶，继续归袁世凯管理，这一次，清廷没有答应。

告别的时候，袁世凯总结了在山东巡抚任上的700天，说他一共做了两件大事：一件是剿办境内的"拳匪"，另一件是在八国联军入侵时期做到了保境安民。

直隶总督，当个好干部

张勋很会混

把山东的工作和新任巡抚张人骏交接完毕后，1901年11月20日，袁世凯兴致勃勃起程北上，26日抵达保定东南部的高阳县，直隶布政使、护理直隶总督周馥率人早已在此等候。

周馥生于1837年，安徽建德人，出身于社会底层，虽没中过秀才，却练就一手好字，文章写得也不错。迫于生计，在老家帮人写信糊口之余，也干过一阵刀笔吏，替人写讼状，结果得罪了人，被迫背井离乡，正好曾国藩在安徽打仗，就投到大营做了个小文书。在曾国藩幕府中一干几年，周馥最得意的事是将军情奏折中的一句"屡战屡败"变为"屡败屡战"，一字不改却判若云泥，可惜他地位太低以至于功劳被别人冒了，所以并未得到曾国藩的重视。

周馥是个有理想的人，不甘于在军中混日子，后来回到了老家找机会，却仍一事无成，听说李鸿章爱惜人才，就跑去碰碰运气。

他真正是知己知彼，知道自己是个"一无科名，二无名气，三无推荐信"的三无人员，毛遂自荐的话多半连李鸿章的面都见不着，必须得出奇制胜才行。周馥想出来的奇招是跑到军营外支了张桌子，帮官兵们免费写家信，因为字写得好文笔也好，很快周先生就在营中有了名气，慢慢地连李鸿章都知道了有这么一个人。出于好奇，李鸿章有一天特地跑出来看了一下，发现此人确实有才，当即就把他招到营中当文案，并委以重任，周馥从此成为李鸿章幕府中的重要一员。

后来马新贻当两江总督时，周馥曾在他那里工作过一段，和袁保庆算是同事，两人关系很好，当时袁世凯还是少年郎，对周叔叔一手漂亮的毛笔字佩服不已。那会儿周馥只是把他当小孩子来看，哪里想得到后来两个人竟会成为儿女亲家——他的三女儿嫁给了袁世凯的八公子袁克轸。

再后来袁保龄在李鸿章幕府时，跟周馥关系不错，很托他为袁世凯在李鸿章面前说过些好话。1921年周馥去世，三女婿献上一副挽联，上联"识英雄于未遇，说来真古道所稀，数吾父知音，唯公最早"，讲的就是这一段的事。

所以袁世凯对这个老相识非常客气，加上知道他很能干，心里便想不如找机会让他去当山东巡抚，借以实现自己诸多未完成的使命。兹事体大，需要谋定而后动，暂时不能着急。

直隶总督署最早设在保定，后来天津发达了，就在那儿也设了一个，且以天津为主。但现在天津仍被八国联军占据着，而且各国还在那儿组织了一个临时政府，挂名"联军临时军政府天津都统衙门"，袁世凯不方便去和老外们争风吃醋，只好暂时把督署设在了保定。

刚安顿下来没几天，12月8日，喜事再次从天而降，圣旨下来，因"共保东南疆土，尽心筹画"，"卓著勋劳"，袁世凯又得了个"太子少保"的头衔。这太子少保没什么实际权力，但是个级别很高的虚衔，可被尊称"宫保"，而袁宫保比起袁制台或袁大帅（制台和大帅，都是总督的别称），听起来要更典雅高贵一些，袁世凯不是一般的受用。

接下来最大的一件事情，是预备迎接慈禧和光绪的銮驾。治安的维护、行宫的布置等都是小事，慈禧待在开封迟迟不肯动身，袁世凯猜到了老太太是顾虑真正到京后洋人的反应，遂早已派唐绍仪前去北京打探各国的态度。

唐绍仪此时已被袁世凯保为署理天津海关道，一到北京便忙着拜会各国公使，从口风中判断绝不会有问题。于是袁世凯赶紧打电报到开封，慈禧这才有点放心，并决定出发了，先走到保定再说。

从开封启程，过卫辉、彰德（今安阳）后来到磁州，这就到了直隶的地界。磁州是直隶最西南边沿的一个小县城，隶属于邯郸，非常贫困，整个县城残破得不行。穷山恶水出刁民，看起来地方上不一定很安静，还好袁世凯早已派张勋驻兵于此，并叮嘱他要好生接驾。

张勋出生于1854年，江西奉新县人，比袁世凯还要大5岁。老张本名不叫张勋，乳名叫顺生者，私塾老师给起名张系瓒，不过他只念了2年书，就因父母双亡、继而继母也去世而辍学，生计所迫不得已于12岁那年投入当地名门望族许振袆家，做许家公子许希甫的书童。

老张那会儿还该叫小张，因为为人忠心耿直，和主人家上下关系都处得极好，家里请来的教书先生刘毓贤对他尤其赏识，给他改了个名字叫张勋，看好他日后能建立功勋。

渐渐地张勋就长大了，他生性好赌，没钱便偷主人家里的东西去卖，一次偷一个比较贵重的花瓶时被发现，按理说应该被活活打死，至少也要扫地出门，不想许夫人看他长相不凡，平时又能干，私底下给了他笔钱就将其放走了。

浪迹江湖一段时间后，跟当时很多走投无路的人一样，张勋选择了从军。经朋友介绍，他进入广西提督苏元春帐下，因厨艺出色而当上了苏大帅的厨子。这一年，张勋已经30岁，恰逢而立之年，他左思右想也想不明白，身为一个厨子，自己怎么才能立得起来？

机会来得神不知鬼不觉，当年中法战争从越南打到了广西境内，张勋随苏元春的部队参战，因作战勇敢，尤其在观音桥、船头等战役中表现得非常英勇，遂不断升官，到镇南关大捷之后，他已被保为游击尽先补用，虽是候补，好歹也是从三品武官。就这样熬到1892年，张勋升任参将加副将衔，算是从二品，大好前途指日可待了。

可惜还是因为赌，张勋贪污公款被发现，这本是死罪，好在苏元春比他更贪，觉得这不是大事，更主要的当然还是赏识他的勇猛，仅仅给了个革职处分。在大清朝，降调乃至革职都不算严重，遇到好机会立即就能官复原职，所以张勋的未来，依然可以期许。

甲午战争爆发后，张勋转入宋庆军营，驻守奉天（今沈阳），并不得志，后来袁世凯小站练兵，张勋及其部队被朝廷调往受训，这样张勋虽仍属淮军，却也成了袁世凯的部下。因为资格够老，经历丰富，他先被委任为工程营统带，后又被安排为行营中军，算是早期的小站骨干之一。只是后来因为北洋三杰等袁世凯嫡系势力的成长，他才渐渐被边缘化了。

待到袁世凯巡抚山东，张勋随同前往，在剿杀义和团的战斗中表现极其勇猛，后袁世凯受命派兵勤王，派出一支队伍两名司令官一个是夏辛酉，一个就是张勋。其中夏辛酉是山东地方将领，张勋才是袁世凯小站系统中的人。

不过袁世凯为了保存实力，并不真想勤王，不管张勋再怎么热心，就是不让他去北京打仗，所以张勋只能带领部队在山东、直隶边界附近待着。等到袁世凯就任直隶总督，便让他驻防到了邯郸一带，磁州属于他的防区。迎接慈禧的銮驾，绝不像打八国联军那么危险，因此袁世凯很热心，而张勋比他更热心。

张勋此时官拜武卫右军右翼第一营统领，一般清军一营的长官称为管带，相当于营长，武卫右军的编制与众不同，营的长官称为统领，相当于团长。

张勋长得高大威猛，慈禧一见就喜欢，少不了给了一通鼓励夸奖，张勋受宠若惊之余，更是处处用心，尽显忠勇本色。

忠勇之外，张勋大搞人际关系，他很舍得花钱，对慈禧身边的太监尤其殷勤，他甚至向李莲英递了门生帖，从此自称学生。太监也是人啊！而人心都是肉长的，李莲英见张勋如此谦恭，对他也就十分关照，找机会在老佛爷面前美言了几句，慈禧竟同意让张勋带兵护驾到京。前面第一站，名叫黄粱。

黄粱是个小镇，唐朝的时候，有个叫卢生的人在这里做过一个梦，即千古流传的黄粱一梦，小镇因此变得大名鼎鼎。当年乾隆皇帝曾在这里建过一座行宫，现在正好为慈禧所用，此即所谓前人栽树，后人乘凉。

袁世凯、周馥等直隶大员早已在小镇恭候銮驾，不想慈禧一行走得慢，到达行宫时天色已晚，因而不曾召见任何人，只传旨明天到邢台再说。袁世凯有好消息急于告知慈禧以邀好，现在连人都见不到，心痒难熬却也无可奈何。

第二天还是在张勋的细心护卫下，慈禧一行抵达邢台，这是个大站，要多待一天，时间充裕，袁世凯终于得以觐见两宫。当然，光绪只是个摆设，慈禧才是重点。几句寒暄之后，说到正题，袁世凯首先声明大乱之后，直隶财政困难，但他有决心和信心解决好官员的贪污腐败，这样再大的困难都能迎刃而解。慈禧对他的态度相当满意，表示将全力支持他整顿吏治："你只管放手去干！"接着提到军务上也该着力整顿，因为军务是荣禄在管，袁世凯不敢得罪荣禄，只能拿出董福祥来敷衍，说庚子之乱全在于董福祥不听节制，罪该万死。慈禧忌惮董福祥手握重兵，怕逼急了他会造反，只好把话岔开，问到李鸿章去年奏请开办的"顺直善后赈捐"，不知道袁世凯接手后是什么情况。

袁世凯早有准备，胸有成竹地回答："李中堂的赈捐搞得很有成效，筹集到了200多万两银子。如今饷源有限，难得有这么大一笔钱，随便用了实在可惜，所以臣接手之后，已让藩库暂时封存起来，该如何用，臣的意思是，应该先请旨。"

慈禧大喜，笑眯眯地问道："那你打算怎么用呢？"

袁世凯越发镇定，跪在那里答道："现在是百废待兴，太后皇上回銮之后，用钱的地方多着呢，臣想应该首先考虑部库（即国库）。"

历来召见督抚，什么都好说，但只要提到钱，没有一个不哭穷的，现在听袁世凯如此一番慷慨陈词，慈禧不禁大为感动，当场表态说："如今财政虽然困难，但朝廷是讲道理的，对于各省赈捐的抽取，最多也不过抽个三五成，剩下的钱不少，你完全可以办点大事。"

这话正中袁世凯的下怀，当即表示直隶幅员广阔，现在的武卫右军根本不够驻防，所以他想再练一支军队，军费需要慢慢筹措，希望可以先从赈捐中支用。

这当然没问题，然后袁世凯就说到了让他心痒痒了一夜的事情。原来各国公使前两天曾照会外务部，请提前告知两宫到京的确切日期，以便大家前往迎接。这是唐绍仪在北京活动时探听到的消息。这消息很宝贵，因为它不仅能解除慈禧的担心，更是件很有面子的事，袁世凯相信她一定爱听，便迫不及待地做了这个报喜鸟。

慈禧果然是惊喜交加，瞿鸿禨知道后却很不高兴，因为这本该是他所掌管的外务部的事情，怎容他人染指？尤其是现在凭空让袁世凯出了个大风头，自己竟对此事毫不知情，真正是岂有此理！

老瞿随后便和在京的庆王奕劻取得联系，了解到确实有这么个照会，已经到了部里，因为回京的确切日期得两宫到了保定才会最后确定，所以庆王认为不着急，为了省钱没用电奏，而是走的驿递，也就是派人骑马送来，结果就让袁世凯抢了头功。

瞿鸿禨气量不大，认为袁世凯不通过外务部而直接上奏是贪天之功，对他的印象自然是坏透了。

盛宣怀怀璧其罪

回銮的火车已经由铁路督办大臣盛宣怀派人预备好了，但他却因病不能前来，慈禧便另外交代了袁世凯一个任务，让他先到正定帮着料理一下，有不妥当的地方及时调整。

这是小事，而且火车在直隶境内，袁世凯早就去看过两次，心知预备得非常完美，一共有200多节车厢，光花车就有5辆，本来是太后、皇帝、皇后、大阿哥、瑾妃各一辆，因为大阿哥在开封被废了，多出的一辆就给了慈禧。这一切，袁世凯不仅都知道，而且深为满意。这次再去，无非是摆摆钦差大臣的架子，简单得很，到了那里，三下五除二很快就把事情全部落实好了。但他心情并不轻松，主要就是因为这个因病留在上海的盛宣怀。

盛宣怀生于1844年，江苏常州人。为躲避太平天国战乱，他17岁时随祖父母移居盐城亲戚家，其后来到武昌找父亲盛康。

此时盛康刚刚上任武昌盐法道不久，管理湖北盐务。湖北是淮北及四川两大产盐地的重要销售市场，两地的盐在此竞争异常激烈，整个市场被搞得混乱不堪。他为此正头疼呢，儿子却已经悄悄草拟了一个整合川淮盐业销售的建议，有条有理，非常务实可行，他又惊又喜，当即提交湖北当局，并得到了批准。盛宣怀由此在湖北官场与商场上搏出了一点名声。

可是盛宣怀的科运不佳，中秀才之后，一连四次乡试名落孙山，幸运的是，他遇见了李鸿章。

1870年，湖广总督李鸿章受命前往陕西镇压回民起义，盛康有位朋友叫杨宗濂，在李鸿章幕府中颇受重用，盛康便请他把儿子推荐给李鸿章。李鸿章阅人无数，跟盛宣怀只聊了几句就看出此人才大如海，前途不可限量，当即委派他为营内文案兼营务处会办，跟随自己奔赴陕西，并让他负责淮军的后勤供应及营务事宜，其中就包括到沿海地区如上海、天津等地购买新式武器的任务。在这个过程中，盛宣怀有了和各国洋行广泛接触和交往的机会，他悟性很高，又是实干家，很快就掌握了办洋务的规则和诀窍，把工作干得风生水起。于是1872年，李鸿章筹备在上海创办轮船招商局时，便任命了盛宣怀为会办，总办为上海的大买办商人唐廷枢。这个阶段，因为几大总办、会办间矛盾重重，盛宣怀在招商局干得并不顺利，但他充分施展手腕，最后居然把唐廷枢排挤出局，自己当上了总办。

真正让大家对盛宣怀刮目相看的，是他买回了英国人强行修建的吴淞铁路。吴淞铁路是中国第一条营业性铁路，最初是由英国驻华公使威妥玛向清政府提出：吴淞上海之间河道淤塞，疏通困难，大吨位轮船无法停靠上海港，请求修筑从吴淞到上海的铁路，以便大吨位轮船停泊吴淞后，能和上海办理联运。清政府对修铁路这种洋玩意忌讳得很，直接回绝了此提议。

1875年初，英商怡和洋行暗度陈仓，组织吴淞道路公司，声称修筑吴淞到上海间的马路，取得了清政府征购土地的许可，结果他们把马路修成了铁路，这就是吴淞铁路。1876年4月铁路全线完工，总长4.5公里，于7月1日正式营业。

当时因为有"铁路破坏风水"一类的传说，民众的反对很强烈，清政府对英国人的阳奉阴违同样相当气愤，从一开始就要求对方拆除，英方却以吴淞属于英国租界为由拒绝，事情僵在了这里。

过了不久，火车轧死了一个过路行人，民众的不满情绪爆发，眼看两江及上海地方当局无力解决，朝廷只好让直隶总督北洋大臣李鸿章会同两江总督南洋大臣沈葆桢和洋人交涉，李鸿章把这个任务交给了盛宣怀与朱其昂。

盛宣怀、朱其昂与上海道台冯俊光和英商同样僵持不下，后来是盛宣怀提出按照铁路建筑成本，由清政府买下这条铁路，英方才有所动心，表示可以考虑。盛宣怀唯恐夜长梦多，派了几十个人化装成老百姓，深夜里把铁路的铁轨拆毁了不少，英国人这才妥协，最后是上海政府花了28.5万两银子把铁路买了回来。

铁路买回来后，李鸿章和沈葆桢产生了分歧，沈总督主张拆毁铁路，认为若不拆除，会显得英国人是对的，面子上不好看；李鸿章则认为铁路是个好东西，应该保留。最后两人达成妥协，决定采纳盛宣怀的意见：铁路拆而不毁，运往其它地方使用。谁知沈葆桢只是给李鸿章面子，铁轨、枕木等后来被运到了台湾，放在海边任其自然毁坏掉，等于清廷20多万银子只买回一堆废铁烂木头。

不过从讲政治的角度来看，这事不能用钱来衡量。事实上，只花20多万银子就解决了天大的难题，使得盛宣怀在朝廷上下声誉鹊起，李鸿章更是给了他很高的评价："心地忠实，才识宏通，于中外交涉机宜能见其大。"从此盛宣怀就跟随李鸿章办理洋务和外交，到1884年中法战争爆发，李鸿章更是以"精明稳练"、"智虑周详"、"洞悉症结"、"刚柔得中"等评语，力保他当上了天津海关道。

　　盛宣怀没有辜负恩师的期望，把洋务办得风生水起，成绩斐然。截至1896年，他的成绩单上有如此之多的第一：创建了中国第一个电报局——天津电报局；创建了中国第一个轮船公司——山东内河小火轮公司；组织成立了中国第一个钢铁联合企业——汉冶萍煤铁厂矿公司；修筑了中国第一条铁路干线芦汉铁路；创办了中国第一所正规大学——北洋大学堂（今天津大学）。再往后，他还创办了中国第一家银行——中国通商银行，创办了中国红十字会，并被任命为第一任会长……

　　但是在1896年，盛宣怀和李鸿章的关系出现了闲隙。这一年，掌控着大清朝轮船、电报、矿务、纺织四大洋务企业的盛宣怀被朝廷任命为太常寺少卿，并赋予专折奏事权。兴奋之下，他上了一道奏折——《条陈自强大计折》，说得头头是道，却被正坐冷板凳的李鸿章兜头泼下一盆冷水："盛杏荪（盛宣怀字杏荪）机智敏达，而乏毅力，其条陈固欲办大事，兼做高官，官既未操左券，事又无从着手。"盛宣怀为此很是伤感，抱怨道："……事合肥（代指李鸿章）三十年，从不争牌子，合肥亦抑之使不得进。同患难而不能效指臂之力，可长太息也。""湘乡（曾国藩）用人，唯恐不能尽其用，绝无所以限制之心；合肥用人，唯恐功为人居。"

　　虽然如此，两人关系并未破裂，只是李鸿章既已因甲午战争失势，盛宣怀的仇家们开始蠢蠢欲动也是自然之理，所以一时间弹劾四起，危机四伏。恩师已经靠不住，盛宣怀必须寻找另一座靠山，恰在此时，张之洞盯上了他。

　　张之洞清流出身，喜欢的是发议论，对于只懂得实干的人本不太看得上眼，尤其盛宣怀不仅特别实干，还颇具贪腐之名，更为张之洞不齿。但是张之洞有自己一本难念的经，他于1889年被任命为湖广总督时，一大任务就是要兴办洋务。

　　这其实是朝廷的有意扶植，欲以资望兼具的张之洞抗衡一枝独大的李鸿章之淮系势力。奈何张之洞擅长的是指点江山激扬文字，真要让他干实事不免有点强人所难，结果把个标志性企业汉阳铁厂搞得生不如死，张探花虽不至于痛不欲生，但尴尬肯定是免不了的。于是他就打上了盛宣怀的主意。为了拉拢盛宣怀，张之洞煞费苦心，不仅把他请到武汉好吃好喝，连美人计都用上了，最后两人达成了如下交易：盛宣怀竭尽人力物力财力帮助汉阳铁厂起死回生，张之洞则帮他摆平所有的弹劾，并保举他担任芦汉铁路督办大臣。通过这项交易，盛宣怀竟然逐渐垄断了全国的铁路与矿业，当真是个人物。

　　庚子之乱，盛宣怀穿针引线，积极促成了东南互保。等慈禧逃难西安，眼看北方一片荒凉，而南方则呈安定繁荣之象，这次回京途中，忍不住对荣禄说："今日看来，盛宣怀真是不可少之人。"慈禧不仅跟荣禄这么说，在召见盛宣怀派来督办花车的陶兰泉时，详细询问盛宣怀所主持的工作之外，更对他的病情非常关心。消息传出来，袁世凯就有了想法。

在袁世凯的心目中，比他年长15岁、被认为是李鸿章衣钵传人的盛宣怀，是一个不容忽视的对手。他们俩其实很早就认识，当袁世凯还是个小人物的时候，盛宣怀就已经在李鸿章那里炙手可热，所以最初两人通信，袁世凯一向自称为"侄"，不过他升到了山东巡抚以后，称呼就变了，称对方为"杏公大哥宫保"（盛宣怀字杏荪，庚子之乱后被加封为太子太保），信后的署名则是"如小弟凯"，一下子就给自己长了一辈。

盛宣怀知道袁世凯和张謇之间的故事，对这种称呼上的变化并不奇怪，泰然处之。倒是袁世凯，从上任直隶总督那天开始，就觉得自己才是李鸿章真正的继承人，盛宣怀赖以起家的轮船、电报、铁路、纺织等事业，都是建立在北洋的基础之上，且一直受北洋的支配，现在自己成了北洋的当家人，盛宣怀理应像听命于李鸿章那样听命于自己才对，但这厮却一直毫无表示，袁世凯心里很有意见。

一年多以前，八国联军尚未攻到北京之时，慈禧曾连发三道上谕，召李鸿章进京议和，由两广总督调任直隶总督。李鸿章迟迟不肯动身，反而让盛宣怀等一班僚属放出话来，说只当直隶总督而不兼北洋大臣，李中堂受不下这个委屈。慈禧急了，但也无可奈何，只能一边骂李鸿章借机勒索，一边让荣禄把北洋大臣一职让了出来。由此可见，北洋大臣这个职位，是多么重要。

但是这个职位再重要，如果旗下的轮船、电报等洋务事业离心离德，那也不过是虚好看而已。所以袁世凯早已打定主意，迟早要动盛宣怀。现在一看，这老小子不仅交通宫禁，就连慈禧那一关似乎都要打通了，再不下手，等他真正枝繁叶茂起来，还不一定谁动谁呢！

可要动盛宣怀又谈何容易？袁世凯知道仅凭自己现在的力量，并没有太大的把握，必需结交新的盟友、寻找新的靠山。那么，该找谁呢？

穷怕了的奕劻

袁世凯现在的靠山是荣禄。荣中堂是老佛爷最信任的人，一手遮天势力没得说，但一来袁世凯不想在一棵树上吊死，更何况荣禄身体每况愈下，天知道还能活多久？二来荣禄爱才，对盛宣怀印象相当好。于是袁世凯就打上了瞿鸿禨的主意。

为了验证自己的判断，袁世凯找来了杨士骧商量这件大事。

杨士骧生于1860年，安徽泗县人，小袁世凯1岁。他出生于一个高官家庭，家道中落后，于16岁中秀才，26岁中进士，是徐世昌的同榜，和徐世昌一样，入翰林院，受职编修。就在杨士骧前途一片光明之时，很不巧，母亲去世了。这当然得回籍守制。守制期满，杨士骧被李鸿章的大哥、时任两广总督的李瀚章延入幕府，颇受信任，其弟杨士琦因此也投了过来。兄弟俩追随李瀚章，直到庚子年李鸿章东山再起出任两广总督。因为以前的幕僚风流云散，李瀚章为了让弟弟更好地开展工作，就把对广东情形非常熟悉的杨氏兄弟介绍过来，一解李鸿章的燃眉之急。

杨士骧这个人兴趣广泛，爱吃喝、爱放风筝，尤其爱戏曲，虽然也爱美女，但他怕老婆，只能逢场作戏。所有这些李鸿章都无所谓，李鸿章看重的，是他的足智多谋。

杨士骧确实是个得力的助手，渐渐就被誉为继薛福成之后李鸿章手下的"小诸葛"。李鸿章在受命进京议和的时候，特意带上了他，因为他写得一手漂亮的小楷，重要的奏章都由他誊写。不仅如此，他更参与机密，献计献策，在议和中出力颇多，得到了李鸿章"文字机变能应，卒莫如杨君者"的高度赞誉。很快他就被李鸿章保荐为直隶通永道，随后升为直隶按察使，到袁世凯接任直隶总督后，杨士骧立即成为其第一号智囊。袁世凯对其评价极高，曾说过："天下多不通之翰林，翰林真能通者，我眼中只有三个半人，张幼樵（张佩纶）、徐菊人（徐世昌）、杨莲府（杨士骧），算三个全人，张季直（张謇）算半个而已。"

杨士骧的意见和袁世凯一致，认为朝中有人好做官，袁宫保若想飞黄腾达，荣禄之外，必须拉拢势力蒸蒸日上的瞿鸿禨。

袁世凯想到就干，打算屈直隶总督兼北洋大臣之尊，拜师瞿鸿禨，求得一个门生的地位，图的是一旦达成所愿，自当为所欲为——这世界上，哪儿有老师不照顾自己学生的？疆臣领袖拜门，这对任何一个大臣来说，都属于可遇不可求的荣耀，谁料瞿大军机婉言谢绝了袁世凯的美意，不收这个学生，搞得袁世凯好生无趣。

可生活还是要继续，瞿鸿禨不识抬举，庆王奕劻就成了不错的人选，尤其是，礼王世铎退休、庄王载勋赐死、端王载漪流放之后，亲贵中急需一个够分量的人物上位，奕劻的行情自然极为看好。正好此时，庆王爷要来保定接驾，袁世凯岂肯放过这个机会？

奕劻这个人，我们前面已经多次提到，现在必需得仔细说一说了。

奕劻生于1838年，是乾隆皇帝第十七子永璘的孙子，自幼被过继给庆郡王绵慜为嗣子。绵慜作为疏宗，因远离权力中心，家境早已败落，所以奕劻虽然13岁就袭封辅国将军，生活却相当困窘，好在他天资聪颖，学得一手好书法，尤其擅长山水画，在满族亲贵中享有盛誉，凭此特长也多少能赚点钱补贴家用。对此《泰晤士报》曾有报道，说奕劻"早年甚贫乏，以其为中国绘画山水之能手，兼擅长书法，尝为人教读，且资书画以糊口，藉以略增其所入"。

奕劻后来得以平步青云，除了一技之长，更在于他有个好邻居——他住在著名的方家园，隔壁就是慈禧的娘家。慈禧的弟弟桂祥是个有名的花花公子，不学无术而好游戏人生，虽然没得官当，但在大清朝有他独特的影响力。这个纨绔日子过得不是一般的逍遥自在，但是他不爱读书，更不爱写字，却不得不时常给姐姐写信，汇报家里的情况兼问候饮食起居，这在他来说是一件麻烦事，经常为此而苦恼。

再苦恼也要写，毕竟这是他荣华富贵的源泉。只是桂祥字写得实在太烂，少不了要被姐姐批评。大少爷是个爱面子的人，为了争口气，就找到奕劻代为捉刀。

慈禧打死也不相信这么漂亮的字是弟弟脱胎换骨所写，派人一打听，了解到原来是出于奕劻之手，而这个奕劻居然也姓爱新觉罗，属于皇族，不由得就对他刮目相看起来。于是，先封贝子再封贝勒，奕劻的春天就在前方不远处，已经闻得到花香了。

奕劻是个知恩图报的人，加上穷了太多年，眼看幸福就在眼前，更加不敢大意，当即就把女儿嫁给桂祥的儿子，一举抢下了有利地形。

机会确实总是留给有准备的人，1884年慈禧以中法战争处理不当为由罢免了恭王奕䜣及其在军机处、总理衙门的全部班底，一番大洗牌下来，奕劻当上总理各国事务大臣，从此走上外交舞台，并被晋封为郡王。

通往春天的路从此一马平川，第二年朝廷设立海军衙门，奕劻被任命为会办大臣，和李鸿章一起协助醇亲王的工作。因为工作上没有大的疏漏，到了1894年，奕劻如愿晋封亲王，位极人臣。

庚子之乱后，奕劻和李鸿章主持议和，成功说服了洋人不追究慈禧的责任，慈禧对此极为领情。整个议和几乎完全是李鸿章在操持，但奕劻贵为亲王，名义上是他领衔，再说李鸿章不久即去世，慈禧的一片感恩之心，便只能寄托在奕劻身上了。因此外务部一成立，慈禧立即任命他为总理大臣，连老牌军机大臣王文韶都只能当他的助手，至于军机大臣、外务部尚书瞿鸿禨，就更等而下之了。

当然，不入军机便算不上宰相，虽说有督办政务大臣之名，实际权力上，奕劻较之荣禄、瞿鸿禨仍然稍逊一筹，但是天知道他的未来会有多大的潜力！

奕劻是个穷怕了的人，对于钱，有种无法抑制的冲动，虽然大清朝无官不贪，但奕劻贪得过于赤裸裸而毫无风度，实在是有辱斯文，最终成了大家私底下嘲笑的对象。

这样的人，袁世凯一向极为鄙视，同时也非常喜欢——因为容易收服控制。他知道此前奕劻曾有抱怨："袁慰庭只认得荣仲华，瞧不起咱们的。"却丝毫没有担心，而是坚信火到猪头烂，不信搞不定这个爱钱之人。

这一次袁世凯做了精心准备，在奕劻的专车抵达保定车站时，组织了一次极高规格的欢迎仪式，亲自穿着军装前往迎接，执礼甚恭——穿军装而不穿总督官服，按当时的礼仪，这是自贬身份而抬高对方。奕劻不由得极为得意，也极为感动，对袁世凯的观感立时就变了。到了行邸一看，不是一般的富丽堂皇，迎来送往无不极尽排场，这令奕劻更为心有所感，两人说起话来，就已经完全是亲友间的感觉。

例行的恭维之后，再几句话把公事谈完，袁世凯立即单刀直入进入主题，开口就是："王爷挑着督办政务大臣的担子，眼看许多新政将要开办，王爷只会更忙，世凯想起来都在为您老人家发愁呢！"奕劻这人性子直，脱口就问："慰庭你不妨直说，替我愁些什么？""还不是工作繁忙应酬多，别的且不管，单说太后皇上三天两头颁下赏赐，王爷光打发颁赏太监的花销就不是小数啊！"

一说到钱奕劻立马来了精神，尤其是袁世凯这句话真正是触到了他的痛处，忍不住就开始大倒苦水，说是这些年管理总理衙门，累受了不少，钱根本没捞着什么。"总理衙门是有好处，比如像借外债、买军火之类的照例都有回扣，可是这些好处，全让李少荃（李鸿章）、张樵野（张荫桓）这些老家伙抢去了，哪里还轮得到我？"所以啊，赏赐太监或者其他人，奕劻坦言有时候确实有力不从心之感。这哪里是一个肩负重任的亲王该说的话？不过袁世凯却闻言大喜，心想看起来这厮竟然比传说中的还要贪婪且无顾忌，那么事情就更加好办了，于是当场装出一副同情的表情，表态说："王爷如不见外的话，从今往后，王爷府上的一切开支，通通都归北洋负责，世凯将按月致送！"一面说，一面掏出一个红包，上面写着"足纹一万两"，恭恭敬敬递过去，只说："这个，请王爷留着打赏！"奕劻感动得都快哭了，说出话来完全语无伦次，袁世凯只听清了其中一句话——"慰庭，有我就有你！"

中国第一支巡警部队

第二天太后召见，说到袁世凯，奕劻少不了极尽溢美之词。与此同时，袁世凯终于和百忙中的李莲英碰了个头，老朋友之间推心置腹没什么废话，李莲英特意强调了老佛爷近来对西洋的新鲜玩意很感兴趣，让袁世凯不妨多加留意。

1902年1月7日，慈禧一行终于踏上了返京的火车，并于当天回到了紫禁城。送走太后、皇上，袁世凯大大地松了一口气，开始着手练兵事宜——就在前一天，慈禧已正式任命他为练兵大臣，可以甩开膀子干了。

在八国联军的打击下，荣禄的武卫军早已七零八落，真正剩下的只有武卫右军，袁世凯奏请在此基础上编练北洋常备军，得到允许之后，他立即紧锣密鼓地操办起来。

北洋常备军及北洋军政大本营的最高指挥机构为军政司，袁世凯亲任督办，王英楷担任总参议。下设3个处：兵备处负责考功、执法、粮饷、医务等，总办先是刘永庆，后为王士珍；参谋处负责谋略、调派、测绘等，总办段祺瑞；教练处负责军事教育，总办冯国璋，日后的保定将弁学堂、北洋速成武备学堂、武师学堂及测绘学堂等，都由他一手创办。

清朝施行的是募兵制，直到袁世凯编练新建陆军乃至武卫右军亦是如此。这一次，袁世凯完全参照西方的制度，改为征兵制，设立了常备、续备、后备三种性质、任务都有不同的军种。应征者条件是："实系土著良民，年在十八九以上，二十五岁以下，身长四尺八寸，素无嗜好，不带暗疾。"这是新军军制的一大改革。

袁世凯专门编制的"募练新军章程"共分11条，对应募壮丁的标准及条件作了严格的规定。官兵的待遇都不低，比如班长饷银每月5两，士兵4两2钱，每月班长扣1两5钱，士兵扣1两，直接发给家属，每半年发放一次。另外，袁世凯还奏请

1902年，袁世凯的武卫右军护送两宫回銮

朝廷，要求地方官保护士兵家属，不得放任土豪地痞欺负，军属家庭如有诉讼，地方官应该优待；每名士兵准许免掉30亩差徭，以示体恤。所有这些，都大大地解除了官兵的后顾之忧。

1902年2月，袁世凯派王英楷、王士珍等人前往正定、大名、广平、冀州、赵州等地，会同地方州县官员，精挑细选出6000名壮丁，带回训练。至于练兵的经费，正式经慈禧批准后，直接从李鸿章办的顺直赈捐中支出100万两银子，很富裕了。

按袁世凯的设计，常备军平时的编制为每镇（师）辖步兵2协（旅），每协2标（团），每标3营，每营4队（连）；骑兵1标，每标3营，每营4队；炮兵1标，每标3营，每营3队；工程兵1营，每营4队；辎重兵1营，每营4队。步、炮、工程3个兵种，每队3排，每排3棚（班）；骑兵每队2排，每排2棚；辎重兵每队2排，每排3棚。各兵种每棚14名士兵。总计全镇官长及司书等748名，弁目兵丁10436名，夫役1328名，共12513名。两镇为一军，袁世凯的计划是，先练一个军出来，练成的第一个镇，他定名为左镇。

首先练成的是王英楷、王士珍的那6000人，编为北洋常备军左镇第一协，王士珍经考试后出任协统；不久第二协练成，冯国璋同样经考试后出任协统。

这个考试是袁世凯定下的军规，即每有高新职位出现，将组织所有将领参加考试，由成绩最好者出任该职，为的是"唯才是用"。王士珍、冯国璋担当大任，袁世凯对此相当满意，但他也有自己的忧虑，那就是段祺瑞这人样样都好，就是考试不行，而袁世凯希望的是北洋三杰能够齐头并进，以便相互制约，如果真有一个掉队了，那该如何是好？

不用担心，因为袁世凯根本就不是死守规定的人，即使是他自己立的规矩，破坏起来也在所不惜，只不过要干得不露痕迹而已。这事发生在右镇第一协即第三协练成之际，为了怕段祺瑞再次名落孙山，考试前袁世凯悄悄把试题透露给了他，段祺瑞这才一试而中，高就协统。

这事袁世凯守口如瓶，段祺瑞却时不时拿出来说道，炫耀之外，也是表示感恩。这是后话，就此打住。

就在王士珍就任协统的时候，捷报传来，段祺瑞、倪嗣冲打了一个大胜仗，活捉了景廷宾。

景廷宾是河北邢台人，武举人出身，为人慷慨仗义。清政府背上4.5亿两银子的赔款后，惹不起洋人，不敢不赔，便全部摊派到百姓头上，而地方官更是进一步加大摊派力度，以趁机大发国难财。当年3月，景廷宾两次聚众抗议之后，打出"官逼民反"、"扫清灭洋"的大旗，以义和团的名义起义造反，自称"龙团大元帅"，到4月间已经聚集了3万多人。随即他们攻占了威县，并杀死法国神甫罗泽溥，然后迅速和附近各县及河南、山东边界残余的义和团力量遥相呼应，形成了一支横跨3省23县、16万人的农民起义大军。

这是在直隶地盘上，袁世凯守土有责，立即派段祺瑞带领军队开赴前线，在八国联军中德、法、日部分军队的协助下，段祺瑞势如破竹，抓获了景廷宾。袁世凯下令将之押解回威县，凌迟处死。

袁世凯快刀斩乱麻，迅速扫平了这一波起义，因此得到慈禧更进一步的赏识，加上奕劻不遗余力敲边鼓，1902年6月9日，袁世凯被实授为直隶总督兼北洋大臣，真正成了天下第一督抚。

人生一顺百顺，喜事接二连三，紧接着经过不算艰难的谈判，由各国所组成的天津临时政府就和直隶当局达成了归还天津的协议，条件相当宽松，袁世凯及朝廷对此都非常满意，最后选定了一个黄道吉日——8月15日，临时政府将在这一天，将天津移交给袁世凯。

上至慈禧下自袁世凯都很开心，但这涉及一个问题，按照《辛丑条约》规定，天津回归之后，租界周边20公里范围内清政府不得驻扎军队。天津租界本就地处市中心，那会儿北京城区尚在二环之内，天津城可想而知也不大，租界之外20公里的范围，已将整个天津都划在了其中。那么天津的治安该如何维护？莫非还得依靠联军不成？纵然如此，那么首都又该如何卫戍？更何况，这更涉及国家主权。

别担心，袁世凯有办法，这么多年下来，他早已对西洋的各项制度相当了解，知道西洋各国有警察这个东西，跟军队不一样，不会被《辛丑条约》所限制。

事实上袁世凯早已想到了这个问题，早早从军队里拨出3000人，交给了赵秉钧，让他参照西洋各国的方式训练成警察，以备后用——没错，中国的警察，最早由袁世凯所创建，亲历亲为者则是赵秉钧。

赵秉钧字智庵，河南汝州人，与袁世凯同岁。他最早在老家某官宦人家做书童，因聪明而有胆识，很得主人欢心，获得了一些学习的机会。1878年县试未中没考上秀才，投入左宗棠部从军，随左宗棠征战新疆，作战极其勇敢，曾被埋在雪中三昼夜，侥幸未死，却被冻成了太监。真是一将功成万骨枯，左宗棠因为西征而让自己的人生达到了巅峰，而像赵秉钧这样的小人物，即使付出了如此巨大的牺牲，也依然无人过问，不得已他在1889年30岁时，捐了个典史的小官，被分发到直隶，并于1891年补上实缺，就任新乐县典史，大概相当于现在的监狱长吧！

袁世凯小站练兵时，赵秉钧被推荐去随军学习，在军营学校专攻侦探、警察两门。后来袁世凯巡抚山东，赵秉钧则进入了直隶巡防营，在打击京津一带义和团时立下战功，升任直隶保甲局总办兼统帅边防营，因"长于缉捕"而闻名远近，连远在山东的袁世凯都有所耳闻，因此袁世凯刚一上任直隶总督，就把赵调到身边，以便随时委以重任。后来袁世凯未雨绸缪，决定创建警察队伍，首先想到的就是赵秉钧，当即任命他为保定巡警局总办，并奏保其为知府加盐运使衔。

赵秉钧的确能干，工作安排得有条不紊，等到袁世凯和天津临时政府把一切谈好时，他的巡警队伍也已经训练完毕，中国有史以来的第一支警察队伍就此诞生。

就在这个时候，袁世凯在保定任上又创造了一项纪录——他所创办的直隶农务学堂（即现在的河北农业大学），创办了我国的第一份校报《农务官报》。

直隶农务学堂创建于1902年6月，是袁世凯新设的直隶农务局的附属学校，也是直隶省最早的农业专科学校。

袁世凯极为重视新式教育，上任直隶总督后不久，就在保定设立了直隶学校司，特命胡景桂为督办，下设普通教育、专门教育、编译3个处，大力倡导建立新式学校。仅在1902年8月搬往天津之前，即已在保定建立起了一大批学校，比如保定府官立第一、二、三、四初等小学堂及直隶高等学堂、直隶法律学堂、保定医学堂，另外还有军事方面的北洋行营将弁学堂和练官营、参谋学堂、测绘学堂各一所。9个月不到的时间，能取得如此的成绩，袁世凯的改革决心，真不是喊两句口号那么简单。

不过也正是因为他在保定待的时间太短，更多的新政来不及充分展开，很多只是刚开了个头，但是等他到了天津之后，这一切都将开花结果，直隶最终将变成中国的一个模范省。

慧眼识得詹天佑

8月份的时候，袁世凯如愿以偿把直隶总督府从保定搬回了天津。接收当天，赵秉钧带领1500名全副武装的巡警，有效地控制了天津城。剩下的1500人，则接管了西沽、塘沽、山海关、秦皇岛、北塘等重地，秩序井然。

袁世凯像魔术师般一下子变出3000名巡警，令各国领事佩服不已，但也有点不敢相信，怀疑是军人假冒。袁世凯很大方，说你们尽管考他们。一番考查下来，老外们服了——这些穿着崭新警服的年轻人，确实个个熟知警务，绝非假冒伪劣。

安顿下来之后，袁世凯饮水思源，第一件事就是为李鸿章李文忠公建立祠堂。祠堂建好之后，他亲自撰写了一副对联以资纪念：

> 受知蚤岁，代将中年，一生低首拜汾阳，敢诩临淮壁垒；
> 世变方殷，斯人不作，万古大名配诸葛，长留丞相祠堂。

另一位受恩深重的是杨士骧，他也亲撰一副对联：

> 曾陪丞相后车，暂筹笔不才，获睹日月重扶之烈；
> 又见神州大陆，创崇祠以报，足增云霄万古之光。

了此一件大事，袁世凯松了一口气，开始布置整个直隶省的新政推进，等布置得差不多了，他再次上奏慈禧，请求给假回籍葬母。

袁世凯的生母刘氏夫人于1901年10月病逝于济南，当时正值慈禧定下日子准备回銮，如果各地有那么一点不安靖，无论是义和团死灰复燃，还是八国联军再动干戈，毫无疑问都会让老佛爷很不爽。所以面对袁世凯"开去一切差事，回籍守制三年"的请求，老佛爷毫不犹豫地夺了他的情，以"山东地方紧要，正赖运筹全局"为由，只给了他100天的假期，而且只许在巡抚衙门办丧事，不准护灵返乡。

袁世凯心有不甘，但不敢坚持原意，只好再次奏请回乡葬母。慈禧再次不准，不过她很给面子，下上谕赏刘氏正一品诰命夫人的至高荣誉，并建坊题褒，赐祭一坛。袁世凯感恩戴德，也就从了。办完丧事后，先将刘老夫人的灵柩移到济南城外，然后委托三哥世廉、五弟世辅、六弟世彤等人扶枢回项城，暂且停放在袁寨。

不能亲自葬母是袁世凯的一大心病。此时在天津，班子搭好了，政策定好了，总算可以放松一下，袁世凯不再迟疑，又给老佛爷上了一道奏折，请求回籍葬母。慈禧这时正好想去西陵祭祖，将心比心，不好再无视臣下的孝心，便赏了袁世凯40天假，并赏给3000两银子，但要求他在回老家前，先把修新易铁路的事给安排好。

慈禧要修的新易路铁，是一条祭陵专线，缘起于4月间她去东陵祭祖，来回500里，虽说坐的是比八抬大轿更大的大轿，但还是累得够呛。回想去年从保定坐火车回北京，又快又舒服，老佛爷灵机一动，就想去西陵的时候不妨也坐火车。这就得把铁路修到西陵，这个事现在看起来一点都不难，只需把京汉铁路从涿州新城县高碑店那里修条支线到易县梁各庄就行，全长不过42.5公里，只相当于一个马拉松。问题是，那会儿中国人还没修过铁路，不好办啊！

好在慈禧并不指望中国人来修，加上她信任袁世凯一定能办好，所以拨出60万两银子，提出6个月内修好的要求后，就再也撒手不管。

袁世凯最初也并没打算由中国人来主持修这条铁路，他看上的是英国工程师金达，金达曾设计过著名的"中国火箭"号简易蒸汽机车，是著名的铁路工程专家。谁知法国公使不同意，向清廷提出外交交涉，理由也还算充分：正在修筑的卢汉铁路由比利时公司贷款，法国政府是该公司的大股东，注入了80%的资金。而新易铁路从卢汉铁路分岔引出，属于卢汉路的支线，理当由法国工程师来设计建造。奈何英国人坚决不肯让步，袁世凯左右为难之下，干脆两不得罪，改任梁如浩为总办、詹天佑为总工程师，由中国人自己来筑。这是破天荒的一件事，袁世凯却天生自信，敢冒这个风险。

对于"中国人自建的第一条铁路"，梁如浩这个总办只是挂名，真正主持全局的，是詹天佑。

詹天佑生于1861年，广东南海人，是康有为的老乡，和唐绍仪、梁如浩一样，也是留美幼童出身。

留美幼童是中国最早的一批官派留学生，由中国第一位留美学生、毕业于耶鲁大学的容闳所倡议，在得到曾国藩、李鸿章等实力派大臣的极力支持下得以成行。1872年到1875年间，清政府分4批派出120名学生赴美，这些学生，平均年龄只有12岁。

幼童们被分配在54户美国家庭中生活，有不少人因此成为著名作家马克·吐温的邻居。因为勤奋刻苦，他们很快就成为各自学校中最优秀的学生，并受到当时的美国总统格兰特的接见。到1880年，共有50多人考入大学，其中哈佛大学1人，哥伦比亚大学3人，麻省理工学院8人，耶鲁大学22人。

年轻人热爱运动，詹天佑、蔡绍基、梁敦彦、吴仲贤等留学生就曾自发组织过一支"东方人棒球队"；与此同时，长期的美式教育与生活，使得他们不愿再留辫子。他们穿西装，信仰基督教，甚至于迷恋上了民主、自由等离经叛道的东西，使得清廷留学事务局的官僚们大为不满，痛心疾首之余不忘奏请朝廷召回这些数典忘祖的逆子，以免贻笑大方。

容闳岂肯半途而废，遂四处奔走，他的好友推切尔牧师帮他联络了若干美国名校的校长，联名致信大清朝总理衙门；同时，推切尔牧师还和马克·吐温到纽约寻求已卸任的总统格兰特帮助，格兰特因此特意给李鸿章写了一封信。

李鸿章在国内的辛苦斡旋没有任何效果。1881年，原定15年的幼童留美计划不幸夭折，除先期因不守纪律被遣返的9名、执意不归及病故者26名外，其余94人被分三批遣送回国。还好，此时詹天佑已完成了在耶鲁大学土木工程系的学业，是当年的120名幼童里，仅有的2名获得学位者之一。

留学生们归国后遭到了社会各界的严厉谴责，自然没有受重用的机会。第一批返回的21名学生均被送入电报局学传电报，第二、三批学生由当时的新式企业如福州船政局、上海机器局留用23名外，其余50名分赴天津水师、机器、电报、鱼雷局等处当差。一心想为祖国的铁路事业做贡献的詹天佑，就被分到了福州船政局，派往福建水师学堂学习驾驶海船；1882年11月又被派往旗舰"扬武"号担任驾驶官，指挥操练。

1883年中法战争爆发，1884年的马尾海战中，福建水师高层望风而逃，詹天佑等留美幼童却表现得异常英勇，英资背景的上海《字林西报》有过如此报道："西方人士料不到中国人会这样勇敢力战。'扬武'号兵舰上的五个学生，以詹天佑的表现最为勇敢。他临大敌而毫无惧色，并且在生死存亡的紧要关头还能镇定如常，鼓足勇气，在水中救起多人……"顺便说一下，共有6名留美幼童参加了此次海战，有4人壮烈牺牲，其中3人是詹天佑的耶鲁校友，其中包括"东方人棒球队"的队友邝咏钟。

可惜外国人的称道改变不了詹天佑的命运。一直到1888年，经留美同学、在京奉铁路任助理工程师的邝孙谋推荐，几经周折他才转入中国铁路公司担任工程师，此时正值津唐铁路（天津至唐山）施工，他以"帮工程司"的身份亲临工地，在现场指挥铺轨作业，与工人同甘共苦，表现相当出色。此后不久詹天佑又参与了唐山向山海关延展的关内外铁路的施工，表现更为出色，因此于1894年被英国工程研究会选举为该会会员。再后来詹天佑又参与修建了京津路、萍醴路（萍乡至醴陵）等铁路，其高超的技能和吃苦耐劳的精神，赢得了各方的交口称赞。袁世凯慧眼识人，于1902年10月19日，正式任命詹天佑为新易铁路总工程师。

把一切安排好之后，10月26日，袁世凯离开天津，在数百官员、仆从及士兵的扈从下，回乡葬母去了。

袁世凯刚一到家就挨了一记闷棍。二哥袁世敦不许从袁寨的正门出殡，灵柩也不能埋入祖坟正穴和父亲袁保中合葬，因为袁世凯的生母刘氏夫人是偏房，不能享受正室待遇。

袁保中的6个儿子，只有老大袁世昌和老二袁世敦是正房所生，此时大哥早已去世，袁世敦算长兄。长兄为父，袁世凯在外面混得再开，在家里也得听袁世敦的。袁世凯苦苦解释，说生母虽是继室，但正室夫人去世早，后来一直是生母操持家务，实际上同正室夫人差不多。当然，情急之下，口气不会太好。袁世敦急了，回道："你别以为当了大官就可以这么跟我说话，外面的事我不管，袁家的事，我说了算！"说完就要走。袁世凯见状，赶紧下跪哀求，奈何二哥不为所动，死活就是不松口。无奈之下，袁世凯只好和几个同母的兄弟世廉、世辅、世彤商量，另择墓地安葬母亲。

袁世凯很迷信风水，立即托留在天津的周馥重金请来一个风水先生。此先生大名杨焕之，四川射洪人，一直在天津混，名气很大。周馥亲自陪着他赶到项城，杨先生四处察看，最终在袁寨东北20里的洪家洼挑中了一块风水宝地。

袁世凯直接买下了那块地，规划下来，墓地约占120亩，在北面建了一所四合院，供守墓人居住，另有200多亩地作为耕地，其收入全部作为守墓人的生活费用和每年祭祀使用。

因为二哥捣乱，袁世凯决定把灵堂设在袁寨西北20里的袁张营。这个地儿，最早叫骡马张庄，部分袁家人由袁寨迁来之后，把名字改成了袁张营。胡乱改地名本不合规矩，只是袁家势力太大，大家也就认了。

灵堂设在袁张营一座20亩的大院里，周围安排有官兵站岗值勤。大院内分几个庭院，共有100多间房屋，足够宽敞。大院门前则摆放了许多丝绒骡子和绒线缝制的马，纸人、纸楼等则排出了十来里长，后来光烧就烧了几天几夜。

祭吊期间，项城县知县亲自前来充当执事，将近20天的时间，日夜开宴数百桌，凡前来祭吊者，不管认识不认识，一律随到随吃，绝对管够。袁世凯对客人不行跪拜礼，而是用一张方桌，四面绑上杠子，由8人抬着，袁世凯坐在上面迎接来客。

出殡当天自然是盛况空前。本来从袁张营去洪家洼有一条直线可走，可袁世凯不走寻常路，特意绕道袁寨，兜了一个大圈子，显然是为了炫耀排场。

排场倒也真大，光最前面开路的马队就有几百人马，后面的队伍浩浩荡荡自不必说，里面富丽堂皇的龙凤銮驾，才是最大的亮点。至于袁世凯，他坐在一顶八抬大轿上，轿子特意去掉了顶子。他穿着孝服，端坐在上面，路上挤满了看热闹的人，一路上不停有人招呼他："嘿，老袁！"或者"老四回来了！"最开始卫队觉得岂有此理，便呵斥众人："这是袁官保袁大帅，不得放肆！"结果却是袁世凯不敢放肆，忙摆摆手制止手下，说："到家了，没关系，没关系。"后来卫队也就随他们去了。

队伍所过之处，各家门前，都摆放着香案和茶桌子，以示恭敬。可以想象，这多半是县太爷做的工作。不过有两个人，谁的面子也不给，一个是袁家二哥世敦，他不仅没参加殡仪，甚至还特意穿了一身红衣服，纯粹是一种恶心人的架势。袁世敦之所以如此不合作，据说是因为袁世凯当上山东巡抚之后，这个二哥曾请他帮着去掉处分，官复原职，而袁世凯没有答应。

袁世敦之外，还有一个不合作者，是高元善高五老。

高、袁两家是项城的两大家族，高家更老牌一些，一向看不起后来居上的袁家，为此两家结下了很深很深的怨。高家做事出格，比如袁寨刚刚建成时，高家就在东门对面盖了一座两层的楼房，楼脊上修塑一柄硕大的三股钢叉，叉尖正对着袁寨。项城当地，管鳖叫鼋鱼，"鼋"音同"袁"，所以袁寨也可以说是鳖寨，高家用钢叉对着它，为的是让这个家族永世不得翻身。而因为此楼，这个叫高庄的地方，后来被改叫钢叉楼村，直到现在。至于高、袁两家究竟有什么样的深仇大恨，现在已没人说得清，反正袁母出殡当天，高元善家门口啥也没摆，坚决不向袁家低头，袁世凯也没拿他怎么样。

这些都是枝节，总的来说，葬礼的规格很高，当天现场冠盖云集，河南巡抚张人骏奉朝廷之命亲往祭奠，到场的其他大小官员更是不计其数，袁母可算是极尽哀荣。只可惜，陪葬的金元宝、金茶壶、金油灯、银白菜等贵重物品，1944年抗战的时候，都被汤恩伯的部队盗墓盗走了。

一通恭维，与张之洞化敌为友

风光葬母之后，袁世凯并不急于回任——他打上了盛宣怀的主意。

原来早在袁世凯离开天津之前两天，即1902年10月24日，盛宣怀父亲盛康以84岁高龄在武进县老家去世，照例盛宣怀应该奏请开去所有差事，以安心守制三年。盛宣怀奏请是奏请了，却一心想着朝廷能夺他的情，千万别让自己回家。正好此时张之洞派女婿陈念礽代表自己前来上海吊唁，盛宣怀便请他转告张之洞，无论如何帮自己把几个重要职位保住。

张之洞，字香涛，够级别的人可以称他为香帅。张香帅倒是很帮忙，以工作需要为由，上奏请朝廷保留盛宣怀的官职，特别强调了就目前来看，铁路督办大臣一职非盛宣怀不可。

朝廷很给张之洞面子，保留了盛宣怀的铁路督办，但其它所有职位，全部准予开缺，或改为署任，并有消息传来，为了给户部筹款，朝廷打算派张翼前来督办轮船招商局和电报局。此两局是盛宣怀的聚宝盆，而张翼则是将开平煤矿出卖给英国的罪魁祸首，由他来任督办，后果完全不堪设想。

盛宣怀很机灵，知道自己目前不方便出面阻挠此事，便想到了挂着"督办商务大臣"之名的袁世凯，当即发了一封电报到开封，请河南巡抚衙门转递到项城。电报中说："轮、电发端于北洋，宣怀系文忠（即李鸿章）所委，并非钦派……公督办商务，此为中国已成之局，公既意在维持，愿勿令其再蹈开平覆辙。伏乞主持公论。"并邀请袁处理好家事后到上海面晤，共商大局。袁世凯读后大喜，兴致勃勃地回电道："留侯（指张翼）接局，鄙人断不谓然……当电京阻止。"这是实话，不过袁世凯并没有把内心更真实的想法告诉盛宣怀，却在给主持招商局局务的沈能虎的电报里有所表达："商局创自北洋，拟奏请仍由北洋维持。"

盛宣怀闻听风声后感到不妙，立即放出风来，说他还背着汉阳铁厂这么一个包袱，该铁厂亏空累累，之所以垂而不死，完全是因为有轮、电两局的盈利支持。所以不管是谁，想要拿走轮、电，则必须把汉阳铁厂一起拿去，否则该铁厂必死无疑。

这里有句潜台词：张之洞绝不会答应！因为汉阳铁厂其实早已不再亏空，现如今不仅经营状况良好，更已成为湖北省的一大面子工程。湖广总督张之洞因为辈分高名气大，具有全国性的影响力，岂会容人染指自己的里子兼面子？

袁世凯当然知道张之洞的分量，事实上此时在他的眼里，举目望去，慈禧之下，只有4个人入得了他的法眼，那就是朝中的荣禄、瞿鸿禨，督抚中的张之洞、岑春煊。荣禄和瞿鸿禨，一个是自己的靠山，一个似乎看自己不顺眼，这两人且不去说他。岑春煊是个人物，又有慈禧垂青，未来必是自己的一大对手，事实上目前就已有"南岑北袁"之说。这个人个性独特，不好拉拢，也只好暂且不管，那么剩下一个张之洞，就不得不好好敷衍，以为将来争得一个有身价的盟友。

于是他定下了行程：先取道信阳前往武汉考察当地的洋务事业，之后坐船到南京拜访张之洞——这两站还有一个目的，就是打探汉阳铁厂的虚实。然后去上海见盛宣怀，再从上海坐海轮回天津。

袁世凯是11月20日启程的，先到汉口，代张之洞署理湖广总督的端方亲自迎接。袁世凯不讲虚文，只点名要求参观汉阳铁厂、枪炮厂及布、麻、纱、丝四局，这都是张之洞兴办的洋务产业。

参观过程中，袁世凯对陪同的端方没太多话说，反而跟督署文案郑孝胥打得火热，对张之洞在湖北的规划与作为赞不绝口，夸奖道："今日之下，只有我跟南皮两个人，还能够担当大事。"

郑孝胥生于1860年，与长他一岁的袁世凯勉强算同龄人。袁世凯之所以对郑孝胥热情有加，是因为他诗写得好，字写得更好，很受张之洞的赏识，被引为心腹。袁世凯相信，他在这里说的好话，传得到南京张之洞的耳朵里。郑孝胥果然没让袁世凯失望，一封信发到南京，张之洞心情顿时好了许多。

原来前不久刘坤一去世，朝廷派张之洞署理两江总督。两江总督必然兼南洋大臣，和兼任北洋大臣的直隶总督一样，属于一线督抚，位高权重，换任何一个人，都会为此兴高采烈，但是张之洞却高兴不起来。

因为早在甲午战争期间，刘坤一奉派出关督办军务，张之洞即已署理过两江总督位。那一次，刘坤一是去前方打仗，打完了还要回来，朝廷不开去他的原缺，这可以理解；可现在，刘坤一人都死了，还给自己来个署理，叫张之洞如何咽得下这口气？尤其是晚辈袁世凯的直隶总督北洋大臣是实授，而自己这个两江总督南洋大臣却是署理，张之洞横亘于胸的恶气，就不免被引到了袁世凯身上。如今听郑孝胥说袁世凯对自己恭敬有加心存佩服，张之洞这才觉得孺子可教，对他的印象好了许多。

就因为此，当袁世凯的专轮抵达南京下关，张之洞也不托大，按照正常礼仪，铺开排场，亲自前往迎接，直接给接到了总督衙门的花厅。

袁世凯是做足了功课来的，照例的寒暄过后，开口就说："光绪三年，先伯父病逝，朝廷加恩甚厚，御赐祭文和御制碑文更出自香帅手笔，妙笔生花。"说到这里，袁世凯开始脱口背诵："'风凄大树，留江淮草木之威名；月照丰碑，还河岳英灵之间气'，这样的句子，真是字字珠玑，大家手笔啊！"

张香帅和大多数当权者一样，软硬通吃，尤其喜欢恭维，更何况袁世凯的话直挠其痒处，没有半点的拐弯抹角，闻之顿时心情大悦，当即乐呵呵地说："慰庭你快别说了，咱们喝酒去！"

这场酒当然喝得其乐融融。作陪的很多，但首桌只有两个人，袁世凯上座，张之洞打横相陪，其他人全部坐在下面的桌子旁。上面的人无所谓，下面的陪客肯定吃不好，眼睛得时刻盯着首桌上的两位，看他们笑的时候，跟着尽情傻乐，生怕乐得不够充分让人觉得不成熟。

袁世凯是从容多了，反正甩开膀子夸就是。"香帅，世凯此次在武昌和汉阳观摩了几处您创办的洋务事业，实在是佩服，真是百闻不如一见。您不仅是造福湖北，更是开风气之先啊！对香帅，世凯除了五体投地，实在说不出别的。"袁世凯就像是神枪手，每一发子弹都要消灭一个敌人。果然，这句话又夸到了点子上，张之洞不由得捋须大笑，伴随着下面的一片笑声，朗声说道："慰庭你是行家啊！老夫在这里自夸一句，办洋务，之洞虽非首创之人，总算有大格局。汉阳铁厂现在是全亚洲最大的钢铁厂，这是连洋人都承认的。再说布、纱、麻、丝四局，看起来不关军国大事，却事关民生，民生无小事啊！是不是慰庭？"

看看火候差不多了，袁世凯不忍遽尔变调，又饶了一句夸奖作为转折："香帅说的极是。老佛爷不是常说嘛，要以人为本。"见张之洞频频点头，袁世凯赶紧抓住时机切入正题："世凯这次在汉阳铁厂待了一天，真是大开眼界。香帅，佩服啊！以前常听人说，汉阳铁厂不过徒有虚名，其实赔钱赔得厉害，现在才知道，那根本是不明真相者在造谣！""哪里是不明真相？分明就是别有用心嘛！"张之洞激动了。"国家正在兴修铁路，汉阳铁厂生产的钢材完全供不应求，还要远销到南洋、欧洲市场，慰庭，汉阳铁厂的前景不是小好，而是大好啊！"

袁世凯探明了底细，内心很是满意，开始有闲情逸致品起酒来。恰在此时，张之洞困了。

张之洞的生活习惯迥异常人，他通常每天下午2点开始睡觉，睡到晚上将近10点才起床工作，工作累了就吃饭喝酒，然后再打个盹，凌晨6点前一定会起来，再接着工作，每天周而复始，他美其名曰"一天当两天用"。外界对此的观感当然不好，加上他其它乱七八糟的毛病，湖北官场上有人就写了一副对联加以讽刺："号令不时，起居无节；语言无味，面目可憎。"虽然没人敢送给他，但后来大理寺卿徐致祥参劾张之洞辜恩负职，其中一条就是"兴居不节，号令无时"。朝廷命令当时的两广总督李瀚章前往调查，李瀚章和了一通稀泥，把此事敷衍了过去，只是张之洞独特的生活习惯，就此传播了开来。

这顿饭吃到现在，正到了张之洞犯困的时候。他是困了就一定要睡的，此时出于礼貌勉力支撑着，其痛苦不言而喻，最后终究还是睡了过去，过不多久，呼噜声响了起来，时而低沉，时而悠扬。袁世凯大囧，但他又不好惊醒主人的美梦，底下坐的全是张之洞的下属，更没有一个人敢上前惊扰，一时间场面好不尴尬。

袁世凯终于站起身来，陪客里面官最大的藩司、臬司赶紧赶了过来，刚要开口说话，袁世凯急忙摇手，示意大家别出声，然后悄悄就往外走。按照体制规定，凡总督进出辕门，必需要鸣炮，炮声一响，张之洞到底还是醒了，一看袁世凯已不辞而别，自觉失礼，赶忙传轿去下关送行，可哪里还来得及？

袁世凯抵达上海，首先到灵堂吊唁盛康，随后就和盛宣怀闭门密谈。

两人首先重申了一个共识：轮、电两局，绝不许外人介入。接下来就产生了分歧，盛宣怀表面上表示"电宜官办，轮宜商办"，但接着又说，在他守制期间，轮、电可以收归北洋，不过北洋应该一如以往，只做名义上的管理者。

袁世凯哪里肯做这种有名无实的事？当即表示："在我看来，老兄最近之所以被千夫所指，主要就在于轮、电两局。据我所知，打这个主意的并非只有张翼。"见盛宣怀不说话，他又接着说："以老兄的才具，早该担当督抚大任了，现在却被凡尘俗事所困扰，实在可惜！我看不如把这些破事交给北洋，老兄甩手而去，一身轻松，未尝不是一大幸事也！"

面对袁世凯保他当督抚的暗示，盛宣怀不为所动，表示轮、电两局确有大利，但所获之利全搭进了汉阳铁厂那个烂摊子。北洋若一定要取两局，则必须把铁厂一起拿去，否则该厂必死，"盛某在张香师那里不好交代"。袁世凯心里有数，一口就答应了下来："好说，好说。"

盛宣怀见吓不住他，只好祭出了杀手锏，说轮、电两局名为官督商办，其实说穿了就是商办，完全是招股开办的。现在北洋要想收回去，没问题，但请按股票市值购买，"以免阻塞商务"。并威胁说："洋商觊觎，颇想从中攘夺。"意思是慰庭老弟你要是不愿出钱而想强夺，那么自有洋人肯出钱购买，等这两大事业变成了洋人的，看你担得起这个责任不？

袁世凯一看盛宣怀拿出的总账目，光电报局的股票就价值300多万两银子，不免英雄气短，不觉想起当年"床头金尽壮士无颜"的落魄，跟盛宣怀勉强敷衍了几个回合之后，只得告辞而去。

盛宣怀行走江湖多年，老于世故，深谙"不怕贼偷就怕贼惦记"的道理，不敢大意，送走袁世凯后，立即给荣禄发了一封电报，说电报局可以改为官办，他个人没有意见。只是若真改为官办，一旦打起仗来，必为外敌抢占；商办则没这个顾虑，因为外国人尊重私人财产，比如八国联军那会儿依然能通电报即是明证。至于轮船公司，是个纯市场的玩意，而且能和洋商争利，更应该商办。当然率土之滨莫非王臣，它是应该有个婆婆，但也应该归商部，而不能归入北洋。

荣禄当国多年，自然看得懂盛宣怀的心思：此时商部尚在筹备之中，是个根本还没有的机构。盛宣怀宁愿把轮船招商局归入尚未成立的商部，是因为他本人就是商部尚书最热门的人选。退一步说，就算他没当上，那么将来不管谁当，对他来说都好对付，但如果落入袁世凯之手，那可就再也拿不回来了。

荣中堂对此未置可否，他还想听听袁世凯的想法。此时袁世凯刚刚回到天津，而时局已经发生了一些变化，张之洞回任湖北，两江总督给了魏光焘，算是爆了一个大冷门。

　　魏光焘字午庄，生于1837年，湖南邵阳人，生于1837年，厨师出身，做得一手好湘菜。20岁时小魏弃勺从戎，加入湘军，先在曾国荃营中，后随左宗棠军平陕甘回乱，并收复新疆，1884年被授为首任新疆布政使。

　　甲午战争爆发后，担任湖南布政使的魏光焘应诏率部开赴辽东，打了两场败仗之后，领兵驻扎牛庄。日军尚未打到，此老兄即已望风而逃，一日一夜奔袭300里，跑得够快，其间3次坠马，受了脚伤，多亏战报写得好，说是"挂彩"，以致和议成后，魏光焘先升云南巡抚，再调陕西巡抚，当真是官运亨通。

　　庚子之乱，魏光焘领兵勤王，因此晋升陕甘总督，随即调任云贵总督，官当得够大了。不过老魏对自己要求很严格，总觉得官无止境，欲更上层楼，眼看着刘坤一去世，便打上了两江总督的主意。

　　魏光焘倒不怕自己能力有限，只是觉得资望稍浅，不好明争，便请了一个朋友帮忙。这个朋友叫王之春，最早是湘军名将彭玉麟的部下，戊戌变法后走荣禄的路子，当上了广西巡抚，靠山相当硬。

　　王之春很帮忙，于是魏光焘就跟荣禄搭上了关系。他很舍得花钱，荣禄呢，虽然贵为当朝宰相，其实也是如你我一般的凡夫俗子，很喜欢钱，两个人一拍即合。这样到了慈禧征询关于两江总督人选的意见时，荣禄就不会为张之洞说好话了。光不说好话还不行，还要说坏话："两江乃膏腴之地，而张之洞素有屠钱之名，人地不相宜。"——清末督抚有"三屠"：袁世凯屠人，杀人不眨眼；岑春煊屠官，喜欢参劾下属乃至上级，眼里不揉沙子；张之洞屠钱，再多的钱他都敢花。

　　这个理由本已经足够让慈禧悚然而惊，而荣禄真正是老谋深算，竟还有另一套说法："自曾国藩起，两江总督从来都是湘军出任。"所以呢，现在仍应尊重传统。于是湘军出身的魏光焘就如愿当上了两江总督，把张之洞气得不知道又屠了多少冤枉钱！

　　袁世凯却对此结果非常满意。在他看来，魏光焘不过是庸碌之辈，比张之洞好对付得多。如此，北洋、南洋间多年来的竞争，到现在胜负已不言自明。遥想李鸿章的北洋岁月，南洋那边，先有曾国藩、左宗棠，后有曾国荃、刘坤一，都是德高望重的名督抚，足以与北洋分庭抗礼，现在天上掉下个庸才魏光焘，自己真是命好啊！

　　但是转念再一想，李鸿章在位时，盛宣怀跟孙子似的，他主持的所有事业，北洋虽不干涉，却无不予取予求。而现在，这厮居然敢跟自己玩猫腻！不行，非得把那些事业收回来不可，否则手里没钱，干不成大事。想到这里，他便上了一道奏折，促请朝廷将轮、电两局收回，一律改为官办。

袁世凯并没指望能一击而中，他很清楚盛宣怀树大根深，轻易扳他不倒，想要成功，必须得有荣禄的支持。

盛宣怀的红颜祸水

荣禄的精神越来越差了。庚子之乱后，荣禄赶往西安的路上，夫人不幸去世，对他打击极大；祸不单行，等到两宫回銮，在路上儿子又因病不治。

荣禄只有一子一女，这个打击可想而知，整个人简直就濒临崩溃，再也没有真正好转。自对女儿福妞的疼爱是变本加厉，娇纵得不行。

荣禄憔悴，据说和他传过绯闻的慈禧太后心有不忍，为了加以笼络，也为了冲喜，直接降旨指婚，做主让福妞嫁给光绪皇帝的亲弟弟、醇亲王载沣。这在荣禄来说，是件很得意很有面子的事，只是载沣的母亲刘佳氏执意不肯，又哭又闹的，搞得大家很是扫兴。

刘佳氏也并非无理取闹。原来载沣早已订婚，对象是蒙古亲贵德楞泰家族的小姐，性如烈火；其父希元，生前做过吉林将军。这门亲事是刘佳氏亲自定下的，现在要退婚，女方扬言会自杀，确实是个大麻烦。不过在慈禧看来这不算什么，轻轻一句话就摆平了两家，刘佳氏不肯也得肯，如此载沣和福妞的婚事就成了定局。希元家的小姐忍受不了这个奇耻大辱，果然服毒自杀了。

希元死去多年，再死个女儿实在掀不起波澜，更何况，此烈女是被慈禧逼死的，谁又敢出来说话？而荣禄嫁女儿，这才是大事，整个官场闻风而动，好不热闹。各方送的礼汗牛充栋，其中光魏光焘一人就送了20万两银子。袁世凯没那么多钱，只能由北洋公所凑了2万银子，算作表示。

按照清朝的体制，封疆大吏不经上谕召唤不得进京，所以婚礼当天袁世凯只能在天津待着。消息传来，荣禄只露了个面，没有亲自接待贺客，一时间谣言四起，更有医生私下透露，荣中堂大限将至，只怕活不过春天了。

这让袁世凯心生警惕，因为荣禄去世后，谁来接替首辅的位置事关自己的前程，觊觎他直隶总督北洋大臣位置者不在少数，别人他不在乎，有两个强敌却不得不防：一个是盛宣怀，有能力有资历还有大把的钱，且有张之洞鼎力支持；另一个就是岑春煊，此人近来官运亨通，在山西、四川确实也都干得有声有色，并且有老佛爷罩着，绝对不可小视。

袁世凯明白自己资历不够，不用有接替荣禄的妄想，还好张之洞同样没戏，因为荣禄的接班人，将出自于满族亲贵——首辅，即领班军机大臣不用汉人，这早已是传统，没什么可商量的余地。

那么放眼望去，亲贵里面，除了庆王奕劻，还真没有勉强可以堪当大任者，这令他颇感欣慰。现在北洋与庆王府之间，是鱼儿离不开水的那种关系，相当的水乳交融，一旦奕劻得道，自己不愁升不了天。

而事实上，奕劻的呼声确实最高，就连慈禧身边最受宠信的两个人大格格荣寿公主和李莲英都在极力帮助他。饶是如此，袁世凯仍不敢掉以轻心，若是荣禄如恭王临终前说翁同龢那样，留下一句"奕劻不靠谱"一类的遗言，以他在老佛爷心目中的地位，难保慈禧不会变计。

想到这里，袁世凯决定立即行动，无论如何要到京城走一趟，面见荣禄，为奕劻再增加点保险系数。于是某天当慈禧聊起西陵祭祖之事，说到新易铁路时，李莲英顺口一句"不如召直隶总督来问一问"，袁世凯便接到了来京陛见的上谕。

此次进京，袁世凯专门准备了一个大箱子，装的全是针对荣禄哮喘病的中西良药。1902年12月29日，袁世凯到了北京，宫门请安之后，首先拜访荣禄，先寒暄两句，再表过忠心，两人开始谈起正事。因为袁世凯刚从南边回来，荣禄便问起了两江的情形，这恰好给他攻击盛宣怀提供了机会，说轮船、电报、矿务、铁路等都创自北洋，可自李鸿章死后，这些事业便既不属于北洋，也不属于南洋，盛宣怀大有自立为王之势，时间长了必将尾大不掉，不可不防。

荣禄站得高看得远，他说你所奏请的电报局改为官办，盛宣怀对此没有意见，此事已成定局；另外招商局也必须收回，但这事不必太急；至于铁路，因为张之洞力保盛宣怀，暂且不动为宜。荣禄更进一步表示，电报局收回后，不妨仍归北洋管理，到时将给袁世凯一个新的头衔——督办电政大臣。这让袁世凯内心很是得意，但是另一件大事却办不成。因为荣禄对满人贵族之庸碌成见很深，所以袁世凯根本找不到机会替奕劻说话，只能暂时作罢。

　　第二天入宫谒见慈禧，谒陵及铁路、行宫的事慈禧问了又问，袁世凯答了又答，说了很长时间才告一段落。见太后高兴，机会难得，袁世凯便趁机提出废除彩票代之以印花税的事。

　　庚子之乱后百废待兴，李鸿章回任直隶总督，为了筹措经费而弄了彩票这么一个玩意，最开始销路还可以，后来就江河日下了。等到袁世凯上任，认为彩票无异于自己最痛恨的赌博，早有废除之意，便趁此奏请废除。慈禧也不装腔作势，老老实实承认这事自己不懂，如若真如袁世凯说的害处颇多，当然应该停办，然后要求袁世凯跟户部沟通之后，上奏折请示。袁世凯赶紧叩头称是，慈禧的最高指示随之而至，老佛爷说："眼下国库空虚，袁世凯你是封疆大吏，也应该想想办法，为国分忧。"

　　袁世凯自然有办法，他的办法就是开征印花税。

　　这事并非袁世凯首创，早在1889年，为了给刚组建的北洋水师筹集经费，李鸿章即已建议仿照欧美各国征取印花税，但遭到了总理衙门的拒绝。其后十几年，征税的呼声一直不断，到了1901年，刘坤一和张之洞联名会奏，建议开办印花税，终于引起了朝廷的重视。1902年5月28日，外务部和户部遵光绪皇帝之旨意，草拟了印花税办法七条，即《清外务部户部遵议试行印花税并原拟办法七条疏》，上奏清廷。朝廷的办事效率低得能急死慢性子的人，一直没有下文大家也都可以理解。袁世凯是赞成此举的，看现在时机不错，更不迟疑，马上向慈禧请求开征印花税，慈禧还是那句话，让他先写个奏折和办法来看，这就意味着事情将要成了。

　　接下来慈禧问到了她最关心的练兵之事，问袁世凯要多长时间，大清朝的新军才能练得像个样子。

　　袁世凯实话实说，首先指出问题：现在各省兵制不一，军律不齐，粮饷有多有少，枪械有新有旧，士气有好有坏，操练有勤有惰，平时声息不通，战时自无法相顾。他随后表示，练兵先练将，所以必须先统一兵制，并统一教练。接下来袁世凯的语气就轻松了，他说各省训练的新军大都还未成形，但北洋的常备军和湖北的自强军已初具规模，不妨令各省选派将校到北洋、湖北学习操练，然后推而广之，这样不出三五年，应该会有让老佛爷眼前一亮的效果。

　　听到这话，慈禧果然眼前一亮，袁世凯却话锋一转，说练兵不能只埋头练兵，粮饷之外，像铁路、电报、轮船等新兴的洋务，无不关乎军事，如果不能统一调动，那么新军的战斗力照样出不来。这几句话，锋芒所指，不用说正是盛宣怀。

慈禧觉得袁世凯的话有道理，表示铁路刚开始建设，盛宣怀很能干，又有张之洞力保，不妨让他干下去；电报局已有成议，收归国有，拿回来就是；至于轮船招商局，尽不妨商量，进而问道：“你不刚从上海回来吗？和盛宣怀谈了些什么？”

袁世凯岂肯放过这个时机？他立即对盛宣怀展开攻击，说盛宣怀以商股的名义不肯交出招商局，而这个所谓商股，不过是几个人的股份，搞了20年，这几个人早就发了，说难听点，他们简直就是侵吞国有资产。现在国事艰难，这帮人也该知恩图报才对。

慈禧被说动了，表态说：“国家的利益，不能只肥了几个人。你下去跟荣禄商量下，看怎么办才好。”

袁世凯和荣禄早就商量好了的，于是结束召见之后，不急着再去看荣禄，出宫便直奔庆王府而去。

真是有钱能使鬼推磨，自袁世凯以北洋公款每月1万两银子承包了庆王府的日常开销后，奕劻完全拿他当亲人来看待，此时早已等候许久，见面一番客套自是免不了的。

客套完毕，袁世凯却跟载振聊上了。载振是奕劻的儿子，爵位贝子，是京城著名的花花公子。袁世凯完全是一副大哥的样子，对他殷殷相问，劝他少一些声色犬马，有机会不妨到外洋走走看看：“老弟必将大有所为，不要辜负了自己才是！”载振频频点头，对袁世凯相当恭顺，一点没有平时那种纨绔的样子。奕劻看在眼里喜在心头，当场撮合两个人结拜成了换帖兄弟，载振岁数小，管袁世凯叫“四哥”。这下子袁总督和庆王爷一家的关系又深了一层。

既然如此，四哥关照一下弟弟就是顺理成章的事，只是袁世凯提出的蓝图过于宏伟，连载振都不只是受宠若惊，简直有点不知所措了。

袁世凯直截了当地提出，要推举载振当商部尚书。并且按他的设计，商部的尚书，将不像以往的六部尚书那样满汉各一，而只设一位，是绝对的老大。载振多少有点自知之明，闻听此言，脸都禁不住红了，不知道该说什么。倒是奕劻沉着一些，还说得出话来，很没有底气地问了一句：“他行吗？”

这当然不是袁世凯的心血来潮，恰恰相反，这正是他深思熟虑的得意之招。

事情明摆着，商部的设立已是箭在弦上，觊觎这个尚书的人不少，却以盛宣怀的呼声最高，事实上连袁世凯自己都不得不承认，也只有盛宣怀才是最适合的人选。

但是，站在自己的立场，商部尚书这个位子，谁都能坐，唯独盛宣怀不能坐。因为此部权力很大，像铁路矿务及商务等都归之掌管，别人来坐还好说，一旦落入盛宣怀之手，以他的精明强干，势必将它发展成一个独立王国，那么自己现在辛辛苦苦谋取的轮电两局就算得手，到时也难保不得而复失，岂不是竹篮打水一场空？所以得推出一个人来抵御盛宣怀，之所以选中载振，一是因为他是少年亲贵，容易得到旗人的支持，另外袁世凯认为，推出载振能得到奕劻的死力相助，而奕劻现在的政治行情，就犹如早晨八九点钟的太阳，无可限量。因此当奕劻那一句"他行吗？"刚一出口，袁世凯立即斩钉截铁地回了一句："怎么不行？"

"年纪太轻，又缺少阅历。"

"年纪轻算什么？甘罗12岁当使臣，康熙圣祖8岁当皇帝，孔融4岁就能让梨，跟他们比，贝子不年轻了。没有人天生就有阅历，去阅、去历就是！明年春天的日本大阪博览会，贝子不妨去看看，阅历阅历。"

袁世凯是早就想好了的，自己兼着一个督办商务大臣，尽可以奏请派载振出使商务活动。再有个户部右侍郎兼内务府总管大臣那桐，曾当过赴日谢罪专使，轻车熟路，而且此君声色犬马样样精通，和奕劻父子熟得不能再熟，由他陪着载振去，绝对万无一失。听到这里，奕劻放心了，载振也有自信了，事情就此定局，三个人皆大欢喜。

回到天津，袁世凯首先找来了吴重熹，也就是他考秀才时的那位陈州知府。

这些年以来，吴重熹的日子过得不好不坏，官位循着资历往上升，逐渐升到了江宁布政使，虽不曾大红大紫，倒也逍遥自在。

袁世凯当上直隶总督后，未忘师恩，奏请将吴重熹调到直隶来当布政使。官场的规律是，当到直隶藩司，红的机会就大了，吴重熹对此心怀感激，虽然袁世凯口口声声称他老师，他却绝不把这个顶头上司当学生看待。当然也是不敢，毕竟张謇的前车之鉴人所周知，所以吴老师对这个学生只称"宫保"，谦恭得很。

这次袁世凯找他来，是想让他去上海接管电报局。电报局就要正式收归北洋，袁世凯本人也已经被任命为督办电政大臣，主持接收工作，但他实在走不开，必须要找个信得过的副手常驻上海去当家，便打算奏请派吴重熹为会办大臣，以为犄劳。这是独当一面的美差，吴重熹当然求之不得，只是他也忌惮盛宣怀的才能，怕自己不是对手。好在这层顾虑袁世凯早想到了，他的解决方案是奏派杨士琦去当帮办大臣，给吴重熹当帮手。

杨士琦是杨士骧的弟弟，也是先追随李鸿章，现在袁世凯幕府中担任洋务总文案，是相当能干的一个人。袁世凯让他去做帮办，不仅是为了帮吴重熹，更是为日后拿下轮船招商局做准备。

杨士琦很能混，三教九流的朋友也多，还未去上海上任，就为袁世凯找到了一个打击盛宣怀的秘密武器。这武器是一个人，名叫朱宝奎。

朱宝奎，江苏常州人，是盛宣怀的老乡，曾游学美国，归国后便被盛宣怀罗致手下，先在招商局，后到电报局做事，是个能人，加上又是同乡，深得盛宣怀的信任，当了电报局总办，后又兼任铁路公司的材料处长。作为亲信，朱宝奎对盛宣怀各项事业的内幕，包括腐败、敛财等，无不了如指掌。可他和盛宣怀最近闹翻了，为的是一个女人。

这个女人本是盛家的一个婢女，长得花容月貌，后来做了盛宣怀的通房丫头是件没有悬念的事。他们两个人行事相当低调，事情做得非常隐秘，以至于连朱宝奎都不知道内情。朱宝奎一见该婢女即惊为天人，仗着交情够，老朱便请盛宣怀把此美女送给他作妾，并表示自己愿出10万银元。像这种下级打上级女人主意的事，自古有之，最有名的当属宋朝的著名词人、大音乐家周邦彦。

周邦彦当年爱上的是时任皇帝宋徽宗的情人名妓李师师。有一次两人正幽会呢，徽宗来了，周邦彦赶紧躲到床底下去才没被发现。

周邦彦默默地趴在床下一动不动，上面动静有多大，他的醋就吃得有多厉害。等徽宗走后，他愤而写下一首词，记述下了当晚发生的故事，包括细节，很有点牢骚味：

> 并刀如水，吴盐胜雪，纤指破新橙。锦帏初温，兽香不断，相对坐调筝。　　低声问：向谁行宿？城上已三更，马滑霜浓，不如休去，直是少人行。

李师师很喜欢这首新词，经常拿出来吟唱，结果就唱到了徽宗的耳朵里。细节历历在目，徽宗当时就明白了那晚密会居然有人在旁，其人和李师师的关系自是可想而知。宋徽宗是个风雅的皇帝，但再风雅这会儿他也急了，直接把周才子给贬出了首都汴梁。多亏李师师好言相劝，夸周老师词填得好，音乐做得更是美妙，结果徽宗兄居然又把他给召了回来，并且给封了个不小的官。

可盛宣怀不是宋徽宗，所以闻得朱宝奎之言，顿时勃然大怒，开口就骂。朱宝奎受到羞辱，一怒之下与之决裂。

后来此事被他的酒肉朋友杨士琦知道了。袁世凯了解后大喜，立即让杨士琦给朱宝奎带话，只要他愿意揭发盛宣怀洋务事业上的种种猫腻，就先可以给他一个直隶洋务局总办的高位，干得好的话，"三五年之内，包他当上侍郎，戴红顶子"。这个价码开得够高，朱宝奎不能不心动，遂把盛宣怀的种种不法行为和盘托出。掌握了这些不为人知的秘密，袁世凯对盛宣怀不再客气，只问他肯不肯交出招商局。盛宣怀被人掐住了咽喉，哪里还有底气，只能同意袁世凯的意见，让杨士琦来当招商局总理（即总经理）。杨士琦甫一上任，即拟定《章程十条》，强调北洋大臣在该局拥有绝对的权力，并进一步在招商局发行直隶公债。

此后的招商局，名义上仍是商办，事实上已经归了北洋，袁世凯再也不提收归官办的事，而只是强调，轮船招商局，"官督商办，已着成效"。

军权尽在我手

詹天佑很有效率，历经艰苦之后，刚到1903年2月下旬，新易铁路就提前完工了。袁世凯既高兴又得意，亲自验收后向慈禧上奏："臣查此项工程，前奉谕旨本限六个月报竣，今仅四月，即已完工，所需款项，不过60万两。"慈禧很高兴，给了他一通嘉勉。

另一件大事则是筹备专用列车，当时叫"龙车"，也叫"花车"。这本来是盛宣怀的事，盛宣怀也因此早就便服到了天津，亲自指挥花车的铺陈，各节车厢陈设之富丽堂皇，颇为人津津乐道。袁世凯不想让他一个人出尽风头，决定北洋也要装一列花车，这样就得把行程分为两部分：盛宣怀的花车只开到高碑店，然后大家再换乘北洋的花车。

两列花车布置之豪华自不用说，反正为了巴结太后，只有你想不到，没有盛、袁二人办不到的事。就说太后、皇帝车厢内的如意桶（即马桶）吧，从外形看竟是一个宫锦绒缎的绣墩，由檀木精雕而成，里面则底贮黄沙，上注水银，粪便落水银中，瞬间即了无痕迹。

盛宣怀考虑得真是无微不至，除饮食起居之类的硬件设施之外，花车里还摆挂了不少古玩、玉器、书法、名画，作为献给慈禧的礼物。这些东西都是从地安门内刘麻子古玩铺买来的，货真价实，共花了14.9万两银子。袁世凯不甘人后，一面感叹盛宣怀有钱，一面忍痛吩咐手下照办，结果花费更多，足足用了15.5万两，把个刘麻子乐得脸上真的开了花。

1903年4月5日清晨，周扒皮尚未起床，光绪皇帝就已经出了宫，率领王公大臣先到先农坛致祭，然后来到永定门火车站，恭候慈禧太后。满朝显贵，只有一个荣禄未到——荣中堂病入膏肓，已经起不了床了。

过不多久，慈禧带着皇后妃嫔宫女太监等赶到，光绪赶紧带着群臣跪接。站台前停着的皇家专列，车头前交叉立起两面杏黄色龙旗，即大清国国旗。全车共有17节车厢，全都漆成了皇家专用的黄色，机车号为"卢探路202"，由美国鲍尔温工厂于1897年生产制造，在当时来说，即使在世界范围内，都属于较为先进的客运机车。

太后一行人登上车，但见所有的工作人员全部整整齐齐地跪倒在地，低头屏息，纹丝不动，直到慈禧和光绪坐下之后，大家方才站起身来，回到各自的工作岗位。整个过程中，唯一不跪的只有张美，因为他是司机，得在机车上待着，做最后的准备工作，所以被特许不跪。

张美是天津人，出身贫苦人家。他13岁就进了铁路在机务段当童工，因为踏实肯干，不久就升为烧火的司炉，再被送进"机务传习所"学习驾驶机车，18岁就当上了司机，干到现在虽然不过27岁，却已经是有近10年驾龄的老手了。盛宣怀精挑细选之下看中了他，让他担任谒陵专列的司机，并跟他说了掏心窝子的话："你开车送老佛爷一定要谨慎小心，这一次，不但你的身家性命，就连我的全家和前程，都在这上头了！"

张美把车开得很好，无论启动还是停车都异常平稳，老佛爷感到非常满意，后来特意嘉奖了他和詹天佑，其中对张美的奖励尤为丰盛：赏黄马褂一件，蓝顶花翎一顶，封知府衔。相形之下，詹天佑得到的奖赏就显得菲薄了一些，好在袁世凯识货，知道真正居功至伟的是詹工程师，决定要好好重用这个人才。

谒陵其实只是例行公事，完毕之后，略作休息，4月7日慈禧一行人来到保定，以莲池书院为行宫。

这一住就是3天。到了10日清晨，袁世凯刚刚起床，电报局专差就送来一封密电，等译出来一看，才知道荣禄已在前一夜病逝了。

袁世凯心情相当复杂，但他很镇定，很快就理出了头绪，之后马上派人通知电报局，只要是发往行在军机处的密电，一律压下，等天亮后再送，以便他能够争取时间，展开布置。紧接着就派人去请杨士骧过来。作为袁世凯的头号智囊，杨士骧此时已官居直隶按察使，听得召唤，立马匆匆赶来。他赶到之前，袁世凯已经密电北京的北洋公所，要他们迅速赶往荣府帮忙料理后事；同时，派人去随行藩库提银20万两，指定要两张银票，每张10万。

等杨士骧一到，袁世凯几句话把荣禄的事情说完，定好策略，便让他带着银票火速去拜访奕劻，20万两银子，奕劻得10万两，另外10万两，请他自己拿着去打点李莲英，为的是增加保险系数，以接荣禄的位子。

荣禄的接班人，在慈禧心目中有3个选项，分别是醇亲王载沣、肃亲王善耆以及庆亲王奕劻。三人各有优势。载沣是荣禄的女婿，而且是慈禧亲自指的婚，但一是太年轻，刚刚20岁；二是才具不够，让慈禧下不了决心。

善耆，生于1866年，是清太宗皇太极长子、第一代肃亲王豪格之后。当年西征平定张献忠，总算使得四川人民未被杀干净，就是豪格的一大作为，若不是多尔衮相争，清朝入关后的第一个皇帝本该是他，而不是后来的顺治。这是远的，再往近说，善耆的爷爷第八代肃亲王华丰，在辛酉政变除掉肃顺集团的斗争中始终站在慈禧和恭亲王奕䜣这一方，很出了些力，所以虽说善耆属于疏宗，但慈禧对他们这一房却一向另眼相看。

庚子之乱，因为紧挨着东交民巷使馆区，义和团和董福祥攻打各国使馆未果，却把肃王府一把火给烧了，里面的东西也抢劫一空。慈禧是个有心人，为了补偿这个损失，后来任命善耆当了崇文门税务监督。崇文门税务监督是整个北京城的税务总管，下辖23个税务分局，负责征收出入北京城的货物税，是个一等一的肥缺。慈禧的本意既是补偿，上级官员自然心领神会，再加上大乱初平，税收肯定会减少，故特许该监督当年上缴税款，可由历年规定的30万两银子、实际只能收上来的17万两，降为12万两。尽在不言中的是，多收的那部分，肃王爷尽不妨笑纳。

谁知善耆并不领情，上任之后既不加税，也不摊派，只积极清理积弊，整顿贪官污吏，对贪污受贿者一律严惩不贷。就这样，一年下来，善耆竟收上来60多万两银子，自己分文未留，全部上交给了国库，他因此赢得了"亲贵中后起之秀"的美名，只是也有不少人对他的"作秀"恨之入骨。但总的来说，肃王爷给人的印象，颇有鹤立鸡群之感，按理说应该重用。可是善耆这人个性太强，而且很爱结交汉人名士，连日本人都与之颇有来往。最不可取的是在思想上，这厮颇有同情当年维新派的嫌疑，这一点让老佛爷尤其放心不下。

那就只剩下一个奕劻了。奕劻最大的优势在于庚子国变后和李鸿章一起主持议和，最终搞定八国联军，祸首名单里没出现慈禧的大名，最后的和约中也没有要求还政于光绪皇帝，这一点令慈禧至为满意。至于说才干，奕劻肯定比不了以前的恭王、文祥他们，但在现在的王公亲贵里面，也足以拿得出手了。

此外奕劻还有件秘密武器，他有个女儿四格格，孀居后一直在宫里侍奉慈禧并颇得宠爱，此时自然要给老爹说好话；再加上李莲英本来就是好兄弟，拿了10万两银子后更是花样尽出，于是大家一回到北京便有上谕明发：以督办政务大臣、外务部总理大臣庆亲王奕劻为军机大臣。

奕劻贵为亲王，一入军机就是当然的领班，成为太后、皇上之下的第一人。这是喜事，普天同庆虽然说不上，合家欢喜却是一定的。另外还有一个人同样欢喜，那就是袁世凯，他的欢喜落在了实处，直接给奕劻涨工资——北洋孝敬庆王府的月规钱，从1万两涨到了3万两。

奕劻当上领班军机大臣不久，酝酿多时的商部终告成立，27岁的载振如愿成为首任尚书，铁路、矿务、工商尽在掌握之中，父子二人，岂止是春风得意？

商部高层，尚书载振及左右侍郎之下，分设左右丞，大约相当于现在的部长助理，袁世凯推荐了徐世昌出任左丞。

徐世昌当初听从袁世凯的建议，回到翰林院苦熬资格，后来果然熬到了六品国子监司业，现在陡然间升到三品高位，心情的激动一点都不在奕劻父子之下。

奕劻父子很清楚，载振高升尚书既是出于袁世凯的策划，那么袁世凯最关心的练兵一事，其中关键的筹饷一节，自该是商部义不容辞的责任。当然，奕劻也不会袖手旁观。

袁世凯此时的野心已然膨胀，他正在积极运作设立练兵处，为自己掌握全国军队铺平道路。其实早在上一年年底，也就是袁世凯刚开始和盛宣怀较劲的时候，在朝廷的督促下，各省督抚已经开始编练新军，只是各项规章没能统一，局面相当纷乱，那时袁世凯就已经有了由北洋来牵头练兵的打算。

朝廷不可能把所有鸡蛋全装到一个篮子里，故没有接受袁世凯的建议，而于1902年12月12日，谕令"河南、山东、山西各省选派将弁头目赴北洋学习操练。江苏、安徽、江西、湖南各省选派将弁头目赴湖北学习操练。俟练成后，即发回各原省令其管带新兵，认真训练。每年由北洋、湖北请旨简派大员分往校阅，按其优劣，严加甄别"。

在当时，北洋常备军之外，以张之洞在湖北所编练的自强军较为优异，朝廷的意思是，让北洋军和湖北新军平行发展，各成体系以便南北互相牵制，可谓是用心良苦。

袁世凯对此很不以为然。他于1903年3月6日，拟定了一份《陆军训练简易章程》上奏朝廷，同时建议设立练兵处，作为全国军队的最高指挥机构，督练考察全国新军。像此等军国大事，必须要经过军机处，尤其得军机领班荣禄来拿主意，但当时荣禄病重，没精力考虑这些，此事不得不暂时搁下。

现在奕劻当了军机领班，恰在此时，京旗常备军也已练成，袁世凯便又开始蠢蠢欲动了。

所谓京旗常备军，是在袁世凯编练北洋常备军后不久，朝廷见成果显赫，便想让他也训练一下旗兵，以找回当年八旗劲旅的荣耀。1902年12月6日，朝廷精选了3000名八旗兵交给袁世凯，指望他能化腐朽为神奇，袁世凯便奏请朝廷将其定名为京旗常备军。为了减少不必要的疑忌，袁世凯奏请朝廷任命亲贵铁良为京旗常备军练兵翼长。

铁良生于1863年，爷爷当过江西吉安知府，后来家境败落，到他小的时候，家里已经穷得一度吃不上饭。穷人的孩子懂事早，铁良念不起书，参加不了科举考试，便自学财经、军事，后来投入神机营，从最底层的"书手"干起，包吃住之外月薪只得一两银子，却因为表现不俗，机缘巧合得到了荣禄的赏识，成为其幕僚，被认为是八旗子弟中的后起之秀。

袁世凯这个姿态放得恰如其分，铁良很得意自不必说，就连荣禄乃至慈禧都很高兴。同时，这个阶段也是袁世凯和铁良的蜜月期，只是闪婚往往会闪离，他俩的感情没维持多久就破裂了。这是后话，以后再说。

现在京旗常备军既已练成，而且确实练成了一支劲旅，那么袁世凯练兵有方就有了更有力的证据。接下来，他就又弹起了设立练兵处的老调。

这一次因为有奕劻的全力支持，加上慈禧太后对于袁世凯所奏"将各镇兵政直接隶属于中央，督抚不得过问"非常赞同，一切进行得很顺利。但这事儿实在太大，再顺利也不会特别快，一直到了年底才算尘埃落定。

1903年12月4日，朝廷在北京设立总理练兵处，慈禧留了个心眼，仿照之前创建海军、设海军衙门以醇亲王奕譞为总理，李鸿章、奕劻为会办的前例，任命庆亲王奕劻为总理大臣，袁世凯为会办大臣，铁良为襄办大臣。

慈禧的如意算盘是，通过练兵处，统一全国军事，收回各省兵权，尤其是要将北洋所练新军收归中央。在此过程中，还可以培植满人铁良，以代替汉人袁世凯。

想法虽好，奈何奕劻昏庸腐败，眼里只有钱，工作上的事，一切唯袁世凯马首是瞻；而铁良虽然胸有豪情壮志，无奈实力不济。另外平心而论，铁良虽头顶"满人中佼佼者"之光环，水平其实也就那么回事，根本不是袁世凯的对手，更何况他本身排名就在后面，所以练兵处刚一成立，实际权力就全归到了袁世凯手上。

袁世凯人在天津，不方便老往北京跑，便奏请徐世昌出任军务处总提调，相当于军委办公厅主任，官居二品，替自己看家。

练兵处下设军政、军令、军学三司，刘永庆、陆嘉谷为军政司正副使；段祺瑞、冯国璋为军令司正副使；王士珍、陆建章为军学司正副使。这几人，无一例外全是袁世凯的嫡系，这样，整个练兵处，就完全掌握在了北洋一系手中。

大权在握之后，袁世凯决定将全国新军一律改称陆军，使用统一番号，于是拟定了《陆军新订营制章程》，就陆军的营制、饷章、训练、装备等作了统一的规定，并大力推行，在各省设置相应的督练公所，督办一职多由各省督抚兼任。所属兵备处、参谋处、教练处各设总办一员，具体主持各项军务。

袁世凯的努力没有白费，渐渐地，以往各省军队各自为政的状态开始有所改变，更有西方外交官高度赞扬说："练兵处在以袁世凯为主的指导下取得了不少成绩。"

这一段虽然忙得四脚朝天，但袁世凯心情非常舒畅。前些天慈禧亲令他在天津办一个军乐训练班，他几天就给搞定了，这段时间在音乐的熏陶中，整个人更是飘飘欲仙。

不过有一件事让他心里很不踏实，那就是张勋。

事情源于两宫刚回銮时，有一次袁世凯入宫拜见慈禧，无意中发现宫门内外守卫着的军人，竟全是张勋的手下，把张勋找来一问，说是慈禧让李莲英传旨让他带所统之右一营为宿卫营，入宫担负守卫任务，袁世凯也就信了。

和护驾一样，张勋的守卫工作也做得尽职尽责，很快就节节高升，先升总兵，再加提督衔，赐"硕勇巴图鲁"称号，这样他就干得更加起劲，不分日夜，经常亲自巡哨查岗，令慈禧大起好感，不仅常赐点心给他吃，偶尔碰见还会聊几句闲天，甚至开几句玩笑，真没把他当外人。比如有一次，慈禧正在逗几只小狗玩，远远地见张勋查岗来了，就故意大声对周围的宫女、太监说："张勋来了，小心他偷咱们的小狗娃。"这可是荣禄、奕劻都未必享受得到的待遇，张勋自然得意非凡，可袁世凯却未雨绸缪起来。他知道天威难测，伴君如伴虎，张勋的宿卫营说起来可是自己手下的兵啊，不要说他们起歹念，就是一旦在宫中出点小差错，自己都要担责任；就算不出差错，但干得再好功劳也多半会归于张勋，这样赔本的买卖，他当然不能干！

于是趁一次进京开会的机会，袁世凯找到李莲英，说想把宿卫营调走，改由八旗军代替，李莲英不明就里，只说这是你派来的人，你自己看着办就是。袁世凯这才明白张勋骗了自己，原来根本就是他自告奋勇入的宫，当时更不迟疑，直接把他调到大同一带剿匪去了。

中国第一次现代化野战演习

1904年，大清朝举行会试，选拔人才。因为戊戌年会试时搞出来的公车上书让老佛爷心有余悸，因此本次会试改到河南开封举行，直到殿试时才重回北京。

主考官共有4人，分别是大学士裕德、吏部尚书张百熙、左都御史陆润庠、户部尚书戴鸿慈。而已升为兵部侍郎的徐世昌时年50岁，被任命为阅卷大臣，总算圆了多年来的一个梦，禁不住百感交集，写下一首词以抒怀：

> 金元殿上，曾瞻金镜之持。光范门前，细数晓钟之列。马融晚性，惟爱琴音。徐演残牙，犹思饼馅。

徐世昌真的应该感谢命运，因为他赶上了末班车——这是中国历史上最后一次会试。而从隋朝开始，延续千年的科举考试的掘墓人，正是他的老友袁世凯。

袁世凯对科举制度一向没有好感，早在担任山东巡抚时就曾上书奏请废除科举，不过当时他还人微言轻，所提之事又过于离经叛道，所以根本没人搭理他。

当上直隶总督之后，袁世凯施行新政，其中重要的一项就是推广新式教育，无奈科举直接关联着升官发财，人们往往趋之若鹜，以致新式学堂发展起来举步维艰，这令他不由得大为气恼。上一年在筹备军务处的时候，他抽空联合了和他深有同感的几位封疆大吏，上书朝廷《请立停科举推广学校并妥筹办法折》。直隶总督是疆臣领袖，奏折自然由袁世凯领衔，另几位是：盛京将军赵尔巽、湖广总督张之洞、两广总督岑春煊、两江总督周馥以及湖南巡抚端方。

袁世凯既然领衔上奏，而且还是列名者中唯一一个没有功名、连秀才都没中过的人，自然难逃千夫所指。那时候的读书人，读书是为了考试当官，基本上除了读书写八股文，以及后来加上的策论，其它的都不太干得来，你一下子断了他考试求功名的路，他能同意吗？于是袁世凯那段时间挨的骂，比剿办义和团那会儿还要来得狠。

就在一片骂声中，徐世昌当上了考官。与此同时，一场战争席卷了东北大地，交战双方却是日本和俄国。

日俄战争是由两国争夺在中国东北的利益而引起，属于典型的分赃不均引发的冲突，最初是由日本海军不宣而战，那是1904年2月8日夜里的事儿，之后两天，两国互相宣战，战争大规模升级。这场战争，日本倾尽了全国之力，俄国同样竭尽所能，总之两国打得很认真很投入。作为地主，大清朝当然不高兴，但是不高兴又能怎样呢？早在战争爆发之前，日本政府就已表明态度，希望清政府保持中立。战争打响前后，英、美、德包括俄国，也都纷纷促请清朝中立。

此等大事，朝廷少不了要征求督抚们的意见，结果是意见纷纭，归纳起来可分为三类：湖广总督张之洞、贵州巡抚李经羲等主张联日抗俄，理由是日本胜无非破财免灾，土地还在；俄国胜的话，整个东北将彻底失去。遵循的是两害相权取其轻的哲学。两江总督魏光焘及盛宣怀等人则主张主动开放东北，让各国利益均沾，以便以夷制夷，这是李鸿章办外交的老套路。袁世凯的意见倒是与朝廷不谋而合，他认为"附俄，则日以海军扰我东南；附日，则俄分陆军扰我西北"，主张按国际法中立法规实行中立，奕劻对此极为支持。

这样到了2月12日，清廷果然发布上谕："现在日俄两国失和用兵，朝廷轸念彼此均系友邦，应按局外中立之例办理。"并颁布了35条中立条规，划定了日、俄在奉天（即辽宁）省内的局外境（中立区）和局内境（战区），甚至指定了战地："西自盖平县所属之熊岳城，中间所历之黑峪龙潭、洪家堡、老岭、一面山、沙里寨、双庙子，以东至安东县界街止，由东至西，所历以上各地名，分为南北界限。界限以南至海止，其中之金州、复州、熊月三城为战地；抑或西至海岸起，东至鸭绿江岸止，南自海岸起，北行至五十里止，为指定战地。"要求交战双方不得逾越指定战地，并务必保障战区内人民的生命财产安全——毫无疑问，清政府缺乏实力缺乏勇气缺乏血性，唯独不缺幽默细胞。

虽然清廷选择了中立，但上至朝廷下自民间，却都在暗中帮助日本。比如著名马贼冯麟阁、金万福、杜立山等参与了日军攻击俄军的某些军事行动；直隶提督马玉昆曾为日军提供炸药及经费等。袁世凯更是和日本近代间谍的开山鼻祖、大名鼎鼎的土肥原贤二的师爷青木宣纯达成谍报合作协议，从北洋督练公所中选拔高素质的青年军官，同日本情报人员组成"秘密侦探队"，赶赴东北替日本刺探俄军军事情报。

这支侦探队的中国方面由袁世凯的亲信段芝贵负责，成员有孟恩远、王怀庆、吴佩孚等16人，首先脱颖而出的，是后来的北洋之星吴佩孚。

吴佩孚生于1874年，山东登州（蓬莱）人。出生前一夜，其父吴可成梦到登州同乡、明朝抗倭名将戚继光来到家中，戚继光字佩玉，故吴可成给儿子取名佩孚，字子玉。

吴父对儿子寄望甚高，吴佩孚刚满6岁就被送入私塾刻苦攻读。14岁那年，父亲病逝，原本不富裕的家庭顿时更显贫寒，恰好登州水师营招收年龄16至20岁的学子当学兵，条件很优厚，只需每隔5天集训1天，每月即可发饷银2两4钱，吴佩孚谎报自己16岁，结果被选中当了学兵，半兵半读中，他拜了登州府名儒李丕春为师，功夫不负有心人，22岁那年，他终于考中了秀才。

然而接下来他竟误入歧途，迷上鸦片成为一名大烟鬼。吸食鸦片是一件很讲究的事，必须在专业的场所侧躺着吸，所以当时烟馆很多。吴佩孚没什么钱，每天只能在烟馆散户大厅的普通烟榻上过瘾。不想有一天，他来到常去的那家烟馆，散户大厅早已爆满，烟瘾发作之下，吴佩孚只好厚着脸皮找到VIP包厢里的富豪翁钦生，希望对方看在自己是秀才的份上，借其烟榻过过瘾，却被一脚踢出了房门。

受辱之后，吴佩孚找到由10个落拓文人组成的"十虎"集团，请这些文痞讼棍帮忙出口恶气。也该翁某倒霉，过不久他整寿开堂会，从济南请来一个戏班子演戏，居然男女演员同台演出。男女同台在当时是被严令禁止的事情，吴佩孚看准机会，带领"十虎"闯入翁家，大闹一场，好不快意。

翁家势力大，吴佩孚随之被官府革掉了秀才，并遭通缉。好在他跑得快，跑到了北京，生活压力之下，只好刻苦钻研易经八卦麻衣相法之类，靠摆地摊算命为生，生活很苦，唯一的收获是痛下决心把大烟给戒了。这一年，吴佩孚23岁。

第二年，驻扎在天津的淮军聂士成部招兵，当过水师营学兵的吴佩孚决定去混口饭吃，遂报名投军，被分派到段有恒部。最开始他混得很不好，因为身体瘦弱，且军训动作不标准，只被派去当了个勤务兵。一次段有恒的幕僚郭绪栋得病，吴佩孚被派往服侍，同去的几个兵偷懒耍滑，唯有吴佩孚把病人照顾得无微不至，令老郭大为感动。后来吴佩孚奉命替郭绪栋送一份公函，发现郭用错了一个典故，顺口就说了出来，老郭这才知道这家伙竟然是个秀才，且见识不凡，遂和他结拜为把兄弟，并想办法把他升为司书，经常叫他到家里吃饭，还对人说："子玉日后前途无量，我等都得仰仗他。"

不过郭的姨太太并不这么看，好在郭绪栋坚信自己的判断，几经努力，终于把子玉贤弟推荐进入保定陆军速成学堂。这一年吴佩孚28岁，学的是测量。一年后他以优等成绩毕业，被分配到北洋督练公所参谋处担任低级军官，然后就赶上中日秘密组织侦探队，得以入选。

吴佩孚能够从侦探队脱颖而出，最初是因为他很会写报告甚至画地图，一下子就把其他人比了下去，深受日方情报官员的器重，很快就连日军高层都知道了有这么一个人。结果有一次，他奉命携带情报及重要资料赶往新民屯开会，中途被俄军抓住，解往奉天（沈阳）俄军总部。虽然他谎称刚从军校毕业，来东北主要是研究日俄战争，搜集资料做论文用，结果还是被判了死刑。

　　算吴佩孚命不该绝，哈尔滨的俄军情报单位听说抓到了这么一个大间谍，要求提审，遂由两名俄军士兵押送前往哈尔滨。一路上吴佩孚被看得很严，连上厕所都被监视着。火车上，吴佩孚观察到这俩老毛子烟瘾极大但很吝啬，便趁中途停车时，买了若干香烟，自己不抽，也不孝敬老毛子，搞得那两人心痒难熬。车行至乱石山，火车因爬坡而减速，吴佩孚要求上厕所，这次没人盯着他，等他一进卫生间，两个老毛子就开始抢起了香烟，他则从容跳车逃走……

　　日俄双方实力相当，因为有太多如吴佩孚这样的中国人在方方面面暗中相助，战争最终以日本惨胜而告终。在美国总统西奥多·罗斯福的调停下，两国签订《朴茨茅斯条约》，重新划分了在东北的势力范围。罗斯福因此获得诺贝尔和平奖，成为第一个荣获该奖的美国总统。

　　战争以日方胜利的方式结束，大清朝上上下下不由得都松了一口气，只有奕劻心情相当灰暗，怎么也高兴不起来。

　　事情说来话长。奕劻自当上军机大臣之后，敛财有术，不到一年的时间，就敛得60万两银子，分别存在日本的正金银行和俄国的华俄道胜银行。

　　日俄相争，眼看战事难免之时，奕劻心里有点发毛，怕的是一旦战争打起来，两国会冻结银行资产用于军费，那么自己辛辛苦苦积攒下来的银子，只怕就有拿不回来的危险。他赶紧把钱取出来，全部转存英国汇丰银行。汇丰银行买办王竹轩深悉奕劻的担心，落井下石，只给他开出2厘的月息，低得很。奕劻图的是资金安全，虽然心痛，还是接受了。

　　载振为此很不开心，认为这是假洋鬼子趁火打劫，欺负人。某晚在八大胡同潇洒时，载振和老朋友王竹轩不期而遇，不巧偏又赶上闹了点争风吃醋的意气，振贝子遂指挥手下跟班把买办先生痛打一顿，算是出了一口恶气。可那王买办不是普通屁民，虽说势力比起载振来弱小得可以忽略不计，但毕竟也有几个有力量的朋友，其中一个叫蒋式瑆的，官拜广东道监察御史，品级不高，但是言官，有闻风言事、上奏弹劾官员的权力，这就够了。王竹轩久经商场，深谙谋略之道，当然不会鲁莽行事，反倒是伤好后先具帖请载振吃了一台花酒，双方尽释前嫌，然后等到日俄战争打响，才开始了行动。

　　原来此时户部正在筹设官立银行，拟官商合办，资本金定为400万两银子，户部自筹一半，另一半招商入股，月息6厘。但因为以前翁同龢执掌户部时所倡导发行的昭信股票毫无信用可言，所以这一次无论商人还是朝中官员，根本没人愿意入股。蒋式瑆便借此机会，上奏参劾奕劻贪污腐败，是指明奕劻有一笔120万两银子的存款，不用来支持户部筹备的银行，反而存入了日、俄银行，后怕受战争影响，而转存汇丰，月息只得2厘，而户部银行的月息则高达6厘。这样看来，奕劻不仅贪污有据，而且拒不爱国，实在是罪不容诛。蒋式瑆建议朝廷把这120万两银子追回，作为户部官立银行的商股。奏疏说得句句在理，尤其是蒋式瑆故意将60万说成120万两，这个数字太大了，连慈禧都不由得悚然动容。

慈禧那段时间正忙着戒烟呢。本来老佛爷极喜欢吸一种美国产的孔雀牌香烟，但到最近几年全国掀起抵制美货运动时，为了爱国，她毅然放弃了孔雀牌，而改吸国产香烟，当然是特制的。前不久慈禧听人说纸烟伤害脑力，遂开始戒烟，不仅自己戒，连太监宫女也不许再抽。这个事《大公报》还专门做过报道。

此时戒烟已接近大功告成，到了最要紧的阶段。这个阶段人通常会烦躁一些，所以看到蒋式瑆的奏疏，慈禧很是恼怒，马上就把奕劻召来查问，可哪里问得出结果？奕劻一口咬定绝没有在汇丰银行存过钱，而且自己根本就没有钱。

那就得派人去查了。派去的人，是军机大臣鹿传霖及左都御史清锐。

无奈洋人的银行规矩怪异，即使是当朝大臣前往，也决不肯透露任何客户的信息。奕劻听得消息当然喜不自禁，但心里仍不踏实，吩咐载振找到王竹轩，要求提款销账，至于利息，载振很大方地表示不要了，送做辛苦费。

王竹轩以洋人的规定为借口，迫使载振同意将所有存款转存入另一个新建的户头"安记"，说好3个月后可以随意提取，而"庆记"的户名，"安记"建立之后即可立即销毁，不留痕迹。不仅如此，他还忽悠得载振将"庆记"的存折和图章一起交了出来。

3个月后，奕劻派人去提款，才发现王竹轩早已取走了所有的60万两银子，远走高飞到了上海汇丰银行继续发财。奕劻父子气得要死，但想找王竹轩算账却不容易，因为他待在上海租界里，就算是老佛爷也鞭长莫及。

蒋式瑆也没有白忙活，分得20万两银子，心满意足。奕劻最惨，却无处讲理，只能化悲痛为力量，加力搜刮，以早日把损失夺回来。

袁世凯心情截然不同，这段时间他高兴极了——日俄居然敢在东北打仗，这越发说明了大清朝国防力量的空虚薄弱。因此他在慈禧的支持下，大练北洋军，朝廷给的6镇（师）编制，如今已全部练成，并按朝廷的命令，北洋6镇常备军随全国新军一起，统一改称为"陆军"。其中京旗常备军因是旗兵，地位最高，编为陆军第一镇，驻迁安；原北洋常备军第一镇改为陆军第二镇，驻马厂；原北洋第二镇编为陆军第四镇，驻保定；原北洋第三镇仍为陆军第三镇；原北洋常备军第四镇编为陆军第六镇，驻山东；原北洋第五镇仍为陆军第五镇。这6镇将近8万人的现代化军队，除第一镇是京旗常备军演变而来，由旗人凤山任统制（师长）外，其它5镇都是袁世凯自己的嫡系人马，指挥起来如臂使指。这样，以袁世凯为首的北洋系业已成型。

就当时来说，这6镇人马以训练最正规、武器装备最先进，被公认为是大清朝最强大的一支现代化武装力量。

袁世凯并不满足于此，他还把驻直隶的淮军各营整顿改编为39个营，归入北洋系统，名"北洋巡防淮军"（又称"北洋巡防营"），分为前后中左右五路，以夏辛酉、张勋、李天保、徐邦杰、邱开浩分别统带，驻扎直隶各州县，专用于"弹压地方，缉捕盗贼，以及保护陵寝，巡查铁路、电路"。这样，袁世凯以北洋大臣的身份，掌握了近10万北洋新军，权势之大，令人叹为观止。

另一件快意之事，是这年（1905年）的9月2日，朝廷终于下诏，批准了他和张之洞等人的请求，决定废除科举，全面兴办新式教育。

新军既已练成，袁世凯决定给慈禧及全国人民一个惊喜。9月中旬，他以总理练兵处的名义发布命令，将依照东西各国每年于秋冬间举行大操的惯例，于下月抽调北洋各镇人马，编成南北两军在直隶会操，也就是多兵种联合军事演习。

南军由陆军第四镇及临时编组的第四、第九混成协组成，以王英楷为总统；北军由第三镇及临时编组的第一、第十一混成协组成，段祺瑞为总统。两军合计共33000余人，规模相当大，由王士珍担任本次会操总参议。

演习于10月21日开始，在纵深300余里的范围内展开，战线拉长到20余里，南军由山东北上进攻，北军则由保定南下防御。这次演习首次使用了电报、电话进行联络，攻防相当激烈，但自始至终有条不紊。随后两军在军事重镇河间府会操，并于25日举行了阅兵典礼。本次"河间秋操"，是中国历史上第一次大规模的现代化野战演习。

演习相当成功，充分展示出了大清朝几年来编练新军的成果，给应邀前来观操的中外人士留下了深刻的印象。本次会操，朝廷除派袁世凯及铁良为阅操大臣以外，还邀请了各国驻华武官、记者及各省代表共487人前往观操。大家纷纷赞誉，完全不吝溢美之词，其中英国《泰晤士报》驻北京首席记者莫理循，更发表了大量通讯，对本次会操做了详细、立体的报道，使得北洋军声名远扬。莫理循因此渐渐成为袁世凯的粉丝，两人由此建立起了密切的关系。

来自于朝廷、同僚、媒体乃至老外的夸奖源源不断，令袁世凯说不出的春风得意。他哪里想得到，这一次的实力大展示，竟然引起了慈禧的担忧和猜忌。祸不单行的是，他的铁杆盟友奕劻，这一段心情糟透了。没错，庆王爷又遇到了不开心的事。

岑春煊单挑奕劻

奕劻遭受的打击来得接二连三，这一次搞得他灰头土脸的是声震官场的岑春煊。

庚子国变，岑春煊因护驾有功被升为陕西巡抚，没干多久，山西发生大规模的民教纠纷，杀了很多洋人，八国联军扬言若清廷自己处理不好，将进入山西平乱。慈禧大惊，急令山西巡抚锡良妥为处理，奈何锡良是提笼子遛鸟的贵公子出身，料理不来太复杂的事务。形势明摆着，山西巡抚必须换人。

西安行在的大臣中对岑春煊不满者甚多，其中甚至包括军机大臣王文韶，为了怕他继续高升，众大臣无不欲去之而后快，只是苦于这厮深得慈禧欢心，动他不得，难得现在出了机会，大家赶紧争先恐后的为国分忧，众口一词夸奖岑春煊雷厉风行且擅长治军，山西之乱"非岑云阶（即岑春煊）不能治也"。这话很对慈禧的胃口，于是岑春煊即被调任山西巡抚。群臣眼不见为净，皆大欢喜，心想若是这厮在山西工作不力，再找碴儿好好收拾他，那才叫大快人心。

哪知岑春煊能力很强，到任后制定了"清理山西教案章程"18条，勒令各级官员务必按章办事，并身体力行，该剿的剿该抚的抚，没过多久整个山西竟然安定了下来。

随后岑春煊开始试行新政，从教育改革开始，标志性的事情是，他于1902年5月8日创办了山西大学堂，这是中国历史上最早建立的三所国立大学之一，也即现在的山西大学。

岑春煊的精明强干让慈禧大为赏识，决定提拔他当两广总督。结果还没来得及上任，四川那边爆发了起义，总督奎俊应付不了，岑春煊便成了救火队员，被朝廷派去署理四川总督。

岑春煊是9月到的成都，一到就行使霹雳手段，重兵出击，诛杀了变民领袖廖九妹（廖观音），迅速平息民变。这下子慈禧就舍不得让他走了，要他先把四川治理好了再说。

岑春煊倒也不负所托，在四川干得风生水起，他创办武备学堂，并积极编练新军；开办警务学校，训练警政人员；设立"劝工局"，大力发展手工业，以达到"教工以养民，使自不为乱"……

不过岑春煊干得最快意的事，还是参劾属员。按清朝体制，督抚履新，满3个月必须将全省在任及候补官员，作一次考评，上奏朝廷，朝廷将以此作为升降的依据。这是个捞钱的机会，奈何岑春煊不爱钱，平乱之后，他开出一张单子，上面全是预备参劾的官员，共300人之多，眼看就要引发官场大地震。好在他有个言听计从的幕友叫张鸣岐，是当年在八大胡同泡妞的色友，为人极其精明，认为打击面太大易惹出事非，苦苦相劝之下，岑春煊只参了40人。

就这也已经开四川官场风气之先了，岑总督再干起事来还不是顺风顺水，谁敢不服从？当然从内心里，官爷们对这位总督又是另一番感想，往好的方面说，自是巴不得他赶快高升，早早走人了事。

其中有一个叫赵藩的，官拜四川盐茶使，曾是岑春煊的老师，一来是出于对学生的关爱，二来也是对学生竟然要整顿自己所掌管的盐、茶税收心有不满，某日听说总督大人要陪客人游览武侯祠，便写下一副对联，并用木镌刻成匾，命人悬挂在静远堂前，这就是现在仍悬挂在成都武侯祠诸葛亮殿内的一副名联：

> 能攻心则反侧自消，从古知兵非好战；
> 不审势即宽严皆误，后来治蜀要深思。

赵藩生于1851年，云南大理人，自幼有神童之称，虽屡试不中，却知遇于云贵总督岑毓英，被邀入其幕府。前面说过，这个岑毓英就是岑春煊他爹，于是赵藩就成了岑春煊的私塾老师，师生之间感情很深。

赵藩不仅学问大，书法也极好，位居云南四大书法家之列，曾应岑毓英所请，用楷书刻写了乾隆年间大名士孙髯翁所撰的"古今第一长联"，此联如今仍是昆明大观楼的一道风景，所书如下：

五百里滇池，奔来眼底，披襟岸帻，喜茫茫空阔无边。看东骧神骏，西翥灵仪，北走蜿蜒，南翔缟素。高人韵士，何妨选胜登临。趁蟹屿螺洲，梳裹就风鬟雾鬓；更苹天苇地，点缀些翠羽丹霞，莫辜负：四围香稻，万顷晴沙，九夏芙蓉，三春杨柳；

数千年往事，注到心头，把酒凌虚，叹滚滚英雄谁在？想汉习楼船，唐标铁柱，宋挥玉斧，元跨革囊。伟烈丰功，费尽移山心力。尽珠帘画栋，卷不及暮雨朝云；便断碣残碑，都付与苍烟落照。只赢得：几杵疏钟，半江渔火，两行秋雁，一枕清霜。

此联写后不久，岑毓英即去世。后来赵藩经岑春煊帮助终于得以踏入官场，于1893年任四川省筹饷局提调，获时任川督鹿传霖赏识，不久升任川南道按察使，有"赵青天"之美誉。

无奈官场无常，后来鹿传霖因得罪恭亲王而被撤离，赵藩无端受到牵连，辞官回了云南老家。一年之后，八国联军打到北京，全国紧张备战，云贵总督丁循卿征调赵藩到昆明协助军务，后派他押送贡品去西安献给慈禧，就这样，他遇见了已经贵为山西巡抚的岑春煊。

学生自然要帮老师，岑春煊便找机会向慈禧推荐赵藩，赵藩因此得以道员身份回川候补，被派往湖北沙市创设、主管四川驻湖北保商总局，后被调回四川担任盐茶使。没过多久，岑春煊成了四川总督。

按理说师生二人应该相处甚欢才对，怎奈岑春煊不徇私情，你说他大公无私也好，沽名钓誉也罢，总之当他锋芒横扫四川官场之时，多少也伤到了老师的利益，所以赵藩才写下这副对联，重点在于下联"不审势即宽严皆误，后来治蜀要深思"，希望能对自己这个学生有所警戒。

岑春煊当然懂得老师的用心，不过他并不领情，反而撤掉了赵藩的盐茶使，外放去泸州当永宁道。来到酒城泸州，赵藩好酒有得喝，却只能借酒浇愁，师弟二人就此反目，四川官场则流传开一句话："师道何所道？且看永宁道！"

岑春煊的四川总督也没当太久，一共只干了10个月，因为广西闹起了土匪，巡抚王之春的官是花钱从荣禄那里买来的，本事有限根本弹压不住，亏得他想出了一个馊主意："借法国兵平乱"，引得舆论大哗，朝廷也不可能这么干，那就得有人去救火，于是岑春煊被任命为两广总督，并被要求立即赴任。

岑春煊一到广东就计划参劾一批官员。有个叫唐致远的候补知县，父亲唐文耕和奕劻有交情，得知老岑要参自己，赶紧向刚刚当上军机大臣的奕劻求救。奕劻知道岑春煊的作风，不过他觉得自己贵为军机领班，面子够大，便发了封密电到广州，说"唐致远其才可用，望加青睐"，希望能放他一马。谁知岑春煊根本不吃这套，照样参劾，只是多少给奕劻留了一点面子，回电报说你的密电来的时候我的奏疏已经发出，抱歉抱歉。

岑春煊有慈禧做后盾，加上现在已是名督抚，奕劻虽然生气也只能忍着，苦等这狗日的犯错误的一天。奈何岑春煊不犯错误，虽然他挥霍起公款来一点不比其他人心慈手软，比如他巡视陆军学堂，一次宴会就"动需洋酒千数百金"；因为喜欢洋酒，还特意在衙门里设立了"洋酒委员"一职。但因为他只是吃喝享乐，绝不贪污，已算是难得的清官，奕劻拿他毫无办法。

在遴选出龙济光、陆荣廷等年轻有为的将领统领大军，迅速平息民变后，岑春煊在广东、广西着力于新政的推广，整理财政、兴办实业之外，更以"兴学植才"为核心，建立了大批学校，并向日本、美国、英国、法国等国派遣了100多官费留学生，其中包括后来大名鼎鼎的汪精卫、马君武等人。

除此之外自然是整治官场。干这个，岑春煊从来都是大手笔，武将方面，南澳镇总兵潘瀛、柳庆镇记名总兵唐玉生两个二品官被他革职充军，千总潘继周则被就地正法。至于当年张勋的恩主、一品提督苏元春，则因贪污腐败，经他查办后，锒铛入狱，后被发配新疆。

晚清时期，苏元春和他的兄弟苏元璋、苏元瑞都当到了提督，故有"一门三提督"之誉，更有人将他们哥仨比之于宋朝的苏洵、苏轼、苏辙父子三人，说是"昔有文三苏，今有武三苏"，绝对算得上是名门望族。

可是岑春煊家族更了得，父亲岑毓英官至云贵总督，叔父岑毓宝当过云南布政使，署理过云贵总督，故称作"一门三总督"。往上追溯的话，则还有唐朝的"一门三宰相"——岑文本、岑长倩、岑羲。显然，岑氏门第比苏元春家更为煊赫。

文官方面，岑春煊的代表作是撵走了广西巡抚王之春，新来的巡抚柯逢时，是个著名的贪官。署理江西巡抚时，大名流王闿运曾写过一副对联说他："逢君之恶，罪不容于死；时日曷丧，予及汝偕亡。"横批则是："伐柯伐柯！"该对联在江西广为流传，到柯逢时离任时，更被作为离别赠言四处张贴，可见此人为官之恶。可就是这么一个人，到了广西，竟不敢贪污更不敢作恶。这在岑春煊来说，自是一件相当得意的事情。

另一件快意之事，是惩治了南海知县裴景福。裴知县在广东官场有"能员"之名，贪污当然也很能，岑春煊眼里不揉沙子，参他"声名狼藉，请革职看管"，而且不等朝廷下文，就先将他拘禁起来。裴景福不愧为能员，居然能让人抓不到证据，也没人出面检举。僵持了一阵子，裴知县开始争取主动，请求罚款充军饷以解除牢狱之灾。岑春煊没办法，只好准了。

毕竟做贼心虚，裴景福出来之后，不敢再待在广东，带着细软悄悄跑去了当时的葡萄牙殖民地澳门。岑春煊想这就是铁证，否则你跑什么？立即和澳门当局交涉要求引渡，几番不得要领，一怒之下，派了艘军舰过去，总算把裴景福引渡了回来，请旨将他发配去了新疆。

两广总督任上，岑春煊一共参劾了1400多名官员，按照体制，督抚参下属朝廷都会照准，加上岑春煊是慈禧的红人，就更难有失手，但世事难料，终于他还是栽了一次。

因为这一次，他参的是吴永。

庚子国变，吴永时任怀来县知县，因为护驾有功，两宫回銮时特升他为广东高濂道。岑春煊一向与之不和，上任粤督后就把他调为雷琼道，所辖之地，恰为当年韩愈、苏轼被贬谪居之所在，是需要"日啖荔枝三百颗"，方能不带怨气生活的地方。——这个地方，现在人们往往花着大钱，争先恐后地前去旅游度假，它的名字叫海南。这大概就是所谓的沧海桑田吧！

吴永的麻烦还没完，岑春煊开始上折子参他了。这一拨共参了11个人，领衔的正是吴永，另外10个人中，有一个叫周荣曜。

岑春煊万万没想到，吴永在慈禧的心目中印象是如此之好！

慈禧当国40余年，有3个人是她倾心以私恩相报的，这3个人是吴棠、吴永、岑春煊，其中以吴棠的际遇最为传奇。

吴棠1813年出生，江苏盱眙人，1835年考中举人，1849年当上桃园县令，后调任清河县令。就在此任上，命运安排他遇见了慈禧。

慈禧那会儿尚未出嫁，名叫兰儿，年方16岁。其父惠徵，官至安徽徽宁池太广道，太平天国兴起时，因守土无方，遭革职留任，心情大坏，随即去世，只留下妻儿子女5人，兰儿居长。

兰儿奉母率弟妹盘灵回京，因为是犯官的后人，一路上无人搭理，只能以泪洗面，说不尽的凄凉。谁知路过清江浦时，清河县令吴棠差人到船上致送了一份奠仪，竟有足银200两之多，大家相顾失色——父亲当年不认识这个人啊！

确实是送错了。原来那天吴棠一位朋友也运送其父的灵柩从清江浦路过，老吴因此派一名差人给他们送200两银子以示哀悼，差人却上错了船，把银子给了兰儿一家。

等差人拿着谢帖回来复命时，吴棠才知道搞错了，大发雷霆之后，命令差人去把银子要回来，送到朋友的船上去。好在身边的师爷有见识，说这么做不合适。晓之以情之后更动之以理，说这一家老爷虽然死了，但好歹人家是旗人，而且听说女儿长得不错，那么长大后参加选秀女，没准就能进宫，至少也能嫁个王公亲贵的子弟，总之前途无量啊！不如今天老爷先卖个交情在这里。吴棠被说动了，索性亲自跑船上去行礼吊唁，很慰问了家属几句。临别时，兰儿姐妹早已是热泪盈眶，送走客人，姐妹俩发誓将来若得富贵，一定要重谢这位雪中送炭的恩人。

兰儿回京后没多久就按规矩参加了选秀，一选而中进入宫中，由兰贵人而升为懿嫔，因生下咸丰皇帝唯一的儿子载淳（即后来的同治皇帝）而晋封为懿妃，再由懿妃升为懿贵妃，步步高升。因为咸丰纵欲过度身体不好，不免疏于政务，而懿贵妃会读书写字，便时常代笔批阅奏章，手中的权力一天天大了起来。

吴棠从此飞黄腾达。1860年他先补准徐道，仅仅过了一年，随着懿贵妃得道成为慈禧太后，立即升为江宁藩司，并署理漕运总督，之后再升闽浙总督、四川总督，风光无限，天天都像在过年，快乐好似活神仙。官当得大而且毫无压力，心宽体胖自不必说，而官场人称"一品肉"，可见不过是一个行尸走肉的角色。

慈禧是如此一个恩怨分明的人，岑春煊又如何参得倒吴永？老佛爷一口咬定吴永有良心，做官一定错不了，坚决不肯处分他。一旁的瞿鸿禨欣赏岑春煊已久，很想借此接纳之，便竭尽所能帮着他说话，奈何慈禧就是不听，连带着另外10个被参的官员包括周荣曜也躲过了这一劫。

不过周荣曜不敢掉以轻心，他知道既然自己已经被岑春煊盯上，那么最好还是走为上策，不可存有半点侥幸心理。

周荣曜官不大，只不过是粤海关的一个管库书办。但是粤海关非同寻常，那是内务府用来敛财兼调剂下人的地方，能在那里当官，非得有些真本事不可。比如周荣曜就长袖善舞，手眼通天，多年辛勤耕耘下来，已为自己积攒下了几百万两银子，就连历任两广总督，从李鸿章到谭钟麟再到德寿，都无不对他刮目相看。

然而岑春煊走马上任后，立即大刀阔斧地清除积弊。按规定粤海关每年需向中央政府上缴500万两银子的关税，然而实际上每年能交上去的不过300万两左右。岑春煊实心办事，换了一套人马来管理，结果当年就征上来了660万两，奏明截留80万两用作本省经费，上缴了580万两，把慈禧乐得嘴都合不拢了，立即下令把内务府派去的官员通通撤掉，以后粤海关完全归岑春煊监督。

在这个过程中，岑春煊发现了一大堆贪官蛀虫，其中一个就是周荣曜。没想到最后因为吴永的关系，阴差阳错地让他漏了网，真是可忍孰不可忍！

不等岑春煊再次下手，周荣曜抢先带着80万两银子来到北京，捐了个四品官衔之后，便开始四处活动，想当一个驻外公使——天地良心，这是让岑春煊逼的，周荣曜的心思是：算你狠！我躲到外国去总可以吧！

有银子开路，自然一通百通，李莲英、那桐等大大小小的人物那里都有打点，而奕劻那儿周荣曜出手就是4万两，还只是见面礼。拿人钱财与人消灾，江湖规矩其实就是官场规矩，一通打点下来，大家都不好意思不满足他的愿望，只是奕劻他们还算是有原则，不肯拿国家大事开玩笑，只给周荣曜谋了一个小国作为去处。

于是突然有一天，上命发布，委任周荣曜为大清朝驻比利时公使馆公使，即出使比利时大臣。任命下来，想到岑春煊再厉害也追不到欧洲去，老周顿时松了一口气，禁不住老泪纵横。然而天有不测风云，上谕刚下，第二天岑春煊的奏折就到了，指明周荣曜的种种罪状，要求朝廷下令革职查办。以慈禧对岑春煊的绝对信任，加上已和岑结盟的瞿鸿禨的推波助澜，周荣曜的这个公使没当几天，尚未出国就被拿下，落了个倾家荡产的结局。

这事参与的人不少，但在前台操作的，完全是奕劻一个人，周荣曜落得如此下场，庆王爷的那张老脸，难免失去了往日的光辉，心头那个恨，不问可知。

吴越刺杀五大臣

奕劻恨归恨，对岑春煊他却毫无办法。而正当岑春煊在两广大刀阔斧的时候，大清朝的新政也进入了实质性阶段，步子迈得很大，直接奔着预备立宪就去了。

事实上早在庚子国变之后，尚在西狩途中的慈禧面对内忧外患，觉悟到旧的统治无从继续，一到西安即以光绪的名义发布变法上谕，宣称："世有万祀不易之常经，无一成不变之成法"，"总之，法令不更，锢习不破。欲求振作，须议更张"，要求各级官员在两个月之内，"各就现在情形，参酌中西政要"，"各举所知，各抒所见"。因有戊戌变法的前车之鉴，各地官吏反应不一，不少人持消极观望的态度，而时任山东巡抚袁世凯及张之洞、刘坤一对此却表现出了极大的热情，晚清新政由此拉开帷幕。

首先是设立督办政务处，专门负责推行新政，派奕劻、李鸿章、荣禄、昆冈、王文韶、鹿传霖为督办政务大臣，后来袁世凯也被补了进来。

随后一系列的改革措施接踵而至，像裁撤书吏、衙役；裁撤詹事府、通政司、河东河道总督；整顿六部；重开经济特科；命各自开办新式大、中、小学新学校；命翰林院入京师大学堂学习政法；命各省选派留学生出国；令留学生归国，考试录用；命停捐纳实缺；改总理各国事务衙门为外务部；新设学部、商部、巡警部，等等，几乎包括了百日维新时所有的内容，只不过这一次改革由慈禧来主导，进行得就顺畅了许多。其中有一个虽小但很人性的细节是，取消了凌迟处死等极为残酷的刑罚。

待到日俄战争结束，君主立宪的日本打败了专制的沙俄，举国大哗，"日俄之胜负，立宪专制之胜负也"，"非小国能战胜于大国，实立宪能战胜于专制"。于是朝野舆论纷纷要求清廷仿效日本搞君主立宪，而自太平天国后大清朝即已开始内轻外重，督抚权力急增而朝廷权威日减，如此的政治格局在庚子国变后更是变本加厉。某种意义上说，中央政府的威信，近几年全靠慈禧一个人撑着。

慈禧是个明白人，知道今时不比往日，舆论已不可完全无视，遂在袁世凯领衔周馥、张之洞等督抚奏请立宪之后不久，决定效仿日本明治维新之初派大臣远赴欧洲考察宪政之旧例——当然，除了欧洲，还要考察更多的地方，这样才能显得我大清朝比小日本强。

1905年7月16日，慈禧假手光绪颁布诏书，命载泽等五人为考察政治大臣，赴东西洋各国考察政治，为立宪做准备。上谕明确要求"考求一切政治，以期择善而从"。五大臣分别是镇国公载泽、兵部侍郎徐世昌、户部侍郎戴鸿慈、湖南巡抚端方以及商部右丞绍英。

这里需要介绍一下领衔的载泽。载泽是疏宗，也就是闲散宗室，但他命好，很获慈禧的垂青，指婚娶了桂祥的女儿，成为慈禧的内侄女婿、光绪的连襟，身价立增。这次出洋考察，他以镇国公的身份，名字排在第一个，其实是慈禧为了给他镀镀金，以期将来大用。

只是好事多磨，出洋的事儿并不顺利，主要是出洋考察的经费难以筹措。好在袁世凯带头认筹，慷慨从直隶铁路盈利中拿出10万两银子，并允诺以后每年筹款10万两作为出洋考察经费。有此表态，其他人亦开始跟进，总算解决了钱的问题。

到了出行的吉日，1905年9月24日，一大早，前门车站即已冠盖云集，送行的人熙熙攘攘络绎不绝，其中不乏达官显贵，却也混进了两个革命党人：吴越与张榕。

吴越生于1878年，安徽桐城人，自幼就读于私塾，屡试不第而放弃科考，由堂叔吴汝纶推荐入保定高等师范学堂学习。学习期间，因接触到了大量革命书籍，比如《革命军》、《警钟报》、《自由血》、《扬州十日记》、《嘉定屠城记略》等，吴越由此倾心于革命，结交了不少仁人志士，包括陈天华、杨笃生、张榕、蔡元培、章太炎、陈独秀、赵声等，更在赵声、杨笃生的介绍下，加入了"北方暗杀团"，担任支部长，并由蔡元培介绍加入光复会。

吴越思想激进，主张"杀一儆百，驱逐满清统治者"，有"手提三尺剑，割尽满人头"的豪言。他不只是说，而是真有行动。1905年五大臣出洋考察之前的某一天，吴越与张榕结伴来到北京，决定行刺满族少壮派领袖铁良，临行前他留下了这样一段话："满酋虽众，杀那拉（即慈禧）、铁良、载湉（即光绪）、奕劻诸人，亦足以儆其余；满奴虽多，而杀张之洞、岑春煊诸人，亦足以惧其后。杀一儆百、杀十儆千……"

到北京后，吴越住进了桐城会馆，经堂姐吴芝瑛介绍，他结识了鉴湖女侠秋瑾，两人一见如故。恰在这时，五大臣出洋考察一事发布，吴越认为这是清廷愚弄天下、借以维护其统治的一场骗局，遂决定先放铁良一马，转而刺杀五大臣。秋瑾对此极为支持，几次陪着他去前门车站踩点，商量行刺计划。之后秋瑾回老家筹备起义，吴越就在会馆里等待时机，并写下了《暗杀时代》等文章，希望未婚妻不要为自己悲伤，而要像罗兰夫人那样坚强。罗兰夫人是法国大革命时的领导人之一，在被送上断头台时留下了千古名言："自由，多少罪恶假汝之名以行！"她另外还有一句名言："认识的人越多，我越喜欢狗。"

9月23日，五大臣出发前一天，革命同志、同时也是五大臣随员的杨笃生告知了吴越详细的出行计划。当晚吴越在桐城会馆大摆筵席，招待同乡好友。第二天一早，他和张榕乔装打扮成公务员，怀揣杨笃生亲手制作的炸弹，前往火车站，成功混了进去，吴越甚至混上了专车。

专车共五节车厢，前两节供随员乘坐，第三节是五大臣的豪华花车，第四节归仆从，最后一节装行李。吴越欲从第四节车厢进入花车时，被卫兵拦了下来，其南方口音引发了对方的怀疑，不让他过，正纠缠间，机车与列车相接，车身猝然被撞后退，乘客皆站立不稳，互相撞击，致使吴越身上的炸弹自行引爆，他自己壮烈牺牲，并炸死周围3个随从，伤了十几人。五大臣中，绍英伤了右股，载泽擦破头皮受了轻伤。

北京城戒严了，破案的重任，落到了工巡局头上。京师工巡局由肃王善耆主管，北洋警政督办赵秉钧因为创办直隶巡警，经验卓著而被安排主持实际工作。

侦破此次天字第一号大案，赵秉钧充分展露了他的天赋，带领手下一帮得力干将，不辞辛劳，历经艰苦，居然真把案子破了，抓住了那天趁乱逃走的张榕。最后是袁世凯觉得大事化小为好，张榕才躲过一劫，只被关进监狱了事。

因为这一番波折，出洋考察一事耽误了些日子，这段日子里，端方很是着急，生怕老佛爷改变主意。好在立宪呼声高涨，民意难违，尤其到了当年10月，俄国沙皇被迫颁布《十月宣言》，宣布进行政治改革，开设议会（国家杜马），立宪变法，西方列强中最后一个专制政权随之宣告结束。这个消息深深地刺激了大清朝，举国又是一片沸腾。慈禧坐不住了，立刻召见载泽，催促他们五个人抓紧考察各国宪政去。

但此时绍英一是伤还没好，二是已成惊弓之鸟，死活不肯再去。徐世昌没受伤，但他也害怕，早早就利用朝廷设立巡警部的机会，请求奕劻保他当了尚书，而以赵秉钧为侍郎。新官上任，事情多如牛毛，另外再找出一大堆冠冕堂皇的借口，新被派到军机大臣上学习行走的徐世昌，终于躲过了这个危险的差事。

接替他们二人的，是顺天府丞李盛铎及山东布政使尚其亨。出发前，慈禧太后亲自召见，殷殷饯行，场面极为隆重。因为吴樾行刺在前，戴鸿慈代表五大臣的发言显得颇为悲壮："人臣以身许国，义无反顾。"

这一次五大臣兵分两路。1905年12月19日，端方、戴鸿慈一路从上海吴淞口乘坐"西伯利亚"号邮轮前往日本，由日本转道美国，再奔赴欧洲诸国；1906年1月14日，载泽、尚其亨、李盛铎一路，则乘坐"克利刀连"号，同样驶往日本，同样经日本转道美国再赴欧洲，只是具体路线并不相同。

清廷终于开始行动，顿时引来全世界一片喝彩。德国《科隆日报》为此发表文章："他们此次出洋是为了学习日本、欧美的宪法、政治制度和经济体系，很有可能，他们会将西方的宪法、政治制度和经济体系移植到中国去。"英国的《泰晤士报》则做了如此报道："人民正奔走呼号要求改革，而改革是一定会到来的……今天的北京已经不是几年前你所知道的北京了。中国能够不激起任何骚动便废除了建立那么久的科举制度，中国就能实现无论多么激烈的变革。"

老外们的热情期待丝毫也缓解不了五大臣的辛苦，海上风急浪高，光从上海坐船到日本就要两天，还好养尊处优的大臣们经受住了考验。安然抵达后，他们受到了最高规格的接待——日本天皇接见了他们，前首相伊藤博文也特意前来拜访。

等坐了十几天船经夏威夷抵达美国本土后，清国考察团更是引发轰动。罗斯福总统接见之外，考察团所到之处无不引得万人空巷，人们争先恐后前来围观这些前面秃瓢脑后留小辫子的怪叔叔——要知道，席卷全美的嬉皮士运动及由鲍勃·迪伦、约翰·列侬他们引爆的全球摇滚浪潮，得到将近60年之后才会到来。

到欧洲后和在美国的待遇一样，英国是国王接见，法国是总统设宴招待。总之，所到15国，他们都见到了国家元首。另一方面，来自民众的热情更加澎湃，对这些扮相怪异的异邦来客，人们无不争相围观、一睹为快——只是围观，人们并无恶意。比如在瑞典，市民们送花、唱歌欢迎致礼；而在德国，当考察团游览德累斯顿爱博河时，无数游人都停下来向他们挥手致意……

当然也有一些小尴尬，像在美国三藩市，端方曾被宾馆的旋转门所困，死活走不出来，搞得狼狈不堪；而在旧金山，宾馆服务员帮考察团一行携带行李进入电梯时，大臣们竟误认电梯间为客房，觉得将他们安排住进如此不够档次的小房间，对此极度不满……这些只是小插曲，总的来说整个考察进行得很顺利。1906年7月，两路考察团前后脚回到上海，却无法回京复命，因为考察报告还没到。

原来大臣们为了不至于太辛苦，加上自知对宪政茫然无知，早在抵达日本的时候，即已由当过驻日本公使的李盛铎，派首席随员熊希龄去找人代写考察报告，结果找到了正穷困潦倒的大才子杨度。杨度实收一万块银元后，觉得时间很充裕，请熊希龄吃喝玩乐一番，便把这事放开了。五大臣没想到这帮留学生办事居然也这么不靠谱，只能以"考察东南民气、征集各省意见"为名，留下端方、戴鸿慈在上海等候，载泽等人先回北京做口头汇报。

端方马上派人去东京催杨度交稿，杨度这才开始翻阅资料，运笔构思。不愧大才槃槃，根本就没去过欧美的他，居然写出了两篇像模像样的宪政考察报告——《中国宪政大纲应吸收东西各国之所长》和《实行宪政程序》，再加上"乱臣贼子"梁启超应杨度之请所写的一篇《考察各国宪政报告》及《请定外交政策密折》等若干条陈奏稿，这些文章全部送到上海后，五大臣这才放了心。

和载泽他们的回京路线一样，端方、戴鸿慈同样先到天津。袁世凯的接待规格同样很高，他和端方交情不同，等戴鸿慈酒足饭饱回行馆睡觉之后，两个人绞尽脑汁密谋一番，定下了"立宪改革由改革官制入手"的宗旨，然后由袁世凯写了一份奏疏，托端方回京后代递给慈禧太后。

直隶新政，走在全国前面的改革

除了买来的考察报告和各项条陈，五大臣也多少写了点原创的东西，比如上书主张"立宪"，指出立宪有三大利："一曰皇位永固，二曰外患渐轻，三曰内乱可弭。"他们同时指出："今日宣布立宪，不过明示宗旨为立宪预备，至于实行之期，原可宽立年限。日本于明治14年宣布宪政，22年始开国会，已然之效，可仿而行也。"最后是载泽的一席话说动了慈禧，他说立宪即需改革官制，则可名正言顺地削减地方督抚的权力，而若不如此，唐朝的藩镇割据局面，必将重现。慈禧明白这绝非危言耸听，而立宪既可拖到几年以后，裁抑督抚立马就能实行，那又何乐而不为？而在慈禧心中，首先需要裁抑的，正是袁世凯手里的兵权。

不过慈禧并不因人废言，她始终觉得端方代袁世凯递上来的奏疏很有些道理，尤其是其中一段话，很对慈禧的胃口。袁世凯是这么说的："请在立宪准备期间，先推行机构改革，制定将来与议会制相一致的新型官制，以为实行立宪政体的官僚基础。"慈禧于是在决定特派醇亲王载沣主持召开预备立宪筹备会议的时候，专门强调与会者只需大学士及军机大臣，但一定要加上袁世凯。

这是一份殊荣，袁世凯确实也担当得起。事实上袁世凯这几年在直隶任上的作为，的确令人刮目相看，当时人称"直隶变法"，又有说是"北洋新政"。总而言之，在改革方面，袁世凯走在了全国的前面。

成绩是显而易见的。军事方面无需再多说，农业改革方面，早在1902年，袁世凯即在保定设立农务总局，总管全省农业改革。农务总局下设农业试验场，从日本购买先进机器农具，并聘日本专家指导实验和生产，同时还开办了农业大学堂和农业传习所。后来成立的直隶农业总会，更印刷出版了不少农业方面的科普书籍，比如《栽桑捷法》4000册，《养蚕捷法》3000册，并翻译出版了国外农科书13种。再后来甚至还创办了一份专门的报纸——《农话报》，每月销量居然也能达到2200份。

商业方面，袁世凯照搬他在山东创办商务局的成功经验，设立了天津商务局，任命天津汇丰银行买办吴懋鼎、道胜银行买办王铭槐为总办和帮办，旨在"官、商联为一体"，重振天津市面。但因该局买办色彩过浓，起不到联络众商、疏通市面的作用，袁世凯又将之改组为商务公所，加派4名本地绅商为董事，协助吴懋鼎等的工作，并委派天津知府凌福彭为督办，主要是负责政策上的协调。这一下果然卓有成效，官、绅参与社会控制的力量大为加强，很快就开创出一个新的局面。结果就是，袁世凯所提出的推缓新旧欠款、倡行钱票、设立银行、规复厘卡旧章等4项挽救天津商务危局的措施，得到广泛拥护，"一时全津欢声雷动"，推行未久，"津市已渐有转机矣"，"街市流通，成效粗著"。

工业改革方面袁世凯更是大手笔。他先是成立了直隶工艺总局，以作为"北洋官营实业之总机关"及"直隶全省振兴实业之枢纽"，并委任了周学熙为总办，统筹全局。

周学熙是周馥的儿子，生于1866年，举人出身。袁世凯任山东巡抚时创办山东高等学堂，就是委任他一手操办，并大获成功，小周因此受到袁世凯的赏识。

袁世凯总督直隶，小周随同前往，先任银元局总办，创办制币厂，成绩斐然，被袁世凯誉为"当代奇才"。担任直隶工艺总局总办后，在袁世凯的支持下，周学熙更是大展宏图，牵头集资办起了启新泽庆公司和栾州矿务公司，后又创办了华新纺织公司、中国实业银行、耀华机器制造公司、玻璃公司等。在此带动下，直隶工业发展日新月异，教育品制造所、劝业铁厂、造纸厂、织染公司、肥皂公司、牙粉公司、玻璃厂、织布厂、木工厂、纺织厂、织布厂、制油厂、制革厂、麦粉公司、颜料公司、精盐分司、制棉公司等如雨后春笋般纷纷涌现。

发展现代工业，袁世凯特别强调"倡国货，拒洋货"，不过他并不盲目抵制洋货，即使在全国掀起抵制美货浪潮，连慈禧太后都不再抽美国香烟的时候，他也并未附和。袁世凯内心的蓝图是，以优质国货与洋货竞争，并战而胜之。他为此大量引进外国科技及机器设备，并努力开启官智，以适应新的形势。像周学熙所言"往往有民间创一新业，官府从而抑制之，吏役从而鱼肉之。此所以人人乐于蹈常习故，不肯变通"之类的事，最为袁世凯所深恶痛绝。他因此下令，除现任官员不便离岗者外，其余将要上任的官员，上任前一律先到日本游历3个月，参观学习行政、司法及学校、实业大概情形，并接受考试，文理不通及不懂科技之辈，将"全行撤参"。如有胆敢借故不去者，同样不许当官。

与此同时，袁世凯大力整顿吏治，设立官吏考验处、调查处，对新老官员进行考验、考核。此外他还着重整治腐败，不过并不蛮干，而是迁就现实，把各级官员的各项陋规，即灰色收入明白统计出来，作为合法收入按月发放。之后如再有陋规出现，则以贪污罪论处。

这样的做法，最开始效果肯定不错。官智既开，民智自不难启，于是直隶工业在大发展的过程中，创造了不少的中国第一。比如第一条由中国人自己设计、筹款、修筑的铁路——京张铁路，便出自于直隶，由袁世凯提议于1905年开始修建。在京张铁路工程局总办及总工程师的人选上，袁世凯更是力排众议，选择了詹天佑担此双重重任。

其实就连慈禧拥有的第一辆也是唯一一辆轿车，也是袁世凯所送。那是一辆现代汽车开山鼻祖、美国的杜里埃兄弟所设计组装的汽车，一共只生产了13辆，被后人统一叫做"杜里埃汽车"。送给慈禧那辆，是袁世凯听李莲英说老佛爷喜欢西洋新奇的玩意，特意花1万两银子买来的生日礼物。只是大清朝规矩多，洋司机开车大家觉得不安全，便训练出一个叫孙富龄的国产司机来，却得跪着开车，那就更不安全，后来慈禧也就不坐了。

自来水也是天津开风气之先，1901年中外合资的济安自来水公司成立，使得天津人最早喝上了自来水——之前上海倒是有自来水，但是只向公共租界的居民供应。那会儿北京还没有自来水，而且水很苦，火灾也多，连宫殿里也经常失火。一次慈禧在召见袁世凯的时候，问他有没有办法改变这一切，袁世凯表示"以自来水对"，并保举了周学熙去做，大获成功。

这样的第一还有很多，如1902年天津建立了全国第一家发电厂，全市有了民用电灯；1903年天津设立了电话局；1905年，袁世凯在天津开办无线电报学堂，并在南苑、天津、保定行营设机通报；1906年2月16日，天津的城市电车正式通车，居然比十里洋场的上海还早了一年……

不仅如此，天津的官银号在袁世凯的整顿之下，也已经赢得了足够的信誉。就这样，天津渐渐成为整个华北的金融中心和商贸集散中心。袁世凯的成就，引来四面八方一片欢呼声，"北洋新政如旭日之升，为全国所具瞻"之类的声音不绝于耳，就连20年不通音讯的张謇，都写了信来，特别夸奖直隶工业"独特高明"，已然超过了一贯的领头羊江苏。不过此时的袁世凯，仍然有他的烦恼，那就是他所主持编练的北洋陆军，正面临着军费不足的难题，而这一点，是没有办法指望朝廷的。无奈之下，他想到了借洋债，当年左宗棠西征，用的就是这一招，效果很好。经手人正是当时的财神爷胡雪岩。

袁世凯兴冲冲奔着洋人而去，可是几次接触下来，感觉到了不对，借洋债容易，但免不了会受人挟制，军国大事，岂容失去自主权？更何况汇率的波动还可能造成额外的损失，不值得，太不值得。

但袁世凯接触中已经了解到了国外有发行公债的做法，对此深表赞同，便决定一试。他是那种想到就做的性格，于是就立即上了一道奏折，希望在直隶发行地方公债480万两银子，专款专用，全部用在练兵上。

袁世凯深知以往朝廷类似的举动信誉不佳，所以在奏折中特意强调此次直隶发行公债，一定要保证按时还本付息，朝廷任何时候都不能以任何理由要求直隶动用归还公债的备用款项："然示信之道，非可空言，又宜预筹的款，备偿本息，无论何项不得挪用。"既然不需要朝廷花钱，慈禧当然乐得批准，袁世凯立即就放手干了起来，这是1905年的事情。

公债发行的对象，主要是富裕的地方士绅。不出意料，大家都有各种各样的顾虑，主要还是担心这笔钱能否归还，所以尽管有高息诱惑，最开始富商们并不踊跃。袁世凯很生气，派人挨家挨户去动员这些富商大户，声明公债是袁大帅发行的，袁大帅言出必行，到期定会连本带息归还。你们现在帮袁大帅的忙，大帅日后自不会亏待你们；如果不帮忙，以后有事，别怪大帅不给面子！

面对这样赤裸裸的威胁，直隶地面上，谁敢不给袁大帅面子？袁世凯倒是真的想做好这件事，规定"收存公票在五万两以上者，准其在每年十二月初一日赴官银号查验备付款项，如收存公票不及五万可约集各票主凑成五万两，公举一人验票后赴查"。同时规定，对于侵吞公款的官吏，"一经查实，官员参革，差役监禁十年，仍将侵蚀之款加一倍追罚"，为的就是以透明度打开人们的信心之门。

僵局终于打破，后面就顺利了，加上袁世凯又订立了奖励制度：一人劝集数在1.2万两以上者，照寻常绩请奖；6万两以上者照异常劳绩请奖。这下子无论劝集者还是购买者的热情都大为提升，只几个月，直隶地方公债就全部售罄，480万两银子，其中的448万两都用在了练兵上面，剩下的则入了直隶藩库。正是因为有这笔钱，袁世凯的兵才练得有声有色，也才有之前提到的河间秋操的大获成功。

农业、工业、军事、行政样样得心应手，令人称道，但过最让袁世凯感到骄傲的，还是直隶蒸蒸日上的教育事业。

袁世凯一向重视教育，把开启民智与开启官智看得同样重要，视之为两件大事，两手抓，两手都要硬。所以刚一上任直隶总督，他就在直隶各地倡导创办了诸多新式学校，为了便于管理、有效施政，他还特设了一个新的机构——直隶学校司，任命胡景桂任该司督办。为了把这事办好，袁世凯个人带头捐助了2万两银子。另外，他还从自己每月600两银子的薪水中拿出200两作为奖学金，专门用以资助北洋各个新式军事学堂中的学生。无奈胡景桂出身于旧学，对新式教育完全不得要领，袁世凯遂请来热衷于在民间兴学的严修接任，全面主持这项工作。另外还聘请了美国驻天津领事丁家立为西学总教习，东京音乐学校校长渡边龙圣为教育顾问。

严修字范孙，生于1860年，祖籍浙江慈溪，进士出身，后被分发到翰林院任国史馆协修，和徐世昌算同事，两人关系不错。不同于徐世昌的是，严修是个红翰林，于1894年外放为贵州学政，任上创办了贵州第一所新式学校。1897年，严修上书《奏请开设以经济特科折》，提出废除八股，破格取士，引发轩然大波，梁启超后来认为这是"戊戌政变之先声"。

因为这次上书，严修被恩师徐桐逐出师门，并被罢免了翰林院的实职，只给他保留了一个编修的虚衔。此后严修和康、梁等人多有来往。1898年6月11日，光绪下诏宣布变法，7天之后，严修来到小站，通过徐世昌见到袁世凯，为的是寻求救亡之路。

袁世凯对这位名翰林极为热情，倾谈之后，派徐世昌、段祺瑞、姜桂题等高层人物陪同参观考察新军的操练、功课等。小站新军的训练有素，令严修顿有耳目一新之感，故有"整齐娴熟，无以复加"的评语，袁、严二人自此结交，不过并未能在戊戌变法中有所合作。

好在有缘人终会走到一起，直隶教育的改革，终于使得两人展开了深层次的合作，几年下来硕果累累：到1906年6月，直隶办的高等院校计有北洋大学（中国第一所大学，天津大学、河北大学的前身）、北洋医学堂、高等工业学堂、高等农业学堂和高等综合学堂共5所；专科学校21所，其中包括中国第一所法律学堂天津法律仕学速成馆、高级师范1所、初级师范及传习所89所、中学27所、高等小学182所、初级小学4162所、女子师范1所、女子一般学堂40所、胥吏学堂18所。此外还有电报学堂、图算学堂、客籍学堂各1所，入学人数共86652人。若再算上北洋武备学堂、北洋巡警学堂、北洋行营将弁学堂、保定军官学堂、测绘学堂等军事院校，则总数可达10万人。

这还不包括留学生。袁世凯对外派遣的留学生人数可观，像王宠惠、吴鼎昌等，都是日后叱咤风云的人物；而在军事方面，则有后来的五省联帅孙传芳。留学生们回国后大都受到了重用，没有像当年的留美幼童那样被投闲置散。其实留美幼童们也正是在袁世凯总督直隶后才终于有了用武之地，詹天佑自不必再说，其他像蔡绍基被任命为北洋大学总办，梁敦彦当上京奉铁路总办，梁如浩当上唐山路矿学堂（今西南交通大学）总办，周寿臣高就天津招商局总办……这些功绩多半应该记在袁世凯头上。不是说他官大就必须排名在严修之前，而是因为这是事实。

事实上严修1904年才走马上任，工作时间并不长，当然他做的事情并不少，

1903年，袁世凯（中）视察京师大学堂译学馆，与该馆监督布学晋大臣合影

比如创办了敬业中学堂，也就是现在的南开大学的前身。他的教育思路及身体力行的作风极受袁世凯推崇，因此当1905年清廷设立学部时，袁世凯推荐他当了学部侍郎，官居二品。学部尚书荣庆，在袁世凯巡抚山东时担任山东学政，两人关系非同一般。部里再有严修这么一位侍郎，袁世凯办起教育来就更加得心应手了。

只是谁也没想到，这股教育改革的春风竟然吹动了慈禧老太后的心。1906年2月21日，她竟然命令学部兴办女学。就在全国上下大跌眼镜的时候，袁世凯率先行动起来，当年6月13日，北洋女子师范学堂即已建立并正式开学，效率之高令慈禧大喜过望。老太后随后下令各省向直隶学习，大兴新式学堂，不分男女，努力培养现代人才。又一次，袁世凯成为举国瞩目的人物，好不得意！

袁世凯在直隶的大刀阔斧，也使得地方上的宪政派对他寄望甚殷。早在1904年7月，张謇在那封夸赞他"独特高明"的信中，就曾希望他效法日本伊藤、坂垣主持立宪："论公之才，岂必在彼诸人之下？"

袁世凯不是那种易于头脑发热的人，在权衡了各派势力的实力之后，深感立宪之事不能操之过急，所以在给张謇的回信中表示"尚须缓以俟时"。而在慈禧召见谈到张之洞等人打算奏请立宪一事时，袁世凯更直截了当地表示反对，理由是"中国的百姓，民智未开"，这让慈禧非常满意。

日俄战争之后，立宪呼声高涨，张謇再给袁世凯写信，鼓励其倡导立宪，"执牛耳一呼"，建立"不朽盛业"，则"公之功烈，昭然如揭日月而行"。袁世凯再一次权衡了各派势力的消长，认为时机或已成熟，终于在1905年7月2日，联合两江总督周馥、湖广总督张之洞奏请大清朝实行立宪政体。慎重起见，几个人把立宪改革的期限定为12年，他们认为这是一个各方都能接受的年限。

奏折由袁世凯领衔发出，这是地方督抚第一次正式奏请立宪，慈禧自知其势不可阻挡，立即就接受了，半个月后便有了五大臣出洋考察政治的诏令。五大臣回国不久，袁世凯成立了天津自治总局，作为直隶城乡最高的自治领导机关，进行地方自治的尝试。现在朝廷要召开预备立宪筹备会议，慈禧要求始作俑者袁世凯参与，这也是理所当然的事。

1906年8月26日，袁世凯志得意满地来到北京，他并不知道，等待他的会是何等惨烈的一场暴风雨。

官制改革，斗争很激烈

预备立宪筹备会议虽然争吵不断，但总的来说开得还算顺利。1906年9月1日，慈禧假光绪之名颁发诏书宣布预备立宪，诏书先阐述了西方各国宪政的好处及大清朝奋起仿效的决心，随后笔锋一转，说："目前规制未备，民智未开，若操切从事，徒饰空文，何以对国民而昭大信？"总而言之，要慢慢来，大家要有耐心。至于首先要做的事，则是"故廓清积弊，明定责成，必从官制入手。亟应先将官制分别议定，次第更张"。

9月2日，相当于预备立宪改革委员会的编纂官制局宣告成立，编纂大臣以镇国公载泽为首，以下依次为东阁大学士世续，体仁阁大学士那桐，协办大学士荣庆，商部尚书载振，吏部尚书奎俊，户部尚书铁良、张百熙，礼部尚书戴鸿慈，刑部尚书戴宝华，巡警部尚书徐世昌，工部尚书陆润庠，左都御史寿耆，敬陪末座的正是直隶总督袁世凯。因兵部无人入围，于是就有人说，朝廷已经将袁慰庭看作兵部尚书了。

编纂大臣之上，朝廷另派了三位"总司核定"的王公大臣，分别是庆亲王奕劻、文渊阁大学士孙家鼐、协办大学士军机大臣瞿鸿禨。

虽然袁世凯对自己排名最后略感失望，但他所提名的孙宝琦与杨士琦被通过充任提调，其随员张一麟、金邦平以及他所赏识的曹汝霖都被派为编纂员，这对袁世凯来说，也不失为一大安慰。编纂员一共17人，大部分是外务部与商部的归国留学生，其中4人风头最健，号称"四大金刚"，分别是汪荣宝、章宗祥、陆宗舆，曹汝霖。

其实能够成为唯一一个与中央大员一起，位居编纂大臣之列的地方官员，这已很不容易，直隶官场自然将此视为莫大的光荣。9月3日，天津举行了规模盛大的庆祝活动，当然，和北京、上海等地民众乃至留日学生自发的集会一样，庆祝的都是立宪改革。

为了防备讨论中的官制细节泄漏于外，朝廷特将编纂官制局设在较为偏僻的海淀朗润园，"门外盛陈兵卫，稽查甚严"。

说起来除了特召进京的袁世凯，编纂大臣们每个人都有自己在朝廷的本职工作。除了载泽，谁也不想负额外的责任，偏偏载泽新近被派了御前大臣的差事，不敢怠慢，加之那桐、载振力挺袁世凯，于是大家定下章程，编纂官制局由袁世凯专

袁世凯与清末新政（前排图中为袁世凯）

门负责日常事务。那桐又以地方官制复杂琐碎为由，建议先只进行中央官制改革，这其实是为了维护袁世凯北洋大臣的权力，不过大家也稀里糊涂地通过了。

袁世凯带着杨士琦、曹汝霖等人在朗润园里忙了差不多1个月，终于拿出了一个官制改革的初步方案，其中最核心的一项是，建立责任内阁以取代军机处，内阁政务大臣由总理大臣1人、左右副大臣各1人，各部尚书11人组成，"凡用人、行政一切重要事宜"，由总理大臣"奉旨施行"，皇帝发布谕旨，内阁各大臣"皆有署名之责，其机密紧急事件，由总理大臣、左右副大臣署名"，也就是说，皇帝发布的谕旨，若不经内阁副署，将无法发挥效力，成为一纸空文。

这当然是和奕劻商量好的，他们的如意算盘是，责任内阁以奕劻为总理大臣，袁世凯担任副总理大臣，另一个副总理大臣的名额，则留给瞿鸿禨。这是因为老瞿在言路上势力很大，并有肃亲王善耆等亲贵的全力支持，尤其是深受慈禧信任，若想一切如意，必须要取得他的合作。至于夺了皇帝的权光绪愿不愿意，那是没有办法的事，因为不如此便不足以改革。好在光绪本身就没有发言权，不必太考虑他的感受，只要敷衍好老佛爷，想来应该没有大碍。

奕劻、瞿鸿禨之外，剩下的几个军机大臣更无需顾虑，鹿传霖已老，早无斗志；徐世昌是自己人，一切好说；荣庆碌碌，不足为惧；还有个铁良，是立宪的铁杆反对派，双方早就撕破了脸，袁世凯甚至曾经上书弹劾："若不去铁，新政必有阻挠。"既然如此，趁机把他排挤出局岂不正好？

对军机大臣尚且如此，其他人就更不消说，袁世凯步子迈得极大，决定仿效西方三权分立原则，对中央政府各部门的设置做出巨大的调整。像吏部、户部、礼部、兵部都计划裁撤或合并到其他部门，甚至因为计划设立的资政院（即议会的前身）负有监察之责，就连老字号的都察院都打算裁掉；而像翰林院、宗人府等无所事事的机构，更不会保留。波及面实在太广，终于激起了公愤。

改革方案尚未提交，内容就已经在不断泄露，一时间消息满天飞，奏折更是满天飞，锋芒直指要砸大家饭碗的袁世凯，大家纷纷斥其居心叵测。比较有代表性的奏折包括：翰林院侍读柯劭忞奏请新官制不可一切更张；都察院御史蔡金台奏请新官制应限制地方督抚的权力；御史张瑞荫奏请军机处不可裁并；御史石长信奏请不设总理大臣；军机大臣铁良更是直接反对官制改革。最狠的是给事中陈田，上奏弹劾庆亲王奕劻收受杨士骧（此时已高就山东巡抚）贿赂10万两银子，经手人正是袁世凯。

最沉重的打击则来自于负责新官制"总司核定"的寿州相国孙家鼐，针对裁撤都察院一事，老孙写来一封公开信，表示"台谏为朝廷耳目，自非神奸巨蠹，孰敢议裁？"搞得袁世凯很是灰头土脸，但他并未退缩。

双方斗争趋于白热化，此时距戊戌变法不过几年，当时变法失败后朝廷大肆抓捕康梁余党的恐怖往事人们还记忆犹新，而现在袁世凯的改革方案更为激进，博弈双方更加势均力敌，因此谣言四起，胆小的人已经在准备出京避祸了。

但即使如此，反袁势力的秘密总后台瞿鸿禨却依然按兵不动，不仅不公开亮相，甚至连一句话都不说，为的只是需要一个中立的身份，关键时刻好一锤定音。

机会来了。如此多的参劾指向同一个人，这是慈禧自掌权之日起从未经历过的事情。老太后其实很欢迎手下大臣间的对立，像历史悠久的满汉对立、汉人间的南北对立，都是让人欣慰的局面，如今针对官制改革而形成的两派是个新鲜事物，对此慈禧有自己的看法，但此事太大，她还想听听来自于第三方的声音。这个第三方的代表，就是仿佛置身事外的瞿鸿禨。

于是老太后单独召见了瞿军机，瞿鸿禨表示：责任内阁一旦成立，按规定一切用人行政大权，都将由内阁大臣会商决定，皇帝将成为一个摆设，就连太后您的地位都会动摇，不妥，不妥啊！

事实上瞿鸿禨并不反对立宪，只是他的改革主张类似于康有为，要求一切由皇帝来主导。这是他和袁世凯的根本分歧所在，也是他能和诸如肃亲王等宗室亲贵结为盟友的原因。另一方面，瞿鸿禨非常讲究私德，自己两袖清风，对奕劻的贪渎枉法、袁世凯的玩弄权术很看不惯，早欲除之而后快，一直没动手，只是时机未到而已。

慈禧最忌讳的就是自己大权旁落。另外，她一向很欣赏瞿鸿禨的清廉正直，尤其是谁都知道即使军机处被裁并，老瞿至少也能在内阁当个副总理大臣，没有任何损失，那么他之反对责任内阁、反对新官制，就和其他人大不一样，显得毫无私心。想到这里老太后不免动容，也就此做了决定。

1906年10月2日中秋佳节，慈禧召集御前会议，主题是审定新官制草案。朝堂之上，光绪站台，底下大臣们跪了一地。表面上看似风平浪静，暗地里每个人都非常兴奋、紧张。两派人马早有准备，只等慈禧一开口，双方就将展开一场大辩论，以唇枪舌剑定输赢。

奈何天有不测风云，慈禧此时已经没有心情听大家的辩论，只把草案交给和奕勋并列跪在最前面的瞿鸿禨，要他下去后好好修改。

奕劻大窘，因为这意味着他这个首席总司核定大臣算是废了，不过奕劻之窘只维持了很短的时间，因为紧接着慈禧扔下来一大摞参折，全是针对新官制和袁世凯的弹章。袁世凯心知大势已去，不敢争辩，唯有磕头。好在慈禧不为己甚，只斥退袁世凯，令他尽快回任，本次御前会议就算是圆满结束。反对派皆大欢喜，奕劻、那桐等人不免尴尬。而最难过的，当然是袁世凯——他所倡导的改革，尚未开始便已烟消云散，所有的心血都白费了。

这还不算，按照规定，督抚大臣进出京城，都需上奏折请令，现在虽有慈禧口谕令他回任，但依然得上折子书面请示，那么这个折子怎么写才能不伤面子？总不能真说自己是被斥退回任吧！杨士琦、孙宝琦等一帮人都在帮着想主意，最后还是袁世凯自己灵机一动，决定再搞一次大规模的会操，以此为名目回天津筹备。为此他电请言敦源赶来北京，专门筹划此事；然后请端方和徐世昌出面安抚言路，请大家放袁某人一马。这无非是吃吃喝喝，好言相劝，以端、徐二人的老资格，大家多少还是要给点面子，加以此战大获全胜，眼看各自都能保住荣华富贵，也就乐得本着穷寇莫追的原则，不再痛打落水狗。

这样折子就容易上了，在说明上次河间秋操成功之后，袁世凯表示这次想搞全国性的军事演习，由南北两军对抗，北军主要是北洋军，具体由驻扎在山东的第五镇、南苑的第六镇、直隶的第四镇以及京旗第一镇抽调兵力合编而成；南军以湖北编练的自强军为基础，由新军第八镇及河南的第29混成协组成。两军总人数预计为34000人，会操地点定在居中的河南彰德。

袁世凯特别强调，本次会操是为了全面展示陆军改革的成果，届时将邀请各国派武官前来观摩，以达到炫耀武力的目的。这是摸清了慈禧的心思，老佛爷果然对炫耀武力大感兴趣，当即准奏，谕令袁世凯回任办理会操事宜——此次会操，历史上称作"彰德秋操"。

1906年10月21日，大清朝南北两军会聚彰德，进入演习区域。本次会操，以袁世凯、铁良为阅兵大臣，军机大臣徐世昌总理参谋处，军务处军令司正使王士珍为总参议，军学司正使冯国璋为南军审判长，军学司副使良弼为北军审判长。北军方面共计16172人，以段祺瑞为总统官，张怀芝为统制；南军方面共计17786人，以张彪为总统官，黎元洪为统制。

张彪是山西太原人，武举人出身。张之洞任山西巡抚时，一次下乡查案途中遭遇民众围攻，恰好张彪路过，拔刀相助，打跑了围攻者，巡抚大人方得以全身而退。而张彪则像雷锋一样做好事不留名，自己悄悄地走了。

身为一省首长，张之洞要想在辖境内找到一个人简直是易如反掌，找到之后，便出钱送小伙子进京赶考。张彪有真材实料，中了武进士后衣锦还乡，很受张之洞器重，当上了武巡捕。

张之洞先后娶过三位夫人，个个都早死，搞得他相当惶惑。或许是怀疑自己克妻，又或许是厌倦了婚姻这座围城，总之刚40岁出头的张大才子自此不娶，但并不守身如玉——才子大多风流，张之洞更不是普通的风流才子，拈花惹草四处留情自不必说，就连"兔子不吃窝边草"的古训都不能恪守，情不自禁地很偷了些府里的丫鬟，虽不至于夜夜当新郎，日子倒也过得爽歪歪。后来不知道什么原因，老张认了一个通房丫头做干女儿，并把她许配给了小张。自此张彪被称作"丫姑爷"。随着张之洞的飞黄腾达，张彪也跟着水涨船高，官越当越大，到此时已掌握了湖北新军的军权。

至于黎元洪，生于1864年，他是湖北黄陂人，他早年考入北洋水师学堂，毕业后参加了甲午海战，所在舰只被日军击沉，黎元洪命大，在海上被人救了起来，遂往南京投奔时任署理两江总督的张之洞，1896年随张大帅回湖北，颇受重用，此时已当到了陆军暂编第21混成协统领，属于湖北军界的实力派人物。

张之洞一向看不起袁世凯这个后辈，因此对此次会操的胜负极为重视，一心想让对手见识下什么叫"姜是老的辣"。早在一个月前，老张就将湖北新军派往河南新乡，与河南新军合练，做足了功课，志在必得。

而袁世凯为了维护自己"大清朝军界第一人"的声威，更是半点不敢马虎，就连前往彰德的路上，他的北军一边行军，一边还在抽空操练，令人感佩不已。

3万多人的行军演习，光吃饭就是个大问题，为此阅兵处专门研制了一种行军蒸米。具体工艺是：把大米淘洗干净后，在水里浸泡50分钟，等湿度差不多了，再用蒸笼蒸熟后阴干以利于储藏携带。这种蒸米用水泡20分钟即可食用，俗称为"方便米"，很可能是中国最早的方便主食。

10月22日，会操正式开始，首先是由两军总统官背诵演习总方略和特别方略。北军的段祺瑞声音洪亮，对章法非常熟悉，赢得一片掌声。接下来该张彪背诵了，张彪富贵多年，早已不复当年的英气，一开口就露了怯，只能由背后的参谋长念一句，他在前面跟着背一句，整个场面搞得很囧。好在他有自知之明，眼看自己难以胜任，索性临阵举荐黎元洪代自己指挥南军，总算保住了南军的颜面。

会操正式开始后，但见人喊马嘶，尘土飞扬，枪声四起，炮声震天，步兵、骑兵、炮兵、工兵协同作战，场面好不热闹。

会操一共进行了3天，北军表现得很严谨，每天演习结束后都要进行总结讲评。这可不是敷衍公事，像第一天的讲评，北军总参谋官张绍曾就当众考问第五镇统制张怀芝：本次会操，第五镇来河南的有多少人？留守山东的有多少人？有多少病号？其中多少轻伤，多少重病？帐篷有多少？马匹有多少？

想那张绍曾，当年不过26岁，虽说总参谋官现在看起来很牛，但在当时只是个不起眼的小官而已，居然敢如此刁难领导，可见北洋军当真不是浪得虚名。只是可怜了张怀芝，对这些问题完全茫然不知所知，只能涨红着脸嗫嚅着回答："我记不得了，请原谅。"

本次会操，各省派来了不少观察员，这是朝廷的指令，目的是让大家来考察学习。来的大都是受过现代军事训练的年轻军官，其中有两个人被袁世凯慧眼相中，一个是广西的蔡锷，另一个是浙江的蒋百里，袁世凯把他们俩都破格提升为秋操审判员。

至于西方各国，也来了不少武官和情报人员。而各家新闻媒体，外国的如英国的《泰晤士报》、《字林西报》，俄国的《警卫报》，德国的《营报》，美国的《月报》以及日本的《时事新闻报》和《每日新闻报》，国内的如《申报》、《时报》、《大公报》、《华字汇报》等，更是派出大量记者前往采访报道。来的人太多，以至于彰德府陡然间变得拥挤不堪，大小旅馆无不人满为患，很多人只能住在肮脏不堪的小客栈里，苦不堪言。

不管住在哪儿，这些都是有来头的人物，绝对不容有任何闪失。为此袁世凯特地从天津调来了400名巡警，以保障大家的安全。

洋大人们的安全当然没有任何问题，事实上就连当地的老百姓都很安全，这难免让大家觉得受宠若惊。原来大清朝的军队，不管执行什么任务都会骚扰地方，奸淫掳掠之类的事情干起来毫不手软，而这一次，参加会操的军队，无论南军北军，一律纪律严明，买东西也会照价付钱，自然赢得了人们的交口称赞。

3天的演习下来，审判团的意见是，北军要略胜一筹。老外的评价更仔细，他们认为：纵观两军阵法，当推北军为胜，河南军队稍差，湖北军队最不突出。德国和俄国的武官的意见很有代表性，他们认为中国陆军已经可以与日本匹敌。前来观摩的日军少将松川对此未置可否，只是承认中国军队进步很大。

10月25日，袁世凯和铁良在彰德城外的小张村举行了阅兵式，宣告会操圆满结束，之后设宴招待参演将佐及前来观操的各国来宾，大家尽欢而散。

军权旁落，竹篮打水一场空

彰德秋操的成功令袁世凯再次大出风头，但也为他的遭受打压埋下了伏笔。

因为在废科举、改官制两件大事上的作为，不夸张地说，袁世凯在官场上的名声已经足够坏，连一向欣赏他的慈禧此时对他都有了看法。雪上加霜的是，彰德秋操之后，铁良回到北京，面见慈禧的时候，他毫不吝惜对北洋陆军的夸赞，但得出的结论竟是：袁世凯此人居心叵测，现在手握如此重兵，绝非朝廷之福。

作为一个坚定的民族主义者，铁良对于维护清朝的统治有着超乎寻常的热情。相应的，对于掌握大权的汉人比如袁世凯，自然存有本能的警惕。因此，虽然他们曾有过一段蜜月期，但并不长久，尤其是自1905年铁良担任户部尚书后，在财务上处处与北洋陆军为难，使得两人的关系不再和谐；更有甚者，铁良又以所兼任的署理兵部尚书的资格，积极在军中发展自己的势力，极力扶植日本士官生背景的军官，以与北洋嫡系相抗衡，袁世凯对此大为不满，且并不在乎溢于言表。

及至这一年的8月底，也就是预备立宪前夕，因为立场过于对立，袁世凯与铁良终于公开决裂。面对铁良"立宪非中央集权不可"，所以必须裁抑督抚兵权财权的主张，袁世凯愤然上奏"若不去铁，新政必有阻挠"。两个人就此搞成了势不两立之势。所以此时，铁良对袁世凯军权太重的担忧，绝非心血来潮。

很不幸，这一论调并非曲高和寡，反而是应者云集。也就是说，铁良他不是一个人在战斗。自古有云：众口铄金，积毁销骨。自然而然的，本已打算削袁世凯兵权的慈禧她老人家，终于做出了决定。

几天之后，1906年11月6日，清廷正式发布厘定官制谕，一上来就开宗明义：

"窃惟此次改定官制，既为预备立宪之基，自以所定官制与宪政相近为要义。按立宪国官制，立法、行政、司法三权并峙，各有专属，相辅而行。"接下来，因为"以行政官而兼有立法权"，则"必有借行政之名义，创不平之法律"。故应设立议院，而在议员设立之前，暂设资政院以备掌管立法。因为"以行政而兼有司法权"，则"有徇平时之爱憎，变更一定之法律，以意为出入"，故改刑部为法部，专掌司法大权。另外，"以大理院任审判，而法部监督之，均与行政官相对峙，而不为所节制，此三权分立之梗概也。"不仅如此，另外"有资政院以持公论，有都察院以任纠弹，有审计院以查滥费，亦皆独立，不为内阁所节制，而转能监督阁臣，此分权定限之大要也"。

应该说以上的制度建设，非常能够体现清廷改革的诚意，只是最核心的内阁，却并非责任内阁，而依然保留了军机处为行政总汇，向皇帝负责，谕令"毋庸改编，内阁军机处一切现制依照旧行"。这样的安排，跟君主立宪完全是背道而驰。

至于原有的军机大臣，只保留了奕劻和瞿鸿機，另补了一个大学士世续进来。其他几位，"鹿传霖、荣庆、徐世昌、铁良均着开去军机大臣，专管部务"。徐世昌的出局，毫无疑问是为了剪除袁世凯的羽翼。

以下为11个部，将以前每部两尚书四侍郎的编制精简成了一尚书两侍郎，不再区分满、汉。11个尚书，为首的外务部仍为瞿鸿機，他是唯一一个得以兼任部院尚书的军机大臣；吏部仍是鹿传霖；巡警部改为民政部，依然是徐世昌掌舵；户部改为度支部，由新人溥颋出掌；礼部改归溥良；学部仍归荣庆；刑部改法部，给了戴鸿慈；商部吃进了原来的工部，改为农工商部，依然归载振；理藩院改为理藩部，由寿耆主导；新设的邮传部权力巨大，管辖范围囊括了轮船招商局、邮政、铁路、电报等，大都是原来袁世凯的势力范围，现在全归了张百熙；兵部改为陆军部，下设海军处，并且将袁世凯的练兵处也给并了进去，当家的自然是铁良。朝廷特别强调，各省新军统归陆军部管辖，当然也就包括了袁世凯的北洋军。

这样11个尚书，汉人只占得5席，满蒙贵族占有6席。不过另外还有两院，掌院的都是汉人：都察院名字不变，都御史也不变，仍为陆宝忠；由大理寺改来的大理院，正卿为沈家本。

看起来满汉平衡似乎并未被打破，但谁都看得出，这只是一个开始，未来谁知道呢？

这一次官制改革，随着好友林绍年被派在军机大臣上学习行走，瞿鸿禨成为最大赢家已成定局，而始作俑者袁世凯则损失巨大，不仅轮、电两局得而复失，就连练兵处都已失去，虽尚有诸多职权未遭剥离，但他心中有数，知道是时候做出姿态了。

想到就做，袁世凯当即上了一个奏折，表示练兵处既已归入陆军部，则他愿意交出北洋六镇陆军中的第一、三、五、六四镇归陆军部直辖；至于另外两镇，因为第二镇驻防在永平、山海关一带，第四镇驻防天津附近，"现在外兵尚未尽撤，大局尚未全定，直境幅员辽阔，控制弹压，须赖重兵。拟请仍归臣督练，以资策应"。

一连几天没有消息，袁世凯不禁又喜又忧，一方面怕朝廷对他只交出4个镇的兵权不满意，另一方面又心存侥幸，希望年初的往事可以重演。

原来最近两三年来，袁世凯风头太劲，联手奕劻揽权用事之外，又是奏请废八股、停科举，又是不断编练新军，甚至还公然主张立宪改革，所有这一切，早已引起了太多人的不满和疑忌，其中很有些够资格在慈禧面前说话的人。袁世凯看清局势之后，为了探明慈禧的态度，就在1906年1月，以精力不济忙不过来为由，奏请开去自己除直隶总督北洋大臣这个底缺之外的所有兼差。

看到奏折，慈禧很是莫名其妙，她对袁世凯的能力极为看重，此时也很相信他的忠诚，觉得这家伙干得好好的辞什么职呀？简直是吃饱了撑的。瞿鸿禨很见机，不敢忤逆太后，只在一旁劝说，不妨将袁世凯的一大堆兼差，保留几个，开去几个。不料慈禧是真正的用人不疑，直接下旨不准袁世凯所请，"优诏慰留"，令老瞿很是无趣，老袁自然颇感欣慰。

不过这一次好像和上次不一样，好容易等到慈禧的朱批下来，内容竟是"现在各军，均应归陆军部统辖，所有第二、第四两镇，着暂由该督调遣训练"。袁世凯所希望的"统辖督练"，被慈禧一句话就改为"暂由该督调遣训练"，朝廷的猜忌，跃然纸上。

袁世凯终于明白大势不妙，思来想去之后，他做出一个艰难的决定：交出4镇兵权之外，再奏请开去他督办政务大臣、督办商务大臣、督办邮政大臣、会办练兵大臣、参预新政大臣等所有11项兼差。

这个态度总算得到了积极的回应，慈禧愉快地接受了他的请求。上谕下来的那天是11月20日，袁世凯表现得相当颓废。按照之前的安排，他本来要去参加天津新桥的通行典礼，却借口有病而没去。事实上，这一天他哪儿也没去，而是把自己关在了家里，像一个初次失恋的孩子，独自品味着生不如死的悲凉。

和袁世凯心情一样灰暗的，还有他的菊人大哥。不过徐世昌不愧是老狐狸，新官制尚在商议的过程中，他就已感觉到了情况不妙，深恐最后的结果是自己的军机大臣之位不保，所以那时就已经在积极活动东三省总督一职，以为退路。

东北是清朝的发祥之地，一向类似于独立王国，相当于大清朝的后院。之前那里没有总督、巡抚，只设了三个将军——奉天将军、吉林将军和黑龙江将军，而以奉天将军统管一切。但又设有六部，自成体系，不归将军节制，所以事实上谁也管不了谁。后来六部虽取消，但管理依然混乱，加上日俄战争的冲击，朝廷遂打算设立东三省总督，总管三省军政。毫无疑问，这是个权力巨大的职位。

朝廷刚起了这个念头，瞿鸿禨就已将他所属意的湖南巡抚赵尔巽举荐入朝，担任署理户部尚书，并时常派他参与东三省改革的筹备事宜，看看差不多了，又将之外放为盛京将军（即奉天将军），准备从日、俄手中接收东三省，虽然能够接收的只是部分权益，瞄着的却是首任总督的大位。

赵尔巽上任不久，得知日本政府计划在东北设立一个叫做"南满洲铁道株式会社"的殖民机构，该机构将具有政府机关的职能。他对此坚决反对，几次三番上书朝廷要求据理力争，因此成为日本人的眼中钉。日方遂通过外交渠道，要求清政府管好这个家伙，以免引发不良后果。

慈禧太后天不怕地不怕，只怕外国人。看到日本人不高兴，她心里不免有点着慌。恰在此时，因为赵尔巽在东北整顿税务铁面无私，惹得当地贪官污吏大为不满，众人买通一个御史奏了一本，于是慈禧就决定派个人去查查。因为是关于税收和商业上的事，所以派了农工商部尚书载振去。载振毕竟年轻，得再派个老成点的人跟着，徐世昌岂肯放过这个机会？他自告奋勇前往，奕劻当然没意见，难得的是瞿鸿禨对徐世昌印象也不错，这事就成了。

载振、徐世昌一行取道天津前往东北，到天津的时候，袁世凯情绪已经缓过来了，对于结拜兄弟和大哥的到来，少不了要热情接待。接风酒喝完，对载振这个花花公子，袁世凯派了精于声色犬马的天津巡警道、北洋督练公所参谋处总办段芝贵陪着去玩，只留下徐世昌，好说点正经事。

对于徐世昌争取东三省总督，袁世凯非常支持，慨然表示除了瞿鸿禨那一关需要他自己打通外，剩下的事情自己都有把握。这个态度，令徐世昌极为感动。

不过竞争对手也很强。赵尔巽的黄色领骑衫固然已岌岌可危，但另一个觊觎此宝座的人却不得不防，那就是岑春煊。

原来就在官制改革前夕，云南西面与缅甸接壤的小镇片马，因中缅边境问题，清朝地方政府与英国人发生了冲突。朝廷一方面积极谋和，一方面也未雨绸缪，想着怎么也得派一个能征善战的大将去镇守边关。这样，一心想要整治岑春煊的奕劻就有了理由，说服慈禧把岑三从广东调到云南去当云贵总督，两广总督的缺被安排给了袁世凯的亲家周馥。

两广调云贵，说起来都是总督，名义上是平调，其实相当于贬职。屠官恶人被调走，广东、广西的官场一片沸腾，大家都为自己的总督有机会为国效力边疆而奔走欢呼，纷纷感慨老天有眼，没有埋没人才。只有岑春煊自己不乐意，一是嫌官小，二是嫌云南地处偏远，当时从云贵到北京交通不便，全靠驿路，单程就得走一个多月，消息相当隔膜。久而久之难保慈禧不会把自己给忘了。尤其是，瞿鸿机的来信说明了调他去云贵并非慈禧的意思，而是奕劻、袁世凯的小动作，这更激起了岑春煊的争强好胜之心。他借口连年在烟瘴之地征战，身患多种疾病，暂无力长途跋涉，坐船到了上海，就请病假不走了。

岑春煊在上海和盛宣怀来往甚密，根本就没打算去云南。他惦记着的只有两处地方：一是直隶，一是东三省。直隶是袁世凯的地盘，根深蒂固，不容易动，东三省就成了最佳目的地。

这是岑春煊的如意算盘，袁世凯、徐世昌却不以为然。两人虽然在战略上很重视敌人，不敢掉以轻心，但也并不妄自菲薄，只管甩开膀子大胆去运作。

比他俩更加信心百倍的是段芝贵。段芝贵生于1870年，安徽合肥人。其父段有恒当过总兵，吴佩孚就曾经是他手下的勤务兵，但这是后来的事儿。老段最初只是合肥县衙门的差役。按当时的规定，差役之子不许参加科考，故小段虽念过几年私塾，肚子里有些墨水，却毫无用武之地，只能经人引荐，投入合肥老乡李鸿章家族开的义和典当铺做了一名跑腿的学徒，因善于溜须拍马，很受李家人待见。

1885年，李鸿章创办北洋武备学堂，段芝贵被保送为第一期学员，毕业后又随李鸿章嗣子李经方东渡日本，入士官学校深造，1892年回国后便在北洋军械局任职。1897年，他又通过阮忠枢的引荐，投入袁世凯的小站新军，被任命为督操营务处提调兼讲武堂教习。这俩职位都不高，段芝贵对此很不满意，但他并不自怨自艾，而是另辟蹊径，自费租下一些美貌的妓女送给袁世凯白玩，因此赢得了老袁的好感，再加上他为人圆滑，善于逢迎，结果很快就被升为步兵第二营统带。段芝贵一不做二不休，升官后每天坚持早晚去给袁世凯请安，并找机会拜其为义父，从此成为袁的心腹。

小段虽说除了吃喝嫖赌几乎一无是处，但追求上进的心却始终炽烈，这一次趁着陪同载振的机会，拼命巴结，为的就是想弄个巡抚干干。这是异想天开，但只要奕劻、袁世凯点头，也未必就没有可操作性。

段芝贵巴结载振的方式简单而实用，就是投其所好，龙虾鲍鱼兼美人相伴自不在话下，高潮发生在大观园，在那里，载振遇见了17岁的杨翠喜。

杨翠喜生于1889年，关于她的籍贯有多种说法，北京人、天津人、江苏人莫衷一是。众口一词的是，大家都认为她长得如花似玉，风情万种。

人年轻漂亮，戏又唱得好，追求者自然多如过江之鲫，其中最有名的当属风流才子李叔同，我们现在依然耳熟能详的歌曲《送别》，歌词就是他的手笔。"长亭外，古道边，芳草碧连天；晚风拂柳笛声残，夕阳山外山……"若不是因为如此绝妙好词，这首美国乡村歌曲想来不太容易在中国流传得这般久远。

李叔同对杨翠喜很痴情，每晚都会到戏园子捧场，散场后更提着灯笼陪其回家，并为之解说每段戏的历史背景，更会耐心指导其唱腔，总之，很不遗余力。

情到深处，李叔同也为杨翠喜写过一些词作，比如这首《菩萨蛮》："燕支山上花如雪，燕支山下人如月。额发翠云铺，眉弯淡欲无。夕阳微雨后，叶底秋痕瘦。生怕小言愁，言愁不耐羞。"

毫无疑问这是个浪漫的故事，可惜当时已不是一个浪漫的年代，才子风流，抵不住权贵巨手，杨大美女最终还是投入了段芝贵及大盐商王益孙的怀抱。最为难得的是，杨翠喜周旋于段、王之间游刃有余，二人相安无事不说，更能称兄道弟心无芥蒂，可见小美女手腕之高明。

此时杨翠喜天天在大观园驻场演出，早已成为天津卫的一道亮丽风景。载振和当年绝大多数的纨绔子弟一样，是个戏迷，所以这一晚酒足饭饱之后，段芝贵一行陪着振贝子前来观看演出，坐的是最好的包厢。

杨翠喜虽然年少，毕竟久经风尘，目光如炬，一眼就看出坐在正中间那位风流倜傥的翩翩公子官儿比段芝贵还大得多。她在舞台上一边唱着《花田八错》，一边就忍不住对载振放起电来，并立即得到了积极的回应。看着两个人眉来眼去，段芝贵心都快碎了，不过到底是在官场摸爬滚打多年的人物，老段不缺乏拔慧剑斩情丝的大智慧，痛定思痛之后，当即决定成人之美。

后面的故事很简单，段芝贵花了12000两银子赎出杨翠喜，赠予载振，然后又筹了10万两银子作为奕劻70岁大寿的礼金，送往北京。

奕劻的70岁大寿很是风光，慈禧先下懿旨赐寿，再赐庆亲王爵位世袭罔替。至于官场中人，更是蜂拥而至，搞得庆王府就像一个欢乐的海洋。

奕劻是个负责任的王爷，绝不会冤枉一个好人，更不会放过一个坏人，面对潮水般的贺礼，他命令底下人做了四本账册，按照礼金的多少将送礼者分为四个级别：一级福字册，送现金1万两以上或礼物价值3万两以上者记入；二级禄字册，送现金5000两以上或礼物值1万两以上者记入；三级寿字册，送现金1000两以上或礼物值3000两以上者记入；四级喜字册，送现金100两以上或礼物值数百两者记入。

厚厚的四本账册，不知记载着多少人的殷殷期盼。一场盛会下来，奕劻共敛得50万两银子，礼物价值更在百万两以上。段芝贵豪掷10万两银子，和某预谋粤海关道的候补道员排在并列第一的位置，其情可感，奕劻当然不会亏待他们。

1907年4月20日，朝廷任命徐世昌为东三省总督，兼管三省将军事务，授钦差大臣。段芝贵如愿以偿，署理上了黑龙江巡抚，成为大清朝的方面大员。

另两个省，奉天巡抚给了唐绍仪，这是袁世凯的人。吉林巡抚授予朱家宝，他有两个来头，一是因为端方推荐；更重要的是，他的儿子朱纶拜载振做了干爹。

为生存而战，斗垮瞿鸿禨、岑春煊

就在徐世昌的任命下来的第二天，又一道上谕下来，任命朱宝奎为邮传部左侍郎。袁世凯终于履行了他当初的承诺，这也和朱宝奎没少在奕劻那里花钱有关系。

消息传来，岑春煊在上海坐不住了。

因为深得慈禧的宠信，岑春煊耗在上海拒不赴云南上任，这事谁也拿他没办法。但一来是奕劻深恐夜长梦多，二来也是云南方面的中英交涉已经不能再拖，奕劻急中生智，有了将四川总督锡良改调云贵总督，主持交涉事宜，而让岑春煊去当四川总督的计划。

上奏慈禧，说的就多了，最严重的说辞是岑春煊在上海和新党走得很近，不如让他远离是非之地，以作为保全。

这多少也是事实，东南的立宪派领袖，像张謇、郑孝胥等都对岑春煊寄望甚殷，这令慈禧大为不安，当即准了奕劻的奏，由军机处承旨让岑春煊速去四川上任，"毋庸来京请训"。

岑春煊接到谕旨，立即发了通谢恩电报，然后请来汪康年。

汪康年进士出身，是翁同龢的门生，也算瞿鸿禨的学生，授职内阁中书，而以办报闻名，在上海先后创办的《时务报》、《中外日报》，因倡言维新而声名大噪。此时他正准备在北京办一份《京报》，因为有瞿鸿禨的支持，筹备得很顺利。因工作关系，汪康年时常往返京沪，无意间就成了瞿鸿禨、岑春煊之间的秘密信使，此时岑春煊便托他赶赴北京，告诉瞿鸿禨自己的计划，以便呼应。

接着岑春煊就宣告要动身去四川了，消息传出，沪上轰动，各方纷纷要求践行，岑春煊来者不拒，宴席排到了两个月之后。还没得及吃完呢，朱宝奎的任命就已经发布，就在这一天，汪康年回到上海，带来了瞿鸿禨那边部署完毕的消息，岑春煊不再迟疑，略作准备之后，剩下的饭局也不管了，坐英商太古轮向西而去，看起来是前往四川上任，谁知船到汉口，他便不再前行，却发了个电报，奏请入京请训。

按照清朝的规制，外官必蒙召见或奏请得到批准方得入觐。岑春煊自恃帝眷正隆，不待朝廷有何批复，便登上早已预备好的专车，沿京汉路直奔北京而来。

到得北京，岑春煊按规矩径直前往宫门递折子请安，慈禧又惊又喜，立即传见，一见面就像老奶奶一般慈爱地埋怨道："你怎么也不打声招呼就来了？"岑春煊直来直去，先说已有电奏，但早知庆王不会让自己进京，所以才不等回复就擅自来了，接着就展开了对奕劻毫不留情地攻击。

奕劻确实也太不干净，给人的口实多如牛毛，慈禧一连召见了岑春煊四回，而岑春煊确实掌握着不少真凭实据，这样连番攻击下来，慈禧对奕劻的观感大变，甚至动了撤换他的念头，只为亲贵中一时找不到合适的继任人选，才把这事暂且放下。

而岑春煊"留在京里，为太后当条看家的恶狗"的愿望，毫无悬念地实现了。1907年5月4日，上谕发布，盛京将军赵尔巽转任四川总督，林绍年不再署理邮传部尚书而专任军机大臣，由岑春煊接任邮传部尚书一职，成了朱宝奎的同事，而且比他大。

离开上海之前，盛宣怀即已表达过攻掉朱宝奎的愿望，而在岑春煊看来，朱宝奎既然出卖盛宣怀成了袁世凯的人，也就成了自己这一派的对立面，当然要除之而后快。于是，岑尚书尚未上任，连谢恩折子都没上，就求见慈禧，指名参劾朱宝奎贪污受贿、行贿买官，表示羞与为伍，不愿上任与其同事。

岑春煊所言完全属实，只是拿不出一点真凭实据，但慈禧给足了他面子，交代军机处承旨，由光绪颁发上谕，"据岑春煊面奏，邮传部左侍郎朱宝奎声名狼藉，操守平常，朱宝奎着革职"。

岑春煊旗开得胜，瞿鸿禨的攻势随即发动。5月8日，瞿鸿禨的门生、御史赵启霖上奏参劾段芝贵贿赂奕劻、载振父子买得黑龙江巡抚，其中少不了说到杨翠喜的事，而且说得极为详细。

早在载振和杨翠喜的风流韵事传出之时，以敢于犯颜直谏闻名的赵启霖就有参奏之意，当时被瞿鸿禨拦了下来，说是时机未到，等等再说。果然现在动手，威力不同凡响，不得不承认姜还是老的辣。

这个事，慈禧早有耳闻，但周围没人了解详情，就算知道也不敢对老佛爷说，因为李莲英早就在宫中打好了招呼，谁敢乱说话，后果自负。可怜慈禧太后，虽贵为大清朝的当家人，但她首先是个女人，对八卦绯闻一类的事情有着天生的兴趣，如今连这点好奇心都无法满足，其心痒难熬可想而知。现在一看赵启霖的折子竟然把整个事情详详细细娓娓道来，顿时大喜过望，等到仔细看完，杨翠喜的绯闻是搞明白了，很过了一把瘾；同时对奕劻、载振父子的龌龊事也有了透彻的了解，再想起岑春煊对奕劻的攻击，不禁勃然大怒，当即下令彻查，并听从瞿鸿禨的意见，先免了段芝贵的职——此时的段芝贵，正高高兴兴地走在去黑龙江上任的路上。

派去查案的钦差是醇亲王载沣及大学士孙家鼐。因为有李莲英提前通风报信，奕劻他们早有布置，先就把杨翠喜送回天津，连一笔礼金一同送给王益孙，条件是王给出具一张证明，表明杨翠喜一直是他的偏房。王益孙人财两得，大喜过望，证明杨美人是他妈都肯，何况只说是他的姨太太？有了这纸证明，一切就都好办了。加上载沣、孙家鼐派往天津查案的差官受了重贿，查出的结果就成了杨翠喜为富商王益孙买去，和载振无关。至于奕劻受贿10万两银子之事，更是子虚乌有，不足为信。

钦差大臣的结论，当然就是事情的真相，此事最后以赵启霖被革职、载振被开去农工商部尚书而暂告一段落。这是一出苦肉计，本来两个人的官位都不至于丢掉，但瞿鸿禨略作施展，便以赵启霖的一个监察御史，换得开缺载振的尚书职位，可谓大获全胜。

而这只是双方争斗的开始，真正的大戏，将更加惊心动魄。

奕劻本人好不容易躲过一劫，绝对不敢大意，马上问计于袁世凯，寻求对策。居间联络的，是杨士琦。

袁世凯不是什么善男信女，眼看这已经是一场你死我活的决斗，那就索性背水一战，绝不退缩，半点侥幸之心都不想存。

至于具体计划，他早已看得明白，瞿鸿禨固然可怕，但如没有岑春煊在旁便孤掌难鸣。尤其是岑春煊已经在积极运作，奏请慈禧起用盛宣怀、张謇、郑孝胥等人，一旦得逞，对方势力大长之下，自己这边可就真的没法过了。只是岑春煊正如日中天，有慈禧的万般宠信，眼下要攻倒他绝无可能，那么当务之急首先就是将他支走，只要这厮不在京里待着，盛宣怀等人就不可能进入中央，更重要的是，瞿鸿禨没了这么个帮手，对付起来要容易得多。

袁世凯想出来的也是出苦肉计，计划让亲家周馥让出两广总督宝座，将岑春煊调回去再说。这是关系到生死存亡的大事，自然需要周密的部署，而其中最重要的一个环节，是要取得宫内李莲英和大格格的倾心配合。

大格格生于1854年，是恭亲王奕䜣的长女，很受慈禧的宠爱。慈禧联手奕䜣发动辛酉政变，搞掉肃顺集团之后，为了进一步拉拢奕䜣，把他这个女儿接到宫中生活，收为养女，破例晋封固伦公主，此即为荣寿固伦公主。这是同治初年（1862年）的事，其时小姑娘年方7岁，大家都称她为大格格。

大格格13岁的时候，慈禧为她指婚世袭一等公景寿的儿子志端。景寿当年娶的也是一位固伦公主——道光皇帝的女儿寿恩公主。一门两驸马，倒也是一段佳话。

但驸马这玩意，说起来很风光，真当上了也不容易。比如说按清朝的规制，公主有公主府，驸马有驸马第。也就是说，夫妻二人根本就不住在一个院子里。当然，两个大院离得不会太远，像大格格的公主府建在宽街，就是现在的北京中医医院那里，志端的驸马第大概最多也就在南锣鼓巷一带，近得很。但近归近，麻烦事还多着呢，最麻烦的就是驸马每天早晚都必须去公主府给公主请安，早安请完还能留下聊会儿天，晚安则请完就得离开，回自己家睡觉去——除非当天公主想和他一起睡，宣召留宿，驸马爷才能留下来同床共枕，想起来也挺郁闷的。

不知道是不是因为太郁闷，反正结婚刚半年，志端就死了，大格格成为寡妇，这一年她刚17岁。

养女年纪轻轻就守了寡，指婚人慈禧觉得挺不好意思的，赶紧把她接回宫里来住。慈禧自己也是年轻守寡，对寡妇有着天然的同情，再加上心中有愧，因此对大格格很是纵容，不管她说什么做什么，哪怕是说错了做错了，慈禧都不会太在意。久而久之，这个大格格竟然成了大清朝唯一一个敢于和老佛爷顶嘴的人。

岂止是顶嘴，大格格甚至敢当面批评慈禧。比如慈禧喜欢穿鲜艳漂亮的衣服，大格格不喜欢，就曾如此数落过她："你不过是清朝的老寡妇而已，还有心情打扮得妖妖冶冶的，给人家落话柄……"结果是，以后每次大格格要来，慈禧都会挑一身朴素点的衣服来穿，妆不敢画得太浓，首饰也不敢戴得太多，图的就是耳根清净。以至于后来有一次，慈禧做了一身华丽无比的衣服后，马上做贼似的告诫左右宫女太监："千万不要让大格格知道！"

慈禧尚且如此，其他人更不消说。那会儿大格格出门时排场极大，路上行人必须回避，车马都要停住给她让路。有一次副都御史锡珍在路上遇到她的仪仗，因顶马没控制好，冒犯了大格格的车队，最后是锡珍这个二品官亲自在她的车前磕头赔罪才算了事。

不过随着年纪的增大，大格格渐渐稳重了下来，不再心浮气躁乱发脾气，更不敢再批评慈禧。她甚至不常说话，更很少跟慈禧议论朝中大事，但一旦她开口，慈禧基本都是言听计从，因为她已成长为一个明事理懂是非的中年人，说话做事极为老练。她在慈禧那里的影响力，犹在李莲英之上。

袁世凯知道，只要能请动大格格出面，绝对胜券在握。当然，这需要钱。

袁世凯托杨士琦给奕劻带来了一张银票，面值60万两银子，这是北洋目前能动的全部家当，附带还有一句话："现在不是求福，而是求免祸。"奕劻慨然回了一句："祸福在此一举了！"随后忍痛从家里拿出面值40万两的一张银票，一共100万两，全部交给了李莲英，说明他一半，另一半给大格格。大格格确实已经很成熟，拿到重金即有表示，必须为奕劻办点事，否则心里不安稳。既然这样，李莲英就好说话了。大家都是明白人，话不在多，点到为止。

后面的事情像是一场电影。先是周馥电奏广东"乱党"闹事——这是事实，当时革命党人频频起义，局势确实很乱。而周馥自陈年迈力衰，有力不从心之感，这不免让慈禧悚然而惊，闷闷不乐。

到了吃饭的时候，大格格知道奕劻、袁世凯的密谋已经启动，此时看慈禧表情不对，几句话就套出了她的心事："广东怎么老出乱党呢？"大格格早就想好了的，开口就来："乱党哪里都有，关键看地方官行不行。像当年直隶闹拳匪，旁边的山东就好好的。""那是因为山东有袁世凯。""那就派袁世凯去广东好了。""袁世凯去广东容易，可直隶怎么办？"

正说到这里，周馥又来了个急电，说钦州土豪刘思裕聚众劫掠，有攻打城池之意，请速派大军入粤剿匪。这下慈禧就连饭都吃不下了，李莲英和大格格见此机会，马上你一言我一语地唠叨开了，说的无非全是岑春煊每次奏对都要花太长时间，让老佛爷累着了，吃饭都不香，实在太不应该。

按照安排，奕劻此时递牌子求见，为的是今年慈禧的万寿庆典，有些事情需要请示，慈禧正迟疑见还是不见，大格格说话了："还是见吧，跟庆王聊聊天，就当是散心。"于是就召见。庆典的事三两句话就说完了，奕劻紧接着说广东应该进贡的焰火等物，因为潮州、钦州闹土匪，恐怕不能及时进献，应该另作打算。这更增加了慈禧的烦恼，叫人取来周馥的两通电报，感叹道："这土匪要是跟革命乱党勾结起来，还真不是小事。"奕劻接得很快，只说周馥才具不足，而且年纪大了，就连袁世凯都说他这个亲家能力有限，恐怕胜任不了两广总督这个位置。连袁世凯都这么说，慈禧不觉得就心有所动，脱口而出："那么换谁去合适呢？"机会间不容发，奕劻一把抓住，接口回答："奴才觉得……"然后略作停顿，摆出一副毅然决然的表情，慨然说道："岑春煊与奴才不和，这是事实。但说句公道话，若论带兵打仗，还得说他和袁世凯两个最行，但威望上面，岑春煊又更胜一筹。"慈禧再聪明，此时也识不破奕劻的居心，禁不住连连点头："不错不错。而且两广岑春煊最熟悉，他去最好不过。"

5月28日，上谕下来，派岑春煊为两广总督。岑春煊始而惊诧，继而愤怒，因为有恃无恐，立即便上了个奏折，说自己有病在身，要求辞官归田。

慈禧果然下旨慰留，把岑春煊大大地夸奖一番之后，要求他勉为其难，为国分忧，并赏了他10天假，养好病后再去广东上任。这是天大的面子。既然慈禧是这样的态度，岑春煊只能见好就收，养了10天政治病之后，进宫向慈禧及光绪辞行。离别的愁绪表达完之后，岑春煊向奕劻发起了最后的进攻，危言耸听道：奕劻不下课，则大清朝必将下课！

岑春煊的孤忠耿直终于打动了老佛爷，过了几天在单独召见瞿鸿禨的时候，慈禧淡淡地问道："奕劻岁数大了，如果有天干不动了，你觉得谁可以代替他？"

按照规矩，领班军机大臣必须是满人贵族，瞿鸿禨遂推荐了醇亲王载沣。载沣年轻，少不更事，他若担当大任，军机处必然成为瞿鸿禨的天下。慈禧的看法却很积极：载沣是光绪的弟弟兼荣禄的女婿，虽说才具平庸，在年轻一辈的亲贵里也还算拿得出手，于是就点了点头。

就这么两句话，传出去立即引起轩然大波。被逼到墙角的奕劻岂肯束手就擒，这时也顾不得时机合不合适了，马上带着几份档案求见慈禧。有大格格和李莲英关照着，老佛爷基本就是庆王爷想见就能见到的一尊佛。

奕劻带来的这几份档案，是前不久指使手下在军机处档案室里精挑细选出来的，包括瞿鸿禨保举康有为、梁启超的三份奏折，以及岑春煊保举张謇的奏折，这些都是从五大臣出洋到预备立宪讨论期间的事，当时全被慈禧驳回了。现在旧事重提，正处极度敏感时期，异常痛恨康、梁的慈禧，不免对瞿鸿禨生出一丝警惕来，罢免奕劻的事儿，就暂时放下了。

可怜瞿鸿禨哪里知道局势已起了微妙的变化，只当奕劻早晚就要下课，心情倍感舒畅，有天晚上喝了点酒，忍不住就把这事儿跟老婆说了。当然说完之后，瞿大军机没忘了一再叮嘱老婆：这事只有我们俩知道，你可千万要保密啊！瞿夫人倒真是守口如瓶，憋了好几天，直到某日跟好友汪康年夫人、曾广诠夫人打牌消遣的时候，才不经意间把这个秘密给抖了出来。当然瞿夫人也没忘记叮嘱二位闺蜜：这事只有我们仨知道，你们可千万要保密啊！可以想象两位夫人回到家也同样叮嘱老公"你可千万要保密啊"。汪康年还好，他是《京报》老板，虽然很想出个号外，奈何此事太大，考虑来考虑去终究还是没敢轻举妄动，不得不保密；而作为《泰晤士报》兼职驻京记者的曾广诠岂肯放过这个大出风头的机会？英国人更是毫无顾虑，直接就登出了这条爆炸性新闻，说清国时局将要发生巨变，首相奕劻即将下台。《泰晤士报》登出之后，《京报》马上作了转载，此消息经出口转内销，反响可就大了。中英两份报纸都言之凿凿，北京外交界立即炸开了锅。

这时袁世凯在朝鲜时的老朋友朱尔典已在上一年高升为英国驻华公使，看到报纸顿觉五雷轰顶。一是他很清楚袁世凯与奕劻的关系，而他一向是袁世凯的坚定支持者；更重要的是，奕劻受袁世凯影响，在外交上较为亲英美，换一拨人上来的话，英国在华利益很可能会受到影响。因此朱尔典很想打听到确切的消息，正好第二天是端午前一天，慈禧在颐和园安排了个招待各国驻华公使夫人的游园会，顺便请大家吃粽子，朱尔典便让太太找个机会亲口问问老太后，此事是否属实。慈禧一听就傻了，矢口否认是肯定的，同时也百思不得其解：这么机密的事，怎么连老外都知道了？

就在这一天，杨士琦将早已拟好的一个奏折，请吉林巡抚朱家宝的儿子、同时也是载振的干儿子朱伦，拿去找恽毓鼎。

朱伦因为载振的关系，此时正在民政部得意，官衔是员外郎，大约相当于现在的副司长。恽毓鼎算是朱伦的世叔，他和朱家宝是同榜进士出身，现在翰林院当侍讲学士，两家走得很近。

恽毓鼎并不是一个容易被收买的人，可架不住杨士琦开出的条件优厚：18000两现银之外，还有个外放布政使的远期支票，再加上一大堆乱七八糟的礼物，于是恽毓鼎尚未来得及动心，太太先就扛不住了，一笔上好的买卖，当场成交。

恽毓鼎毕竟饱读诗书，还真是个有骨气的人，不屑于在别人的文章上署自己的名字，当即把杨士琦的底稿扔到一边，自己提笔新写了一份奏折，开篇就是"据称协办大学士外务部尚书、军机大臣瞿鸿禨暗通报馆，授意言官，阴结外援，分布党羽"，接下来的攻击更是招招见血，奕劻他们一看，禁不住全都拍案叫绝。

第二天端午，按规矩命妇都要进宫向太后贺节，整个后宫，全部沉浸在节日的喜庆之中，好不热闹。

吃过午饭，够身份的几个人，主要是皇后的妹妹、镇国公载泽夫人、醇王夫人、已故荣中堂的女儿福妞，以及两个常年在宫中陪伴慈禧的寡妇——大格格和奕劻的女儿四格格，一起聚在慈禧身边闲聊。因为都是老佛爷宠爱之人，说起话来自然少了些顾忌，你一言我一语的，很快就把话题从慈禧万寿庆典扯到了瞿鸿禨把持朝政，不肯为万寿庆典多拨款上面，慈禧倚在那儿假寐，一言不发。等扯到《京报》老发文章跟旗人作对，福妞揭发汪康年是瞿鸿禨门生之时，慈禧终于憬然有悟，对瞿鸿禨的印象，完全变过来了。

再下一天，恽毓鼎的折子递了上去，慈禧看过之后没说话，考虑了一整天，觉得奕劻虽贪，但只是贪而已，好歹听自己的话；瞿鸿禨表面上一身正气，背地里却和康、梁乃至洋人有所联络，摆明了是皇帝那一派的，难保有一天不让自己归政。既然如此，两害相权取其轻，慈禧遂断然做了决定：把瞿鸿禨开掉。

第二天，即6月17日，光绪皇帝发布上谕："瞿鸿禨着开缺回籍，以示薄惩。"

上谕一下，满朝哗然，各派人马喜怒哀乐不尽相同自不必说。远在天津的袁世凯，此时已很有矫情镇物之功，居然叫来张一麟，代他写了封慰问瞿鸿禨的信寄了出去。

袁世凯也不全是做作，瞿鸿禨下课这件事本身虽让他心花怒放，但事件折射出来满人排汉风潮的加剧，又难免不让他有兔死狐悲之感。

果然，接下来的政局变幻，印证了袁世凯的忧虑。瞿鸿禨刚刚出局，补进来的两个人，一个是醇亲王载沣，在军机大臣上学习行走；还有一个鹿传霖则是实授。老鹿虽为汉人，却是后党元老，根本不买奕劻的账，慈禧对他放心得很。

更可虑的是，载沣入枢，不言而喻是为了牵制奕劻。这样瞿鸿禨虽走，奕劻的警报却并未完全解除，其军机领班的地位，说不定哪天就会被取而代之。这样的局面，袁世凯不会坐视不管，他和奕劻想出来的主意是，干脆自己也进军机，以巩固己方阵营。他们的如意算盘是，把鹿传霖和瞿鸿禨一系的林绍年排挤出去，以张之洞、袁世凯取而代之。

这其实是不是办法的办法，事实上在满人势力复起独奕劻帝眷趋衰的当下，亲贵们对袁世凯的猜忌日深，其直隶总督兼北洋大臣之底缺不保已是势所必然，现在这招以进为退，也真是不得已而为之。

但在此之前，必须先去除一个心腹大患——岑春煊。

瞿鸿禨倒了，岑春煊还巍然屹立。离京之后，刚走到上海他就停了下来，以大病未愈为由，要求再请一个月的假，而慈禧居然准了奏。

一叶落而知天下秋，从这件小事上看得出，岑春煊不仅未受瞿鸿禨牵连，反而依然独蒙慈爱，那么以现在军机处这副老的老小的小的不堪班底，若哪天慈禧心血来潮，召岑春煊入军机参预国事，那会儿要再想翻盘可就难了。

真是天助袁世凯，正当他殚精竭虑布置倒岑的时候，广东那边早已掀起了一股去岑风暴，表面上声势不算大，但绝对是暗流汹涌。

原来岑春煊再次被任命为两广总督的上谕刚一发布，两广官场顿时就炸开了锅，人人自危之下，便由澳门赌王卢老九、被岑春煊抓过的香港巨绅杨西岩等人出面，集资10万两银子，买岑春煊不能上任。重赏之下必有勇夫，看在钱的份上，陈少白揽下了这桩差事。

陈少白1869年出生，广东新会人，从小受西方思想熏陶，21岁时结识孙中山，并结拜为兄弟，后创办《中国日报》。1905年担任同盟会香港分会会长，与孙中山、尤列、杨鹤龄一起，被大清朝称为"四大寇"。

陈少白的根据地在广东一带，上海不熟，于是找了个在上海的朋友帮忙，此人叫蔡乃煌。

蔡乃煌本名蔡金湘，生于1861年，广东番禺人，秀才出身，位居晚清广东文坛"四大金刚"之列，才高八斗。有多高呢？在当私塾老师的时候，蔡某寻了个兼职，专门给人做科场枪手，逢考必到，每考必中。有这么大的本事，自然声名鹊起，日子越过越滋润自不在话下。

饱暖思淫欲，蔡某有钱后迷上了嫖妓，一次在喝花酒时和官府中人争风吃醋打了起来，事情闹得有点大，早看他不顺眼的当地县令立即行文学官，把他的秀才功名给革了。

眼看在家乡待不下去，他干脆冒堂侄的名字蔡乃煌跑去了北京。蔡乃煌本是国子监的监生，他就以这个身份参加了北闱乡试，考中举人。中举之后，更不敢回老家，便捐了一个县令，进入福建藩司唐景崧幕府。后来唐藩司署理台湾巡抚，蔡也跟着去了。去了之后就赶上甲午战败，台湾被割让给日本，他趁乱大展身手，卷走藩库20多万两银子，跑到四川捐了个候补道员。岑春煊总督四川的时候，他曾拼命巴结，虽没巴结上，但也混了个脸熟。所以前段日子当岑春煊重被任为两广总督，他立即跑到上海，希望能跟着回乡当官，没想到岑春煊根本就不搭理他。就在这时，陈少白托人找到他，双方一拍即合，决定一起挣这笔大钱。

蔡乃煌想出的办法极为大胆和超前，他找了张梁启超的照片，请了个很专业的老外将之和岑春煊的照片合成到一起，变成两个人在一家报馆门口的合影。这并非空穴来风，事实上当时岑春煊和维新党人确实常有来往，很久以前跟梁启超也确实见过面，但都是私下里的事，形不成证据。现在有了这么一张照片，那就想要抵赖也百口莫辩了。

蔡乃煌平时很留心，对官场上的脉络看得清清楚楚，知道庆王和袁世凯是岑春煊的死对头，而两江总督端方是庆、袁一派，他甚至知道端方正在四处搜罗岑春煊与新党来往的证据，于是急急忙忙赶到南京，把照片献给端方，完成了攻击岑春煊最重要的一步。

端方先写了封信给张之洞的幕僚梁鼎芬，暗示岑春煊有代张而为湖广总督的意思，不出意外地惹恼了张之洞。等张之洞弹劾岑春煊的奏章一拜发，端方的密电便随之发往军机处，至于那张合成的照片，之前就已通过袁世凯交给了奕劻。端方的密电很毒，一口咬定岑春煊与康、梁交往，为的只是保皇，为此梁启超还专门从东京赶回上海与之会晤，且有照片为证。

说来也巧，就在岑春煊想通了，电奏销假，决定赴广州上任的当天，端方的电报及照片被转交到慈禧那里，老佛爷一看大受刺激，心想连岑春煊都靠不住，这世道到底怎么了？恰在此时，张之洞的奏章递了上来，这下连旁证都有了，慈禧当机立断，不过总算还念着一份旧情，只是将岑春煊开缺了事。

军机大臣，高处不胜寒

让李莲英成为好友

去除了岑春煊这个心腹大患，后面的事情就好办多了，很快林绍年被外放为河南巡抚，张之洞、袁世凯则趁势补入军机。张之洞德高望重，且慈禧对他印象极好，此番高升顺理成章；袁世凯能够入枢，很重要的一个原因在于，大清朝在全国编练36镇新式陆军的计划进行得并不顺利，能够总揽全局，有效推进此事的，放眼全国，只有袁世凯一人。

此时的慈禧，对袁世凯是爱恨交加。因为其极力倡导君主立宪、削减皇权，老太后恨不得依铁良、良弼、溥伟等少壮派满族权贵之言，将他宰了了事；但另一方面，慈禧当国多年，老谋深算，对袁世凯的勇于任事、才干卓著相当欣赏，知道大清朝走到今天，已经离不开这个人。更重要的是，袁世凯人脉广泛，不仅在朝廷、地方乃至军中党羽众多，就连各路老外都对他极为支持。这么一个家伙，搁在哪儿她都放心不下，便采纳了奕劻的意见，把他放到自己身边，图个踏实。

除此之外，因为多年兼办洋务的关系，袁世凯更兼署了外务部尚书一职。不仅如此，在他的保荐之下，其嫡系杨士骧由山东巡抚继任直隶总督兼北洋大臣，确保了直隶和北洋仍在掌握之中。

这是不能再好的结果，庆、袁一系弹冠相庆自不在话下，而张之洞终于得以入枢，同样心花怒放。

人逢喜事，国亦逢喜事。此时已近农历十月初十，是每年一度的慈禧万寿大喜之日，来自各方的贺礼是少不了的。王公大臣、各地督抚八仙过海，各显神通，所献礼物令人眼花缭乱目不暇接，而正当袁世凯苦心预备了两个月的重礼将要脱颖而出之际，却被盛宣怀一份不仅珍贵，而且雅致的寿礼盖过了风头，令他好不沮丧。

盛宣怀挖空心思不惜血本，当然不会只为了博太后一笑。于是慈禧笑过之后，远在上海的盛宣怀立即趁热打铁，以隔山打牛之势，意欲东山再起。

事实上盛宣怀部署得很早也很周密，其派在京中的陶兰泉早已把头绪理得清清楚楚，费尽心机走通了李莲英的路子。

盛宣怀和李莲英并不陌生，但只是认识而已，最多算是泛泛之交。盛宣怀有钱，李莲英爱钱，按说两人早该一拍即合才是。可问题是，李大总管为人谨慎，想送他钱的人多如过江之鲫，但往往不得其门而入。

李莲英本名李进喜，生于1848年，直隶河间府大城县人，因家庭贫困，9岁即被送入宫当上小太监，师父是刘诚印。他有一个师兄很显赫，是慈禧早年最为宠信的安德海；另外还有一个师弟，则是他日后最主要的竞争对手崔玉贵。

李进喜初入宫时，被派在奏事处和东路景仁宫当差，直到16岁才调往长春宫懿贵妃（慈禧当时的封号）那里，因为善于梳头而受到懿贵妃的喜爱，但地位远在安德海之下。

辛酉政变后，慈禧开始掌握大权，安德海因为在政变中立下大功而更加受宠，飞扬跋扈，好不得意，不料却于1869年因为秘密出京为慈禧办事，一路张扬，走到济南，被山东巡抚丁宝桢以违反了"太监不许擅自出京"的祖制为由，斩于闹市。丁宝桢因此名扬四海，李进喜则落下了更大的实惠：逐渐取代了安德海留下的位置，并被慈禧赐名李莲英。

有了安德海的前车之鉴，李莲英处事相当圆滑，对慈禧恭顺，对同事客气，对下属恩威并施，轻易不敢干预朝政，只以当好一个奴才作为立身处世的最高原则，渐渐就成了慈禧最为信赖的人。

苦心人天不负，1874年，李莲英被破格提拔为储秀宫掌案首领大太监。这个职位通常需要进宫服务30年的资格，而此时李莲英年仅26岁，进宫才17年。5年之后，他升任储秀宫四品总管，再15年之后，李莲英登上了事业的巅峰：1894年，他被慈禧破例赏戴二品顶戴花翎——雍正皇帝曾规定太监品级以四品为上限，清朝极为重视祖宗家法，而慈禧居然不拘一格，为李莲英破坏祖制，大概是读了龚自珍那句"我劝天公重抖擞，不拘一格降人才"的缘故吧！

后来袁世凯通过阮忠枢认识了李莲英，不久赶上李公公生日，袁世凯立即备了一份礼金请阮忠枢送了去。礼金不多，只是按照他的身份及和李公公的交情该送的数字，完全是随行就市。

随着慈眷日浓，李莲英招权纳贿的事自然少不了，只不过他比诸葛亮还谨慎，比吕端更大事不糊涂，交情不到，信任度不够，任何人的钱他都不收；自觉没有把握办到的事，那钱就更不会收，绝无例外。不过像生日礼金这种小钱，在大清朝属于人之常情，不收反而显得装清高。李莲英虽是太监，毕竟也爱惜名声，不可能干这种不讲道理的事，所以袁世凯的钱他也就收了。

大清朝的人之常情很多，三节两寿之外，还有冰敬和炭敬，袁世凯则是只要日子到了，一律随大流，红包绝不会少，但也不会多，该送多少就送多少。这本是小事，难得的是袁世凯风雨无阻，坚持不懈，几年下来，到日子就只管送，即使戊戌变法后，因为同情光绪皇帝而引发慈禧不满，老李风光不如以往，袁世凯也照送不误，而且比以往送得更多一些，却从不奢求见面，更没有求李公公办过一件事。这样日子久了，终于引起了李莲英的注意，心说这个袁慰庭一天到晚就知道送送送，而从来不求回报不提要求，这家伙到底图什么？

实在按捺不住好奇心，有一天李莲英便托阮忠枢给袁世凯捎话，请他下次到北京出差的时候，抽空大家见个面。结果这次见面，袁世凯除了带着一份见面礼，依然没有具体的事情，开口就是："只想跟公公交个朋友！"

久而久之，两个人真的成了极好的朋友，互相要帮什么忙，还不都是小事一桩？随着袁世凯地位的不断提高，同时也是因为交情到了，他反而会时常提醒李莲英要注意名声和影响，小心行得万年船。

一次李莲英推荐了几个子侄辈给他，请他给安插在北洋当差，袁世凯回绝说："你无论需要多少钱，或者珍奇异物，我都唯命是从，只有这件事，万万不可。"看着李莲英的一脸惊愕，袁世凯接着说："说起来你的亲戚就是我的亲戚，我没有道理不帮忙。但是他们几个都太年轻，没有经验，投身官场只怕会得不偿失。况且人人都知道我俩的交情，何必因此贻人口实，甚至引火烧身？其实你随便给他们一点什么他们就很富裕了，还是要多考虑自己的名声啊！以后请你不要再给我推荐人，也不要这样强迫别人。"

类似的事后来还发生过几回，袁世凯都回绝了。李莲英倒也听得进劝，慢慢地对自家亲戚就严了起来。后来有一次曾毓隽被派担任李莲英家乡大城县的县令，行前特去拜访李总管，谦卑地表示："以后总管家里有事，请尽管吩咐。"没想到总管大人很诚恳地说道："老父台别这么说，我要重重拜托，如我家族人有什么不轨之行，你千万要严加管束，否则你我都会被参的！"曾毓隽上任之后，发现李家人都很规矩，不觉大大松了口气。

就这样李莲英对自己的要求越来越严格，当然这并不会妨碍他的好事，只是收起钱来变得更加小心，为此李总管特意在钱庄银号开了很多户头，凡向他行贿者，如拿着现银求见，都会被他拒之门外，即使银票也不行——事实上，除了极熟者如奕劻、袁世凯的银票李莲英肯收之外，其他人都必须到银号办过户以求不露痕迹。比如曾国藩的女婿聂缉规，就是过户了9万两银子，走李莲英的门路，才得到了江南制造局总办这个肥缺。

陶兰泉在北京官场混了几年后，到了1907年初，才终于打听清楚李莲英的这些把戏，赶紧通知盛宣怀。盛宣怀心想虽报国无门，好在谋官有路，不禁大感安慰，立即依计行事。李莲英也不白拿他的钱，回赠了两支水烟袋，更宝贵的是，还传回来一句话："盛某向来能办事，我们都知道。"

盛宣怀果然特别能办事，接下来奕劻的70岁大寿，他出手就是5000两银子，外加若干日本金币，礼物之重，就连见多识广的庆王爷都专门给他写了感谢信："百拜承嘉，五中增感。"

有这样的鼓励，盛宫保自然再接再厉，不久后载振30岁寿辰，他又是一笔重金送去。奕劻父子俩都是认钱不认人的脾气，尤其可贵的是，两人还保存着"拿人手短"的传统美德，这样渐渐地，他们因袁世凯而对盛宣怀的坏印象就变了过来。

这一切袁世凯都看得清清楚楚，他不愿挡人财路，所以当盛宣怀将被大用的舆论起时，他根本就没有表示任何不同意见，只是暗中活动以阻碍这个劲敌的进步。果然当朝廷正式任命盛为邮传部右侍郎之后，紧接着就有上谕下来，着盛宣怀暂不必过问邮传部的事务，而以商约大臣的身份留在上海继续工作。

五十大寿好风光

袁世凯不让盛宣怀这个邮传部侍郎插手邮传部的事，最理直气壮的理由，是他所悉心筹划的赎回京汉铁路之事（主要由邮传部负责执行），眼下就要接近成功。而当初修铁路时，是由盛宣怀经手向比利时借的款，其中乱七八糟的猫腻很多，其理应回避。

这个京汉铁路，说起来和袁世凯关系很大，不过最早提出修建此路的，是时任湖广总督的张之洞，那会儿袁世凯还在小站练兵。

朝廷对张之洞的建议很感兴趣，但苦于没钱，只能向外国借款，负责该项工作的，正是中国铁路总公司督办盛宣怀。

1898年6月，借款合同签订，总金额高达1.12亿法郎。随后就是戊戌变法，再然后是义和团、八国联军，整个国家陷于一片混乱之中，所以直到1901年底，京汉铁路只修了从卢沟桥到保定这一小段。就这一小段，还被义和团给拆了，并焚烧了不少沿线的天主教堂，沿线的百姓也没少遭殃，这给在山东剿办义和团的袁世凯留下了很深的印象，他因此认定铁路沿线不安全。

袁世凯署理直隶总督后不久，京汉铁路全线复工，按照最初的计划，铁路要从周家口经过。周家口历史上是河南的四大商业重镇之一，更是举足轻重的军事重镇，曾国藩就认为，江苏徐州、山东济宁、安徽临淮、河南周家口在军事上非常重要，尤其周家口，它是豫东和京师的门户。

但袁世凯看重的不是这些，他只是朴素地觉得周家口这地方，离项城太近，一旦通了火车，以后若再打起仗来，老家定会遭兵灾之患，于是建议铁路向西移100里。虽然只是建议，但出自直隶总督之口，况且那会儿盛、袁关系还好，盛宣怀自然照办，结果京汉铁路所经之地就从周家口移到了漯河。相应的，往北所经之处，也就由开封变成了郑州。

相对于通都大邑周家口，当时的漯河不过是个几千人的大村落；而相对于河南巡抚衙门所在地省会开封，当时的郑州还叫郑县，人口不到2万。1906年4月1日，京汉铁路全线通车，火车开过，郑州、漯河日趋繁盛，周家口却渐渐衰败下来，就连开封也已风光不再。什么叫好心办坏事？这就是！

京汉铁路自通车起，经营情况一直很好。袁世凯当上军机大臣后，觉得此铁路经营权居然掌握在比利时手里，其背后更有法国、俄国的影子，很是不妥，尤其是万一打起仗来，这条从汉口到北京的铁路若不能自主，那就等于被人扼住了咽喉，简直是岂有此理？

但赎回铁路要大把的钱。大清朝国库空虚早已是常态，袁世凯明知朝廷指望不上，便把筹款的事着落到了梁士诒头上。

梁士诒字燕荪，广东三水人，生于1869年。20岁时曾与梁启超在佛山书院同学，并于当年考中举人，两次失意之后，在25岁那年考中进士，被选为翰林院庶吉士。与当时的主流文人不同，他在饱读圣贤书的同时，也刻苦攻读经世济民之学，像财政、农业、河渠等方面的学问，都有所研究。

功夫不负有心人，1903年6月，清廷首开经济特科，这是晚清新政的一项重要举措。梁士诒考了一等第一名，可谁知他的名字犯了忌讳，因为有传言称他是梁启超的弟弟，而康有为字祖诒，这"梁士诒"分明就是"梁头康尾"，着实可恶，于是就被慈禧亲自取消了录取资格，到手的状元没了。一等第二名是前面说过的大才子杨度，他因为是湖南师范出身，和维新派领袖、与谭嗣同并称为"浏阳二杰"的唐才常是同学，当然也被老佛爷给斥之门外。

有类似乱七八糟问题的牛鬼蛇神还有不少，朝廷的眼睛是雪亮的，最终一等前五名只录取了一个，让人很是扫兴。老佛爷也觉得这事挺没劲的，结果大清朝的经济特科只开了一场就无疾而终。

好在是金子总会发光，梁士诒通"时务"的大名因为这次考试不胫而走，其时袁世凯正在直隶大刀阔斧地进行改革，求贤若渴，闻听翰林院里居然有此人物，便迫不及待地叫唐绍仪把他请到天津来一见。谁知梁士诒刚刚受挫，对经济之学心有余悸，所以当袁世凯问起"先生有何特长"，他张口就答："我教过书，字写得不错，还会写诗。"袁世凯大失所望，草草结束了此次会见，认为他徒有虚名。

下来后梁士诒才搞明白袁总督是真心搞改革，看重的是实用的本事，当即求见，这一次，他大谈财政、外交、铁路方面的心得，谈得头头是道，很对袁世凯的胃口，认定这确实是个人才，便奏请把他留了下来，后来任命他当了北洋书局总办，很受重用。

接下来梁士诒跟随议藏约全权大臣唐绍仪全程参与了和英国的谈判，并签订《续订藏议条约》，确认了中国对西藏的领土主权。1905年12月，袁世凯任命他为直隶铁路总文案。第二年10月，清廷设立邮传部，梁士诒接管了铁路那一摊，并于后来出任五路提调处提调，主管京汉、沪宁、道清、正太、汴洛五条铁路的事宜。

上任之后，梁士诒大刀阔斧，先是设立交通银行独立筹款以避免过于依赖借外债，继而改五路提调处为铁路总局，自任局长兼交通银行帮理。就在这个时候，袁世凯把赎回京汉铁路的事儿交给了他。

赎路需要钱，梁士诒自有筹款办法：商借外债，发行公债，借用交通银行的存款。就这么三下五除二，京汉铁路还真就给赎了回来。

铁路刚赎回来，有一批官派留学生毕业回国了，照例这些学生要到军机处，接受各位重臣的考察，其实也就是大家照个面，以示朝廷对留学生的重视。

学生们拜见军机大臣，就像军机大臣见太后、皇上一样，都要磕头行礼。奕劻、张之洞他们心知这只是走个形式，也就不太在意，大大咧咧地坐在那里受礼，悠然自得。只有袁世凯，学生们磕头的时候，他居然站起来鞠躬还礼，表现得相当谦虚。这样整个接见仪式下来，袁官保礼贤下士已满城皆知。

其实袁世凯也不完全是做作，礼贤下士本来就是他笼络人的一种手段，在没有利益冲突的前提下，上至七旬老妪，下自三岁幼女，他都客气得很。

比如刚来北京就任军机大臣的时候，袁世凯不辞辛劳挨家挨户地拜访了在慈禧面前说得起话的王公大臣，在拜访总管内务府大臣增崇的时候，增总管让年幼的儿子察存着来给客人行礼。小察刚叫一声"大爷"，一个安还没请完，袁世凯早已起身离座，趋前几步给小孩子还了个安，还连说"不敢不敢"。

这就客气得有点过了，搞得增崇很尴尬，忙说："小孩子家，袁中堂太客气了！"哪知袁世凯还没完，拉着小察的手连声夸奖："老弟好！老弟好！"然后又侧着脸对增崇说："老弟真英俊，真英俊！"

增崇也算慈禧面前的红人，家里座上客常满、樽中酒不空，哪位高官没来过？所以小察年纪虽小，见的可不少，像王文韶、鹿传霖等，他都给请过安，而这些家伙，最多冲他拱拱手就算答礼，从来就没人站起来过，更别说还礼了。

不用说，袁世凯的谦卑让小察大为感动，接下来回答问题也就极其认真，当被问到读书之事时，小察回道："为将来考学堂，目前正预备学堂的各门功课，现用的教科书，只是上海文明书局出版的几种，似是有点不足。"袁世凯一听，想都不想就说："明天我给你送些来。"

于是第二天增崇家院子里就多了五口大箱子，箱子里全是天文、地理、政治、经济、教育、兵法、法律、伦理、哲学、音乐等方面的新书，教科书更是应有尽有。所有的书，都是由京师大学堂编辑，直隶或湖北官书局出版发行，原装正品，绝无盗版。当朝一品军机大臣百忙之中居然能记得这等小事，父子俩顿时感动得说不出话来。

对小孩子尚且如此，其他更不用说。袁世凯从当直隶总督起，对待朝廷里的官员就像春天般的温暖，这些官员，无论三节两寿还是婚丧嫁娶，总是能收到他数目可观的红包，多年如一日，从不间断。当然，用的都是北洋的公款，而买来的，则是除政敌之外众口一词的"袁官保不错"之类的由衷赞美。

人心都是肉长的，大家也不会光吃人不吐骨头，所以当袁世凯50岁大寿将要到来的时候，整个官场早已闻风而动，都想着要好好为他热闹一回。

就在这个时候，朝廷有了大动作，在查禁了梁启超发起的立宪派政治团体政闻社之后仅半个月，即以慈禧太后的名义，于8月27日颁布了为立宪而准备的《钦定宪法大纲》。

《钦定宪法大纲》由宪政编查馆参照1889年《日本帝国宪法》制定，但删除了其中有关限制君权的条款。大纲共计23条，分为"君上大权"14条和附则"臣民权利义务"9条，开宗明义地规定："大清皇帝统治大清帝国万世一系，永永尊戴"；"君上神圣尊严，不可侵犯"。

君上大权当然不止这些虚的，大纲另有规定，皇帝有权颁布法律、发交议案、召集及解散议会、设官制禄、黜陟百司、编订军制、统帅陆海军、宣战媾和及订立条约、宣告戒严、爵赏恩赦、总揽司法权与在紧急情况下发布代法律之诏令。并且"用人之权"、"国交之事"、"一切军事"尽皆操之于君上，议院不得干预。

如此大权集于一身，皇帝和以前没有任何区别。至于臣民，则有履行纳税、当兵、遵纪守法的义务。

除此之外，臣民也有收获，比如大纲规定，"臣民于法律范围以内，所有言论、著作、出版及集会、结社等事，均准其自由"；"臣民非按照法律所定，不加以逮捕、监禁、处罚"等等，甚至于臣民还有当官或当选议员的权利。

当然，有没有这个大纲，臣民都有过生日的权利，而袁世凯的生日，马上就要到了。

袁世凯50岁生日，慈禧太后赐寿并赏了无量寿佛、金佛各两尊，以及寿字、如意、蟒衣、御酒等物，非常风光。

袁世凯此时住在锡拉胡同19号，这个地方，现在是一座幼儿园。锡拉胡同位于王府井附近的东华门大街东面、东安门大街北侧，因为上朝方便，有不少大臣住在这里，比如军机处的同事鹿传霖家就离袁宅不远。

1908年9月15日，农历八月二十，是袁世凯五十大寿的日子，锡拉胡同19号贺客盈门，据《泰晤士报》记者莫理循记载，大街上停满马车，军警沿途站岗，整个19号大院，从各个客厅到外面的走廊，从前院到后院，密密麻麻挤满了官员，几乎囊括了北京的所有权贵，总数当在1000人左右。

最尊贵的客人当然是庆王奕劻。庆王爷给足了袁世凯面子，不仅送了重礼，而且在礼单的落款处只写了"奕劻"二字，有意不提其王爷的身份，以示彼此交情的不同。载振青出于蓝而胜于蓝，直接在他的礼单落款上写了"盟弟"二字，一点都没有想要避嫌。

奕劻父子尚且是如此的态度，其他人就更不消说，比如直隶总督杨士骧，自感受恩深重，在致送的寿序中，竟自称"受业"，这是赤裸裸拜师门的表示，着实谦恭得可以。

以当时的习俗，像这种大庆典，若要排场到位，一场上档次的堂会是必不可少的。而堂会是否上档次，关键是要看角儿，戏提调就显得至关重要。这有现成的人，就是体仁阁大学士那桐，他是奕劻贪腐集团的核心人物之一，和袁世凯交情极好。

那桐和端方、荣庆一起，并称"旗下三才子"，他才有多大搞不清楚，贪财却贪得实实在在，什么钱都敢收。不过贪虽贪，他也有个可取之处，就是不装纯洁，还敢于自嘲——那桐曾自喻为"失节的寡妇"，既然已经无节可守，那么像什么卖身呀、偷汉子之类的勾当就毫不在乎了。

那桐属于能挣会花型，生活极为豪奢，其府第称作"那家花园"，占了半条金鱼胡同，面积足有20多亩，其中的一部分，就是现在王府饭店对面的和平饭店，绝对属于寸土寸金的地界。

毫无疑问那中堂是标准的成功男人。在咱们中国，自古以来成功男人的一大特点就是虽然家很豪华，但却不爱回家。那中堂自然也不能免俗，老爱往外跑，最爱去的地方，就是八大胡同。

那中堂是官场上的称呼，八大胡同的姑娘没人这么叫他，她们当面都亲切地称这个豪客为"小那"。小那高兴的时候，在胡同里一掷千金眼睛都不眨一下，很有英雄气概。

另一个爱好花销更大，那就是听戏。事实上，那中堂根本就是梨园界的一大护法。当时所有的名角，别人那里往往奉为偶像，而在那中堂这里，无非也就是些招之即来挥之即去的角色。当然，戏子们和八大胡同的姑娘还是有所不同的——他们不敢管那中堂叫小那。那桐倒是不摆谱，和艺人们相处得非常融洽，不仅堂会上打赏，逢年过节的还发红包，堪称模范衣食父母。艺人们提起那中堂，无不肃然起敬。

因此那桐这个戏提调干起来自是得心应手，但即使这样，还是遇到了点小麻烦。

当时最红的艺人叫谭鑫培，人称谭老板，又名小叫天，属于人民艺术家级别的京剧演员，谱极大，从来都只唱一出戏。因为是给袁世凯助兴，那桐分外卖力，想给他来个惊喜，便亲自来到谭家，希望谭老板这一次能破例唱两出。熟不拘礼的缘故，谭老板开了个玩笑，说中堂你给我请个安，我就答应。话音刚落，那桐就弯腰请了个安，搞得谭老板很不好意思。

可惜袁世凯对京剧兴趣不大，堂会办得非同一般的惊艳，他也只是感觉得意而已，反而觉得张之洞手书的那副寿联更有意义。寿联写的是：

朝有王商威九泽，
寿如召奭佐重光。

此寿联的意义不在于是否字字珠玑，而是其出自张之洞之手。袁世凯、张之洞同入军机，但两人来往并不密切，这主要是因为探花出身的张中堂，从骨子里根本就看不起没进过学的袁中堂，这让袁世凯相当郁闷。

郁闷的原因很简单，袁世凯其实也未必就很看得上张之洞，但是他虽然羽翼广泛，朋友众多，可同时政敌也多如牛毛，其中不少是清议。老袁很希望扩大自己的阵营，团结一切可以团结的力量，而张之洞久负士林之望，很早以前就是公认的清流领袖，如果能赢得他的友谊，那么以后清议们再攻击起自己来，至少会多一层顾虑。

另外，论起势力，张之洞也委实不小，他在南边经营多年，门生故旧遍天下，其南洋系虽不足以与北洋系分庭抗礼，但因为得到了醇亲王载沣、肃亲王善耆、军机大臣鹿传霖、陆军部尚书铁良等朝中实力派的支持，真要和袁世凯对抗起来，也绝对不会落下风。

还有一个很重要的原因则是，当此满人排汉的关口，多一个像张之洞这样德高望重的军机盟友殊为重要。因为此，从两人开始共事那天起，袁中堂就费尽心机努力迎合张中堂，一开始成效并不显著，好在精诚所至金石为开，慢慢地张之洞开始有所转变，前些日子两人联手举荐蔡乃煌，让他当上了顶级肥差、官称苏松太道的上海道台，而现在张之洞又送来如此一副寿联，对袁世凯来说确实是个很大的安慰。

可是人生无常，袁世凯五十大寿风光过后，立马就被参了一本。

大概是树大招风的缘故，一直以来，参他的人就很多，当上军机大臣之后，这个局面并未有所缓解。率先发难的是张之洞的心腹、湖北按察使梁鼎芬，参劾他勾结奕劻把持朝政。接下来参劾的奏片源源不断，就连老淮军系统的直隶提督马玉昆都上了折子，只是因为大家都缺少充分的证据，虽然义愤填膺，却并不能真正打动慈禧太后。

但这一次不同，御史江春霖的参劾来得很猛，指责袁世凯以祝寿为名，广收财物，除结党营私等老生常谈之外，他还找到了一个很好的题目，就是袁世凯作为一个汉人，居然敢跟载振这样的宗室亲贵结拜兄弟，有违祖制，绝对不可容忍。

这个帽子太大，慈禧不能不有所反应。她还是很给袁世凯面子，没有公开此事，只是把他召到宫里训斥了一顿。袁世凯吓得不轻，谢罪出宫之后，惊慌失措间，居然在台阶上重重地摔了一跤，这下子，小时候因坠马而落下的足疾从此就加重了。

慈禧死了，日子难过了

袁世凯的50岁大寿刚刚过去不久，1908年11月3日，农历十月初十，是慈禧74岁大寿。这是天大的喜事，普天同庆自不必说，然而庆过之后，慈禧就病倒了。与此同时，本来就一直病恹恹的光绪皇帝，传说病势也急剧恶化，快要不行了。

但这只是表面，渐渐地有绝密消息从宫中流出，说光绪只是体质不好，情况并无大碍，倒是慈禧的病情不容乐观。这个消息引起了袁世凯的警惕。若慈禧死在前头而光绪掌权，那么庆亲王奕劻退出军机将不可避免，取而代之的，很可能将会是肃亲王善耆。

善耆当时是民政部尚书，民政部在晚清权力很大，大约相当于现在内务部、民政部、卫生部及公安部的总和，是当时仅次于外务部的第二大部，故全国的巡警都归肃王爷指挥管理。善耆思想开明，同情维新派，暗中和康有为、梁启超等有所联系。像刚被取缔不久、由梁启超发起组织的政闻社，以促进君主立宪为宗旨，私底下的行动策略，就包含了拥戴肃亲王、拉拢张之洞、离间庆亲王、打倒袁世凯这几项。

这个肃王一旦上位，康、梁难保不被重用，瞿鸿禨、岑春煊的东山再起更是势所必然。因为这两人不仅跟肃王关系密切，政见一致，而且确实能力、声望皆足以服人，复出顺理成章。而肃王是个坚定的民族主义者，本来就很看不惯袁世凯揽权，再加上他的副手、民政部侍郎赵秉钧是袁的亲信，工作上处处掣他的肘，更让他对袁世凯一系恨得牙痒痒的，绝对欲除之而后快。

这就明摆着，若庆下肃上，对袁世凯来说后果绝对不堪设想。还好天无绝人之路，正在一筹莫展的时候，前面似乎闪现出了一丝曙光——种种极隐秘的迹象似乎都在表明，慈禧老佛爷绝不愿意光绪死在自己后面。

既然如此，觊觎大位者就纷纷浮出了水面。也是，皇帝谁不想当呢？

就当时而言，呼声最高的有两个人：道光皇帝一支的长房长孙、资政院总裁贝子溥伦，他的优势在于自咸丰皇帝起，无论同治还是光绪，都是道光一系的，且溥伦年纪较长，而国赖长君；另一个则是醇亲王载沣的儿子溥仪，作为光绪皇帝的亲侄子，其血统最近。但真正对此最热衷的，却是小恭王溥伟，他是老恭王奕䜣的长孙，觉得自己比谁都强，认为皇位非他莫属。

可袁世凯不这么想。他有自知之明，知道自己不姓爱新觉罗，当不了这个皇帝。不过他很清楚，除非载振当皇帝，否则自己的治国方略断难实现，更可能身陷绝大的麻烦。

像这等大事，必须先征求当事人的同意，可是就连奕劻都不敢存此非分之想——毕竟知子莫若父，载振是个什么玩意儿，庆王爷心里有数。况且自己这一支属于疏宗，怎么看都不像能出个皇帝的样子。话虽如此，架不住诱惑实在太大，想想如果载振真坐上龙椅，那自己岂不就是太上皇？若真有这一日，自己也算不枉来人世走了一遭啊！想到这里，奕劻不由得就兴奋起来，再加上袁世凯一通引经据典的劝说，庆王爷终于心动了。只是兹事体大，不宜张扬，必须谋定而后动。

可惜天下没有不透风的墙，如此秘密的大事，居然很快就传了出去，并立即引起了老佛爷的警惕。对此传闻老太后未必很当真，但出于防患于未然的考虑，11月7日，慈禧特派奕劻前往普陀峪验收东陵工程，以调虎离山。

遣走了奕劻，慈禧仍不放心，因为赵国贤统领的陆军第六镇驻扎在南苑、段祺瑞统领的陆军第三镇驻扎在保定，都是袁世凯如臂使指的嫡系部队，尤其是第六镇，甚至比由旗人组成的陆军第一镇离北京还要近。万一袁世凯起异心，后果绝对不堪设想。

于是慈禧立即召见陆军部尚书兼陆军第一镇统制铁良，随后铁良就以演习行军为名，将南苑的第六镇与驻扎在涞水的第一镇对调，这下子，北京算是安全了。

放下心来的慈禧，开始布置大事。11月13日，老太后下令将醇亲王载沣的儿子溥仪接到宫中教养，摆明了这个3岁的小孩，就是为大清朝准备的接班人。

之所以选择溥仪，很大一个原因是因为他是荣禄的外孙，更是慈禧亲妹妹的孙子。另一个更重要的原因是，这个小孩子年幼，10年之内理不了朝政；而他的父亲载沣，资质平庸且胸无大志，易于摆布，慈禧乐得继续掌权。

接班人到位的第二天，光绪皇帝就走完了他38年的人生，孤独地病逝于瀛台涵元殿。国不可一日无君，慈禧立即召见全体军机大臣，计有奕劻、世续、载沣、张之洞、鹿传霖和袁世凯，宣布立溥仪为皇帝，年号宣统。溥仪的父亲载沣，高升为监国摄政王，光绪的皇后，也就高升为了太后，此即隆裕太后。

处理好这件大事，慈禧总算大大地松了一口气，然后第二天，也就是1908年11月15日，刚当了一天太皇太后的老太太撒手而去，留下一个千疮百孔的国家。

大清朝将近300年的历史，只出过两个摄政王，前一个是大名鼎鼎的多尔衮，现在的载沣肯定无法跟这位老祖宗相提并论，不过既然时势把他推到了这个位置，我们也就必须仔细说说这个人。

载沣生于1883年，属于当时的80后，其人根正苗红，是道光皇帝的孙子，咸丰皇帝的侄子，光绪皇帝的弟弟。至为关键的是，他还是慈禧太后的姨侄，荣禄的女婿。像这样的出身，根本不需要苦其心志、劳其筋骨、饿其体肤、空乏其身等等，即已注定天将降大任于斯人。

老天降给载沣的第一个大任，是庚子之乱后朝廷派他充当谢罪专使，千里迢迢跑去德国向德皇威廉二世道歉。18岁的年轻人，这一趟差事干得不错，取得了德方的原谅，以至于回国不久就被任命为随扈大臣，开始直接跟着慈禧混。

慈禧栽培这个姨侄可以说是不遗余力，一年前安排他进了大清朝的最高领导层军机处，参与枢务，这时的载沣，年方24岁。

24岁的年轻人风华正茂，可载沣却不是那么茂。他有先天性的口吃，虽不严重，但也足以影响他的自信，比如他性格软弱怕老婆。在公开场合，载沣不爱说话，而且对什么都热情不足，包括政治。"有书大富贵，无事小神仙"是他贴在书房的一副对联，折扇上则题着白居易的诗："蜗牛角上争何事，石火光中寄此身。随富随贫且随喜，不开口笑是痴人"。

这样一个人监国，面对错综复杂的局势，他能怎么办呢？

慈禧尸骨未寒，亲贵们尚处在悲痛和兴奋之中时，袁世凯就已经坐不住了，急匆匆上奏载沣请"速开国会、实行宪政以安人心"。11月22日，天津《大公报》刊登了此新闻，随即日本媒体《大阪朝日新闻》、《东京朝日新闻》也在显著位置作了报道，顿时朝野中的立宪派又蠢蠢欲动起来。

这让许多人不高兴，反应最激烈的是小恭王溥伟。恭王府里有一柄道光皇帝钦赐给他爷爷、老恭王奕訢的白虹宝刀，溥伟就四处嚷嚷着要仿效康熙杀鳌拜的故事，请出此刀，砍掉袁世凯的脑袋。俗话说咬人的狗不叫，像溥伟这样大喊大叫的杀手，不过只是过过嘴瘾而已，袁世凯根本就不会当真。

倒是肃亲王善耆和镇国公载泽有心计，两人密告摄政王："以前有老佛爷在，袁世凯总算有所顾忌，不敢太乱来。现在老佛爷去了，似乎再没人能制得住他了，所以这厮才敢如此狂妄！现在朝廷内外到处都是他的党羽，摄政王若再不痛下杀手，他的势力定会越来越大，如此养虎为患，后果真是不堪设想啊！"载沣生性忠厚，不愿轻启衅端，便以国有大丧，不宜诛杀重臣为由，把事情拖了下来，说等服孝百日后再从长计议。

慈禧和光绪的丧礼过后，1908年12月2日，溥仪在太和殿登基，这是大清朝举行的最后一次登基大典。

仪式照例搞得很隆重，可溥仪毕竟只是个3岁小孩，坐在宝座上，看着下面黑压压的全是陌生人，一点都不好玩，当场就给吓哭了，急得旁边的载沣连声劝慰："不哭，一会儿就完。"这句话被大家认为是不祥之语，可谁也不敢说出来。

差不多就在这个时候，奉天巡抚唐绍仪作为致谢专使抵达了华盛顿，浑身上下完全是一副倒霉相。

这事说来话长，得从庚子赔款说起。庚子赔款共4.5亿两银子，其中俄国得到的最多，高达1.3亿两；美国分得3200万两，比日本略少一点，按当时的汇率，大约相当于2400万美元。

大清朝信誉卓著，说赔就赔，该赔多少就赔多少，绝不赖账。所有各国对此都很赞赏，纷纷夸奖道：清国打仗不行，赔钱很行！

只有美国多事，他们想要金子不想要银子，为此中美两国举行了旷日持久的谈判，美国国务卿海约翰甚至与清国驻美公使梁诚发生过争执。不过美国人倒也厚道，表示2400万美元的赔款，相比庚子年美国侨民所遭受的损失，有点过多了。

梁诚不昏庸，闻听此言立马调整了谈判策略，在国会议员及美国社会各界四处游说，希望大家仗义执言，退还多余的赔款。这是1904年12月的事。

咱得实事求是地说，美国人真是比较诚实，也比较开明，在各界的一番鼓动之下，1907年，西奥多·罗斯福总统给国会提交了一份咨文，提出退还部分赔款一事，并指出："我国宜实力帮助中国厉行教育，使此巨数之国民能以渐融洽于近世之境地。援助之法宜招导学生来美，入我国大学及其它高等学社，使修业成器，伟然成才，谅我国教育界必能体此美意，同力合德，赞助国家成斯盛举。"1908年5月25日，国会通过了此咨文。7月11日，美国驻华公使正式通知清廷，将退还半数庚子赔款，作为清国学生留美之专用款。至于剩下的一半，则抵美国出兵的军费及侨民损失，是美国人应得的赔偿。

美国人办事认真，在除规定专款专用之外，还和清廷协商了诸多细节，比如从退款第一年起，最初4年内，清国每年应向美国选派的留学生不少于100人，以后每年不少于50人，直到退款用完为止。并规定，所有留学生，应有80%学农业、机械工程、矿业、物理、化学、铁路工程、银行等，其余20%学法律、政治、财经、师范等。

另外双方还商定，由清政府外务部负责创建一所留美训练学校，内务府为此拨了皇室赐园——清华园给外务部作为校址，这就是清华大学的前身。有趣的是，最开始美国方面表露出退款之意时，时任直隶总督兼北洋大臣的袁世凯就强烈主张"将此项收回之款用以整饬路矿"，然后再将所得利息用来"振兴学校"，这项主张虽然未能实现，但最终还是由他所掌管的外务部，创建了清华这所大名鼎鼎的学校。顺便说一句，后来北京协和医院的建立，跟这个事也有关系。

值得一提的是，美国的退款行为起到了表率作用，后来其它各国纷纷退款，连俄国都退了一部分，只有日本分文未退。

扯远了，继续往回说。话说美国人一直对中国东北被日、俄两国控制，自己不能均沾利益而愤愤不平，于是就有铁路大王哈里曼在摩根财团的支持下，表示愿意出钱帮助清朝从日、俄手中赎回中东铁路——哈里曼在美国国内撼不动摩根的铁路霸权，就想到国外拓展自己的事业。他规划中的这个铁路王国规模巨大，将从西伯利亚一直延伸到沈阳。对于此事，美国政府的态度是乐见其成，哈里曼随后就开始了行动，不仅派人赴日本、俄国活动，还派了代表到北京游说军机大臣、外务部尚书袁世凯。

袁世凯给予该代表以热情的接待。因为他一向认为日、俄是中国最可怕的敌人，而对美国从来都抱有期待，骨子里是个亲美派，外交上奉行的也是亲美政策，对运作多时的中美德三国同盟，更是抱有极大的热望。

所谓中美德同盟，源于1902年英、日结盟后，德国为了对抗此联盟，希望和美国结盟。美国罗斯福总统认为日本确实是潜在的威胁，但他主张把中国拉进来，组成三国同盟，以壮大己方的实力，德皇威廉二世欣然同意。

经过长久的秘密外交，中德双方终于达成了结盟共识。为表诚意，德国将安排皇太子访华，清国则负责派特使前往美国通报情况。恰在此时，美国方面通过了退还庚子赔款的议案，清廷正好借此派唐绍仪赴美，名为致谢，暗中的目的却是落实三国结盟对付英、日同盟的事。

这是天大的好事——三国一旦结盟，必将极大地提高大清朝在全世界的地位。就像威廉二世说的那样：欧洲最大的国家和亚洲最大的国家，以及美洲最富有的国家结为盟友，那可牛大了！

慈禧当然也看到了这一点，被列强欺负惯了的老太太，此时别提有多高兴。老太后当国多年，毕竟非常人可比，兴奋之余也没忘了交代奕劻一句："这事儿可别让那桐知道。"

太后果然圣明。原来庚子国变后，那桐曾以谢罪专使的身份出访日本，虽说是谢罪，日本人却给了他很好的招待，把这相当讲究声色犬马的小那伺候得欲仙欲死，以化悲痛为力量的心态不知道征服了多少日本艺妓，却不知不觉中把对日本姑娘的爱转化成了日本之爱，再加上回国后经常能收到日本人送来的钱财，而那中堂是个有原则的人，拿人钱财必与人消灾，于是就开始鼓吹中日亲善，沦为日方的高级间谍。所有这些，慈禧都有所了解，只是寻常小事，她睁一只眼闭一只眼也就算了，但这次不是小事，所以才有对奕劻的这句交代。

奈何那桐本是会办外务部大臣，理论上说，外交上的地位犹在外务部尚书袁世凯之上，况且他和奕劻、袁世凯又是极好的朋友，如此哪里还有什么事情瞒得过他？

事实上中德展开秘密谈判的最初，日本人就从那桐那里得到了消息，此后消息更是源源不绝，等到慈禧未雨绸缪交代奕劻，显然为时已晚，结果是唐绍仪还未起程，他将要访美一事及其目的，即已被日方完全知晓。

日本决定不惜一切破坏中德美三国同盟，遂立即展开对美外交攻势，一再向美国示好，而美国的反应并不热烈，只是按部就班地和日本人展开会谈，他们的热情，更多放在了等待唐绍仪的到来。

由于当时中美之间尚未通航，唐绍仪一行只能先到日本东京，再换乘邮轮赴美。10月11日，当他们终于抵达东京时，日本驻美公使高平小五郎早已与美国国务卿鲁特展开了会谈。

日方对唐绍仪的接待极为隆重，政界、商界、学界、艺能界甚至包括青楼界全部都行动起来，日日恳谈，夜夜笙箫，把这群尊贵的过客挽留了差不多一个月。等到唐绍仪好不容易登上赴美的邮轮，却为时已晚——美国方面了解到日本人对中德美三国结盟一事已经了如指掌后，不由得对大清朝不能保守如此重大的机密甚为失望，对日方的态度立即由冷转热，此时，大洋彼岸日美双方经多轮谈判后已基本达成了共识。没过几天，光绪、慈禧相继去世，只是漂泊在茫茫大海上的唐绍仪并不知情。

船一靠岸就什么都知道了，因为早已有封来自北京的电报等着他，在告知了这两件令人悲痛的事情之后，并通知他改名为唐绍仪，因为唐绍仪的"仪"字，犯了新君溥仪的讳。

另外就是要遵守服制，除不能穿鲜艳的衣服、不能戴红缨帽等等之外，还有重要的一项是百日之内不得理发，也不能剃须。所以当11月30日抵达华盛顿时，唐绍仪那头发蓬乱胡子拉碴的形象，令前来迎接的美国礼宾官员惊骇莫名。

为了从精神上彻底击溃大清朝，小日本特意选在这一天和美国换文，达成了《鲁特—高平协定》，日本以保证对菲律宾及美国在太平洋上的属地没有领土野心为条件，换取了美国"维持中国独立，保全中国领土，机会均等，维持现状"的承诺，重点在于后两句，即"机会均等，维持现状"。这样酝酿已久的中德美三国同盟，就成了镜花水月。

美国政府变成这样的态度，哈里曼自然不可能再帮大清赎回东三省的铁路，同时因为慈禧、光绪去世，大清政局正在起变化，美国方面也不愿意和唐绍仪这个连名字都起了变化的人做进一步的谈判。好在唐绍仪是留美幼童出身，在美国人脉很广，一番争取之下，居然让他见到了塔夫脱总统，使得中美关系明显有了复苏的迹象。

这给了唐绍仪新的希望，心想若能将中美两国的使节，由现在的公使升格为大使级，以带动中国与各国外交使节的全面升级，也勉强能算作对未能建立三国同盟的一点补偿吧！尤其令他兴奋的是，美国政府对他私下展开的试探，反应很好，比半推半就还要来得热情一些。眼看此事有戏，唐绍仪不再犹豫，立即密电外务部，希望得到领导的指示。

外务部的领导是袁世凯，他对此事很热心，奈何做不了主。等把电报送到载沣那里，他并不了解大使和公使的区别，也懒得向别人请教，却批示让陆军部去办。

如此重大的外交事件，不交给外务部而交给陆军部，乍看起来未免匪夷所思，其实也简单得很，无非是因为陆军部尚书是铁良，而外务部尚书是袁世凯，虽然外务部的工作在他手里已颇有起色，但监国摄政王对老袁就是没有好印象。

岂止是摄政王？掌权的宗室亲贵里，大概除了奕劻、那桐等少数几个，其他人对势焰熏天的汉人大臣袁世凯，无不是恨之入骨！

不过亲贵们也并非铁板一块，他们之间同样派系林立。载沣身为监国摄政王，自不必太拉帮结派，需要做的只是拉拢和打压。但载沣怕老婆，而他老婆爱钱，热衷于招财纳贿，暗中早已自成一系。这一系，拉也不好拉，打更不敢打，搞得载沣很头疼。

另外，载沣七弟载涛与良弼结为一系；载沣六弟载洵和贝子毓朗算是一系；肃王善耆掌管民政部，属于实力派，算警政系；资政院总裁溥伦虽无实权，名义上却统领着舆论，也是不容忽视的一系；载泽掌握财权，跟铁良关系很好，又有大姨子隆裕太后的支持，更是实力强劲的一系；隆裕太后权力巨大，且视慈禧为偶像，一心想着母仪天下，是最令载沣心悸的一系。

最初的时候，载泽和载涛算是载沣的嫡系，肃王也在积极拉拢载泽，反正各派系之间既有竞争又有合作，其间的合纵连横煞是精彩，只是苦了庆王奕劻的那一系。本来奕劻起点最高，羽翼也最丰满，可惜载沣很讨厌这个庆叔，其他各派系也都不喜欢他，奕劻一系的日子就难过了。

奕劻难过，袁世凯就更好过不了，但他跋扈惯了，尤其是面对载泽、载洵、载涛这些在他看来乳臭未干的亲贵小屁孩，完全不留情面，把对方的心伤得很透，以至于大家气得连杀他的心都有。

保得了命保不了官

倒袁最热心的是铁良，他所觊觎的，除了袁世凯军机大臣的位置，更实惠的，是北洋的兵权——铁良贵为陆军部尚书，北洋六镇，他却只指挥得动第一镇；而袁世凯虽早已交出兵权，但其他五镇，大体上却仍唯他马首是瞻，故铁良最欲除之而后快。

在此之前，因为良弼的建议，载沣下令设立了一支禁卫军，直属监国摄政王，为的就是以此为契机，收天下之兵权。选派的训练禁卫军大臣，载涛、毓朗之外，还有一个就是铁良。

不过练兵需要时间，加上袁世凯一贯桀骜不驯，铁良、良弼等满族军人丝毫不敢放松警惕，多方活动之下，一个倒袁大联盟很快就结成了。为首的赫然是隆裕太后；一力撺掇的是她的妹夫、正和袁世凯为财权争得不可开交的度支部尚书载泽；载泽的背后，则有欲卷土重来的盛宣怀的影子。

盛宣怀志向远大，岂肯满足蛰伏于野？光绪、慈禧先后死去，眼看朝局将起波澜，机会就在眼前，他一面派侄子盛文颐取代陶兰泉，作为私人代表前往北京活动，一面在上海大刀阔斧地对属下各国企进行改革，其中一项重要举措，每个企业都留出一定股份，名为"内府公股"，实际就是作为干股送给各皇族成员，买得一片赞誉之声的同时，也成功走通了载泽的路子。

倒袁浪潮声势浩大，众多御史各显神通，纷纷上奏参劾袁世凯，很多时候免不了连奕劻也给参了进来，真的是城门失火殃及池鱼。

这还只是表面的热闹，更大的危机潜藏在水面之下。在肃王善耆的支持下，已由载泽、铁良、载洵、载涛几个联手发动，先是载泽请老婆进宫活动她姐姐隆裕太后，同时铁良通过隆裕最宠信的太监小德张，告诉太后亲贵大臣们本来都赞同您老人家仿效慈禧老佛爷的前例垂帘听政，只因袁世凯坚决不许，才有了载沣监国这一出，使得隆裕顿时对袁世凯起了杀心，第二天一早便召见摄政王载沣，要他马上写旨，以"大逆不道"的罪名，宰了袁世凯那狗贼。载沣生性懦弱，怕国丧期间杀重臣会激起变乱，无奈隆裕一定要杀，只好先答应下来再说。

回到养心殿，载沣立即召见奕劻和张之洞，说明情况。两大军机一致认为不可，奕劻更是直言恐激起兵变，总算吓住了载沣。三个人商量半天，最后决定让袁世凯走人了事，并由张之洞拟好了上谕。隆裕毕竟不是慈禧，见大家如此坚持，只好同意了袁世凯罢官这个方案。

袁世凯此时正在军机直庐办公，奕劻、张之洞回来之后，将上谕交给他看，只见上面写着："内阁军机大臣外务部尚书袁世凯，夙承先朝，屡加擢用，朕御极复予懋赏，正以其才可用，俾效驰驱，不意袁世凯现患足疾，步履维艰，难胜职任。袁世凯着即开缺回籍养疴，以示体恤之至意。"

未及看完，袁世凯即已方寸大乱，看完之后，既未向同僚道别，更想不起该去向摄政王谢恩，抬起患有足疾的双脚，起身就走，匆匆赶回家中。这是1909年1月2日的事。这一天，寒风刺骨，袁世凯心凉如冰。

家里此时已得到消息，早乱成了一锅粥，因为重臣被突然罢官，往往意味着后面还会有不测之祸，所以官居农工商部左丞的长子袁克定与次子袁克文，都一致认为父亲应该赶紧出国避祸。袁世凯岂肯做此授人以柄的事情？只叫人打电话通知在天津当长芦盐运使的表弟张镇芳，速来北京相商要事。

等到傍晚，首先赶来的是赵秉钧，他是穿着便装悄悄来的。这一天，平时门庭若市的袁府，冷清得听得见脚步的回音。赵秉钧用半天工夫已经打听到了诸多消息，因为局势不明，他劝袁世凯速奔天津，到租界躲起来再说。

这时张镇芳到了，三人秘议，认为安全第一，还是先避走为妙，于是袁世凯吩咐袁克定派人去买两张车票，并嘱咐等他第二天一早走了再告诉其他家人；然后又让他带话给奕劻，力保那桐进军机接替自己的位置，以堵住铁良的上进之路；最后袁世凯又做了一个决定，派人连夜赶往保定，找段祺瑞面授机宜。

第二天清晨，袁世凯穿着一身便服，还特意带了顶旧毡帽，一条旧围巾遮住半张脸，带着个贴身仆人，出后门悄悄奔前门车站而去。

张镇芳则很张扬，事先打了电话通知铁路总局局长梁士诒，要求铁路上做好接待工作，所以一到车站，站长已带人迎候多时，一行人招摇过市，恭送老张上车，目的只在于吸引步军统领衙门和民政部密探的注意力，以便袁世凯暗度陈仓。

进入头等车厢，袁世凯找了个靠暖气的位子坐下，据一位恰好同车的英国人海鲁回忆，在车上的两个多小时，袁世凯一直坐着，一言不发，如老僧入定般沉静。但即使这样，其一双眼睛依然炯炯有神，显示出强大的气场。

袁世凯主仆二人在老龙头车站提前下车，拦了辆豪华马车，直奔英租界洋人开的豪华酒店——利顺德饭店而去。

张镇芳没和袁世凯坐在一节车厢，也没中途离去，他坐到天津总站，下车就去了直隶总督衙门，求见杨士骧。

杨士骧一听袁世凯来了天津，顿时大惊失色。原来按照大清朝体制，官员开缺回籍，必须立即出京返回老家，不许乱跑乱窜。如今袁世凯跑来天津，若事情败露，他这个地方官免不了要承担责任。老袁虽是恩公，可想想还是自己的官位要紧，所以杨总督慨然表示，自己要如实向上汇报。

就在这时，段祺瑞在保定见到了袁世凯的使者，稍加考虑便给陆军部发去一个电报，说自己身体有恙，奏请开去陆军第三镇统制之职，以便回籍养病。随后段祺瑞又给自己的老部下、依然驻扎在北京南苑的陆军第六镇第11协协统李纯发去电报，让他以营中兵变为由，放放枪，打打炮，以敲山震虎。

李纯当即照办，这下子算是坐实了奕劻的兵变之说。本来载沣就没打算杀袁世凯，消息传来，就连隆裕太后等最激进的倒袁派也被吓得不轻，不敢再轻言杀戮。赵秉钧掌握了这些情况后，一个电话打到利顺德饭店，告诉袁世凯危机已化解，并传了句张之洞的话，说应该进宫谢恩。

袁世凯这才想起自己忘了这么个重要的程序，想想既然已无生命危险，则不妨立即赶回去谢恩。这边刚把诸事安排好，那边杨士骧也得到了消息，见袁世凯的后果并不严重，大有日后东山再起的余地，不禁后悔不迭，忙派长子杨毓瑛赶到利顺德来亲切慰问。

袁世凯内心鄙夷，脸上却是笑容满面，跟杨毓瑛好好地应酬了一番。送走客人，舒舒服服吃了个饭，随后就由张镇芳陪着，坐末班车回到了北京。

闻听奕劻果然保那桐进了军机，袁世凯不由得深感安慰。第二天宫门谢恩，不过是走个形式，载沣当然不会召见他，所以袁世凯只在宫门口磕个头就算数。接下来，就该离京返乡了。

大家的想法都跟杨士骧一样，既然袁世凯没有性命之忧，那么以他的能力之强横及羽翼之丰满，多半会有咸鱼翻身的一天，于是锡拉胡同的袁府，顿时又重新热闹起来，悄悄前来送别的人们络绎不绝，最意想不到的是，张之洞也来了，而且来得堂而皇之，这令袁世凯很是感动。

张之洞很忙，来袁府一趟已不容易，自不可能再亲自到车站送行。其他人则是不敢，毕竟袁世凯仇家太多，公开送行，怕引火烧身。所以到了第二天启程之时，前来相送的只有两位官员——严修及杨度。

袁世凯罢官，满朝噤若寒蝉，唯有学部侍郎严修上书打抱不平，说"进退大臣，应请明示功罪，不宜轻加斥弃"。可惜说了也是白说。

杨度因为1906年为五大臣当枪手写宪政考察报告写得太好而名声大噪。1907年10月杨度回国，被推选为湖南宪政公会会长，起草《湖南全体人民民选议院请愿书》，并联络了不少名流联名上奏，开启了清朝国会请愿运动之先河。几个月后，袁世凯、张之洞联名保荐之，说他"精通宪法，才堪大用"，遂应召进京出任宪政编查馆提调，袁世凯还专门安排他在颐和园向皇族亲贵演说立宪精义，杨度趁此机会极力主张开设民选议院，被称作"宪政专家"。杨度精通所谓帝王之学，坚信当世之下，能成大事者只有一个袁世凯，所以在此关头特来送别，以示结交之诚。

严修、杨度两人不顾袁世凯的再三反对，坚持要随专车送到保定，一路上宾主三人开怀痛饮倾心相谈自不在话下。

车到保定，段祺瑞早已率陆军第三镇将佐、幕僚在车站等候拜谒，这令袁世凯大为感慨。一番吃吃喝喝之后，严修、杨度返京，袁世凯则继续前行。前面的路，还很长……

因为之前和哥哥袁世敦的过节，袁世凯曾发誓不再回乡，现在如此落魄自然更不愿回去，便来到卫辉府所在地汲县（今卫辉）住了下来。

汲县袁府临街，每天外面人来人往热闹非凡，搞得袁世凯烦闷不已。更烦的是，刚搬来不久，七姨太张氏就去世了。

这个张氏是袁世凯当直隶总督时所娶，美丽动人、风情万千，很得宠爱。袁世凯离开北京，最开始只带了三个家人，除了他所倚之为左膀右臂的大姨太沈氏、五姨太杨氏，另一个就是花容月貌的张氏。至于其他家眷，暂时都被安排到了天津，借住在一梁姓富商家里。

可惜张氏体质和心理素质都有点差，陡然遭遇如此大变故，加上旅途劳累，在路上就病倒了，怎么治也治不好，来到汲县没多久竟至香消玉殒，年仅20岁，让袁世凯好不伤感。

袁世凯是个迷信的人，极其讲究风水，刚搬新居就死人，心里更加烦躁。恰在此时何仲璟来访，见此光景，便有了主张。

何仲璟原是天津大盐商，其父当过甘肃藩司，和周馥认识。庚子年间，何家逃难到了济南，通过周馥家一个亲戚的介绍，何仲璟把女儿嫁给了袁家四公子克端，和袁世凯成为儿女亲家。老何很热心，说自己在彰德府（今安阳）北门外洹上村有一座别墅，总面积有200多亩，清幽雅静，亲家不妨搬到那里居住。

这洹上村是个有来头的地方，传说很多年以前，奴隶出身的商朝宰相伊尹遭遇不顺，就跑这里隐居了三年，直到商王亲自来迎接他回去复职。这段际遇，和袁世凯如今的处境很相似，再加上洹上村位于河南与直隶交界处，不远处就有一条官道，交通便利，离京城也近，实在是无可挑剔。

袁世凯当即将此别墅买下，随后便大兴土木，按照老家袁寨的风格修整了一番，并新建了一座花园，以上一年50岁大寿时慈禧钦赐的"养寿"二字命名为养寿园。

安顿下来之后，袁世凯便派人将暂住在天津的家人都接了来。大姨太沈氏很贤惠，感于老公顿失新欢，决定给他娶一个天仙般的美女回来，正四处打听哪儿有美女呢，刚从天津赶来的袁克文便给她推荐了郭宝仙。

郭宝仙是浙江美女，自幼随母流落天津，长大后为了筹钱葬母而堕入风尘，因长得如花似玉，很快就红了。宝仙不甘于此等生活，曾一再表示谁若能把她从妓院赎出去，她就嫁给谁，至于当太太还是姨太太，都无所谓。沈氏闻言大喜，立即请克文携重金北上，定要赢得美人归。

袁世凯不是柳下惠，见到宝仙这样的美人，顿时把前一段的种种不如意暂时抛了开去，两人天天腻在一起，好不甜蜜。

　　这下子五姨太杨氏有了想法。杨氏出生于天津杨柳青的小户人家，属于事业型的女人，长相一般但善于持家，是袁世凯的贤内助，在袁家地位极高，相当于袁府军机大臣的角色。

　　或许是因为自己不漂亮，也可能是因为太能干，总之杨氏很看不起那些以色事人的女人，她和沈氏之间，表面上姐妹情深，背地里却是争斗不断，热闹得很。如今眼看沈氏张罗着给老爷娶回来一个八姨太，杨氏不甘人后，就做主要把跟随自己多年的贴身丫鬟刘姑娘给老爷做九姨太。袁世凯很喜欢这种良性竞争，收下了刘姑娘，那快乐的心情就不用说了。

　　谁知刘姑娘陡然间从丫鬟升级为姨太太，立即就像某些暴发户一般忘乎所以起来，对人不讲礼节，就连对杨氏都不再尊敬，直到被五姨太几顿暴打之后才想起自己姓什么——袁世凯定的家规极严，对于姨太太，规矩是后进门的必须服从先进门的管教。因此，五姨太打九姨太合理合法，袁家没人敢过问。

　　九姨太大受刺激，从此以后，每天吃斋念佛，开口就是阿弥陀佛，手里还总拈着一串佛珠，把袁世凯给吓得不轻，赶紧在村南一里处盖了座房子，给她当佛堂兼住所，供起来了事。

　　这段日子袁世凯过得轻松惬意，植树、钓鱼、捉螃蟹，还有美人相伴、儿孙满堂。这样的日子，让他仿佛回到了少年时代，禁不住又玩起了名士风流。

　　于是洹上村就多了沈祖宪、凌福彭、史济道、王锡彤等当代名士的身影，大家在一起怡情养性，诗酒唱和，其间袁世凯很写了些诗，比如：

　　　　背郭园成别有天，盘餐樽酒共群贤。
　　　　移山绕岸遮苔径，汲水盈池放钓船。
　　　　满院莳花媚风日，十年树木拂云烟。
　　　　劝君莫负春光好，带醉楼头抱月眠。

　　　　老去诗篇手自删，兴来扶病强登山。
　　　　一池花雨鱼情乐，满院松风鹤梦闲。
　　　　玉宇新词忆天上，春盘乡味采田间。
　　　　魏公北第奚堪比，却喜家园早放还。

就在寄情山水之间时，吴保初来到了洹上。

吴保初是吴长庆的次子，与湖南巡抚陈宝箴之子陈三立、福建巡抚丁日昌之子丁惠康、湖北巡抚谭继洵之子谭嗣同一起，并称为"清末四公子"，做得一手好诗，玩得一腿好女人。

吴公子当过刑部主事之类的小官，因甲午战败后上疏要求慈禧归政，被顶头上司刚毅批评了一番，一怒之下挂冠而去，因此名扬四海。

吴公子来到上海，纵情于风月之间，在长三堂子里玩了几年下来，把家产几乎挥霍殆尽，就在这个时候，他遇见了一个叫菊仙的妓女，鬼使神差的，两个人相爱了。菊仙从此恢复彭嫣的本名，嫁给吴公子做了妾，两人相亲相爱自不必说，可惜沪上居大不易，眼看日子就要过不下去，吴公子便决定到彰德投奔袁世凯。

吴公子诗写得好，且是大名士，那么主人就不只好吃好喝好招待，更陪着他和各位诗人酬酢往还，加上有彭嫣相伴，那日子过得简直就跟神仙一样逍遥自在。

袁世凯不光写诗，他还照相，甚至特意让人将一张自己头戴斗笠，身披蓑衣，坐在小船上悠然垂钓的照片，送到《东方杂志》发表，被登载到了封面上。

袁世凯显然很喜欢这张照片，专门为此题过两首诗，其中一首是这样的：

> 百年心事总悠悠，壮志当时苦未酬。
> 野老胸中负兵甲，钓翁眼底小王侯。
> 思量天下无磐石，叹息神州变缺瓯。
> 散发天涯从此去，烟蓑雨笠一渔舟。

再看另一首：

> 身世萧然百不愁，烟蓑雨笠一渔舟。
> 钓丝终日牵红蓼，好友同盟只白鸥。
> 投饵我非关得失，吞钩鱼却有恩仇。
> 回头多少中原事，老子掀须一笑休。

显然这已不再是闲云野鹤的情怀。没错，像袁世凯这种人，岂肯真正自我放

隐居洹上的袁世凯

逐？况且就想当闲云野鹤，他那满天下的亲朋故旧又如何忍心看他"自甘堕落"？

说回那些故旧。袁世凯下课之后，朝廷立即着手清算袁党，首先是邮传部尚书陈壁被革职永不叙用；随后批准学部侍郎严修回家休息；紧接着徐世昌的东三省总督不保，而内调继任邮传部尚书；徐世昌一走，倪嗣冲的黑龙江布政使一职就因贪污被拿下；然后民政部侍郎赵秉钧被勒令退休，再下来，杨士骧遭遇朝廷查账，活活吓死，只留下一副脍炙人口的对联作为对他怕了一辈子的老婆的最后抗议——平生爱读游侠传，到死不识绮罗香。

这还没完，后来是唐绍仪被勒令退休——他那个中美双方公使升格为大使的提议，早就被否来掉了；梁士诒更惨，痛失铁路总局局长官位；而被荫昌保去当江北提督的王士珍，也"因病"自请开缺，朝廷欣然照准……

与此同时，在军队系统中，载沣大力扶持留日士官生以弱化乃至对抗北洋势力，比如"士官三杰"吴禄贞、蓝天蔚、张绍曾均被任命为军队高级指挥官，其中蓝天蔚出任第二镇成协协统，张绍曾出任第二十镇统制，吴禄贞甚至当上了北洋基本势力第六镇的统制。

不过袁世凯的势力早已成型，不是那么容易就能清算干净的。事实上，此时的大清朝，除了皇族亲贵，无论朝中大臣还是地方督抚，和袁世凯关系密切者比比皆是，更不用说在军队系统里袁党的枝繁叶茂。其实就算是亲贵当中，也还有奕劻、那桐、溥伦等不少亲袁派。明眼人都看得出来，只要袁世凯不死，他重新出山只是早晚间事。

所以袁世凯只管吟诗作赋，洹上村却是车水马龙，尤其逢年过节，总有来自各地的人物前来祝寿拜年，其中以北洋一系的将领最为踊跃。袁世凯自然不会亏待大家，盛情接待不说，临走时每人还会受赠一根金条。

此外袁世凯还保存着一本《同僚录》，上面记载着北洋军协统以上军官的生日及其父母寿辰，以及朝廷二品以上官员的相关信息，每到生日，所有这些人都会收到来自洹上的一份厚礼。

某次一位北洋军官随载洵出访欧洲，期间家乡老母去世，袁世凯得知后立即派人前去操持葬礼，搞得极为隆重。半年后该军官回国，专程跑到洹上，在袁世凯面前长跪不起。

袁克定对父亲的大手大脚很不理解，袁世凯呵呵一笑，只问他："天下财散于天下人，天下非你莫属。你是要钱财还是要天下？"

对于这些，朝廷当然不会无动于衷。其实早在袁世凯刚刚开缺的时候，步军统领衙门就派了个叫袁得亮的军官护送他回籍，名为护送，其实就是监视。到了河南，袁得亮不走了，不仅他不走，肃王善耆还时常会派密探过来侦察。

这些都难不倒袁世凯，他一面假装修身养性，一面用钱买通袁得亮，使得他向上级的汇报，完全成了官样文章，久而久之，朝廷还真就放松了警惕。

私底下袁世凯一点也没闲着，还在翻修洹上袁府时，他就在其中设了一个电报室，里面放有一个小电台，通过它，足以和遍布各处的袁党保持密切联系，真正做到了"秀才不出门，全知天下事"。

既然如此，外界更不会把袁世凯当做大清朝的局外人，奕劻、端方、徐世昌等老朋友自不必说，像直隶总督陈夔龙、两江总督张人骏、山东巡抚袁树勋、安徽巡抚朱家宝、江西巡抚冯汝骙、浙江巡抚增韫、河南巡抚宝棻等地方大员，跟他都常有书信往来，而像北洋将领王士珍与雷震春不和、吴凤岭与陈光远不睦，也都需要他亲笔写信调解，才能摆得平……

袁世凯就这么在洹上养着寿，偶尔也会拿出前不久詹天佑在京张铁路完工后，特意给他寄来的所有工程照片赏玩一番，感慨一番。而此时此刻，远在北京的载沣，日子却过得很焦头烂额。

皇族内阁粉墨登场，玩笑开大了

庚子之乱后，载沣曾出任赴德谢罪专使，负责接待他的是德皇威廉二世的弟弟亨利亲王，亨利语重心长地对他说过这么一句话：皇族必须掌握兵权！也就是说，枪杆子里面出政权。

载沣始终牢记此金玉良言，赶走袁世凯之后，他迅速干了一系列大事，其宗旨就是收兵权。

前面说过，袁世凯尚在时，载沣就接受良弼的建议，设立了禁卫军，归摄政王直接掌控，由六弟载涛、毓朗和铁良担任训练大臣，负实际责任的是铁良。比铁良更满族主义的良弼统领其中第一协，握有实权，进一步保证了此军的纯粹性。

只是一山难容二虎，禁卫军成立不久，也就是袁世凯还住在汲县的时候，铁良和良弼这两个在倒袁运动中齐心协力的好朋友，就为各种工作上的事情闹翻了。

在满族官员里，铁良算是草根出身，一步一步从基层干上来的，现在属于载泽的心腹；良弼则是宗室子弟，多尔衮的后代，他爷爷在道光朝还当过大学士，绝对根正苗红，加上人长得极帅，所以自日本陆军士官学校毕业回国后就一路高升，被公认为当世满族第一军事人才。在背后力挺他的，是摄政王的七弟载涛。

这两人相斗，谁败了袁世凯都高兴，两败俱伤才最好呢！不过老袁早已过了做梦的年龄，清醒得很，知道这绝不可能，遂老老实实按照离京前和奕劻等人定下的宗旨行事。

宗旨之一是尽量削弱载泽的力量，那么就要帮着良弼打铁良。于是袁世凯在汲县，通过各种渠道放出风来，硬说铁良和自己是一伙的，急得铁良百口莫辩，恨不得逢人便说那是很久以前的事，老子和袁慰庭早就反目成仇了。

草根斗不过宗室，这是最绝对的定律，有没有袁世凯这个谣言其实并不重要，反正最后铁良被外放为江宁将军，连带他的嫡系、陆军第一镇统制凤山也被外放去了荆州。

良弼毕竟资历不够，所以接任铁良陆军部尚书职位的人，居然是袁世凯的老朋友荫昌。

到了1909年7月，载沣仿效日本，宣布溥仪为全国海陆军大元帅，因大元帅年纪尚小，故暂由摄政王代行其事。紧接着他又将军咨处从陆军部独立出来，后改称军咨府，升格为陆海军联合统率机构，以协助摄政王掌军，由七弟载涛和毓朗负责。随后海军处也由陆军部中独立了出来，六弟载洵和萨镇冰充当筹办海军大臣，等到海军部成立，载洵更升为海军大臣。

如果政治果真像下军棋那样，总司令一定能吃军长，军长一定能吃师长，那么载沣的举措绝对无可非议，至此哥仨完全可以举杯相庆——平均年龄不过24岁的三兄弟，至少在名义上已经完全掌握了全国军事大权，似乎很可以体会一把高处不胜寒的风光。

只可惜军棋是给小孩子玩的。载沣这事做得太过赤裸裸了，不但令汉族官员心怀不满，就连满族亲贵也颇有微词，离心离德的倾向渐渐就显现了出来。

张之洞自诩为四朝老臣，觉得有义务劝载沣收敛一些，不料竟换来一句"这是我们的家事，你少管！"，气得老张差点吐血。

终于还是吐血了，不过却是因为另一件事。事起于庆王奕劻保荐徐世昌兼任津浦铁路督办大臣，张之洞认为徐世昌太善挥霍公款，怕因此增加摊派会激起民变，力劝载沣不可。打死张中堂也想不到，堂堂监国摄政王居然回了他一句："怕什么？有兵在！"就这一句话，气得张之洞口吐鲜血，就此病倒。

张之洞卧床不起肯定是大事，不过载沣面临的最大危机并不是因为此，而来自于地方督抚的不买账。

俗话说嘴上没毛办事不牢，载沣毕竟太年轻了，自以为是监国摄政王，就该领导全国，打破督抚权重的局面。普天之下莫非王土，率土之滨莫非王臣，这才是一个国家该有的状态。于是地方上的军权、财权、人事权通通都想收归中央。这可是连当年的慈禧太后都不敢干的事。毫无意外地，载沣的三板斧砍下去，立即就在各地方督抚联手组成的铜墙铁壁面前碰得灰头土脸，铩羽而归。

地方势力如此桀骜，不由得令朝廷起了思能臣的念头，年轻气盛的载涛想问题比较简单，一再怂恿四哥载沣重新起用袁世凯、岑春煊，以好好收拾那帮不听话的畜生。

袁世凯万万不能复起，但在载沣看来，岑春煊可以另当别论，不妨让他先回邮传部当尚书，以恶狗之姿为朝廷看家护院。至于徐世昌，给他安排个湖广总督的位子，想来他不会有意见。

但是邮传部上上下下都有意见，倒不是舍不得徐世昌走，实在是害怕岑春煊回来，于是上下一心团结一致，凑了10万两银子，通过载洵送给了他妈，也就是载沣他妈，这样岑春煊复出一事很快就告吹了。

而袁世凯的复起却出现了转机，事情起于亲贵之间的又一轮合纵连横。

原来载泽志向远大，根本不满足于当一个小小的度支部尚书，锋芒所指，赫然竟是奕劻的领班军机大臣之位。不仅如此，他要的是名副其实，一旦得任首相，绝容不得还有个摄政王在上面指手画脚。

这当然不容易做到，不过载泽有隆裕太后支持和盛宣怀的幕后策划及财力支持，活动起来有恃无恐。另一方面，载洵、载涛两大少年火箭般的蹿升，也确实激起了众多亲贵的不满，渐渐地大家就集结到了载泽旗下，并有了请隆裕太后出来垂帘听政的共识。

于是被疏远已久的奕劻，又被载沣兄弟拉拢了过来，以壮大本方的阵营。奕劻虽然才识平庸，但在此时的亲贵当中已足以鹤立鸡群，加上经的事儿多，对什么都有点经验，一经接触便令载沣等人心悦诚服，说起话来也越来越有分量。

奕劻说了很多，最重要的一条，就是请袁世凯出山。

此时袁世凯复出的阻力肯定还很大，但在相当层面上也确实有这样一股风潮，像载洵、载涛、那桐、端方、复出的唐绍仪，以及东三省总督锡良、四川总督赵尔巽、云贵总督李经羲等，都曾指名道姓地奏请其事，各大新闻媒体更是时不时就要把袁世凯复出的事拿出来炒作一番，可见其确实有不小的群众基础。

但即使这样，奕劻也费了些口舌才说动载沣，其中最打动他的一条是，得袁世凯助力，载洵、载涛才可能在军中站稳脚跟。

载沣终于写了封亲笔信，派农工商部右侍郎杨士琦带到洹上去。信写得很客气，全是慰勉致意的话，重要的是有句口信，载沣让杨士琦转告袁世凯，摄政王很希望他能进京当差，若愿意，可以官复原职。

可惜载沣的一片诚心被辜负了。袁世凯并不是很耐得住寂寞的人，但也并非轻举妄动之辈。朝中的情况，他可能比载沣自己还看得清楚，如今亲贵专权，内斗得不亦乐乎，自己何苦去趟这浑水？说到底，就算官复原职，手里没有实权，那也不过是徒有虚名，到头来什么事都办不成，那这官当着又有什么味道？袁世凯内心很清楚，只有大局糜烂到不可收拾的程度，才是自己出山的时机，现在还不到时候，尽可以再等等。于是便请杨士琦带了封亲笔信回去，感谢之外，只说足疾未愈，仍需休养，康复之后，定当报国。

毕竟是70多岁的人了，张之洞终于还是没挺过来，临终之前免不了对朝廷有所献议，其中说到了海军和军咨府，建议"选知兵者任其事"，指的正是袁世凯。袁世凯立即就知道了，是奕劻给他发的电报。

张之洞哀荣极盛，谥号"文襄"，这令他的门生故旧深感满意。

与此同时，举国上下立宪呼声高涨。1909年10月，各省地方议会性质的咨议局宣告成立，咨议局的成员当然都是立宪派，立宪派的核心大都是各地士绅，属于地方督抚之外的另一大势力，令朝廷不敢小觑。

立宪派响彻云霄的呼声是"速开国会"，不断上书之外，各省更推举出进京请愿代表团，三次前往北京请愿，一次比一次声势浩大。请愿得到了民众乃至诸多督抚或明或暗的支持，益发显得势不可挡。无可奈何之下，朝廷作出了妥协。1910年10月，作为国会基础的资政院成立。资政院第一次会议的主旋律，是立宪派上书请愿，要求在第二年召开国会。随后，17省督抚联名上奏朝廷，要求组织责任内阁，召开国会。

朝廷没有同意如此激进的改革方案，但仍做了让步，宣布将原定为9年的预备立宪期限提前3年，改于宣统五年（1913）召开国会，并承诺从速组建责任内阁。

1911年5月8日，清廷宣布裁撤军机处及内阁，设立责任内阁。表面上看，责任内阁的架构，基本沿用了袁世凯当年的主张，即内阁由国务大臣组成，国务大臣包括内阁总理大臣一人，协理大臣一至二人，各部大臣共十人。具体是内阁总理大臣奕劻，协理大臣那桐、徐世昌，外务部大臣梁敦彦，民政部大臣肃亲王善耆，度支部大臣载泽，学务部大臣唐景崧，陆军部大臣荫昌，海军部大臣载洵，法部大臣绍昌，农工商部大臣溥伦，邮传部大臣盛宣怀，理藩部大臣寿耆。如此内阁成员共13人，其中满人贵族9人，汉族仅只4人。满人中，光皇族就占了7位，故此责任内阁也被称作"皇族内阁"。

皇族内阁刚一出炉，立即激起举国愤怒，就连一向反对革命、主张改良的梁启超都急了，公开宣称"将来世界字典上决无复以宣统五年四字连属成一名词者"，"诚能并力以推翻此恶政府而改造一良政府，则一切可迎刃而解"。

与梁启超之振聋发聩相呼应的，是革命党如火如荼的暴动。局势一触即发之时，好不容易终于上位的邮传部大臣盛宣怀，却点燃了大清朝这个火药桶。

保路运动，压垮大清朝的最后一根稻草

上位之前，趁袁世凯下野，盛宣怀已经在上海夺回了招商局，并成功将其民营化，同时在端方的调停下，他还与身在洹上的袁世凯改善了关系。在成为国务大臣执掌邮传部的第二天，盛宣怀宣布了"铁路干线国有"政策，顿时一石激起千层浪。

盛宣怀是老铁路了。之前因为抱有诸如破坏风水之类的偏见，大清朝从政府到民间，除了少数几人，对铁路持的基本是排斥的态度；加上朝廷没钱，所以中国的铁路，大都是借洋债所修建，多数权益自然也掌握在洋人手里。

直到1896年，朝廷才终于意识到铁路的重要性，设立了南北铁路总公司，派盛宣怀为督办大臣。这时朝廷仍然拿不出钱来，盛宣怀修铁路也只能沿用以前的老办法——借外债，大笔大笔地借。不过借归借，盛宣怀有个如意算盘，就是铁路修

好后，给外商若干年的经营权，最后终究要收归国有。毕竟铁路属于国家的命脉，不容交予他人。

此后不久，全国掀起了一场民间筹款回购铁路的热潮。到1904年，关内18省共有13个省成立了民办铁路公司，当然有的只是名义上的民办。声势看起来很浩大，其实工作开展得并不顺利，在盛宣怀看来，这些公司纯粹是扯淡。

多少年来，铁路国有化的主张，盛宣怀从未有过改变，现在全国铁路都归邮传部管，自己大权在手，那么就不妨放手践行自己的理想了。

理想很好，无奈大清朝的铁路成分复杂，往往是洋债、商股还有部分国家投资搅和在一起，要想一下子收回来确实很难。

其中有条粤汉铁路，最早是借美、英、德、法四国银行团（美国花旗银行、英国汇丰银行、德国德华银行、法国东方汇理银行）的外债修建，后来国内民族主义高涨，人们纷纷要求收回路权。朝廷拿不出钱来，只好招商股，于是经政府批准，由湖北、湖南、广东三省民众集资从四国银行团手里买回了这条铁路的股权，股东里面，湖南、湖北以绅商为主，广东则以华侨商人为主。这是1905年的事。

还有条川汉铁路，它还只是一个名字，是1903年由时任四川总督锡良所倡议建造，事实上却从未开建。虽然如此，招股还是进行得如火如荼，招股的方法，主要是靠加赋抽租，说白了就是全民摊派，搞得所有四川民众，无论贫富，全都被成为这条子虚乌有的铁路的股东。川汉铁路公司成立几年后，官员们以各种名义花掉了几百万两银子，其中做橡胶投机生意亏掉了300万元，股东们却连铁路的影子都没见着。

但不管怎么说，这两条铁路都是属于股东的，现在盛宣怀要收归国有，当然就得花钱赎回。由于两湖掀起了保路风潮，并喊出了"诛盛宣怀以谢天下"和"路存与存，路亡与亡"的口号，朝廷破例格外开恩，准许按照面值回购股票，这样风潮才平息了下来。广东没闹事，朝廷就按照六折回购，其余四成算做无利股票。因为股东大都是华侨，自知折腾不起，吃了亏自认倒霉，卷铺盖走人发誓再不上当就算了，也没掀起什么波澜。

可是四川的股东是全体民众，朝廷拿出的方案却更损，以路股亏空太多为由，只退回现存的700多万两，剩下被挥霍掉的、做投机生意亏掉的，就需要大家细心领会"股市有风险，入市须谨慎"这句格言了。

这样就惹出了大事，史称"保路运动"。绅商们的策略是："以索还用款为归宿，以反对国有为手段。"

1911年5月16日，川汉铁路公司召开了第一次股东大会，随后大家涌向总督衙门请愿。四川总督王人文不敢拂众意，上奏朝廷请求暂缓接收，结果惨遭申饬。

6月17日，川汉铁路股东、咨议局（相当于地方议会）议员及各界群众代表宣告成立"保路同志会"，要求发还股本，未果。

到了8月中旬，已经开工的川汉铁路宜昌至万县段工程被强行接收，民众大怒，随即保路同志会便在成都组织了大规模地罢课罢市，人们顶着光绪皇帝的牌位，以及大写的光绪当年颁布的上谕"川路仍归商办"，纷纷走上街头，局势升级了。

成都当了带头大哥，整个四川霎时就陷入了混乱，罢课罢市、抗粮抗捐乃至焚毁警局的事件四处开花，朝廷闻之大为震怒，立即罢免了温和派王人文，而调有"屠夫"之称的赵尔丰入川，并给予指示"严厉弹压，毋任嚣张"。

赵尔丰果然够严厉，虽然他最初主张和平解决，但很快就变了，先是诱拘了保路运动的主要领导人四川省谘议局议长蒲殿俊、副议长罗伦、川路公司股东会长颜楷、张澜等9人，紧接着又查封了相关报刊，并贴出告示，命令成都商民"即速开市，守分营生，如若聚众入署，格杀勿论"。

有趣的是告示刚一贴出，总督衙门便已被上千民众围得水泄不通，大家一致要求立即释放蒲殿俊等人。形势一触即发之际，清军统领田征葵彰显了比赵尔丰更屠夫的本色，下令总督府卫队开枪，并派出马队驱散人群，当场即有50多名民众被枪杀或踩踏而死。

血案发生之后，同盟会会员龙鸣剑赶在城门关闭之前潜出城外，会同同志制作了数百块木板，上书"赵尔丰先捕蒲、罗诸公，后剿四川各地，同志速起自救"，然后投入锦江。一个个木板漂流瓶，很快将消息传遍了四川西南，人们纷纷向成都涌来，郊县的哥老会（即黑社会）来得最快，组成同志军，第二天便开始攻打成都，几天之后，来自四面八方的起义军已多达十几万人，把成都围得水泄不通。

赵尔丰眼看情况不妙，赶紧和蒲殿俊等人商谈，蒲殿俊到底是立宪派领袖，并不主张暴力革命，双方达成共识后，赵尔丰就把他们放了。

蒲殿俊等人被放出来后，即发表公开信——《哀告全川伯叔兄弟》，劝告大家放下武器，回家好好过日子，保路的事应该文明解决。可是此时的局势，岂是他们控制得了的？成都城外，人越聚越多，枪声越来越密集，赵尔丰无奈之下只能向朝廷求助，朝廷赶紧催促端方，赶快入川平乱。

现在该好好介绍一下端方这个人了。

端方字午桥，号陶斋，生于1861年，21岁中举，和荣庆、那桐并称为"旗下三才子"。因为思想开明，积极参与维新，戊戌变法时被任命为农工商总局督办。这个为办新政而设立的机构，变法失败后被撤销，表现活跃的端方眼看自己要被治罪，灵机一动，写了一首歌颂大清朝和慈禧的《劝善歌》，刊登在《国闻报》上，并重金贿赂荣禄、李莲英，让他们无论如何要让老太后看到自己的大作。

毕竟是才子，考虑到慈禧的文化程度不高，《劝善歌》写得比张之洞因同样目的所写的《劝学篇》还要通俗易懂，夸起人来极尽肉麻之能事，尤其是首段最后一句"我朝事事胜前代，百姓人人同感戴"，以及以"祖宗功德说不尽，再说太后恩似海。太后佛爷真圣人，垂廉训政爱黎民"这样四句为开头的后半段，让老太后如沐春风，直看得三月不知肉味，脸上始终洋溢着幸福的笑容。端方因此化险为夷，而这首歌也因此被大家尊称为"升官保命歌"。

端方后来官运不错，先当陕西臬司，再升藩司并护理巡抚。庚子国变，慈禧西狩，端巡抚护卫有功很得了些夸奖，然后就高升湖北巡抚。

湖北任内，端方大办教育，并派出大批留学生，连自己儿子都给送到了美国去留学。另外他还创办了中国第一所幼儿园、第一个省立图书馆。后来在湖南巡抚任上，他派出了中国第一批女留学生，升任两江总督后，更是大兴新政，创办了不知多少专业学校。

值得一提的是，两江总督任上，端方依然推行外派留学生政策。1907年，经考试选出11名男生和4名女生，官派赴美留学，这其中就包含了后来的风云人物宋庆龄、宋美龄姐妹——宋美龄因年龄不够，是走关系以伴读的身份去的。

总而言之，端方为官，绝对的新派作风。不过新派归新派，该贪的钱还是要贪。贪腐是当时的官场常态，自不会有人拿这个来说事，所以当朝廷选派大臣出洋考察宪政时，一贯标新立异的端方就成了当然之选。

对于立宪，端方认为"中国非立宪不可"，但"速立宪又不可"，倡导的是渐进改革，这使得他成为立宪派与保守派大体都能接受的人物。

　　慈禧死后，袁世凯罢官，杨士骧不治，端方当上了直隶总督兼北洋大臣，权重一时，可惜好景不长，很快就丢了官。

　　事情还得从五大臣出洋考察归来说起。话说端方从外洋带回来不少新鲜玩意，其中包括许多国内罕见的小动物，并创建了中国第一座动物园——北京万牲园。这是好事，吸引了不少眼球，端方对此颇感得意。

　　另外他还带回来一部电影放映机，这东西更好玩，可惜在请载沣、载泽等亲朋好友来家里看电影的时候，该放映机起火爆炸，当场还炸死了人，多亏死的是公府下人，但把载沣他们吓得不轻，一场其乐融融的聚会竟至不欢而散，搞得主人很没面子。

　　好在这也不是什么太大的事，没影响到升迁。当上直隶总督不久，便赶上慈禧的奉安大典，要把她的棺木移到清东陵去。作为地方首长，端方被派了山陵大差，负责一切相关事宜。

　　奉安大典相当隆重，王公贵族、文武百官乃至各国公使悉数到场，端方则不仅到场，还带了个当年从国外买回来的照相机，他认为，如此具有历史意义的活动，应该参照国际惯例，拍些照片留给后世。于是就安排了手下全程拍照，倒真是留下了不少珍贵的资料，却也给自己挖了好大一个坑。

　　把端方推下坑去的是杨崇伊，动手的则是李鸿章的宝贝孙子李国杰。

　　前面说过，杨崇伊是李鸿章的心腹，同时也是戊戌政变点燃导火索的那个人。戊戌之后，他被外放汉中知府，总觉得自己率先奏请慈禧训政，功劳巨大，朝廷却只给安排个知府，太不公平。

　　等到庚子国变、慈禧西狩，杨崇伊以地主之便，开始在荣禄身上大下功夫，却因为名声太坏，很多人都看不起他，尤其是新任军机大臣鹿传霖，很说了他些坏话，渐渐地荣禄就不肯帮他了。

　　杨崇伊眼看升迁无门，便请进京议和的李鸿章奏调他前往出任随员。待到和议达成，李鸿章病死，杨崇伊因为有苦劳，高升道员。可惜这道员只是个候补，想补实缺只能等，谁知实缺没等来，却等来个丁忧守制，不得已只好辞官回苏州，干些下三滥地营生。后来因为买卖雏妓一事，这厮竟然开枪打人，因此被告上公堂。

　　杨崇伊有个好女婿——李国杰，李国杰是李鸿章的孙子，李鸿章虽死，家族势力犹存，因为这个原因，案子本可大事化小小事化无，谁知也正是因为这个原因，不仅没有大事化小，反而把事情搞得巨大。

这是因为端方当时正任两江总督，并亲自干涉了此案。总督大人一心想要杨崇伊的好看，那岂能不好看？

过节起于杨崇伊曾经参倒了珍妃的师父文廷式，而端方喜结名士，和文廷式是好朋友。更重要的原因则在于，五大臣出洋端方一路抵达奥地利时，李鸿章的小儿子、李国杰的叔叔李经迈作为出使大臣也在那里，因为一点鸡毛蒜皮的小事，端方和他闹得很不愉快，李经迈抢先向外务部告状，两人从此结仇。

等到李经迈回国被授为江苏臬司，生怕两江总督端方不原谅自己，上任前特意写了封信很谦恭地向这个顶头上司致意，意在化干戈为玉帛，谁知端方根本就没搭理他。李经迈心知不好，在慈禧召见时将两人的恩怨细说从头，恳请太后做主。

慈禧感念李鸿章的劳绩，不忍见他后人受苦，便将李经迈调为了河南臬司。端方的弟弟端锦当时正在河南干着一项收盐税的美差，恰逢嗣母去世，照例应丁忧守制。端锦的这个差事，号称全河南最肥，当然舍不得开缺，便请哥哥帮着想办法保住这个官。也是端方不识好歹，总觉得李经迈对不起他在先，便写了封信去，贺喜之外，重点在请他为端锦说说话。李经迈心想端老四你也有今天，一句好话不肯帮着说，搞得端锦只好辞官守制，这下双方的仇怨就越结越深了。

现在好不容易有了报复李家的机会，端方岂肯放过？结果是杨崇伊落了个革职严管的处分，官场之路彻底走到了尽头。

不用说杨崇伊恨死了端方，现在听说这厮居然敢在奉安大典上放肆，而在他看来，在太后陵前照相，是比在太岁头上动土更严重地大不敬，就想要参他报仇，却苦于自己已是一介平民，无权上奏，便唆使女婿李国杰上奏参劾。

李国杰一方面是要为老丈人出气，一方面他本身也痛恨端方——他找其跑过官，没能如愿——因此立即上了一道奏折，严劾端方，说他照相摄走了慈禧太后的灵魂，罪该万死。

朝廷很开明，不认为端方罪该万死，但端方仍然惨遭罢官，差点没给活活气死。

1911年5月，皇族内阁成立，盛宣怀出任邮传部大臣，一边推行铁路国有化政策，一边奏请朝廷起用端方担任督办粤汉、川汉铁路大臣，原因是端方当过湖北、湖南的巡抚，在当地官声不错，既有人脉又有威望，办起事来容易些。

端方上任后，两湖果然还算平静，没想到四川乱了起来，且一发不可收拾。

载沣看端方能干，便于9月2日命令他火速前往四川查办乱局，以四川提督田振帮为会办。端方并不想去趟这浑水，更不情愿前去镇压，一路上走走停停，多次电请朝廷要讲政治，即铁路国有政策虽好，但也应该废除，以免引发更大的动乱。

走走停停间就来到了彰德，机会难得，端方特意叫停火车，前往洹上村拜访袁世凯。作为主人，袁世凯对老朋友的接待很别致，谈论时局之外，他还给安排放了场电影。不仅如此，两人甚至订下了一门亲事，当事人是袁世凯的儿子袁克权及端方的女儿陶雍。

告别新亲家，端方一行慢悠悠赶到了武汉，湖广总督瑞澂以最隆重的礼仪接待了他。瑞澂是鸦片战争中继林则徐为两广总督的琦善的孙子，曾任江苏藩司，当时是端方的下属。此人恍惚庸碌，只因娶了载泽的姐姐才得以步步高升，自知才具不如端方，深恐对方赖在湖北不走，夺了自己的位子，便天天大摆筵席，推心置腹地做端午帅的思想工作，最后搞得端方不好意思了，只好说手里没兵，空手入川太危险，不如等几天，请朝廷想想办法。

瑞澂一听，立即拨出湖北陆军第八镇第32标（团），端方嫌不够，瑞澂马上又从各军拼凑了一标人马，发布番号为第31标，通通交给端方。两个团差不多3000人，按说是够了，可端方还是不想走。就在这时，载沣见端方屡催不动，真是急了，决定起用岑春煊。9月15日，载沣发布上谕："开缺两广总督岑春煊，威望素著，前任四川总督，熟悉该省情形。该督病势，闻已就痊，着即前往四川，会同赵尔丰办理剿抚事宜。岑春煊向来勇于任事，不解劳瘁，即着由上海乘轮，即刻启程，毋稍迟延。"

上谕里只说命岑春煊会同赵尔丰办理剿抚事宜，只字未提端方，端方这才感觉不对，赶紧准备出发，图的是湖广总督当不上，能去把赵尔丰的四川总督顶下来也不错。

却说岑春煊在上海接到上谕，立即向四川发去两篇文章。《普告四川全省文武官员文》针对的是官员，少不了一通数落。事实上即便没有这文章，四川官场也早已闻风丧胆，人人自危，大家都觉得朝廷怎么老跟我们四川过不去呀？另一篇《告蜀中父老子弟文》，则全是动听的话，岑春煊唯一提出的要求，也只是希望大家能配合他的工作。当地商民、社会团体给予了热情的回应，屡屡发电报请岑尽快入川，电文中不乏"岑帅奉命入川，群情欢跃"、"川中父老子弟望公如慈母，仰公如云霓，无论如何必当力疾一行，以慰川民"这样的恳切之语。

岑春煊倒也不负众望，启程之前致电内阁，敦请朝廷下"罪己诏"。他表示："总之不短少路股一钱，不妄戮无辜一人，必须双方并进，并于谕旨中稍加引咎之语，则群议自平；而给还全股，出自朝廷特恩，各路人民，必欢欣鼓舞。"

这个观点与立宪派完全一致，以至于清廷中"剿抚"两派都大为震怒。所以当9月下旬，岑春煊抵达武昌，从瑞澂口中得知朝廷的意见与之完全相反后，立即电请辞职，朝廷也就下旨同意了。

10月10日，岑春煊乘船返回上海继续养病，还没走到半路，武昌起义即告爆发。而这个时候，袁世凯正在洹上，和家人准备第二天的生日晚宴。

东山再起，袁世凯逼清室退位

武昌起义——起来，不愿做奴隶的人们

1911年10月10日，袁世凯睡得很早，因为第二天是他53岁的生日，有的忙。就在这天晚上，武昌城内爆发了一场惊天动地的起义。

起义由"共进会"和"文学社"共同策划，其中共进会是由大名鼎鼎的同盟会分化出来的外围组织，而同盟会的主要创建人，就是我们都很熟悉的孙中山先生。

孙中山本名孙文，字德明，号逸仙，1866年生于广东香山县，因其在日本活动时化名中山樵，故被尊称为中山先生。

孙中山10岁入私塾读书，12岁得大哥孙眉资助到美国檀香山学习，17岁回乡，后到香港受洗礼入了基督教，并先后在广州博济医学院、香港西医书院学习，除医学之外，更涉猎欧美各国的政治、经济、农业、乃至天文地理等等。毕业后，他曾在广州、澳门设馆行医，随着眼界的开阔，孙中山对清廷的腐败无能日益深恶痛绝。1894年28岁时，心忧天下的小伙子写下7000余字的《上李傅相书》，北上天津上书直隶总督兼北洋大臣李鸿章，未被接见，一怒之下远赴檀香山，还是靠大哥孙眉的资助，发动当地华侨于1894年11月24日创建了兴中会，以"驱除鞑虏，恢

复中华，创立合众政府"为宗旨，一边筹集资金，一边准备伺机起义，推翻清朝。

1895年2月21日，孙中山的兴中会与杨衢云的香港辅仁文社合并，在香港成立了兴中会总会，提出"驱除鞑虏，恢复中华，建立民国，平均地权"的口号，并推选杨衢云为会办，孙中山为秘书。

总会成立后迅速开展工作，最主要的是联络了广东各地大批会党和防营，计划在重阳节发动武装起义，夺取广州作为根据地，再伺机北伐。不幸的是，起义前夕事情泄露，陆皓东等领导人被捕就义，孙中山遭朝廷通缉，被港英当局驱逐出境，被迫避走日本。

之后孙中山的足迹遍及欧美，一面筹款一面宣传革命，此间他曾在伦敦被清廷特务缉捕，也曾在檀香山加入洪门。及至1905年8月，兴中会与黄兴、宋教仁等的"华兴会"，蔡元培、吴敬恒等的"爱国学社"，张继的"青年会"等组织，在日本东京成立"中国同盟会"，孙中山被推为总理，他那充满传奇色彩的一生，就此翻开了新的一页。

兴中会的誓词"驱除鞑虏，恢复中华，建立民国，平均地权"，被确定为同盟会的革命政纲，华兴会的机关刊物《二十世纪之支那》，则改组成为同盟会机关报——《民报》。

孙中山在《民报》的发刊词中，首次提出"三民主义"学说，即"民族、民权、民生"，并编定"同盟会革命方略"，正式宣示进行国民革命，力图创立"中华民国"，并定"军法之治，约法之治、宪法之治"三程序。

后来的事情有些不尽如人意，精英林立的同盟会，由于谁也不服谁，最终竟至分裂，孙中山、黄兴、章太炎各成一系，各自为战。

共进会就是在同盟会分裂之下而诞生的一个组织，以张启善为总理，主要领导人还有湖南焦达峰、湖北孙武、江西邓文翚等，他们主张在长江中下游各省发动起义，割裂清廷与南方各省的联系，其中一项重要工作就是联络并策反各省新军，这项工作，他们做得很出色。

文学社则是湖北新军中的革命组织，原名群治学社，后改为振武学社，因活动被发现，干脆定名为文学社。这个和文学毫无关系的社团，以蒋翊武、刘复基等人为领导，已发展了上千人，全是湖北新军的下级军官及士兵，实力颇为可观。

在四川保路运动如火如荼之际，共进会和文学社决定联手举事，为了更有胜算，他们邀请了同盟会的几位领袖人物黄兴、宋教仁等来武汉主持工作，可惜那几位并没有如约前来。

这个时候，迫于四川方面的压力，朝廷不得已从湖北、湖南、广东、陕西、甘肃、贵州、云南等省抽调军队入川镇压，使得武汉、长沙等地防卫陷入相对空虚的状态之中。9月24日，共进会和文学社决定于10月6日中秋节当天在武汉、长沙提前起义，公推蒋翊武为总指挥，孙武为军务部长。

大事当前，小道消息满天飞传，各种版本让人眼花缭乱，其中传播最广的是"八月十五杀鞑子"这么一条。

八月十五杀鞑子这个传说，始于元朝顺帝末年的民变。元朝那会儿，蒙古人统治中国，把人分为四类：蒙古人、色目人、北人、南人。汉人（北人、南人）是地位最低的两等，活得相当屈辱。比如说，为了防备汉人反抗，统治者把汉人家庭以十户为一个单位，派一名蒙古士兵坐镇监视，这名士兵就相当于十户长，汉人们则管他叫做"家鞑子"。

家鞑子权力大得很，辖下十户人家，家家他都可随意入内，想吃啥吃啥，想睡谁睡谁，若想让他不奸淫自己的妻女，只能出钱买门槛子——祥林嫂因为嫁过几个男人，自觉罪孽深重，一心要为自己捐个门槛子，就是这个来历。

至于门槛子的价钱，家鞑子说多少就是多少，若想求得公道的价格，只能祈求他的良心发现，简直就像垄断企业一样霸道。

家鞑子如此胡作非为，老百姓自恨不得剐了他。蒙古人不傻，早有对策，他们规定，汉人不许练武，不能持有任何武器，甚至每十户人家只能拥有一把菜刀，这把菜刀平时还得放在十户长那里保管，做饭的时候才能申请领用，用完即还，真不是一般的高压政策。

但再高压的政策也高不过"哪里有压迫哪里就有反抗"这个真理，于是在某一年的中秋节，人们乘互赠月饼的机会，在每个饼中放入一个小蜜蜡丸，里面裹着一张小纸条，上书"午夜子时杀鞑子"。据说，当夜壮士饥餐胡虏肉，人们杀得很尽兴，而抗蒙起义也由此燎原开来。

清朝的时候，满族人同样被称为鞑子、鞑虏，他们倒是没像当年的蒙古人那样给自己无法无天的权力，但依然拥有世世代代不劳而获的特权。因此"八月十五杀鞑子"这个口号，同样具有强大的号召力。

口号传着传着就几乎成了大家的共识，连某份当地小报都刊登了革命党将在中秋起事的新闻，而湖北新军中有革命党不小的势力早已不是秘密，湖广总督瑞澂不敢掉以轻心，立即以换防为名，将可能有问题的新军分调各处，并下令中秋节全城戒严，士兵一律不许外出，除值勤士兵可允携带少量子弹以外，所有弹药一律入库。

9月28日，湖南共进会领导人焦达峰电告武昌起义指挥部，称湖南方面准备不足，请求延期10天起义。此时风声正紧，加上因军队调防而导致指挥系统需要调整，蒋翊武、孙武等人便同意了焦达峰的请求，决定改在10月16日起义。

中秋节安然无事，瑞澂等人虚惊一场后，也就放松了警惕。而革命党这边，却依然在按部就班地准备着。

10月8日下午，起义领导人孙武、刘公等在俄租界宝善里14号机关所在地点验完党员名册，安装炸弹时，不知怎么搞的，炸弹发生了爆炸，孙武脸部烧成重伤，立即被送往同仁医院救治。发生了这么大的意外，大家知道不好，正忙着撤离的时候，租界巡捕已闻声赶到，尚未逃离的刘公之弟刘同及李淑卿等6人不幸被捕，起义的旗帜、文告乃至革命党人名册也通通被缴获。

所有这些，很快都被移交到了湖广总督瑞澂手里。瑞澂立即下令全城戒严，并派出大量军警四处搜捕革命党人，一时间武昌城内风声鹤唳，气氛紧张到了极点。

消息传出，10月9日，之前已被瑞澂调防到岳州的起义总指挥蒋翊武兼程赶了回来，第一件事就是召集刘复基、彭楚藩等核心成员及各标、营的革命党代表在武昌小朝街85号文学社总部紧急开会，商量对策。大家一致认为，事已至此，不能再等下去，必须立即起义，搏出一个未来。蒋翊武更不迟疑，当即签署命令，号令各起义部队于10月9日当晚12点，以南湖炮队鸣炮为号，城内外同时起事。

命令既下，大家立即分头行事，邓玉麟负责去南湖炮队送信，杨宏胜负责运送弹药，其他人回营、回据点分头做准备工作，只留下蒋翊武、刘复基、彭楚藩等几个人留守总部以便指挥策应。

可惜刘同经不起酷刑拷打，抓进去没多久就招了，而且招得很细致，简直就是面面俱到。这样众人刚散去不久，小朝街85号即被军警包围得水泄不通，蒋翊武非常幸运，无论长相还是扮相都像个教书先生，大家懒得理他，总算是趁乱溜掉了。彭楚藩、刘复基则当场被捕，紧接着，杨宏胜因运送弹药也在路上被抓捕。

邓玉麟空手而行不那么引人注意，他确实也没被抓，只是因为城里戒严，行走非常不便，好不容易赶到南湖炮队，时间却早已过了午夜12点，错过了鸣炮为号的时间，炮队里的革命党代表徐万年当机立断，决定推迟起义。

城内外潜藏在新军各标各营各哨各棚的革命党人早已得到起义通知，心里无不在磨刀霍霍，奈何南湖炮声不响，大家也只能按兵不动，而就在10日凌晨，刘复基、彭楚藩、杨宏胜三人于湖广总督署东辕门外英勇就义。

在这个漆黑的夜晚，革命党人损失惨重，被捣毁了不少据点不说，还有张廷辅、陈宏诰、牟鸿勋等30余人相继被军警逮捕。事到如今，起义领导人除了蒋翊武不知所踪之外，其他人不是被捕就是被杀，组织机构已被彻底破坏。

瑞澂终于狠狠地松了口气，赶紧发了封电报向朝廷请功："传革命党有扑攻督署之谣，瑞澂不为所动，一意镇定处之。张彪、铁忠等各员，无不忠诚奋发，俾得弭患于初萌，定乱于俄顷。"得意之情溢于言表。

瑞澂不愧是纨绔子弟出身，他把事情想得太简单了点。不过他也没有完全大意，一面下令新军官兵一律不得外出，一面派军警入营搜捕新军中的革命党人，并晓谕他们自首以争取宽大处理。

当然不会有人自首，倒是大家终于明白出大事了，紧张、焦虑之下，10月10日这一天显得格外漫长。

这时熊秉坤勇敢地站了出来。当时，武昌城内共有新军步队三营，工程队一营，另还有旗兵三营，督署教练队一营，巡防营数营。熊秉坤是新军工程第八营里的一个棚目，相当于班长，他是共进会会员，深知开弓没有回头箭，眼看群龙无首，便邀集了营中的革命党人，号召当晚起义，而不再苦等南湖炮响，以免陷入绝境。大家一致赞同，决定当晚展开行动。

当晚7点左右，刚吃过晚饭不久，各营军官开始查铺，工程第八营二排排长陶启胜带着两个随从查到第5班时，赫然发现副班长金兆龙和士兵程定国正在擦枪装子弹，顿时心生怀疑，开口呵斥道："你们干什么？想造反不成？"

这两人本是共进会员，绝对的革命党人，闻听此言，金兆龙以为事已泄露，拍案而起："老子就是要造反！"陶排长大怒，招呼两个随从就要抓人，金兆龙高喊："弟兄们上啊！"混乱中程定国举枪就射，这是武昌起义的第一枪，也是清朝的夺命枪，这一枪，打死了一个陶排长，打出了一个与前截然不同的新的中国。

枪响之后，熊秉坤闻声赶来，立即集合营里的革命党人及同情革命党的士兵，正在进行部署，该营营长阮荣发、连长黄坤荣、司务长张文涛已经提刀赶了过来。程定国杀得兴起，抬手就是两枪，黄连长和张司务长应声倒地，阮营长正待要跑，早已被士兵们赶上，乱刀砍死。

杀掉长官之后，熊秉坤正式宣布起义。大家都明白革命不是请客吃饭，需要枪支弹药，而各支部队的枪械几乎都被收缴存放在楚望台军械库，于是大家便直奔楚望台而去。

与此同时，枪声响起，四方呼应。第15协29标的蔡济民和30标的吴醒汉率领本部起义士兵冲出营门，陆军测绘学堂的全部学生冲出校门，随后武昌城内新军中的革命党人纷纷起义，毕竟是训练有素的军人，所有人目标一致，潮水般涌向了楚望台。

城外的士兵不甘人后，新军第21混成协炮11营辎重队士兵李鹏升，听见枪声即点燃草料库，举火为号发动起义，旁边的工程队立即点火响应，起义士兵们渐渐汇合在了一起，同样是奔向城内的楚望台。

1911年10月10日，这是中华民族历史上最伟大的一天，一群群平凡而伟大的青年渐渐汇聚到了楚望台，军械库里的革命党人开门迎客，革命形势看起来一片大好！

可问题立即就来了。此时起义军大概有3000人，而熊秉坤只是一个班长，显然缺乏统率大军的威望和能力，大家只好匆忙推选首领，最后是现场官最大的吴兆麟——他是工程第八营左队队官，相当于连长——被推举为革命军临时总指挥官。

吴兆麟火线上任，当即约法两章：不得滥杀；服从长官命令。大家以欢呼声通过之后，吴总指挥随即发布命令：炮兵占领蛇山制高点，轰炸总督衙门，其余士兵，以工程营为首，首先攻占总督衙门，继而占领武昌全城。

平心而论，此时相对于武昌全城的清军，起义军这3000人其实还得算弱势群体，幸好清军的最高领导瑞澂和张彪是两个酒囊饭袋——炮声一响，瑞澂即已吓得魂飞天外，慌忙命令手下在后院墙上打了个洞，扔下家人，只带着一排卫兵，从洞里钻出去，直接逃到了停在江边的楚豫号兵舰上，下的唯一命令就是让兵舰赶快开走，走得越远越好。

湖北新军第八镇统制叫张彪，第八镇是湖北新军的番号。清政府建立新军，规定全国共建36镇，北洋6镇之外，其余30镇由各省分别建立，大省多建，小省少建。各省新军的番号，建之前即有统一规定，比如湖北是第八镇，江苏是第九镇。前面说过，每个镇相当于一个师，统制就是师长。

张彪表现得比瑞大人要好一些，起义刚发生时，他还知道打电话命令各营弹压，后来听说革命党人声势浩大，张统制不由自主地就有点慌了，等到电话线被割断后，他简直是万念俱灰，躲在家里不敢出去，也不见人，就连手下军官来通报军情他也避而不见，生怕被刺，直到第二天清晨总督衙门失守，负责守卫的骑兵队长朱明超带着残兵败将赶到张公馆，他才痛下决心：逃到汉口租界去。

不愧是职业军人，张彪比瑞澂不知要勇敢多少倍！他不仅打算带上家眷一起逃跑，甚至还临危不乱地收拾起金银细软来。正在这时，辎重第八营营长安录华前来报告，说该营没有革命党，尚可一战。张彪总算缓了过来，命人将家眷细软送往租界，自己则在卫兵保护下到了辎重第八营，并将该营带到了汉口刘家庙，先稳定下来再说。

瑞澂、张彪都逃离了武昌，城内清军群龙无首，起义军却是斗志昂扬，天刚刚亮，就已拿下了整个武昌城，共进会和文学社商定的、象征铁与血的起义军军旗十八星旗开始在全城飘扬。

革命取得了阶段性胜利，接下来该有人出来主持大局了。吴兆麟、熊秉坤等人毕竟官阶太低，也没名气，难以服众，大家便聚在湖北咨议局会议厅，众说纷纭，希望能找几个有知识有文化有身份有地位的大人物出来压场面。想来想去，便想到了湖北咨议局议长汤化龙。

革命党人性子很急，拿着枪就去把汤议长及议员们请到了会场，说要开个会选举都督及领导班子，要求大家配合一下。

议员们都是立宪派，除反对清朝的独裁统治之外，同样也反对暴力革命，所以汤化龙虽然无奈之下主持了会议，却死活不肯当这个都督，别的议员更没人肯当。眼看就要形成僵局，列席会议的吴兆麟灵机一动，提议说请黎协统来当好了！

黎协统就是黎元洪，吴兆麟推举他，只是因为他是当前武昌城内最大的军官——湖北新军暂编第21混成协统领（相当于旅长），这个理由很朴素也很站得住脚，在一片掌声中，大家便通过了由黎元洪出任湖北都督、汤化龙担任民政总长的决议。

几年前彰德秋操的时候，黎元洪表现相当出色，可几年舒服日子过下来，他已不复当年之勇，武昌起义爆发之后，他虽然没往城外跑，却也躲到了幕僚刘文吉家里，正在不知所措间，吴兆麟带着一帮弟兄就闯了进来，软硬兼施地把他请到了咨议局，说经过选举，您老人家全票当选为湖北都督，请就任吧！

这是造反，不仅要杀头，而且是灭九族的罪过，黎元洪哪里肯干？任凭大家苦口婆心说得天花乱坠，他只是面无表情地摇头。等把《安民布告》拿来，老黎更是死活不肯签，只是坐在那儿呆若木鸡，因此为自己赢得了一个"黎菩萨"的绰号——湖北话里"黎"、"泥"同音，所谓"黎菩萨"，其实就是泥菩萨。

黎菩萨不签字，旁边就有人急了，直接替他签上了"黎元洪"三个字，一张一张地签下来，一张一张地贴出去，大街小巷贴得到处都是，这下子，随着黎都督的大名四处张贴，黎元洪造反这事算是彻底坐实了。

请我出山不容易

黎元洪莫名其妙当上都督的当天，正值袁世凯53岁生日。这天晚上，洹上村正大摆盛宴给寿星祝寿呢，突然收到一封奕劻发来的电报，袁世凯仔细一看，不禁大吃一惊，原来电报上说的是："武昌兵变，弃城而逃。"后面还问了一句"该如何应对"。

乍闻此事，满座皆惊，寿酒是没心思再喝了，大家开始你一言我一语地讨论国事。比较一致的意见是，叛军不过是群乌合之众，成不了气候，不过现在很可能是袁世凯出山的最佳时机。

袁世凯不由得想起几个月前，当年在山东时的老下属、负责给西狩的慈禧运送礼物的曹倜前来拜访，纵论时局时，老曹曾催促他出山，说的是"今朝政日非，大乱将至，前论平乱人才，李鸿章、刘坤一、张之洞诸公相继逝世，只存宫保一人，倘再不出山，危机迫于眉睫矣！"而当时自己的回答是："如大局不糜烂，起用决不及予；果糜烂矣，即出山恐亦不易收拾也。"

如今武昌烽烟骤起，袁世凯相信以大清朝之离心离德，即使是群乌合之众，也未必就撼动不了其基石，何况这还是一群由职业军人组成、有枪有炮的"乌合之众"。故大局必将糜烂，则自己之出山不过是旬日间的事，既然如此，何不悠然一些，坐以观变？

不过奕劻是老朋友，既诚心请教，自不好太敷衍他，于是便回了一电，说了几句心里话："民心思动，已非一朝，这一次不是单靠兵力所能平定，不妨剿抚兼施。"

第二天，10月12日，湖北新军第21混成协42标里的革命党人胡玉珍、邱文彬、赵承武在汉阳发动起义，当天即光复汉阳。起义军随后攻克汉口，至此，武汉三镇全部易帜。

就在这一天，黎元洪也想通了，自己既然已经被架上了领袖的位置，那么横竖都是造反，不如反得轰轰烈烈一些，便顺应大家的要求，宣布改国号为中华民国，成立湖北军政府，以铁血十八星旗为中华民国湖北军政府的旗帜，并正式承认自己为军政府都督。

除了伤还没好的孙武以及张振武等有数几个革命党之外，军政府中全是黎元洪和汤化龙的人，革命党人倒也不计较这些，当时大家真是齐心协力，忙着以湖北军政府的名义，通电全国，号召大家共同起义，推翻清朝。

清廷的反应很迅速，12日当天即派陆军大臣荫昌率大军赶赴湖北镇压。至于瑞澂，当然要革职，不过只是革职留任，允其戴罪立功。

10月14日，朝廷的大军编组完毕，以陆军第四镇及第二镇第3混成协、第六镇第11混成协为第一军，荫昌为总统（又称军统）；以陆军第五镇、第三镇第5混成协、第二十镇第39混成协为第二军，冯国璋为总统。另外，海军提督萨镇冰负责统率海军和长江水师，开往武汉。

所有这些军队，理论上全部归荫昌节制，可荫昌自己也明白，这些以北洋为班底的队伍，除了袁世凯，根本没有人能够驾驭，因此，他向载沣建议，应该请袁世凯出山，随军前往武汉。

其实不用荫昌说，武昌起义的消息刚一传来，请袁世凯出山的呼声即已高涨，领头的当然是内阁总理大臣奕劻；拼命敲边鼓的，则是两位协理大臣那桐和徐世昌。他们加一块，正好是内阁三巨头。三巨头认为，此时此刻，于公于私，都应该请袁世凯出来。

可是反对者同样大有人在，载泽、善耆、溥伟等人加上隆裕太后，势力比三巨头还要强大，载沣没有办法不听他们的。

那桐急了，直接提出告老还乡；奕劻心灰意冷之下，也称病不再上朝。载沣不是个很有主见的人，马上把二位请了回来，说有话好商量。奕劻遂坚持说："此种非常局面，本人年老，绝对不能承当。袁有气魄，北洋军队都是他一手编练，若令其赴鄂剿办，必操胜算；否则畏葸迁延，不堪设想。且东交民巷亦盛传，非袁不能收拾，故本人如此主张。"

东交民巷是外交团的代称，奕劻倒真没有骗载沣。事实上，英、法、德、美四国银行团的美国代表司戴德、法国代表贾思纳都曾公开放言，如果清廷能请袁世凯出山，并同意改革宪法，那么叛乱将失去目标而不攻自破，他们甚至直截了当地说："银行团要求能有一个像袁世凯那样的人来保证局势的稳定。"袁世凯朝鲜时期的老朋友、英国驻华公使朱尔典更是热情洋溢地表示，非袁世凯不能挽救大清朝。美国公使嘉乐恒则公开建议清政府尽快起用袁世凯，并得到了各国公使团的一致附议。此外，嘉乐恒还代表美国政府对清国内阁总理大臣奕劻做过如此表示："不是起用袁世凯做一个普通高级官吏，而是作为朝廷的顾问兼皇权执行者。"

既然连洋人都这么坚持，而载泽、善耆他们除了反对并不能拿出太具体可行的主意来，再加上奕劻斩钉截铁地担保袁世凯绝不会有二心，载沣的心思也就活动了，决定起用袁世凯，为国效力。

反袁派很不高兴，反应最激烈的是小恭王溥伟，直接进宫苦苦劝阻，见载沣意志已决，就建议同时起用其他人来制约袁世凯。不想载沣竟一片茫然，自言自语道："何人可用？"溥伟差点气哭了："五叔监国三年，莫非何人可用都不清楚？"载沣情急之下也说了实话："满朝都是他们的人，我几时有过自己的班底？"溥伟想想也是，赶紧出主意，说岑春煊最恨袁世凯，而且他无论声望还是能力都不在袁之下，如果用他，总能让袁世凯有所顾忌。

载沣大喜，事情就这么定了。10月14日，朝廷发布上谕，任命袁世凯为湖广总督，兼办剿抚事宜。也就是说，让他当荫昌的副手。也在这一天，朝廷发布了另一道上谕，起用岑春煊为四川总督。

这时袁世凯早就想好了，接到上谕后立即给朝廷写了封奏折，大概说的是：国家有难，我袁某人心急如焚，恨不得鞠躬尽瘁为国分忧。奈何足疾未愈，有心无力，只能等病好之后，再为国效劳。

电报发出不久，荫昌来了。

荫昌率军出发之时，同盟会通州司令部司令、年仅19岁的蔡德辰与陈雄等人曾谋划在前门车站刺杀他，因无从下手只好作罢。10月15日，荫昌率军走到彰德，特意下车前往洹上村，拜访老上司袁世凯，希望能得到他的支持。

当年袁世凯在山东当巡抚的时候，荫昌是他手下的副都统，两人关系一向很好。后来慈禧死后，朝中亲贵欲杀袁世凯，和奕劻一样，荫昌没少为他说好话，袁氏一门对他都心怀感恩之情。

所以荫昌理所当然受到了热情接待，并得到了北洋将士将竭力效劳的承诺。不过当他请袁世凯给出出主意时，得到的却是一句"切勿轻战"。荫昌此时已然意气风发，脱口说道："武昌那一群不过是乌合之众，且无人主持，大军开到，不难荡平。"袁世凯善意地提醒道："乱军以黎元洪为都督，何谓无人？"——在袁世凯心目中，黎元洪依然是彰德秋操时那个英姿勃发的形象。

这一番鸡同鸭讲当然不会有什么效果，在袁世凯来说，固然是高估了黎元洪此时的能力，不过荫昌虽然得到了北洋军全力支持他的承诺，可是袁世凯又怎么可能情愿让他那些老部下为大清朝去卖命？

果然面对随后赶来洹上村请求面授机宜的冯国璋，袁世凯只送了他六个字："慢慢走，等等看。"冯国璋心领神会，告辞而去。

两天之后，荫昌抵达湖北孝感安营扎寨，坐镇指挥。按他的计划，应该一鼓作气攻下汉口，赢取一个开门红好向朝廷邀功。孰料先头部队根本不听他的，开到刘家庙与张彪会合之后，便借口后续部队未跟上，兵力不够，死活不肯打。

后续部队确实没跟上，因为袁世凯一句"慢慢走，等等看"，大家也就乐得走走停停，武胜关以南各车站挤满了兵车。那可是铁路，前面的车不走，后面的就是想走也走不动，况且还没人想走。一时间，京汉铁路沿线，堵车堵得就好像现在上下班高峰期北京的二环、三环、四环、五环路，完全让人看不到希望。

这样的局面，荫昌自然无所作为。而此时，全国各地暗潮汹涌，各处似乎都随时可能爆发起义，于是，不仅朝中大佬、各国公使，就连各地督抚都开始催促朝廷，像两江总督张人骏、直隶总督陈夔龙、云贵总督李经羲等纷纷上奏载沣，要求立即起用袁世凯，以救此危局。

载沣再傻也明白袁世凯是嫌官小不肯出山，正犹豫要不要顺应舆情再次相邀，10月19日，前方终于打了一仗，北洋军随便敷衍了一会就败下阵来，刘家庙失守。消息传来，载沣坐不住了，赶紧派徐世昌去洹上跑一趟，跟袁世凯好好谈谈，无论如何得让他出来收拾局面。

袁世凯看差不多了，加上跟徐世昌关系不同，总算说出了掏心窝子的话，请他带回复出的六项条件：明年召开国会；组织真正的责任内阁；开放党禁；宽容武昌起义参与者；朝廷拨给400万两银子作为军费；授予前方军事指挥全权。此六条，缺一不可。

这是要篡权！别说隆裕太后他们，就载沣也不能答应。然而形势的发展不以皇族亲贵们的意志为转移，10月22日，湖南新军起义，宣布独立，推共进会领袖焦达峰为湖南都督，巡抚余诚格化装逃走；同日，陕西新军起义，宣布独立，推新军营长张凤翙为陕西都督，西安将军文瑞投井自杀，护理巡抚钱能训自杀未遂，被赶出陕西；10月23日，九江新军起义，推新军团长马毓宝为九江军政府都督，江西震动；10月25日，广州将军凤山刚刚到任，即被革命党人李沛基、李应生兄弟炸死……

不仅如此，就连派往武汉的长江水师都有几艘兵舰宣布起义。面对风起云涌的革命形势，皇亲国戚们被吓得不轻。这样到了10月27日，朝廷终于做出让步，下旨召回荫昌，派袁世凯为钦差大臣，全权督办湖北剿抚事宜，所有派出的海陆军、长江水师均归其节制，并从宫中拨出100万两银子充作军费。

另外，按袁世凯的意思，冯国璋改任前线第一军总统，段祺瑞任第二军总统。荫昌大概是碍于面子，并未返京，而是留下参加反攻——他倒真是个能上能下的"领导干部"。

朝廷没有完全接受全部六项条件，袁世凯显然对此并不满意，打算再耗一耗，不急着去上任。不过他也没闲着，接到上谕之后，立即电令冯国璋发动进攻，要真打！这么做，自然是对朝廷的投桃报李，同时也是为了给起义军一个下马威，以自抬身价。

接到袁世凯的命令，冯国璋便下了总攻击令。10月28日，第二镇第3协统领王占元率部反攻，冯国璋亲赴前线督战，当天就拿下了刘家庙、大智门等阵地，革命军被迫退守汉口市区。

——需要说明一下，湖北军政府成立之后，起义军立即进行了扩军，由3000人扩充到了2万多人，新招的全是武汉本地人。这些人，革命意志没的说，但因为仓促成军、缺乏训练，战斗力肯定要大打折扣。

10月29日，冯国璋下令攻打汉口，北洋炮兵重炮参战，在刘家庙高地架起大炮轰炸革命军炮兵阵地，优势显著。在炮火的掩护下，北洋军层层推进，革命军节节败退，战争进入到了巷战阶段，双方打得异常惨烈。为了速战速决，冯国璋甚至下令开炮轰炸市区，并不惜放火。结果汉口很快就变成了一片火海，交战双方的态势变得更加倾斜了。

就在这一天，北方发生了一件大事，终于促使袁世凯离开洹上村，启程前往湖北。

1911年10月29日是个大日子，在汉口，冯国璋打了大胜仗；在直隶滦州，则发生了一起"兵谏"，是由新军第二十镇统制张绍曾牵头干的。

这事得从永平秋操说起。直隶永平府，大概包括了现在唐山、秦皇岛两市的大部分地区，计有滦州、卢龙、迁安、昌黎、抚宁、乐亭、临榆七县，史称永平七州县，是内地通往东北的咽喉要道。

本次秋操原计划于10月初举行，共投入6万余人，以军谘府大臣载涛为阅操大臣。会操部队分为东西两军，西军为载涛的嫡系部队皇家禁卫军，总指挥为陆军部正参议舒清阿，副总指挥分别为"副军谘使"哈汉章和"军谘官"田献章；东军总指挥为军谘使（相当于总参谋长）冯国璋，副总指挥分别是陆军第六镇统制吴禄贞、陆军第二十镇统制张绍曾。

这里得先说一下吴禄贞。

吴禄贞字绶卿，1880年出生于湖北云梦，其父为私塾老师，借此得天独厚的条件，小吴自幼随父读书，喜欢诗词，尤其喜爱岳飞的《满江红》。读书之外，小吴还热衷于习武，是个文武双全的小家伙。

16岁那年，怀着一颗报国之心，吴禄贞参军入伍，在部队里与后来武昌起义的领导人孙武结为挚友。

1898年，18岁的吴禄贞被张之洞送到了日本士官学校学习陆军，期间结识了张绍曾、蓝天蔚，他们三人后来被称作"士官三杰"。在日期间，因目睹日本社会发展之迅猛，大受刺激，坚信非进行政治改革、并推翻清朝不足以救中国，遂发起组织了励志会，后加入兴中会，属于年轻的老革命党人。

1902年吴禄贞毕业回国，为张之洞重用，担任武昌普通学堂教习、会办。不久后与黄兴、宋教仁、陈天华等在湖南发起组织华兴会，并积极协助黄兴制订在长沙起义的计划。

1904年5月，吴禄贞奉调入京，任总理练兵处军学司训练科马队监督，开始崭露头角，并受到亲贵良弼的赏识，两人渐渐结为密友。不想1906年赴新疆伊犁考察新军时，因忤逆了陕甘总督升允，被撤去监督差事。

1907年徐世昌谋得东三省总督的位子，因良弼的推荐，上任时带了吴禄贞去当军事参议，并任延吉边务帮办，不到两年即升任督办。1910年初被调回北京，授以镶红旗蒙古副都统，4月被派赴德、法两国考察军务，11月回国的时候，赶上了一个大机会——段祺瑞被调往江苏清江，接替"因病"开缺的王士珍，升任江北提督。他原任的北洋陆军第六镇统制，由赵国贤接任，但赵只是个过渡性的人物。

盯着这个位置的人很多，其中就包括了革命党人。革命党人里，大家都认为只有吴禄贞才能和资历兼具，于是同盟会员黄恺元拿出2万两银子，用以贿赂庆王奕劻。奕劻见钱眼开，加上载涛、良弼等少壮派亲贵想用日本士官系来抵消袁世凯在北洋军中的势力，当年年底吴禄贞就当上了第六镇统制，全镇驻防在保定至石家庄一带。此时，士官三杰里的另两位，张绍曾当上了新军第二十镇统制，蓝天蔚则官拜第2混成协统领，都是东北军界响当当的实力派。

这两位的上位又得从徐世昌说起。当年徐世昌在就任东三省总督时，先是将曹锟的北洋第三镇调往吉林，接着又从吴长纯的第五镇、段祺瑞的第六镇中各抽出一部扩编为第一、第二混成协，以王化东、王汝贤任协统，二王都是北洋系的人，这自不在话下。1909年锡良继徐世昌任总督，将第一混成协与奉天巡防军的一部合编为第二十镇，以陈宦为统制。

这个陈宦是个人物，我们将在以后细说。此时他之得以当此重任，除了锡良的赏识之外，很重要的一个原因是他与北洋系无任何渊源。没错，锡总督新官上任，正热衷于往北洋军队里掺沙子呢！

后来陈宦因无钱向军咨府第一厅厅长、也是他的湖北老乡卢静远行贿而被调离，锡良便安插了与北洋系格格不入的日本士官系才俊张绍曾继任第二十镇统制，随后又将王汝贤调离，蓝天蔚就当上了第二混成协协统。

这次永平秋操，按计划，东军的主力正是吴禄贞的第六镇，以及张绍曾的第二十镇。通知下达后，吴禄贞觉得机不可失，立即秘密联络张绍曾、蓝天蔚，相约在秋操时玩真的，先灭掉禁卫军，然后攻打北京，灭掉清朝。然而保密工作没做好，朝廷听到风声之后，下令第六镇不再参加秋操，待在原驻地不许乱动；但第二十镇需照旧前往永平。

1911年10月11日，第二十镇官兵从关外乘坐火车到达永平附近的滦州时，因武昌起义爆发，朝廷下令中止秋操，命该镇官兵原地待命，张绍曾率领人马就待了下来。

吴禄贞没那么老实，电奏朝廷自告奋勇要带领第六镇人马前往武汉平乱，真实意图其实是借此摆脱朝廷的控制，与湖北革命军会合一起革命。朝廷也不傻，夸奖嘉勉之余并没有同意，反而由荫昌出面抽调走了他下辖的第11协，并命令他率余部留在保定待命。同时还调走了张绍曾手下的第39协，极大地削弱了第六、第二十两镇的兵力。

过了没几天，清政府从俄国买了一批军火，计划从沈阳运往北京转汉口，以补充前线的北洋军。火车经过滦州时，张绍曾一声令下，冯玉祥、王进铭等官兵就把整列火车都给扣了下来。这些革命派的官兵本打算当日宣布独立，进攻北京，奈何张绍曾虽同情革命，但对清廷的态度并不像吴禄贞那般决绝，再加上他深知本镇内部北洋派势力也不可小视，怕革命未成自家先分裂了，便决定先行兵谏，随即联络了东北的另两大实力派第三镇代理统制卢永祥、第2混成协协统蓝天蔚。

卢永祥本是北洋嫡系将领，一切唯袁世凯马首是瞻，哪里肯听张绍曾的？张绍曾不管这些，直接替他签上了名字。于是10月29日，朝廷就收到了一封张绍曾、卢永祥、蓝天蔚及张绍曾手下第39协协统伍祥桢、40协协统潘矩楹联合署名的电报，这就是历史上的滦州兵谏。

张绍曾他们的电报相当于最后通牒，共向朝廷提出了12项条件，主要包括年内召开国会，由国会起草宪法、选举责任内阁，实行宪政。这些其实和袁世凯的要求差不多，但最后的威胁极大地增加了此电报的分量——张绍曾他们表示：以上条件，朝廷若胆敢有丝毫不答应，将士们就将攻取北京！

这要搁在以前，想都不用想，朝廷非调集大军灭了这群狗贼不可。可今时非同过往，载沣一帮人正因远处的武昌起义而焦头烂额呢，却恰在10月29日这一天，近处的山西也已宣布独立，起义军杀了刚升为巡抚23天的陆钟琦，拥立阎锡山为都督，麻烦有点大了。

——这里简单交代一下，这个山西巡抚陆钟琦，他有个孙女叫陆士嘉，是后来著名的空气动力学家，并参与创办了北京航空航天大学。陆士嘉有个外孙，就是创作过校园民谣《同桌的你》的高晓松。

好了闲话少说，单说在这个时候接到张绍曾他们的电报，而且是超级强硬的态度，朝廷哪敢不答应？载沣先是让奕劻复电张绍曾，夸赞他"忠勇为国"，接着和隆裕太后一商量，觉得事已至此，只好什么都答应下来。就这样还不放心，便想要迁都热河，意思是你们这些革命党，老子惹不起难道还躲不起不成？

迁都的事需要广泛征求意见，得慢慢来，这且不说。载沣还算清醒，知道有件事不能慢慢来，遂赶紧于第二天颁布上谕，宣布撤销皇族内阁，命资政院负责起草宪法。

对张绍曾，朝廷很客气，赏给他一个侍郎衔，授为宣抚大臣，命令他前往长江一带宣示朝廷立宪的恩德和诚意，抚慰各路人马。如此简单的调虎离山之计，自然被张绍曾一眼看破，老张遂发动手下冯玉祥等人，以第二十镇全体军官的名义，电请朝廷收回成命。

这个事让朝廷很烦，不知道该怎么办，便索性不理会。不过载沣倒是真有点诚意，发完撤销皇族内阁的上谕之后，又发了道罪己诏，痛责自己"用人无方，施政寡术"，并表示"誓与我国军民维新更始，实行宪政"，同时明令释放所有在押政治犯，其中最有名的一个犯人，名叫汪精卫。

汪精卫和陈璧君的浪漫爱情故事

汪精卫本名汪兆铭，字季新，精卫是他的笔名，意思是革命者参加革命，应有精卫填海的意志。此君祖籍浙江，1883年出生于广东三水县，十几岁的时候父母双亡。20岁的时候，他与胡汉民、朱执信等人考取岑春煊主持下的留日法政速成科官费生。留日期间，汪精卫接受了西方民主政治思想，一心想着推翻清朝，以建立西方式的民主共和国。

1905年7月，汪精卫在日本结识了孙中山，并参与创建同盟会，被推选为同盟会评议部评议长。1906年6月以全校第二名的成绩毕业后，他拒绝了岑春煊令其回国为政府服务的要求，留在日本继续革命，同时找了份翻译工作，月薪五六十元，生活过得很是小康。为了不连累家人，汪精卫特意写信声明与家乡的长兄汪兆镛等断绝家庭关系，并解除了与刘氏的婚约。

1907年3月，日本政府迫于清政府的压力，驱逐孙中山出境，汪精卫随孙赴南洋，筹设同盟会分会。走之前，日本朋友公开捐赠了2万日元给孙中山。这笔钱，大约相当于当时日本工薪阶层8年左右的收入。

孙中山给同盟会机关报《民报》留下2000元作为经费，剩下的钱全部带走了。但《民报》主编章太炎认为，日本人的赠款，是捐赠给革命党的革命经费，你孙中山怎能独自带走？不只是抱怨，随着时间的推移，《民报》的经费日益拮据，到了第二年冬天，章太炎怒了，公开与孙中山决裂，声言孙之"私留赠款"之举，"实在有损我同盟会之威信，而使日人启其轻侮之心"，随后便与陶成章等人高调退出同盟会，继续以他们以前的"光复会"名义展开活动——秋瑾、徐锡麟等以身殉国的光辉人物，都是早期光复会的领袖。

与此同时，随着同盟会各地成员发动的六次武装起义相继失败，大批革命党人英勇牺牲，声名卓著的梁启超也站出来针对革命党的领袖人物展开了激烈地批评，认为他们自己躲在海外安享逍遥自在，却唆使他人在国内搞暴力革命送死，不过是"远距离革命家"而已。此一说法，顿时在海外华人中引起极大反响，就连同盟会内部也出现了反对孙中山的风潮，搞得革命领袖们很是尴尬。

这个时候，汪精卫站了出来，表示自己将回国前往北京刺杀清廷高官，无论成败，都将以自己的鲜血洗刷同盟会领袖"远距离革命家"之骂名，重新唤醒广大民众的革命热情。在《致南洋同志书》中，汪精卫写道：

> 吾侪同志，结义于港，誓与满酋拼一死，以事实示革命党之决心，使灰心者复归于热，怀疑者复归于信。今者北上赴京，若能唤醒中华睡狮，引导反满革命火种，则吾侪成仁之志已竟。
>
> 弟不敏，先诸同志而死，不获共尝将来之艰难，诚所愧恧。弟此行无论事之成败，皆无生还之望。即流血于菜市街头，犹张目以望革命军之入都门也。

谁都知道，这绝对是一次必死的行程，而坚决要求跟他同去的，是一个18岁的小女孩，她叫陈璧君。

陈璧君字冰如，祖籍广东新会，1891年11月出生于马来西亚槟榔屿乔治市的一个富豪之家。不同于通常的富家小姐，陈璧君对明星偶像、名牌服装之类的不太感兴趣，却很热衷于政治，大量阅读进步书报，一心想要投身革命。

陈璧君经常看的报纸里有一份是《民报》，她深深为一个笔名叫"精卫"者的文章所折服，如《民族的国民》《驳革命可以瓜分说》，很想见见这个作者。

1907年初，孙中山来到槟城建立同盟会分会，陈璧君以15岁的年龄成为最年轻的会员。其父陈耕基是南洋富商，对此极力反对，好在母亲卫月朗很开明，不仅支持女儿，后来自己也加入了同盟会，父亲便顺理成章成了同盟会的支持者。身为富商，其支持自然不会只停留在口头上。

入会之后大家成了革命同志，陈璧君终于通过槟城分会会长吴世荣见到了汪精卫。这一见可不得了，比一见钟情还要来得更汹涌澎湃。原来汪精卫不仅文章写得好，口才了得，还是一个大帅哥——后来有过多个"民国四大美男子"的版本，可任何一个版本都少不了汪精卫，且多数时候排名第一，这该是怎样的一种帅啊！总之，16岁的陈璧君就此堕入情网，是一件命中注定的事情，绝无半点悬念。

只是小姑娘此前由父亲做主，已与当地某华侨巨商之子订婚，且婚期在即。当然，该公子哥对革命无丝毫兴趣，两人之间没什么共同语言。陈璧君小小年纪却是个很有决断的人，深知攘外必先安内的道理，既然已经爱上汪精卫，便自作主张和未婚夫退了婚，父亲百般反对也无可奈何。

退婚之后，陈璧君干的第一件事，就是给汪精卫写了一封情书，却遭到婉言回绝。汪精卫倒不是嫌她长得不好看，而是觉得革命者居无定所，四海为家，生活无着落，生命无保证，随便结婚是件不负责任的事情，故曾经发誓："革命不成功就不结婚！"

陈璧君正是情窦初开的年龄，汪精卫越如此表示，让她爱得越深。到了1909年10月，汪精卫重返日本，秘密主编《民报》，将满18岁的陈璧君想都没想就跟了过来，参与编辑工作。

这期间同盟会的事业业已陷入低潮，于是汪精卫在秘密复刊了两期《民报》、并发表了著名的《革命之决心》之后，慷慨激昂地决定前往北京行刺。他深知自己弱不禁风且不擅刀枪，遂决定用炸弹去炸。

这不是一个人能干的事，得组建个暗杀团。汪精卫首先找到了黄树中，黄树中是四川人，也是同盟会元老，很乐意共同赴死；汪精卫再找到同盟会中会制作炸弹的专家喻培伦，喻培伦同样一诺无辞。

这时陈璧君得到了消息，坚决要求同去，汪精卫不肯，奈何小姑娘心意已决，非去不可，也就只好同意了。这时有人在一旁半开玩笑地说："陈小姐当然不怕死。你有英国护照，关键时刻你只要把它亮出来，英国领事馆自会来救你……"

话还没说完，陈璧君早已掏出护照，当场把它撕成了碎片，搞得那人很不好意思。

按照计划，汪精卫和黄树中先带着炸药到北京打前阵，准备工作做好后，再通知喻培伦、陈璧君前往调试安装。1910年初，汪、黄二人乘坐英国轮船抵达天津，同盟会美女郑毓秀亲往码头迎接。

郑毓秀和陈璧君同岁，出生于广东新安县西乡镇屋下村，属于现在的深圳辖区。她花容月貌，精通外语，自幼思想激进，拒绝缠足，满怀革命之心，曾赴日本追随革命党人，并于1908年经廖仲恺介绍加入同盟会，负责针对清廷的情报搜集和暗杀活动。此时年方18岁的她，公开身份是天津赫赫有名的交际花。

既是交际花，自然阅人无数，但即使这样，初识大帅哥汪精卫，郑小姐还是免不了一见倾心，想方设法地以学写诗为借口，千方百计要接近汪帅哥。奈何落花有意流水无情，汪精卫正想着要炸谁呢，根本不为所动，只跟郑美女说："听说北京的火车站盘查甚严，我们这些大男人恐怕会引起怀疑，你能不能帮我们把炸药带出站去？"郑毓秀说："没问题，这是小事。"汪精卫生怕她低估了此行的危险性，忙补充说："你要知道，炸药在路上随时都有可能爆炸。"郑毓秀毫不理会，回答说："不会爆炸还叫什么炸药？这事交给我了，汪先生放心吧！"汪精卫很是感动，但面对郑毓秀的似火热情，仍始终把两人的关系严格限定在革命同志的范畴内，以至于后来郑有过如此感叹："汪精卫真是少见的道学先生！"

——顺便说一句，郑毓秀后来成为了中国第一个女博士、女律师。她有个外孙女，正是在1983年版电视连续剧《射雕英雄传》里饰演穆念慈的杨盼盼。

一切安排好之后，汪精卫和黄树中乘火车来到北京，在琉璃厂火神庙夹道租下一栋房子，开了家"守真照相馆"——黄树中本会照相，而照相馆的暗房最适合搞炸弹的组装，因为从里面飘出化学药品的味道不会引人怀疑。

1910年2月10日，北京前门车站，郑毓秀挽着一位担任法国外交官的追求者的胳膊，该外交官另一只手则提着一只装有炸药的行李箱，两个人大摇大摆地走出了车站检查处——车站警察密探确实很多，但没有人敢去检查高鼻子洋大人。

喻培伦、陈璧君随后也赶到了北京，装配好炸弹后，汪精卫定下了暗杀目标——载洵和载涛。这两人位高权重，而且是监国摄政王的弟弟，绝对够分量。消息表明，本月月底，他们将结束在欧美的访问考察回到北京，正好在车站炸死他们。

也真是世事难料。当时清廷正在倡导廉政，而这两位皇亲都不是太好张扬之辈，尤其是载涛，更算得上亲贵中务实的开明派，所以两人此行很低调，根本没搞盛大的欢迎仪式，他俩甚至带着随从，混杂在普通乘客之中一起出站，以至于客流里满是红缨帽，红顶子也不在少数，搞得汪精卫他们拿着炸弹不知道该炸谁，只好放弃了此次暗杀计划。

汪精卫决定做场大的，既然炸不了载洵、载涛，那就干脆炸载沣！几经打听，终于弄明白了醇王府坐落在什刹海北沿，载沣每天清晨上朝，必经过鼓楼大街，这段时间鼓楼那一片在翻修马路，所以载沣最近改道走烟袋斜街，其中有一必经之处是银锭桥——常去后海泡酒吧的人，想来对此不会陌生。大家遂决定在此下手，并立马在什刹海附近的清虚观租了一间屋子作为据点，此时已经是1910年3月底的事了。

按照最新计划，应由黄树中和喻培伦趁夜先去银锭桥下埋炸弹，然后汪精卫藏身于桥下的阴沟里，等载沣一行人经过时，引爆炸弹，同归于尽。3月31日深夜，黄、喻二人带着炸弹先行出发，留下汪精卫、陈璧君在据点，生离死别的关头，两人禁不住执手相看泪眼，无语凝噎。

却说银锭桥旁有一人家，当晚夜阑人静，男主人起来上厕所，回来时无意间发现桥下有两个人正在挖土，正是黄、喻二位在埋炸弹。大晚上的不睡觉，这俩干啥呢，莫不是在埋金银财宝？该人好奇心大起，家也不回了，只躲在一旁偷看。

可看着看着就觉得不对劲了，当看到那两人埋好东西后居然开始拉电线埋电线，他立即意识到这不是闹着玩的事。我们现在都知道北京人政治觉悟高，连出租车司机都对国际大事了如指掌且有自己独特的见解，这位起夜上厕所的仁兄自然也不含糊，发现不对拔腿就跑，报警去了。

这下惊住了黄、喻，两人知道行动已经败露，略一商量，决定由喻培伦赶紧回去通知汪精卫，黄树中则就近找个地儿藏起来监视现场。

果然不一会儿，起夜男就带着两个巡警过来了，黄树中不再犹豫，赶紧回到据点，说警察已经发现了炸弹。喻培伦建议大家立即离开北京，汪精卫却认为清朝的警察笨，未必查得出这事是他们几个干的，不妨看看再说。

谁知警察一点也不笨，反而聪明得很，他们放出了一颗大大的烟雾弹。第二天，北京各大报都登出了银锭桥下惊现炸弹、有人欲行刺摄政王的消息。通稿之外，各家的分析让人眼花缭乱，有说是庆王奕劻指使的，目的是篡权；也有说是载洵、载涛或是载泽干的，目的还是篡权，总之，属于亲贵内部的争权夺利之争。

既然没有一家报纸怀疑到革命党，汪精卫他们也就放松了警惕，几天后报上又有新闻，说是凶犯已被抓获，大家心里就更踏实了，立即开始策划下一次行动，决定派喻培伦返回东京去买炸药，陈璧君去南洋筹款，汪精卫、黄树中则继续留在北京，等他们回来再接着干——几个人果然被大清朝的警察给忽悠住了。

在稳住汪精卫他们的同时，在肃王善耆第三子、镇国将军宪平的主持下，警察也在紧锣密鼓地破案，因为有炸弹为线索，案子其实并不难破。

保险起见，警察们特意请教了使馆里的外国专家，专家认定炸弹里的炸药为外国制造，但整个炸弹外壳很大，制作粗糙且车有螺丝钉，这些螺丝钉很新，应该就是在北京城某个铁匠铺做的。

循此线索，警探们四处出击，重点调查市内各个铁匠铺，结果骡马市大街的鸿太永铁铺认出螺丝为该店打造，并回忆起是应守真照相馆的老板交代所做。

1910年4月16日，警察包围了守真照相馆，将黄树中及所有工作人员全部逮捕，并由一个每天负责给汪精卫送饭的伙计带路，赶到东北园把汪也给抓了。

结果是汪精卫、黄树中及照相馆司事罗世勋被羁押在民政部巡警局，其余的小伙计因为确实不知情，全部释放。

宪平随即把破案一事报告给了北京内城巡警厅丞章宗祥及民政部大臣肃王善耆，善耆闻讯立即连夜召开了一次会议，参与者包括章宗祥、宪平、民政部参议汪荣宝、禁卫军协统良弼等，定下了宽待行刺者的宗旨，并将三人移送法部监禁。

1910年4月25日，清廷法部开庭审理这起行刺要案，"一切皆照国事犯文明之法相待"，其中包括案犯可以站着说话而无需下跪。

被告席上，汪精卫昂首挺胸，大义凛然，庭审期间，他慷慨陈词了两篇数千字的供词，其中第二篇极为精彩，因为太长，现我们只摘录短点的第一篇。

汪季恂别号精卫，前在东京留学时，曾为《民报》主笔。生平宗旨，皆发之于《民报》，可不多言。丁未年孙逸仙在钦州镇南关起事时，曾与其谋。

兵败后携炸药军器等出，潜以此等物件纳入书麓内，寄存友人处。后复在南洋各埠演说，联络同志。继思于京师根本之地，为震奋天下人心之举。故来。又自以平日在东京交游素广，京师如宪政编查馆等处，熟人颇多，不易避面，故闻黄君有映相馆之设，即以三百元入股，至京居其处。黄君等皆不知精卫之目的所在，故相处月余。后见精卫行止可异，颇有疑心，故映相馆中有人辞去。至于今日，思闻价言相馆中有事，故即往阅。知事发，不忍连累无辜，故复回寓，拟留书黄君自白。未至寓，遂被收捕。

值得一提的是，汪精卫和黄树中在法庭上争相往自己身上揽罪，为对方开脱，令审判者及旁听者都极为感动。

不过毕竟是谋刺大罪，故御史胡思敬等极力主张斩立决，而善耆、良弼、章宗祥等早有共识，认为朝廷正在推行宪政，不如从宽处理。

私底下善耆终于以"革命党人太多，根本杀不完，且他们根本不怕死，又何必冤冤相报更加激怒他们，不如怀柔之"为理由，说服了载沣。1910年4月29日，法庭下达宣判，说汪精卫、黄树中本罪该万死，但因"误解朝廷政策"，情有可原，故免去死罪，判处永远监禁；至于罗世勋，则判了10年有期徒刑。

庭审期间，善耆调看了汪精卫的诸多文章，再亲眼目睹他在法庭上从容自若的表现，不由得对这个年轻人的人品、气节、风度、见识以及献身精神大为佩服，希望能将之收为己用，遂在宣判以后，特意关照狱吏，要善待汪、黄、罗三人，尤其是为首的那个汪兆铭。

善耆的关照不只体现在嘴上，而是真正落在了实处。他亲自命令狱吏给汪精卫布置了一间高级牢房，里面配有高档家具及云子围棋。没错，肃亲王是个棋迷，并且是围棋界的大内高手。

善耆受的是其父、第九代肃亲王隆懃的影响，隆懃生前酷爱围棋，是名震天下的高手，当然这应该也和没人敢赢他有关系。老王爷经常邀请全国各地的围棋高手如周小松等到肃王府进行比赛，在棋界赢得了极高的声望。

1898年隆懃去世，善耆以长子的身份袭爵成为第十代肃亲王，时年32岁。前面我们说过，庚子之乱后不久善耆担任了崇文门税务监督一职，因大刀阔斧力行奉公而声名鹊起，并于1902年4月出任工巡总局管理事务大臣，他以修建东安市场为契机，扩建王府井，把这条小胡同开发成了繁华的商业中心。

在围棋方面，善耆更胜其父一筹，不仅结交海内棋士，更通过新结识的日本人川岛浪速，和日本棋界有所交往，且交往的层次越来越高，后来善耆甚至和日本棋界末代本因坊、"不败的名人"秀哉以及吴清源的老师濑越宪作有过对局，当然这是后话，在此不提。

好了闲话少说，却说汪精卫被带进高级牢房时，发现条件比他住过的所有住所都要好得多，再定睛一看，桌上竟赫然摆着一副围棋，不觉有些迷惑。过不多时，善耆就来了，穿的是便服，亲手赠给他一套御制图书——《皇朝文献通考》。

肃王爷这人，革命党人都不陌生，章太炎曾邀请他加入同盟会，孙中山也曾邀请他参加革命党，只是都遭谢绝。前一年他以民政部尚书的身份，特别批准了康有为的"帝国统一党"在北京登记注册，轰动一时；后来他更给同盟会总部捐了3万元，表示自己"一心推行宪政，故望党人支持"，赢得了不少革命党人的好感。再加上此番庭审，善耆出力甚多，甚至连自己的命都是他保下来的，故汪精卫对这个便衣王爷相当客气，颇有一见如故之感。

闲聊几句之后，两人开始纹枰对弈。汪精卫留学日本时学会下棋，棋力还凑合，但肯定不是善耆的对手。好在醉翁之意不在酒，在于边下边聊。

善耆开门见山："汪先生在《民报》的大作，我全部拜读过，先生所主张的中国必须自强自立，改革政体，提倡民众参政，效法外国立宪，其实也正是朝廷的主张。今年朝廷正在办预备立宪，开国会以便民众参政，这不正是先生革命所争取的目标？"

汪精卫反驳道："我们革命党人主张的绝不是立宪，而是要推翻封建专制，实行孙先生倡导的三民主义。王爷既然读过在下的文章，想来应该有所了解。"

善耆答说："你们革命党人确实有许多杰出的见解，但你们也应该听听我们的看法。老实说，我认为三民主义只不过是见识褊狭的理论，不能成为中国的指导理念。你们不是要搞五族共和吗？那为什么又要宣扬灭满兴汉？朝廷既已答应实行宪政，你们又为什么搞流血革命？日本不正是君主立宪的成功范例吗？"

汪精卫再反驳道："日本的明治维新，是西乡隆盛用武力从幕府手中夺取的政权。在中国同样如此，只有民主革命，才是救中国的唯一出路。"

善耆报之以一声叹息："中国的国情十分复杂，改革整体岂能操之过急？螳螂捕蝉黄雀在后，正当列强觊觎我国之际，小不忍则乱大谋，这一点，还请汪先生三思。”

碍于立场不同，两人谁也无法说服对方，不过善耆并不气馁，后来又多次到监狱看望汪精卫，甚至还把他带到法场逼迫他变更革命的决心，虽然每次对话都同样没有结果，不过两人却因此产生了惺惺相惜之感。善耆曾对汪精卫说过“你们革命党当政，不见得就能搞得比大清好”，但私底下他也发过如此的感慨：“要不是生在王室家族，老子早就革命去了！”而汪精卫后来对善耆也有过很高的评价，称他是“伟大的政治家”。

有肃亲王罩着，汪精卫在狱中的生活过得倒也逍遥，伙食虽不好，但能吃饱，逢年过节还有肉吃；狱吏、狱卒们也很佩服这个不怕死的家伙，经常暗中送他报纸看。因为字写得好，又是名人，大家关系搞好了后，狱吏狱卒乃至同狱犯人们便纷纷请他题扇写对联，汪精卫一概来者不拒，只是很少署真名实姓。

汪精卫身为才子，闲着无事的时候自然要写诗，歌以咏志。在狱中他写了不少，最先流传出去的，是他刚入狱不久所写的《被逮口占》，尤其是其中的四句《慷慨篇》，更是被多家报纸刊载，传诵一时，至今仍余音绕梁——

慷慨歌燕市，从容作楚囚。
引刀图一快，不负少年头。

话说从头。汪精卫等人被捕的消息传出之后，立即成为轰动世界的大新闻，北京、香港、东京、大阪，甚至连巴黎的报纸都有报道，大家都以为他们必死无疑，十分惋惜痛心。张静江曾说：“使我费十万金，购一活精卫来，亦所甘心。”

到后来终身监禁的判决下来，同盟会立即掀起了一场营救运动，表现最积极的，自然是陈璧君。另一个则是汪精卫的好友，当初极力劝阻他北上行刺的胡汉民。

胡汉民与邓泽如前往新加坡筹款，所得甚少。陈璧君回到槟榔屿，管家里要钱。奈何父亲对此无动于衷，母亲的私房钱，则因支持同盟会早就花光了，好在父亲的三姨太有侠义心肠，拿出4000元私房钱，再加上当地同盟会分会凑了1000元，陈璧君带着这笔钱来到香港，和胡汉民、喻培伦等人会合，准备赴北京营救汪精卫等。

将行之前，陈璧君觉得这点钱不够，突发奇想打算到澳门赌场去赢一大笔钱来救人，忙找胡汉民商量。胡汉民也是病急乱投医，带着陈璧君和李佩书，乘船直奔澳门而去，结果把带去的钱输了个精光，气得几个人连跳海的心都有。

没钱也要救人，几天之后，陈璧君及另几位同盟会成员黎仲实、邹鲁、郭守敬、张煊先后前往北京，费尽周折，陈璧君终于疏通好了狱卒，几经辗转，递了张皱巴巴的纸条给汪精卫，上书四字——"忍死须臾"，表明"我救你来了！"

汪精卫一眼认出是陈璧君的笔迹，不禁惊喜交集，却又很担心她的安全，这时狱卒悄悄跟他说，来人还带了话来，立等回函。汪精卫清醒过来，立即手书一曲《金缕曲》：

> 别后平安否？便相逢凄凉万事，不堪回首。国破家亡无穷恨，禁得此生消受，又添了离愁万斗。眼底心头如昨日，诉心期夜夜常携手。一腔血，为君剖。　　泪痕料渍云笺透，倚寒衾循环细读，残灯如豆。留此余生成底事，空令故人潺愁，愧戴却头颅如旧。跋涉关河知不易，愿孤魂缭护车前后。肠已断，歌难又。

写完之后，汪精卫又咬破手指，血书一行字——"信到平安，勿留京贾祸"，叫陈璧君赶紧离开。然后连词带字，一并交狱卒转给陈璧君。至于"忍死须臾"那张纸条，因"出自冰如手书"，"留之不可，弃之不忍，乃咽而下之"。

几天之后，狱卒又转来一封信，陈璧君表示，因高墙阻隔，两人不可能搞形式上的婚礼仪式，但要求彼此在心中宣誓，结为夫妇。如此，她将愿意遵嘱离开。汪精卫大为感动，再一次咬破手指，写下一句誓言："不论生死契阔，彼此誓为夫妇！"

这一段感天泣地的爱情故事，连同汪精卫的一首首诗作不胫而走，就连远在洹上养寿的袁世凯，都不禁为他们击节赞叹。一时间，汪精卫、陈璧君这两个名字，成为那个时代的关键词，也成为革命党最好的形象代言人。

时间如流水，很快就来到了1911年10月10日，武昌起义爆发，继之而来的滦州兵谏，彻底击溃了清廷最后的心理防线，朝廷赶忙宣布撤销皇族内阁，并释放政治犯，11月6日，法部下令释放汪精卫、黄树中、罗世勋，每人发了300元作为旅费，发回广东原籍，供岑春煊当年的幕僚、现任两广总督张鸣岐差委。

出狱当天，典狱司门外挤满了人，观者如潮，路为之塞。出狱之后，黄树中给自己改名黄复生，取劫后重生的意思。

此时此刻，袁世凯已经出山，正在湖北前线，闻听此信，立即给朝廷发去封电报，要求把这三人留下，等他回北京再说。

得到消息，黄复生和罗世勋以为袁世凯要杀他们，赶紧离京而去。汪精卫倒是很沉着，只身留在北京，等着看袁世凯这厮到底打的是什么算盘。

坐上总理宝座

袁世凯的算盘打得很精，滦州兵谏之后，看看事情差不多了，他也就不再讨价还价，30日当天便从洹上村起身，启程南下，奔赴湖北前线。

不过袁世凯并不因此感激搞兵谏的张绍曾他们，虽然他们提出的主张与自己大体相同，但这帮人的行为方式，分明已属叛逆。袁世凯非常明白，自己毕竟隐居多时，此次出山若想最终掌控住全国的局面，在许多方面暂时还得依靠朝廷的支持，也就是说，大清朝现在还不能垮，尤其不能被别人打垮。

因此在出发之前，他紧急安排了几件事情：致电奕劻，要他务必做好载沣及隆裕太后的工作，此时此刻绝对不能离开首都，更不用说迁都这回事；派赵秉钧火速进京，协助奕劻，并调宿将姜桂题部进京防卫；密电徐世昌，让他利用自己在东北军中的影响力，逼迫张绍曾立即离开第二十镇，去干他的宣抚工作；密电刚从江苏赶到北京，尚未来得及启程前往湖北的段祺瑞，立即把卢永祥的第三镇人马从东北调到廊坊一带，以切断第六、第二十两镇的联络。

安排好这几件事之后，袁世凯才气定神闲地向湖北进发。11月1日，袁世凯抵达孝感，以钦差大臣的身份在萧家港车站设立前站指挥所，并和荫昌办理了正式的交接手续。冯国璋很给力，立马将指日可下却养了几天的汉口一举攻克，虎视汉阳，作为给老大的见面礼。

就在这一天，内阁总理大臣奕劻、协理大臣那桐、徐世昌提出辞职，载泽、善耆等国务大臣同时请辞，朝廷发表上谕，批准大家的请求，并宣布此内阁正式解散。另一道上谕则是，"袁世凯着授为内阁总理大臣。该大臣现已前赴湖北督师，着将应办各事，略为布置，即行来京组织内阁，迅即筹划改良政治等一切事宜"。

至此，袁世凯所提出的六项条件，除速开国会尚需时间筹备之外，其余已全部实现。但他却下令暂停进攻，也不急于进京组阁，而开始着手考虑如何与湖北军政府谈判。

袁世凯人到湖北，并且一举收复了汉口，清廷总算对武汉那边松了口气。但是滦州这边，第二十镇官兵还在那儿，意向不明，加上张绍曾死活不走，朝廷对此很不放心，先派海军大臣载洵前往疏解，无功而返之后，只好再派与第二十镇颇有渊源的吴禄贞前去抚慰。其实抚慰只是一方面，借此把同样不老实的吴禄贞调离第六镇才是本意。

吴禄贞不知是计，兴冲冲地赶到滦州，跟官兵们做了一番宣扬革命、鼓动军心的演讲后，立即与张绍曾、老朋友兼第二十镇参谋长的刘一清等高级军官们开了个秘密会议，商定出来一个大计划：趁北京城内空虚，两军联合起义。第二十镇由京奉路、第六镇由京汉路同时举兵，会攻北京，一举推翻清朝！

这本是个非常可行的计划，奈何事机不密，被人告到了朝廷。朝廷的反应很迅速，先是把滦州的火车调走，以阻止第二十镇运兵，接着任命吴禄贞为山西巡抚，派他率领第六镇部分军队出石家庄进攻娘子关，以平息山西的独立。

与此同时，清廷还积极展开对第六、第二十两镇将领的分化工作，一面暗中派人许以第二十镇第40协协统潘矩楹统制的位置，怂恿他赶走张绍曾取而代之；一面以实授协统为诱惑，要求第六镇第12协代理协统吴鸿昌不必等吴禄贞从滦州回来，直接带兵攻打山西。

还好潘矩楹没什么大动作，但吴鸿昌很起劲，调兵遣将忙得不亦乐乎。吴禄贞闻讯大惊，连夜从滦州赶回石家庄，制止了部队的开拔。之后一面派参谋长前往山西与晋军商谈合作，一面派副官长前往武昌联络起义军。

11月5日，一列满载军火辎重的列车由北京开往武汉，以补充前线的北洋军。经过石家庄的时候，吴禄贞下令将之全部扣下，并与所部两个协统李纯、吴鸿昌联名发表通电，要求朝廷斥退冯国璋，武昌前线停战，否则后果自负。

——其实李纯正在湖北前线跟着冯国璋打仗，而且是汉口之战的主将，吴禄贞借他的名字，是为了增加声势。

此时的大清朝廷，就像个骄横了一世而垂垂老去的混混，已然弱不禁风，手无缚鸡之力，对吴禄贞类似于最后通牒的电文，不敢有半点主张，只能致电袁世凯，让他看着办。袁世凯闻讯勃然大怒，心想吴禄贞小小一个统制，居然敢抢老子的军火，只怕是活得不耐烦了！当时就动了杀心。

吴禄贞对此茫然不知，见参谋长和山西方面谈得不错，第二天自己也赶往娘子关，与山西都督阎锡山会晤。两人谈得很投机，决定组建联军，阎锡山推举吴禄贞为燕晋联军大都督，自己为副都督，决定由第二十镇截断京奉、津浦铁路，第6镇截断京汉铁路，然后两镇人马与晋军三路围攻北京，不难一鼓而下。

商量妥当后，吴禄贞当天即返回石家庄，以山西巡抚的名义报告朝廷，说晋军已被招抚，尽请放心。谁知保密工作又没做好，围攻北京的计划被陈宧得知，再通过军谘府第三厅厅长陈其采，报告给了朝廷。朝廷赶紧通知袁世凯，而袁世凯此时早已把一切准备工作都做好了。

袁世凯安排段祺瑞去干这件事，段祺瑞则相中了周符麟。周符麟是段祺瑞的安徽老乡，又是老下级，原任第12协的协统，属于北洋派。吴禄贞上任第六镇统制后，以"烟瘾甚深，行同盗贼"为由，奏请陆军部撤了周的职，但他所推荐的人未被部里同意，结果让吴鸿昌捡了个便宜。

周符麟因此对吴禄贞恨之入骨是可想而知的事。还有一个马步周，他是吴禄贞的警卫队长，一直想升营长却始终未能如愿，所以虽然没有周符麟那么深的仇恨，心里也很不满。

段祺瑞让周符麟杀吴禄贞，诱饵是继任第六镇统制外加2万两银子。如此丰厚的条件，就是杀皇帝估计都敢，于是周符麟秘密潜回石家庄，买通马步周之后，会同朝廷派来监督吴禄贞的陈其采，再召集几个老部下，定下了行刺计划。

11月7日凌晨，吴禄贞刚从山西回来不久，正在和助手一起连夜制定攻打北京的具体方案，马步周带着几个连长、排长，前往吴的住所，说是恭贺统制大人高升巡抚，结果吴禄贞在毫无防备的情况下，被马步周一枪打死。同屋开会的人也大都殉难，只有陈其采因为是同谋安然无恙，还有一个侥幸跑掉的，是张之洞的孙子张厚琬。

吴禄贞一死，石家庄一片混乱，革命派官兵四处逃散，吴鸿昌率残部跑到了滦城。滦州那边张绍曾感觉不对，不敢再恋战，赶紧挥别第二十镇的弟兄，跑天津租界里躲着去了。

晋军方面同样如此，看到形势不对，已经开到石家庄的一个营掉头撤回了娘子关，后续部队自然就采取了观望的态度。

与此同时，段祺瑞统率第三镇进驻正定，安排周符麟回任第六镇第12协协统，命他招回本镇的散兵游勇。随后吴鸿昌赶回了石家庄，成为周符麟的手下。轰动一时的滦州兵谏，就这样虎头蛇尾地告一段落。

11月7日吴禄贞遇刺当天，袁世凯就得到了消息，心情大好，让刘承恩写封信，派人去武昌和黎元洪谈谈。

小站练兵时刘承恩就是袁世凯的手下，当过工程营管带，算得上嫡系。袁世凯任山东巡抚打义和团时，刘被调往湖北接着当管带，后来率领湖北新军远征广西镇压民众起义，就此留在了那边，和广西的实力派人物陆荣廷是好朋友。

武昌起义爆发，袁世凯决定出山之时，最先做的几件事，就包括把刘承恩召到洹上，因为老刘和黎元洪是湖北黄陂的小同乡，利于招抚工作的开展。

照袁世凯的意思，之前刘承恩已经给黎元洪写去过两封信，都是劝他和清廷这边和谈，但湖北军政府方面都没太搭理他们。

袁世凯没有放弃，让刘承恩接着写信，接着派人去谈。这一回黎元洪有点松口了，开出的谈判条件更是很对袁世凯的胃口——黎都督表示，谈判可以，但得先推翻清朝，到时由湖北军政府直接和您老人家谈。

袁世凯对这个结果很满意，随之而来的一件事令他更加满意——11月9日，朝廷正式任命他为内阁总理大臣。

原来前几天朝廷的任命下来之后，资政院总裁世续首先就不干了，因为按照他们辛苦起草、新鲜出炉的《宪法重要信条》规定，"总理大臣由国会公举，皇帝任命。其他国务大臣，由总理大臣推举，皇帝任命。皇族不得为总理大臣及其他国务大臣并各省行政长官"。信条还规定，国会召开之前，由资政院代行职责。那么既然如此，内阁总理大臣就该由他们选举产生，现在皇帝竟然直接任命，简直是成何体统？

所以世续等人立即以维护《宪法重要信条》尊严之名，向朝廷指出此任命违宪，恳请收回成命。袁世凯耳目众多，接到任命还没来得及大喜过望，即已知此内情。他是好名之人，但好的是名正言顺的名，不肯当这个名不正言不顺的总理，便马上给载沣回了一封电报，说根据宪法规定，总理大臣理应由国会选举产生，故不敢接受摄政王的任命。

如此内外夹击之下，载沣只好自行纠错，并指示资政院抓紧选举。到了11月8日，结果出来了，资政院经过无记名投票，选出了得票最高者袁世凯为内阁总理大臣，报给载沣。第二天，载沣就下了这个正式任命，并再次催袁世凯安排好前线事宜，尽快回京组阁。

真是福无双至今日至，还是11月9日这一天，袁世凯又接到一封信，居然是黄兴写来的。

黄兴是革命党人中和孙中山齐名的领袖级人物，黄花岗起义的领导者，一生从事革命事业，此时武昌是革命的中心地带，所以他现在就在那里。

黄兴是10月28日到的武昌，与之同来的还有宋教仁、李书城、刘揆一等日后的大人物，比如李书城，1921年中共一大就是在他家里开的。

实事求是地说，黄兴他们来得晚了一点。早在武昌起义之前，蒋翊武他们就曾给远在上海的黄兴等同盟会领袖发出过邀请，请他们来湖北主持局面，可不知为什么，当时他们谁也没来。所以这次，虽然在来的船上黄兴认为，"黎元洪本非革命党人，我到鄂后，必须取而代之，且称两湖大都督"。可也只能是一厢情愿而已。

黄兴到的时候，正好赶上汉口血战，他真是条汉子，直接就上了前线指挥作战，可惜双方实力悬殊，最终还是败下阵来。

随后黎元洪就派人把黄兴一行人接到了武昌，一场隆重的欢迎仪式之后，11月2日大家聚在一起开会，提起"两湖大都督"一事。毫无意外，黎元洪、汤化龙等人哪里肯依？好在经过一番商议，双方总算达成了妥协，黎元洪仍旧是都督，委任黄兴担任民军战时总司令，并接受居正提出的条件，于11月3日搞了一个登台拜将的盛大仪式。

现在黄兴以总司令的身份来信，袁世凯当然看得很认真，一看原来人家是在夸赞自己，夸了一大通之后黄兴进入主题，希望袁世凯站在汉人这边，携手推翻清朝政府，当中国的华盛顿。最后黄兴还郑重向袁世凯承诺，只要他肯干，待中华民国成立，革命党人定当和天下百姓一起，拥戴他当首任大总统。

条件如此丰厚，袁世凯不免怦然心动。但武昌起义的示范作用太大了，这段时间以来，云南（新军第十九镇第37协协统蔡锷为都督）、江西（新军协统吴介璋为都督）、上海（同盟会会员陈其美为都督）、浙江（咨议局局长汤寿潜为都督）、贵州（新军教练官杨荩诚为都督）、江苏（巡抚程德全为都督，独立地区不包括南京）、广西（巡抚沈秉堃为都督）、安徽（巡抚朱家宝为都督）相继宣布独立，到9号这天，又传来了广东（同盟会会员胡汉民为都督）、福建（新军第十镇统制孙道仁为都督）独立的消息。至此，关内18行省，独立的已有12省，剩下的几个也难说得很。因此袁世凯认为，于公于私，都得先把武昌摁下去不可——于公，自己身为内阁总理，有这个责任；于私，若全国都跟着独立了，自己这个总理当起来还有什么味道？更不用说那个还没到手的大总统了。

但袁世凯还是不想打仗，虽然他并没太把武昌那帮人放在眼里，但是杀敌三千哪怕只自损三百，这事老袁也不愿意干。毕竟身逢乱世，尤其想要最终收拾残局，那么此时此刻保存自家实力才是最理性的选择。

那就再诱导谈判好了。这一次袁世凯动了真格，派刘承恩带着蒋廷干亲自跑了一趟武昌，结果只带回了一封黎元洪的亲笔信，黎都督劝袁总理阵前倒戈，如此革命军将推举他为汴冀大都督。

这是11月11日的事儿。就在这一天，山东也宣布独立，推巡抚孙宝琦为都督。虽然此为孙宝琦首鼠两端搞的"假独立"，但也足够让朝廷更着急，载沣再一次打电报来催袁世凯速回北京组阁。

袁世凯也觉得自己既已是内阁总理，自不应再只囿于湖北一隅，于是把前方指挥大权交给冯国璋，自己则从前线北洋军中抽调精锐作为卫队，以段芝贵为司令，护卫着他于12日晚上从孝感启程，13日抵达北京，住回了锡拉胡同袁府。

第二天一早，袁世凯入朝谒见隆裕太后和载沣监国，宣誓效忠清朝，并顺便把近畿驻扎的新军各镇及姜桂题所部毅军的指挥权全部收到了手里。

当天晚上，袁世凯约见了汪精卫。汪精卫是由杨度、梁士诒两个重量级的大人物陪着来的——早在留学日本的时候，汪和杨即有来往，只是因为政见不同，走得不近而已。

袁世凯表示自己是同情革命的，希望汪精卫能作为连接自己和革命党之间的一座桥梁。因为自己不方便经常接见汪，袁世凯遂让大儿子袁克定和他结拜为兄弟，具体事情由他们料理。

接下来汪精卫和杨度筹备了一天，于15日发起成立了一个组织——国事共济会，两人分别代表革命党和立宪派，宣称是两党的代表联合发起成立该会。其宗旨是："使以君主民主一问题，不以兵力解决，而以和平解决，要求两方之停战，发起国民会议，以国民之意公决之。"

共济会甫一成立，便立即上书资政院，要求清廷声明停战，并召开临时国民议会，议决君主民主问题。同时，汪精卫致电上海和武昌军政府，请求承认其主张。

11月16日，袁世凯以总理大臣的身份，宣布了内阁名单，这是中国历史上第一任真正的责任内阁，办公地点设在东单北大街路东的石大人胡同迎宾馆，内阁名单如下：

内阁总理大臣袁世凯

外务部大臣梁敦彦，副大臣胡惟德

民政部大臣赵秉钧，副大臣乌珍

度支部大臣严修，副大臣陈锦涛（谢绝出山）

陆军部大臣王士珍，副大臣田文烈

海军部大臣萨镇冰，副大臣谭学衡

学务部大臣唐景崧，副大臣杨度（坚辞不就）

司法部大臣沈家本，副大臣梁启超（在日本，不就职）

邮传部大臣杨士琦，副大臣梁如浩（由梁士诒署理）

农工商部大臣张謇（未到任），副大臣熙彦

理藩部大臣达寿，副大臣荣勋

梁启超居然得以入阁，这多少令人意外。其实梁启超和其老师康有为不同，他认为袁世凯的政治主张和立宪派相近，可以合作，所以早在袁还在直隶总督任上时，远在东京的梁启超即已通过时任山西大学堂监督的英国人李提摩太，和他搭上了关系，两人常有密信来往，关系不错。

总之，如《宪法重要信条》规定，皇族完全退出了内阁，并不再出任公职。现在放眼望去，所有这些国务大臣，无论满汉，大部分都是老袁的亲信。大清朝的命运，从此就掌握在了袁世凯的手里。

南北和谈，形势站在了袁世凯这一边

就在袁世凯组阁的这一天，汉口那边又打起来了。这一次，是黄兴主动出击，反攻汉口。

这时湖北方面的革命军已今非昔比。湖南独立后，立即按照约定着手增援湖北，湘军便源源不断地开了过来，加上湖北原有的革命军，已经有将近5万人，仅从人数上说，跟清军已大体相当。

于是之前几天，双方在进行了一些试探性的攻击之后，黄兴豪气大发，决定反攻汉口，收复失地。

奈何黄兴虽有"军神"之称，其实从未指挥过大规模的战争，只是领导过几次武装起义，且都以壮烈的失败告终，所以就军事素养方面来说，黄兴难免经验不足，以至于这场轰轰烈烈的反攻之战最后不得不黯然收场。

而这时因杨度、汪精卫的国事共济会所展开的和平试探工作受到革命党各方的抵制，袁世凯很不高兴，决定在军事上向武昌军政府施压，以挫伤各地革命党人的锐气。于是一面请英国公使朱尔典出面倡导双方和谈，一面命令冯国璋攻打汉阳。

11月21日，冯国璋率大军展开进攻，经6天激战，于27日攻克汉阳，接下来就要准备渡江攻打武昌，老冯认为，这是件手到擒来的事儿。另一边，黄兴认为武昌反正守不住，不如放弃，遂不顾大家的反对，带着李书城等人，悄悄跑回上海去了。这时蒋翊武突然出现，继任了战时总司令一职。

袁世凯得报大喜，一面嘉奖，一面却严令冯国璋停止进攻，只隔江炮击武昌。老冯百思不得其解，但也只好服从。

朝廷的反应要热情洋溢得多。28日，隆裕太后让载沣以摄政王的名义，授冯国璋二等男爵。老冯不禁感慨万千。原来为了分化袁世凯的势力，朝廷一直都在拉拢冯，早在1906年署理正黄旗蒙古副都统时，冯国璋便被委派兼任陆军贵胄学堂总办。这是为培养满蒙高级军事人才而设立的学堂，学员全是王公世爵、四品以上的宗室以及现任二品以上文武大员子弟。学堂附设王公讲习所，王公亲贵会定期前往听课。

凭借这么好的平台，冯校长很容易就结交了不少当朝亲贵，更和良弼结为好友，并因为忠心耿耿，渐渐赢得了朝廷的信任。随之而来的就是一路高升，当慈禧去世袁世凯遭遇罢官后，为怕被株连，冯国璋以坠马受伤、夫人去世等种种借口请求辞职，但都未被批准，而让他高官照做。此时朝廷居然授予自己男爵，这令他不禁重温起过往的恩德，想大清朝已经到了最危险的时刻，若自己不知报恩，将何以为人？于是就三番两次给袁世凯发电报，要求攻打武昌，并保证一鼓而下。袁世凯当然知道武昌不难一鼓而下，但此时此刻，连四川都已独立，端方不明不白地被变兵杀死在重庆，关内18省，除了直隶、河南、甘肃以及取消独立的山东四省之外，都已不再效忠大清朝。那么，就算一鼓作气打下了武昌，北洋军难道还真要一个省一个省地东征西讨？自己这点家底，怎么可能全耗在爱新觉罗家族身上？真要那样，自己岂不成了诸葛亮，而不是打小就崇拜的曹孟德？

还有一点则是，袁世凯深明养敌自重的道理——他需要一个武昌军政府存在，和大清朝对抗。如此，自己才好左右逢源，火中取栗。

可怜冯国璋一介武夫，一心只想精忠报国，哪里体会得到如此深的一片苦心？所以袁世凯屡次派人暗示他酌情行事，要为袁宫保而不为大清朝考虑，他屡次装糊涂不为所动，就连王士珍赶来劝说，他也置之不理。最后冯国璋急了，干脆密奏隆裕太后，请求朝廷拨给400万两银子作为军费，自己将独立剿灭武昌的"叛军"。隆裕表示400万两太多，一时筹措不出，但可先发前线官兵3个月的饷银，并亲切鼓励冯将军好好干。

谁知袁世凯的耳目远达深宫，闻听此事立即进宫制止，说武昌现在不能打。隆裕问为什么不能打，袁世凯语重心长地说，叛军实力强大，前方的军队并无胜算，"应使皇族大臣出征南方，以表率各军"。意思是应该让载涛、良弼率领禁卫军去前线打仗，以借刀杀人。

良弼是禁卫军训练大臣兼第一协协统，他倒是愿意上前线，可惜顶头上司、军谘府大臣兼禁卫军军统载涛不愿意。

载涛是个京剧迷，对戏曲中的排兵布阵颇有心得，掌管禁卫军后，便将操场变成戏台，成天指挥大军演练诸如一字长蛇阵、二龙出水阵、五虎擒羊阵、六丁六甲阵之类评书、戏曲上的战阵，并对此相当得意。但载涛胆小，听说袁世凯要让他真的去前线打仗，吓得赶紧请辞，任由老袁把军谘府大臣一职给了徐世昌，并任命良弼为军谘使，以明升暗降的手法，剥夺了其手中的兵权。

此前袁世凯已将不听话的冯国璋调回，本来是让他去当察哈尔都统，但现在老袁改主意了，计划通过冯国璋，把禁卫军从满人手里夺过来，于是冯便当上了禁卫军军统——这个任命没受到多少阻力，一是因为禁卫军的各级军官，大都是他贵胄学堂的学生或属下，更重要的是，满族亲贵们大都认为冯国璋是忠于清室的，大体上可以放心。殊不知老冯固然忠于清室，却也忠于对他有知遇之恩的袁宫保，现在被夹在中间，难啊！

与此同时，袁世凯将自己的卫队扩编为拱卫军，派段芝贵为统领，负责北京城内的护卫工作，而把原来担此重任的禁卫军调到北京城外驻扎。至于冯国璋留在前线的第一军，则以此前任命的署理湖广总督、第二军军统段祺瑞兼领，原地待命。

段祺瑞对袁世凯的意图心领神会，赶到汉口之后，首先停止炮轰武昌，随即便派代表与湖北军政府展开秘密接触，表示只要大家推举袁世凯当总统，"则共和可望"。另外，他还派出第二军总参议靳云鹏返回北方，与各地北洋军将领沟通，使大家都能明白袁世凯的意思；再派直隶陆军学堂总办廖宇春秘密前往上海，以北方军队代表的身份，与黄兴所派的代表、江浙联军参谋长顾忠琛秘密谈判，至20日双方达成五项协议：确定共和政体；优待清皇室；谁先推翻满清王朝大家就推举谁当大总统；南北满汉出力将士各享其应得之优待；同时组织临时议会恢复各地之秩序。

因为朝廷在北京，而北京完全在袁世凯的势力笼罩之下，所以这其中的第三条，谁先推翻清朝谁当大总统，其实就等于是把大总统这个位置许给了袁世凯。

其实还在12月9日的时候，黄兴就曾发过一封电报，该电报由汪精卫转给杨度，郑重表明："中华民国大总统一位，断举项城无疑。"杨度收到后转呈袁世凯，袁说："此事我不能为，应让黄兴为之。"袁世凯的态度有两个意思，一是显示他谦虚；二是表示他并不反对共和。

这个时候，杨度与汪精卫的国事共济会因无所作为，自己都觉得没劲，遂将之解散。但南北双方的正式和谈，却早已开始。

事实上早在11月9日，湖北军政府即已电邀独立各省派代表来武昌，商讨建立临时中央政府的事宜，虽然上海及江苏、浙江两省不太买账，认为应该由他们来主导这个事，但考虑到湖北毕竟有首义之功，还是妥协了。

于是11月30日，各省代表在汉口英租界顺昌洋行召开独立各省第一次联合代表大会，袁世凯当天即通过英国驻汉口总领事向大会提出和谈要求。

一直以来，袁世凯都属于大清朝最坚定的改革派，且是宪政支持者和积极推动者，这一重身份，令相当多革命党人对他抱有好感；而独立各省领袖，更有不少本是清朝官吏，或立宪派人士，他们对老袁更是大有期待；再加上此时袁世凯掌握着大清朝全部军队，尤其是其北洋班底实力强劲，真打起来南方也没有胜算，于是大家就接受了这个提议，并于12月2日，通过了一个秘密决议："如袁世凯反正，当公举为临时大总统。"

就在这一天，南京也光复了。

和其它地方一样，南京驻军成分复杂，倾向于革命的，有徐绍桢统领的新军第九镇，但只有第17协在城内，共7000余人，剩下18协的两标则分驻镇江和江阴；效忠于清朝的，则有张勋的江防营二十营，江宁将军铁良新练的步兵一标、炮兵一营，赵金鹏的巡防五营，王有宏的缉私队十营及督署卫队等，共约2万人。其中的主力，是江防营第二十营，其统帅、江防大臣张勋被朝廷任命会办江苏军务，并授以保卫南京之全权，和两江总督张人骏、江宁将军铁良一起，是南京地区拥戴清朝的三巨头。

武昌起义之后，鉴于新军不靠谱，安全起见，张人骏和铁良下令把第九镇第17协调到了城外的秣陵镇，每个士兵只发给3发子弹，而委张勋的江防营以守城重任。

11月8日，第17协果然起义，攻打南京，被张勋打败，退往镇江。徐绍桢独自赶往已经光复的上海，与沪军都督陈其美及江浙起义军将领商议，决定组建联军会攻南京，司令部设在镇江，以徐绍桢为总司令。

联军共有苏军近3000人，浙军3000余人，淞军600人，沪军1000人，镇江军近5000人，加上盐枭出身的青帮大哥徐宝山统带的扬州军，共有14000多人，另外还有反正过来的清朝海军舰艇14艘，声势浩大。

南京之战打得异常惨烈，革命军士气旺盛，而清军主要靠张勋的江防营在打。应该说，张勋确实是员勇将，直接把徐宝山的扬州军打得退出了战场——后来赫赫有名的上海滩三大亨杜月笙、黄金荣、张啸林，在上海几乎是一手遮天，但对一个叫张仁奎的青帮大佬却尊敬得很，其中黄金荣甚至是他的挂名弟子。而这个张仁奎，此时不过是徐宝山手下的一员大将而已。

张勋的勇猛，为他赢得了"亡命之徒"的称号，这可是革命党这边给起的。但即使如此，架不住友军太不给力，渐渐地张勋也支持不住了，赶紧向北京求救。袁世凯一面命他死守待援，一面准备调山东第五镇南下相救，只是山东局势同样不稳，无法分兵，这样南京就守不住了。扛到12月1日晚上，张人骏、铁良等高官纷纷弃城而逃，乘坐日本兵船跑去了上海。

张勋是坐火车跑的，车抵临淮关时，为了怕前方会有恶战，便让人保护其宠妾小毛子下车，坐船走水路去徐州会合。

小毛子本名卞小毛，生得国色天香，能歌善舞，是扬州顶级美女。她本是秦淮河一朵名花，在当时的秦淮佳丽中排名第一，大家都称赞她是董小宛、柳如是再生。由于艳名太盛，张勋刚到南京时便义无反顾地坠入了她的情网不能自拔，不惜花重金为其赎身，娶之为妾。

但这次逃跑张勋给弄巧成拙了——他自己虽然一路遭遇伏击，但总算是跑到了徐州，反而是小毛子一行在怀远城外的涡河码头被革命军俘获，交到了徐绍桢的司令部，徐司令把她安置在了南京门帘桥前清候补道陈善家里，让好好照看。

闻听名满天下的小毛子落网，在上海的沪军都督陈其美大喜。陈其美字英士，是前面说到的陈其采的二哥，也是革命党的重要人物，蒋介石此时就是他手下的敢死队长。

但陈都督也是青帮大哥，很有一些不良嗜好，从他的一些绰号如"风流都督""杨梅都督"中不难管中窥豹。不过也有一说，认为他爱逛妓院是因为那里隐蔽清静，有利于革命工作的安全展开——这也可见，陈大哥的思维方式有异于常人之处。

确实异于常人，也就是徐绍桢刚安置好小毛子不久，陈都督的电报就来了，说革命军经费紧张，不如将小毛子押解到上海，陈列于张园供游人参观，以门票4角计，大概能筹得军费10万元。徐绍桢觉得此议太过荒唐，但也不好太驳陈其美的面子，只好回了这样一个电报：英士兄又在开玩笑了，哈哈哈！

徐绍桢人不错，没多久就派津浦铁路局局长陶逊，专程将小毛子护送到了徐州还给张勋。张勋正饱受相思之苦，自然大喜过望，亲自到车站迎接，并感恩图报，立马将扣留的14辆机车、80辆客车，交还给了革命党控制下的铁路局。

孙中山上位，袁世凯很生气

南京那边革命军势如破竹，武昌这边同样紧锣密鼓。12月5日，各省代表出台了和谈四原则：清政府下台；实行共和政体；优待清朝皇室；不歧视满人。并推选伍廷芳为议和全权代表，温宗尧、汪精卫、王宠惠、钮永健为参赞。

12月6日，载沣辞去监国摄政王，获隆裕太后批准。回到家里，载沣第一句话居然是："从此就好了，我也可以回家抱孩子了。"

12月7日，朝廷任命袁世凯为全权大臣负责和谈，袁世凯决定派唐绍仪为代表前往武昌议和，并加派杨士琦、杨度等为随员。临出发前，袁世凯一再向唐绍仪交代，和谈的底线，是要坚持君主立宪——袁世凯善于演戏，而唐绍仪也明知这是他的做作，所以并没太当真。

议和之前，双方首先商定在全国战场停战15天，这个时间后来又有延长，可见和谈的诚意，大家都是有的。

接下来的谈判就得长话短说了，反正谈了一轮又一轮，从汉口英租界谈到上海英租界，到12月29日，第三轮谈判完成，双方共达成三项协议：召开国民大会，以公决的方式决定国体，即中国该实行君主立宪制还是共和制，付诸公决；国体确定之前，清政府不得续借外债，已经借的也暂时不许动用；湖北、安徽、江苏、山东、陕西五省清军5日之内从原驻地后撤百里，相应的，革命军停止进攻。

三项协议重点是第一项。这么多天下来，袁世凯已经彻底想明白了，共和制自己能当大总统，是老大；君主立宪，虽然自己也能当实际上的老大，但名义上只能是老二，不太好听。况且，为了当好这个老二，还得和满世界的革命党人打仗，太累了，所以还是共和制好。但这话不能自己跟太后、王爷们说，那样难免有篡位的嫌疑，显得太不仗义，而召开国民大会，由大会代表们来决定这个事，还真是两全其美。

于是袁世凯当即批准了此协议，并命令各路军马准备后撤。段祺瑞反应最迅速，第二天也就是12月30日，他即邀请驻汉口的各国领事前往监督撤军。照这么发展下去，大事眼看就要成了。

可就在这时，消息传来，前一天南京方面搞了一次正式选举，由17省代表投票，结果孙中山以16票当选为中华民国首任临时大总统，黄兴得了1票。另外大家还推举汤尔和、王宠惠至上海恭迎孙中山至南京就职。

孙中山是25日抵达上海的。武昌起义的时候，他正在美国丹佛市的一家华人餐厅里打工，偶然间从报纸上看到此消息，顿时心潮澎湃起来。

孙中山觉得，以美国之大，绝不缺少一个端盘子洗碗的打工仔；而以中国之大，确实很需要一个主持革命全局的领袖人物。于是匆匆回国，首先到的是老家广东，此时已是1911年的年底了。

广东之前就已独立，军政府都督正是同盟会元老、孙中山的得力助手胡汉民。胡汉民认为推翻清朝已是早晚间事，袁世凯这个乱世奸雄才是革命的心腹大患，而袁的势力已达两湖地区，只有广东他还鞭长莫及。所以胡都督力劝孙先生留在广州主持大局，组建革命武装以对抗北洋军，做长久的打算。

胡汉民很诚恳地表示，若您现在去上海，以先生的威望，肯定能被推选为大总统，但那只是个虚名，手里没有军队，成不了大事。孙中山承认这个说法有道理，但他认为，自己此次回来，为的是主持全国的革命工作，所以还是离开广州，来到了上海。

在此之前，各省代表曾决议建立革命军临时军政府，先是选出黄兴为大元帅、黎元洪为副元帅，后因各派与同盟会意见不一，又改黎元洪为大元帅，以黄兴为副。为了谁正谁副这个事，大家闹得很不愉快。

就在此时，孙中山抵沪，追随同行的还有胡汉民、吴敬恒、马君武、张继等人，到码头迎接的则有黄兴、陈其美、汪精卫等重量级人物。

孙中山既然来了，同盟会遂提议不组织军政府而组建临时政府，并于29日选举临时大总统，几经努力，这项提议得到了各省代表的认可，但代表们在决议中执意留下了一个伏笔："如袁君世凯反正来归，则临时总统当选人即让位于袁，以符本会议之诺言。"

因为有此一句，对于孙中山当选临时大总统，袁世凯倒也还可以容忍，只是到了30日当天，南北双方举行第四次谈判，商定国民大会由全国各省各派3名代表组成，至于开会地点，唐绍仪主张在北京，伍廷芳坚持必须在上海，双方相持不下，决定下次开会再议。

袁世凯得到唐绍仪的报告，大怒之下不干了。

原来按清朝旧制，内地划分为18行省，称关内18省，边疆地区不置省。到了光绪末年，除蒙古、西藏、青海仍沿旧制外，奉天、吉林、黑龙江、新疆、台湾陆续建省，因台湾一度被割给了日本，故实际增加了4个省，加上原有的18省，共有22省。

此时此刻，22省中，除直隶、山东、河南、甘肃、新疆及东三省仍由清廷控制外，其余14省都已独立，虽然情况有所不同，但至少名义上全部属于革命军阵营。若按各省分派3名代表召开国民大会，则国体固不难改为共和制，只是国体确定之后，一旦由这帮人选举大总统，袁世凯觉得并没有必胜的把握，若真是给他人做了嫁衣，那该多么无趣？

于是袁世凯立即打电报给唐绍仪，斥责他越权，说此项决议未经本人同意，因而无效。唐绍仪也急了，认为既然自己这个全权代表根本没有全权，那还有啥干头？当即通电辞职，袁世凯想都没想就准了。之后他也没另派代表，而是电请伍廷芳到北京来和自己直接谈。

伍廷芳回了封电报，请袁世凯到上海来谈，这一下，谈判就进行不下去了。

时间转眼就来到了新的一年。1912年1月1日，孙中山在南京宣誓就任临时政府总统，国号改称"中华民国"，纪元改为"民国元年"。

在政权组织形式上，之前章太炎、宋教仁等极力主张实行责任内阁制，即总统只作为象征性国家元首存在，而由内阁总揽国家行政权力并对议会负责，行政首脑为内阁总理；孙中山则坚持必须实行总统制，即总统不仅是国家元首，同时也是行政首脑。应该说这两种政体都不错，虽各有优劣，却属于萝卜青菜各有所爱，很难说哪个更好。不过显然当时孙中山在各省代表中更有市场，因此代表会议最后决定，中华民国实行总统制。

更大的利处是，不仅搞总统制，而且按照孙中山的意思，临时政府根本不设总理一职，内阁各总长直接对总统负责，看起来总统是绝对的当家人。

不过孙中山这个临时大总统其实并不能完全当家，事实上这个临时政府几乎就是个有名无实的中央政府，虽然名义上管辖着14个省，但14个省中，有的是由地方军阀执政，有的是立宪派的地盘，即使是同盟会当权的省份，也往往是和反对势力共存，甚至连同盟会会员之间，也并不乏排挤和争斗，所以孙中山的号召力其实有限得很，反而是袁世凯的呼声高入云霄。

因此之前各省代表会议才会有"如袁君世凯反正来归，则临时总统当选人即让位于袁"如此一个决议，也因此，孙中山在元旦就职当天，就不得不给袁世凯发去了一封电报，表示"暂时承乏，以待贤者"，暗示只要他能将清朝的皇帝赶下台去，这个大总统就归他。与此同时，立宪派代表们给袁世凯发来电报，保证对于先前的承诺，南方决不食言，让他加快进行。

袁世凯是个疑心病很重的人，他觉得既然你们已经选出了总统，并且把国民大会的组织方式定成了那样，现在再来说这些甜言蜜语还有劲吗？于是没搭理孙中山他们，却授意冯国璋、段祺瑞等48名北洋将领发出联名通电，宣称"誓死拥护君宪，坚决反对共和"。

第二天一早，袁世凯上朝代奏了这个电报，并高调表示，革命党人居然敢公然组织政府，必须派兵讨伐。隆裕太后闻之大喜，却没想到袁世凯立即开始哭穷，说军费没着落，要请太后做主。这说的也是实情，奈何朝廷真的没钱，为了鼓舞士气，隆裕太后只能从皇家私房钱里拿出了8万两金子，作征伐之用。

其实袁世凯何尝想要南征？何况北方眼下纷乱不已，就连京畿附近都屡屡出事，让他不敢掉以轻心。

事情由来已久，早在1911年11月，曾密谋行刺荫昌的陈雄等人就组织了敢死队，欲在北京暴动。结果29日起事当天，遭到军警围捕，敢死队成员全部被抓，陈雄、李汉杰、高新吾三位领袖被杀害。

12月20日，北方多个革命小团体如光复团、急进会、女子暗杀团等举行联席会议，大家合并为"北方革命协会"，决定发动大规模武装暴动，第一步，是策动滦州驻军起义。

此时第二十镇已被陆军部分散调开，留驻滦州的只剩下第40协79标的3个营，营长分别是王金铭、施从云、张建功。北方革命协会的策动工作很成功，1912年1月2日，孙中山就任临时大总统的第二天，第79标宣布独立，脱离清廷，成立北方革命军政府，推举王金铭为大都督，张建功为副都督，施从云为革命军总司令，冯玉祥此时任第二十镇80标第3营营长，率军驻在秦皇岛海阳镇，他也参加了此次起义，并被推举为总参谋长。

也就在这天，为了怕袁世凯不放心，孙中山又给他发了封电报，说得极为诚恳："文不忍南北战争，生灵涂炭，故于议和之举，并不反对。虽民主君主不待再计，而君之苦心，自有人谅之。倘由君之力，不劳战争，达国民之志愿，保民族之调和，清室亦得安乐，一举数善，推功让能，自有公论。文承各省推举，誓词具在，区区此心，天日鉴之，若以文为诱致之意，则误会矣。"对这个就差指天发誓的电报，袁世凯依然未加理会，这下孙中山急了，决定出兵北伐。

这个时候，滦州起义已被袁世凯扼杀在了摇篮之中，革命军损失极大，包括王金铭、施从云都英勇牺牲，冯玉祥则在海阳被捕，在解往保定治罪、途经北京时，被他的舅舅、袁世凯的心腹大将陆建章救了出来。

孙中山对于北伐一点没犹豫，1月5日即电令代理广东都督陈炯明发兵；第二天，再将北伐联军司令部从上海移到南京。1月11日，孙中山制定好了六路北伐的计划，并宣布自任北伐军总指挥，以黄兴为总参谋长，大战眼看一触即发。

王府井遇刺，因祸得福

孙中山的六路北伐计划，只有第二、第三两路真正出了兵，虽然打了几场小胜仗，但响应者寥寥，阻力却着实不小，甚至连黄兴都主张"化敌为友"，给袁世凯"一个民选的总统"；汪精卫更是直言孙中山是因为"舍不得丢掉大总统的位置"，才搞北伐来破坏南北议和。总之，大家对袁世凯依然抱有很高的期待。

雪上加霜的是，临时政府财政紧张得一塌糊涂，四处借钱都借不到，基本上处于揭不开锅的状态。自古以来，战争就是件很奢侈的事，打仗其实就是烧钱——没钱谁替你卖命？于是北伐进行不下去了，1月22日，孙中山终于正式宣布，如果清帝退位，而袁世凯表示赞成共和，则自己将立即辞职，并推举袁为总统。

袁世凯等的就是这句话。在他看来，孙中山之前每一次的暗示，最多不过像一句"我喜欢你"，多少失之于暧昧；自己所需要的，是一句痛痛快快的"我爱你"！没错，此时的袁世凯，恰似一个情窦初开的小女孩，必得要切切实实地坚强承诺，才可能打开她的心扉。那么既然孙中山现在已经清清楚楚明明白白地说了出来，袁世凯便决定干了，抓紧让大清朝下课自己好当大总统。

话虽如此，其实袁世凯的布置早在上一年年末即已展开，待到南京方面的暗示、承诺接二连三地到来。1912年1月3日，出使俄国大臣（即驻俄公使）陆徵祥受梁士诒撺掇，串联好了所有清朝驻外公使，联名通电劝说宣统皇帝退位，以和平解决南北争端。

这是针对清廷的舆论攻心战。另一方面，南北双方的公开谈判虽因唐绍仪的辞职而暂停，但私底下双方的接触却从未中断过，袁世凯便通过这个渠道，建议南方制定一项优待清室的条例，允许宣统退位后仍保留皇帝的名号，即所谓打人不打脸；另外，新政府应承诺每年提供清室巨额岁费，以利于收买人心。

也就是说，袁世凯对清室的打算是，劝退——老袁是个极好名声的人，很害怕后世给他编排一个"从孤儿寡妇手里强夺天下"的骂名；再有就是，清廷虽已垂死，却并非没有挣扎的能力，而日、俄等国居心叵测，很希望借助内乱瓜分中国，这一点尤其令袁世凯心惊，所以他坚持认为，劝退清室是最好的选项。

既然是这样，那就只能连哄带吓。我们都知道，现实生活中要让一个人放弃一个地铁上的座位，有时候都难免引来一场纠纷，而现在竟是要让人放弃皇位，显然这是个高难度的技术活，不过袁世凯不担心这个，他相信有志者事竟成。

于是到了1月11日，孙中山在南京誓师北伐那天，直隶提督姜桂题领衔北洋全体将领发出通电，以军情紧急、军饷无着为名，请求皇帝命令亲贵大臣捐献私财以充军饷，"毁家纾难，共济时艰"。类似的事情，明朝的崇祯皇帝当年也干过，最后以大臣们个个哭穷而告终。

时代毕竟在进步，清朝的王公大臣们多少还真捐出了些钱，其中奕劻忍痛拿出了10万两银子，其他人3万、2万、几千的也都出了点。袁世凯醉翁之意不在酒，不过是要借此扫清朝廷之上主战的阴霾，故也不嫌少，照单全收之外，接着派人大造舆论，说革命党人个个三头六臂，无所不能，他们现在已经有一部分进了北京城，要主战派的命。

人心惶惶之际，袁世凯又唆使奕劻在御前会议上提出皇帝退位及优待清室之事，这主要还是放风，却受到了少壮派亲贵的坚决反对，会议不欢而散，并未定出个宗旨。

这就该袁总理亲自出马了。1月16日，袁世凯上朝的时候，以责任内阁的名义上了一个密折，无非是说现在内外交困，连海军都集体叛变了，再拖下去恐怕会有更大的麻烦。见隆裕太后已被吓着，袁世凯遂语重心长地说道："自古无不亡之国，亡国之君，身受杀戮之惨，古今中外历史，斑斑可考。而我们大清皇帝退位，却仍能保持尊号，并可享受岁费优待，这是古往今来绝无仅有的创举，大家费尽口舌才争取来这个条件，过了这个村可就没这个店了！"这一番话，说得隆裕六神无主手足无措，想了想说道："明天接着开御前会议，从长计议，从长计议。"

大约中午11点多，袁世凯出得宫来，心情舒畅，没想到豪华双套马车及扈从卫队刚刚走出东华门，经过王府井丁字街三义茶馆门前时，一颗炸弹从楼上扔下来，只听一声巨响，马车却已疾驰而去。

可是还没完，马车刚跑到前面祥宜坊酒楼门口，又是一颗炸弹从楼上掷下，当场炸死卫队长袁金标等6名卫队成员，以及2名路人，双套马车右侧那匹马则被炸伤。

车夫刘二反应极快，立即打马狂奔，也是袁世凯命大，受伤那匹马居然还能跑，并且跟得上它的同伴，一溜烟就跑回了石大人胡同迎宾馆。随后，这匹很牛的骏马便因流血过多而死，袁世凯也许是做作，哈哈大笑说："今天有人和我开玩笑。"

和他开玩笑的是北方革命党人，因为他们认为袁世凯是南北议和的阻力，且因为他们之前在滦州、通州等地举行的起义被北洋军警镇压，所以必欲除袁而后快，因此组建了一个暗杀团，计有黄之萌、张先培、钱铁如、吴若龙、杨禹昌、罗明典等18人，其中有一个大名鼎鼎的美女，就是曾帮助过汪精卫的郑毓秀小姐。

前一天罗明典、张先培得到消息，说袁世凯将于16日一早上朝，当晚他们便召集暗杀团开会，决定分成四个小组：第一组张先培、傅思训、许同华、黄永清、陶鸿源等在三义楼上假装喝茶；第二组黄之萌、李怀莲、李献文等在详宜坊内假装喝酒；第三组钱铁如、曾正宇、杨禹昌、邱寿林等在东安市场前徘徊；第四组郑毓秀与吴若龙、罗明典三人假扮游人，乘马车在东华门、王府井大街之间游荡。一旦目标出现，各组将在预定地点同时投掷炸弹。

可暗杀团毕竟经验不足，付出最大努力后还是让袁世凯跑了，随后大批军警赶到，当场抓捕了张先培、黄之萌、杨禹昌等10人。幸得郑毓秀很机警地跑掉了，找到一个正追求她的法国记者，由该记者出面保释出了7人，张先培、黄之萌、杨禹昌三人因被捕时不是身上藏有炸弹，就是在枪战中受伤，证据确凿而没保出来，当天即被执行了枪决。

真是塞翁失马焉知非福，这场虚惊不仅没伤到袁世凯，反而帮了他的大忙。以前他说京城内到处都是革命党，亲贵们根本就不相信，现在他们不仅信了，很多人还因此改变了对袁的看法，认为他是大清朝的忠臣良将。当然也还有些成见很深者如溥伟、善耆之流，隆裕太后就会如此跟他们说："你们总说袁世凯靠不住，现在革命党都要杀他了，他还要怎么才靠得住？"这一下就搞得大家无话可说。

不仅如此，隆裕当天还派特使前往袁府亲切慰问，并下诏加封袁世凯为一等侯爵——这是大清朝所能给予汉人的最高荣誉，就连李鸿章都要等死后才能得到，可没想到袁世凯竟然拒而不受，而且从当天起，他就称病不再上朝，在家里秘密布置，静观事态的发展。

17日的御前会议上，奕劻、溥仑极力主张退位以保清室安全，载沣也倾向于此，但善耆、载泽、溥伟等人坚决反对，隆裕本没有主见，见双方争执不下，只能伏案痛哭。

18日继续开会，奕劻宣读了南方承诺的优待清室条例，因反对势力比前一天更大，会议再次不欢而散。

散会之后，良弼、溥伟、铁良等人杀气腾腾地来到了庆王府，把奕劻暴打一顿，并警告他不得再做出卖祖宗的事。当天晚上，奕劻躺在床上舔舐伤口的时候，良弼、毓朗、溥伟、载涛、载泽、铁良等宗室亲贵开了个秘密会议，决定成立"君主立宪维持会"，也就是我们后来说的宗社党，密谋搞掉袁世凯，由毓朗、载泽出面组阁，并由铁良出任清军总司令，讨伐南方革命军。

19日一早，宗社党发表宣言，要求隆裕太后反对共和，继续向南方用兵。同时他们还派人警告奕劻、载沣等人，若胆敢再主张退位，别怪大家不客气。

这下奕劻他们不敢说话了，宗社党则四处散发传单，痛骂袁世凯是乱臣贼子。相应地就有人说了，他们已在袁府边上埋了炸弹，随时都能干掉他的；而以旗兵为主组成的陆军第一镇，干脆表示只要隆裕太后和宣统皇帝一退位，他们将立马起兵捉拿袁世凯；陕甘总督升允更是遥为呼应，通电全国说已组织好了勤王军，随时准备入京清君侧……

就连刚刚上任的桂春都跳了出来。在前两天的一次御前会议上，因为宗社党人态度嚣张，赵秉钧一怒之下当场辞去了民政部大臣一职，甩袖而去，桂春因此被任命为代理民政部大臣，名义上掌管着全国的警察系统。

可他刚上任两天，哪里指挥得动赵秉钧手下的人马？但桂春不管这些，恶狠狠扬言道：因为南方汉人屠杀满人，满族警察将对京城内的汉人施行同样的报复。

风声鹤唳之下，袁世凯大为紧张，觉得京中自己那点拱卫军远远不够，赶紧把曹锟统领的北洋军第三镇调入京城内，心里才算踏实下来。

接下来就该小德张出场了。小德张大号张兰德，属于李莲英、崔玉贵的后辈，是清朝最后一个大太监，最得隆裕太后的信任。此人有一个特点，即贪钱，其贪婪程度堪比奕劻、那桐，而其贪腐之不择手段，就连奕劻、那桐都要自叹不如，常感叹这厮贪起来如此没有底线，真是世风日下啊！

对付这样的人袁世凯最有经验，在慈禧还活着、小德张尚未得意的时候他就烧过这个冷灶，了解这人多少还是有一些优点，比如拿了钱一定办事，于是就派人送钱进去。

有金钱开道，小德张果然是有求必应，立即就开始在隆裕那里絮叨开了："太后啊，我看咱们还是赶紧退位算了，至少能落个优待，看现在的局势，革命党太强了，咱们根本打不过他们呀，若不退位，只怕以后主子连命都保不住，奴才想起来都难过啊！"这些话，当然都是有人教的。

连小德张都这么说，隆裕太后就更加犹豫起来，不过依然只是停留在犹豫的层面上，对于退位，多少还是舍不得。这也是人之常情，我们大家没当过皇帝太后也理解得了。

就在这时，孙中山在不得已放弃北伐之后，明白宣布了自己让位于袁的五项条件，具体是：清帝退位后，袁内阁备正式公文通告外交团；袁本人用正式公文表示赞成共和的态度；本人（即孙中山）俟外交团通知清帝退位后即行辞职；临时参议院推选袁继任临时政府总统；袁必须忠实遵守临时参议院所制定之宪法。

虽然临时参议院此时尚未成立，但袁世凯毕竟等来了一个切实的承诺，大喜之下，觉得是时候给宗社党一点颜色看看了。他选中了良弼，决定杀一儆百。

中国没有皇帝了

之所以选中良弼，是因为无论在禁卫军还是第一镇官兵中，他都具有相当的影响力，袁世凯因此认为他才是宗社党中真正的实力派，其他人则不足惧。所以要杀就杀良弼，但是，这事不能自己人做，得找革命党人来干，才能既震慑住对方，且无损于自己的超然地位。

正好前不久汪精卫奉同盟会总部之命，在天津组建了同盟会北方支部，并出任支部长，常往返于京津沪三地之间，袁世凯便趁他到北京的时候，让袁克定与之相见，说明清室退位最大的障碍是宗社党，而宗社党的灵魂是良弼，希望能把他干掉，"杀一人而全局可定"。

汪精卫对袁世凯早已是佩服不已，不过对这件于公于私都责无旁贷的事情，他并没打算亲手去干，而是回到天津后，把这件大事告诉了黄复生。同汪精卫一样，黄复生对于暗杀之类的事情已经没有热情，恰好此时有个四川老乡路过天津，闻听此事，自告奋勇道："这事交给我吧！"这个人叫彭家珍！

彭家珍生于1887年，四川金堂县人，自幼丧母，其父彭世勋秀才出身，教私塾为生，主张实业救国，属于维新人士，他的思想对儿子影响很大。

1903年，彭家珍考入成都武备学堂，毕业后以最优等成绩被四川总督锡良派赴日本考察军事，在日期间广交革命党人，并秘密加入了同盟会。回国后先在四川高等军事研究所实习，后被调入新军中担任排长。

1907年，革命党人密谋在成都起义，因事机不密被告发，清军入城搜捕之际，多亏彭家珍通风报信，才避免了大的损失，但他也因此遭到怀疑，受到暗中监视。好在他很沉着冷静，多方周旋之下，不仅被解除了监视，两年后居然还升了连长。

此后不久，其未婚妻舅张蓬山在云南升任协统，邀请他过去一起干，彭家珍因此来到昆明，当上了营级干部。然而半年后，妻舅失势，彭因无事可做，听说东北革命形势大好，遂于1910年5月赶到了沈阳。

最初的一个多月几乎是困坐愁城，后来经同盟会会员刘介藩介绍，彭家珍进入奉天讲武堂担任队官，他借此机会大力发展学员加入同盟会，同时也积极吸收革命党人入队，并组织大家分头去驻扎在附近的第二十镇中，向基层官兵宣传革命，发展组织，筹备起义。

1911年四川爆发保路运动后，彭家珍活动来一个东三省天津兵站司令部副官的职位。武昌起义后，清廷从俄国买来大批军火经京奉线运往湖北前线，彭家珍以主要押运官的身份，秘密同正驻扎在滦州的第二十镇革命派军官联络，促成了张绍曾截留军火，发起滦州兵谏。

兵谏之后，彭家珍又积极参与策动滦州起义，因挪用清军的枪械辎重被发觉，而被陆军部下令通缉，不得不化名朋嘉桢，前往苏州投靠老上级程德全。程德全也是四川人，曾任奉天巡抚，现为江苏都督，他很看重彭家珍这个老乡，便派他为东北招讨使，让他潜回东北，联络当地驻军响应起义。于是彭家珍就往东北赶，路过天津时，找到黄复生打听北方的情况，听黄说起欲刺良弼之事，不由得豪情大发，慨然说道："这事交给我吧！"

接过此事后，彭家珍干的第一件事是去和郑毓秀的大姐告别，此时他们正处于热恋之中。生离死别之际，大家都止不住悲伤，但郑毓秀姐妹俩依然毫无保留地支持彭前往北京行刺。

接着彭家珍就从黄复生那里领走一枚炸弹，再从汪精卫那里拿了一张崇恭的名片走。崇恭的职位是奉天讲武堂总办，与良弼私交很好，这张名片自然很有用。

为了做到万无一失，彭家珍特派学生刘升赶赴沈阳，以崇恭的名义给良弼发去一封电报，说东三省旗人推举崇恭带头起兵勤王，即日他将派人赴京与良弼共商大计。之后，他就一个人来到了北京，静待时机，期间写下绝命书，表示："今除良弼之心已决"，"共和成，虽死亦荣；共和不成，虽生亦辱，不如死得荣"。

1月26日晚，彭家珍换上清军标统制服，带上炸弹来到金台旅馆，以崇恭的名义登记入住，然后乘坐旅馆的马车赶到西四红罗厂良弼宅邸，递上崇恭的名片，在门厅里等候多时，见良弼始终未归，便起身告辞。巧合的是，马车刚走不几步，便发现远处有豪华马车及随从若干过来，彭家珍料知是良弼回来了，赶紧令车夫返回，迅速下车站在门外。

良弼刚一下车，接过仆役呈递上的崇恭的名片，抬眼看去，却感觉那人神色不对，便问道："这么晚了，有什么急事吗？"彭家珍一句废话没有，掏出炸弹就掷了过去，一声巨响之后，良弼当场被炸成重伤，还炸死炸伤几名卫士，彭家珍自己也被弹片击中头部，英勇牺牲，时年仅25岁。

也是这一天，在袁世凯授意之下，段祺瑞领衔姜桂题、段芝贵、曹锟、倪嗣冲等47名北洋将领联名致电内阁、军咨府、陆军部、并各王公大臣，指责恭亲王溥伟、辅国公载泽等几个亲贵是阻挠共和的障碍，要求朝廷立即"明降谕旨，宣示中外，立定共和政体"。隆裕太后闻讯大惊，赶紧问计于载泽、溥伟等宗社党人，可大家谁也没主意，都等着良弼回来定计呢。

但第二天良弼终于还是死了。有一个无从考证的传说是，良弼整条左腿被截肢之后，本已没有生命危险。但袁世凯派赵秉钧买通了医生，以一杯毒酒干掉了这个35岁的死硬分子。

良弼一死，包括宗社党在内的亲贵们立即烟消云散，大家纷纷拖家带口，跑往天津、大连、青岛的外国租界里去躲起来，职务在身不方便跑的，也都拉下脸来请袁世凯派兵保护，再也说不起一句硬话。

袁世凯这边则趁热打铁，1月29日，杨度等人发起组织"共和促进会"，宣称清室如今再搞君主立宪已经晚了，必须实行共和，才能保全皇室，拯救国家。

第二天，袁世凯的表弟、署理直隶总督张镇芳领衔北方各省督抚，电请朝廷宣布共和。隆裕太后多少还有点舍不得，于2月1日召集御前会议，提出采取虚君共和政体，保证皇室决不干预政事，只保留名分。无奈袁世凯的代表赵秉钧、梁士诒他们坚决不同意，太后实在没办法，只好决定以皇帝退位来换取优待，下懿旨授予袁世凯全权，与南方磋商优待条件。

有了这样的表示，事情就好办了。2月3日，袁世凯宣称大病初愈，入朝觐见太后，奏报南北议和的经过情形。紧接着，在他的要求下，南京临时政府正式公布了优待清室条例。

条例分为三类。简言之，第一类是优待清室条件：清帝退位后仍保留帝号，民国政府以待外国君主之礼待之，并每年拨给其400万元生活费；清帝可暂居紫禁城，并留用侍卫，但日后须迁往颐和园；清帝的私有财产，民国政府将予以保护。

第二类是优待皇族条件：皇族享有公民权利，免除兵役义务，保留原有爵位，其私有财产，民国政府将予以保护。

第三类是优待满、蒙、回、藏各族人民条件：原有爵位者，一律保留；各族人民与汉族一律平等，宗教信仰自由，私有财产受保护，原有对他们在居住、工作方面的限制一律取消，并由民国政府拨款代筹八旗生计。

——这里需要说明一下，清朝的时候，旗人是不需要工作的，而且按规定，他们也不允许工作，只能当兵或到衙门当差，待遇优厚得很。

当然，旗人当兵后来成了只是名义上当兵，但那一份"铁杆庄稼"却是实实在在的，久而久之，这帮人除了遛鸟、斗蛐蛐、喝茶、聊天、唱京戏，没什么生活技能。如果陡然间满汉平等，旗人的特权被取消，还真没人知道他们该如何维持生活，所以才会有"民国政府拨款代筹八旗生计"一说。

这个优待条例，太后看完后一言不发，没人知道她在想什么。袁世凯就有点急了——太后虽然同意退位了，但毕竟没说明具体几时退。老袁也是五十几岁的人了，如何不知道世界上还有夜长梦多的说法？

于是电报又来了。2月4日，段祺瑞领衔李纯、王占元、何丰林等湖北前线的47位北洋将领，致电清朝内阁：

共和国体原以致君于尧舜，拯民于水火，乃因二三王公迭次阻挠，以致恩旨不颁，万民受困。现在全局危迫，四面楚歌，颍州则沦陷于革军，徐州则小胜而大败；革舰由奉天中立地登岸，日人则许之；登州黄县独立之影响，蔓延于全鲁；而且京津两地，暗杀之党林立，稍疏防范，祸变即生，是陷九庙两宫于危险之地，此皆二三王公之咎也。三年以来，皇族之败坏大局，罪难发数，事至今日，乃并皇太后皇上欲求一安富尊荣之典，四万万人欲求一生活之路而不见允，祖宗有知，能不痛乎？盖国体一日不决，则百姓之困兵燹冻饿死于非命者，日何啻数万？瑞等不忍宇内有败类也，岂敢坐视乘舆之危而不救？谨率全军将士入京，与王公痛陈利害，祖宗神明，实式鉴之。挥泪登车，昧死上达。请代奏。

这封杀气腾腾的电文，明指"二三王公"，实斥太后皇上，摆明了是要搞逼宫。袁世凯拿着电报，情不自禁地笑了。

2月6日，内阁总理大臣袁世凯召集王公大臣开会，宣读了这封电报，可把大家吓得不轻，手足无措之间，只能希望前方将士有话好好说，什么条件都好谈。袁世凯便让他们去和太后谈，几天下来，就什么都谈好了。

此时此刻袁世凯还有一点顾虑，那就是禁卫军的态度。前面说过，禁卫军里除了一个标之外，其余全是旗人，大部虽已被调出京城，但毕竟只是在城外，况且紫禁城仍由他们护卫，麻烦得很。这个事，得让冯国璋抓紧办。

2月10日，消息已经走漏，京城内外到处都在谈论皇帝要退位的事，禁卫军官兵自然也在议论纷纷，情绪很不稳定。这时候，冯国璋赶到城外驻地，集合全军人马，开始演讲，做说服工作。

老冯口才一般，好在做了精心准备，话也都说到了点子上。无非是说我和袁总理一样，都是主张君主立宪的，可是现在天下大乱，独立的省份太多，咱们兵力有限，打不过来啊！况且朝廷穷，发不了军饷，弟兄们，不给钱你们愿意卖命吗？

讲到这里看看反响不错，老冯有了信心，赶紧宣读各项优待条件，并朗声宣布，太后和皇上退位以后，人身安全、生命财产由我冯某人负责，冯某并且保证，两宫绝不离开宫禁，并且仍由我们禁卫军护卫。至于禁卫军本身，肯定不会撤销，一切待遇不变。唯一跟从前有所不同的是，以后不会再拖欠各位的军饷了！

下面自然是欢声四起，不过大家仍有疑虑，怕冯军统做不了主，只是说说而已。冯国璋急中生智，让大家推选出两个人来，然后说道："今后你们就是我的副官，时刻跟随我的左右。我给你们二位，每人发一把手枪，任何时候，只要你们发现我和革命党有所勾结，请立即开枪打死我！"

这样诚恳的态度总算安静了下来，冯国璋费尽心力办好了这件事，袁世凯这才算是彻彻底底放了心。

1912年2月11日，袁世凯打电报给南京临时政府，通告清帝退位一事，这也是为了履行南北协议中"表态拥护共和"那一款。电文如下：

> 南京孙大总统、黎副总统、各部总长、参议院同鉴：共和为最良国体，世界公认。今由帝政一跃而跻及之，实诸公累年之心血，亦民国无穷之幸福。大清皇帝既明诏辞位，业经世凯署名，则宣布之日，为帝政之终局，即民国之始基。从此努力进行，务令达到圆满地位，永不使君主政体再行于中国。现在统一组织，至重且繁，世凯极愿南行，畅聆大教，共谋进行之法；只因北方秩序不易维持，军旅如林须加部署，而东北人心未尽一致，稍有动摇，牵涉全国，诸君皆洞鉴时局，必能谅此苦衷。至共和建设重要问题，诸公研究有素，成竹在胸，应如何协商统一组织之法，尚希迅即见教。袁世凯真。

这里的"真"，代表的是日期，当时的电报，每一个日子都用一个字来代替。

1912年2月12日，清室以宣统皇帝奉太后懿旨的名义，下诏宣布退位，退位诏书是张謇写好由上海寄过来的，全文如下：

> 朕钦奉隆裕太后懿旨：前因民军起事，各省响应，九夏沸腾，生灵涂炭，特命袁世凯遣员与民军代表讨论大局，议开国会，公决政体。两月以来，尚无确当办法，南北暌隔，彼此相指，商辍于途，士露于野，徒以国体一日不决，故民生一日不安。
>
> 今全国人民心理多倾向共和，南中各省既倡议于前；北方诸将亦主张于后，人心所向，天命可知，予亦何忍因一姓之尊荣，拂兆民之好恶。用是外观大势，内审舆情，特率皇帝将统治权公之全国，定为共和立宪国体。近慰海内厌乱望治之心，远协古圣天下为公之义。

袁世凯前经资政院选举为总理大臣，当兹新旧代谢之际，宣布南北统一之方，即由袁世凯以全权组织共和政府，与民军协商统一办法。总期人民安堵，海宇又安，仍合汉满蒙回藏五族完全领土为一大中华民国，予与皇帝得以退处宽闲，优游岁月，长受国民之优礼，亲见郅治之告成，岂不懿欤！

钦此。

诏书前半段确为张謇所书，字里行间，给不复存在的清朝留足了面子。后面一段"袁世凯前经资政院选举为总理大臣，当兹新旧代谢之际，宜有统一南北之方。即由袁世凯以全权组织临时共和政府，与民国协商统一办法"则是袁世凯的意思，由徐世昌执笔硬塞进去的，意思有二：一是如果南京方面不肯推举袁世凯当总统，他将可以根据清帝退位诏书的精神，自组临时政府；二是袁世凯的天下并非夺自清朝之手，而是前清皇帝太后授予的，得来名正言顺。

这天晚上，袁世凯在外务部大楼里，把他脑后那条辫子剪掉了，哈哈大笑声中，一身轻松。

得陇望蜀想称帝

与孙中山暗中较劲

2月13日，南京方面面对外界及革命党内部的重重压力，孙中山履行承诺，向临时参议院递交辞呈，并推荐袁世凯继任临时大总统。孙中山同时提出了袁世凯上位的三个条件：第一，临时政府设在南京；第二，新总统必须到南京受任，本大总统始行解职；第三，新总统必须遵守《临时约法》。

定都南京，袁世凯非常不乐意，但最让他惊骇莫名的，肯定是第三条即新总统必须遵守《临时约法》——南京临时参议院上个月28日才成立，这个《临时约法》目前尚在起草阶段，什么内容都还没人知道呢，若是自己同意了，岂不是等于签了张空白支票给别人？

不过袁世凯并没有用语言把自己的不满表露出来，而是以"政府机关不容一日中断"为由，以"全权组织临时共和政府"的名头，布告各级政府部门和军警机关，让他们继续各司其职，一如以往；清内阁被直接改组为"中华民国临时政府"，全班人马原封不动，只是各部大臣改称各部首领，至于袁世凯本人，则叫"临时政府首领"。

这个意思很明白——老子是清王朝的继承者，是根据清帝的《退位诏书》而"全权组织临时共和政府"，名正言顺。

紧接着，袁世凯就以"本全权"的名义，照会各国驻华公使，通告政权变更一事。

此时的中华民国，一南一北两个临时政府并存，结果是谁也不能得到各国的承认，无论袁世凯还是孙中山，当的都还只是关门总统。

2月14日情人节那天，临时参议院在南京召开临时大总统选举大会，17省代表出席，袁世凯以17票全票当选为中华民国临时大总统。临时参议院随即给翘首以待的袁世凯发去一封电报，电文如下：

> 北京袁慰庭先生鉴：昨孙大总统辞职，经本院承诺，业已电知尊处。本日开临时大总统选举会，满场一致，选公为中华民国临时大总统。查世界历史，选举大总统，满场一致者，只华盛顿一人，公为再见。同人深幸公为世界之第二华盛顿，我中华民国之第一华盛顿。公之伟业，共和之幸福，实基此日。务请得电后，即日驾莅南京参议院受职。共和万岁！中华民国万岁！

将之比作华盛顿，这种夸法不由得让人心生得意，但得意归得意，要让他去南京就职，袁世凯却是打心眼里不愿意。

这很好理解，毕竟老袁的根基在北方，北京才是他的老巢，而整个南方诸侯并起，南京更是革命党的地盘。体育比赛还有主场优势一说，更何况是你死我活的政治斗争？

事实上孙中山坚决主张定都南京，主要目的确实就是为了拘束住袁世凯，只是这个主张，即使在革命党内部也颇有争议，大部分人并不认同，其中的代表人物，正是当初极力反对孙中山搞总统制的章太炎和宋教仁。

章太炎是革命党内的铁杆反孙派，之前他就有"论功当推黄克强（黄兴），论才当推宋教仁，以德当推汪精卫"之言，不赞成孙中山当临时大总统。此时老章认为，南京地处东南，难以控制东北和蒙古，而这才是眼下的焦点。清廷虽已退位，但在北方仍很有影响，此时日、俄心怀叵测，一旦清廷余孽和满蒙分裂势力相勾结，后果实在堪忧，甚至不排除清廷有复辟的可能。

因此，他在上海《大共和日报》上发表了一封致临时参议院的公开信，直言定都南京有百害而无一利。章先生是老革命，坐过牢亡过命，又是公推的当世第一大学问家，而且其理由堂堂正正很有号召力，对参议员们影响着实不小。

另外，黎元洪以首义之区且地处南北中心为理由，通电主张建都武昌；更有一派意见，认为各国在北京建有公使馆，且在《辛丑条约》中取得在北京、天津至山海关铁路沿线的驻军权，迁都南京，恐怕它们不会答应，所以还是维持现状的好。

意见如此纷扰，那就还是投票决定来得好。参议院表决的结果是20∶8，通过了定都北京的决议。

孙中山当然大怒，立即将同盟会议员黄复生、邓家彦、康宝忠、李伯中等人招来，骂得很难听，说他们是革命的败类；黄兴更是怒不可遏，扬言参议院若不自行推翻此决议，他将带宪兵拘捕所有议员。

黄兴身为临时政府陆军总长，放出这等狠话，自无人敢等闲视之。参议院只好重新投票，在宪兵的压力之下，加上当场有同盟会议员声称不建都南京就要自杀，搞得气氛极为凝重，好在投票结果令人满意，19∶8，这一次终于达成了定都南京的决议。

于是参议院就给袁世凯发了电报，封他为"中国华盛顿"之外，还请他来南京受职。袁世凯则回了一封电报：

南京孙大总统、黎副总统、各部总长、参议院、各省都督鉴：清帝辞位，自应速谋统一以定危局，此时间不容发，实为唯一要图，民国存亡，胥关于是。

顷接孙大总统电开，提出辞表，推荐鄙人，嘱速来宁，并举人自代，电知临时政府，异以镇安北方全局各等因。世凯德薄能鲜，何敢肩此重任！南行之愿，真电业已声明，然暂时羁绊在此，实为北方危机隐伏，全国半数之生命财产，万难恝置，非因清帝委任也。

孙大总统来电所论，共和政府不能由清帝委任组织，极为正确。现在北方各省军队暨全蒙代表皆以函电推举为临时大总统，清帝委任一层，无足再论。惟总未遽组织者，特虑南北意见因此而生，统一愈难，实非国家之福。若专为个人职任计，舍北而南，则实有无穷窒碍。

北方军民意见尚多分歧，隐患实繁；皇族受外人愚弄，根株滋长；北京外交团向以凯离此为虑，屡经言及；奉江两省时有动摇；外蒙各盟迭来警告。内讧外患，递引互牵，若因凯一去，变端立见，殊非爱国救世之素志。若举人自代，实无措置各方面适宜之人。然长此不能统一，外人无可承认，险象环集，大局益危。

反复思维，与其孙大总统辞职，不如世凯退居。盖就民设之政府，民举之总统而谋统一，其事较便。今日之事，惟有由南京政府将北方各省及各军队妥筹接收以后，世凯立即退归田里，为共和之国民。当未接收以前，仍当竭智尽愚，暂维秩序。

总之，共和既定之后，当以爱国为前提，决不欲以大总统问题酿成南北分歧之局，致滋渔人分裂之祸。已请唐君绍仪代达此意，赴宁协商。特以区区之怀，电达聪听，惟亮察之为幸！袁世凯咸。

这里的"咸"，是15日的代码。

平心而论，袁世凯列出的若干理由也是实情，比如北方军心不稳，有兵变的危险；奉天、黑龙江及蒙古在日、俄煽动下有独立倾向等，确实都是重大隐患。

至于说洋人希望他留在北京，这更是千真万确，事实上除了日本、俄国，各国一向很看好袁世凯，认为唯有他才能给中国带来稳定和繁荣，因此在袁世凯迫清廷退位的过程中，洋大人们助了他一臂之力，现在好不容易成功了，哪里舍得让他远离北京，权力受到掣肘？而若民国政府始终得不到各国的承认，外交上肯定会很麻烦，这也是个大问题。

因此，袁世凯提出了解决方案："与其孙大总统辞职，不如世凯退居"，前提是南京临时政府先把北方各省及军队接收安顿好。

这么说就显得过于冠冕堂皇了——袁世凯费尽心机好不容易才当上这个临时大总统，哪里肯如此退居山林之下？其实就在这一天，在其它文件里他已经改称自己为"新举临时大总统"，瘾还没过够呢！

谁都知道，北方的地盘及军队尽在袁世凯掌握之中，没有人接得过去。孙中山当然也很清楚这一点，虽然百般不愿，也只好接受了大家的意见，以南京临时政府的名义，派出一个九人专使团，以教育总长蔡元培为迎袁专使，参议院副议长王正廷、外交部次长魏宸组、海军顾问刘冠雄、前议和参赞汪精卫、参谋次长钮永建、法制局长宋教仁、陆军部军需处长曾昭文、步兵卅一团团长黄恺元为团员，会同袁派到南京来协商的唐绍仪，一起前往北京，迎接袁世凯南下任职。

这是要拿礼数来拘住对方的面子，让他不好意思不来。而这一类事情本是袁世凯的擅长，应付起来有的是经验，他先是下令要求直隶省和天津地方政府要热情接待，更于26日专使团到达天津当天，派出大儿子袁克定专程前往迎接，规格不是一般的高。不仅如此，此行的东道主北京市政当局，还宣布将组织三天庆祝大会，每天晚上都将进行提灯游行，以庆祝中华民国的成立，以及对专使团表示热烈欢迎。27日专使团抵达北京，袁世凯更是下令打开以往只有皇帝出入才开的正阳门，用最隆重的礼节来欢迎蔡元培一行。

进得城来，放眼看去，只见家家户户都挂上了民国的五色国旗，除四处张灯结彩，还张贴着欢迎南京专使的标语，整个北京城完全沉浸在一片欢乐祥和的气氛之中。

专使团被安排住进了王府井大街东侧东安门附近煤渣胡同的一个豪华招待所，这里最早是恭王奕訢所创立的神机营的衙门所在，庚子之乱衙门被毁之后，清廷又在此办了一所贵胄政法学堂，入民国后袁世凯将之改为招待所，蔡元培一行便是第一批入住的客人。

招待所周围负责安全保卫工作的，是赵秉钧派出的警卫部队，由600名警察组成，日夜巡逻不在话下。

吃完午饭略事休息，蔡元培等人便来到中南海谒见袁世凯，略微寒暄之后，蔡元培呈上临时大总统的选举状和孙中山的亲笔信，并催促袁总统尽快南下就职。袁世凯一口就答应了下来，一点推辞都没有，这完全出乎所有人的意料。

更让人没想到的是，袁世凯还说了，他要先把北京这边的工作布置一下，安排好合适的人留守，这样自己才能放心走。这种非常务实的态度，令大家没法不频频点头称是。接下来，袁世凯展现出了最大的诚意，说他计划走京汉路南下，先到武昌和刚刚当选副总统的黎元洪见个面，再换乘轮船去南京。

这还有什么说的呢？自然是宾主尽情欢笑，晚宴上，吃到的每一口菜，喝下的每一杯酒，蔡元培等人都无不觉得味道好极了。

没有人知道袁世凯为什么突然改了主意；更没有人知道，如果他依然无意南下，将会使用什么手段来过这一关。因为就在这几天，他的宝贝儿子袁克定策划了一起兵变，把事情搅黄了。

这里得先简单交代一下袁克定，他是袁世凯和原配于夫人所生的唯一一个孩子，从小跟着父亲在朝鲜长大，见过些世面。清朝末年的时候当到过农工商部左丞，也算是个有资历的人。不过所有这些资历，在袁大少爷眼里都不如袁世凯的大公子这个名头来得耀眼，所以当老袁重出江湖后不再让子女当官，他倒也无所谓，因为在他看来，老爸不当皇帝可惜了，而自己不当太子更是天理难容。

因为存着这个念头，袁克定对父亲南下就职一事很是抵触——他给父亲的定位绝不是中华民国的总统，而是一个新朝代的开国皇帝！因此，2月21日那天，南京专使团刚从上海出发不久，袁大公子就召集了杨士琦、杨度、曹锟、姜桂题等自己熟悉的文武大员开会，通报说南方派人来迎接大总统去南京就职，大总统貌似有点心动了。但是，大总统若是一走，兵权就得移交出去，而他只被允许带最多一个协的人去南京作为卫队，剩下的人马就要惨遭裁军！

杨士琦、曹锟他们几个自然是义愤填膺，奈何谁也没准主意，只是在那儿发牢骚，袁克定大失所望，觉得他们就像拿了钱在网上发帖的托儿一样，成不了大事；只有一直沉默不语的姜桂题，像是不叫但真肯咬人的狗一般，似乎值得信赖，便看着他说："我看不如等那几个专使来了，大家闹一闹，把他们吓回去再说。"谁知姜桂题根本不搭茬——老爷子虽然没读过书，但活了这么大一把年龄，而且在官场混了大半辈子，好歹也懂得明哲保身的道理，怎么可能跟着袁老四的儿子瞎混？

这会就没法再开下去了。但袁克定总觉得不能被南方牵着走，得要主动。既然姜桂题装傻充愣，杨度、杨士琦是文人也指望不上，那就只能将希望寄托于曹锟。于是过了几天，他单独召见了曹锟。

曹锟此时是新军第三镇的统制，属于北洋嫡系，算是个实干家，对袁氏父子一向忠诚。这人比较憨直，没什么心眼，那天开会说不出什么所以然来，但心其实是热的。

此时袁克定已经改了主意，觉得就算吓跑了这一拨专使，还会有下一拨过来，这帮厮们真要子又生孙孙又生子那样子子孙孙无穷尽地来劝说，老爷子纵然是铁石心肠也难免会有被感化的一天，那老子这个太子还当不当了？也算是急中生智，袁大公子居然想出了一条釜底抽薪之计——不如把赖在宫里的宣统皇帝给赶出去，直接把老爸推上皇位黄袍加身，这样就不仅老爸不用冒风险离开北京，自己的太子梦也圆了！而且，等到老爸百岁之后，自己顺理成章就成了皇帝，那才爽呢！

曹锟果然不负他年轻时"曹三傻子"的名号，对如此脑残的阴谋居然一诺无辞。2月29日晚上，第三镇派出第3营的官兵直闯东华门，欲冲进大内驱逐溥仪，可惜守卫宫门的军队是冯国璋统领的禁卫军，袁克定和老冯的关系连一般都算不上，没敢提前跟他打招呼，原指望着曹锟的人马能硬闯进去呢，哪曾想火烧东华门之后却遭到禁卫军的顽强抵抗，第3营官兵只好知难而退，随即展开了有序的劫掠。应该是有人指挥，变兵们抢着抢着就涌向了煤渣胡同专使团下榻的招待所，虽然有警察护卫，专使们还是不放心，赶紧翻墙而出，匆匆跑到了旁边老外开的六国饭店躲了起来。

变兵们见招待所也进不去，就沿着王府井大街一路鸣枪点火，抢到了前门、大栅栏一带，边抢还边喊："袁宫保要走了，我们没人管啦！弟兄们抢啊！"

这是提灯游行的最后一夜，大街上本来很热闹，被变兵这么一闹，哪里还有人敢在街上待着？

第二天也就是3月1日，变兵在北京西城继续抢劫，与此同时，兵变蔓延到了通州、天津、保定等地，不仅放火抢劫，还有外国传教士被杀，很有点当年闹义和团时候的架势，这下子事情就闹大了。

袁世凯心知不好，赶紧派拱卫军和禁卫军出动维持秩序，为了怕事态失控，两军都接到命令，不许首先向变兵开枪。变兵毕竟人少，况且并不是真要造反，所以乱局很快就被弹压了下去。

但麻烦还是来了。3月2日，英、日、法、美、德五国公使开了个联席会议，决定从天津调动军队入京，观望局势。洋人效率很高，3日，英军1000人，美、法、德、日各200人开到北京，并举行了阅兵式；紧接着，日军1000人从旅顺、俄军1000人从哈尔滨、德军100人从青岛各自开往天津，气氛紧张得令人窒息。庚子之乱中被祸惨重的北方各省更是人心浮动，所有人都知道，新生的民国，正面临着一场巨大的危机。

焦点立即集中到了袁世凯身上。北方各省军政要员纷纷通电反对大总统离京南下，认为只有袁世凯才有能力挽狂澜于既倒，而且他也有这个义务和责任。相对于此，像在南京还是北京就职，简直就是一个不值一提的问题。

袁世凯很好地利用了这次机会。兵变平息后的3月2日，他就以中华民国临时政府的名义通告各方，说北京发生的事情是一起偶然事件，参与者只是第3镇第3营，原因是他们听说大总统要去南京、北方军队将被裁汰而导致军心不稳，以至于上街抢掠，事情虽然恶劣，但并非无可收拾。接着他向孙中山通报了兵变情况，说明此事没有任何政治背景。蔡元培专使证明了这一点，在他向孙中山及临时参议院的报告中，明确指出变兵只是放火抢掠并未滥杀无辜，此事与政治无关。接下来袁世凯又给南京临时参议院发去一个电报，情真意切地表示，鉴于北方局势不稳，他希望可以暂留6个月，并提出了请黎元洪先到南京就任副总统、代行总统职权的方案。

这个时候专使团帮了袁世凯的忙。内部开会的时候，汪精卫表示："今天的问题，应当首先实现统一，成立全国统一政府，才能安定大局。其余一切问题，都不妨尽量迁就。"外患当前，蔡元培、宋教仁等也以国事为重，果断放弃了之前的成见，紧急磋商之后，电请南京临时参议院允许袁世凯在北京就职，以稳定局势。

3月6日，临时参议院开会讨论专使团的建议，除少数同盟会议员支持孙中山"新总统必须到南京就职"的意见外，多数议员认为，此时此刻，迅速成立全国统一政府，以避免外力干涉、防止内战再起才是当务之急，没必要在总统就职于何处这等小问题上纠缠不休。

因此临时参议院最终决议请袁世凯在北京就职，并提出6个条件，其中主要的3条是：新总统就职前，必须向本院宣誓效忠共和；新总统必须提出内阁名单，征求本院同意；本院通过内阁名单后，内阁到南京办妥接收手续，孙大总统始行解职。

条件相当温和，袁世凯觉得没有啥不能接受的，于是于3月8日致电参议院，发表了效忠共和的誓词，全文如下：

南京参议院鉴：麻电悉。所议六条，一切认可。凯以薄德，忝承公推，勉尽公仆义务。谨按三月初六议决第二条办法电达宣誓。下开宣誓词请代公布。其文曰：民国建设造端，百凡待治，世凯深愿竭其能力，发扬共和之精神，涤荡专制之瑕秽，谨守约法，依国民之愿望，建国家于安全强固之域，俾五大民族同臻乐利。凡兹志愿，率履弗渝。俟召开国会，选定第一期大总统，世凯即行解职。谨掬诚悃，誓告同胞。大中华民国元年三月初八日，袁世凯。

1912年3月10日，老袁身穿大元帅礼服，在北京石大人胡同迎宾馆正式就任中华民国临时大总统。第二天3月11日，南京临时参议院公布了《临时约法》。

这个《临时约法》出笼得相当神速，从2月7日到3月8日，只一个月的时间就完成了起草、讨论、通过的全过程，且特意选在了袁世凯就任临时大总统的第二天公布。

当然了，整个过程中争议很多，最大的焦点依然集中在政体问题上。因为孙中山的极力坚持，最终临时参议院决定将之前实行的总统制改为内阁制，即总统只是象征性的国家元首，由内阁总揽国家行政权力并对议会负责，总统命令必须内阁副署方可生效。

袁世凯对此感到很郁闷——凭什么你孙中山当大总统就实行总统制，我袁世凯当大总统就实行内阁制？这不是明摆着欺负人吗？

不过袁世凯是个迷信权谋的人，虽然心里觉得委屈，但仍然对自己驾驭政局的手段信心满满，更何况《临时约法》既已获得通过，就已经成为中华民国的根本大法，不由得任何人不遵守——不管怎么说，当上临时大总统是件好事，所以袁世凯也就认了。

没有钱是万万不能的

袁世凯在北京就任临时大总统，算是如愿以偿。按照《临时约法》，接下来应该由他提名一个内阁总理的人选。对于这件事，起劲的人很多，有挺孙中山的，有挺黄兴的，还有挺梁启超的，各有各的道理。袁世凯不是那么容易被旁人左右的人，他有自己的计较。

在他看来，这个内阁总理最好是徐世昌来干。可问题是徐世昌以大清朝的忠臣自居，不肯在新朝为官，故中华民国刚一成立，他就离开北京，跑去了青岛。之所以选择青岛，是因为当时那是德国的地盘，不归民国政府管，所以前清遗老来了很多，像溥伟、周馥、赵尔巽、劳乃宣等无不"隐居"于此，故青岛一度有民国的首阳山之称。徐世昌前来，同样是为了彰显"不食周粟"的气节。

徐大哥如此顽固，那就只能选唐绍仪了。这是一个于公于私都非他不可的选择，于公，前清时期唐绍仪在内政外交两方面都有建树，具有丰富的从政经验，资历足够，且和南方革命党人相处融洽，是南北双方都可接受的人选；于私，他是袁

中华民国立国纪念

世凯多年的下属，也是多年的老朋友，属于"说你行你就行不行也行"的那种人，况且他确实也行，那么不用他用谁？

谁知好事多磨，3月13日那天，袁世凯正式向南京临时参议院提名唐绍仪为内阁总理，却遭孙中山代表同盟会表示不能接受。孙中山的意思是，总理谁来干都可以，但必须遵循一个原则：他必须是同盟会会员。同盟会在临时参议院中人数最多，其领袖孙中山的这一态度，就意味着袁世凯的这个提名很可能会被否决。

事情眼看就要陷入僵局，好在经立宪派代表赵凤昌出面协调，双方达成了一个折中的办法，即唐绍仪加入同盟会，同时出任内阁总理。

这是一个皆大欢喜的结局，孙中山认为唐绍仪入同盟会后自会成为革命同志，袁世凯则相信唐绍仪入了同盟会也不会背叛自己。接下来，他又干了两件自认为很得意的小事情。第一件，是派人将炸死良弼的烈士彭家珍之父彭世勋接到北京来，以民国政府的名义送给他菜厂胡同住宅一所，并由总统府按月发放一笔抚慰金作为其生活费。第二件，则是聘请了当世才女吕碧成为总统府秘书。吕碧成是大家严复的弟子，有"近三百年来最后一位女词人"之美誉，作为《大公报》的第一位女编辑和北洋女子公学的创办人，她也是当时风靡全国的女权运动的领军人物。袁世凯跟她本是旧识，现在请了她来做秘书，也就等于赢得了举国上下女权主义者的好感。

3月25日，唐绍仪来到南京，向临时参议院提交内阁名单。26日，他正式加入了同盟会，入会规格很高，以蔡元培、黄兴作为介绍人，孙中山亲自主持了宣誓仪式。

29日，临时参议院对内阁名单进行了表决，只否掉了梁如浩的交通总长提名，其他全部通过，名单如下：

内阁总理唐绍仪

外交总长陆徵祥（时任驻俄大使，尚未回国，由胡惟德署理）

内务总长赵秉钧

财政总长熊希龄

陆军总长段祺瑞

海军总长刘冠雄

教育总长蔡元培

司法总长王宠惠

农林总长宋教仁

工商总长陈其美（未到职，由王正廷署理）

交通总长唐绍仪（兼）

这个名单很有意思，可以从多个角度来解读，首先它兼顾了同盟会、北洋系及立宪派几大实力派系；同时你可以说它是同盟会内阁，因为无论总理唐绍仪，还是蔡元培、王宠惠、宋教仁、陈其美，几个人都是同盟会会员，占去了内阁的半壁江山；但你也可以说它是袁世凯的内阁，因为唐绍仪毕竟首先是袁的老朋友，赵秉钧、段祺瑞、刘冠雄三人更是袁的班底，而熊希龄作为立宪派代表，走的是亲袁路线，至于陆徵祥，虽然无党无派，毕竟是前清官吏，基本上也可以算老袁的人。

再换个角度看，北洋系三人掌握着内务和军事两大实力部门，同盟会四人所得的教育、司法、农林、工商这几个部门，相对就没那么至关重要。事实上按同盟会的意思，应该由南京临时政府陆军总长黄兴继续担任新内阁的陆军总长，奈何袁世凯坚决不肯，倒是送了黄兴一顶高帽子，他说："黄克强乃是全国伟人，岂可屈居阁员地位，参谋总长位在阁员之上，请其改任此席何如？"

当时的军事大权尽在陆军部和海军部，参谋本部没什么实权，参谋总长只不过是个好听的虚衔而已。黄兴当然不肯屈就，于是袁世凯就任命他为南京留守，直接向大总统负责，职责则和以前一样，在名义上统领南方各军，并负责裁军整编事宜。

至于参谋总长一职，虽然无权，毕竟尊贵，不是一般人可以干的，便请了黎元洪以副总统的身份兼任。此时黎元洪还在湖北，所以他的这个总长只是挂个名，参谋本部的具体工作，袁世凯安排了由黎元洪所推荐的次长陈宦主持。

陈宦前面已经提到过，是一个人物，不过现在他所在的还是个冷衙门，内阁才是大家所关注的焦点。只是这个内阁派系丛生，而且你中有我我中有你的，那么身为总理而又横跨北洋系与同盟会两大派别的唐绍仪，他的立场就显得尤为举足轻重。

此时此刻，唐绍仪的立场谁也摸不透，袁世凯只是觉得，自己的这个老朋友从南京回来后就有点变了。

孙中山也变了，变的是身份。4月1日，他宣布正式解除临时大总统职务，随即离开南京前往全国各地漫游。4月2日，临时参议院决议将首都由南京改为北京,后来该院也迁到了北京。

唐绍仪回来得更早一些,回来后经过一番准备,于4月21日正式成立了国务院,南北统一遂告完成。

国务院成立不久,唐绍仪和袁世凯之间就出现了裂痕,且越来越大。

这主要还是因为理念的不同。在袁世凯看来,你虽然贵为总理,但首先是我的手下,应该事事听我的才对;唐绍仪则认为,既然《临时约法》规定的是责任内阁制,那么内阁总理才是真正的老大,他没有必要自贬身份事事向袁世凯这个虚衔总统请示汇报。毫无疑问,这绝不是罚酒三杯就可以解决的问题,而是实实在在不可调和的矛盾。

于是有一天,唐绍仪去总统府和袁世凯商量事情,话不投机之下,袁世凯突然来了一句:"少川(唐绍仪字少川)啊,我老了,还是你来当总统吧!"搞得唐绍仪好不尴尬。

不止袁世凯对目前的处境不满意,唐绍仪这个总理当得同样很不是滋味,毕竟半个内阁乃至大半行政系统都是北洋系的人,若得不到袁世凯的真心支持,这帮人绝不会把任何人放在眼里,不管你是国务总理还是总统故人。更何况唐绍仪虽然跟袁世凯渊源很深,却和北洋军界没什么关系,再加上他又是新鲜出炉的同盟会员,也难怪大家不买他的账。

表现得最极端的是赵秉钧。老赵身为内务总长,却从不出席国务会议,理由是太忙,没时间。忙的是什么呢?唐总理也不知道,因为赵总长从来都是直接向袁大总统汇报,好像内务部不属于内阁而直隶于总统府似的。总之,老赵根本就看不上老唐,以至于有一次唐绍仪以总理之尊向赵秉钧打招呼,想安排几个同盟会的人进内务部工作,结果被硬生生地顶了回来,只把自己气了个半死。

赵秉钧如此,段祺瑞和刘冠雄也好不到哪儿去,除了面子上多多少少会过得去点之外,其它的表现和赵秉钧没有分别。这几个都是袁世凯的嫡系,老袁对他们恩重如山,唐绍仪多少还可以理解。可是熊希龄这厮居然也梗着脖子和自己作对,不拿总理当干部,这就是可忍孰不可忍了!

熊希龄的本职是财政总长,他和唐绍仪的矛盾自然是源于钱,但不是所谓的人为财死鸟为食亡那回事,而是为了借钱。

这得从民国政府的窘迫说起，说起来简直就是一把辛酸泪，所以咱们还是长话短说吧。

可怜民国推翻的是清朝，有点先天不足，不像当年蒙古人灭掉南宋，继承的是一个富得流油的中国，甚至没法跟清朝灭掉明朝相比，明朝末年虽然也是千疮百孔，但好歹没有外债，清朝可就不一样了。

其实清朝一直到乾隆那会儿，政府的日子过得都还不错，即使到了嘉庆、道光年间，也都还过得下去，只是一场鸦片战争，再加一个太平天国，财政竟至濒于崩溃的局面，不过还能混混日子，比如光绪初期，清政府每年也还能盈余个几百万两银子。

甲午战争改变了一切，2.3亿两银子的赔款，搞得大清朝就仿佛英雄白头美人迟暮，从此以后打也打不了、卖也卖不出好价钱；混吃等死地耗到庚子年招来了八国联军，4.5亿两银子的赔款，连本带利接近10亿两，就连慈禧老太后都不得不承认，长此以往，大清朝就要玩完了。

老佛爷当然不甘心就此玩完，于是就有了清末新政。老实说，慈禧搞新政还是有一些诚意的，虽然碍于方方面面包括心魔的局限，她搞得并不彻底，但中国人民确实很牛，你但凡给他一点好政策，立马就能回收一个大奇迹，这样到了1903年，也就是新政才搞了3年的时候，政府的财政收入就达到了1亿两的历史峰值，而到1910年，这个数字已经接近3个亿。就GDP来说，当时的大清朝仅次于美国，高居世界第二，多少能说明一些问题。

不过还是得靠借钱过日子，因为支出同样相当浩大。各级官员的贪污腐败且不说，逐年偿还赔款之外，四处都要用钱，譬如光编练新军，每年就需要5000万两以上，这是新政的成本，没办法。好在成本大体是可控的，只要收入能够保持不断提升，从长远来看，一个美好的未来依然值得期许。

但是一个黑白不分、贪腐丛生的朝代不配拥有美好的未来！也是老天有眼，1911年武昌起义爆发，清王朝随即土崩瓦解，只是可怜了民国政府，接下了一个史上最烂的烂摊子。

一方面是强敌环伺，而巨额赔款还得逐年继续赔付；另一方面，从太平天国之后即开始日益坐大的地方政府，此时更是借着辛亥革命之机，纷纷打出了"地方自治"的大旗，一个个省仿若一个个独立王国，水泼不进，基本上除了外交，在当时已经看不出中央政府还有多少存在的意义。

袁世凯当然很烦，不过他久历官场见多识广，自信假以时日定能收拾得了各路诸侯，可眼下的问题是，中央政府没钱，巧妇难为无米之炊。

当时的情形是，各省各自为政，不仅在行政、人事、军事等方面不听中央的，就连税收也不上交，只有直隶、山东、河南等少数几省属于北洋系的地盘，多少能交点钱上来，可是远远不够，那就只能借外债了——上任大总统之初，袁世凯着力于善后，重点在于整顿北京的统治机构，偿还以往的外债及赔款，还有就是履行对逊清皇室400万元岁费的承诺。当然最最重要的一项是全国大裁军，而裁军这事，没有钱是万万不能的。

好在裁军在当时是全国上下难得的一项共识。辛亥革命期间，各地都热衷于招兵买马，以至于全国军队急剧膨胀。等到清室退位尘埃落定，大家才发现，即使以中国之大，也根本不需要那么多军队，况且上至中央下自各地，每个政府都穷得蓬头垢面，委实养不起那么多官兵。

没错，各省也穷，其实他们不向中央上缴税收，除了不愿交以外，也有自己不得已的苦衷：下面的府县同样懒得交钱给他们。真是家家有本难念的经啊！

最难的肯定是南京临时政府，政府没钱，偏偏孙中山号召北伐之后，南京周边便逐渐聚集了来自四面八方的20万大军，人数实在太多，不仅军饷没有着落，就连吃饭都成问题。为了解决这一难题，孙中山只好向外国谋求借款，无奈大家对南京临时政府没有信心，不借给他，于是孙先生在袁世凯当选临时大总统之后，便请他帮着想办法。

此时袁世凯刚刚当选没几天，身为全国领袖，自然要心忧天下。更深层次的原因则是，如果他能帮孙中山解决此困难，就表明仍未解散的南京临时政府已毫无存在的必要，再说这笔钱至少名义上是用来遣散南方军队的，更是不能不帮。

可是钱从哪里来呢？前文说过，清末的时候，英、法、德、美共四家银行（美国花旗银行、英国汇丰银行、德国德华银行、法国东方汇理银行）组成过一个四国银行团，上一年清朝还在的时候，为了改革币制、振兴实业，曾和该团签订过1000万英镑的借款合同，仅付了10万镑清政府就寿终正寝了。袁世凯心想，既然民国继承了清朝对外的所有权利和义务，那么就不妨把这个合同履行下去，改为民国政府的善后大借款多好？

四国银行团很爽快地接受了这个原则，只是细则得重新商谈，这得有个过程。但南京那边嗷嗷待哺，袁世凯生怕缓不济急，便派了度支部副首领周自齐去找银行团商量，说南京临时政府现在就需要500万两银子，其中200万属于十万火急，请银行团先行垫付，日后再从善后大借款里扣除。

老外很给面子，于2月28日，也就是蔡元培等迎袁专使团抵达北京的第二天，由英国汇丰银行经手，付给南京临时政府200万两银子作为军政费用，算是解了燃眉之急。不过对于另外300万两，老外表示要等把条件谈清楚了再给。

接下来，袁世凯便指令由唐绍仪去和四国银行团商谈善后大借款之事。谈判进行得很不顺利，因为洋人的条件相当苛刻，唐绍仪便决定绕开他们，转而向华比银行借款。

华比银行名义上是比利时背景，实际上却是由俄、英、法、比利时几国资本组成的国际财团，该财团由俄国政府指使俄亚银行（即华俄道胜银行）牵头成立，目的就是为了和四国银行团竞争对华借款事宜，所以1912年1月24日成立之后，立即就由华比银行出面跟袁世凯的北京临时政府商谈借款之事，由于条件比较温和，很快双方就达成了1000万英镑的优先借款协议，并于2月20日草签了合同。只是草签，因为在袁世凯看来，首选应该还是四国银行团。

四国银行团也没闲着，他们在不停地开会讨论，并开出条件，3月9日，袁世凯书面接受了他们提出的"此后银行团对垫款和借款应享有优先权的条件"，之后几天却未见打款，而具体经手此事的唐绍仪，此时已决定抛开四国银行团，便于3月14日晚同华比银行正式签订了借款合同，首期借款为100万英镑（合1000万元）。这个事，唐绍仪书面通告过袁世凯，袁世凯没同意，也没有反对。

此后不久，唐绍仪便带着500万元到南京组阁去了。就在他抵达南京的当天，四国公使了解到比国借款之事后，向北京临时政府提出了正式抗议，并指责袁世凯"不守信用"。袁世凯岂肯担当如此恶名？便推说自己不知情，都是唐绍仪自己干的，至于四国公使提出的"取消华比借款、公开道歉"的要求，那得等当事人唐绍仪回来再说。

唐绍仪是个很会花钱的人，500万元被他在南边花了个精光，其中大部分给了黄兴，作为遣散南方军队的开销，而实际上，黄兴用这笔钱从德国买了一大批新式军火，并说好在南京下关码头交货。

不想这事被赵秉钧手下的特工掌握了，袁世凯闻之大怒，立即派人把经手此事的洋行买办好言请来北京，重金收买之下，该买办同意将军火改到天津交货。黄兴吃了个哑巴亏，唐绍仪也因资助对手购买军火，使得袁世凯对他的信任大打折扣。

唐绍仪回到北京，首先面对的是四国公使的外交压力，与此同时，他在南方滥用借款一事也遭到了新闻界的猛烈攻击。重重压力之下，唐绍仪只好按照袁世凯的授意，请美国公使出面调停。4月23日，唐总理亲往四国使馆道歉，并承诺退掉比国银行借款而继续和四国银行团合作，四国银行团才答应在进行大借款谈判之前，先商谈一个临时垫款合同。

又回到了向四国银行团借款的老路，还是由唐绍仪负责谈判，此时他的身份已是中华民国国务总理。

银行团从一开始就有监督借款用途的念头，此时借唐绍仪滥用借款为由，更是坚定了这一要求，寸步不让。唐绍仪哪里肯干？表示此举有损主权，遂当场拒绝，谈判终于不欢而散，这是5月3日的事。

此后唐绍仪便主张放弃借款，改由在国内发行公债。他的办法很天真，说是找1000个富翁，每人购买1万元公债，如此便可筹集1000万元，何需求助于外人？蔡元培同样支持放弃借款，但他觉得发行公债也不靠谱，不如向同志们晓以大义，则无需花钱即可遣散军队——这个想法很好，只是蔡元培忽略了一点，革命固然不是请客吃饭，但革命者同样需要吃饭。

其他人没这么理想主义，宋教仁等多数内阁成员对以上两个意见都不支持，大家认为在当前情势下，只有借外债这一条路可走。

眼看事情要成僵局，恰好熊希龄来到北京，总算带来了小小的转机。

总统和总理，不是一条心

熊希龄字秉三，湖南凤凰人，生于1870年，天资聪慧，从小就被誉为神童，他也不负重望，15岁即中秀才，22岁中举人，25岁中进士，并点翰林，可谓少年得志。

因为赞助维新，戊戌变法后熊希龄有过一段低潮。1905年他随五大臣出国考察，干了件大事，就是买通杨度、梁启超做枪手起草了考察报告，之后不久即被派往东北，主要从事工商、财政方面的工作，以善于理财而著称于世。

因为此，唐绍仪组阁，便极力邀请他出任财政总长。熊希龄此时已弃官来到上海，并加入了章太炎的统一党，本无意出山，但一再谢绝之后终觉盛情难却，便答应了下来。但他没有急着去北京上任，而是接受了同乡好友黄兴的邀请，到南京帮忙解决军饷等问题。

黄兴日子很难过，熊希龄在南京也帮不上什么大忙，毕竟巧妇难为无米之炊，加上北京这边催得紧，也就过来了。

来得如此之晚，照例应该罚酒三杯，之后内阁开会一商量，便决定把借款谈判的事交由熊总长来一力承担。熊希龄身为财长，这本是分内之事，自然一诺无辞；而唐绍仪终于卸掉了这个大包袱，也不由得长长地松了口气。

熊希龄走马上任，当务之急就是展开借款谈判。之前他先会晤了各国公使，其中美国公使建议中国政府尽量开源节流，自力更生，以不借外债为佳；英国公使大体上也是这个意思。可是现实如此残酷，不借外债这日子真是没法过啊！所以还是得借。

由于借款条件苛刻，国内舆论反对呼声很高，熊希龄本是个爱惜羽毛的人，他自己哪里肯干这招人骂的事？奈何压力确实太大，上海、浙江、陕西、甘肃、山东、安徽等地，催款催得厉害，尤其是黄兴，"告急之电，一日数至"，先是说仅5月17—21日，便"须放急饷八十万两"，否则"哗溃之势，即在目前"，到了5月15日，更是直言"二日内倘再无款救宁，大乱立至"，"此后东南大局如有变乱，则兴不能负此责任"。

如此的局面，熊希龄不能坐视不管，他不顾唐绍仪的反对，按照洋人要求做了个借款计划，将款项用途及还款方式等写得清清楚楚，终于在5月17日与四国银行团签订了一份300万两银子的垫款合同。有了钱是好事，但合同里有一条"由中国与银行团各任用一名核计员，稽核贷款支付的用途"，意思是要确实保证这笔钱得花在裁军上面，却引发了一场轩然大波。

5月20日，唐绍仪到临时参议院说明情况，并要求通过此垫款合同，却被议员们群起攻击，攻击的倒不是这份合同，而是滥用比国借款的旧事，指其挥霍无度，是亡国总理。唐绍仪不是诸葛亮，没有舌战群儒的本事，只能站在那儿听着大家骂自己，"木立无语几及一小时"。

议员如此，新闻媒体更不消说，其中骂得最爽快的是戴季陶。戴季陶，同盟会员，浙江湖州人。他是孙中山的忠实追随者，日后将是国民党的大人物，此时年方21岁，笔名天仇，是《民权报》记者，也是该报的创办者之一。

戴季陶属于同盟会里的激进派，对袁世凯极为反感，曾写过一篇长文《胆大妄为之袁世凯》，在《民权报》上连载10期。他住在上海公共租界里，受英国法律保护，袁世凯也就懒得搭理他。这一次，他反其道而行之，发表了一篇短文，一共只有四句，很有点像当年张献忠那首著名的"七杀诗"，不妨全文引用：

> 熊希龄卖国，杀！
> 唐绍仪愚民，杀！
> 袁世凯专横，杀！
> 章炳麟（即章太炎）阿权，杀！

痛快倒是痛快，租界当局不干了。因为按照英国人的法律，在报纸上骂人可以，怎么骂都可以，但绝不能煽动杀人，于是就把戴季陶给抓了起来。

这当然引发了各路报刊的抗议，各界人士也展开了积极地营救。谁也没想到，营救最尽力的竟是唐绍仪，他以中华民国国务总理的名义致电公共租界当局，表示"言论自由，为约法所保障"。

既然受害人都这么说了，租界当局也乐得大事化小，把戴季陶放了出来，只罚款30元了事。

戴季陶出来后，接着骂熊希龄卖国，那段时间，熊希龄被各界人士骂得狗血淋头，因为有思想准备，他倒也能够面对。只是当他兴高采烈地把借到钱的好消息电告黄兴后，竟遭到黄兴的一顿痛斥，并要求他把借款合同废掉，这令他深感委屈，很是不爽。

黄兴其实很需要钱，事实上，留守南京之初，他面对的是城内及附近地区的大量军队，像浙军、沪军、光复军、铁血军等，不一而足，加上之前孙中山因为北伐而从各地召来的军队，总人数足有20万之多。这些军队，虽统称为民军，却各自为营，互不隶属，但都要吃饭支饷。

无奈留守处没钱，军饷肯定只能欠着，可慢慢地就连吃饭都成了问题，结果在4月11日那天夜里，南京城里发生了一起兵变。

兵变是南京第七师所部赣军和部分桂军因索要欠饷而发动，和之前的北京兵变类似，他们主要也是在城里抢劫，免不了也有鸣枪放火之类的举动，总之影响极为恶劣。当时黄兴正在上海和唐绍仪商量筹款的事，闻讯立即赶回，等他回到南京时，兵变已被镇压了下去，黄兴下令，枪毙了200多名变兵，事情才算告一段落。

这事给黄兴敲响了警钟——若再不加紧裁军，天知道还会发生什么样的事？

可是裁军更需要钱，怎么办呢？他的办法和唐绍仪的差不太多，通电各省举办"国民捐"，希望全国每人平均捐款1元，积成4.5亿元的巨数，则一切难题都将迎刃而解。

黄兴为此成立了一个国民捐总局，南方各省也相应成立了筹饷局，款没有筹到什么，却苦了退休在家的瞿鸿禨。

瞿鸿禨罢官之后就回了湖南老家，过着平平静静的生活。他当官的时候以清廉刚正著称，几十年的积蓄，也不过是从俸禄和养廉银里省出来的6万两银子，这些钱，他全都存在了老家的某钱庄里。

瞿氏家族里有亲戚觉得，老瞿当过那么多年大官，银子肯定少不了，凭什么不分点给我们花花？愤恨之心遂油然而生。待到湖南筹饷局成立，这几个亲戚为了得点赏钱，便跑去揭发瞿鸿禨在某钱庄存有巨款，结果6万两银子被悉数没收，美其名曰"助饷"，另外还发了一张捐饷证明书。可怜一代宰相瞿鸿禨，此时除了慨叹"虎落平阳被犬欺"之外，只能很低调地跑到上海租界里养老去了。

筹款失败后，黄兴只能以革命大义动员大家功成身退，效果当然很有限，最后逼得黄兴不得不强行裁军，而对被裁官兵，他并没有能力给以妥善安置，结果使得南方各地凭空多出了许多由军人演变而来的土匪，这也是没办法的事。

但黄兴所裁的，大多是别人的部队，像同盟会的死对头光复会会员李燮和的队伍，干脆连番号都被取消了，而黄兴自己及同盟会同志，则以"保存革命实力"的名义，将所有被遣散部队的精良武器及优秀军官留了下来，组成第八师，以同盟会会员兼冯国璋的女婿陈之骥为师长，同时派人到湖南去招募新兵。说明一下，入民国后，以前的镇、协、标已经改成了师、旅、团，称呼上和现在完全一致了。

这个第八师，上至师长下至连长，无一例外全是日本陆军士官学校和保定军官学校毕业的同盟会会员，显而易见是一支党军。黄兴的这一做法，招致了方方面面的猛烈批评，他只好将负责招兵的团长何遂撤掉，算是给了各方一个交代。但黄兴后来仍招致多次行刺，好在每次都是有惊无险。

差不多就在这个时候，熊希龄跟四国银行团谈妥了借款事宜，本以为黄兴会大喜过望，谁知黄兴在获悉老外居然有监督借款使用等欺负人的条件后，勃然大怒，随即通电把熊希龄数落了一番，并要求取消借款。熊希龄差点被气疯了，急火攻心之下，将黄兴之前一封封的催款电报公之于众，两人之间的电报战由此展开，双方各有同情者和助阵者，事情很是热闹了几天。

不过黄兴既然拒绝了熊希龄的借款，也就不好再开口向中央政府要钱。南京虽然不大，没钱照样寸步难行，于是他只能坚决要求辞职，并建议由江苏都督程德全来收拾局面。

其实之前黄兴就已经打过辞职报告，但被袁世凯好言挽留了下来，这一次他态度甚为坚决，袁世凯也就同意了，并于5月31日发布命令："所有南京留守机关，候程德全到宁接收后，准即取消。"

对于黄兴的引退，同盟会的许多同志极为不满，陈其美专门从上海赶到南京，劝其勉为其难也要留任，加紧活动以争取控制江苏全省。陈其美是行动派，为此他专门组织了"洗程会"，计划推翻前清江苏巡抚出身的程德全，而自任江苏都督。事情败露之后，同盟会元老谭人凤及同盟会南京支部又先后电请袁世凯收回成命，委任黄兴为江苏都督。只是这事太大，就算袁世凯不反对，也还得问程德全有没有意见。

程德全当然有意见，在省会苏州收拾完"洗程会"之后，他立即带领卫队赶赴南京，接收了所有军政机关。这样到了6月14日，黄兴终于通电全国，宣布解职南京留守。这样，南京临时政府算是彻底退出了历史舞台。

黄兴隐退之后，当天就去了上海，以示不恋栈。第二天，唐绍仪离开了北京，他也不想干了。

早在5月20日，唐绍仪在临时参议院被众口怒斥之后就已心生退意，当晚即向袁世凯递交了辞呈。袁世凯对于不听话的唐绍仪早有不满，只是自己不方便出面敲打之，所以只能在其它方面下功夫——事实上，唐绍仪所遭遇的铺天盖地的口诛笔伐，很多后面都有袁世凯的影子。

不过袁世凯并不打算让这个自己提名的总理下课，毕竟首任内阁垮得太快的话，大家面子上都不好看；而他之所以要搞这些小动作，其实只是为了警告唐绍仪不要为所欲为，要明白谁才是真正的老大。

所以面对唐绍仪的辞职请求，袁世凯表现得相当诚恳，极力挽留。袁世凯是天才演员，后天更加努力，他要诚恳起来一般人还真受不了。比如他跟唐绍仪就从两人朝鲜初识讲起，然后到小站、到北洋，深情回忆彼此的患难与共，惺惺相惜，说到动情处，简直恨不得执手相看泪眼。往事已然历历在目，袁世凯最后还来了一句："少川，你我相知多年，现在如此纷乱的局面，你不帮我谁帮我？"唐绍仪不是铁石心肠，终究还是留了下来。

可留下来日子还是不好过，很快王芝祥的任命就出了大问题。

王芝祥1858年出生，比袁世凯还大一岁。他是直隶通县人，举人出身，在河南从县官干起，到1911年已经升到了广西布政使，兼中路巡防队统领，是广西名义上的第二号人物。

辛亥年广西宣布独立，推原巡抚沈秉堃为都督，王芝祥当上了副都督，但广西真正的实力派人物却是掌握军权的土著陆荣廷。陆荣廷以"桂人治桂"的名义逼走沈秉堃之后，王芝祥在广西的处境相当尴尬，此时恰逢孙中山号召北伐讨袁，他便率领巡防大队集结到了南京。

此次北伐无疾而终，但王芝祥既然来了就不肯再回广西，后来黄兴整编南方军队，将所有军队编为5个军共26个师，王芝祥出任第三军军长，后又经黄兴介绍加入了同盟会，属于新晋革命党人。

此时全国各地尤其是南方正掀起一股地方自治风潮，以"×人治×"为号召，比如云南就叫滇人治滇，当时的云南都督蔡锷威望卓著，只因为是湖南人，处境就有些微妙。

王芝祥是直隶人，而署理直隶都督张锡銮虽是袁世凯的亲信，但他是浙江人，显然不合"直人治直"的时尚，于是便有临时参议院里的同盟会议员提议由王芝祥取而代之。这时唐绍仪正在南京组阁，刚刚加入了同盟会，自然深表支持，回到北京之后，向袁世凯提了出来，袁世凯虽然百般不愿，却也不便直接反对，只说让王先到北京来看看。

唐绍仪以为这是袁世凯同意的表示，当即就给王芝祥发了电报。与此同时，顺直议会（即直隶和顺天府议会）根据辛亥革命时各省咨议局推举都督的成例，推举了王为直隶都督。

直隶是根本所在，安插个同盟会的人来当都督，袁世凯如何肯干？他认为任免各省都督是大总统的权限，岂能由地方议会做主？但袁世凯不想自己出面对抗，便私底下授意直隶警察厅长杨以德，让他去串联一下，整个电报出来。这个杨以德，正是当年破获彭越刺杀五大臣一案的具体执行人，能力绝对够。他是赵秉钧的得力助手，对袁世凯自然更是马首是瞻。

于是当王芝祥兴冲冲赶到北京，唐绍仪请求大总统发布任命书的时候，袁世凯叹了口气说道："唉！少川，这事不好办啊！"随即拿出一份冯国璋领衔的"直隶五路军界"联名电报，内容正是反对王芝祥，措辞之激烈令人心颤。

唐绍仪看完后急了，说："大总统之前已经同意过这事，怎么能言而无信？况且军人干政可不是好事。"

这时唐绍仪刚闹过辞职，袁世凯费尽心机才把他挽留下来，自不好不假以颜色，所以并未发作，只是说："我什么时候同意过？我只是让他来北京看看。"

唐绍仪一想还真是这么回事，顿时生出一股被耍弄的悲凉，却也无可奈何。

袁世凯倒是早有计较，说直隶都督就不要想了，当然王芝祥也不好叫他白跑一趟，不如改派他去当南方军宣慰使，反正级别也是一样的。

级别虽然一样，权力可大不一样，南方军宣慰使不过是个虚衔，像这样有名无实的官，基本上想封多少就有多少，根本不值钱。唐绍仪觉得这样安排不妥，遂坚决反对，会谈自然是不欢而散。

袁世凯还是挺照顾唐绍仪的面子的，6月2日，他发布了两道命令：各省都督一律由中央政府任命；直隶军方不应干涉都督任命问题。

接下来袁世凯又签署了王芝祥的任命书，唐绍仪一看名字换过了，改叫南京宣抚使，其实和南方军宣慰使是一回事，便坚决不肯副署。根据《临时约法》，总理不副署，此任命便无效，可袁世凯岂是一张纸就能约束得了的？等到黄兴隐退上海、程德全赶到南京的第二天，他单独召见了王芝祥，拨给他一大笔远超过实际需要的钱，让他以南京宣抚使的身份，回南京协助程德全遣散剩余军队。

王芝祥一看钱也捞到了，官也当上了，大总统对自己又是一副推心置腹的架势，再赖在北京不走岂不是不识抬举？当即高高兴兴地接过缺少内阁总理副署的任命书，欢天喜地地回南京上任去了。

唐绍仪闻讯悲愤交集，心想既然大总统的命令不经内阁副署即可颁行，那么自己这个总理还有什么当头？为了怕袁世凯再度诚恳挽留，一夜思考之后，第二天一早他便径直携家眷去了天津，没带走一片云彩。

唐绍仪到天津后发来了辞呈，说自己"偶感风寒，牵动旧疾，所以赴津调治，请立即开缺，另请人选"。袁世凯看后立即派梁士诒前往天津劝驾。梁士诒时任总统府秘书长，深得袁世凯的信任；他又是唐绍仪的老部下，两人私交不错，袁世凯派他去劝，应该说还是表现出了诚意。

奈何唐绍仪去意已决，任谁也劝不动，而根据责任内阁的精神，总理下台，全体阁员应该总辞，但段祺瑞、赵秉钧他们完全不为所动，只有同盟会的几位——教育总长蔡元培、农林总长宋教仁、司法总长王宠惠、署理工商总长王正廷提出了辞职，不过都被袁世凯挽留了下来。他的说辞是，唐总理只是回天津养病，我并未批准他的辞呈，等他病好了，自会回来上班，请诸公继续勉为其难。

随后袁世凯又派段祺瑞去天津劝驾，仍然无果。这下临时参议院沸腾了，其中的共和党、统一党议员纷纷谴责唐绍仪"擅离职守、乘间潜逃"，并得出"同盟会员不宜再担任内阁总理"的结论。同盟会当然觉得很委屈，也进行了辩解乃至反击，不过这样的口水战不会有什么结果，这也可想而知。

到了6月27日，唐绍仪又发来一封辞职书，这一次态度更加斩钉截铁。袁世凯见已无可挽回，只好批准，"应即准允请免国务总理本官，任为政府高级顾问"。

自唐绍仪称病起，袁世凯就任命了外长陆徵祥为代理总理，现在总理位置真空出来了，他首先想到的却还是徐世昌。可惜一方面徐世昌无意出山，另一方面同盟会也坚决反对，没办法，袁世凯只好提名由陆徵祥接任内阁总理。

为了黎元洪，杀了张振武

陆徵祥是上海人，1871年出生于一个基督教家庭，自幼学习外语，后来进了外交系统工作，是晚清总理衙门大臣、庚子年因坚决反对向各国宣战而被杀的许景澄的得意弟子。

在担任清国驻俄公使馆翻译期间，陆徵祥认识了一个比利时女子培德·博斐，该女子是比利时驻俄公使的亲戚。这一年，陆徵祥26岁，培德比他要大一些，已经44岁。

年龄不是问题，问题是感情。培德小姐率先陷入情网，陆徵祥接着也跳了进来，两个人犹如干柴烈火，爱情一经点燃便熊熊燃烧。谁知待到谈婚论嫁之时，却引来了时任驻俄公使的许景澄及其他同事的强烈反对。两人以爱情为重，还是在教堂里举行了婚礼。

陆徵祥后来当了驻俄公使，虽说无门无派，不过辛亥年时经梁士诒活动，他曾领衔清朝驻各国公使联名电请清帝退位，也算是帮过袁世凯的忙，因此当唐绍仪准备组阁时首先想到请他回来当外长，袁世凯是一点意见都没有。

唐绍仪去职以后，袁世凯提名陆徵祥出任内阁总理。陆徵祥因不属于任何派系，故很能被各方接受，6月29日投票当天，临时参议院高票通过了由他出任总理的提案。

按照计划，不久之后参议院将要重新选举，以将临时参议院变为正式国会，届时将由多数党组阁。同盟会因此认定陆徵祥内阁不过是个过渡的局面，而且他们对选举很有信心，自信能借此组成纯粹的政党内阁，因此决定不参与此届政府工作。陆徵祥刚一上任，同盟会的几个总长再次提出了辞呈，为显决绝，他们表示7月14日之后将不再上班。

袁世凯再次进行了挽留，说："我代表全国四万万人请诸君留任！"却只换得蔡元培的一句："我们也代表四万万人请求总统批准我们的辞呈！"这样袁世凯不得不于7月14日签署了批准同盟会四大总长辞职的命令，同时被批准辞职的，还有财政总长熊希龄以及代替唐绍仪出任交通总长的施肇基——他是唐绍仪的侄女婿。

这样陆徵祥就得重新组阁，他常年在海外，国内的人事隔阂得很，好在袁世凯很乐意帮他物色内阁成员，那事情就简单了。

赵秉钧、段祺瑞、刘冠雄三人根本没辞职，所以袁世凯只帮着给张罗了6个人的总长名单，分别是：财政周自齐、交通胡惟德、司法章宗祥、农林王人文、工商沈秉堃、教育孙毓筠。

这其中，当过安徽都督的孙毓筠和当过广西都督的沈秉堃都是同盟会员，而同盟会之前已经决议不参加本届内阁，所以对袁世凯搞的这个名单异常愤怒，宋教仁甚至指责这是"逼奸"。奈何袁世凯心意已决，加上孙、沈两人又禁不住总长官职的诱惑不愿辞谢，最后就这么定了下来。

接下来就该陆徵祥拿这份"补充阁员名单"去临时参议院提请通过。7月18

日，陆总理刚一来到临时参议院会场，便迎来了一阵经久不息的热烈掌声，毫无疑问，大家对这个外交大才还是充满期待的。

陆徵祥口才很不错，可惜他擅长的是外语演讲，法语、俄语、英语都是他的强项，国语却比较弱，再加上他像大多数上海人一样，说话比较轻，这也多少妨碍了他演说的效果。

这些其实也还好，加上他的开场白挺客气——他是这么说的："徵祥今日第一次到贵院与诸君子见面，亦第一次与诸君子办事，徵祥非常荣幸。"这样的话，搁谁谁都爱听，依然热烈的掌声就是最好的证明。可是接下来就麻烦了，陆徵祥如此说道："徵祥20年来一直在国外，20年间，第一次回国仅3个月，第二次回国是在去年，回来之时与各界人士往来颇少，而各界人目徵祥为奇怪之人物，而徵祥不愿吃花酒，不愿恭维官场，还有亲戚亦不接洽……此次以不愿吃花酒、不愿恭维官场、不引用己人、不肯借钱之人，居然叫他来办极大之事体，徵祥清夜思之，今日实生平最欣乐之日……"

这几句话不知道刺痛了多少人的心！这里需要交代一下，吃花酒根本就是当时上流社会的时尚风潮，议员们看起来高高在上，其实多数也不能免俗；而恭维官场本是我们传统文化中的组成部分，许多议员同样不能免俗。至于拉帮结派引用私人，那就更不消说了。

所以虽然陆徵祥说到这里顿了一下，满怀期待地等着下面的掌声，等来的却是众人的面面相觑、鸦雀无声，他只好继续说下去："有了国务总理，断不可无国务员，若国务员没有才望，单靠着一个总理，是断断不能成事的。徵祥忝任总理，自愧无才，全仗国务员选得能干，方可共同办事，不致溺职，现已拟有数人，望诸君秉公解决。譬如人家做生日，也须先开菜单，拣择可口的菜蔬，况是重大的国务员呢。"

这个比喻显得太不严肃，议员们立即群起而攻之，无不极尽讽刺挖苦之能事，搞得陆徵祥手足无措，下面的话也不敢再说了，慌忙走下台来，把阁员名单交给议长吴景濂后，落荒而逃。

事情搞成了这样，投票结果可想而知，六个总长人选全部被议员们否决，而陆徵祥无端受辱，一口恶气怎么也咽不下，再听说是这么个结果，便索性装病住进了医院，正大光明地表示自己"无组织内阁之能力"，以此向袁世凯请求辞职。不仅如此，他连外长一职也不想干了。

袁世凯搞清楚事件原委之后，张罗了一个饭局，时间是7月21日，地点在总统府，宴请的是全体参议员，目的是加强双方的沟通。饭局当天大雨倾盆，议员们没全来，但也到了大半，开吃之前，袁世凯亲切地和大家握手交谈，席间笑声不断，其乐融融。

这顿饭吃得很成功，双方交流异常融洽，散场之前，袁世凯向大家鞠躬表示感谢，议员们也集体鞠躬回礼，场面极其温馨感人。总之，这是一次团结的饭局、胜利的饭局！

袁世凯可不是只会吃饭的人，除此之外他还另有布置。于是欢乐祥和的饭局之外，北京军警界高官也搞了次集会，抛出一份攻击临时参议院的电文，痛斥因为临时参议院的阻挠，新政府无法成立，从而导致善后大借款的谈判无法继续。他们还警告说，若再不发军饷，必将引发军队哗变！

这份电报发给了包括以副总统身份兼任湖北都督的黎元洪在内的各省都督、各省军队、各个政治团体以及各家报馆，得到了激烈地回应，大家纷纷指责临时参议院意气用事，不负责任，北京城内甚至出现了"悬赏10万取吴景濂议长狗命"的匿名传单，更有社团给103位议员每人发去一封信，说你们要是再乱来，下次收到的将不再是文字，而是炸弹！

当然也有不同声音，比如南京方面的第一军军长柏文蔚就领衔民军主要将领，通电袁世凯，要求各界尊重国家立法机关，并强调军人干政后患无穷。

不过总的来说，当时的舆论对参议员们极其不利，袁世凯顺势而为，以陆徵祥的名义，向临时参议院提交了一份新名单：财政周学熙、司法许世英、教育范源濂、农林陈振先、交通朱启钤、工商蒋作宾。

为了照顾议员们的感受，袁世凯先是安排了一场军警界与参议员及新闻记者的茶话会，应议员们的要求，后来他还发布了禁止军人干政的通电。议员们则投桃报李，通过了五位总长的任命，只有工商总长蒋作宾未获通过，这是因为蒋作为同盟会会员，根据同盟会"不参加本届内阁"的精神而不愿出任，故大家没有难为他；至于农林总长陈振先，虽也是同盟会会员，但他愿意当官，大家就顺水推舟投了他的票。

蒋作宾不给面子，袁世凯并不气馁，接着又提名另一位同盟会会员刘揆一出掌工商，刘揆一愉快地接受了邀请，并声明退出同盟会，议员们也就通过了这项任命。

一场危机就此化解，袁世凯不能不感到得意。但还有个问题，就是陆徵祥的病死活就是不肯好，内阁群龙无首总不是个办法，于是袁世凯有了新的打算。

袁世凯的如意算盘是，让赵秉钧来干这个总理。赵秉钧心里当然乐开了花，但他属于北洋系核心人物，这是举国皆知的事，轻举妄动的话，肯定过不了临时参议院那一关。

此时临时参议院的成分很复杂，因为就要组建正式国会，竞争更是空前激烈。早在5月份的时候，为了对抗同盟会，以章太炎、张謇为领袖临时参议院内仅次于同盟会的第二大党派统一党，即和孙武、蓝天蔚等人的民社以及立宪派为主的国民共进会等，合并重组为共和党，推黎元洪为理事长；除此之外，还有以吴景濂、谷钟秀、张耀曾为领袖的统一共和党，以及另外一些小党。大家都想在正式国会中有所作为，故此时互相间明争暗斗、连横合纵，搞得好不热闹。

为了稳定时局、调停党争，袁世凯决定召开一次党政首脑建设会议，并向孙中山、黄兴、黎元洪发出了邀请，请这三位旗帜性的人物来北京共商国是。为表诚意，袁大总统特派程克、张昉作为迎接专使，乘"海琛"号巡洋舰赴上海接孙、黄二人的驾。

孙中山去职之后便开始环游各处，在胡汉民等人的跟随下考察各地情况，走遍了半个中国。根据考察的情况，孙中山认为眼下中国的当务之急是铁路建设，6月间回到上海之后，他更提出了修建全国铁路大干线的计划，并不遗余力地向社会各界宣传这个主张。

对于袁世凯的诚挚邀请，孙、黄二人觉得盛情难却，虽然同盟会内部不乏反对之声，认为袁世凯是想借机软禁两位领袖，但孙、黄还是于8月2日联名回电表示接受，并定下了8月17日的行期。

谁知临近出发，北京方面却出了件大事——武昌起义的领袖级人物张振武被杀了。这事说来话长，我们慢慢说。

武昌起义胜利之后，黎元洪虽贵为湖北都督，后来还当上了副总统，但首义"三武"——共进会的孙武、张振武和文学社的蒋翊武，却实实在在掌握着军事大权，其中孙武担任湖北军政府军务部长，张振武、蒋翊武则是副部长，相对来说，刚开始孙武最牛，张振武次之，蒋翊武的实权比较小。

孙武权力最大，自然也最跋扈，跟黎元洪还好，只是面和心不和而已，跟另外"二武"则简直是水火不容，至于地位再低一点的人，那就更不消说。

共进会有一个分支叫群英会，首领叫黄申芗，他在武昌起义后担任革命军第14标标统，后来又被任命为协统，等于从团长升到了旅长。升了官，照例要去向上峰谢委，没想到黄申芗去军务部表达谢意的时候，孙武孙部长盛气凌人，极为傲慢，黄旅长心想，起义那会儿老子出生入死的时候，你还在医院里躺着呢，现在反倒跟老子装起来了！越想越气，最后竟然动了杀心。

1912年2月27日晚，黄旅长及群英会另一个首领向海潜，率领一批同样对孙武不满的军官及各自手下的士兵，高喊"打倒孙武"、"驱逐民贼"的口号，分两路直扑军务部和孙武家里，多亏孙武跑得快，逃到汉口躲了起来，才算保全了自己。

此时文学社也加入了进来，加上武昌教导团、毕血会、将校补充团、义勇团、学生军和大量在裁军中被孙武裁掉的士兵，参与暴动者已经高达数千人，这样局面就没人控制得住了。

暴动瞬间演变为兵变，变兵们四处抢劫，并枪杀了革命军第二镇统制张廷辅，最后是黎元洪出面，杀了十几个人，才算把兵变平息下去。

事已至此，孙武肯定是混不下去了，不得已提出辞职，黎元洪在欣然接受之后，干脆把军务部都给裁撤了，三武通通被安排改任都督府顾问这样的闲职，孙武、蒋翊武不愿意干这闲差事，选择就此隐退。张振武没退，但和黎元洪闹得很僵。

其实张振武从一开始就很看不起黎元洪，当初黎元洪被从幕僚家里拉出来的时候，死活不肯造反当都督，张振武就公开对吴兆麟说过："这次革命，虽将武昌全城占领，而清朝大吏潜逃一空，未杀一个以壮声威，未免太过宽容。如今黎元洪既然不肯赞成革命，又不受同志抬举，正好现在尚未公开，不如将他斩首示众，以扬革命军声威，使一班忠于异族的清臣为之胆落，岂不是好？"

这话太伤感情，尤其是黎元洪当了都督之后，张振武仍不把他当领导看待，甚至曾经当众奚落过他，说："要不是我们把你拉出来，你哪里有今天？"这样一个下属，哪个领导容忍得了？

张振武敢这么嚣张，自然也有他的底气——他不仅组织有自己形影不离的卫队，还掌握着将校团这样一支死忠武装，自信没人敢动他。

本来凭黎元洪当时的实力，确实也动不了张振武，但袁世凯一心拉拢黎元洪以防他倒向同盟会，这样张振武就有了大麻烦。

居间策划的是参谋次长陈宧。前面说过，民国成立之后，黎元洪挂名参谋总长，陈宧由黎所推荐，名义上是他的助手，两人关系非同一般，活动起来相当方便。

陈宧为此专门跑了一趟武昌，给黎元洪献上调虎离山之计，正中黎的下怀。于是到了5月间，袁世凯以"重用首义元勋"的名义，将三武调往北京，给了每个人一个总统府军事顾问的虚职，就这么把他们养了起来。张振武对此极为不满，曾当面质问段祺瑞："难道我们湖北人就只能做顾问官？"

张振武力求上进，除抱怨之外，他还两次条陈袁世凯，强烈要求主持屯垦事务，袁世凯倒也大方，真就封了他一个蒙古屯垦使。张振武很高兴，可当他兴冲冲地索要经费以便开设专门机构时，袁世凯一是没钱，二可能也是烦了，就没再搭理他。张振武一怒之下连招呼都没打就跑回了武汉，这是6月中旬的事儿。回去之后，他拉起一帮人马，搞了一个屯垦事务所，要求黎元洪每月拨给1000元作为经费，计划募集一个师的精兵前往蒙古。

黎元洪见张振武擅自回来，且在重整旗鼓，顿时也起了杀心，遂派自己的秘书长饶汉祥前往北京，找陈宧商量对策。

此后不久，袁世凯便派了湖北籍参议员刘成禺、郑万瞻回武昌调解黎、张之间的关系，这次调解很有成效，至少两个人在表面上恢复了和气，袁世凯趁热打铁，发来一份热情洋溢的电报，邀请张振武重返北京。

8月初的时候，张振武随刘成禺他们踏上归程，随行的还有他的亲信、将校团团长方维等30多人。临行前，黎元洪送了张振武4000元作为旅费，并表演出了依依不舍之情，张振武投桃报李，也表现出很感动的样子。

一行人前脚刚走，黎元洪便给袁世凯发去一封密电，上面列举了张振武侵吞公款、飞扬跋扈、图谋不轨等一大堆罪行，最后赫然竟是"伏乞将张振武立予正法。其随行方维系属同恶共济，并乞一律处决，以昭炯戒"。

兹事体大，袁世凯不敢怠慢，赶紧将赵秉钧、段祺瑞、冯国璋三员大将叫来商议，结果是决定再给黎元洪发封电报确认一下，看这究竟是不是他的本意。两天后，黎元洪的复电到来，强调了是他本人的意见。

黎副总统的感想肯定要比张振武的生命更重要，袁世凯不再犹豫，立即叫来军警执法处处长陆建章，下令逮捕张振武并正法。

张振武完全没有意识到危险就在眼前。8月11日到北京后，他几乎天天都在会客，包括出席冯国璋、段祺瑞等的宴请，忙得不可开交。15日晚，他在六国饭店大摆酒席，宴请姜桂题、段芝贵等北洋将领，以联络南北军界的感情。当晚10点左右，酒宴散去，张振武在回所住的金台旅馆途中被抓捕，随即被押解到西单牌楼的军警执法处，陆建章向他出示了黎元洪的电报及袁世凯的手令后，于16日凌晨1点钟被枪毙。与此同时，方维也被逮捕，同样惨遭枪杀。

这事吓人，被吓得最厉害的是孙武和蒋翊武，两个人直接找到袁世凯，强烈要求颁发一面"免死金牌"，以保平安，结果得到了一阵抚慰，也算是聊胜于无。

如此草菅人命，来自各方的愤怒肯定也是少不了的，最激烈的是湖北籍参议员刘成禺等人，他们愤然高呼："政府杀人之手续，基本和强盗行为没有区别"！并向临时参议院提交了弹劾案。

面对群情的激奋，袁世凯不慌不忙，宣称枪杀张振武一事，完全是黎副总统的意思，黎元洪随即公布了张振武"侵吞公款"、"拥兵自卫"、"串谋煽乱"、"广纳姬妾"等14条罪状。这些罪状，大多有据，而临时参议院中各派势力意见纷呈，使得弹劾案根本无法开议。

事情总得有个了结，既然黎元洪自己都公开承认了，大家也就乐得一致归罪于他。袁世凯顿觉压力大减，索性摆出高姿态，承认自己也有做得不到位的地方，比如因为事起突然而使得杀人没有履行好法律手续，因此很诚恳地向参议员们再三致歉。

人心都是肉长的，大总统都已经这样了，大家还能怎么样呢？渐渐地事情就翻了过去，当然这都是后话，不必细说。

却说张振武被杀的消息传到上海，同盟会内部，对于孙中山、黄兴是否应该北上的争论，调门陡然升高。去，还是不去，成了一个大问题。

沈佩贞真乃奇女子

虽然就连黄兴都认为袁世凯居心叵测，此行实在是凶吉难测，但孙中山却不以为然，他说："既然之前都说好了，那无论如何我也不能失信于人。别人都说袁慰庭这人不可靠，我倒是要看看自己的眼光如何。"

孙中山坚持要去，别人也拿他没办法，只能由他去。但大家商议后决定让黄兴留下来，就说是病了不方便出行，然后看情况再决定去不去。总之就是，坚决不把所有的鸡蛋都放在一个篮子里。

8月18日下午，孙中山启程北上，同行的除了夫人卢慕贞，另有英文秘书宋霭龄以及居正、魏宸组等同盟会骨干。此外，还有袁世凯的特派专使张昉和程克，这哥俩在上海待了半个多月，已经有点想家了。

22日下午，一行人抵达天津，袁世凯早已派出教育总长范源濂、工商总长刘揆一等人到码头来迎接。休息一天后，24日，孙中山等人乘专列来到北京，但见前门车站热闹非凡，在军乐队演奏的迎宾曲声中，总统府秘书长梁士诒作为袁世凯的代表，率领各部总长早已恭候多时，在他们身后，则是包括临时参议院议员在内的首都各界人士。车站内外，前来欢迎者高达万人，煞是隆重热烈。

一行人被安排住在了石大人胡同迎宾馆，这里当初曾是晚清袁记责任内阁办公所在地，现在则是袁世凯的临时大总统府。石大人乃是发动"夺门之变"、拥立明英宗复辟的大将石亨，因建此奇功而被封为忠国公，并赐第于此。至于这个迎宾馆，则是宣统年间，朝廷为迎接原计划访华的德国皇太子而特意兴建的，是当时北京最豪华的洋式建筑，设计师是美国人坚利逊。袁世凯把这房子腾出来给孙中山住，自然是为了表示对客人的尊重及礼遇；至于他自己，则把总统府搬到了铁狮子胡同的陆军部大楼。

当晚在铁狮子胡同的总统府，袁世凯大张盛宴，热情欢迎孙中山一行。开吃之前，袁世凯发表致辞，他极为诚恳地说："我盼望先生与克强（黄兴字克强）久矣，今克强未与同行，未及共聆伟论，深引为憾，所幸先生惠然肯来，殊为欣慰。刻下时事日非，边警迭至，世凯识薄能浅，深望先生有以教我，以固邦基，世凯忝负国民付托，谨代表四万万同胞，求赐宏论，以匡不逮。财政、外交，甚为棘手，尤望先生不时匡助。"

袁世凯表现得如此谦恭，孙中山自然是以诚相待，两个人越聊越投机，越聊越有共同语言，以至于孙中山豪情大发，说道："袁公任大总统十年，练兵百万；我则经营铁路，延伸二十万里。到那时，我们民国难道还能不富强吗？"

——一直到2008年北京奥运会举办时，中国境内的铁路公里数仍未能达到20万里。清末民初，孙中山被称作"孙大炮"，看来也并非是浪得虚名。

第二天8月25日是一个大日子，国民党的成立大会将在这一天举行。

国民党是由同盟会改组而来。很长一段时间以来，同盟会其实一直是一个秘密组织，直到这年3月才改组为公开的政党。一旦公开，同盟会立即在全国各地迅猛发展，支部遍及18行省，会员很快就发展到了十几万人。

但共和党成立之后势力大增，直接威胁到了同盟会在临时参议院里的优势地位，为了在接下来的国会选举中大有作为，宋教仁便向孙中山、黄兴提出了改组同盟会的建议，欲仿效共和党的组成方式，将另外一些政治主张比较接近的党派合并过来。

孙、黄二位刚辞职不久，对这些事没啥热情，便由着宋教仁去折腾。宋教仁是个天生的社会活动家，组织能力极强，他首先选定了统一共和党。统一共和党是临时参议院中的第三大党派，主要成员包括蔡锷、吴景濂、谷钟秀、景耀月、彭允彝等人，他们不肯被合并，但同意合作，并提出了合作的三点要求：变更同盟会之名；废除民生主义里"平均地权"、"土地国有"等内容；改良内部组织。

同盟会和统一共和党酝酿合并为一党的消息传出，以岑春煊为首的上海国民公党也找上门来，希望可以参与进来，但在统一共和党的三点要求之外，额外提出了一个条件，就是取消同盟会纲领中"男女平权"一项。

以上条件同盟会全部接受之后，共和实进会和国民共进会也加入了合并重组的队伍，8月13日，五党发布联合宣言，宣布国民党成立。

8月25日，国民党成立大会在北京湖广会馆召开，2000多人将整个会场挤得水泄不通。本来这应该是一个团结的大会、胜利的大会，奈何因为国民党党章内没有了"男女平权"这一项，却多了"不接受女性加入"一条，参加会议的女同志们不干了。她们的领袖，是大名鼎鼎的沈佩贞。

沈佩贞是杭州人，苏杭出美女，可沈美女和一般美女不同，据说她练过武，并曾留学日本，加入过同盟会。辛亥革命时期，她参加了杭州女子敢死队，后又组建女子尚武会，训练了500名女兵，准备参加孙中山倡导的北伐。南北和谈成功之后，沈佩贞投入了女权运动，成立男女平权维持会，后与各地女权运动先锋人物联合组成女子参政同盟会，北上进京请愿，要求国会制定选举法时，明确女子的选举权与被选举权，否则不仅将以武力相见，还将以极端手段对待男子——"未结婚者，停止十年不与男子结婚；已结婚者，亦十年不与男子交言。"

沈佩贞很会混，据说她充分利用了自己的色相，这个查无实据姑且不说，但她给自己印的名片却是实实在在的，上书"原籍黄陂，寄籍香山，现籍项城"，黄陂、香山、项城分别是黎元洪、孙中山、袁世凯的故乡，寓意无需多言。

这还不算，另外还有几个大字："大总统门生沈佩贞"。这倒也是实情，袁世凯任职北洋大臣时创办学校无数，而沈小姐在其中一个学堂读过书，确实扯得上一份师生之谊。事实上，民国初年，坊间甚至还流传有袁大总统、黎副总统和沈姑娘的绯闻，香艳得很。

有如此显赫的身份，行起事来自然肆无忌惮，某次沈佩贞、唐群英带领30多女子前往临时参议院请愿，竟被警卫挡在门外，沈女侠二话不说，飞起一脚就将之踢翻在地，一时间名声大噪。虽然后来鲁迅先生认为该警卫是自己跌倒的，但这丝毫无损沈姑娘的威名。

沈佩贞等人的离经叛道，在当时并不为多数人所欣赏，比如杨度就曾拿她和八大胡同的红姑娘远春有过一番比较，杨大才子感叹地说："现在的女人啊，纯洁的在胡同，堕落的在官场，而且经常出入总统府，这个世界多么的颠倒啊！"

好了闲话少说，言归正传。国民党召开成立大会当天，沈佩贞和密友唐群英等人也在湖广会馆现场。这唐群英也不是个省油的灯，她是湖南人，曾是曾国藩堂弟曾传纲的儿媳妇，独生女儿和老公不幸去世之后，她便随好友秋瑾去了日本，成为加入同盟会的第一位女性。

和沈佩贞一样，民国成立之后，唐群英也成了女权运动领袖，她曾在与吴景濂议长的辩论中宣称：如果袁大总统不承认女子参政权，她们也不承认他这个大总统！

这样的一群女子，陡然间听到国民党"不接受女性加入"的条款，顿时怒从心头起恶向胆边生，唐群英还好，只是拍案而起，高声质问，可惜现场气氛热烈，她的声音完全被淹没了。沈佩贞则一句废话没有，拉着唐群英冲上主席台，逮着正在发言的宋教仁就开打，据当时媒体的描述，"举手抓其额，扭其胡"，"以纤手乱批宋颊，清脆之声震于屋瓦"。

反对意见如此强烈，大会只好增补了一项表决内容，结果"男女平权"依然惨遭否决，争议遂暂时告一段落。

之后进行了选举，推选出理事9名，分别是孙中山、黄兴、宋教仁、王宠惠、王人文、王芝祥、吴景濂、张凤翙、桑贡纳尔布，孙中山被推举为理事长。

随着孙中山来到会场并发表演讲，现场气氛达到了高潮。孙中山此时醉心于铁路而无意于党务，便委托宋教仁担任代理理事长，表示"你办事我放心"。

此事过后三天，8月28日，袁世凯在石大人胡同迎宾馆举行了一次规格空前的宴会，出席的有各部总长、军界高官、临时参议院议长吴景濂、总统府秘书长梁士诒，以及宋教仁、章太炎、孙毓筠、沈秉堃、张绍曾、孙武等各界名流，甚至还特邀了满蒙王公出席作陪，所有这一切，只是为了欢迎孙中山。

发言中，袁世凯夸孙中山"光明正大，绝无私意，所恨相见之晚"。孙中山则回夸袁世凯"雄才大略，当世无可与代之人"。就这样袁世凯还觉得意犹未尽，在举杯敬酒时，高呼："中山先生万岁！"孙中山则回应道："袁大总统万岁！中华民国万岁！五大民族万岁！"

接下来的日子里，两个人举行了多次会谈，每一次都相谈甚欢，因为孙中山每提出一个想法或意见，袁世凯都无一例外地称是叫好，以至于到了9月初的时候，孙中山彻底放了心，便打电报给黄兴，让他尽快来京。

9月6日，黄兴在陈其美等人陪同下，从上海启程，第二天袁世凯便宣布授予他陆军上将军衔，另两个获此殊荣的是黎元洪和段祺瑞，可见这个上将的规格之高。

袁世凯同时还发布命令，特授孙中山"筹划全国铁路全权、组织铁路总公司"，并要求交通部每月拨给经费3万元，所有用人行政，政府概不干涉。

9月11日，黄兴一行抵达北京，袁世凯对他的一切接待，完全参照孙中山的规格。黄兴很直爽，直接劝袁加入国民党，并表示愿推他为党的领袖，袁世凯对此婉言谢绝，但对于黄兴劝赵秉钧入党一事，袁倒是很起劲。因为他此次邀请孙中山、黄兴、黎元洪来北京，一大目的就是为了让赵秉钧能顺利当上总理，所以早在8月20日孙中山从上海启程之后，他即发布总统令，由赵秉钧代理国务总理。如果老赵此时加入国民党，那他这个"代理"两字去除应该就顺理成章了。

果然赵秉钧奉命入党之后，黄兴便建议将他的"代理"去掉，当正式总理，并推荐新加入国民党的沈秉堃继任内务总长。袁世凯大喜，立即向临时参议院提名赵秉钧为国务总理，但内务总长一职，他却提了心腹大将朱启钤，至于沈秉堃，只派了他个蒲口商场督办。

黄兴拉人入党很是不遗余力，他还请了老同盟会员胡瑛去拉杨度，没想到杨度口才太好，在他的一通劝说下，结果竟是胡瑛宣布退出了国民党。

孙中山此次来京，共待了一个月，期间先后与袁世凯举行了13次会谈，既然每次都谈得很欢乐，那么对于袁世凯所拟定的国家元首与政党领袖的协定政纲自不会有意见，于是9月25日，在临时参议院以69∶2的绝对多数通过对赵秉钧国务总理任命之后的第二天，袁世凯通电宣布，经他与孙、黄会谈，并征得因病不能前来的黎副总统同意，大家一起制定了八大政纲：

> 立国取统一制度；
> 主张是非善恶之真公道，以正民俗；
> 暂时收束武备，全国军队由陆军部统一编造；
> 开放门户，输入外资，兴办铁路、矿山，建置钢铁工厂，以厚民生；
> 提倡资助国民实业，先着手于农林、工商；
> 军事、外交、财政、司法、交通，皆取中央集权主义，其余斟酌各省情形，兼采地方分权主义；
> 迅速整理财政；
> 竭力调和党见，维持秩序，为各国承认之根本。

之后不久，袁世凯发表命令，任命孙中山为全国铁路督办，黄兴为川粤汉铁路督办。众人皆大欢喜，尽欢而散。

宋教仁遇刺——最大的一场灾难

时间很快就来到了1913年。元旦那天，袁世凯特派内务总长朱启钤为代表，去宫里向前清宣统皇帝溥仪拜年。2月15日农历正月初十，是废太后隆裕的生日，袁世凯又派秘书长梁士诒持国书进宫祝寿，国书上写的是："大中华民国大总统谨致书大清隆裕皇太后，愿太后万寿无疆。"随后便是国务总理赵秉钧率领全体内阁总长前往祝寿，行的是外国使臣之礼。

一周之后，2月22日，隆裕去世，袁世凯通令全国下半旗致哀，所有官吏一律服丧27日，他自己也臂缠黑纱，以身作则。

3月10日，根据袁世凯的命令，在太和殿举行了"国民哀悼大会"，主祭的国民总代表，赫然竟是临时参议院议长吴景濂；接下来，又由陆军总长段祺瑞主持了"全国陆军哀悼大会"，搞得真的跟国有大丧似的。

然后就来了大麻烦，3月20日，宋教仁出事了。

关于宋教仁，前面已经说到不少。他是湖南桃源人，字遁初，号渔父，生于1882年，17岁入桃源漳江书院学习，很快便接受了革命思想，20岁与黄兴结识，开始筹建华兴会，1904年华兴会成立时，黄兴当选会长，宋教仁则为副会长，该会宗旨是"驱除鞑虏，恢复中华"。

华兴会成立后，因筹备武装起义被发现，宋教仁逃到了日本，并一手创办了革命杂志《二十世纪之支那》，后来他加入同盟会，该杂志便改为了同盟会机关报《民报》。

1907年春，宋教仁潜回辽宁安东，筹建同盟会辽东支部，在策划武装起义过程中因事机不密被迫再潜回日本。但在东北活动期间，他了解到日本极端势力有企图吞并"间岛"（即延吉地区）的阴谋，回日本后，便在日本友人片山潜的帮助下，化名日本人打入从事此阴谋活动的秘密组织"长白山会"，冒死获取了日本人伪造的"间岛"归宿假证据。

回东京后，宋教仁查阅了大量资料，写出《间岛问题》一书，不仅揭露了日方的伪证，更论证了间岛一带自周朝以来即是中国固有领土。在拒绝了日方购买书稿的5000元重金后，他把该书转递给了清政府，为维护间岛的主权立下了大功。为此，时任外务部尚书袁世凯专门命令驻日公使奖励了宋教仁1000元。

1910年底，宋教仁从东京回到上海，随即与谭人凤、陈其美在上海组建同盟会中部总会，任总务干事。

民国成立之后，宋教仁先在唐绍仪内阁担任农林总长。袁世凯非常欣赏他的组织才干，很希望能为己所用。后来在陆徵祥甩手不干之后，曾极力邀请他出面组阁，但宋教仁醉心于政党内阁，同时许多议员也认为他太年轻，宋遂婉言谢绝了此美意。

再后来，他组织成立了国民党，此时，临时参议院已制定并通过了《中华民国国会组织法》和《参议院议员选举法》、《众议院议员选举法》三个法案，按计划，首届国会选举将从1912年12月上旬开始，时间紧得很。

10月份的时候，立宪派精神领袖梁启超回国，刚一回来，他就将汤化龙、林长民、孙洪伊等的几个党派整合成为民主党，并被推举为领袖。这个民主党天赋异禀，一出生就和国民党、共和党成三足鼎立之势，很是惹眼。

此后不久，宋教仁离开北京，回乡省亲。走之前，袁世凯专门叫人悄悄给他定做了一套西装，因为工作做得非常细，这套西装很合身。此外，袁世凯还委托赵秉钧送给他一本50万元的交通银行支票簿，宋教仁觉得却之不恭，但也只象征性地用了两三百元，便给退了回去。

回老家探望了老母之后，宋教仁随即前往各省，布置国民党选举事宜。这一切都进行得非常顺利，以至于国民党在参众两院的初选和复选中都获得了巨大的胜利：在众议院的596个席位中，国民党获得269席，共和党、统一党和民主党加一起也只有154席；在参议院的274个席位中，国民党获123席，共和党、统一党和民主党为69席。国民党虽未能达到过半数的绝对多数席位，但组阁看起来已经是一件水到渠成的事情。

说实话，在一代枭雄袁世凯手握军政实权的现实情况下，就算宋教仁能如愿组成国民党内阁，也不太可能有机会真正施展其抱负。但竞选的大获全胜，仍然让国民党人兴奋异常，尤其是宋教仁，这个理想主义者天真地认为，凭借一部《临时约法》以及多数党组成的内阁，他就有能力让袁世凯妥协。不过也许，必须保有如此的天真，这个社会才可能有所进步吧！

1913年3月，宋教仁来到上海，准备坐火车前往北京，此时他的身份已是国会多数党即国民党代理理事长，一切顺利的话，他将成为中华民国首届政府——而不再是临时政府——的内阁总理。

3月20日晚10时许，在黄兴、于右任等人的陪同下，宋教仁一行人来到沪宁火车站，先在车站特设的议员休息室休息。

火车到站后，大家立即起身赶往检票口，宋教仁与黄兴并排走在最前面，一路上有说有笑的，怎么也想不到，危险就在前面不远处。

就在大家快要走到检票口的时候，蒙蒙细雨中，不知道从哪里突然冒出一个黑影，对着宋教仁就是3枪，其中一枪打中了他。可怜宋教仁，只叫得一声"我中枪了"，便已倒在地上，凶手则趁着混乱逃之夭夭。

很快宋教仁被送到了附近的铁道医院，经检查，他是背后中枪，子弹斜穿到腰部，肾脏、大肠均被击中，而那颗该死的子弹上面竟然有毒！

在去医院的途中，宋教仁即向于右任口授了三个请求，算是个人遗嘱：

今以三事奉告：一、所有在南京、北京及东京寄存之书籍，悉捐入南京图书馆；二、我本寒家，老母尚在，如我死后，请克强（黄兴）与公及诸故人为我照料；三、诸公皆当勉力进行，勿以我为念，而放弃责任心。我为调和南北事费尽心力，造谣者及一班人民不知原委，每多误解，我受痛苦也是应当，死亦何悔？

等到上了手术台，宋教仁又托黄兴代他给袁世凯发去一封电报：北京袁大总统鉴：仁本夜乘沪宁车赴京，敬谒钧座。十时四十五分，在车站突被奸人自背后施枪，弹由腰上部入腹下部，势必至死。窃思仁自受教以来，即束身自爱，虽寡过之未获，从未结怨于私人。清政不良，起任改革，亦重人道，守公理，不敢有一毫权利之见存。今国基未固，民富不增，遽尔撒手，死有余恨。伏冀大总统开诚心，布公道，竭力保障民权，俾国家得确定不拔之宪法，则虽死之日，犹生之年。临死哀言，尚祈鉴纳。宋教仁。

这封电报，我们可以认为是宋教仁的政治遗嘱，也确实是他最后的遗言。

天妒英才，3月22日凌晨，一代英杰宋教仁终告不治，撒手西去，年仅32岁。临死之前，他没有追问凶手是谁，更没有要求为己复仇，他所牵挂的，是自己的母亲，是国家和人民。他希冀用最文明的方式拯救这个苦难的国家，最终自己却倒在了最野蛮的枪口之下——多灾多难的中华民族，在这个历史的十字路口，因为宋教仁的成仁，而终于错过了一个极其微弱的机会。

至于刺杀宋教仁的幕后凶手，历史上有多种说法，最主要的有四种：袁世凯杀的；赵秉钧杀的；孙中山杀的；陈其美杀的。迄今为止，以上说法都还没有权威的结论，在这里，我们干脆一笔带过，一切还是留待后人评说吧！

宋案发生的时候，孙中山正在日本考察铁路，得知噩耗后，立马就赶了回来，强烈主张起兵讨袁。大概是因为对袁世凯过于痛恨，孙先生饥不择食，甚至提出了"联日速战"的策略，要联合日本人来打老袁。多亏大家还算冷静，没采纳这个"引狼入室"的馊主意。

反对最极力的人恰是黄兴，他认为"民国已经成立，法律非无效力，对此问题，宜持以冷静态度，而待正当之解决"，"苟或发难，必致大局糜烂"。他主张

"以其制人之道，还制其人之身"，即"欲以暗杀袁世凯，省事免牺牲"。

不论对错的话，应该说黄兴很冷静也很有大局观，毕竟在当时来说，从实力上看，国民党远不如北洋派；而且边疆局势动荡，日、俄对东北、英国对西藏无不虎视眈眈，若中国人自己再打起内战，很难说不会重蹈朝鲜的覆辙——这里可以简单交代一下我们之前所熟悉的几个人：闵妃早在1895年即已被日本人杀掉，大院君李罡应于1898年去世，李熙于1907年被迫退位当了太上皇，而到了1910年，朝鲜终于被日本给灭了国。

黄兴的意见得到了革命党内多数人的支持，大家都认为首先应该走法律途径，依法办事。这样，就由江苏都督程德全出面，建议成立一个特别法庭全权审理宋教仁案，并推举黄郛为主裁官。这个黄郛是民国时期的一个大人物，他的太太沈警音也很有名，曾是沈佩贞战斗过的杭州女子敢死队队长。

袁世凯接受了程德全的建议，不想却遭到司法总长许士英的反对，于是案子就交给了上海地方审判检察厅。

这时凶手早已被抓获，是一个叫武士英的退伍军人，他的上线应桂馨比他还要早一天落网，而应桂馨又和内务部秘书洪述祖甚至赵秉钧有联系，有双方往来的电报为铁证。

武士英先是承认自己为钱枪杀了宋教仁，后来又翻供否认。他最早和应桂馨一起，被关押在英租界巡捕房里。4月16日，租界当局把他们移交给了上海地方检察厅看管，结果仅仅8天之后，武士英就在狱中不明不白地死了。

4月26日，江苏都督程德全、民政长应德闳向全社会公布了当时已经掌握的关于宋案的所有证据，其中包括了应桂馨和洪述祖、赵秉钧之间的来往电报，一时间，举国沸腾。赵秉钧眼看自己就要被唾沫淹死，赶紧展开自辩，说是他只给应桂馨发过一封电报，是给他密码本，这属于公务行为；而应后来给他的电文都是情报，他并没有回复。从公开的证据来看，他倒也没说假话。

赵秉钧接着又说，洪述祖确实是内务部秘书，但自己作为长官，并没有代为受过之理。另外，应桂馨和革命党人的关系比和他之间要密切得多，这又该怎么说呢？

为了进一步撇清自己的关系，赵秉钧还接受了北京《新纪元报》的采访，说他在唐绍仪内阁期间和宋一为内务总长，一为农林总长，既是同僚，又是至友。宋住在西直门外的农事实验场，离城10里，有时天晚无法出城，宋总是住在他家，彼此无话不谈。宋离京南下时，欠了5000多元的债，都是他帮着还的。

赵秉钧接受完采访，立即偕同外长陆徵祥、财长周学熙赶往汇丰银行中国总部，与英、法、德、俄、日五国银行团作最后的谈判——3月份的时候，美国宣布退出，而日、俄已于之前加入，故现在成了五国银行团。美国人退出的原因是，他们不同意对中国的借款使用情况进行监督，当然这只是表面的理由。

因为之前已经谈得差不多了，故本次谈判虽依然异常艰苦，但总算于第二天凌晨达成了2500万英镑的《中国政府善后借款合同》。合同规定：借款将指定用途，总额为2500万英镑，年息5厘，期限47年；债券9折出售，扣除6%的佣金，实际总额为2100万英镑。而扣除偿还到期的庚子赔款和各种外债，以及遣散各省军队、抵充政府行政费垫款外，仅余760万英镑，而到期归还本息总额竟达6789万英镑。

消息公布之后，舆论大哗，新科参议院议长张继和副议长王正廷通电全国，称此借款未经国会批准，简直是岂有此理！随后黄兴及国民党三大都督江西李烈钧、安徽柏文蔚、广东胡汉民也发表通电，指责袁世凯藐视国会，违法借款，火药味十足。

孙中山当然不会无所作为，在此之前他就已经和胡汉民分别前往上海和香港的汇丰银行，要求他们阻止北京总行的借款行为，并警告他们说：袁世凯这个总统当不了几天了，你们借钱给他就不怕血本无归？

奈何老外们不怕，相反他们对老袁很有信心，于是北京临时政府就有了钱。

问题是钱并不一定就能买来快乐，面对来自四面八方的指责，有钱了的袁世凯日子过得很是焦头烂额。尤其4月29日参议院通过"反对大借款案"，指此借款为非法，老袁终于忍不住了，公开表示这个大借款根本就是去年的事，那会儿还没你们这个国会呢，当时的临时参议院对此早就批准过了，我哪里有什么违法？

与此同时，袁世凯也在尝试着让步。4月30日那天，他通过司法总长许士英通告上海方面，关于宋教仁案，如果上海地方审判检察厅一审、二审都不能定案，则司法部同意由江苏省组织一个大理院分院全权审理，这其实已经和国民党人要求成立的特别法庭没有区别，之所以不说特别法庭而说是大理院分院，只是因为许士英许总长的面子也很重要而已。

不仅如此，袁世凯本来还想做更大的让步，接受赵秉钧的辞呈。

赵秉钧上辞呈也是不得已，就在前一天即29日，上海地方检察厅按照司法程序，通过北京地方检察厅向他发出了传票，要求其到庭接受审讯。赵秉钧心想，老子堂堂一个国务总理，若是跑法庭上去站着，哪怕只是被当众质询，那人也未免丢得太大，此事绝不可行！

但是，毕竟已经是民国了，法院也是需要尊重的，不去的话，总得有个说法才对。赵秉钧想啊想啊，最后想出了一个大学生逃课的必备理由——说自己病了。然后第二天就拿着医院开的诊断书，加上一份辞职书，找到袁世凯让他看着办。

兹事体大，袁世凯找来了梁士诒和段祺瑞商量。梁士诒的意思是，不妨照准，然后请唐绍仪回来当总理，借此安抚国民党人。袁世凯觉得有道理，便想接受，不料段祺瑞不同意，他的理由是，西汉时期七国造反，打的是清君侧的大旗，汉景帝照他们的意思把晁错杀了，他们还不是照样反？最后还得靠周亚夫出兵才平息了七王之乱。所以啊，人心是感化不了的，只有武力最靠谱。

袁世凯自当上临时大总统之后，摊子铺得大了，不可能再像之前那样方方面面都照顾得特别仔细，比如军队，就主要交给了段祺瑞负责，那么段祺瑞的声音，大体上也可以看作北洋军系的意见，这个意见就连袁世凯也不能漠视，再说段总长说得也有道理。于是他改变了主意，只给了赵秉钧15天病假，而由段祺瑞来代理总理一职。以陆军总长代理总理，相当于组成了一个战时内阁，这是一个明确的信号，即国民党若再不听话，中央政府将不惜以武力解决一切问题。

这样到了5月6日，上海地方检察厅的第二张传票又来了。

赵秉钧当然还是不肯去，但他又不敢硬扛着不去，那样会被舆论骂死。于是便回函说道："现在秉钧旧疾复发，曾在北京法国医院调治，当有诊断书可证，已于4月30日呈明总统请假15日在案，自未便赴沪。"

即便赵秉钧不肯来，但形势已经摆在那儿了，按司法程序走下去，前景似乎是光明的。其实事情从刚一开始，便一直都是如此，因此在国民党内部，稳健派始终占着上风。所以当4月份国民党在上海召开第一次秘密军事会议的时候，出席会议的江西都督李烈钧、安徽都督柏文蔚以及湖南、广东省代表周震鳞、覃鎏钦等人中，只有李烈钧、柏文蔚略为倾向于孙中山这一边，总的来说，人心思静。孙中山无奈之下，只好一面派人四处联络军人，一面派陈其美、戴季陶做黄兴的思想工作，只是成效都不大。

大家不愿意贸然用兵，还有一个重要的因素是，中华民国的第一届国会终于在

4月8日召开，经过选举，国民党参议员张继和王正廷分别当选为参议院正、副议长；而民主党议员汤化龙当选为众议院议长，共和党议员陈国祥当选副议长。国民党既然控制了参议院，更不怕政府在依法治国的道路上出现什么偏差。

然而接下来形势出现了反复，陆续披露出来的宋案材料包括，武士英翻供不承认自己杀人；应桂馨不仅是青帮大亨且是陈其美的好友，甚至还是同盟会员，当过孙中山的卫队长。而就在此前几天，黎元洪以副总统的身份发表通电，为袁世凯辩护，内容既包括大借款，也包含了宋教仁案。

所有这些，都使得案件变得扑朔迷离起来。与此同时，曾与汪精卫联手谋刺载沣的革命党人黄复生，偕同到北京上任的参议员谢持、宋教仁秘书周予觉，携带炸药由沪赴京，企图暗杀袁世凯，据说黄兴专门给了他们3000元作为经费。

不料事机不密，周予觉很快便被抓获，旋即叛变自首，然后便由他妹妹周予儆以女子暗杀团团长的名义向军警执法处告发，说黄兴组织了一个血光团，自己就是团员之一，专门被派到北京来搞暗杀。而偏偏在此前后，北京发生了一系列的事情，包括国会议员王锦堂遇刺，财政总长周学熙遇刺（未遂），汤化龙、孙毓筠等议员也都接到了匿名恐吓信……

就在这个时候，黎元洪在武汉也侦破了一个叫做"改进团"的秘密组织，在搜查出的大批文件中，不少都有黄兴的批语，批语里面有不少和推翻黎元洪、暗杀袁世凯之类有关的话。

这下子舆论再次大哗，却是对国民党非常不利的批评。人们纷纷指责国民党破坏统一，扰乱安定团结的大好局面。紧接着到了5月15日，袁世凯宣布撤销黄兴的陆军上将军衔，并授意直隶都督冯国璋、东三省都督张锡銮、山西都督阎锡山、陕西都督张凤翙、河南都督张镇芳等联名通电，指斥黄兴等人"不惜名誉，不爱国家，谰说横行，甘为戎首"；正在崛起的东北强人张作霖话说得更重，指其"倾覆政府，损害国体"；河南护军使雷震春、河北镇总兵赵倜更是指责黄兴争总统不成而故意捣乱。

孙中山并不因此而有丝毫退让，他不仅仍在计划北伐，甚至扬言要另组政府。而且相应地，安徽、江西两省，在军事上已经有所部署，看起来，北伐似乎已是一触即发的状态。

这下袁世凯是真急了，于5月21日写了篇文章预备在《时报》上发表，说："现在看透孙、黄除捣乱外，别无本领，左也是捣乱，右也是捣乱。我受四万万人民付托之重，不能以四万万人之财产生命任人捣乱。自信政治军事经验、外交信用，不下于人，若彼等能力能代我，我亦未尝不愿，然今日诚未敢多让，彼等若敢另行组织政府，我即举兵伐之。国民党诚非尽是莠人，然其莠者，吾力未尝不能平之。"梁士诒觉得这话太强硬了，署袁世凯的名不太好，遂嘱咐总统府秘书曾彝进给揽过来，"以个人资格往告国民党人"。袁世凯盛怒之下展现了他的枭雄本色，慨然表示："就说是袁慰庭说的，我当负责任。"

这样到了6月9日，袁世凯首先下令免除李烈钧江西都督的职务，由黎元洪兼署；14日，再免去胡汉民广东都督之职，由陈炯明继任；30日，又免去柏文蔚的安徽都督，由孙多森以民政长兼署。就这样，袁世凯一鼓作气将国民党籍的三大都督通通免掉，展示了不惜一战的决心。

孙中山输掉二次革命

李烈钧是第一个被免职的，他首先通电下野，然后就到上海去了。这时候，孙中山正在香港，寻求日本对其北伐方略的支持。

6月29日，孙中山回到上海，发现各方对北伐竟毫无准备，立即召开了一次军事会议，要求陈其美在上海独立，章梓在南京起义，并动员李烈钧在江西行动。

孙中山还派遣了亲信朱卓文去活动黄兴一手打造的第8师，因为该师高层并不赞成北伐。考虑到该师师长陈之骥是冯国璋的女婿，不能信任，孙中山遂让朱卓文带着2万元经费前往南京，"运动第八师的几个营、连长，叫他们杀了师长、旅长后宣布独立"。

首先发难的是李烈钧，他先是从上海返回江西，秘密召集旧部做好部署之后，于7月12日起兵占领了湖口炮台，并于13日成立江西讨袁军，宣布江西独立，孙中山期待已久的二次革命终于爆发。这场战争，因为主战场在江西和南京，故也称作"赣宁之役"。

朱卓文的活动同样成效卓著，在2万元经费及"杀了师长、旅长后自为"的煽动下，南京第八师的中下级军官情绪极不稳定，无不跃跃欲试，以至于到了13日江西独立当天，该师旅长王孝缜、黄恺元不得不赶赴上海向黄兴报告，表示为了防止自相残杀，高层不得不同意起兵北伐。但两位旅长提出了条件：黄兴亲赴南京担纲讨袁军总司令，行动期间不能让孙中山到南京去。

面对如此局面，黄兴除了接受别无选择。他于14日赶到南京，将驻在那里的第一师和第八师整编成讨袁军，并在杀掉几个坚决反对北伐的军官之后，成功胁迫江苏都督程德全宣布独立。不过程德全第二天就偷偷跑到上海去了，并电告袁世凯，说这一切都是黄兴他们干的，和自己没关系。

总的来说，革命形势一片大好。7月17日，柏文蔚宣布安徽独立；第二天，陈其美宣布上海独立，胡汉民和陈炯明联合宣布广东独立；7月20日，陆军十四师师长许崇智逼迫福建都督孙道仁宣布独立。独立之外，各方还都有通电讨袁。

袁世凯当然要出兵讨伐，更何况当时的舆论对他非常有利，大家多数认为中央政府平定叛乱天经地义，也有人把这次征伐比作清初的康熙平定三藩之乱，觉得是个统一全国的机会。

事实上袁世凯早有部署。早在上一年秋天，黎元洪被湖北革命党人搞得焦头烂额时，就曾请中央政府派兵援助，袁世凯派了些北洋军过去，只是人数有限。到了1913年4月，湖北局势越发不稳，群英会、改进团之类的暴动一个接一个，黎元洪只好再请中央派兵，这一次袁世凯让李纯派了一个团过去，帮黎元洪稳住了局面。所以当5月中旬之后，南北战争眼看已到不可避免之时，黎元洪感恩图报，敞开大门任由袁世凯派兵南下。到月底，湖北已经聚集了2万多名北洋军，很方便攻打江西和湖南。

有湖北的配合，其它都好办。于是袁世凯分兵三路，任命陆军第一师师长段芝贵为第1军军长兼江西宣抚使，率领第二师师长王占元、第六师师长李纯进攻江西；任命直隶都督冯国璋为第二军军长兼江淮宣抚使，率领第七师师长雷震春、辫帅张勋攻打南京；任命豫鄂皖边区剿匪督办倪嗣冲为总指挥，抄袭柏文蔚讨袁军后路。

平心而论，双方实力太过悬殊，这仗根本没法打。7月22日，江苏讨袁军在徐州地区与冯国璋北洋第二军和张勋武卫前军会战失利，退守南京；7月25日，北洋军攻陷湖口要塞，江西门户大开，革命士气很受打击。

就在这一天，湖南都督谭延闿宣布独立，并派兵前往江西支援。谭延闿并非真心讨袁，更多地还是借此机会把革命党控制的军队调出长沙派往江西，在巩固自己统治的同时还能落个支援革命的名声，算盘打得实在是精。

广东方面胡汉民和陈炯明倒是真心想出兵救援李烈钧，怎奈广西都督陆荣廷和驻扎在粤北的巡防营统领龙济光都心向中央，加上广东军界被袁世凯收买的将领不在少数，所以胡汉民他们根本不敢轻举妄动。

陈炯明并不灰心，他致电云南都督蔡锷希望能起兵相助。蔡锷复电说："现在以保土安民、维持秩序、力主镇静为第一义，并恳致电赣中释嫌罢兵，无以国家为孤注。"

陈炯明接电后好不失望，但很快又有了新办法，他派人去上海请了岑春煊来，希望利用他在两广的强大影响力来化解反对派的敌意，毕竟陆荣廷、龙济光等当初都是岑老一手提拔起来的，按说应该给这个面子。可惜岑春煊早已不复当年的权势，而且还是袁世凯的死对头，就算面子再大也没人敢买，这样广东就算是被套牢在了那里，动弹不得。

至于孙中山他们寄予厚望的西南四省，广西自不必说，云南都督蔡锷更是对国民党挑起战事极为不满，他曾公开声明道："查宋案应以法律为制裁，故审判之结果如何，自有法律判决……试问我国现势，弱息仅存，邦人君子方将戮力同心，相与救亡之不暇，岂堪同室操戈，自召分裂……万一有人发难，当视为全国公敌，锷等才力纵薄，必不忍艰难缔造之民国，破坏于少数金壬（无耻小人）之手也。"

贵州都督唐继尧是蔡锷的老部下，自然以蔡锷的态度为自己的态度。四川那边，自保路运动后就没安宁过，本人心思定，况且都督胡景伊是袁世凯的人，就算愿意出兵，又如何肯帮孙中山？所以即使后来第三师师长熊克武组织了讨袁军并在重庆宣布独立，但基本没什么影响，更成不了气候。

最可气的应该是浙江，都督朱瑞本是革命党人，但他是光复会会员，在陈其美派蒋介石刺杀光复会领袖陶成章之后，他就跟同盟会结下了大梁子，恨不得起兵帮着袁世凯平叛，哪里还会帮国民党人？

所以虽说是南北战争，南方其实真正只有三个省在拼命。如此的孤立无援，各路讨袁军自然是举步维艰。7月28日，陈其美率蒋介石、钮永健等屡次攻打江南制造局未果，惨败而逃。黄兴更惨，眼看南京支持不住，他也是病急乱投医，先是找到五国银行团的代表，希望以承认善后大借款来换取援助，洋人很客气，没有说你承不承认都没关系，但还是拒绝了他。

随后黄兴又给忠于清室的张勋发了个电报，说袁世凯本是清朝叛逆，人人皆可诛之，号召辫帅倒戈。

黄兴这个电报属于有的放矢。原来以溥伟、刘廷琛等为骨干的宗社党成员在青岛经过长时间的策划、联络，已经拉拢了一定的军事力量，主力正是盘踞在徐州、兖州一带的张勋的定武军和驻扬州一带的徐宝山的第二军。另外，还有山东兖州镇守使田中玉部和驻山东的陆军第五师张怀芝部中部分同情复辟势力的官兵，据说东北的张作霖对溥伟他们也有所承诺。另外溥伟还派了专人去联络冯国璋，以老冯对大清朝的忠诚，其态度最后还得很难说。

有了这些力量，溥伟等就决定在这年的4月7日起事，可临近4月7日的时候，田中玉把事情报告给了袁世凯。

田中玉是老北洋，之所以同意反袁复清，完全是因为他与张勋的部分军队同驻兖州，迫于张勋的压力而不得不从。眼看时间临近，田中玉不再犹豫，选择了告密，袁世凯得知后大惊，赶紧派阮忠枢前往徐州，劝说张勋放弃起兵。阮忠枢和张勋从小起关系就极好，并结为兄弟，张勋不仅管阮忠枢叫大哥，而且真把他当做亲哥哥，因为阮救过他的命。现在既然大哥开口相劝了，他也就只好作罢。当然还有个更重要的原因是，袁世凯此时已做了周密的部署，张勋若真要起兵，将会毫无胜算。张勋既已重回了袁世凯的怀抱，哪里还肯受黄兴的离间？只咬牙切齿地说："老子以前只知道大清朝，现在只知道袁总统！"倒是打得更凶了。

黄兴无奈，于7月29日召集了一个军事会议，表示要死战到底，誓与南京共存亡！可不知道怎么回事，第二天晚上他就上了一艘日本运煤船，悄悄离开了南京。带来的后果是，另几位高级将领洪承点、冷遹等，也通过各自的渠道四散而逃。

——黄兴先是跑到上海，找到了岑春煊。因为别有用心的日本人原计划在促成中国南方四省独立后，扶持一个新政权，建都南京，以岑春煊为总统。这事黄兴知道，所以他就想请岑先出来当全国讨袁军大元帅。从后来抗日战争时期的表现来看，岑春煊这人大事绝不糊涂，所以他此时断然拒绝了黄兴的邀请，确实一点也不意外。

话说黄兴这些人前脚刚走，南京这边，代理江苏民政长蔡寅、第8师师长陈之骥和代理一师师长周应时等人就通电取消了独立。8月2日，冯国璋所部攻占蚌埠，安徽告急，紧接着柏文蔚手下的胡万泰师长收了袁世凯的钱之后，起兵攻打都督府，赶跑柏文蔚后，同样宣布取消独立。

袁世凯这一次是铁了心要打破地方割据，他严令手下的大将们，对取消独立的军队，一律缴械，并枪毙其首领，胆敢不缴械者，通通作为叛军消灭之，决不允许心慈手软。

南京城里的大人物跑得跑降得降，这样就给小人物们留出了舞台，新的主角是个叫何海鸣的记者，也是后来鸳鸯蝴蝶派的重要作家，但他此时的身份，却是讨袁军总司令，继承的是黄兴留下来的职位。

何海鸣的总司令是第八师部分士兵推选出来的，走马上任之后，他干的第一件事就是宣布江苏重新独立。这一天是8月11日，已经与北洋军达成投降协议的陈之骥，正好去江北等待迎接岳父冯国璋，他哪里知道，这一去，一下子可就回不来了。

另一方面，8月13日，龙济光率领巡防营攻入广州城，广东随即取消独立，好在胡汉民、陈炯明都跑掉了；没过几天，李纯率军攻克南昌，江西也落入袁世凯手中。李烈钧等人跑到长沙，虽然谭延闿见势头不对早已宣布取消独立，但还是暗中安排李烈钧他们去了日本，算是保住了命。

相对来说蒋翊武就没那么幸运，他没跟着李烈钧去长沙，反而跑去了广西，结果被陆荣廷抓住。陆荣廷问袁世凯该怎么处理，袁世凯就问黎元洪该如何处理，黎元洪坚决要求诛杀乱党，结果蒋翊武就被杀了。当然这是后话，在此不提。

柏文蔚要更顽强一些，他被人从安徽赶出来后，带了1000多人来到南京，本打算合力讨袁，谁知和何海鸣及其团队成员张尧卿、韩恢等人因为指挥权之类的原因发生不和，只好愤然离去。令人意想不到的是，柏文蔚带来的士兵，只有少部分跟着他走，大部分人被城内的革命氛围所感染，都选择了留下来，自愿参加南京保卫战。

南京保卫战打得极其惨烈。团结在何海鸣他们周围的士兵其实只有2000多人，但战斗力相当恐怖，因为这些人是真正为了信仰和理想而打仗，所以纵然张勋的辫子军打得很努力，人数上更占有绝对优势，却就是打不下来。当然，在一定程度上，我们也不能不感慨当年朱元璋修筑的南京城是如此的固若金汤。

不过到了8月底，战况发生了变化，冯国璋、雷震春的军队相继开到，和张勋会合，再加上之前投降过去的一些南方部队，攻城一方实力大增，这仗就没法打了。但即使如此，何海鸣他们还是咬牙坚持着，绝不退缩。直到9月1日凌晨，在北洋几路大军发动总攻的同时，张勋仿效曾国荃攻克南京的故智，派出一队辫子兵在朝阳门一带挖了条地道，用炸药把城墙炸出个两丈多的口子，这才终于破城而入。

南京攻坚战，北洋军方面表现得最彪悍的，毫无疑问是张勋。一旦城破，张勋履行了对部下的承诺，任凭他们奸淫掳掠三天。辫子兵一点不比当初曾国荃的湘军仁慈，他们的残暴，使得南京城再一次化为人间地狱。

面对来自四面八方的批评之声，张勋居然如此辩解："诸军巷战，统将专事杀敌，间有一二不法军人趁匪军抢劫之余，见物辄取，固所难免。"

袁世凯此时很头疼，倒不是为了辫子军的胡作非为，而是关于江苏都督的任命。以江苏之重，本来袁是打算让冯国璋担此大任的，可这一次，张勋打得实在是太凶悍了，况且攻城之前，冯国璋还和张勋达成了"先攻入城者为都督"的君子协议。大家都是北洋的人，作为老大，袁世凯也不好太厚此薄彼，便只好任命张勋当了江苏都督，而让冯国璋仍回直隶。

张勋当上都督之后，立即开始践行他的理想，整个南京一下子仿佛回到了清朝。他先是把从前总督衙门的吹鼓手和炮手都找了回来，每天开吹三次，鸣炮三次；接着恢复了跪拜礼，并规定下级官员参见"大帅"，必须照前清那样先递手本，自称"卑职"。另外，都督府门前的民国五色国旗换成了红旗，上书一个斗大的"张"字，军营里挂的，更是清一色红底白边的蜈蚣旗，一如前朝，军官穿的也全是清朝的蓝色制服。至于辫子，那是大清朝的象征，更是怠慢不得。张勋自己以身作则地留着，别人自然不敢不留，可是很多人之前已经剪了，这样就带活了一个新兴行业——假辫子的制作与买卖。

前清官场的一切随之死灰复燃，像什么知县、知府、道台、总办等官名重新出现，光南京城内就有一个知府——"江宁府杨"和两个知县——"江宁县左"和"上元县沈"。总之，张勋以一己之力，硬是把民国的江苏都督，干成了前清的两江总督，而且干得不亦乐乎。

所有这些，袁世凯都假装不知，直到外交团大惑不解地质问南京城为什么不挂民国国旗，他才给张勋发了个电报。这样到了9月17日，城里面才开始出现章太炎所设计的五色国旗，但其它方面，仍然一如从前。

不过张勋的好景不长，也怪他手下的辫子兵，在抢劫的时候误把三个日本人当成中国人给杀了。这还了得？日方通过外交渠道向北京政府提出最严重抗议，日本军方甚至扬言要出兵报复，一番外交交涉之后，除赔偿之外，最后是张勋亲自到日本驻南京领事馆道歉，才算摆平了这场风波。但外交团并不善罢甘休，公开表示对张勋信不过，要求北京政府将之撤换。

袁世凯善于把坏事变好事，马上以此为借口让张勋离开南京去当长江巡阅使。这是明升暗贬的招数，张勋当然不愿意，奈何国际压力太大，他也不得不屈服，只好在拿到袁世凯给的50万元开拔费后，带着大队人马前往徐州上任去了。这样，江苏都督终于还是落到了冯国璋手中，而腾出来的直隶都督，袁世凯安排给了赵秉钧。至于新打下来的其它几省，倪嗣冲当了安徽都督，龙济光当了广东都督，李纯被任命为江西都督。

至此，国民党所发动的二次革命，以大败亏输而告一段落，国民党控制的江西、安徽、广东三省，加上南京，到此已尽在袁世凯掌握之中；而之前附和国民党的湖南、福建则早已先后宣布取消独立，向北京政府输诚；四川的熊克武最干脆，直接宣布解职下野了事。

最可悲的是，国民党在崇高理想之下的所作所为，遭到多数国人的反对，国民党因此得到一个恶谥："暴民专制"；甚至有人指责他们以革命的名义绑架了全国人民，但实质上只不过是为了权力之争，所谓"二次革命"，根本不配称之为革命。

二次革命的主要参与者全部受到通缉，其中黄兴、陈其美、钮永建、何海鸣、岑春煊五人被指为宁沪倡乱首魁，孙中山、张继、李烈钧、柏文蔚、胡汉民、陈炯明等亦在通缉之列。最后的结果是，除岑春煊、何海鸣流亡南洋之外，其他人全部跑去了日本，以图东山再起。

蔡锷进京

托"二次革命"的福，北洋军顺势开进了南方各省，不仅江西、安徽、广东的国民党势力被清除，事实上大半个中国都已尽在袁世凯掌握之中，地方割据之势不复存在。即便是西南四省——广西、贵州、四川、云南尚未控制，但至少在表面上，大家已不敢再对中央怀有二心。

从当时的舆论来看，举国上下对于国家的趋于统一，反响相当热烈，各方对此都不吝溢美之词。袁世凯则不仅捞到了实惠，就是在声望上，也达到了个人的最高点。

9月11日，熊希龄内阁组成，这个事得从梁启超说起。

话说梁启超回国之前曾致信袁世凯，远程分析政治格局，指出当时国内政治力量大体分为三派：以袁世凯为首的实力派；以孙中山为代表的革命派；由清末立宪派改组而来的改良派。

梁启超没好意思说自己虽在海外，实际上却是改良派的精神领袖，但袁世凯冰雪聪明，自然很看得清这一点，尤其是对梁启超所主张的由实力派执掌政权，由改良派与革命派通过组织政党、以议会为舞台展开竞争的观点极为赞同，对他所提开明专制的观点更是激赏不已，因此等到善后大借款到位之后，老袁立刻毫不吝惜地拨出专款160万元，请梁启超以他的民主党为基础，再去合并几个政党过来，以对抗第一大党国民党。

梁启超跟钱没仇，再说他一向有意推广自己的政治理想，若能整出个国会第一大党出来，那么这个梦想就离现实不远了。

有钱好办事，加上是梁启超亲自出面，背后又有袁世凯支持，很快民主党、共和党、统一党便达成共识，于1913年5月29日合并为进步党，推选黎元洪为理事长，梁启超、张謇、伍廷芳、孙武、那彦图、汤化龙、王赓、蒲殿俊、王印川9人为理事，名誉理事则有冯国璋、周自齐、熊希龄、张绍曾、阎锡山、胡景伊、尹昌衡、蔡锷、唐继尧等，赫然已是足以和国民党相抗衡的国会第二大党。

这样到了7月份，袁世凯免去了赵秉钧的总理兼内务总长官职，授意进步党推出熊希龄出面组阁。进步党大喜，经过好一番谋划，推出了一个"第一流的人才内阁"，其中熊希龄以国务总理兼任财政总长，其他为外交孙宝琦，内务朱启钤，陆军段祺瑞，海军刘冠雄，教育汪大燮，司法梁启超，交通周自齐，农林、工商张謇。

——袁世凯本想请张謇出面组阁，张謇不愿，推荐了熊希龄。张謇连内阁总理都不肯当，又如何肯出任区区一个农商总长？但架不住熊希龄三天两头死缠烂打，说"是你让我出来组阁的，你得帮我的忙"，张謇却不过朋友的面子，这才答应了。

此内阁因为巨星闪耀，故又被称作"名流内阁"，很是让袁世凯得意了一阵。

没过几天，袁世凯接到了云南都督蔡锷发来的电报，蔡锷表示自己有病在身，难以胜任云南的繁巨，希望可以离职，到北京或上海养病，并推荐老部下、现任贵州都督唐继尧接任自己的位置。

袁世凯接电大喜——蔡锷，那可是他渴求已久的大人才！

蔡锷原名艮寅，字松坡，1882年出生于湖南宝庆（即邵阳）一个贫寒的裁缝之家，自幼在私塾读书，16岁时考入长沙时务学堂，师从梁启超、谭嗣同，深受两位老师维新思想的影响，对于当时的大清朝来说，这又是一个如假包换的不良少年。这个不良少年颇受中文总教习梁启超的赏识，两人就此结下了深厚的师生情谊。

百日维新失败，湖南时务学堂风流云散，蔡锷想去日本追随老师梁启超，却苦于没有盘缠，便随老师樊锥及几个同学来到北京，得到正在小站练兵的袁世凯的大力资助后，终得以东渡留学。那个时候，居然敢资助梁启超的弟子，应该说袁世凯胆子够大。

关于这一节，后来梁启超在蔡锷的追悼会上有更详细的说法，他说蔡锷"湖南长沙出来只借得二毛钱，到了汉口借亲戚洋六元，由汉到京，袁项城借给他洋一千元，到东后以三百元为学费，其余均为交友及公益之用，而自己出来则步行，未尝坐过车子"。

蔡锷在日本先后就读于东京大同高等学校、横滨东亚商业学校。1900年，他的另一位老师、也是梁启超的好友唐才常回国组织自立军计划在武汉发动起义，当时在东京的时务学堂同学多数都跟了回去，蔡锷因年龄太小而留了下来，但等大家走后，他改变了主意，一个人坐船经上海赶到了武汉。

唐才常很高兴蔡锷的到来，但考虑到他尚不满18岁，不忍让他参与此吉凶难卜之事，故意派他去湖南面见维新派清军将领黄忠浩，请黄呼应此次起义。黄将军并不看好唐才常的行动，认为只会带来无谓的牺牲，便只将蔡锷留在了家里。

起义果然失败了，之后蔡艮寅改名为锷，在黄将军的帮助下再次回到日本，并考入陆军士官学校，因成绩突出，与同学蒋方震（即蒋百里）、张孝准并称为"中国士官三杰"。

1904年蔡锷学成回国，立即成为各省争抢的对象，他先后在江西、湖南教练新军。1905年6月，广西巡抚、李鸿章的侄子李经羲派人到湖南招募500人到省城桂林，编成新军一营，以郭人漳任管带，林虎充督操官，蔡锷为总参谋官兼总教练官，并兼任随营学堂总理。蔡锷遂辞去湖南的工作前往广西就任。

到桂林不久，恰逢袁世凯、张之洞会操彰德，各省都派了观察员前往观操，广西派去的就是蔡锷。所有观察员中，只有两个人入了袁世凯的法眼，被破格提升为审判员，一个是后来钱学森的岳父蒋百里，另一个就是蔡锷。

回来之后，蔡锷兼任了广西陆军小学总办，1907年陆小第二期招考，计划招生130人，另备取10人，有一个临桂地区的考生叫李宗仁，考取了备取第一名。

李宗仁家境贫寒，考完后就回去干活去了，在上山砍柴回家的路上听赶集回来的邻村乡亲说自己考上了，兴奋得几天都没睡好觉。

好不容易等到报到的日子，李宗仁兴冲冲步行前往桂林。当时进城尤其是上省，对贫农子弟来说是件天大的大事情。李宗仁虽只有16岁，却也知道该把自己收拾得干净点，以免被人瞧不起。于是快到桂林的时候，风尘仆仆的小李先跳到河里洗了个澡，换上一套长衫和母亲亲手缝制的新鞋新袜子，才进城去学校报到。

这个澡直接导致李宗仁迟到了10分钟。蔡锷得知此事，按照他亲手制定的规章制度，取消了小李的入学资格，只给了他一些勉励，鼓励他明年再来报考。

第二年李宗仁果然又来了，而且考上了正式名额，这一次他没敢迟到，顺利进入了陆小第三期。这一届的同学里，有后来和他并称"李白"的白崇禧，上下一届的校友里，则还有黄绍竑、李品仙等未来广西军界的风云人物。

因为以身作则治学严谨，且在骑马、游泳、体操等军体项目上都表现出过人一筹的技艺，蔡锷很快就成了同学们崇拜的偶像，比如李宗仁就曾在回忆录里如此写道："我们的总办蔡锷将军有时来校视察，我们对他更是敬若神明。蔡氏那时不过30岁左右，可称文武双全。他骑马时，不一定自马的侧面攀鞍而上，他常喜欢用皮鞭向马身一扬，当马跑出十数步时，蔡氏始从马后飞步追上，两脚在地上一蹬，两手向前按着马臀，一纵而上。这匹昂首大马，看来已够威风，而蔡氏纵身而上的轻松矫捷，尤足惊人。我们当时仰看马上的蔡将军，真有'人中吕布，马中赤兔'之感。"

但就是如李宗仁这样的崇拜者，后来都参加了倒蔡运动。原来1910年，李经羲高升云贵总督，广西巡抚由湖南人沈秉堃接任。此时的陆军小学，也已升级成为陆军干部学堂，本来是按照一镇一协的编制培养军官，现在却被压缩成了一协，凭空得淘汰三分之二的人，这个事，当然是由总办蔡锷来主持。

蔡锷考大家国学，最后把广西籍的学生淘汰掉大半，剩下的多是湖南籍学生。事情做得太过明显，广西人民怒不可遏，全省上下顿时掀起了一场轰轰烈烈的驱蔡运动，李宗仁、黄绍竑等都有参加。

这样就连沈秉堃也保不住蔡锷这位老乡了，只好任由省咨议局通过决议，免去蔡锷的总办职务，只让他接着到新军里去当个标统。

这个时候，李经羲在云贵总督任上干得也不是很爽，主要是因为督署总参议靳云鹏凡事独断专行，根本不买他的账。靳云鹏和弟弟靳云鹗都是小站出身，属于北洋系元老，又是段祺瑞的嫡系，在云南身兼督署总参议及新军第十九镇总参议，大权在握，不把新上任的总督太当回事也属正常。

这已不仅是面子问题，而完全成了路线斗争。李经羲想要搞掉靳云鹏，便找了亲信罗佩金与李根源商量办法。这二位都是在广西时就跟着老李混的人，和蔡锷也相熟，尤其是罗佩金，对蔡锷很是佩服，经他们强烈推荐，李总督当即密电蔡锷，请他来云南发展。

蔡锷在广西正不得意，遂于1910年4月来到昆明，出任十九镇第37协协统，罗佩金自愿在他手下第74标当标统，此时雷飙、刘存厚、唐继尧都还只是再下面的管带。朱德当年25岁，从四川步行来到昆明，本来想投考云南讲武堂，奈何该校不招收外地人，所以最开始只能在蔡锷手下当一名普通士兵。

武昌起义爆发之后，蔡锷、罗佩金、李根源等十余名将校谋划响应，决定推蔡锷为临时革命军总司令，于10月30日农历九月初九发动起义，后世称之为"重九起义"。

起义很成功，朱德此时已升任连长，表现尤为英勇，最后是十九镇统制钟麟同被杀，李经羲被抓获，只有靳云鹏侥幸逃脱。

一片喊杀声中，蔡锷念及李经羲对己有恩，不忍下手，费了好大劲才做通了大家的工作，决定尊重李本人的意愿，送他全家乘火车离开云南，从越南转道香港到上海去当寓公。李经羲抵达火车站时，虽有人相送，还是被起义士兵强行剪去辫子，但总算保住了一条命。

云南全境平定之后，成立了军政府，蔡锷被推选为都督，这是众望所归的事情。蔡锷干得不错，一开始很受各界的拥戴。

1912年春夏之交，纷乱已久的西藏局势来到了转折时期。在英国人的煽动下，西藏当局宣告独立，并派出叛军侵扰川藏边界，先后攻陷了江卡(今西藏芒康)、盐井、乡城、稻城和理塘等地，还包围了巴塘、昌都等重镇。新生的中华民国临时政府不能坐视不管，袁世凯先是派了四川都督尹昌衡率川军前往平叛，接着又令蔡锷率滇军支援。叛军打不过川滇两军，结果在英国的干涉之下，中、英、藏三方展开了谈判，旷日持久的谈判无疾而终之后，英方谈判代表麦克马洪背着中国政府，竟然在私底下和西藏地方政府换文，整出了一条莫名其妙的麦克马洪线，这是后话，在此不提。

看得出来，云南都督蔡锷对中央政府是持支持的态度，后来在孙中山发动二次革命之时，他也旗帜鲜明地站在了袁世凯这一边，袁世凯对蔡锷同样是相当欣赏和器重。然而此时，因为"滇人治滇"思潮的兴起，蔡锷在云南的处境，却有了一些微妙的变化。

因此，同时也是为了以身作则反对军人干政，蔡锷给袁世凯发了电报，要求离职养病。对于这一节，梁启超后来有如下回忆：

> 民国三年春天，蔡公把都督辞掉回到北京。他辞都督并非有人逼着他辞，云南人苦苦挽留，中央也不放他走，但蔡公意思一来因为怕军人揽政权，弄成藩镇割据局面，自己要以身作则来矫正他，二来因为他对外有一种怀抱，想重新训练一班军官，对付我们理想的敌国，三来也因为在云南两年太劳苦了，身子有点衰弱，要稍为休息休息。他前后写了十几封信和我商量，要我帮他忙，把官辞掉，于是我们在北京常在一块儿又一年。

这个回忆里，时间上有所偏差，事实是，1913年9月28日，袁世凯即已发布命令："云南都督蔡锷，叠电因病请假，着给假三个月，来京调养。"同时根据蔡锷的推荐，任命云南人唐继尧署理云南都督。

唐继尧终于当上了家乡的都督，虽然前面还挂着"署理"二字，也还是非常满意。袁世凯的心情则完全不同，他一想起自己这个大总统前面的"临时"两个字，心里就觉得别扭，觉得是可忍孰不可忍！

当选大总统

既然忍无可忍，那就无须再忍，袁世凯立即着手敦促国会，赶快把大总统给选出来。他的如意算盘是，最好在10月10日双十节那天登上宝座，这样才能显得自己这个总统是多么的名正言顺，天人合一。

这当然需要一个冠冕堂皇的理由。这难不倒袁世凯，他的说辞是，中华民国自成立以来，只有美国、秘鲁、巴西三国予以承认，还都是在召开正式国会之后；其他国家之所以不予承认，就是因为中国尚缺少一个正式政府和国家元首。

这也是事实，所以这个说辞很有力量。本来首届国会的首要任务就是制定正式宪法、选举总统、组织正式政府，程序是先起草宪法，再选举总统，因为总统选举法本是宪法的一部分。现在看袁世凯这么着急，所提的理由又如此光明正大，便有一部分议员动了心。

最动心的是进步党。进步党拿人手短，自然支持先选出总统再说。另外由袁世凯授意梁士诒出面组织的公民党更是一个御用党，两相结合，力量就大了。于是国会很快就通过了先制定总统选举法再制定宪法，并首先选举大总统的议案。

《大总统选举法》制定得异常顺利，仅仅两天之后，1913年10月6日，中华民国首任正式大总统选举便已在众议院隆重举行，按照《大总统选举法》规定，总统选举必须有选举人总数的三分之二以上出席，当天到会议员759人，超过了法定人数。

本次选举采用无记名投票，得票超过四分之三者当选；若两轮投票下来依然无人当选，则第二轮得票最多的两位再展开第三轮投票，得票过半数者当选。

因为大总统选举"关系至为重要，必须随时分电各省，以安人心而免谣诼"，所以电报总局接到政府通知，除军事及外交紧要事件外，其他所有电报暂时缓发，而只发跟选举有关的消息。因此，本次选举详情在时效性和传播度上都做到了无可挑剔。

第一轮投票的结果统计出来，因为本次选举没设候选人，也无人竞选，所以得票者众多，票数很分散，其中袁世凯471票，黎元洪151票，孙中山13票，段祺瑞13票，康有为11票，梁启超4票，孙武3票，王赓3票，汪精卫1票，蔡元培1票……无一人能达到四分之三的法定票数，故无人当选。

第二轮还剩745名议员参与投票，依然没人能达到法定票数，那就只能在得票最多的袁世凯（497票）、黎元洪（162票）之间进行第三轮PK。

如果正常投票，在当时绝对当得起"众望所归"四个字的袁世凯，胜出本应毫无悬念，可惜一步大臭棋，让他最后的当选成了一个笑话。

就在第二轮开票刚结束，会场外突然出现了数千人，虽然他们穿着各式衣服，把自己打扮成农民、工人、小商贩等各色人等，并打着"公民团"的旗号，可傻子都看得出这些人全是由军人装扮而成的——这就是没有经验的代价。

"公民团"可不管别人怎么看，反正他们真把自己当成了各路公民，把会场围得水泄不通，高喊"今天不选出满意的大总统，我们坚决不答应！"之类的话不说，还不让议员们出去，也不让送饭的人随便进来，比如给进步党、公民党议员送饭的可以进，给国民党送的就不能进，有议员饿极了想冲出去，轻则被骂，重则挨打，总之秀才遇到兵有理说不清，再大的委屈也只能认了。

就这样还是跑掉了几十个议员，最后第三轮投票时还剩下703人，袁世凯得了507票，如愿以偿当选为中华民国第一任正式大总统，这时已经是晚上10点多了，那些饿得头晕眼花的议员们总算解脱了出来，而门口"公民团"的成员们，早已尽兴散去。

第二天选举副总统，"公民团"没再出现，但黎元洪依然当选。然后到了10月10日双十节，袁世凯向清室借用太和殿，在那里搞了就职典礼，正式就任中华民国大总统，也就此登上了人生的顶峰。

在天安门阅兵之后，袁大总统又搞了个授勋仪式，最尊贵的勋一位授给了三个人：徐世昌、赵秉钧及清室代表世续；勋二位要多一些，授给了各省都督；至于勋三位、四位、五位等那就更多了，在此不必细说。需要说的是，中华民国有了正式的国家元首，随后也就得到了各个国家的承认。

当上大总统之后，袁世凯接着干了件石破天惊的大事——他把国民党给解散了！

其实对于临时政府时期的同盟会，以及后来的国民党，袁世凯一向都厌恶得很，认为他们除了会捣乱，干不来别的。到了二次革命那会儿，他手下很有些大将认为国民党擅自挑起南北战争，破坏安定团结的大好局面，实在是罪不容诛，不如将其取缔了事。更有甚者，还有人要求带兵捉拿这帮"乱党"，看他们还敢不敢乱来。

所幸，这些都被袁世凯阻止了下来，因为，他在下一盘很大很大的棋。

那个时候，袁世凯还是临时大总统，而国民党作为国会第一大党，如果被解散了，国会就将无法开会，那么谁来选举他当正式大总统？

现在大总统已经到手，袁世凯再无顾忌，授意梁士诒通过总统府给国会发去一道咨文，说根据《临时约法》，民国制定法律应当是分"提案、议决、公布"三个过程，而国会在公布《大总统选举法》时，绕过了总统府，违背了《临时约法》第30条"临时大总统有'公布法律'之权"的规定，有蔑视大总统权威之嫌，要求

1913年秋各国宣布承认中华民国时各国使节与袁世凯合影

袁世凯送给莫理循的小照

YUAN SHI KAI, PRESIDENT, OF CHINA

油画：袁世凯就任中华民国大总统

袁世凯称帝

国会给予合理答复。

平心而论，《临时约法》由于制定得相当仓促，且其中不乏制定者夹带的私货，里面难免存在一些自相矛盾的地方，袁世凯要想找麻烦，方便得很。

议员们想得比较天真，认为你袁大总统正是依靠《大总统选举法》而当选的，感谢还来不及呢，怎么还会对由谁来公布等枝节问题有不满意呢？

可袁世凯是成心找茬，锋芒所指，其实是《临时约法》所规定的"责任内阁制"，此时敲山震虎，只不过是总攻前的一个序曲而已。

国会议员们没想到自己的处境是飞鸟已尽良弓将藏，他们此时正忙着审核宪法起草委员会起草的《中华民国宪法草案》呢，也就没搭理总统府的这道咨文。袁世凯大怒，随即让国务院派出施愚等八名委员前往国会递交新的咨文，除陈述之前的内容之外，还要求国会开会应提前通知国务院，以便派人前来出席陈述。

议员们毫不客气，义正词严地表示：民国立法，权在国会，不受行政干涉。请大总统收回成命。

施愚等碰了个钉子，也不生气，却掏出了另一份咨文，议员们接过来只看了前几条，顿时全傻了。

咨文里，袁世凯的要求简单明了，就是要修改宪法：

其一，将《临时约法》第33条"临时大总统得制定官制官规，但须提交参议院议决"改成"大总统制定官制官规"。

其二，将《临时约法》第34条"临时大总统得任免文武职员，但任命国务员及外交大使须得参议院同意"改成"大总统任免文武职员"。

其三，将《临时约法》第35条"临时大总统经参议院同意，得宣战媾和及缔结条约"改成"大总统宣战媾和及缔结条约"。

这分明就是总统专权的玩意，真要推行，国会将被置于何处？议员们岂肯接受此等无理要求，遂草草打发走了施愚等人，接着审核宪法草案去了。

审核进行得很顺利，很快这个宪法草案就进入了二审阶段，因为此宪法草案是在天坛祈年殿起草，因此在当时被称作"天坛宪草"。

袁世凯通过各种渠道了解到天坛宪草和《临时约法》基本上一脉相承的，完全没有理会自己的意思，反而对大总统的权力进行了严格的限制，使得大总统依然只是个象征性的虚衔，不由得怒发冲冠，当即便展开了部署。

接下来的几天，各省都督、民政长及北洋高级将领纷纷发表通电，指责国会专权都是轻的，有人甚至提出了"撤销宪法起草委员会、撤销宪法、解散国民党、解散国会"的强横要求。

谁知议员们不为所动，于10月31日走完了宪草的三审程序，准备提交国会公布。根据《临时约法》，此宪草一旦由国会公布，就将成为中华民国的正式宪法。眼看事情将无可挽回，袁世凯行动了，他决定由国务总理熊希龄出面，解散国民党，以使国会无法开会。

熊希龄并非嫡系，不过袁世凯对他很放心，因为他有把柄攥在自己手里，不怕这个总理不听话。

原来之前唐绍仪内阁垮台，熊希龄辞去财长时，为了笼络这个人才，袁世凯特意给了他一个热河都统的美差。热河即现在的承德，是前清皇帝夏天避暑，偶尔也用来避难的地方，行宫大号避暑山庄，难以想象里面藏有多少奇珍异宝。

熊希龄把公署就设在了避暑山庄里面，作为名士，他难免会对那些古董珍玩情有独钟。实事求是地说，这里的珍宝，晚清时即已不断外流，主要是内部工作人员干的，负责管理的历任都统自然也没少干，这本是公开的秘密，算不了什么大事，熊希龄也就没必要免俗。

有一次淮军宿将姜桂题来到热河，这人是袁世凯的世叔，熊希龄不敢怠慢，好吃好喝之余，还就地取材，拿了把乾隆皇帝的折扇送给了老姜作为临别赠品。姜桂题虽是个粗人，但也知道这把折扇名贵异常，想想自己玩不来这些文人的玩意，回去后便将之转赠给了袁老四。

袁世凯其实对古董很不感兴趣，曾经有人劝他置办些古董装点家居，他哈哈一笑，大大咧咧地说："以后我死了，我现在坐的椅子，吃饭的桌子通通都是古董，何必花钱去买？"话虽如此，姜桂题送来的扇子还是打动了袁世凯——进入民国之后，热河宝物流失更加严重，舆论对此极为关切，既然如此，袁世凯便决定派司法总长许士英去好好调查一番。

像这种监守自盗的事情，真要查没有查不清楚的，关键要看当政者的决心。袁世凯下了决心，许士英查起来就很给力，没多久便把热河盗宝那些事摸排得清清楚楚，这其中，熊希龄肯定难辞其咎。

袁世凯没有追究熊希龄的责任，他认为引而不发更有威慑力。

11月3日上午，熊希龄应召来到总统府，因为袁世凯正在接见外宾，他被安排到了总统办公室稍候。

办公室里空无一人，熊希龄枯坐无聊，就随便翻看桌上摆的文件，结果第一件就是避暑山庄盗宝案的卷宗。熊希龄苍白的脸色还没恢复红润，袁世凯已经走了回来，关切地问："秉三（熊希龄字秉三），你昨晚没睡好觉吧？脸色怎么这样不好看？"待到熊希龄支支吾吾一番后，袁世凯直入主题，说："警备司令部查获乱党李烈钧与国民党议员徐秀均等人来往密电，试图分裂国家。"这是二次革命时期的事情，现在正好拿来作为国民党发动内战制造分裂的证据。袁世凯随即拿出一份文件，接着说："当务之急，非立即解散国民党不可，取消国民党人的议员资格。秉三，你有什么意见？"熊希龄敢有什么意见？只能乖乖签了字。

熊希龄刚一签完字，早有准备的大批军警便直扑广安门内大街国民党北京支部，将包括代理事长吴景濂在内的在场所有人全部控制起来，等搜出全部国民党议员的住址后，军警们按图索骥，挨家"拜访"，把350多名议员们的证章、证书通通搜缴而去。

这事干完，已经是11月4日凌晨了。当时国会议员共820名，人称"八百罗汉"，袁世凯显然是意识到了这一点，觉得350多人不足半数，剩下的议员依然可以依法召开国会，索性一不做二不休，下令继续搜缴"二次革命"前已经脱党及跨国民党的议员证书，天亮前必须完成。

领导发了话，喽啰们就得满地走，结果没等天亮，他们就又搜缴了80多名议员的证章、证书，这下子，国会总算是开不成了。

国会瘫痪之后，袁世凯真正开始大权独揽，便越发觉得黎元洪老待在湖北不是个办法，虽然黎副总统一向对自己支持有加，无论是当初的定都之争，还是后来的宋教仁案，乃至前不久的二次革命，黎元洪以副总统兼湖北都督的身份，每次都无一例外地站在了自己这一边，甚至连解散国会的建议，最早都是出自黎元洪之口，但即使这样，袁世凯还是不放心。

也是，不管怎么说，黎元洪虽不是革命党，但毕竟也不是北洋系的人，而湖北因为首义之功，在裁军中受损最小，至今仍有四个师的军力。黎元洪手握重兵，还先后被推举为共和党、进步党理事长，政治影响力着实惊人。这样一个人，把持着九省通衢的武汉，无论如何袁世凯也会觉得是个心腹大患，于是便很诚挚地邀请黎副总统尽快来北京履新。

黎元洪不傻，深知民国副总统的头衔只是虚好看，哪里有湖北都督来得实惠？因此找出各种理由拖着，纵然袁大总统四次相邀，得到的也只是黎副总统的四次婉拒。

袁世凯的耐心是有限的，心想刘备请诸葛亮也不过是三顾茅庐，老子都请你四次了，也算得上仁至义尽了吧？于是便派段祺瑞跑一趟武昌，并一再交代他，把黎元洪赶出来后，务必要把湖北的军队安顿好。

1913年12月8日，段祺瑞抵达武昌，黎元洪给予了他最高的礼遇。段祺瑞也不客气，处处以北京来的领导自居，第二天就派人把黎副总统请到自己的行馆，开门见山地说："祺瑞此来，有两件大事。一是和副总统商量湖北军队整顿事宜；二是大总统邀请黎副总统前往北京，祺瑞特来送信。"

段祺瑞是不容置疑的语气，而黎元洪本没有坚强的性格，再考虑到段祺瑞掌握着全国的陆军，双方真要翻了脸，自己手里这点力量怎么看也不够；况且现在已不是辛亥年，袁世凯正当声望与实力如日中天之时，举国上下，没有几个人会支持地方造反，既然如此，黎元洪也就只好接受了被升职的命运，都没来得及和家人告别，当晚就被送上了北上的专列。

火车刚启动，袁世凯的电令便到了武昌，命令段祺瑞以陆军总长的身份，代理湖北都督，裁编地方军队。

12月11日清晨，黎元洪的专列抵达北京前门车站，袁世凯给足了面子，欢迎仪式甚为浩大，完全是参照国家元首的礼仪。但接下来，他把黎副总统安排住到了南海瀛台，就是当年慈禧软禁光绪的地方，虽然此风景绝佳之地已被他改名为"小蓬莱"，但毕竟是个不吉之处。再加上所有随行人员都被安排住到了东厂胡同将校俱乐部，距离虽不遥远等闲却不得相见，那么饶是黎元洪再忠厚，也彻底明白了自己的处境——虽然不是皇帝，却享受到了皇帝的待遇。可惜只是光绪皇帝的待遇！

好在袁世凯不是慈禧太后，有人情味得很，他很快就派人把黎副总统朝思暮想的黎本危从武昌给接到了小蓬莱。

黎本危本名危文绣，花名危红玉，江西贵溪人，自幼家境贫寒，少女时代赶上家乡闹饥荒，不幸父母双亡。危文绣很孝顺，结果为了筹钱埋葬父母，被人骗到汉口，改名为危红玉，从此堕入风尘。

是金子在哪里都会发光，在欢场，什么资历、炒作之类的通通都得让位于硬实力。危红玉长得美若天仙，还略通文采，更有一副天生的好歌喉，再加上她所在的枇杷门巷，大约相当于北京的八大胡同、南京的秦淮河畔，属于高档社区，前来捧场的，全是清一色的高端人士，而高端人士的眼睛是雪亮的，因此危红玉很快就红了。

1904年的时候，兵部侍郎铁良以钦差大臣的身份巡视全国，最后一站到的湖北，此时已是1905年初了。铁良此来，重点考察练兵情况，那会儿湖广总督还是张之洞，此老辈分摆在那儿呢，不可能太看重这个新近冒出来的铁侍郎，便将接待任务交给了湖北新军协统黎元洪。

黎元洪安排的军事操练非常成功，铁良深表满意，接下来少不了就是夜夜笙歌，某天晚上大家就到了汉口一家书寓里喝花酒。黎元洪平时生活作风还算严谨，但身为地方高干，有义务有责任陪同北京来的领导喝酒采花，结果不知怎地，那天晚上他率先喝醉了，且很不懂规矩地在游戏中赢了所有人而独占花魁，这花魁就是危红玉。酒席散场后，已然醉得不省人事的黎元洪，竟睡在了危红玉房里，没有回家。事情搞大了。

原来大清朝廷曾三令五申，官员一律不许嫖妓，虽然到了晚清时分，这更多的只被当成一个笑话，但黎元洪是老实人，尤其考虑到自己前一晚抢了领导的风头，不得不做最坏的打算，于是干脆花3000元把这个如花似玉的美女买回家来作妾，更为她取名为黎本危，想来应该有"黎就是危，危就是黎"的意思，可见二人之恩爱。

本危如夫人的到来，彻底消除了黎副总统的相思之苦，除此之外，袁世凯还给了黎元洪很高的待遇：月薪1万元，外加办公费2万元。黎元洪无公可办，这3万元就成了净收入。有重金缠身，又有美人相伴，虽不能再呼风唤雨，日子倒也过得逍遥自在。

只是袁世凯对黎元洪始终不能放心，思来想去觉得还是得亮出自家的独门绝技——联姻，借此来拉拢和黎副总统的关系。

政治联姻方面，袁世凯颇有心得。自古官场之上，最看重的是师生情谊，门生捧老师、老师提拔门生，早已是相沿已久的习俗，自此结成的利益共同体，真可谓水泼不进，牢不可破，加上又有"尊师重道"的幌子，说起来足够冠冕堂皇，旁人还真无话可说。

袁世凯吃亏在了未经正途，即使官做得再大，毕竟连秀才都没中过，自然无科场上的门生可言。不过虽有此先天不足，好在他子女众多，足以后天弥补——儿女亲家之情，应该不至于输给师生之谊。

如果说袁家大公子克定娶名宿吴大澂之女、二公子克文娶前广东巡抚刘瑞芬孙女还是无心插柳的话，那么剩下子女的姻缘，大多属于有心栽花，也就是题中应有之意了。

比如三公子克良娶了朝中大佬张百熙的女儿；六公子克桓做了江苏巡抚陈启泰的女婿；八公子克轸娶了官至两广总督的周馥之女。满汉通婚刚一解禁，袁世凯更开风气之先，让五公子克权娶了端方的独生女儿；十三公子克相则当上了军机大臣那桐的孙女婿。本来袁世凯和老大哥徐世昌也差点成了亲家，按婚约规定，袁家十公子克坚，应迎娶徐家次女绪根。谁知克坚公子在哈佛大学求学期间，狂热追求校长之女，因攻势过于离经叛道，违反了校规，惨遭开除学籍。事情传到徐世昌耳朵里，这桩婚事才只好作罢。

儿子们战绩不菲，女儿们也不遑多让，真正是巾帼不让须眉。像长女伯祯嫁给了广东巡抚张人骏的公子；七女复祯嫁给了陆军部尚书荫昌的公子。五女季祯比较命苦，嫁给礼部尚书陆宝忠之子本也算门当户对，谁知夫妻感情不好，季祯身体也不好，结果两年不到就去世了。袁世凯深为不安，随即便将十三女经祯嫁到陆家做了填房。本来对于袁家嫁个体弱多病且不情不愿的五女过来，陆家多有不满，但随着十三女过门，袁家这种前仆后继、愚公移山的精神着实感动了陆家，两家所有的芥蒂顿时烟消云散。精诚所至，金石为开，诚如斯言。

清末民初有一位和袁世凯英雄所见略同的孙宝琦，此君当过山东巡抚，同样儿女众多，计有8个儿子16个女儿，同样亲家遍天下，其中最大牌的当属庆亲王奕劻。还有一个亲家来头也很大，就是张佩纶的儿子张廷重。张佩纶前面说过，他是李鸿章的爱婿。

张廷重娶的是清末首任长江水师提督黄翼升的孙女黄素琼（即黄逸梵），著名的才女张爱玲，就是他们的亲生女儿；而孙宝琦的女儿孙用蕃，后来成了张爱玲的继母。

像袁世凯、孙宝琦这么两位志同道合者，一定会有异于常人的密切关系——袁家七子克齐娶了孙家的女儿；袁家六女籙祯则嫁给了孙家的儿子。

袁世凯和黎元洪联姻，欲参照的正是孙宝琦模式，也就是双方各自拿出一个女儿做对方的儿媳妇。黎元洪很大气，不提袁家女儿的事，只说："我先给你一个吧！我有两个女儿，你想要哪一个？"

袁世凯倒也直率，回道："无所谓，只要是你的女儿就好。"这样就定下了黎家次女绍芳许配给袁家九公子克玖的婚事，那年袁克玖11岁，黎绍芳才8岁。

这时黎元洪的原配夫人吴敬君也已经来了北京，她对此很不满意，认为绍芳乃自己亲生，袁克玖却是袁家五姨太所生，自家太吃亏。黎元洪只得苦苦解释，说袁世凯的正室夫人只生过一个儿子，这实在是没办法的事。胳膊拧不过大腿，吴夫人就算百般不愿，事情最后还是定了下来。

不过即使如此，袁世凯对黎元洪仍不放心，特派总统府总务厅长唐在礼严密监视黎元洪的一言一行，不许他跟外界有任何接触。黎元洪是个老实人，不让他跟外界接触，他就真不接触，只每天在瀛台自娱自乐，让袁世凯省了不少心。章太炎却没那么老实，搞得袁世凯头都大了。

请章太炎读书

章太炎人称章疯子，1869年生于浙江余杭，中华民国国号及象征五族共和的五色国旗，皆出自他的手笔。我曾经在一个帖子里见大家讨论谁是民国最牛的文人，有人说是章太炎，下面有人反对，说："章太炎算个屁？章炳麟那才叫牛呢"！这不由得让人想起，大约在1994年左右，《北京青年报》搞了个读者投票，大约是评选全世界最牛的十大电影导演，结果斯皮尔伯格荣登榜首，史蒂芬·史皮堡则排名第五。其实斯皮尔伯格和史蒂芬·史皮堡是同一个人，就像章太炎和章炳麟是同一个人一样。

章太炎之博学多才每每令人高山仰止，无论在文学、史学、哲学、佛学、经学，还是文字学、音韵学、诸子学，甚至医学上，都算得上最顶尖的人物，更有人说："章太炎不只是革命家，更是近代中国最博学、思想最复杂高深的人物。"

不过章太炎最出名的还不是他的学问，而是他的骂人。鲁迅骂人够牛吧？但即使章太炎时不时做出一些荒唐事，鲁迅也从不敢开骂，因为在日本求学的时候，他曾是章太炎的学生。

章太炎骂人一向指名道姓。1904年农历十月初十，是慈禧太后七十大寿的大喜日子，却也正值日、俄两国在东北大地大打出手，章太炎感伤国事，在狱中撰写了一幅流传甚广的对联：

> 今日到南苑，明日到北海，何日再到古长安？叹黎民膏血全枯，只为一人歌庆有；
>
> 五十割琉球，六十割台湾，而今又割东三省！痛赤县邦圻日蹙，每逢万寿祝疆无。

而章太炎之所以入狱，则得从著名的"苏报案"说起。清朝末年上海有一家报纸叫《苏报》，设在英租界，是革命党人的一个宣传阵地。1903年，邹容在上面发表了不朽的《革命军》，章太炎则更为活跃，常常在此痛骂保皇党领袖康有为，顺便把慈禧、光绪也骂了，骂光绪是"载湉小丑"，怒斥他和慈禧是"汉族公仇"。

这太后和皇帝当得够窝囊的。自古以来，历朝历代，还没有哪个平头百姓敢于公开辱骂最高当权者，慈禧为此很生气，凌迟章太炎的心都有。可惜章太炎他们住在租界里，慈禧的手伸不进去，清政府只好要求上海英租界工部局查封《苏报》，并逮捕办报人。英国人以新闻自由之名，断然拒绝。清政府不得已只好走法律程序，以"劝动天下造反"、"大逆不道"为名提起诉讼，并援引了英国法律不允许辱骂女王的成例。租界当局不堪压力，终于还是查封了《苏报》，并逮捕了章太炎。邹容则出于义愤，自动投案。经法庭审判，判处章太炎三年、邹容两年监禁，但清政府引渡二人的要求，再次被断然拒绝。

章太炎是光复会的创始人之一，后来合并入了同盟会，却很看不上孙中山，认为"其人闪烁不恒，非有实际，盖不能为张角、王仙芝者"。认为孙先生连东汉末年造反的张角、唐朝末年造反的王仙芝都不如，也难怪他后来会率领光复会一彪人马退出同盟会。

不仅如此，他还骂孙中山贪污腐败，搞得孙先生很没面子。顺便说一句，章太炎骂得最好听的，是他送给康有为康圣人的那副对联：

> 国之将亡必有，
>
> 老而不死是为。

联尾两字恰是"有为"，而上下联各自隐去的，分明竟是"妖孽"和"贼"，据说这副对联，康圣人看了很不开心。

辛亥革命胜利之后，革命党各派之间争权夺利斗得不亦乐乎，尤其是同盟会的陈其美杀掉光复会的陶成章、陶骏保，这让章太炎对革命党人大为失望。1912年3月下旬，南京的川籍革命党人召开四川革命烈士追悼会，临时大总统孙中山亲自出席并发表重要讲话，而章太炎则送去了一副气得死人的"挽联"：

> 群盗鼠窃狗偷，死者不瞑目；
>
> 此地龙盘虎踞，古人之虚言。

因为对孙中山等人不感冒，章太炎便把希望寄托在了袁世凯身上。在首都之争中，他大力支持定都北京，并发表了《驳黄兴主张南都电》；紧接着他又写了《致袁世凯论治术书》，语重心长地教导袁世凯该如何治国。

章太炎名满天下，又是和梁启超并列为自己最敬重的两大文人，袁世凯自然不会怠慢他的来信，不仅不怠慢，还亲自回信夸赞其"至理名言，亲切有味"。

这样到了1912年冬天，袁世凯封章太炎为东三省筹边使，级别很高，却只是个华而不实的虚衔，类似的官袁大总统封了很多，都是拿来笼络人用的。可章太炎是个书呆子，拿着袁世凯送的1万元开办费，真的跑吉林走马上任去了，结果当地官员除了陪着他吃饭喝酒，正经事没一个人听他的，气得他一怒之下又回到了北京。

回来之后，他就想要学着别人的样子，搞点钱来花。章太炎虽为国士，却当真不食人间烟火，他搞钱怎么个搞法？我们不妨原文照录胡适先生记录此事的日记：

> 仲恕（陈仲恕）在熊内阁任国务院秘书，曾看见许多怪事。章太炎那时已放了筹边使，有一天来访仲恕，——他们是老朋友——说要借六百万外债，请袁总统即批准。仲恕请他先送计划来，然后可提交临时参议院。太炎说："我哪有工夫做那麻烦计划？"仲恕不肯代他转达，说没有这种办法。

仲恕问他究竟为什么要借款，太炎说："老实对你说吧，六百万借款，我可得六十万回扣。"仲恕大笑，详细指出此意之不可行。太炎说："那么，黄兴、孙文他们为什么可以弄许多钱？我为什么不可以弄几个钱？"他坚持坐三、四个钟头之久，仲恕不肯代达，他大生气而去。

明日，他又来，指名不要陈秘书接见，要张秘书（张一麟）见他。张问陈，陈把前一晚的事告诉他，张明白了，出来接见时，老实问太炎要多少钱用，可以托梁燕孙（梁士诒）设法，不必谈借款了。太炎说要十万。张同梁商量，梁说给他两万。张回复太炎，太炎大怒，复信说："我不要你们的狗钱！"张把信给梁看了，只好不睬他了。

第三天，太炎又写信给张，竟全不提前一日的事，只说要一万块钱。张又同梁商量，送了他一万块钱。章太炎近来很有钱，他有巨款存在兴业银行，近来还想做兴业银行股东哩！

袁世凯大概是知道了这件事，他一向敬重这位老夫子，便把他请到了总统府来，直接拨给了他4万元。为了怕章太炎清高，老袁特别说明这是公款，交给他是让他去上海看看当地的官办报纸有没有需要补贴的地方；又为了怕章太炎糊涂，真补贴给各报纸了，袁世凯再特别说明，补贴可以意思一下，无论剩下多少，您都自由支配好了。

章太炎拿着这笔巨款刚回到上海，老友张謇就闻讯赶来，直截了当地说：听说袁慰庭拨款4万元让你办报，现在共和党的《大共和报》经费正紧张，你我同为共和党发起人，你何不将这笔钱交给我去维持？章太炎那时生活已经开始潦倒，但他抹不开面子，虽百般不愿，还是把钱全部交给了富可敌国的张謇。

然后又过了些日子，章太炎一时兴起，去了首义之区武昌。

太炎先生亲临考察，黎元洪对此极为重视，搞了个极为盛大的欢迎仪式，使得章大为感动，公开表示"民国总统一席，非公莫属"，并因此对湖北心生好感，认为湖北什么都是好的。此时他已丧偶多年，别人问他续弦条件，老章张口就是："只要湖北女子！"对此他后来还有所解释："湘女多情，鄂女多音。湖北人语音之中，保存着许多古音，而本人正是研究古音的，若有鄂女应征，自当结秦晋之好。"

黎元洪很热心，马上就派人帮着张罗，可惜老章一眼相中的竟是吴淑卿，此女子正和黎副总统打得火热，事情只好不了了之。但章太炎对黎元洪的好感，从此再没变过。

章大师既已动了春心，回到北京后前来为他提亲者自不在少数，问他择偶条件，他倒也直来直去："人之娶妻当饭吃，我之娶妻当药用。两湖人甚佳，安徽人次之，最不适合者为北方女子。广东女子言语不通，如外国人，那是最不敢当的。"

还未等众人反应过来，章太炎已在《顺天时报》上登出一则《征婚启事》，对女方的要求共有五条：（一）鄂女为限；（二）大家闺秀；（三）文理通顺；（四）不染学堂中平等自由之恶习；（五）有从夫之美德。

蔡元培在报上看到这则启事，立即找到老友章太炎，说老弟别挑花眼了，这事包我身上。后来便给他介绍了汤国梨。

汤国梨字志莹，号影观，祖籍浙江乌镇，小章太炎14岁。她天生丽质，曾是上海务本女学的校花，且博学多才，有"旷代清才，直与贺、柳并辔"之美誉。因为条件太好，眼光很高，所以快到30岁还未嫁人，却对章太炎一见倾心。

章太炎同样对其一见钟情，加上汤国梨7岁到9岁时在汉口生活过3年，也勉强可算湖北人，于是这事就成了。

1913年6月15日，婚礼在上海哈同花园举行，此时二次革命已如箭在弦上，而孙中山、黄兴、陈其美等革命党头面人物依然和男女来宾2000余人前来参加，蔡元培先生亲自当了证婚人。

婚礼上有个小插曲——一向不拘小节的新郎官穿反了皮鞋。

孙中山亲自出席婚礼给足了面子，章太炎不能不有所表示，他在南北战争前夕为孙中山起草了一篇反袁檄文，堪比骆宾王的《讨武曌檄》，只是袁世凯没有武则天的雅量，看后恼怒不已。这时便有共和党人自告奋勇，写信把章太炎请到北京，结果一来就被袁世凯给软禁了起来。这是1913年9月的事。

说情的人很多，袁世凯一概置之不理，后来还是黎元洪写了封信来劝说，他才答应专门为章太炎建个弘文馆，让他安心在北京讲学，不要再到处去混淆视听。

章太炎本是个做学问的人，倒也乐于弘扬国学，但他想把事情做大，需要聘请大量的名宿来当教授，光开办费就要20万元。袁世凯一时拿不出这笔钱，只好先答应下来，耗着再说。章太炎以为袁世凯在想办法，也没催得太急，倒是自己先在共和党本部开了个国学会，一边讲学一边骂康有为，还在门口贴了张条子："康有为之门徒不许入内。"

后来章太炎看弘文馆老没有着落，就不想再待下去了，给负责软禁他的陆建章写了封信，表示将前往青岛，不再过问政事，服软的味道很浓。可惜陆建章是奉命行事，哪敢放他走？章太炎便又给袁世凯写去一封信，说："大总统执事：幽居京都，宪兵相守者三月矣！欲出居奇岛，以及初服，而养痾疾，抵书警备副司令陆君，以此喻意，七日以来终无报命，如何隐忍，以导出疆，虽在异国，不敢谋燕。" 这是真正服软了，可袁世凯照样不肯放人。后来黎元洪来京，帮着求情，可他自己都是个被软禁的人，说的话自然已无分量，章太炎遂决定自行离京，可他哪里走得出去？

这下子章大师急了，1914年1月7日上午11点，他坐了辆马车径直来到总统府门口，拿着名片只说要见袁慰庭。接待员一看来人，手摇羽扇，扇柄上还坠着一枚勋二位的章，不知是何方神圣。再看名片，赫然竟是章炳麟，哪敢怠慢？一面推说大总统正在会客，一面赶紧通知秘书长梁士诒。

一会儿梁士诒来了，他此时的身份，不仅是总统府秘书长，还兼着内阁代理财政总长，无论如何都算个大人物，不想章太炎根本没把他放在眼里，只说："我见袁慰庭，哪里要见你？"搞得梁士诒好不尴尬，只好悻悻而去。

等了好一会儿，见没人再来，章太炎便问接待员："总统在见何人？"听说是熊总理，他就说："我等好了。"又等了半天，再问总统在见何人，回说在见向瑞琨（张謇的助手，农商部次长），章太炎登时大怒，摔碎一个茶碗后，拍着桌子骂道："向瑞琨一个小孩子尚可以接见，何以不会我？"便指名要见袁世凯的机要秘书张一麟。碰巧那天张一麟真不在，其他秘书又没一个人敢出来，等到当天的值日官无可奈何赶来时，但见章太炎一边破口大骂一边摔东西，把接待室里的陈设摔坏了大半。

章太炎是国士，值日官拿他毫无办法，只能好言相劝，奈何老章一句都听不进去，只在那里骂袁世凯。他学问大，骂来骂去既不带脏字也不带重复，听着是很长见识，可值日官不敢多听，又没别的办法，只好去报告大总统。

袁世凯同样头疼，赶紧找来陆建章，让他无论如何先把这个疯子找地方软禁起来，限制其行动。这事陆建章擅长，出去后一通花言巧语就把章太炎骗出了总统府，用马车把他拉到了附近的军事教练处，几天后再转移到龙泉寺，只说"奉大总统令，请章先生在此读书"。

软禁归软禁，袁世凯对章太炎还是很客气，他亲自给陆建章定下了囚禁章太炎的8条规则，规定饮食起居用款不限，毁物骂人听其自便，此外每月还发500元作为生活费。要知道，当时一个普通警察月薪仅得4元左右，大学教授月薪最高者也不过400元，大约相当于一个参议员的薪水，章太炎这500元，算得上是超高薪了，只可惜，这位大师对钱毫无概念。

生活之外，章太炎的其它一切都被限制得很严，不许外出，不许随便会客，不许有谈论时局的文字，真正算得上一个高级囚徒。

炮制约法

囚住章太炎之后，袁世凯终于下令解散了国会，这是1914年1月10日的事。当然，之前少不了有许多布置。

当初解散国民党、国民党籍议员被取缔之后，根据《临时约法》规定，空出来的议员名额，应由各省候选人递补。但袁世凯对国会已是深恶痛绝，哪里肯让它死灰复燃，便在暗中授意各省不理此事。

二次革命之后，袁世凯的声望与权势如日中天，已没有哪个省敢不买他的面子，所以议员人数始终无法补充，国会因人数不足而无法开会，就陷入了事实上的瘫痪状态。

袁世凯的真正想法是解散国会，但在此之前他需要整一个替代品出来，否则怕别人说他独裁，太不好听。这个替代品名叫"中央政治会议"，相较于国会，自然不是如百事可乐与可口可乐那样可以互相代替，而是像地沟油与食用油一般，有本质上的区别。

没错，这个政治会议基本就是一个摆设，我们不妨摘录其议长李经羲在开幕典礼上的致辞，以明究竟。典礼于1913年12月15日开幕，李议长如是说："现在所注意的是人治，而未到法治时期……本会之产生并无成规可按，所以性质上只是一种咨询机关，有同意之权，而实行之权则在政府。……大总统只以救国为前提，不存丝毫成见，我们虽不能代表国民，却也有我们应尽的天职。"

政治会议成立后，国会就到了寿终正寝的时候。于是广东都督龙济光率先发表通电，要求以政治会议替代国会；紧接着，黎元洪领衔19省军政长官联名通电以示呼应，理由是国会自成立以来，毫无成绩。

这时候袁世凯充分展现了他虚怀纳谏的魅力，诚恳接受了大家的建议。又做了一些动作之后，终于在1914年1月10日，下令解散国会。

中华民国的首届国会就此烟消云散，从成立到解散，本届国会历时9个月，只做成了两件事情，实际上也是一件，就是制定了《大总统选举法》，并选举袁世凯当上了中华民国首任大总统——天可怜见，它并非像黎元洪所说那般毫无成绩。

国会没了，下一个目标就是内阁，虽说本届熊希龄内阁很听话，但谁又能保证他会永远听话？所以，还是没有内阁最好。

袁世凯先是派梁士诒去跟熊希龄吹了吹风，说是大总统决定要废除国务院，熊总理很是诧异，心想我们没得罪你呀，凭什么就不要我们了？以梁启超为首的多数进步党人对此也都很抗拒。袁世凯此时已没有太多耐心，他用的还是老办法，让各省都督发点电报来，吓死这帮恋恋不舍的家伙。

挑头的是安徽都督倪嗣冲，他于1月24日通电各省，呼吁修改约法，实行总统制。此电一发，就如一石激起千层浪，各省反响极为热烈，四川都督胡景伊和民政长陈廷杰联名通电做了篇马屁文章："项城袁公，绝世之才，中外具瞻，天人合应，允宜屏息退听，纵其展舒，若实行内阁制，俾元首退处无权，何异困蛟龙于沟壑，击麟凤以钳铁"。江苏都督冯国璋则要朴实得多，却也直截了当得多，他说："（中国）应于世界上总统总理之外，别创一格，总统有权则取美（国），解散国会则取法（国），使大总统以无限权能展其抱负。"如此这般的电报此起彼伏，梁启超、熊希龄等终于明白事已不可为，只好不再抗争，而选择听天由命。

袁世凯却还没完，他接着又下令停办各地方自治会，并于2月28日解散了各省议会，这样各级立法机构已然不复存在，而政治会议又不肯背骂名，那么袁世凯苦心孤诣修改《临时约法》一事，只好再组织一个机构来干了。

3月18日，约法会议组成，以孙毓筠为议长，施愚为副议长。这个会议看起来权力极大，比如按照规定，约法会议的决议，将成为正式法律。但这有个前提，就是必须征得总统同意。如此说来，我们称之为"政治木偶"，应该算得上比较厚道的说法。

这时的袁世凯有点欲火焚身的味道，约法会议刚一成立，3月20日，他就向之提交了增修约法案，包括七项增修大纲：（一）总统得宣战媾和，与外国缔结条约，无庸经参议院之同意；（二）总统得制定官制官规，任用国务员及驻外使节，无庸经参议院之同意；（三）实行总统制；（四）宪法由国会以外之国民会议制定；（五）关于公民权之褫夺与恢复，总统得自由行之；（六）总统有紧急命令之权；（七）总统有紧急处分财产之权。

约法会议知道自己该扮演什么角色，一审通过、二审通过、三审通过之后，于4月29日征得袁大总统同意，并于5月1日向全国公布了这部《中华民国约法》。

这部约法只有一个目标客户，一切自然完全遵照袁世凯的意思而来，责任内阁制变成了总统制自不必说，而且还不是一般的总统制，根据此约法，中华民国的大总统不仅享有至高无上的军政独裁大权，任期也长得要命——一届十年，而且还能无限期连任，甚至还能颁爵位、推荐继任者，应该说跟皇帝也差不太多了。

另外，立法机关由两院制改为一院制，参众两院不要了，改为立法院。而在立法院建立之前，先设立参政院作为过渡，代行立法权。参政院共73名参政，院长由副总统黎元洪兼任，副院长为汪大燮。

中央政治会议到此已圆满完成了使命，随后就退出了历史舞台。袁世凯一不做二不休，当天下午，他干脆下令连国务院也撤销了，而改设政事堂。政事堂在唐宋时期，大概是宰相办公地点的意思，袁世凯从故纸堆中搜出这么一个名字来，可说是意味深长。表面上政事堂取代的是国务院，但它实际上隶属于总统府，跟之前的内阁在权力和地位上相差何止千里？至于政事堂的首长，袁世凯别出心裁地命名为"国务卿"，这是日本人的翻译杰作，本是特指美国外交部长，袁世凯对这个名字情有独钟，却是因为"卿"这个字跟皇帝颇有渊源。

没错，这个时候，袁世凯已经有了当皇帝的念头。

政事堂虽不能跟内阁相提并论，但国务卿毕竟仍在一人之下万人之上，袁世凯既然已经俾睨天下，自不肯再让肥水流了外人田，所以这个大官，他一定要让徐世昌来当。

对于此事，袁大公子克定亦有贡献。袁世凯任总统这几年，内阁总理走马灯似的换，他手下的第一号红人却始终是梁士诒，老梁先是当总统府秘书长兼财政处长，后来又兼任交通银行经理，再兼任财政次长代掌部务，外界更是直呼他为"二总统"，简直是红得发紫。据说当时在官场上，不走梁秘书长的门路，根本就没有希望进步。

那么正常来讲，设立政事堂，由梁士诒来出任国务卿本也未尝不可。可惜老梁太不懂得做人要低调的道理，在培植个人势力方面用力过猛，把财政和交通两大块紧紧攥在手中、形成著名的"交通系"不说，还积极和各省军政大员交往，包揽政务，大犯忌讳，渐渐就引起了袁世凯的警觉。

到了这年年初酝酿改革政体的时候，梁秘书长居然向袁世凯建议不必另设政事堂，更不需要国务卿，只需"将秘书厅扩大组织"。在外人看来，这绝对属于狼子野心，袁世凯的另一位心腹杨士琦便趁机攻击他"心怀叵测，勾结军人，欲为总统"，这未必不是危言耸听，却起到了打蛇打到七寸上的效果。

更要命的是，袁克定也很不喜欢老梁，觉得他会妨碍自己上位，一心想搞掉这厮。而放眼北洋系内部，能够压过此时的梁士诒者，也就只有一个徐世昌了。于是袁大公子没少在父亲面前说徐老伯的好话，袁世凯当然也知道菊人兄有才干，又能镇得住北洋系的文武大员，就派了徐世昌以前的秘书吴笈荪去青岛劝驾，可惜无功而返。

徐世昌和许多前清遗老一样，说起来是顾念清室，不愿在新朝为官，要守节。也不只是说，像上一年4月，清室为隆裕废太后举办"梓宫奉安"之礼，遗老们无不闻风而动，徐世昌也特意由青岛赶来参加，并接受了小朝廷赏戴的双眼花翎。而后来袁世凯所授的民国最高荣誉勋一位，却被徐老中堂婉言谢绝。

不过要说徐世昌打死不肯出山，那多少也是冤枉他，比如当年执意离开北京时，菊人兄就曾给苦苦挽留他的慰庭老弟留下过这么一句话："凡事当求一稳，今日百事不稳，总统、总理徒负虚名耳。苟能稳也，一知事（即县官）亦可乐，奚必高官大爵哉！"说来说去，徐老先生的意思还是，眼下局势不稳，再大的官当得也朝不保夕，那还有什么乐趣可言？

可是现在局势稳定了，天下太平了，民国姓了袁，各省噤若寒蝉，想来菊人兄的顾虑足以打破，袁世凯便派王揖唐再去跑一趟青岛。

这王揖唐是徐世昌的门生，说起话来自无须顾忌，加上袁世凯亲笔所写的那封信实在是情真意切，徐世昌不好意思再装，心思就活动了。可是好事多磨，这事被老婆王夫人知道了。王夫人有一点文化，知道"忠臣不事二主"之说，便告诉了小叔子徐世光，让他千万劝大哥保住晚节，气得徐世昌只能反复念叨孔老夫子的名言

"女子无才便是德"。

徐世光跟大哥是同科举人，后来通过贿赂，活动到了一个到山东当候补知府的名额，候补四年之后，赶上袁世凯巡抚山东，终于时来运转，先是实授为青州知府，然后立即转调济南知府，这一切，当然都是因为徐世昌的面子。不过徐世光并不因此太感恩于袁世凯。毕竟是饱读圣贤书的人，思想没那么庸俗，他把一切恩德都记在了大清朝的账上，因此清帝退位，他也跑到了青岛，决定为前朝守节到底。

因此徐世光对徐世昌的劝谏极为苦口婆心，他说："大哥，你难道忘了大清朝的皇恩浩荡？你可别忘了你亲口说的话，'不背清廷，不作二臣'，若是背弃了自己的誓言，你将有何面目见先帝于地下？"徐世昌当然记得自己说过什么，不过此一时也，彼一时也，再说这年头，谁又不经常冒几句冠冕堂皇的话出来？孔老夫子还说要仁义礼智信呢，不照样杀了少正卯？这么一想，徐世昌顿觉豁然开朗，收拾一番之后，跟着王揖唐踏上了归途，于3月29日抵达北京。

可是等到5月1日，袁世凯撤销国务院改设政事堂，任命菊人兄为国务卿时，徐世昌却来了个婉言谢绝。他的意思是，作为朋友，我可以给你出出主意，帮帮忙什么的，但是身为心系前清的志士，岂能在民国为官，行此失节之事？

袁世凯太了解这个菊人兄了，心想你人都下海了还跟我装什么清纯？但他是个明白人，知道这事就像是追女人，不可用强，但也别被前面的推三阻四所迷惑，那不过是摆个姿态而已；只要把功夫下够，没有不就范的。

若要把徐世昌比做女人，那一定是名女人，所以若要下功夫，就必得下大功夫。袁世凯也是给足了面子，派了段祺瑞和孙宝琦前去劝驾。

段祺瑞一介武夫，没袁世凯那么好的涵养，见苦劝之下徐世昌依然扭扭捏捏，不禁勃然大怒："菊老何忍辜负大总统一片苦心？又该叫我们如何复命？"就这样，徐世昌才勉强答应帮这个忙，但是，"民国官俸我是绝对不会领受的"。

袁世凯得报大喜，立即让人把自己办公的退瞩楼腾了出来，改为政事堂，自己则搬到了同一院落的春藕斋，并吩咐手下，以后管徐国务卿得尊称为"老相国"。另外他还交代，每月从大总统交际费里拨出4000元致送徐相国，因为这不属于民国公款，徐世昌也就笑纳了。

政事堂虽隶属于总统府，不像内阁那么独立，且主要管辖文官，但徐世昌当的这个国务卿依然权力巨大，包括：国务卿有参与军事之权，军事会议国务卿得列席；对外公事均以政事堂名义行之；国务卿于政事堂范围内得发堂谕；国务卿得召集各部总长在政事堂会议。另外当时还有规定，外交、内务、交通、财政、陆军五总长，每日必须谒见大总统，也需由国务卿率领。算起来，这个国务卿，基本和前清的领班军机大臣类似。当然，他事事处处都只听从袁世凯一个人，也和军机领班之服从皇帝或太后一脉相承。

有了军机领班，那就自然应该有助手，或曰军机大臣，这时叫做"丞"。左丞杨士琦不用说，右丞钱能训以前就是徐世昌的得力助手，用起来如臂使指。除此还有8个政事堂参议，相当于军机章京，分别是林长民、曾彝进、伍朝枢、方枢、李国珍、许士熊、张国淦、徐拂苏。

政事堂下辖6个局：法制局局长施愚（后为顾鳌）、机要局局长张一麟、铨叙局局长夏寿康（后为郭则澐）、主计局局长吴廷燮、印铸局局长袁思亮、司务局局长吴笈孙。这些人都归徐世昌直接管理。

但以往内阁的各部，此时已直隶于大总统，不过也有规定，各部除例行公事得自行处理外，一切须经国务卿核准，因此理论上徐世昌也可以管管这些人，这些人是：外交孙宝琦、内务朱启钤、财政周自齐、陆军段祺瑞、海军刘冠雄、司法章宗祥、交通梁敦彦、教育汤化龙、农商张謇。

以上各部总长及政事堂各局长加一块，除了汤化龙和张謇属于进步党之外，其余清一色全是北洋派。大家都是多年的友好，如今济济一堂，各得其所，真是好不得意。

只可怜曾经不可一世的梁士诒，此时却只能黯然神伤。

遗老为我所用

梁士诒没办法不忧伤，因为他的官丢了。这事儿，还得从他刚刚失宠那会儿说起。

话说袁世凯开始对梁有所猜疑之后，有一天曾语重心长地告诫他："燕荪你如今身居要职，对来京的师旅长切不可轻予颜色。"这话本已说得很重，但仍是治病救人的态度，奈何此时的梁士诒有点忘乎所以，愣是没听进去，依然我行我素，这就犯了大忌。

等到讨论改革政体的时候，梁士诒更是不仅反对设政事堂，甚至反对改内阁制为总统制，却一力主张扩大自己的秘书厅——梁秘书长其实不蠢，是官当大了才变成这个样子的。

这时袁世凯就已经想动他了，在商量召开约法会议时，袁曾提议让梁当这个有名无实的议长，以作为安置，不想杨度故意误梁士诒奉命组建的"公民党"为国民党，说："燕荪是国民党头领之一，国民党势力遍布全国。"搞得袁世凯一阵恶心，事情就此作罢。

杨度这是打击报复，当初熊希龄受命组阁之时，本计划请他当交通总长。作为交通界的幕后老大，梁士诒深知杨度桀骜不驯，便在袁世凯面前说了句："皙子善作诗，哪里懂什么交通？"结果熊希龄只好改请他当教育总长，杨度看不上这个冷衙门，回了句"帮忙不帮闲"算是回绝。杨度很明事理，他并不因此恨熊希龄，但恨死了梁士诒，有了机会，自然要痛打落水狗。

杨士琦一看杨度出手了，立即大力支持，两人聚在一起一商量，想出了一条毒计，要捧杀这个梁财神。于是由杨度亲自执笔，写出一篇华丽文章，杨士琦找人，花重金给登在了上海《字林西报》上，该文很牛，我们不妨共赏之：

中国今日所恃以存在者，是为袁总统，而将来所恃以存在者，实为梁秘书长。梁士诒者，在中国财政上最有势力之第一人也。其人赋性坚定，才具极圆滑，不喜大言高论，但求着着踏实，步步为营，以至水到渠成，一举而收其成，此等性格，极似袁总统之生平。

总统府中，重大财政事项，袁总统恒倚如左右手，譬如行军者，袁大总统为前路先锋，梁士诒为其后路粮台。彼又得最好接济之交通部，富源无穷。周学熙去后，彼已运其妙腕，至于财政部，近且大见成功。且更进而着眼于全国实业。现在实业开放政策实倡始于梁士诒。熊希龄等不过随声附和，而收其功者仍为梁士诒。

故吾人论中国财政上之实权，除梁士诒外，殆寻不出第二人焉。且梁士诒财政上之势力，非唯于国内占到实权，且于国际上更具有最高之信用，近来各种借款，虽名义上为某某签押，而内幕皆有梁士诒其人在；且往往他人磋商不成，而梁士诒一经手即完全成功。

盖梁士诒今日，其本身已具有能代表袁大总统之资格，而对外又能迎合实业投资之趋势，故任其所往，无不如意，在中国政界，或有议梁士诒事权过重，甚或有谓袁总统大权旁落者；语虽不无近似，然曾不思中国财政上若无梁士诒其人，不但行政方面不得支撑，恐袁总统赫赫一世之兵威，亦未免小被其影响。外人之信用梁士诒者，此亦为一最大原因。

总之今日世界各国政治上之势力，财权几占全部，兵力不过其残影，此论若无谬论，则中国继兵力而掌政柄者，必在财权，即继袁总统而统治中国者，必梁士诒。此梁士诒所以为中国政治上最有望之才也。

袁世凯看到此文感想如何我们无从知晓，反正一向以太子自居的袁克定读到"继袁总统而统治中国者，必梁士诒"这一句，真是怒从心头起恶向胆边生；待到梁士诒之父梁保三读完该煌煌大作，不禁大惊失色，赶紧给儿子写了封信，劝他急流勇退。

事实上此时已不容梁士诒恋栈，政事堂刚一成立，袁世凯便撤销了总统府秘书厅，总算考虑到老梁善于理财，而给他安排了一个税务督办的差事。

秘书厅没了，但袁世凯不能没有秘书，他的办法是设立一个新机构，叫做内史监，派原副秘书长阮忠枢为内史长，曾彝进、王式通为副，内史则有夏寿田、张凤台、闵尔昌、刘春霖、董士佐等十余人。

秘书改称内史，复古的味道很浓，其它如"监"、"少监"、"丞"、"郎"、"舍人"等古色古香的官称也都纷纷出炉，再联想到政事堂、国务卿，样样似乎都在和皇帝相匹配，于是就有聪明人在蠢蠢欲动了。

更强烈的信号随之出现。徐世昌上任之后，第一件事就是命令他所能管辖的全国文职官吏——5月9日，袁世凯设立了陆海军大元帅统率办事处，与政事堂并列，专管全国军事——在呈送履历片时，必须开具清朝的旧官衔，此官职与在民国的经历同样视为资历；到了5月23日，他又下了一道命令，宣布各省民政长一律改称巡按使，观察使则改为道尹，恢复了一大堆前清的官名不说，还恢复了前清官场中的旧习惯。与此同时，袁世凯指示陆军部通令各省军事机关，公文上或私函，一律禁止互称"先生"，于是"大帅"、"大人"、"老爷"等称呼重新流行开来。

5月29日端午节，徐世昌头戴红顶花翎，身穿前清官服，前往宫内，以"大清朝"太傅的身份，参加了逊清小朝廷的节宴，并且向废帝溥仪叩头拜节。徐世昌身为民国的国务卿，做出如此不同寻常的举动，顿时引得谣言四起，甚至有传说袁世凯不忘清室，将要还政于大清，并重用满人。

　　一些旧事又被重提，比如上一年2月隆裕太后去世之时，袁世凯不仅派出荫昌、段芝贵、孙宝琦、江朝宗、言敦源、荣勋等数人前往宫内帮助料理治丧事务，尊之以外国君主最优礼待遇，并且亲缠黑纱，举哀致祭，对大清朝的缱绻之情令人感叹。等到4月3日"梓宫奉安"之期，袁世凯特派时任国务总理的赵秉钧带领全体国务员前往致祭，徐世昌、赵尔巽、劳乃宣等不食周粟的遗老们也专程从四面八方赶来参加，场面好不热闹。

　　遗老里有一个鼎鼎大名的清室死忠分子梁鼎芬，他是当年第一个上书朝廷、声言李鸿章"该杀"的人。这倒不是他多么孤忠耿直，而是那年年初，碑学名家李文田曾为他看相，说他流年不利，将有大难。梁就想，反正都有大难，不如干一件大事，说不定能化大难为大吉，置之死地而后生。苦思冥想之后，就选定了李鸿章做目标。当时正值中法战争初起，而李鸿章官居直隶总督兼北洋大臣，仍在事业的巅峰期，梁鼎芬以翰林院的一个小官，居然敢给李大人罗列出"六可杀"之罪名，虽然被慈禧降了职，却也为自己博得大名，所以后来得到了张之洞的大力提携。

　　进入民国，梁鼎芬不愿在新朝为官，乃以光绪皇帝崇陵尚未竣工为名，奏请前往守陵，被小朝廷宣统皇帝封为"崇陵种树大臣"。

　　这一天，梁鼎芬等人正悲痛着，突然看见赵秉钧等一干人中竟然有不穿清室袍褂而穿西装者，其中最打眼的赫然竟是民国外长孙宝琦。遗老们不禁大怒，梁鼎芬火气最大，直接冲到孙宝琦面前，指着鼻子傲慢地问道："你是谁？你是哪国人？"他俩其实认识，以前还是同事，所以孙宝琦有点懵，正不知怎么回答呢，老梁已经气得浑身哆嗦了，劈头盖脸地就骂过来："你忘了你是孙诒经的儿子，你做过大清的官？你今天穿着这身衣服，行这样的礼来见先帝先后，你个洋鬼子还有廉耻吗？你不要脸，你是个什么东西！"这时曾当过前清学部副大臣的劳乃宣也已围了过来，附和着骂道："你是个什么东西！"场面顿时热闹起来，大家都纷纷靠近围观，却没一人帮孙宝琦说话，跟着指责他忘恩负义的倒是不少。孙宝琦怕吃眼前亏，赶紧低头认错："是，是，我不是东西，我不是东西！"

　　又过了些日子，1913年12月13日，清室举行光绪、隆裕合葬的"崇陵奉安"典礼，袁世凯特派赵秉钧、梁启超等人代表他前往致祭，赵秉钧身穿清室所赏的孝衣，以"故臣"身份在灵前行三跪九叩的大礼。这事在当时就颇为人所津津乐道，事到如今，所有这些往事，经有心人一渲染，又都被赋予了新的含义，绝对耐人寻味。

而袁世凯盼望已久的赵尔巽，也终于来京就职了。

原来袁世凯大权独揽之后，便执着于网罗四海名流。当时《盛京时报》报道说："袁大总统对于海内硕学鸿儒及前清时代贵官大僚，皆委人敦请其晋京。"为了怕那些忠于清室的遗老们不肯出任民国的官职，他特别设立了一些名誉机关，如礼制馆、国学馆、清史馆、考文苑等，其中清史馆的使命是编纂清史，按说应该很对遗老们的胃口。

以当时在学界的地位，最适合干这个差事的应该是章太炎或梁启超，而且这两人也是袁世凯极为敬重的文人，无奈章太炎正在龙泉寺"奉命"读书，梁启超则担任着币制局总裁一职，无暇也无心他顾。

后来袁世凯又打起了徐世昌、陆润庠的主意，可徐世昌志不在此，陆润庠则耻于出仕民国；其他的人选，像樊增祥、周馥等人，也都因为各种原因谈不拢，最后袁世凯就想到了好朋友、在前清当过东三省总督的赵尔巽，并写了亲笔信请其出山，后又特派秘书王延年赴青岛劝驾。

架不住如此的盛情，赵尔巽终于同意受聘为馆长，清史馆终于1914年3月9日开张。可赵尔巽虽然以"我是清朝官，我编清朝史，我吃清朝饭，我做清朝事"来为自己辩解，却仍被一些遗老斥为"不忠"。比如梁鼎芬就曾写信对他说："国号虽更，少帝尚在，当此时代，公然编纂清史，对于现今幼主而直书前皇之遗事，宁非不敬之尤者耶？鄙意斯举请即中止，却为稳当。"

赵尔巽是个要面子的人，经不住如此的口诛笔伐，来北京没几天，就又跑回青岛守节去了。袁世凯再次请人前去劝驾，老赵就开了个条件出来，说应该先给他弟弟平反。

赵尔巽的弟弟就是有"屠夫"之名号的赵尔丰，辛亥革命时赵尔丰正在四川当总督，后来被杀，像这样的人，当然不可能被评为烈士，而被直接定性成了反革命分子。

但是，四川之独立，不管是自愿还是被迫，赵尔丰确实也起过一些作用，他哥哥此时就有了说辞。而袁世凯既有求于赵尔巽，就不得不为其弟"昭雪"，遂顶住压力，说他"赞成共和之心昭然若揭，有功民国确有实证，猝被惨祸，殊堪矜悯"，并给其家属发放抚恤金。

因为反对太力，为赵尔丰建专祠祭祀一节未能实现，赵尔巽对此很不满意，但北京方面催得太紧，后来再一看袁慰庭老弟处处复古，坊间更是传言袁宫保复辟清室用心良苦，其情着实可感，老赵这才于6月初来到北京，拉起一票人马编纂清史。

清史馆这边忙起来的时候，国史馆那边也没闲着。相对于赵尔巽来说，国使馆的馆长来头更大，老先生叫王闿运，极其宠爱的一个老妈子，名叫周妈。王老先生和周老妈子不远千里来到北京，确也不负众望，给我们奉献了不少笑话。

复辟风潮来得快去得急

王闿运又叫王壬秋、王湘绮，生于1833年，湖南湘潭人，是杨锐、刘光第、杨度、齐白石、八指头陀等人的老师。

这个老王，最初该叫小王，据说小时候资质并不算很好，但因为刻苦好学，还是中了秀才，24岁中举之时，得到了湖南学政张金镛的赏识，被夸："此奇才也"！小王突然间就红了。

之后小王投入曾国藩幕府，但并未受到重用。1859年，也就是袁世凯出生那年，小王前往北京参加会试，不幸落第。好在名声就是生产力，当时的头号权臣肃顺久仰其名，趁此将他礼聘为家庭教师，虽不是官，却享受着见官高一级的待遇。

后来咸丰死于热河，小皇帝太小，肃顺等被托付为顾命大臣，正当用人之际，而小王此时正在山东巡抚衙门当幕僚，肃顺遂写信给他，让速速回京，将有大用。王老师得信大喜，可惜还未成行，慈禧已经联手恭王奕䜣发动了辛酉政变，肃顺被斩于菜市口，树倒猢狲散。

王闿运只好再次投入曾国藩幕府，却仍不被用，一向讲求帝王之学的他，索性劝曾造反取代清室自己当皇帝，曾国藩一生谨慎，自不肯冒此天大的风险，王遂快快离去。

离去后的王闿运四处讲学，先后主持过成都尊经书院、长沙思贤讲舍、衡州船山书院、南昌高等学堂等，后回乡在湘绮楼讲学授徒，弟子有数千人之多，其中包括三匠——铜匠曾招吉、铁匠张登寿、木匠齐白石，成为一时佳话。

70岁之后，老王时来运转，先是被清廷授予翰林院检讨的官职，后又被加封为翰林院侍讲。到了1914年4月，老王以81岁高龄应邀出任袁世凯的国史馆长之职。在他自己看颇有枯木逢春之感，而在外人看来，这个老人对于当官未免太热衷了。老王哪里会在乎别人的看法，交代了一句"做官是一件最容易的事情。年纪大了，只能找最容易的事情去做"。然后便带着周妈直奔北京而去。

第一站到的是武汉，因为是袁大总统的贵客，湖北都督段芝贵、军务帮办王占元等当地头面人物接待得极其殷勤。晚上的饭局，老王带着周妈前往出席，段芝贵推老王上座，老王就让周妈坐了上席，搞得满座极为尴尬。

原来这个周妈是老王的老妈子，当时大概有50多岁，人长得极丑，行为举止更是粗鄙得令人发指，但老王偏偏很是喜欢她。老王活了80多岁，在这个过程中，之前的妻妾尽皆去世，他也懒得再娶。因为早已养成了每夜非有女人侍寝才能入睡的习惯，家里的老妈子就派上了新用场。王家老妈子本来不少，但自从周妈来了之后，大概是天赋异禀的缘故，很快就垄断了侍寝这块肥肉，久而久之，老王患上了严重的"周妈依赖症"，除了陪睡，就连吃饭、梳辫子等生活琐事都非周妈不可，两人不仅出双入对，甚至当着弟子的面也敢亲热，完全不知道避讳。但即使这样，老王也没有给周妈一个名分，以至于周妈混了多年，连妾都没混上，依然还是老妈子的身份。

这其实是老王故意的——王闿运自认才学甲天下，却始终当不上大官，难免心不平气不顺，索性摆出一副名士的派头对抗世俗，借此消解心头的块垒。比如他收齐白石为弟子并大力褒扬，看重的恰是其木匠的身份，好借抬举一个木匠来贬低天下读书人。而从骨子里，他根本就看不上齐白石，在自己的日记里嘲笑齐诗是"薛蟠体"即是明证。周妈起的也是这么个作用。在和湖北官场的顶尖人物吃饭时，老王非要让她坐首席，无非就是要恶心大家，表示在老子眼里，你们连一个老妈子都不如。

到了北京，袁大总统宴请老王，老王又把周妈带上了，不过这次他没敢太放肆，只让周妈坐在自己身边，但没忘了不停给她碗里夹菜。

席间老王跟袁大总统提议，说总统府应当加挂一块横匾，上题"旁观者清"，其寓意傻子都明白，是指复辟清朝；另外他还即兴拟了一副楹联："民犹是也，国犹是也；总而言之，统而言之。"接着他又说政事堂也该有一块匾，可题"清风徐来"四个字，复辟清室之外，还有徐世昌入主政事堂的意思，可谓是一箭双雕。

老王80多岁了，又是自己请来当馆长的，袁世凯没办法跟他一般见识，只得草草吃完饭，大家便各自散去。

王闿运平生的志愿是做帝王师，区区一个国史馆长岂入得了他的法眼？馆里的大事小事通通懒得过问，这样渐渐地，一字不识的周妈就当了国史馆的家。

周妈陡然间掌握了权力的魔杖，用起来简直是毫无顾忌，直接就把国使馆的杂役通通换成了自己乡下的亲戚。官场上的人最会察看风色，一看周妈得势了，但凡有事要求王闿运，或有用得着国史馆的地方，大家都开始走周妈的后门，久而久之，周妈的名头也响亮了起来。

周妈很享受这种为人排忧解难从而名利双收的生活，她唯恐还有人不知道自己是谁，干脆请人制作了一堆名片，上面是王闿运的亲笔：王氏侍佣周妈。

周妈越混越开，到后来已经没有她不敢做的事了，她曾率众大闹妓院，也曾借王闿运的名义写信替人求官，当然，收了别人不少钱。

老王自诩为天下第一大名士，就像二奶往往瞧不起妓女一样，他平生最恨的就是别人拿自己的名字去换钱。知道周妈干起这般勾当之后，老王生气了，一番严肃的批评之后，还要求她把钱给退回去。周妈当然赌咒发誓不承认，奈何铁证如山，眼看赖不过去，周妈也急了，开口就是："老娘把青春都献给了你，现在收人点钱又有何不可？"说完就满地打滚，又哭又闹。老王哪里吃得消这个？遂大败而归，再也不敢造次。

周妈的笑话闹得多了，她的名声也随之越来越大，大到后来连袁世凯都风闻了一些她的事迹。不过袁大总统没工夫理会此等泼妇，他很忙，有太多大事要做。

6月30日，袁世凯下令各省都督改称将军："各省都督一律裁撤，于京师建立将军府，并设将军诸名号，有督理各省军政者，就所驻省份开府建牙，俾出则膺阃寄，入则总师屯，内外相重，呼吸一气，永废割裂之端，同进升平之化。"

都督改称将军，乍看起来只是一个简单的名称变化，其实很有些机关在里面，比如贵州、福建、绥远、察哈尔四个省区，因为地方军阀势力弱小，本次就未设"将军"一职；而直隶、河南、甘肃、新疆同样不设将军，而以巡按使加将军衔兼管军务。这一切，都是在为"文人掌兵"做铺垫。

这是袁世凯收兵权的开始。此外，他还任命了段祺瑞为建威上将军兼管将军府事务。这个将军府，虽被定性为"军事之最高顾问机关"，其实只是个冷衙门，在北京的全是无地盘和兵权的将领，他们皆被冠以"威"字，比如蔡锷为昭威将军，蒋尊簋为宣威将军，张凤翙为扬威将军。

相应的，各地有地盘有兵权的将军则冠以"武"字，比如冯国璋为宣武上将军督江苏，阎锡山为同武将军督山西，朱瑞为兴武将军督浙江，李纯为昌武将军督江西，倪嗣冲为安武将军督安徽。

东三省有所不同，将军通通冠以"镇安"二字，比如张锡銮为镇安上将军，督理奉天军务，兼节制吉黑军务，感觉就像是前清的东三省总督；孟恩远为镇安左将军督吉林；朱庆澜为镇安右将军督黑龙江。

武将改了，文官自然不能不变。7月28日，袁世凯又发布了文官官秩令，把文官分为九等，分别是：上卿、中卿、少卿、上大夫、中大夫、少大夫、上士、中士、下士。其中上卿只一人，即徐世昌。还有赵秉钧，年初时已经于直隶都督任上去世，此时被追赠上卿；赵尔巽、李经羲、梁敦彦因为在前清当过总督或是尚书，故以中卿加上卿衔；普通中卿多一些，包括杨士琦、钱能训、孙宝琦、朱启钤、周自齐、张謇、梁士诒、熊希龄、周树模、汪大燮等，另外宋教仁也被追赠中卿；少卿加中卿衔的有章宗祥、汤化龙；普通少卿更多，包括董康、庄蕴宽、梁启超、杨度、孙毓筠等。至于大夫、士等那就更多了，不必细说。

既然满朝都已经是士、大夫、卿和将军，上面再不对应个皇帝，似乎无论如何也说不过去。加上袁世凯接下来又是祭天又是祭孔的，几乎就是坐实了大家的猜测，于是"恢复帝制"的呼声不断高涨。可惜这一次，大家都会错了意，提出的主张，往往都是"还政于清室"。

折腾得最欢的是劳乃宣。劳乃宣是直隶广平府人，生于1843年，曾任吴桥知县，义和团兴起时，因屡次上书请朝廷禁止，且捕杀有力，从而得到袁世凯的赏识，并在之后得到了大力提携。

民国成立后，劳乃宣去了青岛，但立志复辟，成为宗社党核心人物。辛亥年冬天，他曾作《共和正解》，第二年夏天又作《续共和正解》，这时看袁世凯似乎有"归政于清室"之意，大喜之下，遂把两本"大作"合印成一本书，名为《正续共和解》。

关于共和，劳乃宣提出了如此解释：周宣王时因天子太幼，不能执政，乃由朝中重要的公卿"和"而"共"修政事，所以名曰共和。因此，所谓共和，乃君主政体而非民主政体，今日一般政界人士"不学无术"，乱加民主于共和，实在是不通。既然不通，劳遗老继而便列举出中国不能推行民主制的种种理由，这就是《共和正解》。至于《续共和正解》，则是劳乃宣自诩他有先见之明，早看出中国不能实行民主制度。他还自作聪明地认为袁世凯虽身为民国大总统，但心系清室，颇有伊尹之志，只是因为现在宣统皇帝年幼，不妨让他先干10年大总统，10年之后再还政于大清。

《正续共和解》刊印后，劳乃宣分送各路遗老，并写信给赵尔巽、周馥和徐世昌，请他们帮着说服袁世凯。

袁世凯看了劳乃宣的神作和他给赵、周、徐的三封信后，没有表态，只告诉徐世昌："请他来北京当个参政吧！"——参政院貌似清华高贵，可惜许多人并不买账，比如瞿鸿禨，怎么请都不来，而劳乃宣毕竟当过前清的高官，袁世凯是想让他来充个门面。

可是像劳乃宣这样极力鼓吹复辟之人，居然也会被聘为参政，这下子整个官场沸腾了，复辟之说更加大行其道，跳得最欢的，是国史馆编修宋育仁。

这宋育仁也算个人物，他是四川富顺人，1857年出生，18岁考取秀才，并成为张之洞创办的尊经书院首批学生，该书院的山长（即院长），正是天下闻名的王闿运。

25岁那年宋育仁中了举人，4年后中进士，被授予翰林院庶吉士，后来成为维新派一员。再后来，他回四川兴办过矿业，又创办了成都第一家报纸《蜀学报》，倡言维新，那段日子，其追随者中就有后来炸良弼的彭家珍之父彭世勋。

百日维新失败，《蜀学报》被查封，宋育仁丢了官，被召回京城闲居。再后来一向欣赏他的王闿运来京就任国史馆长，就让他当了个编修。

大概是觉得编修这个官不够大，想搏一搏；再加上他本身就主张君主立宪，所以宋育仁联合了国史馆里几个守旧派同事，上书要求"还政清室"。另外像刘廷琛、章授等人也都闹得很凶，官场中附和者更不在少数，眼看复辟风潮大起，就有人不干了。

首先是肃政史夏寿康上了一个呈文给袁世凯，说这些人闹得太不像话，政府不能听之任之；然后是参政院参政孙毓筠上书，要求"查办复辟谬论案"。袁世凯倒是不反对复辟，问题是他想的是自己当皇帝，宋育仁等造出的舆论显然是表错了情，若再这么折腾下去搞不好会被宗社党那帮人钻了空子，那岂非为他人做了嫁衣？

于是袁世凯于11月23日下了道命令：严禁紊乱国体之邪说。只是严禁，并不严惩，所以算不得什么太严重的事，甚至没有人为此受到训斥。

可偏偏宋育仁运气不佳，不知道什么原因得罪了一个老乡，该人竟拿着大总统的禁令到步军统领衙门举报宋编修一贯散布紊乱国体之邪说。步军统领江朝宗是袁世凯的亲信，多少了解上面的意思，本不想管此等烂事，但有人举报上门，不管也不好，就派人去把宋请了过来。

宋育仁心怀忐忑地来到衙门，却见相当于前清九门提督的江大人微笑点头，心情立即就放松下来。江朝宗很客气，只说："没有什么大不了的事，请先生写一篇答辩书，让我好交代。"

宋育仁很聪明，断定这篇答辩书肯定会交给袁世凯看。老宋脑子转得快，立即又想到，眼下这一步看起来似乎凶险，但又何尝不是一个巨大的机会？试问天下之大，又有几个人的文字能让袁大总统看到？那么袁大总统究竟想看点什么呢？想到这里，宋育仁不再犹豫，奋笔疾书，引经据典，不再说归政清室的鬼话，倒是为袁世凯当皇帝很找出了些理论依据。悟性如此之高，那就不仅无过，反而有功了。

当然表面功夫还是得做到，宋育仁案查办结果是："议论荒谬，精神瞀乱，应遣回籍，发交地方官察看。"这本是虚应故事的判罚，可袁世凯还是不满意，大笔一挥，径自改为"劝回原籍休养"，并派人致送程仪3000元，同时交代四川地方官按月致送300元，作为宋的休养费。袁世凯这么做，主要是怕处罚稍严都会伤了大家的心，以后自己当皇帝，没人敢再出面制造舆论。

这样，宋育仁离京当天就异常风光，江朝宗派秘书奚以庄亲自护送上车，同事好友前来送行者不知凡几，更有不少人请他签名留念。美中不足的是老师王闿运未便前来，但派了周妈作为代表，也算是差强人意。

但即使如此，毕竟有"严禁紊乱国体之邪说"的命令在前，而宋育仁不管是遣送回籍也好，还是回籍休养也好，终究还是被送回了老家，看起来复辟清朝已经不再时髦，甚至还有点风险，那谁还爱干？

最受刺激的是王闿运。宋育仁刚一离京，对他早有不满的国史馆办事谭启瑞就告了一状，说他包庇作乱。袁世凯虽未追究，老王还是大怒，马上上书大总统，以国史馆内人员复杂为名，要求加以整顿。袁看后派人下去，问老王该如何整顿，老王急了，说我要知道如何整顿还要你们做什么？再加上国史馆每月8000元的经费老不能按时发放，周妈很不开心，经常为此絮叨，老王不免心灰意冷，干脆留下一封给"慰庭老侄总统"的信后，黯然离去。

王闿运走了，国史馆不能无人，袁世凯遂任命杨度为副馆长，代理馆务。杨度未必看得上这个官，但为了老师，还是接了下来。

复辟风潮转眼烟消云散，前一段兴奋异常的逊清小朝廷大为紧张，生怕民国政府不再履行优待条件，赶紧在宫中废除了宣统年号，改称民国三年，下令宫中人员全部剪掉辫子，还电劝辫帅张勋也把辫子剪掉。张勋虽然忠于清室，这一回却没有听话，小朝廷对此也不恼怒，反而颇感安慰。

转眼时间就到了1915年，元旦刚过，模范团的第一期全体团员，集体来到关岳庙，举行了宣誓仪式。

陈宧入川，一着妙棋

模范团的建立，源于袁世凯和段祺瑞之间的矛盾，而袁、段之间，在更早的时候就已经出现了嫌隙。

这是因为袁世凯自担任临时大总统起，摊子铺得越来越大，内政外交事务繁杂，还要对付同盟会、国民党，处理与内阁的关系等等，对于军队，已没有精力像之前一样事事亲力亲为，以至于陆军总长段祺瑞的权柄越来越大。

到了二次革命之后，段祺瑞在军中的声望和势力同时达到顶峰，虽然军国大事他还是会请示袁世凯，但对于他认为不那么重要的事情，比如普通军官的升迁调动，就开始独断专行。问题是他认为不重要的事，袁世凯未必认为不重要，久而久之，两人之间就有了隔阂。

袁世凯生怕段祺瑞在军中自成一系，便在设立政事堂之后，于1914年5月9日，又设立了一个陆海军大元帅统率办事处，作为全国最高军事机关，规定该处不设处长或总办，以陆海军及参谋本部三部总长为当然办事员，另陆海军大元帅（根据《中华民国约法》，大总统为陆海军大元帅）可特派高级将领充任办事员。所有办事员，都只对大元帅负责。

为了压制段祺瑞，早在这年春天，袁世凯就特派大公子袁克定前往正定迎请王士珍出山。王士珍为表忠于清室，民国成立后即已辞官还乡，此时推却不过，只好回到北京，一到就被发表为陆军上将，显示将有大用。

果然统率办事处成立之后，办事员除陆军总长段祺瑞、海军总长刘冠雄、参谋次长陈宧（代表总长黎元洪）之外，袁世凯另派了三个人，包括总统府侍从武官荫昌、海军司令萨镇冰，还有一个就是王士珍。袁世凯还特别说明，由王士珍负责主持日常事务。

论在北洋系里的资历，王士珍要更老资格一点，由他来主持工作，段祺瑞不得不服。而随着各项重要职权逐渐全被转移到了统率办事处，陆军部也就沦为一个冷衙门，基本算是名存实亡。

就这样袁世凯还不放心，他先是将蔡锷调入统率办事处任办事员，意欲等时机成熟由他接替段祺瑞担任陆军总长；紧接着他又接受袁克定的建议，决定编练"模范团"。这是因为北洋军队一如前清的八旗劲旅，天下太平之后，渐渐已染上了暮气。另一个原因可能更重要，就是段祺瑞虽已失去实权，但北洋军人多是他的学生和部属，中下级军官更几乎全是他所培植的，这样就必须仿照当年清廷的小站练兵，以另起炉灶。

所以当袁克定提出成立一支模范军的建议时，袁世凯深以为然。按照袁克定的构想，模范军直隶于统率办事处，由大元帅亲自兼任军长。练成之后，将其官兵分配到北洋各军担任各级军官，以加强对军队的控制。

不过袁世凯认为模范军目标太大，怕刺激到段祺瑞和北洋众将，遂决定改为模范师，后来觉得模范师也不小，最终决定先成立模范团，以后再逐渐发展为模范师乃至军，并派了王士珍主持模范团筹备工作。

1914年10月23日，模范团正式成立，团本部设在北海，袁世凯以陆海军大元帅的身份兼任团长，陈光远担任团副，以王士珍、袁克定、陈光远、张敬尧四人为办事员。自此，毫无军中背景的袁克定开始插手军界，像陈光远本是北洋二流人物，他得以出任团副，完全是袁大公子一力促成的，此事颇为耐人寻味。

10月27日，保定军官学校第一期学生举行毕业典礼，袁派荫昌为代表，用大总统的名义发给学生文凭，并仿照日本天皇赐军刀给士官学校毕业生的成例，每人赐军刀一把。

荫昌随后在毕业生中挑选了直隶、河南、奉天、吉林等北方籍贯的学生280人，作为模范团中下士，其余均派回本省见习。

至于模范团的下级军官，按规定由北洋军各师中级军官抽派，士兵则由各师下级军官抽派。袁世凯的如意算盘是，模范团共办5期，每期训练半年，那么5期下来，总共可以产生20个旅的军官，这样只需两年半的时间，即可组建模范军10个师，将超过北洋军现有的力量，则改造北洋军系的工作将不难完成。

既然寄予如此重望，袁世凯对模范团自是分外重视，无论多忙，每周必定亲自观操一次，并召集军官训话。各级军官升级时，一定要到总统府叩头谢恩——事实上凡是在模范团受训的官兵，都必须举行效忠宣誓，袁世凯的目的，不言自明。

袁世凯如此看重，旁人不难看出这个模范团是个很好的进身之阶，有路子的人少不了要钻营活动，将自己的子侄送入团中混个出身，比如后来位列"民国四公子"的张伯驹，就是这么入的团。

张伯驹生于1898年，河南项城人。张家是袁家的表亲，也属于大家族。张伯驹的生父叫张锦芳，锦芳有个五弟叫镇芳。张镇芳很有出息，29岁高中进士后，留京做官，后随表哥袁世凯的飞黄腾达而鸡犬升天，却不幸两个子女先后夭折，眼看再生无望，只好将张伯驹过继为嗣子，这是1805年的事。民国成立，袁世凯高就临时大总统，张镇芳水涨船高，被任命为河南都督兼民政长，成为独当一面的地方大员。

张镇芳刚上任不久，河南豫西地区即爆发了白朗起义，起义声势浩大，几乎就要威胁到项城。1914年2月，袁世凯以"剿匪无方乱杀青年"之名将表弟撤职，派段祺瑞兼任河南都督，并调集大军征剿白朗。

张镇芳罢官之后，小住于天津，后被安排当了参政院参政，此时恰好袁克定开始着手组建模范团，张镇芳看准机会，一番活动之下，把年龄不到、任何方面都不够资格的张伯驹给整了进去，成为骑兵科学员。

1915年1月13日，模范团第一期全体团员到关岳庙宣誓，袁世凯特派荫昌前往监誓，由团副陈光远领读誓词："服从命令，尽忠报国，诚意卫民，尊敬长上，不惜性命，言行信实，习勤耐劳，不入党会。誓愿八条，甘心遵守，违反其一，天诛法谴。"

后来模范团第一期结业，陈光远发表如下训话："你们已经毕业，由大元帅亲手培养。大元帅对你们期望很大，你们要好好干，将来你们都不堪设想啊！"陈光远文化低，偏偏怕别人嘲笑他没文化，经常爱诌文，这次把"不可限量"说成"不堪设想"，结果闹了个大笑话。

这只是小插曲，第一期结业之后，袁世凯特设"新建陆军督练处"，以该团团员为班底，组建了拱卫军步兵四旅、炮兵一团、骑兵一团、机关枪营一营、辎重营一营、所有的军火都购自德国，全是当时最精良的武器弹药。

接下来的第二期，袁世凯退居二线，改由袁克定担任团长，团副是陆锦，依然是袁大公子亲自挑选而来。

练兵的事袁克定不懂，但他懂得老爸若要当皇帝，除了军队，少不了还需要来自其它各方的支持，尤其是那些具有影响力的大人物。于是出任团长之后，他便约请了梁启超来汤山和自己一晤。

袁克定之所以第一个想到的就是梁启超，除了看重其大名之外，更因为梁自前清起就是坚定的君主立宪派，不管其它政治主张如何，至少在皇帝这一节上，大家应该有共同语言。

作陪的是杨度。前一段时间，杨度一直很消沉，他是王闿运的得意门生，一向以帝王师为自我期许，奈何熊希龄组阁时提名他为交通总长，被梁士诒坏了好事；后来成立中央政治会议，袁世凯最初属意的议长人选正是杨度，不想半路杀出个李经羲，抢去了这个位置；待到政事堂成立，国务卿给了徐世昌，自认为国务卿非他莫属的杨度彻底心灰意冷起来，置袁世凯特意为他在总统府留作住处的纯一斋而不顾，甚至不再踏入总统府一步，而整日流连于花街柳巷，寻求慰藉，发泄愤懑。

但杨度毕竟是个有梦想的人，发泄得差不多了，便开始重新谋划自己的未来。思来想去，他认定了一条终南捷径，那就是袁克定的太子梦。袁克定对杨度的帝王术极为青睐，两个人一拍即合，相携共创大业。

杨度和梁启超很熟，袁克定的身份更不一般，但无论他们如何诱导，说共和制度不适合中国国情云云，梁启超始终不回应，只是顾左右而言他，搞得这顿饭三个人吃得都很没有味道。

袁克定当然不会因此而气馁，与此同时，袁世凯也开始为登基展开了布置，其中最重要的一着棋，是派陈宧去坐镇四川。

在这部书的前面，陈宧的出镜率很高，现在是该仔细说说他的时候了。

陈宧字二庵，1869年出生于湖北安陆，父亲经营土布生意，生意做得很好。陈家本是当地大户，但到陈宧出生时家道已经中落，父亲在他2岁时去世，之后家里更是一贫如洗，全靠母亲徐氏帮人做针线活养育两个孩子，生活之艰辛可想而知。陈宧3岁时，大哥年满16岁，在当时算是长大成人了，便继承父业开起了布行，成为家里的顶梁柱。7岁那年，母亲将他送到乡下，拜姨父李声德为启蒙老师，10岁回到县城家中，进入舅父徐绍远、徐绍禧开办的私塾读书。

这俩舅舅因为妹妹家太穷，很是看其不起，陈宦在他们那里更是备受歧视，冷言冷语算是最温和的，舅舅们的爱好是让他跪在堂屋条台前，向"天地君亲师"的牌位认罪。陈宦虽不知道自己错在哪里，但为了读书也不得不忍受这三天两头必有一次的折磨。终于又有一次，陈宦不堪忍受而跑回家去，谁知大哥不分青红皂白，抢起手中的火钳就向弟弟打去，正打在头上，陈宦当场昏了过去，等到醒来，便再也不去舅舅家读书。但是在家里日子过得也很难，哥嫂的白眼、辱骂乃至拳脚，让陈宦活得极其屈辱。

终于有一天，母亲经过艰苦的努力，把他送到了安陆汉东书院寄读。搬入这所当地最高学府之后，这个13岁的少年发誓再也不吃大哥家的饭，并手书"再穷无非讨口，不死总要出头"的誓言，贴在床头，激励自己朝夕苦读。此时母亲已没有能力再资助他，而所有亲戚都对他冷眼相看，好在城里的绅士寇世豪和同窗好友胡利生知道他的疾苦，经常资助饭食和学习用品，他才能够坚持下来。

所幸功夫不负有心人，18岁那年，陈宦考中秀才，后因为岁考、科考两考皆为一等，升为廪生，每月官府发给膏火银3两，总算解决了困扰其多年的温饱问题，这一年陈宦19岁。

当年秋天，陈宦考入武昌经心书院读书，老师是梁鼎芬。第二年，他与姨表妹李逸娟结婚，因家贫颇受老婆歧视，苦不堪言。这样到了26岁，陈宦不堪老婆羞辱，趁暑假与族叔贩鱼到四川去卖，结果在夔州府厘金局（约相当于税务局）遭遇公人刁难勒索，觉悟到"商不如官，官不如军"，遂有了从军的想法。

陈宦学问不错，运气也不错，回到武昌得到张之洞保荐，进入湖北武备学堂，与吴禄贞、蓝天蔚、邓汉祥、陈裕时等为校友，相处极好。在武备学堂期间，他考中了拔贡，即出类拔萃的秀才。这是个极其清华的功名，每12年才选拔一次，而且每个府只选一人，其难度并不亚于中进士。但陈宦终究没能考中进士，好在不久叔祖父陈学棻升任工部尚书，推荐他进了京师大学堂（即今天的北京大学）读书，此时他已经30岁了。

1900年庚子之乱，老师刘可毅被义和团所杀，陈学棻家也被义和团抄掉，陈宦失去生计，只能流落街头。幸好陈学棻启程随扈慈禧西狩之前，把他推荐给了荣禄，荣禄见此子勤劳肯干，便任命他为武卫军管带，率兵300人守朝阳门。

八国联军攻城之时，朝阳门保卫战打得最为惨烈，但最终还是失守。陈宧率领残兵逃往保定途中捡到一大笔银子，共13.7万两。来到保定，陈宧将银子如数上交给了荣禄，荣禄吃惊得嘴都合不拢。后来荣禄前往陪都西安，自然就带上了这个活雷锋，陈宧因此结识了锡良、林开谟、岑春煊等人，这对他日后的发展大有帮助。

1901年，陈学棻病逝于潼关，陈宧辞去官职，专心为叔祖料理后事。后事料理完后，他自己也病倒了，多亏岑春煊吩咐手下悉心照料，才于100多天后痊愈。痊愈之后，陈宧决定回老家看看，结果走到开封，被叔祖的学生、河南学政林开谟聘请为阅卷师爷，月薪16两银子，他就留了下来。

当年冬天，陈宧回乡探母，因发誓不吃大哥的饭，遂借住在一座古庙里。这时锡良当上了四川总督，正在四处物色军事人才，老友林开谟向他推荐了陈宧，锡良大喜，立即给陈汇来800两银子，请他到四川发展。

陈宧给母亲留下700两银子后，独自来到成都，被任命为四川武备学堂会办，他领到的第一个任务，就是清理营产。这是项相当艰难却又油水颇丰的工作，陈宧只用了一个月就圆满完成，且未有任何中饱私囊的情事，锡良感于他不只能干而且廉洁，对其愈加器重，后命他编练四川新军，共编练了14个营，分为两协，锡良任命他为第33混成协协统，直隶于总督大人。

再后来，锡大人调任云贵总督，带上了陈宧。1909年锡良调任东三省总督，还是带上了陈宧，先安排他主持训练新军，后又煞费苦心地保举他担任了第20镇统制。

过了不久，1911年2月，陈宧进京述职，湖北老乡、军咨府第一厅厅长卢静远向他"借"5000两银子，陈宧为官清廉，哪里有余钱行贿？卢厅长大怒，便找机会在军咨府老大载涛那里说了他不少坏话。有了这个先入为主的印象，载涛接见陈宧时自然不会有什么好印象，偏偏陈宧确实其貌不扬，精神不振，再加上口才不好，甚至不会说普通话，更让载涛很烦。事后聊起来，卢静远就说自己这个老乡大概是有什么不良嗜好。这本是无中生有，但已足够让陈宧丢掉统制一职，而被调任为奉天清乡总办。这个总办，大体上算是个闲差。

这个闲差没干几天，因为锡良改任热河都统，陈宧跟着去当了军务处总办，随后去德国考察军事，回来时已是11月，陈宧见局势不明，索性隐居天津，之后接受了黎元洪的邀请，回武昌做其幕僚。

1912年4月，经黎元洪推荐，陈宦到北京担任中华民国参谋次长，实际负责参谋本部的工作。

大概是因果报应，当初那个害他丢官的老乡卢静远，进入民国后自己也丢了官。可怜卢静远除了当官不会干别的，所以就失业了。好在此人为官多年，脸皮奇厚，眼见老乡得了势，马上找关系托陈宦的几个部下帮他求情，希望能在参谋本部谋个职位，混个一官半职。陈宦闻之哭笑不得，只好把他和卢静远之前的恩怨跟部下们说了一遍，最后说道："既然你们为他求情，那就看你们的面子，给他安排个闲差吧！"结果卢静远就成了参谋部副官，虽只是个闲差，月薪却有160元，远远超过了他自己的期望值。

其实当时的参谋本部，只是个没什么实权的尊贵衙门，陈次长上任之后，却依然能把工作开展得异常出色，因此得到了袁世凯的赏识。后来在打压二次革命、强逼黎元洪进京等事情上，陈宦很立了些大功，忠诚着实可嘉，所以虽然不是北洋嫡系，但他在袁世凯心目中的地位，还是越发高了起来。

进入陆海军大元帅统率办事处之后，陈宦因为与四川、云南军界渊源颇深，被安排掌管西南组，对川、滇、黔三省极具影响力，因此袁世凯意图控制西南，实现全国真正的统一，进而为帝制自为铺平道路，派陈宦以参谋次长的身份去四川会办军务，无疑是一着妙棋。

袁世凯特派了3个混成旅随陈宦入川，等到冯玉祥最后进京之后，陈宦便按照当时的惯例，带领3个旅长李炳之、伍祥祯、冯玉祥前往总统府请训并磕头谢恩。临启程前，陈单独求见袁世凯，请求面授机宜。

该交代的其实早就交代了，袁世凯沉吟片刻，毅然说道："军务方面的事，无须再说，你一定能办好。只有一件小事，我听说成都的明代藩王故址还保存着，你去了不妨好好整修一下，将来我也许会叫云台（袁克定字云台）去四川。这个事，只你我知道就行了。"

陈宦闻之大惊。原来当年朱元璋当皇帝之后，除太子之外，也是派诸子出镇边关，如今袁世凯既有派大公子开府四川的打算，那么袁克定的太子看来是当不成了。

大总统竟然让自己与闻如此重大的机密，陈宦顿时被感动得思绪横飞，直到袁世凯重新开口他才如梦方醒，只听得是很亲切的两句话："二庵，你去跟云台谈谈，你们彼此要当兄弟看待。将来，也许我会让你负更大的责任。"

这相当于圣旨，陈宧慌忙去看袁克定。这个袁大公子一向眼高于顶，对文人倒还客气，对武将却连段祺瑞、冯国璋他都从不假以颜色，更别说区区一个陈宧了。陈宧觉得很尴尬，陪着小心说了几句话正待退出，忽然一名袁家老仆匆匆赶来，叫道："大爷，大总统有话，要您跟陈将军换帖拜把子。"袁克定倒也乖巧，立即满面堆笑，管陈宧叫"二哥"，亲热得真跟一家人一样。

1915年3月12日，前门车站，冠盖云集，前来送行的文武百官，熙熙攘攘的，像过年一样热闹。陈宧此番出京，完全堪比前清大将军出征的排场。除此之外，袁世凯还令财政部拨款40万元，以供陈将军旅途之开销，并特拨当年盛宣怀为慈禧精心打造的花车作为陈宧的专列，袁克定上车相送，一直送到了保定。

3月18日，车到汉口大智门车站，段芝贵、王占元率全省文武官员列队迎接，站内军乐嘹亮，站外锣鼓喧天，陈宧衣锦还乡，好不风光。

4月6日，陈宧一行由宜昌走水路入川。陈宧在四川，真可谓桃李满天下，不仅学生众多，就连督理四川军务的成武将军胡景伊，当年也不过是他手下的一个团长（标统）。

有这样的根基，陈宧的工作，开展起来自然相当顺利，过不了多久，袁世凯发布命令，任命陈宧兼任四川巡按使，接着又将胡景伊调入北京养老，陈宧当上了成武将军，署理四川军务，真正做到了一人独大。

陈宧尽管春风得意，可袁世凯此时的日子却并不好过，5月7日，日本人发出了最后通牒，中日之间关于"二十一条"的谈判，到了要摊牌的时刻。

从"二十一条"到"一十二条"

这个"二十一条"，还得从第一次世界大战说起。

1914年7月28日，第一次世界大战爆发，欧洲列强几乎全部卷入，以英、法、俄为首的协约国大战以德国、奥匈帝国为首的同盟国，双方打得好不热闹。因为这场大战的主战场在欧洲，所以也被称为"欧战"。

接到各国的宣战公文之后，袁世凯召集了一次会议，参加者有黎元洪、徐世昌、梁士诒、孙宝琦等人，商量来商量去，大家觉得还是中立比较好。

8月6日，中国政府公布了《局外中立条规》，正式向交战各国宣布中立；8月11日，又成立了中立办事处，并于第二天得到各国的承认。

袁世凯毕竟还有些雄心壮志，心想能不能趁列强忙着打仗无暇他顾，把他们的势力赶出中国去？若能因此振作国势，那岂不是一桩美事？这个跟徐世昌等老古董没法谈，袁世凯便找来了精通洋务、和各国公使都很熟悉的梁士诒。梁士诒此时已经失宠，只是个税务督办，他很珍惜这个机会，首先提出"当前两大急务"，即救济国家财政，提防日本入侵。这是说到了点子上，袁世凯一听就来了精神，直说"燕荪你仔细说说"。

梁士诒久未受过如此鼓励，当即侃侃而谈："去年的五国大借款，借来的钱如今已所剩无几，而财政整顿工作尚未完成，国库空虚得很，只怕不出两三个月，咱们的军费和政务经费都将无处着落。可偏偏如今欧战爆发，他们自己军费都不一定够，肯定不会再有钱外借，所以，当务之急是，我们必须自己想办法解决财政问题。"

"燕荪你有什么好办法？"

梁士诒的办法有点欺负人，就是趁列强自相残杀之际，暂停支付各项赔款，再把由洋人控制的海关关税、盐税通通提出来存在自己的银行里。此外他还提出可以在国内发行公债，以解燃眉之急。

袁世凯为官几十年，对政府信用在民间的信誉了如指掌，因此对发行公债一事并不热心，但对梁士诒提出的其它几项很是赞赏，夸奖几句之后，又说："你再说说如何提防日本？"

"大总统最清楚，日本是中国的第一外患。现在英日结盟，日本定将借此攻占德国占据的青岛。"梁士诒的意见是，与其那样，不如咱们自己先下手为强，把青岛从德国人手里夺回来，也让小日本死了那条心。

那就得对德宣战，可是中国已经宣布中立，自不便出尔反尔，但梁士诒的见解更深一层，他认为欧战看似激烈，其实同盟国势单力薄，几无胜算，所以此时对德宣战，不但没有风险，反而可以在将来捞个战胜国的地位，战后和谈时，更可以落下不少实惠。

梁士诒的一席话说得入情入理，可问题是袁世凯自小站练兵起用的就是德国教官和顾问，和德国渊源颇深，是个地地道道的亲德派，自不肯做此落井下石之事。

更深层的原因则是，袁世凯老了，已不复当年之锐气，既不愿开罪德国，又害怕激化与日本的矛盾，瞻前顾后之下，白白错失了一个大好时机。

但是日本人的野心，又岂是你的退让与忍耐所能消解的？

事实上日本人从未满足于他们通过日俄战争所获得的中国东北半壁江山，还在辛亥革命时期，他们就曾和俄国、英国商量好了一个瓜分中国的方案，好在正当军方极端势力蠢蠢欲动之时，中国方面南北和谈终告成功，袁世凯当选为中华民国临时大总统。中国既已实现和平，并且有了自己的中央政府，外部势力便不太好浑水摸鱼，日本人也就只好暂时收起了狼子野心。

应该说袁世凯是个有使命感的人，对于国家的统一有着执着的追求，对试图分裂满蒙乃至西藏的日、俄、英等外部势力毫不含糊，给人的印象就是，这个袁大头，一点都不像当年的慈禧老太太那么好说话。

站在敌对方的立场，这显然不是什么好印象，尤其是日本人，早在争霸朝鲜的时候就领教过袁世凯的厉害，深知此人软硬不吃，此时见这厮居然当上了大总统，那还了得？但那一段时间，列强对中国，奉行的大体上是美国提出的"门户开放，利益均沾"政策，相互间有所牵制，日本人就算有再大的不满，也不敢冒天下之大不韪，只好退而求其次，仿照李鸿章的"以夷制夷"，琢磨出了个"以华制华"的策略，出钱出枪，积极支持孙中山等人的革命党以及溥伟、善耆的宗社党，总之只要能搞乱中国、搞垮袁世凯就行。

日本人的折腾得到了颇为积极的回应，比如善耆为了"复国"，不惜送一个女儿给老朋友川岛浪速，此即为后来大名鼎鼎的间谍川岛芳子，可见双方勾搭之紧密。

还好宗社党始终成不了气候，待到二次革命失败，日本人终于大失所望，现在好不容易等到欧战爆发，他们岂肯再错过这个机会？

日本与英国有同盟关系，欧战开始之后，自然就成为协约国一员，可他并不派兵赴欧洲参战，反而于8月15日，以"维护远东和平"的名义，向德国提出最后通牒：8月23日正午之前，立即从日本海面和中国海面撤走德国装甲舰和全部军舰，不能撤走者，须立即解除武装；9月15日之前，无条件将胶州地区移交日本当局，以便将来"归还"中国。

德国此时身陷欧洲战事，无力分身，可也没太把日本放在眼里，高调表示：我们可以归还胶州湾，但你们日本也要把台湾还给中国。

日本勃然大怒，于8月23日对德宣战。就在这一天，德国驻华代办马尔参代表其政府向袁世凯表示，愿意立即无条件归还胶州湾。这本是大好事，奈何有《中立条规》的拖累，袁世凯怕得罪协约国，不敢自行接受，便建议同样保持中立的美国政府出面接收胶州湾，然后再归还中国。

可惜美国当时依然奉行门罗主义，不愿意干涉国际事务，而日本在做好准备工作之后，于9月2日在青岛以北150公里处的山东半岛海岸龙口登陆，遥遥向青岛发起了全面进攻。需要指出的是，日军登陆地龙口，根本就在德国租界范围之外，即使在当时也属于中国政府管辖的国土。

日军竟敢如此乱来，中国政府肯定不能无所作为。当天晚上，袁世凯在总统府召集紧急会议，出席者除朝中大佬、各部总长之外，还有相关重要幕僚，大家济济一堂，气氛极为凝重。

会上袁世凯问陆军总长兼大元帅统率办事处办事员段祺瑞，以中国军队现有的实力，如果对日作战，可以坚持多久？段祺瑞面无表情地回答，可以坚持48小时。再问其他人有什么意见，大家都眼观鼻鼻观心，个个沉默不语。

最后是袁世凯做了决定，仿照1904年日俄战争时期的老办法，划定日军过境走廊和交战区，尽可能防止战争波及其他地区。

可日军哪里会理会交战区之说？他们是指哪打哪，烧杀抢掠无所不为，中国政府所能做的，却只是一遍又一遍的抗议。

德国人也不给力，仅做了象征性的抵抗，青岛便告失守，聚集在那里的清朝遗老们，除了恭亲王溥伟，全部跑得不知去向。

1914年11月10日，日军正式接受德军投降，开进青岛市区。两天之后，日本人宣布实行军管，对于中国政府提出的"日军由整个山东半岛撤回之前德国人在胶州湾租界"的照会，鬼子们不仅置之不理，还全面占领了胶济铁路沿线的矿山、企业及海关，甚至在已占领的各个县城开起了衙门，一点没把自己当外人。

国家主权岂容如此践踏？奈何中国政府实力不济，只能对日展开旷日持久的交涉，以求他们能把吃进嘴的青岛再给吐出来。

这又谈何容易？尤其是，日本对中国的野心岂会仅局限于青岛一隅？当交涉陷入僵局的时候，1915年1月18日，刚回东京商量好新把戏的日本驻华公使日置益，返回北京谒见袁世凯，表示日方愿以归还青岛并从山东撤军为条件，与中方展开秘密谈判。

日置益还表示，中华革命党人与许多虽在野但很有权力的日本人关系密切，除非中国政府能表示出友谊来，否则日本政府将不能阻止他们扰乱中国。

大棒抢完之后，日置益又掏出胡萝卜，说只要接受我们的条件，日方将保证大总统及其政府的安全，严格取缔在日本活动的中华革命党人、宗社党成员、反政府留学生及不法日本商民与浪人。

那么，这个中华革命党是个什么组织呢？

中华革命党是二次革命失败后孙中山流亡日本时，经多日筹备、多方帮助，于1914年7月8日所组建的一个组织。因为孙中山认定二次革命失败完全是因为国民党组织涣散，所以在中华革命党内推行一种极权体制，要求党员无条件拥护党魁也就是孙中山自己，党内所有高级干部一律由党魁指派，党员则分为"首义党员、协助党员、普通党员"三个级别。任何人若要加入中华革命党，必须声明"**牺牲自己，服从孙先生，再举革命**"，并加盖指模（即按手印），并宣誓如下："一、实行宗旨；二、服从命令；三、尽忠职务；四、严守秘密；五、誓同生死。如有贰心，甘受极刑。"

这不免过于个人崇拜和专制独裁了，以至于虽有数百人入党，但重量级人物不过只有陈其美、戴季陶、张人杰、蒋介石、邓铿、林森等，而像黄兴、李烈钧、柏文蔚、陈炯明、吴稚晖、蔡元培、钮永健等通通拒绝加入，就连孙中山最忠实的信徒汪精卫，也始终没有履行入党手续。

中华革命党成立之后，孙中山等人便开始谋划"三次革命"，总之要反袁到底，为此少不了要更加积极的联络各方，寻求支持。

现在日本外务省档案馆存有一份孙中山与日本人签订的《盟约》。根据这个《盟约》，如果日本人出钱或武器，帮助孙重新在大陆夺取政权的话，**他将把满洲割让给日本**。

这个所谓的《盟约》存有极大的争议，大体上日本学者都坚持认为是真的；台湾学者坚持说它是假的；大陆学者则部分倾向于认为是真的，部分认为是假的。至少到现在，此事还说不太清楚，不过在当时，袁世凯方面确实有人如此评价孙中山："将效法吴三桂，引外兵扰乱本国。"

闲话少说，却说日置益当面把文件递给了袁世凯，这在当时是很不合外交礼仪的事，所以不管他怎么强调大总统应该先看一下，袁世凯就是不看，把文件甩在一边，只让他去找外交部商谈。

好不容易把日置益打发走之后，袁世凯赶紧把文件打开来，这一看，吓了他一大跳——这个日方所提出的中日商谈基本文件，全部采用带有战舰和机枪水印的公文纸印刷，共分五号21条，也就是后来我们常说的"二十一条"，全文如下：

第一号

　　日本国政府及中国政府互愿维持东亚全局之和平，并期将现存两个友好善邻之关系益加巩固，兹议定条款如下：

　　（一）中国政府允诺，日后日本国政府拟向德国政府协定所有德国关于山东省依据条约，或其他关系，对中国政府享有一切权利利益让与等项处分，概行承认。

　　（二）中国政府允诺凡山东省内并其沿海一带土地及各岛屿，无论何项名目，概不让与或租与他国。

　　（三）中国政府允准日本国建造由烟台或龙口接连胶济路线之铁路。

　　（四）中国政府允诺为外国人居住贸易起见，从速自开山东省内各主要城市，作为商埠；其应开地方，另行协定。

第二号

　　日本政府及中国政府因中国向认日本国在南满洲及东部内蒙古享有优越地位，兹议定条款如左：

　　（一）两订约国互相约定，将旅顺、大连租借期限，并南满洲及安奉两铁路期限，均展至九十九年为期。

　　（二）日本国臣民在南满洲及东部内蒙古为盖造商工业应用之房厂，或为耕作，可得其需要土地之租借权，或所有权。

　　（三）日本国臣民得在南满洲及东部内蒙古任便居住往来，并经营商工业等各项生意。

　　（四）中国政府允将在南满洲及东部内蒙古各矿开采权，许与日本国臣民。至于拟开各矿，另行商订。

（五）中国政府应允关于下开各项，先经日本国政府同意而后办理：

① 在南满洲及东部内蒙古允准他国人建造铁路，或为建造铁路向他国借用款项之时。

② 将南满洲及东部内蒙古各项税课作抵，向他国借款之时。

（六）中国政府允诺如中国政府在南满洲及东部内蒙古聘用政治、财政、军事各顾问教习，必须先向日本政府商议。

（七）中国政府允将吉长铁路管理经营事宜，委任日本国政府，其年限自本约画押之日起，以九十九年为期。

第三号

日本国政府及中国政府顾于日本国资本家与汉冶萍公司现有秘接关系。且愿增进两国共通利益，兹议定条款如左：

（一）两缔约国约定，俟将来相当机会，将汉冶萍公司作为两国合办事业，并允如未经日本国政府同意，所有属于该公司一切权利产业，中国政府不得自行处分，亦不得使该公司任意处分。

（二）中国政府允准所有属于汉冶萍公司各矿之附近矿山，如未经该公司同意，一概不准该公司以外之人开采。并允此外凡欲措办无论直接间接对该公司恐有影响之举，必须先经该公司同意。

第四号

日本国政府及中国政府为切实保全中国领土之目的，兹订立专条如左：

中国政府允准所有中国沿岸港湾及岛屿，概不让与或租与他国。

第五号

（一）在中国中央政府，须聘用有力之日本人，充为政治、财政、军事等各顾问。

（二）所有在中国内地所设日本病院、寺院、学校等，概允其土地所有权。

（三）向来日中两国，屡起警察案件，以致酿成辊辘之事不少，因此须将必要地方之警察，作为日中合办，或在此等地方之警察官署，须聘用多数日本人，以资一面筹划改良中国警察机关。

（四）由日本采办一定数量之军械（譬如在中国政府所需军械之半数以上），或在中国设立中日合办之军械厂，聘用日本技师，并采买日本材料。

（五）允将接连武昌与九江、南昌路线之铁路，及南昌、杭州，南昌、潮州各路线铁路之建造权许与日本国。

（六）在福建省内筹办铁路、矿山及整顿海口（船厂在内），如需外国资本之时，先向日本国协议。

（七）允认日本国人在中国有布教之权。

仔细看完之后，袁世凯大为震惊，和徐世昌谈过之后，当即请来无官一身轻的陆徵祥，说明情况后，请他召集外交总长孙宝琦、次长曹汝霖及税务督办梁士诒一起商议商议。

商议来商议去，因为不敢和日方决裂，所以大家认为只有两个选项：一是接受日方条件；二是通过谈判，和对方讨价还价。

外交部的两位长官都主张息事宁人，全面接受日方条件，梁士诒坚决反对，他表示："连谈都不谈就全部接受，简直是岂有此理？外交上没有这个先例。不管能谈到什么程度，谈回多少让步，只要我等尽了心，至少也能对国人和历史有个交代。"陆徵祥表态支持梁士诒的意见，这样双方就战成了2：2平。

第二天袁世凯听完报告之后，决定和日本人好好谈谈，并派富有外交经验的陆徵祥出面主持谈判工作。孙宝琦很知趣，立即辞去外长一职，推荐陆徵祥接任。

袁世凯愉快地接受了孙宝琦的辞呈，安排他去担任审计院院长，随后发表陆徵祥为外交总长，与曹汝霖一起，负责对日谈判。

谈判之前，袁世凯先派日籍政治顾问有贺长雄回国，拜访松方正义、山县有朋等政界元老，以了解内幕；又派政事堂参议金邦平前往日本活动，探明日方的底线；同时派人重金收买日本间谍，调查日方的有关情况，尽可能做到知己知彼。

随后袁世凯对"二十一条"进行了详细批示，比如对承认德国利益问题，袁批示："应双方合议，何能由日本议定，由我承认，这是将来之事，不必先行商议，可从缓议"。对于建造铁路，袁批示："须与他国借款造路相同，铁路行政权，须由中国人自行管理，日本可允与以管理借款之会计审核权，惟须斟酌慎重"。对汉冶萍铁矿厂问题，袁批示："这是商办公司，政府不能代谋。"对福建让与问题，袁批示："荒唐、荒唐，领土怎能让与第三国。"对于整个第五号，袁批示："此项限制我国主权，简直似以朝鲜视我，这种条件岂平等国所应提出，实堪痛恨；日本自己亦觉不妥，故注'希望条件'，不理可也。万万不可开议，切记切记！"

批示之外，袁世凯还制定了谈判策略，其实就一个字，让陆徵祥想方设法"拖"，务必要一条一条地慢慢议，若能拖到列强都来插手，这事情就好办了。

"拖"是中国官场的独门绝技，陆徵祥连总理都干过几天，这项功夫自然掌握得炉火纯青，所以不管日置益如何要求每天开会谈判，他只是一再强调自己身为外长，不比一国公使，需面对诸多国家，公事繁忙得很，每周能谈一次就很了不起了。这是驳不倒的理由，日置益无可奈何，最后双方达成妥协，每周谈3次，每次谈3小时，从下午2点谈到5点。

"拖"又是如此的博大精深，每周3次确定之后，从2月2日正式谈判开始，陆总长就踏上了他的炫技之旅，每次谈判中，各种小动作不断，令对手有苦难言。

就这么拖着拖着，袁世凯的布置也有了回馈，来自各个渠道的信息都表明，"二十一条"只是大隈内阁擅自采取的秘密行动，并未经过御前会议的讨论。而根据日本的最高法令，任何宣战行为，都必须经过天皇主持的御前会议授权，否则无法进行。

了解到这一点，袁世凯心里有了底，一面嘱咐陆徵祥拿出更大的耐心，宁拖三分不抢一秒；一面通过外交渠道及新闻媒体将"二十一条"里的内容透露出去，果然引发了一场轩然大波——欧洲各国忙于打仗固然无暇东顾，但美国此时尚未参战，得知此事后，其国务卿立即照会中日两国，重申美国不会承认任何有违门户开放政策的条约，态度极其强硬。

与此同时，在日本的孙中山等展开了对袁世凯的舆论攻势。4月9日，中华革命党发布《为揭破中日黑幕以告国人书》，号召党人"力行革命，推翻袁氏恶劣政府"。

同样流亡日本的黄兴、柏文蔚、钮永键、李烈钧及流亡南洋的陈炯明等人，却公开呼吁"暂停革命，一致对日"，黄兴并写了封亲笔信给孙中山，劝他暂时"放弃讨袁工作，免为日本所逼"。

而在国内，关于"二十一条"的消息一经传出，舆论顿时沸腾，社会各界纷纷要求展开抗战，抵制日货的呼声更是高入云霄，致使日本对华商品出口锐减。

多重压力之下，原本就拖拖拉拉的谈判终于陷入了僵局。4月26日，日方提出

24条最后修正案之后，谈判终于暂告一段落。至此，双方共谈了25次，历时84天。

日方的最后修正案做了一些让步——比如他们自己把整个第五号全给删除了。不过中方依然采取了"拖"的策略，并不急于答复，渐渐地日本人就急了，先后在山东、福建、东北等地增兵，并在东北日占区宣布戒严。气氛骤然紧张了起来。中国政府不敢怠慢，马上于5月1日提出一项最后修正案，对日方所提诸多条款提出修改乃至拒绝，把球又踢了回去。

可日本人已经不想再耗下去了，5月7日下午3点，他们发出最后通牒，当时音译为"哀的美敦书"，限中国政府于5月9日下午6点前，对日方所提的修正案做出"满意之答复"，否则将诉以"必要之手段"。

至此已拖无可拖，袁世凯便在总统府召集副总统黎元洪、国务卿徐世昌、参谋总长及各部总长、各院院长等文武大员开会。会上，袁世凯发表了重要讲话，他说：

> 此次日人乘欧战方殷，欺我国积弱之时，提出苛酷条款。经外部与日使交涉，历时三月有余，会议至二十余次，始终委曲求全，冀达和平解决之目的。但日本不谅，强词夺理，终以最后通牒，迫我承认。我国虽弱，苟侵及我主权，束缚我内政，如第五号所列者，我必誓死力拒。外交部恪守我的指示，坚拒到底，尽了最大之力……
>
> 如今日人最后通牒已将第五条撤回，凡侵主权及自居优越各条亦尽力修改，并正式声明将来胶州湾归还中国。在南满虽有居住权但须服从警察法令及课税各条亦与中国人一律。因此，与初案相比已挽回许多……
>
> 我国国力未充，目前尚难以兵戎相见。英朱使关切中国，情殊可感，为权衡利害，而至不得已接受日本通牒之要求，使何等痛心！何等耻辱！无敌国外患国恒亡，经此大难以后，大家务必认此次接受日本要求为奇耻大辱，本卧薪尝胆之精神，作奋发有为之事业，举凡军事、政治、外交、财政力求刷新，预定计划，定年限，下决心，群策群力，期达目的，则朱使所谓埋头十年与日本抬头相见，或可尚有希望。若时过境迁，因循忘耻，则不特今日之屈服奇耻无报复之时，恐十年以后，中国之危险更甚于今日，亡国之痛，即在目前。我负国民付托之重，决不为亡国之民。但国之兴，诸君与有责，国之亡，诸君亦与有责也。

这就表示，中国政府接受了日方的条件。5月9日，外交总长陆徵祥、次长曹汝霖及中方谈判代表施履本将复文送交日本公使日置益，表示中国政府正式接受"二十一条"。这一天，也被袁世凯定为"国耻日"。

此时的"二十一条"，其实应该说是"一十二条"，几个月的谈判下来，中方还是有所收获的，如前所说，日方自行删除了整个第五号，其它删改的也很多，最后签订的，实际上就剩下了12条，也即《民四条约》。这剩下的12条，因为袁世凯使足了各种流氓手段暗中破坏，到最后，中国固然遭受了巨大损失，日本却并未因此得到太多利益，以至于大隈内阁终至垮台。正如历史学家唐德刚所说："日本虽然费尽心机提出灭亡中国的'二十一条要求'，弄得臭名昭著，后来也只落得个雷声大、雨点小的收场，为天下笑"。

袁世凯被迫在《民四条约》上签字后，情绪大受影响，终日心神不宁。他让著名学者丁世峄撰写了一本书，叫《中日交涉失败史》，印了5万册，密存于山东模范监狱。他常对左右说："勾践不忘会稽之耻，最后终于打败了吴国；那些咄咄逼人的人终有肉袒牵羊之一日，到那时，此书就可以问世了。"

皇帝迷梦

看起来，袁世凯这一次是真的感觉很屈辱，当然事实上也确实如此。不过如果老袁真能像他与大家共勉的那样，"本卧薪尝胆之精神，作奋发有为之事业"，那么也未必不能变坏事为好事。只是可惜啊，袁大总统转眼间又陷入了迷梦之中，非要过过皇帝瘾不可。

袁世凯之想当皇帝，有多方面的原因，其中最拿得出手的理由，是民国成立之后，一度诸侯割据人心涣散，他痛感中国需要有个皇帝来凝聚大家的忠诚，从而使得国家不至于四分五裂。平心而论，袁世凯自幼读的是圣贤书，经的是封建官场的历练，认知水平只能停留在这个高度，也多少可以理解。

但这只是一方面，最根本的原因还是"皇帝的诱惑"。确实，2000多年的封建文化和皇帝情结不可能随着民国的建立而立即烟消云散，而皇帝不比大总统：大总统是选出来的，皇帝却是天命所归，更容易让人崇拜、臣服。更重要的是，大总统任期十年，就算可以无限连任，毕竟比不上皇帝活到老干到老，没人敢觊觎大位。而且，皇帝的子孙还是皇帝，天经地义；大总统的子孙，没准就变成了孙子，让人情何以堪？

另外还有一个不可忽视的因素则是，袁世凯周围攀龙附凤者的推波助澜。最热衷的自然是大公子袁克定，他一心想当太子，进而成为"太宗"，享受九五之尊的快乐。说起来这也是人之常情，你我若在那个位置上估计也会有此想法，只是我们现在知道，那么干是不对的。

除袁克定之外，其他蝇营狗苟之辈就多了。徐世昌、段祺瑞、冯国璋、梁士诒等开国元老不会存此念头，甚至会强烈反对，这是因为实行总统制，袁世凯百年之后他们都有机会继任，过把大总统的瘾，而一旦恢复帝制，皇帝铁定姓袁，大家最好的结局，只不过是世代为臣而已。毫无疑问，这是赔本的买卖。

但是对于像杨度、杨士琦、袁乃宽、段芝贵、江朝宗等二、三线人物，他们既已错过了在辛亥年建立奇功的机会，便只能屈居人下，但单凭年轻和大佬们熬岁月，难免让人心绪难平；可若想颠覆局面后来居上，则必须创建更大的功业，那么就只有劝进拥戴一条路才可以走通。于是渐渐地，这些人就聚集到袁克定的周围，形成了一个庞大的利益共同体。

所以进入民国之后，恢复帝制的声音从未断过，只是因为局面混沌，袁世凯才一直不敢轻举妄动。等到国民党发起的二次革命失败，各地诸侯服软，北洋势力终于得以笼罩全局，这时候，袁世凯不想再等了，他觉得，心动不如行动，干吧！

在最初的布置被清朝遗老们误解为"袁宫保欲复辟清室"之后，袁世凯哭笑不得之余并未气馁，只是因为日本人提出"二十一条"才让他暂时中断了此大计。现在，谈判既然已经完成，还有什么可以顾忌的呢？

当然，路要一步一步走，如此大计，绝不可草率行事，更不能自己先就跳将出来，还是得先看看各方反应再说。这一次，小心翼翼地袁世凯，放出的第一个信号，是为中华民国整了首新国歌。

原来的国歌还是孙中山的南京临时政府时期，由蔡元培所定，歌词出自江苏政府民政厅次长沈恩孚之手，叫《五旗共和歌》，歌词如下：

亚东开化中国早，揖美追欧，旧邦新造。飘扬五色旗，民国荣光，锦绣山河普照。我同胞，鼓舞文明，世界和平永保。

新国歌名叫《中华雄踞天地间》，歌词如下：

> 中华雄踞天地间，廊八埏，华胄从来昆仑巅。江湖浩荡山绵连，共和五族开尧天，亿万年。

这首歌词，是袁世凯特请老朋友荫昌所作，不过刚公布没几天，那句"共和五族开尧天"，就被改成了"勋华揖让开尧天"。

这是因为，"五族共和"里的那个"共和"犯了忌讳，而传说中中国最早的皇帝是尧，他的全名叫"伊祁放勋"，第二个皇帝是舜，全名叫"姚重华"，他的位置是尧禅让而来。"勋华揖让"，字面上就是尧让位于舜的意思，更深的含义则是，袁世凯一旦当了皇帝，其位是由清朝揖让而来，当为尧舜之后的又一美谈。这个想法很好，但并不是每个人都那么热衷，对此反应最消极的大佬，竟是早已风光不再的段祺瑞。

段祺瑞反对帝制是一贯的，也正因为如此，他的日子越来越难过，军权旁落之后，段总长心灰意冷，懒得再去陆军部办公，不多的公事，完全交给了次长徐树铮去打理。

徐树铮是段祺瑞的头号心腹，但他不是北洋嫡系，又因为专横跋扈，所以虽然足智多谋，有"小扇子"之称，却很为袁世凯所厌恶，从不对他假以颜色，甚至曾经表示要把徐调职，段祺瑞觉得这欺人太甚，冷冷说道："很好，请总统先免我的职，总统要怎么办，便怎么办！"

段祺瑞虽已被打入冷宫，但在军中影响力犹存，袁世凯不愿和他闹得太难僵，此事就只好作罢。没想到隔没多久，"二十一条"还在谈判的时候，陆军部竟然很不合时宜地上了一道呈文，请求给职员加薪，袁世凯盛怒之下，做了亲笔批示："稍有人心，当不出此！"搞得段祺瑞面子上很不好看。

其实对段祺瑞最不满的还不是袁世凯，而是袁克定。据说还在"二十一条"谈判之时，袁大公子就曾派人在陆军部埋了炸弹，欲谋杀段总长，此事后来不了了之。等到谈判完成，中国终于屈服于日本，袁克定第一个跳了出来，公开表示："陆军如此无用，总长所司何事？这就是政府不得不接受日本条件的全部原因。"

矛头直指消极怠工的老段。

面对如此巨大的压力，段祺瑞只能称病请辞，辞呈递上之后，不待批准自己就去了西山，只说是安心养病。袁世凯不许他辞职，极力慰留，同时给了两个月的假，并赏给人参4两，医药费5000元，让他"善自珍重，并慎延名医，详察病源，多方施治，切望早日就痊，立即销假"。至于段祺瑞空出来的陆军总长一职，袁世凯本来属意于蔡锷，但因北洋系内部反对声太大，不得已便安排了王士珍署理，这是5月31日的事。

接下来来了个好消息。原来早在辛亥革命时期，沙俄就积极策动蒙古的喇嘛王公脱离中国，独立建国。随后第八世哲布尊丹巴（外蒙地区与达赖、班禅齐名的三大藏传佛教领袖之一）宣布外蒙独立，并建立了"大蒙古国"，自立为皇帝，年号"共戴"。

当时无论是清朝还是后来的民国政府，都苦于力不从心，只能谈判解决此事。谈来谈去，到了这年6月间，中、蒙、俄三方终于签订了《中蒙俄协约》，哲布尊丹巴宣布退位，并取消皇帝称号，俄国表示承认中国对外蒙的宗主权，中国则对俄国在蒙古的各项特权再次加以确认。

哲布尊丹巴的皇帝不当了，袁世凯的皇帝梦却越来越如幻似真，这当然需要北洋将领的全力支持才行。现在，段祺瑞已经暂别政治舞台，那么，另一员大将冯国璋是怎么想的呢？其实袁世凯比我们更想知道。

不仅冯国璋，各省将军的想法都是袁世凯所关心的。本来他的安排是召集大家来京开一次高级军事会议，除窥探各位对帝制问题的态度之外，还要公开宣布划分军区及废省改道计划。

所谓废省改道，就是取消省一级的军政机构，而把每个省改为几个道，借以消解各省将军的势力，集权于中央。这是袁世凯早就想做的事情，只是由于局势纷扰需要大家卖命，所以一直找不到合适的时机进行。

现在依然不是好时机，于是就有人提醒他："正当筹备开国大典之际，应使将士归心，这个事，还是再缓缓为好。"袁世凯闻听此言，只好再次搁置了废省改道的大计。

除此之外，因为中日交涉解决不久，此时若召开全国性的军事会议，难免会引起日本误会，只怕要惹出麻烦。因此，袁世凯决定调整计划，改为电召各省将军分批来京述职，首先应召的，自然就是冯国璋。

6月26日，袁世凯以购买外国军火浮报40万元为由，免去了徐树铮的陆军部次长，以田中玉代之。第二天，冯国璋就来了。

冯国璋是和梁启超一起来的。原来梁启超在见过袁克定之后，为了不蹚帝制的浑水，急忙把家眷从北京搬到了天津租界，随后自己也离开北京，先是回广东省亲，之后漫游苏杭，再到南京拜访冯国璋，想从他那里探听出点关于帝制的消息，冯便索性约了他一起进京。

对于冯国璋的到来，袁世凯给予了最隆重的礼遇，特派文武百官到车站迎接。及至两人见面，袁世凯不说正事，开口就问起了冯夫人。

冯夫人名叫周砥，字道如，江苏宜兴人，是明末宰相周延儒之后，人长得漂亮，在北洋女子公学学习时，因品学兼优，很受总教习吕碧成的喜欢。毕业之后，周砥被安排在了附属小学任教，当时袁世凯还在直隶总督任上。袁总督很重视子女的教育，想给女儿及如夫人请个女家庭教师，吕碧成便给他推荐了周砥。周砥和袁家上下相处极为融洽，深受大家的喜爱，尤其和二公子袁克文最为投契，渐渐地袁世凯也把她当做女儿看待，亲如一家。慈禧死后，袁世凯被逐回河南，周砥本来没打算跟着去，却架不住一帮学生的苦苦挽留，最后是袁克文出面，总算说动了她，跟着袁家去洹上共患难，因此赢得了袁世凯的尊敬和感激。

时光荏苒，不知不觉十余年过去，贵为袁家家庭教师且亲如家人的周砥，转眼年已近四十，其婚事渐渐成了一个大问题——普通人她看不上，又不要袁世凯给她介绍；而她所暗恋的当代名士袁克文，却始终把她当做姐姐。爱情两个字，真是好辛苦啊！

冯国璋被派去当了江苏都督之后，为了加以笼络，袁世凯接受袁克定的建议，决定将周砥许配给他。这是两情相悦的事，需要好好做做工作。可是无论太太小姐们如何游说，周老师只是一言不发，最后还是袁克文出面，才说得她点头同意。只是那心里的伤痛，又有谁能知晓？

冯国璋妻子早已去世，此时只有一个丫鬟充任姨太太，这天突然接到内史夏寿田写来的信，知道袁世凯要为他做媒，且女方是名头响亮的周道如，不禁喜出望外，当即派人送去聘礼，并多次表示要北上迎亲，只是袁世凯认为他在南京责任重大，没让他来。

出嫁那天，袁世凯单独找周砥谈了话，感谢她多年来对袁家的贡献，也暗示了希望她能影响冯国璋，使之知恩图报。至于随时写信通报南京那边动态之类的话，之前早就由袁克文说到了。

谈话结束，随即由袁克定及四夫人闵氏率领婢仆及卫队，陪同周砥乘坐专车前往南京。陪嫁花样繁多，包括袁家上下的各色馈赠，共有几十口大箱子，另外袁世凯个人还特意赠送了5万元作为川资。

车抵南京，冯国璋安排鸣礼炮21响，待周砥以国家元首的礼仪。1914年3月19日，两人举办了结婚典礼，那一天，整个南京城都沉浸在幸福和喜悦之中，仿佛不是冯国璋娶妻，而是全体南京人民娶老婆似的。

南京乃至江苏之外来的贺客肯定也少不了，各省军政首长通通派了代表前来道贺，礼金喜联不计其数，其中以安徽将军倪嗣冲所送的对联最为人所称道，流传甚广。

洞房花烛的事此处略去，单说过后冯国璋宴请下属的时候，曾对秘书长胡嗣瑗感叹说："没想到周女士还是黄花闺女。"胡嗣瑗正不知何以作答，旁边却有一个手下脱口而出："此事我们如何知道？就请大帅一言为定好了！"

这一年周砥40岁，冯国璋56岁，虽说是老夫老妻，实也可算老夫少妻，所以老冯把小周当做掌上明珠般的供着，也是意料之中的事。

而袁世凯此时问起冯夫人，冯国璋少不了要当面感谢大总统的成人之美，袁世凯是做了功课的，把夫妇二人轮流夸了几句之后，便点评起了婚礼时来自各方的喜联，说道："每一副的抄本我都仔细看了，确实是倪丹忱（倪嗣冲字丹忱）的最出色。"说到这里，袁世凯竟然一字一句地背诵起了那副对联：

将略裼轻裘，夺龙盘虎踞，好作洞房，从兹儿女莫愁，想顾曲英姿，当不愧小乔夫婿；

家风寄芜蒌，喜裙布荆钗，迎来琼岛，为报湖山黡画，有执柯元首，始得归大树将军。

此对联，上联切合了喜结良缘之地南京，"龙盘虎踞"，是当年诸葛亮对南京的赞叹；除此之外，又将冯国璋比作周瑜，且还切合了周砥的姓氏。下联更切合冯国璋姓氏，将之比作东汉名将冯异。冯异是刘秀手下大将，人称"大树将军"，指的是征战在外，论功行赏之时，他总是躲在大树下，从不自夸。而这副对联，简直把冯国璋给夸到了天上，但从艺术角度来说，却又极其精致典雅，一如武侠大师梁羽生后来所言："于男女人物，山川典故，均极贴切；且对冯、周联婚的因由亦都包括在内。堪称民初名联之一。"

如此佳作，当然令冯国璋得意非凡，只是时日已久，连他自己都已渐渐淡忘，而袁世凯此时居然能一字不差地背诵下来，也难怪把他这个当事人给感动得难以自持，再说起话来，自然已没了任何戒备。

于是又闲聊几句之后，冯国璋便率直地说道，外面现在有许多关于复辟帝制的传言，南方尤甚。

袁世凯从容答道："炒作，根本就是炒作！华甫，你我是自己人，莫非你还不晓得我？是的，之前暴民专政时期，很有些人说共和制不合国情，我也曾流露过退归田里或者还政清室的意思；去年新约法颁布，规定总统有权颁授爵位，所以有人误会这是变更国体的一个预兆。华甫你想，五族权利一律平等，既然满、蒙、回、藏都可以封王封公，为什么反而汉族同胞不能享受同等待遇？"

冯国璋点头称是，接着探询道，外界都说"大爷"袁克定对此事最热心。听到这里袁世凯有点激动，打断他的话说道："他如何做得了我的主？"接着又很坦诚地说："以我现在的地位和权力，其实和皇帝又有什么区别？如果说要当皇帝，只能是为子孙打算。但是华甫你知道的，我的老大身有残疾，老二一副名士派头，老三更是纨绔子弟，我怎么可能让他们为国家负责？"——大概是1912年，袁克定和父亲小时候一样，骑马摔伤了腿，这肯定不是遗传，但同样留下了后遗症，大公子从此成为了瘸子，而且瘸得很厉害。他曾专门到德国治疗过，也未见好转，所以袁世凯说他"身有残疾"。

话都说到这个份上了，冯国璋不能不动容，但袁世凯不容他开口，继续说道："纵观中国历史，我只知道不止一个皇子公主说过'愿生生世世不再生在帝王家'，华甫你说，帝王家有几个有好下场的？即使为子孙计，我又如何忍心害他们？"

见话越说越重，冯国璋赶紧打住，忙说："大总统说的是。可是大总统之功德，天地可鉴，有朝一日天与人归，恐怕大总统也不得不勉为其难啊！"

袁世凯越发入戏，都有点生气了，斩钉截铁地说："不，我如何肯做此等傻事？我有个儿子在伦敦读书，我已让他在那边置了点产业。果真有这么一天，我就到伦敦去，不再过问国事。"

袁世凯表现得如此诚恳，冯国璋不能不信，却也不敢全信，出来之后，他便找到相熟的张一麐，以问个究竟。

身为政事堂机要局局长，从小站起张一麐就一直居于袁世凯亲信的行列，前不久他刚劝过袁，说称帝将会招来大麻烦，袁世凯只告诉他没那回事，请他放心。张一麐是实在人，也就信了，所以此时便对冯国璋讲："是有些人想当开国元勋，从而鼓动项城当皇帝，但项城没那么傻，他跟你说的那些话，是可信的。"

这下冯国璋才完全信了，连带梁启超跟着也就信了。在面对新闻记者时，梁还一再为袁世凯辩解，并将冯国璋与袁世凯、张一麐的谈话内容透露了些出去。等到各大报纸一登出来，帝制的声势立马降温，有些人就不高兴了。

不高兴的自然是杨度、杨士琦等人，但最不高兴的，肯定还是袁克定。他想，若由着老头子这么一意孤行，自己到头来当不成太子，那活着还有什么味道？

知父莫若子，袁克定急中生智，竟想出了一条妙计，简直是妙不可言。

原来袁世凯有看报纸的习惯，但他基本只看一份报——《顺天时报》，该报创刊于1901年10月，最初叫《燕京时报》，后改名，是由日本外务省在北京出版的中文报纸。

日本人为了文化侵略的大计，把这份报纸办得很认真，内容详尽而客观，观点丰富且独立，另外像娱乐八卦、社会新闻等应有尽有，使得该报深受欢迎，发行量一度高达近2万份，是当时华北第一大报，影响力极大。当初章太炎刊登《征婚启事》，选的就是这个《顺天时报》。

袁世凯每天必看该报，主要是借此了解国内外大事，以及各国对这些大事的态度。近一段时间，在他看来，最大的事情就是恢复帝制，而通过《顺天时报》，他很清楚地了解到，国内各界对此反对者居多，而国外更是少有人对此热心，因此他也就不敢轻举妄动。

袁克定很清楚这个内情，便组织了一个写作班子，专门伪造《顺天时报》——这份山寨报纸，每天只印几份，专供袁世凯及家人阅读，上面全是对帝制的热情讴歌，以及对复辟的深情呼唤。

饶是袁世凯再精明，也想不到儿子竟然给自己下了这么大一个套，久而久之，禁不住就又有点心旌摇荡起来，觉得既然社会思潮已变，这个皇帝还是有得干的。

恰在这时，郭阴阳从项城考察袁家祖坟回来了。

郭阴阳大号郭三威，是赫赫有名的一位风水先生。传说当年冯国璋尚年幼时，其父冯春棠认为祖坟风水不好而导致家贫，便特意从30里外的黄家坟请了出道不久但在当地已小有名声的郭先生来看风水。郭阴阳来后，仔细看了看，提出几点宝贵意见后说，只要照着改了，冯家当世就要出大官，只是自己泄露了天机，日后要瞎一只眼睛。一年之后，郭阴阳果然瞎了一只眼，但这并不足以让人对他刮目相看，直到后来冯国璋平步青云步步高升，他才终于一举成名天下知，连袁世凯都知道有这么一位风水先生，灵得很。

很久以前，项城当地就流传着一个说法，即袁家男人活不过58岁，而事实上也确实如此。袁世凯之上，爷爷、父亲、叔叔、伯父，乃至他的兄弟，当大官的也好，做生意的也好，哪怕就是当乡绅的，真从来没有谁能活到58岁，这也令一向自信自负的袁世凯，对于某种超自然的神秘力量有着天然的敬畏和迷信。

因为仕途一向顺畅，所以每次给家里写信，他几乎都会叮嘱家人，祖坟不可随意动土，家中住宅不可随意改门塞门，就是怕坏了风水。当上大总统之后，袁世凯更是经常跟风水先生来往，其中有个叫贾兴连的，曾指出新华宫皇气散而不聚，建议在新华门左侧修一厕所，聚收污气，以助龙运。袁世凯听后，果然就在那儿修了一个厕所。

上一年的时候，在项城负责守祖坟的袁家仆人韩诚特意赶来北京报喜，说袁世凯生父袁保中的坟侧，夜间时有红光出现，如火炬般照耀四方。此外，袁家祖坟附近还长出一株紫藤树，状似盘龙，长逾丈许。不仅如此，旁边还发现了一块刻有"天命攸归"字样的石块。

这当然是忽悠，不过袁世凯愿意相信，就没人敢说它是扯淡。只是兹事体大，不可等闲视之，老袁慎重起见，还是派了小袁——袁克定回老家去看看，到底有没有这么回事。

袁克定回去不久，便有信寄回，说："藤滋长甚速，已粗逾儿臂，且色鲜如血，或天命攸归，此瑞验耶！"

袁世凯得信大喜，但总觉得还不保险，应该请个专家再去看看。这得请最权威的专家，于是郭阴阳就奉命前往，袁世凯特派郭葆昌陪同。

郭葆昌字世五，河北定兴县人。早年曾在北京西华门德聚成古玩店做学徒，后开始独当一面，尤其精于鉴定清官窑瓷器，并收藏了许多宋元以来的官窑名瓷和其他文物，在京师古玩圈子里颇有名气，因此结识了许多收藏家和巨卿显贵，其中就包括袁二公子克文。

因为这层关系，郭葆昌有机会进入袁家当差。那时袁世凯还在当军机大臣。到了袁大总统时代，郭葆昌水涨船高，成了总统府庶务司承，算是袁家的二总管，说话很有分量。

二郭此去，考察得非常仔细，此时终于回京，立即受到了袁世凯的热情接待。闲话说过，谈起正事，郭阴阳一口咬定袁家确有龙兴之运，并说这是不以人的意志为转移的。

袁世凯心中狂喜，娇羞地问道："龙兴之运，年数如何？"老郭掐指算了半天之后，缓缓答道："若称帝，当应八二之数。"

"那么是八百二十年？还是八十二年？或者是八年零两个月？"

"帝位长久，事后自知，天机不可泄也！"

袁世凯是尊重专家的人，见对方已说出"天机不可泄"这句行话，自知不好再问，便喃喃自语道："八百二十年太长，不可奢望；八年两个月太短，应该不至于；若是八十二年，那也不错，足够福荫三代了。"

就这样袁世凯的心又炽烈起来，袁克定等人岂肯错过机会？立即加紧行动。接下来好戏连台，绝对不容错过。

扯虎皮拉大旗

谁也想不到，最先来的，竟是当头一棒——寒云公子袁克文作了一首七绝，全文如下：

乍著微棉强自胜，阴晴向晚未分明。

南回寒雁掩孤月，西落骄阳黯九城。

驹隙存身争一瞬，蛩声警夜欲三更。

绝怜高处多风雨，莫到琼楼最上层。

最后两句，反对父亲称帝的意思非常明确。该诗一经流出，袁克定勃然大怒，在征得袁世凯同意之后，便将弟弟关在了北海，不许再和外界来往。

除此之外一切都很顺利，最令大家感到兴奋的是，古德诺博士居然写了一篇煌煌大作，从理论上给予了帝制以莫大的肯定。

古德诺是袁世凯的同龄人，1859年生于纽约，是当时全世界最权威的宪政理论大家，本是哥伦比亚大学法学院院长，后经其学生、总统府机要秘书顾维钧及王宠惠等人引荐，成为民国大总统的宪法顾问。袁世凯给他开出的年薪是25000元，即使在美国本土，当时也算是绝对的高薪。

宪法顾问干了不到一年，1913年5月，古博士又接到了霍普金斯大学的聘书，请他回国担任校长。袁世凯很大度，同意他同时兼任两职，古博士遂于1914年8月回国。回国不久，在民国首届国会修宪之时，古博士给袁世凯寄来一份古德诺版《宪法草案》，主要内容是：当前国会议员权力过大，而总统形同虚设，推行如此的责任内阁，实际是一种国会独裁，并不符合"三权分立"的精神，于中国绝无好处。而以中国之大，局势之不稳，最应实行的，是如美国一样的总统制，甚至该由中央集权。

袁世凯等人所炮制的《中华民国约法》，恰好很符合古德诺的主张，因此《约法》出炉之后，古博士大为赞赏，并在美国政治学会年会上做了关于中国宪政改革的主题演讲，对民国新约法改行总统制拍手叫好。

古德诺这么做，其实和他最初的态度一样，更多的只是站在一个纯学术研究的立场，只是因为观点相近，袁世凯仍是对其推崇有加。这样一个对老袁有影响力的人物，帝制派们岂肯轻易放过？便说动袁世凯，趁这年暑假老古回到中国，请他就世界主要国家现行国体、及共和与帝制之优劣做一文章，以供民国政府推行宪政之参考。

古德诺在华时间不长，却早已成为一个中国通，对于中国的政治、经济、文化，甚至宗教、医学、汉字等，都曾著文论述，如今要写这么一篇文章，自不是什么难事，没多久他就交出了一篇《共和与君主论》。这一天，是1915年8月3日。

拿到此文章，袁世凯立即命法制局参事林步随将之译成中文，随后送交类似于机关报的《亚细亚报》发表。

文章很长，其观点也是见仁见智，我们在此就不摘录原文了，读者若是对之感兴趣，可自行找译稿来看。

古德诺认为，这个世界本无绝对的好制度和坏制度，君主、共和各有所长，也各有所适，比如英国搞君主立宪、美国搞共和，就都搞得不错。而以中国当前的政治、经济、教育、文化等条件来看，选择君主立宪更合适一些；若实行共和政体，则必须加重行政部门的权力，如法国般突出议会的权力绝不可行。而对于恢复帝制，古德诺设定了两个必要条件：一是全体国民以及列强的认可；二是要解决好帝位的继承问题。

帝制派们对这篇文章没多少兴趣，他们在乎的，只是其中一句"中国搞君主立宪更合适一些"。这是断章取义，问题是他们本来就是要断章取义。这下子，古德诺的麻烦就要来了。

洪宪皇帝，过把瘾就死

筹安会六君子

古德诺出手之后，第一个跳出来的是杨度，他以《共和与君主论》为由头，紧接着写了一篇两万余字的《君宪救国论》，完全不顾古德诺原文的本意，极力鼓吹帝制，比如"中国如不废共和，立君主，则强国无望，富国无望，立宪无望，终归于亡国而已……故以专制之权，行立宪之业，乃圣君英雄建立大功大业之极好机会"。诸如此类的句子，全篇比比皆是。写完之后，杨度很是得意，兴致勃勃地请同乡兼同学的内史夏寿田转呈袁世凯。

杨度文采很好，虽是一篇强词夺理的问答式文章，也让他做得理直气壮，袁世凯看后不由得击节赞叹："真乃旷代逸才也！"并亲笔题写了"旷代逸才"四个大字，让人做成匾额送给了杨度。

同时袁世凯还命夏寿田转告杨度，让他拉一票人马起来，以学术的名义研究帝制问题，以做舆论铺垫。这肯定要找有影响力的知名人士，杨度知道袁世凯最看重的两个人是梁启超和章太炎，无奈梁启超待在天津租界不出来，章太炎被关在龙泉寺出不来，最后他好歹找到了孙毓筠、胡瑛、刘师培、严复、李燮和等人，也算差强人意。加上杨度自己，总共六人，这就是后来大家所说的"洪宪六君子"。

先介绍下这六君子。杨度无需再说，孙毓筠同样是个大有来头的人物，他是前清大学士、"寿州相国"孙家鼐的侄孙，也是徐悲鸿的女弟子及恋人孙多慈的族兄。

孙家祖爷爷颇有头脑，早就领悟到人世间只有当官发财两件事情最值得追求，于是早早便安排两个儿子一人经商一人读书。读书的是老二孙家鼐，他书读得极好，考中了状元，平步青云。经商那位就是孙毓筠的爷爷，也很牛，但发了大财之后痛感还是当官更爽，便刻意安排儿子走上仕途，所以孙毓筠的父亲孙传晋也当到过道台，这个官不算小。

孙毓筠也是年幼读书，不过在考上秀才之后，他的思想产生了转变，开始倾向于维新，尤其佩服刺杀五大臣的吴樾。因此，到日本留学后就加入了同盟会。

1906年冬，江西萍乡和湖南浏阳、醴陵暴动发生，孙毓筠和同乡权道涵、段云、张汇滔、史蕴朴等人被派往江苏、安徽策动新军响应。到南京后，孙毓筠、权道涵、段云三人密谋刺杀两江总督端方，因遭叛徒出卖而被捕。

这是杀头的罪，好在端方思想比较开明，加上了解到孙毓筠是孙家鼐的族孙，就更不肯杀他，倒是给孙相国写了封信，问他"孙毓筠是否华族"，孙家鼐心知端方是有意卖交情给他，但又不敢明保革命党人，回信只说确实有此不肖族孙，并很客气地请陶斋兄（端方号陶斋）"依法办理，严加管束"。一切尽在不言中，非久历官场中人，难以品得其中奥妙。

端方见老相国落门落坎，便设法给小孙开脱了"大逆不道"的罪名，只判了5年监禁。事实上也不曾监禁，只让他在督署花园读书悔过。段云、权道涵二人跟着沾了光，被判终身监禁了事。

辛亥革命后，孙毓筠重获自由，以革命元老的身份，先是担任江浙联军总部副秘书长，后来更被推举为安徽都督。被柏文蔚取而代之后，他到北京当上了临时参议院议员，1914年被袁世凯亲自任命为约法会议议长，约法会议解散后，就成了参政院参政。

不用说，孙毓筠的身份绝对是够的。其他几人，同样也都很拿得出手。

这其中最显赫的是严复。他本是福州船政学堂中的最优等生，在学校的时候，刘步蟾、邓世昌等人都要排在他后面，所以毕业后就被选送到了英国皇家海军学院留学，回国后被任命为北洋水师学堂总教习，算是黎元洪的老师。

甲午战败后，严复决意思想报国，遂退出军界，专心于翻译事业，我们现在熟悉的赫胥黎的《天演论》、亚当·斯密的《原富论》、孟德斯鸠的《法意》等都是由他翻译引进，而他所倡导的"信达雅"，更被奉为翻译界的圭臬。

进入民国，严复被袁世凯任命为北大首任校长。他们俩的渊源很深，早在戊戌变法时期，严复就竭力鼓吹维新，并因此一直备受冷落，独后来担任了直隶总督的袁世凯慧眼识才，再三邀请他出任自己的幕僚，却都被婉拒。等到慈禧死后，袁世凯遭罢官逐回河南，万马齐喑之时，只有极少数人敢于站出来说几句公道话，其中就有严复的"世凯之才，天下无两"，"此人国之栋梁，奈何置之闲散"？所谓患难见真情，因此严复赢得了袁家上下的尊敬，杨度对这一切了如指掌，不惜花费九牛二虎之力，好歹把他给拉了过来。

其他几位，刘师培是顶级国学大师，在当时与章太炎齐名；李燮和先后参加过华兴会、同盟会、光复会，辛亥革命时，他与陈其美同时领导上海起义，李负责光复闸北和吴淞，陈负责市区。

李燮和一路打得很顺，陈其美却在攻打上海制造局时被俘，后来李燮和率军攻下了制造局，救出陈其美，进而被上海起义诸军公推为临时总司令。谁知上海光复之后，在推举沪军都督的会议上，陈其美以其青帮"大"字辈的势力，派出帮会分子大闹会场，成功"当选"为沪军都督，李燮和对此很是无奈。

李燮和后来又被推举为光复军总司令，在光复南京的战斗中立下大功。可惜等到黄兴裁军时，因为属于光复会的缘故，李燮和的队伍被裁掉，心灰意冷之下，他来到北京当起了寓公，此时静极思动，和杨度算是一拍即合。

胡瑛来头也不小，他曾参与过吴越行刺五大臣的策划工作，后来亡命日本加入了同盟会，再后来回国和黄兴等密谋长沙起义，因事机不密而被捕。武昌起义后，他先是出任湖北军政府外交部长，南京临时政府成立后，又被孙中山任命为山东都督，实际上只控制得了烟台一地。等到袁世凯派周自齐为山东都督的任命下来，胡瑛自知不敌，只好辞职走人。

多亏了黎元洪出面调停，胡瑛才被调入京，袁世凯给他安排个"新疆青海屯垦使"的虚职，只是面子上好看而已。还好他和杨度是好友，资历也够，杨度要干大事自然不会忘了他，而胡瑛也乐得有点事做，就加入了进来。

人凑齐了，接下来就该登台唱戏。8月14日，从袁世凯那里领到20万开办经费之后，杨度、孙毓筠、严复、刘师培，李燮和、胡瑛六人联名通电全国，发表筹组筹安会宣言——筹安会是杨度起的名字，取"筹长治久安之道"的意思，相当低调。

但这个宣言很高调，先是解释了"深识之士"袁世凯为什么一会儿赞成共和，一会儿想要帝制——当然都是为了国泰民安；接着又把古德诺抬出来，证明君主较民主为优；最后得出结论：只有君主制，才能救中国！

宣言一出，举世皆惊，古德诺这才发现风向不对，赶紧于8月17日召开记者会，为自己辩解。可是哪里还来得及？帝制派要的就是"古德诺"这个名字以及可供断章取义的观点，至于有没有人肯背黑锅，那不是他们需要考虑的事。

古德诺纵然百般不肯背这个黑锅，可事到如今哪里还由得了他？最不堪的是，甚至人怀疑他是受了贿赂才写的那篇文章，以至于他后来为此付出了极大的代价。——当时的美国总统威尔逊之前曾任普林斯顿大学校长，古德诺作为霍普金斯大学校长，其声望并不亚于前者。所以1916年的美国总统大选，共和党本来有意提名古德诺为候选人，挑战力求连任的民主党总统威尔逊。然而现在古德诺被认为有受贿嫌疑，共和党避之唯恐不及，自不会再用他。结果是袁世凯的皇帝还没当上，古德诺的总统梦就已经提前破碎了。这是后话，就此打住。

8月23日，筹安会在石驸马大街挂牌成立，推杨度为理事长，孙毓筠为副理事长，严复、李燮和、胡瑛、刘师培为理事。果然，袁世凯听说有严复赞助其事，"极为欢悦"，总算是没有辜负杨度的一片苦心。

筹安会一经成立，立即电请各省将军、巡按使及各团体选派代表来京，共同讨论国体问题。大家都知道此会的后台是谁，岂有不捧场之理？很快，各地的筹安分会陆续开张，只有广东的分会以"集思文益会"命名，似乎显得有气节一些。其实不然，广东之所以不冠以筹安分会之名，只是因为粤系老大是梁士诒，以梁士诒的身份，如何肯买杨度的账？

杨度暂时没工夫管这些小事，他想要尽快做出成绩，就得到处拉人入会，另外还有件更重要的事，就是在各界发起请愿活动，呼吁改行帝制。

8月25日，筹安会在云南会馆搞了场将校联欢会，发动军界人士出面请愿。在现场，杨度很欣慰地看到，老朋友蔡锷也来了。

话说从头，1913年10月底，蔡锷抵京，当天下午即到总统府谒见袁大总统，随后袁世凯设宴欢迎蔡将军，作陪的除了秘书长梁士诒之外，其余的像杨度、陈宧、蒋百里等人，全是蔡锷的好友。袁世凯对于笼络人很肯下功夫，还专门把李经羲从青岛请了过来——李经羲有恩于蔡锷，而蔡锷内心对他多少有些歉疚，那么有李经羲在，蔡锷就更好驾驭一些。

袁世凯是想重用蔡锷，但这需要一步一步来，毕竟空降一个外人到北洋军系担当要职，不做好足够的铺垫工作绝无可能。袁世凯有的是办法，在他的安排下，陆军部组建了一个编译处，负责全国陆军的整顿、训导、整编和革新，权力极大，由段祺瑞亲任总裁，蔡锷和陈宧一起担任副总裁，蒋百里则和段祺瑞的第一号心腹大将徐树铮担任委员。

接下来中央政治会议成立，袁世凯以议长酬佣远道而来的李经羲，志在必得的杨度，便只好和蔡锷、梁敦彦、樊增祥、马良、宝熙、赵惟熙一起担任襄议员。整个会议，其实是以李经羲、杨度和蔡锷三人为核心。

对于袁世凯的重用，蔡锷心存感激，在那段时间，他所思所想，更多的总是如何报效国家、报效大总统。因此，他不仅和蒋百里一起，提出了一系列关于改进军事教育体系，改革军队管理体制，提高军队战斗力的计划和建议，还撰写出《军事计划》一书，呈送给了袁世凯。该书共7章42节，约3万字，分为练兵的目的、国力与兵力的关系、实行义务兵役制、兵器、军队编制、军事教育等专题，颇为翔实。袁世凯看后称道不已，直说"蔡松坡果然雄才大略"。可问题是县官不如现管，当时的段祺瑞仍炙手可热，他认为此书虽好，却失之于纸上谈兵，只是以陆军部的名义出版了事，并无任何下文。

好在袁世凯认准了蔡锷，认为他文武兼备，可堪大用，便专门又给他成立了一个全国经界局，着重于经济，尤其是自然资源开发与管理方面的工作。

后来大元帅统率办事处成立，袁世凯特意将蔡锷调入，成为第七个办事员；将军府成立，袁世凯授蔡锷昭威将军，虽说没有实权，也在"昭"字号里面排名第一；再后来袁世凯更想以蔡锷取代段祺瑞出掌陆军部，只是碍于北洋系内部反对声太大才作罢，但也可见那一段时间，两人关系之密切。

确实，那一段是蔡锷和袁世凯的蜜月期。可惜好景不长，随着帝制风声渐起，蔡锷对袁世凯的观感，也开始由尊崇而至怀疑——和老师梁启超一样，蔡锷是反对帝制的。在北京的时候，师生俩走动得就很频繁，后来梁启超避居天津，蔡锷专门跑去看过他几次，密商大事。不仅如此，蔡锷还通过自己的得力助手戴戡，和云贵两地积极联络，部署可能的倒袁事宜，虽然事情做得很谨慎，并没有人真正知道他在干什么，但仍引起了袁世凯的怀疑。

蔡锷发现自己被监视之后，便不再过问政事，而仿刘备种菜的故智，终日流连于八大胡同，以示胸无大志。

蔡锷迷恋上的一朵名花叫小凤仙，两人最初并非相识于八大胡同，而是附近青云阁的普珍园。普珍园位于前门大栅栏，是家著名的饭庄，蔡锷爱去那儿喝酒，小凤仙则钟情于那里的一道名菜辣子凤节，常去吃饭，一来二去就演绎出了一段英雄美人的故事。

关于他们俩的传说很多很多，但细细考证下来，似乎两个人也只是男女关系，与别人的事儿没什么太大的不同，当然，这已经足以使监视者放松警惕。蔡锷的目的是达到了，据说就连袁世凯都曾对杨度感叹过："松坡何至于沉迷如此？"

杨度也不知道蔡锷何以沉迷如此，只当是爱美之心人皆有之。反正只要不反对帝制的，都是自己人，何况蔡锷还是老朋友。而且自筹安会成立之后，蔡锷曾多次电催云南将军唐继尧、贵州护军使刘显世等向筹安会派代表事宜，后来更发起成立了一个"讨论国是会"，表示"赞成君主国体"，所以杨度借将校联欢会搞劝进，也给他送了请柬。只是杨度无论如何也没想到，蔡锷不仅来了，而且还第一个在请愿书上签上了"昭威将军蔡锷"的大名，这不禁令他大喜过望。

喜出望外之余，杨度又搞了一出"公民团请愿"的好戏。本来按计划，筹安会应组织各省代表来京，向参政院请愿。可是参政院9月1日就要开会，讨论各项立法问题，时间太紧，肯定来不及。杨度灵机一动，将计划改为由各省旅京人士组成公民团，请愿书则由筹安会代拟。

这样到了9月1日，各省公民团浩浩荡荡齐聚参政院，各自呈上"更改国体"的请愿书，倒也显得声势浩大。而就在前两天，袁世凯正式批准解除了死硬派段祺瑞的陆军总长，而改由王士珍署理，看起来，复辟的浪潮，已经是势不可挡。

排除万难当皇帝

势不可挡也要挡！1915年9月3日，梁启超的雄文《异哉，所谓国体问题者》

发表，一时间，洛阳纸贵，舆论沸腾。

袁世凯耳目众多，这篇文章发表之前，他已得到消息，专门派人赶往天津，欲以20万元购买此文，被梁启超断然拒绝。

该文长达万言，针对的正是帝制问题，梁启超嬉笑怒骂，可谓掷地有声。文章最先发表在《京报》上，轰动一时。接着各报竞相转载，影响力越来越大，搞得袁世凯很不开心。

这样到了9月6日，参政院开会讨论各路国体更改请愿书时，袁世凯特地写了一份宣言书，派杨士琦前往，代自己宣读。

杨士琦照本宣科，内容却令人颇为吃惊，谁也想不到，袁世凯竟然会说出诸如"大总统有保持大局之责，更改国体不合时宜；国民请愿须征求多数国民之公意，自必有妥善之上法"一类的话来，这该让帝制派情何以堪？

不过冷静下来一想，袁世凯其实并没有把话说死，虽表示"更改国体不合时宜"，但仍留了一个"国民请愿须征求多数国民之公意，自必有妥善之上法"的尾巴，追随老袁多年的梁士诒目光如炬，知道该出重手了。

这一年来，梁士诒过得很不爽，被排挤出总统府之后，虽然通过嫡系依然掌控着自己一手创建的交通系，实惠多多，可相较于之前的呼风唤雨，毕竟风光不再，不免意兴阑珊。谁知我不犯人人却犯我，因为反对帝制，以袁克定、杨士琦、杨度为首的帝制派竟然向梁财神动了手，这背后很难说没有袁世凯的支持。

第一波攻势是由肃政厅发动"三次长参案"，即对陆军次长徐树铮、交通次长叶恭绰和财政次长张弧进行弹劾，叶恭绰和张弧都是交通系的人马，而徐树铮则是反对帝制更烈的段祺瑞的心腹。袁世凯毫不犹豫免了徐树铮的职，与此同时，肃政厅又参劾津浦铁路局局长赵庆华十大罪状，一场轰轰烈烈的反腐败运动随之展开。

梁士诒也是牛脾气，事情都这样了依然我行我素，对帝制表现不出丝毫感情。于是7月18日，赵庆华赵局长被撤职交平政院审理。两天之后，叶恭绰因与赵局长一案有牵连，被勒令暂行停职。

叶恭绰是梁士诒手下的第一员大将，梁士诒以局外人身份依然能把交通系掌控自如，很大程度上就是因为叶恭绰这个交通次长的竭力维系。现在连叶次长都挨了当头一棒，足可见反对势力有多强大，决心是多么坚定。

果然，紧接着京汉、京绥、沪宁、正太各铁路相继出事，加上之前的津浦路，在当时被合称为"五路大参案"，交通系著名的"二关"——京汉铁路局局长关赓麟、京绥铁路局长关冕钧在这一轮首当其冲，被令离职听审。

事情发展到这一步，梁士诒无论如何也坐不住了，尤其是袁世凯语重心长地对他说了一句："参案原来有你在内，是我叫他们去掉了你那部分。"更令其如芒刺在背，无法自持，干脆以养病为由，独自去了西山。

生死存亡面前，梁士诒哪里有心情养什么病？经和交通系要角一番磋商，充分认识到了大家一起面临"要头不要脸，要脸不要头"的两难局面，最后所有人达成了"不要脸"的共识，决定拥戴袁世凯当皇帝。

梁士诒既已输诚，针对交通系的参劾也就戛然而止。梁士诒不像杨度，他是干实事的人，懒得去搞什么理论研究，而决定发起组织一个"公民请愿团"，实实在在搞点大动静出来。

毕竟是"财神"，又是曾经的"二总统"，梁士诒出马，立即一呼百应，除交通系人马之外，沈云霈、张镇芳、那彦图、阮忠枢、夏寿田、梁鸿志等政界要人纷纷加入，并推沈云霈为会长。正在这时，署理湖北军务的彰武上将军段芝贵，匆匆忙忙地从武昌赶了回来。

段芝贵是袁世凯的干儿子，和袁克定私交极好，上一年袁大公子巡视武汉，一眼相中了著名坤伶王克琴，段将军充分发挥自己的特长，成功为其拉了把皮条，两个人绝对是亲如兄弟一般。

最近这段时间，杨度的筹安会搞得很欢，而湖南将军汤芗铭更是在军界率先劝进，致电袁世凯说："伏望我大总统俯从民意，速下一尊，申数千年天泽定分之大义，慰亿万苍生一心一德之归诚。"这一切，段芝贵看在眼里急在心头，生怕他们抢去了"拥戴"的头功，所以才急急赶回北京，欲建不世之功勋。

段芝贵果然厉害，很快就串联好了14省将军，联名密函袁世凯，请其速正大位。这14省将军是：广东龙济光、湖北王占元、陕西陆建章、河南赵倜、山西阎锡山、云南唐继尧、浙江朱瑞、湖南汤芗铭、江西李纯、安徽倪嗣冲、山东靳云鹏、四川陈宧、吉林孟恩远、黑龙江朱庆澜。另外，没有将军衔但握有兵权的甘肃巡按使张广建、察哈尔都统何宗莲、绥远都统潘榘楹、贵州护军使刘显世、福建护军使李厚基，也都列名于后。美中不足的是，冯国璋和张勋没有参与此事，这令袁世凯很是耿耿于怀。

段芝贵再接再厉，经老友阮忠枢穿针引线，他与公民请愿团一拍即合。段将军出手，端的是不同凡响，像朱启钤、雷震春、江朝宗、周自齐、袁乃宽、朱家宝、曹汝霖、陆建章、顾鳌等实力派人物纷纷应邀而来，加上梁士诒、阮忠枢、夏寿田，以及另一位重量级人物杨士琦，13个人后来也被称作"十三太保"。

这个声势实在太大，"公民请愿团"的名字显然已经跟不上形势发展的需要，梁士诒、段芝贵等人决定团结一切可以团结的力量，组成一个"全国请愿联合会"。

9月19日，全国请愿联合会在安福胡同宣告成立，推沈云霈为会长。其他领导大致有，副会长那彦图、张镇芳；文牍主任谢桓武；副主任梁鸿志、方表；会计主任阮忠枢；副主任蒋邦彦、夏仁虎，等等。

请愿团体则包括：

> 筹安会，杨度等发起。
>
> 人力车夫代表请愿会，北京人力车夫发起。
>
> 乞丐代表请愿团，北京乞丐发起。
>
> 妇女请愿团，安静生所发起。
>
> 公民请愿团，各省官吏用本籍公民名义组成。
>
> 筹安会请愿代表团，筹安会各省代表组成。
>
> 商会请愿团，北京商会冯麟霈、上海商会周晋镳等发起。
>
> 教育会请愿团，北京梅宝玑、马为珑发起。
>
> 北京社政改进行会，恽毓鼎、李毓如发起。
>
> 旅沪公民请愿团，陈绍唐等发起。

全国请愿联合会成立之后，立即发动各请愿团体及各省、各机关向参政院递交请愿书，要求改行帝制，同时还积极组织各种请愿活动。交通系有的是钱，规定凡是参加请愿者，都发给参政费，价钱随参与者的身份地位与名气而定，总之是见者有份，参加者能少得了吗？这声势又岂是当初的筹安会所能比拟？

事情到了这个地步，就连瞎子都看得出袁世凯复辟帝制之心不可动摇，黎元洪深恐自己被裹挟进去，赶紧辞了参政院院长，袁世凯稍作挽留之后，便改派前清贝子溥伦继任，以酬佣其当年力劝清室退位之功。

请愿联合会立马又给参政院上了一道请愿书，要求以国民会议为解决国体的正式机构，这本是秉承袁世凯的意思——"国民请愿须征求多数国民之公意"，参政院自然积极配合，赶紧开会做出议决并咨请政府于年内召开国民会议。事情眼看就要成了。

奈何有人认为国民会议是民国的约法机构，而且人数不多，代表性有限，不宜用于解决国体问题；而帝制派尤其是袁克定认为拖到年底缓不济急，于是梁士诒等人再一次发起请愿，先是做了自我批评，认为不需要召开国民会议，而要求"另设机关，征求民意"。

此时的参政院，就仿佛是一个魔术师，帝制派想要什么，它就能变出什么来。10月6日，魔术师变出了一个"由国民代表大会决定国体"的决议，随即通过并由袁世凯公布了《国民代表大会选举法》，要求各省在军政长官监督下，加紧选举国民代表。为了赶时间，特规定各地选举产生的国民代表，无需来京，就地进行国体投票并选举皇帝。

这个时候发生了一件小插曲，袁克定搞的假《顺天时报》露馅了。那天是袁家三小姐袁叔祯的一个丫头回家探望父母，回来时顺便买了些三小姐最爱吃的五香酥蚕豆回府，碰巧包装纸是一整张原版的《顺天时报》，三小姐无意间发现这报纸上的论调和以往看到的太不一样，便拿去给父亲看。

袁世凯当时不动声色，等搞明白真相之后，派人把袁克定叫来，不管他如何跪地求饶，只拿着皮鞭一顿暴打，骂他"欺父误国"。从此之后，袁克定就失去了父亲的信任，也算是咎由自取。

袁世凯终于明白了外界对复辟的观感，可他此时哪里还舍得放弃？于是10月20日，各地选举依次展开，共选出1993名国民代表。这1993名代表全部都是内定或精挑细选而来，而且又由各省军政长官亲自监督，故后来的投票进行得异常顺利。只有江苏闹出了点不和谐——冯国璋死活不愿意出席投票仪式，更遑论监督，好在经不起僚属苦劝，他最后还是来到了现场，只是始终铁青着脸，一言不发，实在是大煞风景。

不过这丝毫没有影响投票的结果，到12月7日，全国各地投票全部完成，1993名公民代表全体赞成变更国体为君主立宪制，并一致推戴袁世凯当皇帝。

1915年12月11日，参政院代行立法院召集各参政开会，在对国民代表的投票情况进行了认真细致地审核之后，决定以全国总代表的名义上推戴书，拥立中华民国总统袁世凯为中华帝国之皇帝。

推戴书是早已准备好的，只是自古以来，此种推戴都需"三揖三让"，以示受者之谦恭与众望所归，就好像演唱会上歌手返场之前，必须要听众再三呼唤一样，属于半推半就地做作，当不得真。

所以当第一道推戴书被谢绝之后，参政院的老爷们并不气馁，根据流程立即呈上第二道，然后乐呵呵地坐等再次被发还回来，谁知此时袁世凯竟然就接受了，搞得大家心里空落落的，实在是觉得意犹未尽。

当然这是小事，重要的是袁大总统终于同意了当皇帝，大家顿觉松了一口气，接下来，就该等着论功行赏了。

1915年12月12日，袁世凯正式发表接受帝位的申令。袁克定唯恐夜长梦多，再三催促父亲赶紧举行登基大典，先坐上皇位再说。

因为认为复辟帝制必将导致中国内乱，列强对此事反对得很强烈，其中以日本为最。尤其是在国民代表开始选举之后，眼看着帝制复辟进入了紧锣密鼓时期，日、英、俄、法等国纷纷向袁世凯施加外交压力，希望他即使要变更国体，好歹也等到欧战结束。对此袁总是顾左右而言其他，说这事由人民来决定，自己管不着；并一味强调自己有足够的能力对付国内的反对力量。

但各国并没有因此放弃施压，这让袁世凯很是头疼，于是定下宗旨：称帝之后，对内称中华帝国，对外依然保持中华民国的国号，希望可以借此瞒天过海，以赢得时间搞定各国。所以，这个登基大典还是晚一点举行比较好。

另外一个原因则是，袁世凯觉得，就算是普通人家婆亲，往往都要挑一个良辰吉日，何况自己是当皇帝，岂能草率行事？便任命内务总长朱启钤为大典筹备处主任，计划于来年1月1日正式登基。

这样袁世凯的身份就很奇怪——现在，他既是中华民国的总统，又是中华帝国的皇帝。但是，眼下的中国，既已不是中华民国，也还不是中华帝国，真是乱得可以。

不过该走的流程还得走，12日当天，袁世凯在怀仁堂搞了个朝贺会，亲切接见文武百官，接受大家的祝贺，并发表了重要讲话："大位在身，永无息肩之日。故皇帝实为忧勤惕厉之地位，决不可以安富尊荣视之。且历代皇帝子孙鲜有善果，

袁世凯称帝纪念画

袁世凯身着新设计的洪宪皇帝戎装

1913年袁世凯祭天大典

平时一切学问职业皆不得自由，故皇室难期发达，予为救国救民计，牺牲子孙，亦不敢避。"

没错，袁世凯自称为"予"——因为尚未登基，他不好意思用"朕"或"寡人"一类皇帝的专有名字；但"本大总统"此时听起来已不够高贵，索性先用个"予"来作为过渡。

接下来的北京《政府公报》，也以"政事堂奉策令"取代了"大总统令"，但政事堂奉的是谁的策令，却成了未解之谜。需要说明的是，尚在10月份的时候，徐世昌即以养病为由辞职，国务卿一职，先是由杨士琦代理，后来被安排给了陆徵祥。

黎元洪没徐世昌幸运，他早就说自己病了，想回黄陂老家休养，但袁世凯不同意，只让他从不利于养病的瀛台搬到了东厂胡同。

从这年11月起，黎元洪即已不再领取副总统的薪水和办公费，并向袁世凯和参政院请辞，可惜没得到批准，就这么耗到现在。袁世凯自己都不当总统了，对副总统自然也要有个安置，于是在12月15日对内正式更国号为"中华帝国"的当天，亦下令册封黎元洪为武义亲王，并派阮忠枢等人前去道贺，只得到黎的一句回话："你们不要骂我！"

黎元洪不识抬举，好在逊清小朝廷很懂事，经溥伦连哄带吓，终于在16日给中华帝国参政院行了一道咨文，对袁世凯当皇帝一事表明了态度："凡我皇室，极表赞成。"

接下来的大事，当然是论功行赏。袁世凯煞费苦心，列出黎元洪、奕劻、世续、载沣、那桐、锡良、周馥七人为旧侣，徐世昌、赵尔巽、李经羲、张謇四人为故人，王闿运、马湘伯二人为耆硕，这些人都是老朋友，可以不必称臣。

以上诸人，又以四大故人待遇最高。袁世凯专门发表了申令，给徐世昌、赵尔巽、李经羲、张謇冠名为"嵩山四友"，并由政事堂议定了五项优待办法：（一）免其称臣跪拜；（二）赏乘朝舆，到内宫换乘肩舆；（三）皇帝临朝时，四友在勤政等殿得设矮几赐坐；（四）每人给以岁费2万元；（五）赏穿特种朝服。

这里略微交代一下奕劻。清帝退位后，奕劻、载振父子即逃到天津租界里住了下来，凭着多年来贪污受贿的积蓄，日子过得相当惬意，只有一样不如意，就是袁世凯治国不需要贪腐之专长，因此不给他们官当。不过现在好歹荣登"旧侣"之列，在奕劻看来，也算是一大安慰。

安顿好这帮老家伙，其余的就好办了。跟历朝历代一样，袁世凯把爵位分为公、侯、伯、子、男五级，特封龙济光、张勋、冯国璋、姜桂题、段芝贵、倪嗣冲等为一等公；汤芗铭、李纯、陆荣廷、朱瑞、赵倜、陈宧、唐继尧、阎锡山、王占元等为一等侯；张锡銮、朱家宝、张鸣岐、田文烈、靳云鹏、杨增新、陆建章、孟恩远、屈映光、齐耀琳、曹锟、杨善德等为一等伯；朱庆澜、张广建、李厚基、刘显世为一等子；许世英、戚扬、吕调元、蔡儒楷、段书云、任可澄、龙建章、王揖唐、沈金鉴、何宗莲、张怀芝、潘榘楹、龙觐光、陈炳焜、卢永祥等为一等男。后又追封赵秉钧为一等忠襄公，追封徐宝山为一等昭勇伯。总之，凡各省将军、巡按使、护军使、镇守使、师旅长以上人等，见者有份。最后合计封爵者128人，一二等轻车都尉70余人。只是所有这些人里面，不独没有段祺瑞，也找不到王士珍的名字。原来王士珍对帝制同样有不同意见，称病再次淡出了政界。

北洋三杰一龙一虎都离心离德，一狗冯国璋倒是在一等公之列，不过袁世凯对他也是很不放心，便任命其为参谋总长，主持全国的军事工作，电请速来北京就职。

段祺瑞的处境摆在那里，冯国璋如何肯自投罗网？于是一面谢恩，一面以"身体有病"为由，要求待在南京养病，袁世凯没办法，只好暂且由他。

这是12月19日的事。就在这一天，蔡锷辗转回到了昆明，袁世凯的噩梦开始了。

82天皇帝梦醒

蔡锷在将校联谊会上领衔签名劝进之后，杨度自是大加赞赏，可袁世凯是何等人物，岂会因此放松警惕？

没过多久，10月14日的清早，就有一个刘排长带着人，来到位于棉花胡同的蔡锷家门口，闯入搜查。还好，蔡锷平时很小心，没有留下任何可疑的证据，刘排长只好悻悻而去。

一个小小的排长，居然敢无缘无故闯入部级大员家里撒野，这无论如何也说不过去，当然需要有人出来解释。

出来解释的是继陆建章之后任军警执法处处长的雷震春，他跟蔡锷说，蔡家住宅本是袁世凯的亲家、天津大盐商何仲璟的产业，由何的亲戚福某代为管理。大约是1911年的时候，因为生意不顺，住在天津的何仲璟欠下外商一笔巨款，眼看何家就要破产，有管事的姨太太就派人带着一些珠宝细软来到北京寄存到福某家，而派来的这个人，正是当时还在何家当仆人的刘排长。后来何老先生去世，姨太太也不知所踪，刘排长起了歹念，所以带兵来福家，想把那批珠宝细软搜走。他并不知道福某早已搬走，现在这里住的是蔡将军，以至于闹出了这个误会，我们对此一定会严肃处理。

处理得果然很严肃。10月17日便有人因擅闯蔡公馆而被枪决，只是该人名叫吴宝鎏，多半是个临时工。

蔡锷对这个处理结果无所谓满不满意，但深知此处已不可久留。他先是让夫人刘侠贞向法院提起离婚——蔡将军和小凤仙的风流韵事通国皆知，这一类事情，在当时来说，人们普遍还是比较同情原配一些，所以这个婚离得很顺利，蔡锷基本上是净身出户，刘夫人则带着姨太太潘夫人新近所生的儿子回了湖北老家。

此后不久，蔡锷向袁世凯请病假——他的咽喉炎确实已很严重，袁世凯不能不批准，蔡锷就住进了天津租界的共和医院，由潘夫人陪同照顾，依然处于被监视状态。11月底的时候，蔡锷应袁世凯之召，独自回到北京，却并不销假，只成天和小凤仙腻在一起。

12月1日上午，在密探们的跟踪下，两个人来到第一舞台看戏。进入包厢后，蔡锷脱下大衣挂在衣架上，这是做给密探们看的。戏入高潮之时，蔡锷突然起身去洗手间，密探们也都是戏迷，见大衣还在那儿挂着，也就乐得接着看戏，而蔡锷早已只身前往前门车站，登上了前往天津的火车。

雷震春得报蔡锷失踪，不敢怠慢，立即报告了袁世凯，袁世凯马上派蒋百里前往天津，在共和医院找到蔡锷，希望他尽快回京销假。蔡锷拿出一份医生的诊断书，说明病体严重，托蒋带回；并请他带话给袁世凯，说自己病好之后立即回京工作。

蒋百里走后，当天晚上，蔡锷先安排好潘夫人去香港，随后来到梁启超寓所告别，慨然说道："此次维护国体，大任落在老师和我身上。成功呢，什么地位都不要，回头做我们的学问；失败呢，就成仁，无论如何不跑租界，不跑外国！"

第二天，在梁启超的安排下，蔡锷登上了日本商轮"山东丸"号前往日本。临行前，他留下了两封信，一封写给好友丁石生，说："以菩萨心肠，行霹雳手段，吾人今日处兹乱世，认定一事于道德良心均无悖逆，则应放胆做去，无所顾忌，所谓既要仁慈，又要痛快也"。另一封信是写给袁世凯的，其实是个请假条，说是

"查日本天气温和，山水清旷，且医治肺胃，设有专科，于养病甚属相宜。兹航海东渡，赴日就医，以期病体早瘥，再图报"。这个假条，袁世凯作了如下批示："呈悉。一俟调治就愈，仍望早日回国销假任事，用副倚任。"他不知道，不管他是否同意，蔡锷此时已经快到日本了。

到横滨后，蔡锷首先写信向袁世凯报告就医情况，随后拿出一摞亲笔信，连信封都已写好，交给同乡好友石陶钧，请他每隔几天给袁世凯的亲信唐在礼寄一封回去，以掩饰自己的行踪。袁世凯见来信确是蔡锷笔迹，邮戳日期全没问题，也就放下了心。他哪里知道，就在信件一封封到来的时候，蔡锷已经从日本到香港，经越南沿着滇越铁路抵达了云南。

然而到了云南反而更危险，云南将军唐继尧大概是怕老上级夺他的位子，闻听蔡锷回来，赶紧命令阿迷县（即开远）知事（即县长）张一鲲、蒙自道尹周沆在由越南至昆明的必经之路上将蔡锷拦截下来，至于拦截后如何处理，他没说。当然，这些事后来都被推到了袁世凯身上，也属正常。

所幸张一鲲没来得及动手，而周沆虽在火车上找到了声音嘶哑、已说不出话来的蔡锷，终不忍下手，将他放了过去。

这样，12月19日，蔡锷终于抵达昆明，唐继尧率领云南文武官员及先期到达的反袁人士李烈钧、程潜、戴戡、方声涛、熊克武、但懋辛等人热烈欢迎，并摆出高姿态，让贤请蔡锷当云南都督，领导大家反袁。

蔡锷知道这是客气，万万当真不得，当即表示大家应该团结在唐将军的周围，高举反袁大旗，将反袁斗争进行到底，"为四万万人争一个人格"！

1915年12月23日，唐继尧领衔蔡锷、李烈钧等人，给袁世凯发去电报，声明反对帝制。袁世凯当天即回电，一切都置之不理，只温言劝慰蔡锷立即回京。

24日，由蔡锷领衔向袁世凯发出最后通牒，要求其立即取消帝制，杀帝制祸首杨度、孙毓筠、段芝贵、梁士诒等13人以谢天下，并限北京政府在24小时内公开答复。袁世凯大怒，回电大骂蔡锷等人，态度极其嚣张。

于是12月25日，蔡锷领衔通电宣布云南独立，举唐继尧为都督。29日，袁世凯下令褫夺唐继尧、蔡锷等一切职务和爵位，并宣布平定云南之前暂不登基，战事一触即发。

1915年12月31日，袁世凯宣布自明天起，正式改中华民国为中华帝国，改年号"民国五年"为"洪宪元年"。

1916年1月1日，洪宪元年的第一天，唐继尧、蔡锷等人在云南成立护国军政府，并组成护国军，兵分两路出师：蔡锷为第一军总司令，进攻四川；李烈钧为第二军总司令，进兵广西、广东，并挺进湖南、江西。此外还有第三军，由唐继尧担任总司令，坐镇昆明，策应第一、二两军。

按照计划，第一、二两军将在武汉会师，然后合力北伐。

计划很宏伟，只是护国军虽说起来有三个军，其实总人数不过万人左右，像蔡锷统领的第一军，就只有不到4000人，真打起来，其实一点胜算都没有。

好在北京那边乱得可以，袁世凯成立"征滇临时军务处"之后，本打算起用段祺瑞领军，结果只得到一句"宿疾未痊"。没奈何只好急招冯国璋，让他以参谋总长兼任征滇军总司令。因为措词非常恳切，老冯不好再推辞，只好要求以江苏将军兼任参谋总长。袁世凯只能答应他，但老冯接下了参谋总长后仍不前来，袁世凯只好再催，这一催之下，冯国璋就又病了。

袁世凯无奈，只好自己亲自调兵遣将，调集北洋军和川、湘、粤等省军队共约8万人，组成三路大军，从川、湘、桂三路攻滇。

袁世凯任命北洋第三师师长曹锟为第一、第二路军总司令。第一路司令由北洋第六师师长马继增担任，率北洋陆军第六、第三、第二十师各一部及部分混成旅，由湘西经贵州从东面攻入云南；第二路司令由北洋第七师师长张敬尧担任，率北洋陆军第七师和第三、第六、第八师各一部，与驻川北洋军和川军会合由北面进攻云南；第三路为广东陆军第1师师长、云南查办使龙觐光部由粤经桂入滇，袭扰护国军后方。

第一军最开始打得很顺利，很快就打入四川，攻占了叙府（即宜宾）。与此同时，蔡锷派往贵州去的、由戴戡率领的一营人马也取得丰硕战果，成功促使贵州巡按使刘显世宣布独立，并将此一营人马与贵州本土军队合并成为护国军第一军右路，以戴戡为总司令，预备攻打湘西。

几天之后，川军第二师师长、蔡锷的老部下刘存厚在四川泸州下辖的纳溪宣布独立，自任四川护国军总司令，陡然间护国军实力大增。

泸州成了四川的主战场，护国军表现得极其顽强，尤其是第6支队支队长朱德，打起仗来尤为英勇；北洋军那边，陈宧派出冯玉祥，曹锟派出张敬尧、吴佩孚，再加上周骏的川军第一师，也绝对如狼似虎。

护国军终究是寡不敌众，相持了半个多月后，3月初，蔡锷不得已退守纳溪。与此同时，冯玉祥率军夺回了叙府。

北洋军形势一片大好，但两大主帅陈宧和曹锟却懒得乘胜追击，反而热衷于与护国军私下接触，为停战做铺垫——陈宧和蔡锷本是极好的朋友，只要不打仗，没有什么是不好谈的。

戴戡的征湘部队同样在所向披靡之后遭遇困难，在湖南宝庆与北洋军相持不下，无法推进。

真正是东边不亮西边亮，就在四川、湖南南北两军僵持之时，广西那边爆出了大冷门。3月15日，在梁启超的策划之下，广西将军陆荣廷宣布独立，缴了奉派征讨云南的临武将军龙觐光的械，并和李烈钧的护国军第二军达成协议，双方互不侵犯，一致反袁。

西南局面已非，而北方也并不宁静，闹事的并非别人，而是袁世凯自己的弟弟妹妹。

妹妹是堂妹，名叫袁书贞，是原山东巡抚张汝梅的儿媳。这一年恰逢她五十整寿，袁世凯特派老五袁克权前往祝寿，竟被拒之门外，只让人传话："我娘家无兄，也无内侄"。不仅如此，堂妹还给袁世凯写去一封信，没有称呼，只把堂哥痛骂了一番，说他不该背叛前清，自称皇帝。

袁世凯的亲弟弟、老六袁世彤干得更绝，四哥称帝后，他先是跑北京骂他是"袁家不肖子孙"，然后和袁书贞一起，在报纸上很登了些声明：和袁皇帝断绝关系！这还没完，老六回到老家后，居然募集了几十个人，自任为大统领，组成了一支讨袁军要讨伐袁世凯。毕竟是自己的弟弟，袁世凯打也打不得，骂也没法骂，只能交代地方官把他们遣散了事。

对家人只能如此，对待西南的独立，袁世凯却绝不会心慈手软。然而就在他还在琢磨怎么调兵遣将的时候，3月19日，一件可怕的事情发生了。

这事儿是冯国璋牵头干的。冯国璋对袁世凯早就不满了，上次他从北京回南京后不久，帝制运动即轰轰烈烈地拉开了帷幕，把老冯给气的，说袁世凯忽悠了他，没把他当自己人看。

袁世凯当然心知肚明，便想了个调虎离山之计，"高升"冯将军为参谋总长。奈何冯国璋也不傻，死活就是不离开南京，逼急了就说自己有病，不宜远行，并派了江宁镇守使王廷桢代理自己的将军职务，搞得跟真的似的。

袁世凯也假戏真做，派陆军训练总监蒋雁行前往南京慰问，并协办南京军务。蒋雁行到南京后，按照袁世凯的旨意，积极拉拢王廷桢，诱使他反冯，可惜未能得逞，反而使得袁、冯之间关系更加恶化。

事情到了这个地步，袁世凯索性一不做二不休，打算直接发表命令免去冯国璋江苏将军之职。谁知念头刚一启动，消息即已外漏，引来山东将军靳云鹏、江西将军李纯的联名电报，请留冯坐镇东南，切勿轻予调动。

面对军方的压力，袁世凯识得轻重，没敢轻举妄动。经过此事，他和冯国璋之间的裂痕，就已经接近表面化了。

广西独立之后，眼看西南三省云南、贵州、广西已经连成一片，四川、湖南则暗潮汹涌，其它各省观望气氛浓郁，历史显然已经不再站在袁世凯这边。冯国璋觉得在机遇面前不能无所作为，因此秘密联络了关系密切的几位实力派人物——江西将军李纯、浙江将军朱瑞、山东将军靳云鹏、湖南将军汤芗铭，建议大家联名通电，要求"取消帝制，惩办祸首"，得到了几位将军的支持之后，老冯想再多拉点人以壮声势，便以五将军的名义密电征求各省将军的意见，志在必得。

直隶将军朱家宝非常忠心，接到密电立即求见袁世凯，这是3月19日晚上的事。袁世凯看完内容，只见下面赫然竟是五将军"冯国璋、李纯、朱瑞、靳云鹏、汤芗铭"的签名，顿时大惊失色。再联想到这几人既然敢搞串联，而只有朱家宝一人检举揭发，那就意味着各省将军附和者当不会少。毫无疑问，大事已不可为。

其实在此之前，像徐世昌、康有为等重量级人物都曾写信劝过袁世凯，请他撤销帝制，和平解决西南战事，袁只仗着北洋军在军力上的绝对优势，根本没太把蔡锷等人放在眼里。但现在五将军密电出现，北洋内部离心离德的倾向顿显，袁世凯知道，是回头是岸的时候了。

3月21日一早，袁世凯写了几封亲笔信，派遣专人致送徐世昌、段祺瑞和黎元洪，请他们务必来公府参加下午举行的紧急会议。不仅有亲笔信，还有口信，不动之以理只晓之以情，说的是："请看多年的老交情，今天务必发驾。"

就因为这句话，徐世昌他们三人全来了，再加上杨士琦、梁士诒、朱家宝、倪嗣冲等人，会议规格高不可攀，形成的决议是：（一）撤销承认帝位案，取消洪宪年号；（二）召开代行立法院的参政院临时会议，以便于取得取消帝制的法律根据；（三）陆徵祥回任外交总长，国务卿由徐世昌出任；（四）任命段祺瑞为参谋总长以代久未到职的冯国璋；（五）请黎、徐、段三人联名电劝护国军停战议和，如得同意，拟任命蔡锷为陆军总长、戴戡为内务总长、张謇为农商总长、汤化龙为教育总长、梁启超为司法总长、熊希龄为财政总长。

3月22日，袁世凯发表申令，宣布取消帝制。申令出自张一麐之手，少不了为袁世凯做了最大限度的开脱，并对护国军做出警告：如再不罢兵，则必将讨伐！

整篇申令，仍以"予"为自称，袁世凯只在结尾一段改了一处，将"予本有统治全国之责"改为"本大总统本有统治全国之责"，以表示自己不当皇帝了，但仍是中华民国大总统。

世界上哪有这么便宜的事？这个大总统西南方面肯定不会再承认，而袁世凯也未雨绸缪，趁着当时传言颇多，他精挑细选了一些足以蛊惑人心的消息，密电前方的北洋军将领，其中最耸人听闻的是："护国军已推举岑春煊为总统，北洋高级将领均将被撤职。"

另外袁世凯还耐心地跟大家分析形势，他说："蔡、唐、陆、梁迫予退位。君等随予多年，恩意不薄，各应激发天良，为予致力，富贵与共。如予之地位不保，君等身家性命亦将不保。"

3月25日，参政院开会一致通过袁世凯所提出的撤销承认帝位案，洪宪帝制正式寿终正寝。从1916年1月1日称帝开始，到如今被迫退位，袁世凯当了83天皇帝，离郭阴阳的"八二之数"只差一天。不过也有人说，3月25日这天不能算，所以老袁的皇帝其实只当了82天。

就在这一天，在未征得黎元洪、段祺瑞同意的情况下，袁世凯即以他们俩和徐世昌三人的名义，致电陆荣廷、梁启超、蔡锷、唐继尧说："帝制取消，公等目的已达。务望先戢干戈，共图善后。"

蔡锷给黎、徐、段三人的回电，虽然是劝袁世凯彻底退位，但话总算说得很客气，给大家留足了面子。

然而袁世凯完全不为所动，到了4月1日那天，他又借黎、徐、段三人的名义，向护国军提出了六项议和条件：（一）滇、黔、桂三省取消独立；（二）三省治安由三省原军政长官负责维持；（三）三省所募新兵一律解散；（四）三省开赴前线的军队，立即撤回原驻地；（五）三省自即日起，不准与政府军交战；（六）三省各派代表一人来京商议善后事宜。

这哪里是弱势一方所提的议和条件？简直就是愚人节的玩笑！果然西南方面针锋相对，也提出了六项议和条件：

（一）袁世凯必须彻底退位，如此才能免其一死，但须逐出国外；（二）诛帝制祸首杨度等13人以谢天下；（三）大典筹备费用及征讨西南的军费共6000万，应查抄袁及帝制祸首13人的财产赔偿之；（四）袁家子孙三代，应剥夺公民权；（五）依照《临时约法》，推举副总统黎元洪继任大总统；（六）除国务员外，文武官吏均照旧供职，但关于军队驻地，须接受护国军都督的指令。

如此南辕北辙的条件，双方自然谈不拢。不过此时此刻，家家都有本难念的经。在袁世凯这边，北洋系将领们离心倾向明显，这仗显然没法打；而就护国军来说，因为缺兵少粮，真要接着打，同样毫无胜算。双方都打不下去，那么就还是只能继续和谈。

袁世凯和徐世昌参考辛亥年的成例，一面让冯国璋居中斡旋，做好全国性和谈工作；一方面也启动了地方性和谈，由陈宦和蔡锷直接接洽。前文说过，陈宦和蔡锷私交极好，事实上，当初陈宦入川，所率领的军队里，就很有几个重要将佐是蔡锷所推荐。所以开战之后，两人之间早有接触，四川的停战工作已经做到了前面。

反倒是冯国璋很不给力，他只是不断暗示袁世凯应该顺应西南的要求，辞去总统之位，这令袁世凯很是气愤，却也只能装糊涂，顾左右而言其他。

然而随着局势的进一步变化，对袁世凯来说，连装糊涂都成了一种奢侈。4月6日，广东将军龙济光在护国军的压力之下，被迫宣布独立。虽然这个假独立得到了袁世凯的暗中批准，但仍然造成了很大的影响。

4月12日，浙江巡按使屈映光宣布独立，搞得袁世凯头都大了。正在这个时候，周妈来到了北京，她是来管袁世凯讨账的。

烟消云散

周妈是王闿运派来的。原来当初帝制运动炽烈之时，全国各地劝进之声四起，有主动的，也有应邀的。老王属于应邀之列。

接到邀请，老王开出了"王闿运"三字每字10万元的天价。袁世凯认为能用钱搞定的事都不是事，遂欣然成交，并立即指示湖南将军汤芗铭先预付15万元给老王。

老王是个诚实的买卖人，童叟无欺，收到预付款，大笔一挥写出了一封言辞恳切的劝进信，以电报的形式发到北京：

> 大总统钧鉴：共和病国，烈于虎狼，纲纪荡然，国亡无日。近闻伏阙上书劝进者不啻万余人，窃谓汉语有云：代汉者当途高。汉谓汉族，当途高即今之元首也。又明谶云：终有异人自楚归，项城即楚故邑也。其应在公，历数如此，人事如彼，当决不决，危于积薪。伏愿速定大计，默运渊衷，勿诿过于邦交，勿怀情于偏论，勿蹈匹夫通守之节，勿失兆民归命之诚，使衰年余生，重睹开日，闿运幸甚！天下幸甚！闿运叩。

袁世凯得电大喜，当即复电：

> 衡州王馆长鉴：删电悉。比者国民厌弃共和，主张君宪，并以国事之重付诸藐躬，夙夜彷徨，罔知所届。外顾国势之棘，内懔责任之严，勉徇从请，力肩大局，春冰虎尾，益用兢兢。当冀老成硕望，密抒良谟，匡予不逮。世凯。

这是成千上万的劝进信中，袁世凯唯一亲自回复的，旁人无不视为异数，王闿运当然也很得意，但他更在意剩下的15万元钱。一问之下，得到的答复是大功告成后一次性付清。老王饱读圣贤书，是明事理的人，觉得这个付款方案是正办，就没再催，只等着。

哪知等着等着登基没等到，居然等来了退位，老王急了，叹一声"果然是夜长梦多"后，马上派周妈跑一趟北京，务必要把剩下的15万元要回来。

于是周妈就来了。袁世凯正烦着呢，哪里肯付这笔冤枉钱？只说自己皇帝没做成，按理不应支付余款。周妈是见过世面的人，义正词严地表示：我家老王可没保证你皇帝当多少天，反正他写了字，你就得给钱。袁世凯没辙，忙说自己现在手头紧，请她先回去，钱过些天就汇到。

周妈心中冷笑一声，面上勃然大怒，立即施展撒泼打滚的绝技，大哭大闹，恨不得要哭倒长城，袁世凯不胜其烦，最后不得不如数付款，才把老太太打发走。

接下来的局势更糟糕。5月1日，两广护国都司令部在肇庆成立，公推岑春煊为都司令，梁启超为都参谋，李根源为副都参谋。连岑春煊这个老古董都被挖了出来，反袁派的声势真是日盛一日。

都司令部成立后，为了把护国讨袁的重心由滇、黔移到两广，岑春煊、陆荣廷、梁启超等便开始筹组护国军军政府中央机构——军务院。

蔡锷对此持反对的态度，当两广征询滇、黔意见时，他即复电表明态度，认为目前只须迫袁退位，而由段祺瑞出面主持。若西南径自组织政府，恐有争权夺利之嫌，从而招致南北分裂。

不过反对的声音太弱，加之老师梁启超很热衷于此，蔡锷也没办法太坚持，最终两广和西南达成妥协：由唐继尧代替岑春煊，当名义上的老大。

5月8日，护国军军务院宣告成立，以代行国务院的职权，推唐继尧为抚军长，岑春煊以副抚军长代理抚军长。并推刘显世、陆荣廷、龙济光、梁启超、蔡锷、李烈钧、陈炳焜为抚军。另外，梁启超还兼任政务委员会委员长。

同一天，袁世凯下令取消政事堂，重新改称国务院，由段祺瑞出任总理组织责任内阁，希冀可以重展二次革命时"战时内阁"的威猛。

但这世界毕竟是得道多助、失道寡助的，此时的袁世凯，早已没有了当年的基础，不要说此时段祺瑞跟他仍有芥蒂，就算两人做得到亲密无间，也已经无法挽回局面。

仅仅一天之后，5月9日，陕南镇守使陈树藩率兵赶走了袁世凯的心腹大将陕西将军陆建章，宣布陕西独立。独立的浪潮终于蔓延到了北方，担任南北调停工作的冯国璋看看时机已到，也终于出手了。

事实上早在袁世凯请他出面调停南北之初，冯国璋即已提出了自己的意见：联合未独立各省的军政首长，在南京举行会议，自己人先在内部达成一致，然后才好和护国军展开有效谈判。

袁世凯觉得这样做很好，他很希望南京会议最后能有一个拥护他依然当总统的通电。冯国璋的真实意图，则是借此由他召集的会议，使自己这个东南盟主，成为北洋系实际上的领袖，进而效仿辛亥革命时，各省代表在南京组织临时参议院的办法，选出临时总统，然后召集国会，产生正式总统。因为袁世凯已经众叛亲离，所以这个总统人选，冯国璋自信非他莫属。

为了增加保险系数，他还提出了惩办洪宪祸首、大赦国民党人等条件，借以拉拢护国军和国民党。因为和梁启超、陆荣廷的关系都不错，而护国军真要打起来也有点心无力，所以冯国璋不怕各方不给他面子。

谁知道首先自己人张勋就不给他面子。张勋的理想是拥戴清室复辟，在此之前，则不妨保持袁世凯大总统的地位以维持局面。

冯国璋想当领袖，必须得到实力派张勋的支持，因此两人不得不达成妥协。可惜两个人各怀鬼胎，提出的主张自然不知所云，最终招致了护国军、北洋系各派的一致反对，也真是难得。

无奈之下，最后不得不由冯国璋、张勋、倪嗣冲三人联合发起召集南京会议。这三个人都想当盟主，而目的并不尽相同——冯国璋想借此自立，张勋想复辟清室，只有倪嗣冲是真心想维护袁世凯。

所以5月18日开始的南京会议，虽有17省代表出席，开得却是一团乱麻。因为张勋、倪嗣冲坚决反对袁世凯退位——倪嗣冲带了3个营来的南京，谁敢跟他争执？因此对于这个问题不便再讨论；至于其它问题，更是无从讨论。最后会议决定，邀请独立五省代表参加南京会议，以解决总统问题。这才算是有了一个成果。

真有这么巧，就在南京会议不欢而散的这一天，即5月22日，经过蔡锷等人的不懈运作，陈宧终于宣布四川独立。一周之后，在各方压力及兄长汤化龙的劝诫之下，汤芗铭宣布湖南独立，袁世凯彻底崩溃了。

后来有人写对联概括袁世凯称帝失败，是"起病六君子，送命二陈汤"，"六君子"是中药名，指的是杨度等的筹安会六个人；"二陈汤"同样是中药，指的却是陈树藩、陈宧和汤芗铭三个人，可见陈宧、汤芗铭的背叛，对袁世凯打击之大。

果然，湖南独立之后，本已重病在身的袁世凯就再也无法起床，每天只能在床前召开"榻前会议"，处理军国大事。后来病情越来越重，连说话都费劲了，他才改命袁克定代为主持。

袁世凯得的是尿毒症，这个病到现在都基本无药可医，更不消说在百年以前。袁氏家族有为亲人割肉治病的传统，所谓割肉治病，就是割下自己身上的一块肉，炖汤给病人喝。比如袁世凯的叔祖袁重三曾为母亲割股；奶奶刘氏夫人曾为袁的生父袁保中割肉；四堂叔袁保龄的侧室刘氏、十堂叔袁保颐的妻子白氏，都曾为丈夫割股；那个可怜的二姐袁让，更是为了生母牛氏夫人，刹下了自己的一节手指……

现在眼看公公病情严重，三公子袁克良的媳妇、前清吏部尚书张百熙的女儿袁张氏也偷偷割下自己臀部的一块肉，熬了一碗汤给他送去。袁世凯大概是意识到了是怎么回事，很坚决地没有喝。

袁世凯一生不信西医，到这个时候，中医已经无能为力，他也只好同意请西医来看，但此时此刻，西医同样无所作为。这样到了6月5日黄昏时分，袁世凯觉得自己要不行了，赶紧派人把徐世昌、段祺瑞、王士珍、张镇芳找来，由法国医生贝希叶给打了一针强心针后，将总统大印交给他们，说："我就是好了，也准备回彰德了"。

大家免不了要安慰几句，由徐世昌代表发言，说道："总统无需多虑，静养几天就好了。"见袁世凯不说话，徐世昌接着又说："总统若有安排，此刻交代也好。"

袁世凯此时已说不出话来，只弱弱地吐出两个字——"约法"，显然他是要交代总统继承人的事情。

可问题是《约法》有两部，即《临时约法》和《中华民国约法》，根据《临时约法》，总统不能行使职权时，由副总统继承；而根据《中华民国约法》，则是仿照前清康熙皇帝的做法，由总统提名三人，写下名单藏之于金匮石屋，总统死后取出来，在三人中选定一人继任。金匮石屋的钥匙共有三把，由总统、总理、参议长各执其一，三把钥匙中需要有两把配合起来才能把石屋打开。

徐世昌等人正要动问袁世凯指的是哪部《约法》，一旁的袁克定急于继位，赶紧代答"金匮石屋"，袁世凯微微点点头，算是肯定。

因为不知道是否还有话说，便由贝希叶医生再注射了一针强心针，慢慢地袁世凯就又苏醒了过来，费了很大劲才说出四个字："他害了我！"然后就再也没醒过来。这个"他"众说纷纭，其中呼声最高的是两个人，有人说是杨度，有人说是袁克定。

6月6日上午10点左右，一代枭雄袁世凯黯然离世，享年57岁，终于没能突破家族的"58岁魔咒"。

袁世凯死后，徐世昌、段祺瑞、王士珍、张镇芳四人立即打开金匮石屋，那里果然有一份名单，上面依次写着黎元洪、段祺瑞、徐世昌三人的名字，这肯定令袁克定备感失望。

不过后来有个说法，说名单上本来是"黎元洪、袁克定、徐世昌"三人，直到临死前几天，袁世凯深知局势已无可挽回，才叫人换上了段祺瑞的名字。

黎元洪的名字排在第一，而且根据《临时约法》同样该他继任，这样他就成了中华民国第二任总统。

黎总统上任后干的第一件事，就是以国家元首的规格，为袁世凯治丧。为了这次国葬，中央政府特拨款50万元。此外，所有国家机关一律下半旗，文武官员和驻京部队一律佩戴黑纱，停止宴乐27天，民间则停止娱乐7天。

黎元洪还下令设立了"恭办丧礼处"，由黎元洪、徐世昌、段祺瑞三人领衔，而以曹汝霖、王揖唐、周自齐三人负责具体工作。

灵堂设在中南海怀仁堂，从6月6日到27日，共停灵21天。京城的文武官员每日按班次前来致祭行礼，驻京部队也分批前来，举枪致哀。至于遍布各地的北洋将领，即使跟袁世凯政见不合者，此时也尽释前嫌，纷纷亲自或派代表前来悼念，其中最感人的是段芝贵，哭得比孟姜女还要悲痛，真跟死了亲爹似的。

6月28日，袁世凯的灵柩从北京运往彰德，整个过程完全是皇家规格，前来送行的亲朋故旧、文武官员计有2000多人，围观的群众更是不计其数，据说比当年慈禧的葬礼还要热闹。

美中不足的是，二公子袁克文与大哥就安葬的墓地一事有过争执，因袁克定坚持不听他的，老二竟发了名士脾气，没来参加送殡仪式。反而是徐世昌、严修、段芝贵等人，一直把故人送到了洹上。

袁世凯下葬于洹上村以北一里的墓地，墓园由德国工程师设计，占地200余亩。袁克定本想仿效历代皇帝，将此命名为"袁陵"，徐世昌劝说："项城生前称帝未成，未曾身居大宝，且已取消洪宪年号，如果采取袁陵之名，实为不妥。林与陵谐音，《说文解字》上所载陵与林二字又可以互相借用，避陵之名，仍陵之实，这多好啊！"徐世昌辈分在那儿，又是袁世凯生前最敬重的大哥，袁克定不敢坚持，于是墓园就定名为"袁林"。

徐世昌也真不愧是大哥。原来自古圣人之墓才称"林"，如孔墓称"孔林"，武圣关羽之墓称"关林"，规格绝不在帝王之下。袁世凯得"袁林"之名，很可以含笑九泉了。

葬礼过后，"恭办丧礼处"竟发现因为开销太大，政府所拨50万元专款将要花光，剩下的已不够建造墓园。后来是由徐世昌、段祺瑞、王士珍等八人联名发起公启，向社会各界募捐，募到25万元，才算把丧事办完。

世所公认，袁世凯这人"贪权不贪财、不以公谋私"，死后留下的所有财产，包括田产股票现金，不过值200余万元，以他的地位与权势，就当时来说，算得上一个清官。生前袁世凯曾请徐世昌代为分配，结果徐世昌将其分为了30份，儿子每人一份，没有孩子的姨太太每人一份，未出嫁的女儿两人一份，每份约8万余元。

黎元洪上台之后，少不了要应各界要求通缉帝制祸首，杨度、梁士诒等人只好四处逃亡。亡命天涯之前，杨度还有闲情逸致为袁世凯做了一副挽联，如此说道：

> 共和误民国？民国误共和？百世而后，再平是狱；
> 君宪负明公？明公负君宪？九泉之下，三复斯言。

袁世凯墓

图书在版编目(CIP)数据

中原鹿正肥：袁世凯的奋斗 / 上官惊鸿著. —杭
州：浙江大学出版社，2013.5
ISBN 978-7-308-11151-5

Ⅰ.①中… Ⅱ.①上… Ⅲ.①袁世凯（1859~1916）
-生平事迹 Ⅳ.①K827=52

中国版本图书馆CIP数据核字（2013）第056623号

中原鹿正肥：袁世凯的奋斗

上官惊鸿 著

责任编辑	杨利军	
封面设计	熊猫布克	
出版发行	浙江大学出版社	
	（杭州市天目山路148号　邮政编码310007）	
	（网址：http://www.zjupress.com）	
排　　版	浙江时代出版服务有限公司	
印　　刷	杭州杭新印务有限公司	
开　　本	710mm×1000mm	
印　　张	30.25	
字　　数	505千	
版 印 次	2013年5月第1版　2013年5月第1次印刷	
书　　号	ISBN 978-7-308-11151-5	
定　　价	49.80元	